Zum Kampf auf Leben und Tod!

Arno Lustiger

Zum Kampf auf Leben und Tod!
Das Buch
vom Widerstand der Juden
1933-1945

KIEPENHEUER & WITSCH

Erste Auflage 2002

© 1994, 2002 by Verlag Kiepenheuer & Witsch, Köln
Alle Rechte vorbehalten. Kein Teil des Werkes
darf in irgendeiner Form (durch Fotografie, Mikrofilm
oder ein anderes Verfahren) ohne schriftliche
Genehmigung des Verlages reproduziert oder unter
Verwendung elektronischer Systeme verarbeitet,
vervielfältigt oder verbreitet werden.
Redaktion: Andreas Graf
Fotos: Archiv des Autors
Umschlaggestaltung: Kalle Giese, Overath
unter Verwendung eines Fotos aus Yad Vashem
(Das bekannteste Fotodokument des
jüdischen Widerstands, s. S. 306)
Gesetzt aus der Berthold Garamont Amsterdam
bei Kalle Giese Grafik, Overath
Druck und Bindearbeiten C.H. Beck, Nördlingen
ISBN 3-462-03209-7

Inhalt

I. Zur Einführung

Ein Mensch wird kommen
wird schreiben auf weißem Papier mit roter Schrift:
keine Hand wird es auslöschen
keine Axt wird es aushacken . . .

Ein Mensch wird kommen
einer wie du wie ich wie er –
mit Blut im Aug
mit einer Hammerfaust

ein Mensch wird kommen

wann?

Jakub Sonschein (1914-1962), jiddischer Dichter aus Polen

Vorwort

Am 31. Dezember 1941 verfaßte der Dichter Abba Kowner einen Aufruf zum Widerstand, nach dessen Verlesung im Ghetto Wilna die Vereinigte Partisanen-Organisation gegründet wurde. Das Flugblatt beginnt mit den Worten »Lassen wir uns nicht wie die Schafe zur Schlachtbank führen«, einem Text nach Jeremias 11. 19 (»Und ich war wie ein argloses Lamm, das zur Schlachtbank geführt wird, und hatte nicht gemerkt, was sie gegen mich sannen.«) Dieser biblische Ausspruch wird bis heute zur Charakterisierung eines angeblich passiven und daher verwerflichen Verhaltens der Juden während des Holocaust benutzt.

Seit vielen Jahren beschäftigt sich die Geschichtsschreibung mit dem Massenmord an den europäischen Juden. Bis heute sind Hunderte von Arbeiten zu diesem Thema veröffentlicht worden. Seit Jahrzehnten also wird über den Massenmord und über das Verhalten der Juden während der Schoa debattiert, nicht jedoch über den Widerstand der deutschen und europäischen Juden.

An der Situation, daß im deutschsprachigen Raum die Fakten über

den tatsächlichen Widerstand der Juden, außer vielleicht dem Aufstand im Warschauer Ghetto, fast unbekannt geblieben sind, hat sich
bis heute wenig geändert. Es stellt sich die Frage, wie es trotz unzäh-
liger Forschungen und Publikationen, Dokumentationen und Filme
über die Schoa etc. zu diesem Unwissensstand kommen konnte. Ich
will das am Beispiel des Forschungs- und Publikationsstandes über
den Widerstand der deutschen Juden demonstrieren.

Der erste Bericht über die jüdische Widerstandsgruppe von Herbert
Baum in Berlin, verfaßt von dem polnisch-jüdischen Historiker
Bernard Mark, erschien 1961 im Organ des Jüdischen Historischen Instituts in Warschau *Bleter far geschichte* in jiddischer Sprache. Zur gleichen Zeit versuchte der in Dresden lebende jüdische Historiker Helmut Eschwege, ein umfangreiches Manuskript über den Widerstand
der deutschen Juden zu veröffentlichen. Die DDR-Führung verstärkte aber zu jener Zeit, in Übereinstimmung mit den sowjetischen »Brüdern«, ihre antisemitischen, als antizionistische Propaganda getarnten
Angriffe auf die Juden und untersagte deshalb Eschwege den Zugang
zu Archiven und belegte ihn mit Schreibverbot. Nicht wenige jüdische Antifaschisten und Spanienkämpfer landeten in dieser Zeit sogar
in den Gefängnissen der Staatssicherheit.

In der Bundesrepublik wurde das Manuskript Eschweges als »biogra-
phischer Steinbruch« bezeichnet und eine Veröffentlichung abgelehnt. Erst 1970 publizierte das Leo-Baeck-Institut in London den
40seitigen Essay Eschweges *Resistance of the German Jews against the Nazi
Regime* in seinem Year Book. 1970 erschien in Paris eine knapp gefaßte
Gesamtdarstellung des jüdischen Widerstandes von Lucien Steinberg *La révolte des Justes – Les Juifs contre Hitler*, in welcher auf über fünfzig Seiten der Widerstand der deutschen Juden gewürdigt wurde. Es
besteht also die paradoxe Situation, daß erste Berichte zum Thema
des Widerstandes der deutschen Juden in jiddischer, englischer und
französischer, nicht jedoch in deutscher Sprache erschienen sind.

Erst 1984 erschien endlich in Hamburg das Standardwerk über den
Widerstand der deutschen Juden von Konrad Kwiet und Helmut
Eschwege: »Behauptung und Widerstand. Deutsche Juden im Kampf
um Existenz und Menschenwürde«. Der in Australien lehrende Hoch-
schulprofessor Kwiet hatte, unter aktiver Hilfe und Vermittlung des
Direktors des Leo-Baeck-Instituts in London, Dr. Arnold Paucker,

die äußerst schwierige Aufgabe gemeistert, zusammen mit seinem in der DDR lebenden Kollegen Eschwege über das Thema zu recherchieren. Eine komplizierte Kooperation über Kontinente und den Eisernen Vorhang hinweg war erforderlich, um ein inländisches, deutsches Thema zu behandeln. In den seitdem vergangenen zehn Jahren wurden ganze 1200 Exemplare dieses wichtigen und einzigen Standardwerkes verkauft. 1994 erschien eine zweite Auflage.

Den Vorwurf ihrer angeblichen Passivität müssen die Juden schon früh geahnt haben, denn bereits wenige Monate nach dem Aufstand im Warschauer Ghetto erschien, noch im Jahr 1943 (!), in New York das von Jacob Apenszlak im Auftrag der bis heute existierenden *American Federation for Polish Jews* herausgegebene Werk *The Black Book of Polish Jewry*. In siebzehn Kapiteln wird dort das tragische Geschehen und die Verbrechen an den polnischen Juden genau geschildert. Aber auch der Widerstand wird im Kapitel *The Armed Struggle of the Jewish Underground* ausführlich beschrieben. Zu den Sponsoren des Buches zählten neben Albert Einstein auch Eleanor Roosevelt, die Gattin des damaligen US-Präsidenten, sowie der Bürgermeister von New York, LaGuardia, und weitere bekannte Persönlichkeiten.
Zum ersten Jahrestag des Aufstandes in Warschau erschien dann im April 1944, ebenfalls in New York, ein weiteres Werk von Jacob Apenszlak und Mosche Polakiewicz, *Armed Resistance of the Jews of Poland*. In zweiundsechzig kurzen Kapiteln werden die Kämpfe der Juden in Ghettos, Vernichtungslagern und als Partisanen geschildert. Dort wird sogar über die mißlungene – weil verratene – Aktion von Kämpfern des Ghettos meiner Heimatstadt Bedzin in Polnisch-Oberschlesien, sich zu den Partisanen durchzuschlagen, berichtet, sowie über die Rolle der jüdischen Frauen im Widerstand. Auf der letzten Seite findet sich der Text eines Gedenkgebetes für die Seelen der gefallenen jüdischen Helden. Wer ahnt heute, wie viele Hindernisse und Gefahren die Kuriere des polnischen und jüdischen Widerstandes auf sich nehmen mußten, um mitten im mörderischen Krieg diese Nachrichten – und sogar Fotos – aus Polen herauszuschmuggeln und sie durch die Barrieren der von den Alliierten streng kontrollierten Kommunikationsmittel, Transatlantikkabel etc. in die USA zu bringen?

Uns, die Überlebenden des Holocaust, treffen die Passivitätsbeschuldigungen besonders schmerzlich. Wer sich seine moralische Unabhängigkeit und Selbstbehauptung durch alle Tiefen des Lebens im Untergrund und im KZ zu bewahren versucht hat und damit seine potentielle Lebenserwartung in jedem Fall dramatisch verkürzte, den beleidigen solche Vorwürfe zutiefst. Die Ohrfeige eines jüdischen Kapos hat doppelt so weh getan wie die Schläge eines SS-Mannes. Neben dem bewaffneten Widerstand, der nur in den seltensten Fällen möglich war, wurde von zahlreichen Juden ständig ziviler, passiver und geistiger Widerstand geleistet. Jeder Überlebende ist Zeuge dieses Widerstandes, denn wäre es nach den Nazis gegangen, hätte kein Jude den Krieg überlebt.

Auch über Ineffektivität des jüdischen Widerstandes wird geklagt. Und der Preis des Widerstands sei, im Verhältnis zu den dem Feind zugefügten Schäden, angeblich zu hoch gewesen. Diese Einwände sind lächerlich und beleidigend zugleich. Zwanzig Millionen alliierter Soldaten, darunter 1,5 Millionen Juden, waren erforderlich, um Hitler-Deutschland in die Knie zu zwingen. Millionen sowjetischer, 292.000 amerikanischer und 545.000 britischer Soldaten sind für den Sieg gefallen. Der europäische Widerstand spielte, außer in Südfrankreich, Weißrußland und Jugoslawien, eine eher marginale Rolle. Da sollte ausgerechnet der Widerstand der wehrlosen, von keiner Exilregierung unterstützten Juden für den Sieg entscheidend sein? Trotz dieser Übermacht der Fakten mußte auch ich mir im Laufe meines Lebens immer wieder – oft raffiniert als Fragen getarnte – Vorwürfe wegen der angeblichen Passivität der Juden anhören.

Der jüdische Widerstand gegen die Nationalsozialisten zeichnete sich in Wirklichkeit durch eine Fülle von Formen aus. Sie waren Ergebnis zahlreicher Faktoren: ideologische Motivation, Charakter der jüdischen und nichtjüdischen Gesellschaft in den einzelnen Ländern, die Einstellung der letzteren gegenüber den Juden, topografische Bedingungen, Härte und Tempo des Vorgehens der Besatzungsbehörden gegen die Juden usw.

Nichtbefolgung der Anordnungen der Besatzungsbehörden war eine Widerstandsform der jüdischen Bevölkerung, die sich in allen besetzten Ländern feststellen läßt. Die unmittelbar nach der deutschen Okkupation erlassenen Verordnungen schränkten die Bewegungsfreiheit der Juden ein; die anschließende Einrichtung von Ghettos sollte auch Kommunikation und Kooperation zwischen den jüdischen Zentren verhindern. Die antisemitische Propaganda der Nazis war auf seiten der christlichen Bevölkerung nicht erfolglos und sie verstärkte, besonders in Osteuropa, autochthone Traditionen des Antijudaismus; Akte der Solidarität und Hilfe seitens der Nichtjuden, die ohnehin durch den Terror der Deutschen schwierig und lebensgefährlich waren, wurden dadurch weiter erschwert und blieben seltener als erhofft.

Darüber hinaus gab es Hemmnisse psychologischer Art, die einem frühen, organisierten und bewaffneten Widerstand im Weg standen. Die Verfolger und ihre Kollaborateure wandten raffinierte Mittel der Täuschung, Lüge, Desinformation und Erpressung an, Sippenhaftung und individuellen und kollektiven Terror, um Widerstand von vornherein zu unterbinden. Not und Hunger taten das ihre, um die Juden zu entmutigen. Die totale Macht der Deutschen und ihre Erfolge an allen Fronten des Krieges ließen den Gegner als unbesiegbar erscheinen. Die geschickte Politik der Nazis nährte außerdem die Hoffnung, daß Juden, die kriegswichtige Arbeit verrichten, von der Vernichtung verschont blieben.

Deshalb grenzt es an ein Wunder, daß die Juden überhaupt Widerstand leisteten, und zwar schon zu Zeiten, als von einem allgemeinen, nichtjüdischen Widerstand noch nicht gesprochen werden konnte. Neben dem sofort einsetzenden individuellen und zivilen Widerstand bildeten sich ab 1942 Formen des organisierten, bewaffneten Widerstandes, die man für Osteuropa wie folgt einteilen kann: Widerstand und Aufstände in den Ghettos, Aufstände in den Lagern und Kämpfe der jüdischen Partisanen.

Eigentlich ist es nur der Aufstand im Warschauer Ghetto, der hierzulande einen gewissen Bekanntheitsgrad erreicht hat. Die Aufstände in anderen Ghettos, wie in Wilna oder Bialystok, sind dagegen fast ebenso unbekannt wie der Kampf der jüdischen Stadtguerillas in Krakau. Den Aufstand im Vernichtungslager Sobibor zeigte ein amerikanischer Spielfilm. Das Geschehen im Todeslager Treblinka war während der beiden Treblinka-Prozesse Gegenstand der Presse; der Aufstand dort jedoch, der immerhin zur Auflösung des Lagers geführt hat, ist so gut wie unbekannt.

Ein amerikanischer Panzertrupp hat mich Anfang April 1945 im Harz halbtot aufgelesen, nachdem ich erfolglos vom Todesmarsch geflüchtet war, dafür zur Hinrichtung geführt und dabei erneut entkommen war. Später machten mir meine Retter das kostbarste Geschenk meines Lebens: eine amerikanische Uniform und eine Waffe. Nie kam es meinen späteren Waffenkameraden, die die Hölle der Landung in der Normandie überlebten (ich blieb mehrere Monate als Freiwilliger bei der Armee) in den Sinn, mir Passivität vorzuwerfen.

Im Sommer 1947 empfing mich bei der amerikanischen Militärregierung in Frankfurt, im Vorzimmer des zuständigen Offiziers, ein jüdischer Sergeant. Als er die Auschwitz-Tätowierung auf meinem linken Unterarm bemerkte, fragte er mich provokativ, ob ich im KZ Kapo gewesen sei. Impulsiv versetzte ich ihm einen mächtigen Boxhieb, woraufhin er zur Waffe griff und mich von der Militärpolizei in Handschellen abführen ließ. Wegen Widerstandes gegen die Besatzungsmacht mußte ich ins Militärgefängnis. Angriffe ähnlicher Art habe ich später nicht mehr mit Boxhieben beantwortet, sondern mich bis vor wenigen Jahren in einen Kokon aus Schweigen gehüllt – in der Überzeugung, daß man die Wahrheit nicht glauben *will*.

In mehreren KZs, in denen ich inhaftiert war, kam ich mit jüdischen Résistance-Mitgliedern zusammen, die mir von ihren Kämpfen erzählten. Von 1945 bis 1948 lebte ich im Lager für *Displaced Persons* in Frankfurt-Zeilsheim, wo etwa 200 ehemalige jüdische Partisanen aus Osteuropa eine kompakte Gruppe bildeten. Dort erfuhr ich in unzähligen persönlichen Gesprächen viele phantastisch klingende Fakten über den jüdischen Widerstand. Auch in Israel traf ich viele Widerstandskämpfer, die mir zahlreiche bisher unbekannte Tatsachen erzählten. Im Laufe der Jahrzehnte vertiefte sich die Kluft zwischen dem eigenen Wissen, das ich mir durch Recherchen, Sammeln von Büchern und Dokumenten in vielen Sprachen etc. angeeignet hatte, und dem Wissens- bzw. Unwissensstand meiner deutschen Umgebung. Die *Auswahl*-Bibliographie im Anhang dieses Buches soll einen Eindruck des bisher erreichten, jedoch in Deutschland ignorierten Forschungsstandes vermitteln. Hoffentlich kann diese Bibliographie als Anregung für weitere Forschungen auf dem Gebiet des jüdischen Widerstandes dienen.

In der jüdischen Geschichtsschreibung gibt es, gerade was den Widerstand betrifft, tragische Lücken durch den Verlust von Historikern, deren Wissen uns fehlt. Mit ihrem Tod ist auch das historische Gedächtnis des jüdischen Volkes geschwächt worden. Während des Krieges wurden die jüdischen Historiker Simon Dubnow, Majer Balaban, Ignacy Schipper und Emanuel Ringelblum ermordet.

Der aus Polen stammende Historiker Josef Wulf verfaßte mehr als 20 Werke über den Holocaust und den Widerstand und regte die Gründung eines Archivs und einer Forschungsstätte im »Haus am Wannsee« in Berlin an, wo er seit 1952 lebte und forschte. Der Senat von Berlin verweigerte jedoch die Unterstützung dieses Projektes, und Wulf wurde von keinem akademischen Institut zur ständigen Mitarbeit auf seinem Gebiet berufen. Aus Verzweiflung über diese unerträgliche Lage und die ihm zugefügten Kränkungen beging er im Oktober 1974, im Alter von 62 Jahren, Selbstmord.

Seit dem Tod von Josef Wulf, mit dem ich befreundet war und den ich oft in Berlin getroffen habe, gibt es meines Wissens in Deutschland keinen jüdischen Historiker mehr, der über den jüdischen Widerstand forscht. Die Juden überlassen dieses Thema einigen jüngeren nichtjüdischen Forschern, wie Ahlrich Meyer, Jörg Paulsen, Michael Kreutzer, Simone Erpel und Ingrid Strobl. Jüdische Wissenschaftler konzentrieren sich eher auf den Holocaust und den »Widerstand« der Araber gegen Israel. Ein kritischer jüdischer Publizist charakterisierte dieses Wirken mit dem Satz: *There is no business like Shoah business.* Dabei wären die Juden schon rein linguistisch, durch Kenntnis der Sprachen der Juden, durchaus qualifiziert, über den Widerstand zu forschen. Wer wird sonst die jiddischen, hebräischen, polnischen und russischen Dokumente übersetzen, um die in Fülle vorhandenen Quellen auswerten zu können?

Damit zur Quellenlage. Die Geschichtsschreibung über den Massenmord an den europäischen Juden stützt sich zu einem überwältigenden Teil auf die Akten der Täter. Die Massenmörder waren gute Bürokraten; dieser Tatsache verdanken wir Abertausende von Belegen für ihre Verbrechen. Gerade *weil* diese Täterakten nicht für die Allgemeinheit bestimmt waren, sind sie glaubwürdig und damit unentbehrliche Quellen für die Holocaust-Forschung. Bereits eine zweite Generation von Forschern beschäftigt sich mit den Naziakten, diesen papierenen Pyramiden. Doch wo bleiben die Berichte über oder von den Opfern?

Es ist erstaunlich und bewundernswert, mit welchem Mut, welcher Ausdauer und oft auch Akribie die Juden ihre Erlebnisse für die Nachwelt aufgezeichnet haben. Wir kennen Tagebücher von Kindern und Jugendlichen, von todgeweihten Häftlingen der Sonderkommandos in den Vernichtungslagern, Tagebücher von Widerstands-Kämpferinnen und -Kämpfern, von Judenratsvorsitzenden und Ghetto-Polizisten, Erinnerungen von Partisanen und Soldaten, von Ghettobewohnern und manchen anderen, die *auch* deshalb mit aller Kraft am Leben hingen, weil sie der Welt von den Verbrechen der Massenmörder berichten wollten. Zu diesen Menschen gehört auch der Autor dieser Zeilen. Manche Erlebnisberichte, wie »Justynas Tagebuch«, haben darüber hinaus sogar einen beträchtlichen literarischen Wert.

Emanuel Ringelblum und Mordechaj Tenenbaum-Tamaroff haben umfangreiche Archive angelegt, die größtenteils erhalten blieben und weitgehend noch nicht ausgewertet sind. Unzählige Mitarbeiter, Archivare und Schreibkräfte riskierten täglich ihr Leben, um das Unfaßbare festzuhalten. Drucker, Setzer und Kolporteure zahlreicher Untergrundzeitungen informierten ihre Leser über das schreckliche Geschehen und bezahlten das oft mit ihrem Leben. Alleine die jiddische Widerstandszeitung in Paris, *Unser Wort,* verlor 24 Redakteure und Drucker. Nur ein kleiner Teil der erhaltenen Bestände ist wissenschaftlich aufgearbeitet oder übersetzt worden. Viele jüdische Widerstandskämpfer und Partisanen-Gruppen hinterließen nur eine einzige Spur – in den Berichten der Täter; sie wurden *sämtlichst* – dieses Mega-Wort benutzt der SS-Massenmörder Katzmann in seinem berühmten Bericht – ermordet.

Dieses Ungleichgewicht zwischen weitgehend erhaltenen Aktenbeständen der Mörder auf der einen, und fragmentarischen Zeugnissen der Opfer auf der anderen Seite, die aus vergrabenen Feldflaschen und Milchkannen geborgen wurden, müßte zu einer verstärkten Beschäftigung mit den letzteren führen, schon wegen der Ausgewogenheit des historischen Bildes. Das ist jedoch bislang nicht der Fall. Die vorhandenen Quellen werden nicht bearbeitet und darüber hinaus die Täterakten in der Auswahl sogar so manipuliert, daß man, was den Widerstand betrifft, nur wenig erfahren kann. Aus diesem Grund habe ich an mehreren Stellen auch einige wenige deutsche Dokumente exemplarisch aufgeführt – eine kleine Auswahl.

Was erfährt man aus den Werken von Holocaust-Historikern, die die Sprachen der Opfer nicht beherrschen, über den Widerstand? Fast nichts. Außerhalb Polens, Frankreichs und Israels haben sich nur wenige Historiker der Mühe unterzogen, die schwierigen Quellen der Opfer zu übersetzen, auszuwerten und ihnen die Beachtung zu schenken, die ihnen gebührt. Reuben Ainsztein, Martin Gilbert, David Diamant (der ein großes Privatarchiv des jüdischen Widerstandes in Frankreich aufbaute), Adam Rayski, Juri Suhl und wenige andere sind die Ausnahmen unter den Historikern.

Ein Lichtblick in dieser Situation ist das Erscheinen der »Enzyklopädie des Holocaust« im Jahr 1993, deren hebräische und englische Ausgabe von einem internationalen Herausgebergremium aus 24 renommierten Forschern – unter Leitung des Nestors der Holocaust- und Widerstandsforschung, Israel Gutman – verfaßt und kompiliert wurde. In zahlreichen biographischen und geographisch geordneten Stichworten wird nicht nur der Holocaust, sondern auch der jüdische Widerstand dargestellt. Die deutschen Herausgeber Eberhard Jäckel, Peter Longerich und Julius H. Schoeps haben Großes geleistet. Eigentlich müßte auch das Wort *Widerstand* im Titel enthalten sein.

Das 1941 gebildete Jüdische Antifaschistische Komitee der Sowjetunion beauftragte Ilja Ehrenburg und Wassili Grossman mit der Redaktion eines »Schwarzbuchs« über die Verbrechen der Nazis an den sowjetischen Juden. Das umfangreiche Manuskript mußte mehrmals geändert und umredigiert werden, bis es schließlich von Stalin persönlich verboten und das druckfertige, korrigierte Exemplar vernichtet wurde. Die Tochter Ehrenburgs, Irina, fand ein verstecktes vollständiges Manuskript, das in diesem Jahr als Buch im Rowohlt Verlag erscheint und dessen Herausgeber ich bin. Mit diesem Werk können weitere Lücken im Wissen um die Schoa und um den Widerstand der sowjetischen Juden geschlossen werden.

Unmittelbar nach Kriegsende begannen viele Überlebende und Widerstandskämpfer ihre Erlebnisse zu beschreiben. Noch während der Besatzung gründeten französische Juden ein konspiratives Dokumentationszentrum, das eine umfangreiche editorische Arbeit aufnahm. Die Historische Kommission der *Displaced Persons* in Deutschland sammelte seit 1945 Tausende von Aussagen und Dokumenten und veröffentlichte sie in der eigenen jiddischen Zeitschrift *Vun letztn churbn.* Die Archivbestände der Kommission bilden den Fundus des Archivs von Yad Vashem. Die Zentrale Jüdische Historische Kommission in Warschau veröffentlichte schon früh eine Fülle von Büchern und Publikationen in jiddischer und polnischer Sprache.

Bereits 1948 erschien in Rom das jiddische Buch von Mosche Kaganowitsch *Der jidischer ontejl in der partisaner-bawegung vun sowjet-russland,* herausgegeben von der Zentralen Historischen Kommission beim »Verband jüdischer Partisanen« in Italien. Dieses große Werk wurde 1956 in Buenos Aires in 2 Bänden nachgedruckt. Im Jahre 1956 wurde zudem in Tel Aviv das 844 Seiten starke hebräische Buch *Sefer milchamot hagetoat* (Das Buch von den Ghettokämpfen) veröffentlicht. 1958 erschien in Israel das zweibändige hebräische Werk *Sefer hapartisanim hajehudim* (Das Buch der jüdischen Partisanen). Dort wird auf über 1.500 Seiten – die etwa 2.300 Seiten in einer europäischen Sprache entsprächen – ein großartiges Panorama jüdischen Heldentums ausgebreitet. Die ehemaligen Partisanen und Veteranen der alliierten Armeen gaben ab 1961 in Tel Aviv das dreibändige Werk *Mul haojew hanazi* (Gegen den Nazifeind) heraus, das zahllose Berichte jüdischer Widerstandskämpfer enthält. Mehrere Berichte im vorliegenden Buch stammen aus diesen bis heute weitgehend unberücksichtigt gebliebenen Werken.

In diesem Buch erscheinen, neben den von mir stammenden Kapiteleinführungen, Kurzbiographien u. ä., zahlreiche Texte anderer Autoren, die jeweils mit deren Namen gekennzeichnet sind. Dabei handelt es sich zum kleineren Teil um Aufsätze von Historikern, die diese für mein Buch zur Verfügung gestellt haben. Die meisten Texte stammen aus Tagebüchern oder Lebensberichten von Betroffenen und Zeitzeugen. Diese Texte sind durchnumeriert und unter ihrer Nummer im Quellenverzeichnis nachgewiesen. Da die meisten der von mir herangezogenen Historiker selbst erlebt haben, wovon sie berichten, kommt auch ihren Texten ein hoher dokumentarischer Wert zu. Sowohl die Dokumente als auch die Historikertexte wurden teils erheblich gekürzt, ohne daß dies im einzelnen gekennzeichnet wäre. Der Grund für diese Kürzungen war nur gelegentlich die Lesbarkeit im Gesamtzusammenhang; überwiegend wurde aus Platzgründen gekürzt, um dieses umfangreiche Buch nicht noch umfangreicher werden zu lassen.

Marek Edelman ist das einzige heute noch lebende Mitglied des Kommandos der Jüdischen Kampforganisation im Ghetto Warschau. Im Gespräch mit der polnischen Schriftstellerin Hanna Krall sagte er: »Der Tod in der Gaskammer ist nicht geringer zu erachten als der Tod im Kampf. Ein Tod ist nur dann unwürdig, wenn jemand versucht, auf Kosten anderer das eigene Leben zu retten.«

Diese Meinung Edelmans teile ich vollständig. Niemand auf der Welt hat das Recht, die arglosen, unschuldigen Opfer des größten und tückischsten Verbrechens in der Geschichte der Menschheit, mit welchen Begründungen auch immer, zu schmähen und zu beleidigen.

Ich konnte nur einen Bruchteil des Materials aufarbeiten, das erforderlich wäre, um das Thema erschöpfend zu behandeln. Aus diesem Grund kann das Buch nur als *Versuch* einer Gesamtdarstellung des jüdischen Widerstandes gelten, dem hoffentlich weitere Arbeiten folgen werden. Es erhebt keinen weitergehenden wissenschaftlichen Anspruch, und es enthält vermutlich Lücken und Fehler, die ich zu entschuldigen bitte. Hinter mir steht keine akademische Institution und keine große Mitarbeiterschar. Ich habe vielmehr das Ringen mit den äußerst umfangreichen Quellen, an vielen Orten und in vielen Sprachen, als Einzelkämpfer aufgenommen. Die Auswahl der Materialien ist subjektiv und hängt mit meiner Biographie zusammen. Das Buch soll die meisten Fragen zum Thema des jüdischen Widerstandes beantworten und weitere Forschungen anregen.

Abschließend ist es mir ein Bedürfnis, meinen jüdischen und nichtjüdischen Freunden zu danken, die mich immer wieder darin bestärkten, das Buchprojekt trotz schwieriger Bedingungen nicht aufzugeben. Die bekannten Historiker Prof. Israel Gutman, Dr. Schmuel Krakowski und Dr. Jizchak Arad aus Jerusalem, Adam Rayski und Prof. Lucien Steinberg aus Paris, Prof. Marian Fuks und Prof. Szymon Rudnicki aus Warschau haben mir immer wieder Mut gemacht und wertvolle Ratschläge erteilt. Mein Dank gilt auch den Autoren und Verlagen, die mir freundlicherweise den Nachdruck ihrer Texte erlaubten.

Ich danke außerdem meinen Freunden Abrascha Arluk, Siegmund Pluznik, Leon Blat und weiteren Widerstandskämpfern, die nicht genannt zu werden wünschten, für die große Mühe, mir über ihr Leben und ihre Kämpfe für dieses Buch zu erzählen. Hans Matthöfer hat meine Recherchen in mehreren Ländern tatkräftig gefördert und mir immer wieder Mut gemacht. Ich danke ebenfalls Jörg Paulsen, der das

Standardwerk von Reuben Ainsztein aus dem Englischen übersetzte und herausgab. Ich danke Wolf Biermann, der in einem von mir organisierten Konzert mit Liedern des jüdischen Widerstandes in der Paulskirche in Frankfurt im November 1991 auftrat und der mehrere Lieder und Gedichte für dieses Buch übertragen hat. Ich danke herzlich den Archivarinnen und Archivaren von Yad Vashem in Jerusalem, des Archivs des Ghettokämpfer-Kibbutz Lochamej Hagetaot, des Archivs Massua im Kibbutz Tel Jizchak, des Archivs Moreschet im Kibbutz Givat Chaviva, des Yivo-Instituts in New York und des Archivs des Jüdischen Historischen Instituts in Warschau. *Last but not least* danke ich Helge Malchow, dem Cheflektor des Verlages Kiepenheuer & Witsch, dem ich die Verwirklichung dieses Buchprojekts verdanke. Schließlich gilt mein Dank Sabine Büsgen, die die meisten Übersetzungen aus dem Englischen besorgte, und dem Lektor dieses Buches, Dr. Andreas Graf. Ihnen allen sei herzlich für Hilfe, Verständnis und Engagement gedankt.

A. L.

ISRAEL GUTMAN
Jüdischer Widerstand – Eine historische Bewertung

Der Holocaust – Konflikte und Differenzen

Bei einer historischen Analyse des jüdischen Widerstandes im Zweiten Weltkrieg und des bewaffneten Kampfes in den von Nationalsozialisten besetzten Ländern ergeben sich verschiedene Problemstellungen. Bis zum heutigen Tag bestehen kontroverse Ansichten über die Rolle des Widerstandes, die schon während des Krieges und des Holocaust aufgetreten waren. Jüdische und nichtjüdische Historiker und die Öffentlichkeit beschäftigt immer von neuem die Frage, weshalb die Juden keinen Widerstand geleistet haben und nicht zum Kampf gegen die geplante Vernichtung angetreten sind und aus welchen Gründen sich trotz ihrer lebensbedrohlichen Lage nur wenige Widerstandsgruppen gebildet haben. Die Erörterung dieser Fragen ist lange Zeit in einer angespannten Atmosphäre und sehr emotional geführt worden. Dabei bestand die Gefahr, durch eine voreilige und einseitige Beurteilung der Ereignisse – meistens als Anklage oder Schuldzuweisung – den Tatsachen nicht gerecht zu werden.

In den polnischen Ghettos entstanden die Differenzen und Auseinandersetzungen zwischen den Judenräten und dem Untergrund erst mit Beginn der Deportationen im Rahmen der von den Nazis verfolgten »Endlösung«. Vor diesem verhängnisvollen Wendepunkt stand die Widerstandsbewegung den Judenräten zwar kritisch gegenüber, es war jedoch noch nicht zu offenen Auseinandersetzungen gekommen. Der Widerstand im besetzten Polen sah in den Judenräten eine notwendige und anerkannte gesellschaftliche Autorität. Meinungsverschiedenheiten und Kritik richteten sich in erster Linie gegen die von den meisten Judenräten verfolgte Sozialpolitik: Da Flüchtlinge und die ärmere Bevölkerung am meisten unter der Situation zu leiden hatten, erwartete man von den Judenräten, daß sie von wohlhabenden Personen einen materiellen und immateriellen Beitrag fordern, um damit die Opfer von Zwangsarbeit und Hunger zu unterstützen. Trotz unterschiedlicher Positionen verfolgten sowohl der Widerstand als auch die Judenräte in der Anfangsphase ein gemeinsames Ziel: das Überleben ihrer jüdischen Mitmenschen.

Es wird irrtümlich angenommen, die Konflikte, die beide Seiten voneinander entfernt haben, seien durch die Frage entstanden, ob man die Bevölkerung über die tatsächlichen Folgen der Deportationen unterrichten solle. In Wirklichkeit haben solche Diskussionen nie stattgefunden – zumindest nicht in den großen Ghettos Osteuropas. Ursache für das Zerwürfnis waren vielmehr zwei andere Faktoren. Erstens die Frage danach, was sich seit Mitte 1941 in den bei dem »Unternehmen Barbarossa« eroberten Gebieten und seit Ende 1941 im Generalgouvernement und den von Polen annektierten Gebieten ereignet hatte. Anders formuliert: Welche Bedeutung hatten die Vernichtungsaktionen gegen die Juden tatsächlich? Als über den eigentlichen Zweck der deutschen Operationen kein Zweifel mehr bestehen konnte, verschwiegen die meisten Judenräte nicht, daß die Deportierten von den Deutschen ermordet wurden. Der zweite Grund für die genannten Meinungsverschiedenheiten war die Frage, ob die Deportationen zeitlich begrenzt sein würden. Waren sie vielleicht nur eine Maßnahme gegen diejenigen Juden, die sich dem System entzogen?

War es eine vorübergehende Tötungswelle? Oder gehörten die Transporte zu einem genau kalkulierten und systematischen Vernichtungsplan, der durch den Rassenwahn der Nazis in seiner äußersten Konsequenz zur vollständigen Vernichtung der europäischen Juden führen würde? Diese ungeklärte Situation war für die jüdischen Kampforganisationen eine Herausforderung: Sie zogen ihre Konsequenz aus den Auseinandersetzungen mit den Judenräten. Viele junge Menschen, die sich bis dahin weder aktiv am jüdischen Gemeinschaftsleben beteiligt hatten noch zu den offiziell anerkannten Autoritäten zählten, sahen nunmehr in den Führern des Untergrundes eine Alternative. Diese wurden zu neuen Leitfiguren, die zum Handeln entschlossen waren; sie schlugen ein Aktionsprogramm vor und konnten der Bevölkerung eine Richtung aufzeigen.

Die Widerstandskämpfer planten nicht etwa die Flucht aus dem Ghetto oder eine Lösung für eine kleine Elitegruppe, sondern sie waren der festen Überzeugung, daß sie im Kampf gegen die Nationalsozialisten »einen hohen Preis zahlen« müßten, um »die Ehre der Nation« zu verteidigen und die Juden zu rächen. Sie sprachen unmißverständlich von der letzten Schlacht, aus der es kein Entrinnen gab – obwohl sie untereinander in manchen Gesprächen Bedenken äußerten und nach Möglichkeiten suchten, wie sie ihr Überleben sichern *und* sich am Kampf beteiligen könnten. Die Judenräte hingegen vermittelten meist den Eindruck, daß sie zumindest einen Teil der Bevölkerung retten könnten. Heute wissen wir, daß keine der beiden Gruppen das Leben der Juden retten konnte – weder durch gezielte, nüchtern geplante Aktionen noch durch Täuschung und falsche Hoffnungen.

Tendenzen der Forschung

Seit den fünfziger Jahren konnten sich Wissenschaftler in ihren Arbeiten zur antijüdischen Politik der Nationalsozialisten auf zahlreiche Quellen stützen, die vor allem aus Deutschland stammten. In ihren Studien erörterten sie spezifische Aspekte des Holocaust – darunter auch den Widerstand. Einige legten die Schlußfolgerung nahe, daß Verhaltensweisen und Reaktionen der Juden bereits von früheren Krisensituationen seit der Vertreibung geprägt worden waren.

Die Arbeiten des Engländers Gerald Reitlinger und des Amerikaners Raul Hilberg gehören zu den bekanntesten Standardwerken. Reitlinger verfaßte keine Gesamtanalyse des jüdischen Verhaltens. Er äußert sich nur gelegentlich über Phänomene wie »Fatalismus und Hilflosigkeit der galizischen Juden«. Hilbergs Darstellung ist differenzierter und fand daher größere Beachtung. Es war nicht seine Absicht, die verschiedenen jüdischen Positionen darzustellen, sondern Pläne und Maßnahmen der deutschen Machthaber zu rekonstruieren. Dieses Konzept hält er jedoch nicht bis zum Ende durch. In den Kapiteln »Nachbetrachtungen« und »Folgen« äußert Hilberg einige scharfe Urteile und zieht kategorische Schlüsse über die Geschichte der Juden im allgemeinen und den Holocaust im besonderen. Für Hilberg sind Resignation und Unterwürfigkeit der Juden sowie ihre Hoffnung, in Krisenzeiten durch ihre Mitmenschen oder die göttliche Vorsehung gerettet zu werden, beherrschende und unveränderliche Aspekte der jüdischen Tradition und des jüdischen Lebens in der Diaspora. Nach seiner These hielten die Juden selbst dann noch an den genannten Verhaltensweisen fest, als der Holocaust bereits alle Hoffnungen zunichte gemacht hatte.

Für Hilberg stehen die Judenräte an oberster Stelle der Kollaborateure, doch interessieren ihn diese weniger als »die jüdischen Massen, die alle deutschen Befehle ohne Zögern ausgeführt haben. Betrachtet man das Verhalten der Juden, läßt sich feststellen, daß sie entweder aktives Eingreifen vermeiden oder, sollte dies nicht möglich sein, Befehle selbstverständlich ausführen.«

Im Gegensatz zu seinen Thesen über die Deutschen und deren Politik, die Hilberg mit genauen Quellenangaben nachweisen kann, finden sich für seine Behauptungen über die Juden aber keinerlei Belege – offenbar hat er sich nicht einmal mit dem vorhandenen Material vertraut gemacht.

Ich will ausführlicher auf Hilbergs Arbeit eingehen, da seine Thesen und die scheinbar beiläufigen Äußerungen über die angeblich tief verwurzelte Passivität und Resignation der Juden weitreichenden Einfluß hatten. Seine These fand Eingang in zahlreiche Essays jüdischer und nichtjüdischer Historiker. Hilberg hatte scheinbar eine klare Antwort auf komplizierte und heikle Fragen gefunden. Seine eindimensionale und einfache Erklärung wurde weithin beachtet und allgemein übernommen.

Hilbergs Behauptungen, insbesondere seine scharfen Äußerungen über Verantwortung und Schuld der Judenräte, fanden neue Nahrung durch die Veröffentlichung von Hannah Arendts »Eichmann in Jerusalem.« Hannah Arendt erklärte ihre These von der »Banalität des Bösen« damit, daß sich sowohl Einzelpersonen als auch die Administration vollständig mit dem Regime identifizierten und die Opfer sich in den Dienst ihrer Führer gestellt hätten (wobei sie besonders die Rolle der Judenräte hervorhob) und so zu einem gefügigen Werkzeug der Nazipolitik wurden. Arendt teilte jedoch nicht die Ansicht, daß die Juden um jeden Preis hätten Widerstand leisten sollen. Sie betrachtete die Haltung der Juden nicht als Schwäche und äußerte sich sogar kritisch über den Ankläger im Eichmann-Prozeß, der wiederholt Zeugen zu diesem Thema befragt hatte.

Hannah Arendts Darlegungen, vor allem ihre eindeutige Anklage gegen die jüdischen Führer, verärgerten viele Juden, darunter auch zahlreiche Persönlichkeiten des öffentlichen Lebens. Als aber die hitzigen Debatten nachgelassen hatten, wurde ihre Einschätzung schließlich als treffende und überzeugende Erklärung eines komplexen Sachverhalts akzeptiert. Ihr Urteil hatte besonderes Gewicht, da sie auf dem Gebiet der Forschung über totalitäre Regime großes Ansehen genoß. Aus diesem Grund hatte ihre Charakterisierung erheblichen Einfluß auf die Entstehung einer Typologie und auf die entsprechende Theoriebildung im Bereich der Soziologie, der Psychologie und zweifellos auch der Literatur.

Auch nichtjüdische Historiker griffen in ihren Arbeiten über den jüdischen Widerstand auf derartige Quellen zurück. Einer der bekanntesten Historiker der europäischen Widerstandsbewegung, Henri Michel, äußert sich mit Repekt und Bewunderung über die Juden im französischen Widerstand, über den er aus erster Hand informiert war. Bei der Frage, welche Rolle die Juden innerhalb des europäischen Widerstandes eingenommen haben, bezieht allerdings auch er sich wieder auf die angeblich »traditionellen jüdischen Verhaltensmuster« und den unterwürfigen Gehorsam der Judenräte.

Dabei wäre auch für den europäischen Bereich genügend Quellenmaterial für eine differenzierte Darstellung vorhanden. In Polen wurde umfangreiches Material über den jüdischen Widerstand zusammengetragen und zahlreiche Artikel veröffentlicht. Das Jüdische Historische Institut in Warschau, das seine Arbeit unmittelbar nach der Befreiung der ersten polnischen Gebiete aufnahm, erhielt umfangreiche Sammlungen von Originaldokumenten der Widerstandsbewegung. Zu den bedeutendsten zählt das berühmte Ringelblum-Archiv aus dem Warschauer Ghetto. Neben zahlreichen Veröffentlichungen hat das Institut auf dem Gebiet der Forschung wahrhafte Pionierarbeit geleistet. Bernard Mark, der das Institut viele Jahre lang leitete, verfaßte eine Reihe von Büchern über den bewaffneten jüdischen Widerstand, insbesondere über den Aufstand im Warschauer Ghetto.

Das Institut und sein Leiter Mark haben mit der Veröffentlichung jüdischer und deutscher Quellen aus ihren Archivbeständen einen wichtigen Beitrag für die Forschung geleistet. Einziger Nachteil an der Arbeit des Institutes – der sich auch in den Büchern von Mark über die jüdische Widerstandsbewegung und den Warschauer Aufstand widerspiegelt – ist die Tendenz, die Forschung der kommunistischen Ideologie und den jeweiligen Veränderungen in der politischen Landschaft Polens anzupassen. Das hat dazu geführt, daß die Judenräte, deren Mitglieder meist dem jüdischen oder zionistischen Bürgertum entstammten, als Kollaborateure dargestellt wurden. Der Linken hingegen, insbesondere aber ihrem kommunistischen Flügel, wurde das Verdienst zugesprochen, den Kampf und den bewaffneten Widerstand weitergeführt zu haben.

Differenziertere Forschungsansätze entwickelten sich erst zu Beginn der siebziger Jahre. Eine der wichtigsten Ursachen hierfür war der Faktor Zeit. Mit den Jahren stand nicht länger jene emotionale Sicht auf das Thema im Vordergrund, die nach dem Krieg bei einigen Autoren zu einseitigen und extremen Positionen geführt und andere zum Verstummen gebracht hatte. In den Anfangsjahren waren die Studenten und Wissenschaftler, die sich mit den Ereignissen des Holocaust beschäftigten, fast ausschließlich Opfer und Überlebende, während spätere Generationen, die nach dem Krieg aufgewachsen waren, die damalige Zeit und ihre Schrecken mit größerer Distanz betrachten konnten. Durch den Eichmann-Prozeß, der vielen Juden in Israel und im Ausland Details der Ereignisse vermittelte, wurden erstmals einige oberflächliche und falsche Urteile revidiert und ein besseres Verständnis der komplexen Zusammenhänge erreicht.

Auch die Entdeckung neuer Quellen und leichterer Zugang zu den

Dokumenten trugen zu dieser Entwicklung bei. Im Lauf der Zeit erwarb man viele neue Unterlagen über die Widerstandsbewegung. Die Entdeckung und Veröffentlichung von Dokumenten der Judenräte hat dazu beigetragen, ein genaueres Bild der Judenräte zu vermitteln und eine objektivere Analyse der Konflikte zwischen ihnen und den Kampforganisationen zu ermöglichen. In der jüngsten Zeit hat sich diese vergleichende Forschung weiterentwickelt und an Bedeutung gewonnen. Sie untersucht die Verbindungen, die zwischen verschiedenen Einheiten des jüdischen Widerstandes und den weit einflußreicheren Widerstandsorganisationen in den besetzten Ländern bestanden. Es wurde versucht, besondere Aspekte des jüdischen Widerstandes sowie Gemeinsamkeiten und Unterschiede in der Strategie des jüdischen und nichtjüdischen Widerstandes herauszuarbeiten.

Das Dilemma des jüdischen Widerstands

Nach Meinung Hilbergs (und anderer Autoren) gelten nur Aufstand und bewaffneter Widerstand als tatsächlicher Widerstand. Diese Ansicht steht jedoch im Gegensatz zum herrschenden Widerstandsbegriff in der Geschichtsbetrachtung aller anderen Nationen des besetzten Europa. Dort gelten auch wirtschaftliche, kulturelle und ideologisch-politische Maßnahmen als wichtige Etappen auf dem Weg zum bewaffneten Widerstand. Die Juden, vor allem jene in den Ghettos Osteuropas, übten Widerstand, indem sie sich beharrlich weigerten, sich an Gesetze und Verordnungen der nationalsozialistischen Machthaber zu halten. Sie betrieben eine »illegale Wirtschaft«, verfügten über ein heimliches Ausbildungssystem, trafen sich bei verbotenen kulturellen Aktivitäten, übten weiterhin ihre Religion aus und versammelten sich zum Gebet, obwohl dies keineswegs den Weisungen der Besatzungsmacht entsprach.

Ein genaueres Bild der charakteristischen Merkmale der jüdischen Widerstandsbewegung entsteht, wenn man die Situation der Juden nicht isoliert betrachtet. Allein der Hinweis auf den Einfluß alter Traditionen und ein Vergleich der jüdischen Bewegung mit Widerstandsbewegungen in anderen Ländern und Regionen reichen hierfür als Erklärung eben nicht aus. Ein differenzierter Eindruck entsteht erst, wenn man die Zwangslage der Juden mit der Situation anderer Bevölkerungsgruppen vergleicht, die in den von den Nazis besetzten Gebieten Terror und Verfolgung ausgesetzt waren. Bei einer Konferenz, die im Frühjahr des Jahres 1968 in Jerusalem stattfand, wies Henri Michel gegenüber einem Kreis von Wissenschaftlern auf das scheinbar überraschende Phänomen hin, daß auch andere Bevölkerungsgruppen, die Opfer von politischem Machtmißbrauch und Massenmord waren, sich in der Regel nicht gegen ihre Peiniger gewehrt oder um ihr Leben gekämpft haben. Als Beispiel nannte er nichtjüdische Insassen von Konzentrationslagern und sowjetische Kriegsgefangene und Zwangsarbeiter, die aus ihrem Heimatland nach Deutschland gebracht wurden. Er vertrat die Ansicht, daß Millionen von Menschen, die allen Grund gehabt hätten, Widerstand zu leisten, sich passiv in ihr Schicksal ergaben. Diese Erkenntnis deute darauf hin, daß Widerstand nicht zwangsläufig durch Faktoren wie nationale Traditionen oder fest verwurzelte Verhaltensweisen bedingt sei, und sie lenkte den Schwerpunkt der Diskussion auf die Auswirkungen von Verfolgung und die lähmende Wirkung totalitärer Methoden. Michel führte unter anderem das Beispiel sowjetischer Kriegsgefangener an, die in Lagern und durch Vernichtungsaktionen fast ebenso hohe Verluste erlitten wie die Juden, von denen sich allerdings nicht behaupten ließe, sie hätten eine besondere Neigung, sich in ihr Schicksal zu ergeben.

Die Widerstandsbewegung innerhalb der Konzentrationslager, in denen viele Menschen unterschiedlicher Nationalität umgekommen sind, zeichnet sich, so Henri Michel, durch besondere Eigenschaften aus: »Die Widerstandsbewegung in den Lagern stand in enger Verbindung mit anderen Kämpfern innerhalb des besetzten Europas. Oft war der [Widerstand in den] Konzentrationslagern gewissermaßen der verlängerte Arm dieser Bewegungen, zumal manche Aktionen von denselben Menschen, derselben Geheimorganisation oder derselben politischen Partei gelenkt wurden.«

Eine genaue Untersuchung der Widerstandsbewegungen in den Konzentrationslagern zeigt allerdings, daß sie in erster Linie nach Wegen suchten, das Überleben zu sichern, ein menschliches Dasein zu führen, sich gegenseitig zu helfen, politische Schulungen abzuhalten, Kontakte zur Außenwelt herzustellen und Fluchtmöglichkeiten vorzubereiten. Kollektive Aufstände oder Revolten waren selten – und die meisten Aufstände in den Konzentrations- und Todeslagern sind von jüdischen Gefangenen organisiert worden.

Aus jüdischen Dokumenten und Zeugnissen, die durch die Forschung der letzten Jahrzehnte zugänglich gemacht wurden, geht eindeutig hervor, daß es zahlreiche Fluchtversuche in die Wälder gab, um dort Partisaneneinheiten zu bilden. Die Dokumente offenbaren auch Details über Einheiten, von denen man zuvor keine oder nur ungenaue Kenntnis hatte. Manche – durchaus anerkannte – Wissenschaftler haben aufgrund dieser Unterlagen die Anzahl jüdischer und nichtjüdischer Partisanen und anderer Widerstandskämpfer in den besetzten Ländern verglichen. Auf der Basis ihrer Ergebnisse (die etwa vergleichbar waren, eher aber zugunsten der Juden ausfielen) zogen sie weitreichende Schlußfolgerungen über die Rolle der Juden innerhalb der Widerstandsbewegung.

Meiner Ansicht nach sind derartige Statistiken jedoch nicht als Vergleichsgrundlage geeignet. Die Anzahl der Partisanen in Polen oder Norwegen hing von der Situation des jeweiligen besetzten Landes ab und von den politischen Zielen und Aktionsplänen der jeweiligen Widerstandsbewegungen. Die Juden waren als einzige von Deportation und »Endlösung« betroffen. Daher sind Vergleiche zwischen ihnen und anderen Bevölkerungsgruppen nicht sehr aufschlußreich für die Beantwortung der Frage nach dem spezifisch jüdischen Dilemma.

Die Erfahrungen der Zeit und unsere Kenntnisse über den Charakter des Widerstandes und der Widerstandsbewegung zeigen, daß eine ganze Reihe von Faktoren dessen Motivation und Bedeutung in den einzelnen Nationen bestimmt haben, wobei mir historische Traditionen und die Bereitschaft zum Kampf als zwei der wichtigsten erscheinen. Weitere Faktoren sind die Aussicht auf Erfolg, Ausmaß und Methoden der Verfolgung sowie eine ausgewogene und realistische Einschätzung der Möglichkeiten verschiedener Formen des Widerstandes (z. B. ziviler Ungehorsam, kultureller Widerstand, politischer Untergrund oder bewaffneter Aufstand). Eine wichtige Rolle spielt auch, inwieweit die gewählte Führung dem bewaffneten Kampf *zustimmte,* welches Wertsystem eine Gesellschaft prägte und wie die Reaktionen der öffentlichen Meinung ausfielen. Die Juden wurden ausgegrenzt, man begegnete ihnen mißtrauisch und feindselig, und sie waren von der Politik der »Endlösung« bedroht. Entscheidender Faktor aber waren die extremen Unterdrückungsmaßnahmen und der Terror, dem die Juden durch die Rassenpolitik der Nationalsozialisten ausgesetzt waren.   [1]

(Über Israel Gutman vgl. S. 230.)

Nathan Eck
Jüdischer und europäischer Widerstand

»Von allen Ereignissen des Zweiten Weltkrieges wirft der Widerstand die meisten Fragen auf«, bemerkte Henri Michel, einer der führenden Wissenschaftler, die sich mit der Widerstandsbewegung befassen, anläßlich seines Vortrages bei der Ersten Internationalen Konferenz zur Geschichte des Europäischen Widerstandes. Michels Definitionen und Interpretationsansätze weisen unmißverständlich auf angebliche wesentliche Unterschiede zwischen dem jüdischen und dem sonstigen europäischen Widerstand hin, die in der Natur der Sache und den damit verbundenen Problemen begründet lägen.

Nach der Definition von Henri Michel ist Widerstand in erster Linie *»ein patriotischer Kampf zur Befreiung des Landes.* Gleichzeitig bedeutet Widerstand das Erkämpfen von Menschenwürde und Freiheit unter einem totalitären System.« An anderer Stelle greift Michel diesen Gedanken erneut auf: »Widerstand war zuerst und überall ein patriotischer Reflex.« Würde man diese Definition auf den jüdischen Widerstand übertragen, müßte man zu der Schlußfolgerung gelangen (die häufig auch gezogen wird), daß der einzige Aspekt des Widerstandes in Art und Umfang der jüdischen Beteiligung an der allgemeinen Bewegung der europäischen Völker lag. Meiner Ansicht nach trifft dies allerdings nicht zu.

Die jüdische Beteiligung an den Widerstandsbewegungen war zweifellos von besonderer Bedeutung. Obwohl Untersuchungen zu diesem Thema noch nicht abgeschlossen sind, zeichnet sich bereits ab, daß Juden, wenn sie sich am allgemeinen Widerstand beteiligen durften – sofern sie körperlich dazu in der Lage waren –, anderen Widerstandskämpfern in keiner Hinsicht nachstanden. In manchen Regionen zählten sie sogar zu den Begründern und Organisatoren von Widerstandsgruppen, die sich dem Kampf gegen die nationalsozialistischen Besatzer verschrieben hatten. In einigen Ländern wurden Juden jedoch aus verschiedenen Gründen nicht in Untergrundbewegungen aufgenommen. Selbst wenn Juden in die Untergrundbewegung aufgenommen wurden, stießen sie nicht selten auf Ablehnung. Sie wurden diskriminiert und angefeindet, oder man bedrohte sie sogar mit Mord. Es lassen sich kaum alle Hindernisse aufzählen, gegen die Juden zu kämpfen hatten, wenn sie sich dem gemeinsamen Widerstand anschließen wollten. Dennoch beteiligten sich daran prozentual ebenso viele Juden wie andere Europäer. Daher ist es aus politischen und menschlichen Gründen geradezu unsere Pflicht, über den kühnen und mutigen Einsatz unseres Volkes zu berichten.

Dies ist allerdings nur ein Aspekt des jüdischen Widerstandes. Die zweite, wesentlich bedeutsamere Komponente bildet der Widerstand gegen die infamen Pläne der Nationalsozialisten, deren Tragweite erst im Verlauf des Krieges immer deutlicher wurde: die Vernichtung des jüdischen Volkes. Hätten die Nazis gegenüber anderen europäischen Völkern eine vergleichbare Politik geplant und durchgeführt, dann hätten auch dort Motive, Ziele und Auswirkungen der jeweiligen Widerstandsbewegung ohne Zweifel einen völlig anderen Charakter gehabt. Auch jedes andere Volk hätte unter lebensbedrohlichen Bedingungen nicht »in erster Linie einen patriotischen Kampf zur Befreiung des Landes« geführt, sondern vielmehr den Kampf um das physische Überleben in den Mittelpunkt gestellt. Alle Pläne und Aktionen wären naturgemäß auf dieses Ziel gerichtet gewesen – denn was nützt die Befreiung eines Landes und die Freiheit der Menschen, wenn nicht zuerst deren Überleben gesichert ist?

In jedem Land hat eine Widerstandsbewegung die Möglichkeiten und Risiken aller gegen die Unterdrücker geplanten Maßnahmen abzuwägen, damit nicht die Bevölkerung mit hohen Verlusten dafür bezahlen muß. Die Widerstandskämpfer haben dieser Frage immer große Bedeutung beigemessen. Man kann davon ausgehen, daß der europäische Widerstand keine Aktionen geplant hätte, durch die das Leben aller oder eines Teils seiner Mitglieder aufs Spiel gesetzt worden wäre. Nicht den Toten, sondern den Lebenden galt der Kampf zur Befreiung ihres Landes und für die Freiheit der Menschen. Glücklicherweise sind anderen Völkern Europas ein solches Schicksal und die damit verbundenen Schwierigkeiten erspart geblieben – nicht erspart blieb dies dagegen den meisten Juden.

Ziel der Widerstandsbewegungen und derjenigen Staaten, die nicht auf der Seite Hitlers standen, war es, die Verwirklichung möglichst vieler seiner Pläne und Ziele zu verhindern. Dabei stellte sich allerdings die Frage, ob der »Europäische Widerstand« die Vernichtungspläne der Nazis tatsächlich berücksichtigt hat. Wurden Maßnahmen ergriffen, um diese Vorhaben zu vereiteln? Die europäischen Widerstandsbewegungen waren vollständig auf ausländische Hilfe angewiesen, »ohne die sie nicht hätten bestehen können oder zumindest keinen Einfluß gewonnen hätten«. Waffen, Ausrüstung und Weisungen kamen aus London oder Moskau. Zu fragen ist, unter welchen Gesichtspunkten diese Anweisungen ausgegeben wurden und ob wiederholte und entschiedene Befehle zur *Sabotage der Vernichtungspläne* den gleichen Stellenwert hatten wie die Aufforderung zur Sabotage von Verbindungslinien, Treibstofflagern und ähnlichen Einrichtungen. Militärische Erwägungen spielten insgesamt dabei offenbar eine eher untergeordnete Rolle. Michel schätzt die Situation folgendermaßen ein: »Den Alliierten schien eine Bewaffung des Widerstandes eher aufgrund politischer oder psychologischer als aus militärischen Erwägungen erforderlich.« Galt auch der Widerstand gegen die geplante Vernichtung der Juden »aus politischen oder psychologischen Erwägungen als erforderlich«?

Der jüdischen Bevölkerung wurden nach und nach alle Möglichkeiten zum Überleben genommen. In dieser Situation erhoben sich die Massen und die Führer des jüdischen Volkes, um organisierten Widerstand zu leisten. Ja, Widerstand! Gab es ein bedeutenderes lebenswichtiges und patriotisches Ziel für das jüdische Volk, das unbarmherzig zum Tode verurteilt worden war, als den Kampf gegen diese dämonischen Kräfte? Es wäre konsequent und gerecht gewesen, wenn die nichtjüdischen europäischen Widerstandsbewegungen eine ähnliche Linie verfolgt hätten – aber kann es Zweifel darüber geben, daß dies in erster Linie ein Anliegen der Juden war?

Von Beginn an verfolgten die Juden diese besondere Art des Widerstandes: »Sie lernten, Gesetze und Verordnungen der Nationalsozia-

listen zu umgehen oder nicht zu beachten. Die Juden haben sich nie
an alle deutschen Befehle gehalten.« Dies ist die Einschätzung eines
Augenzeugen vor dem Ende des Krieges. Eine ähnliche Aussage aus
derselben Zeit von Rabbi Nissenbaum aus Warschau bestätigt dies:
»In jenen Tagen bedeutete Märtyrertum, sein Leben zu opfern. Der
Feind wollte die Seele, und die Juden boten ihren Körper. Heute will
der Feind den Körper der Juden; es ist unsere Aufgabe, sein Leben zu
beschützen und zu retten.«

Aus der Situation ergibt sich eine zentrale Frage: Welche Möglichkeiten
des Widerstandes blieben den Juden gegen eine Übermacht, die beschlossen hatte, sie zu vernichten? Mit welchen Mitteln konnte die un-
vorbereitete jüdische Bevölkerung gegen die drohende Vernichtung an-
gehen? Sie besaß keine Waffen, konnte sich nicht frei bewegen und war
von Feinden umgeben. Es ist zu bedenken, daß der Feind sich nicht mit
militärischer Macht, Polizeieinheiten und verschiedenen Vernichtungs-
methoden zufriedengab, sondern gleichzeitig eine Politik der gezielten
Täuschung betrieb: eine Bevölkerung, die ohnehin schon im Elend lebte, wurde mit Lügen und Illusionen, mit Fallen und falschen Versprechungen zusätzlich verunsichert. Es ist allgemein bekannt, daß die meisten Juden, die in die Lager gebracht wurden, bis zuletzt nicht glauben
konnten, daß sie dem Tod geweiht waren. Aber selbst wenn die meisten
von ihnen um ihr Schicksal gewußt hätten, wie hätten sie darauf reagieren sollen und können? Bereits während des Krieges, vor allem aber
nach dessen Ende, wurde oft die Einschätzung geäußert, daß die zum
Tode verurteilten Juden viel zu apathisch auf die Ereignisse reagiert und
sich in ihr Schicksal ergeben hätten. Aber auch diejenigen, die diesen
Einwand erheben – vorausgesetzt, sie sind verantwortungsbewußt und
gut informiert –, wissen keine Lösung, wie die drohende Vernichtung
hätte abgewendet werden können.

Der Versuch, Zeit zu gewinnen, schien die einzige Möglichkeit, dieses
Ziel zu erreichen. Es war offensichtlich, daß die Zeit gegen die Nazis
und für die Juden arbeitete. Deshalb versuchten die meisten Führer
der jüdischen Gemeinden, die Vernichtung mit Hilfe aller erdenklichen Manöver, durch Bestechung und List sowie dadurch abzuwen-
den, daß sie bestimmte Juden als fähig und unentbehrlich hervorho-
ben. Selbst wenn es ihnen nicht gelang, das Leben aller Juden zu retten, so konnte die Verzögerungstaktik doch wenigstens einige vor

dem Tod bewahren. Allerdings ist nicht zu leugnen, daß manche jüdischen Führer sich gewissen Gruppen der jüdischen Gemeinschaft gegenüber äußerst grausam und verächtlich verhielten. Dies ist durch nichts zu rechtfertigen oder ungeschehen zu machen. Man sollte andererseits aber auch nicht alle jüdischen Führer pauschal verurteilen, ohne die jeweiligen Umstände genauer zu betrachten.

Es erscheint mir notwendig bzw. geradezu als wichtige Aufgabe, den jüdischen Standpunkt während dieser katastrophalen Zeit unvoreingenommen zu untersuchen und unsere Situation in den besetzten Ländern mit derjenigen in freien Staaten zu vergleichen. Oberflächliche und ungerechtfertigte Kritik an Juden, die im Ghetto leben mußten, lehne ich ab. Wir müssen uns davor hüten, die bekannte Wendung gebetsmühlenartig zu wiederholen: »Wie Schafe haben sie sich zur Schlachtbank führen lassen!« In den Ghettos gab es viele Beispiele für großen Mut, Tatendrang, Kampfeslust und Rachegefühle sowie die Bereitschaft zur Selbstaufopferung. Das Tragische an der Situation war jedoch, daß keine ausreichenden Voraussetzungen bestanden, diese Bestrebungen auch befriedigend in die Tat umzusetzen.

Es gibt Anzeichen dafür, daß die genannten Platitüden und eine gewisse Neigung zur Selbstgeißelung, die bei uns weit verbreitet ist, die Aufmerksamkeit unserer Feinde angezogen haben. Sie machen sich das zunutze, um ihre Ziele durchzusetzen. Es ist durchaus denkbar, daß ehemalige Nazis, Neonazis, andere Kriminelle oder deren Handlanger in naher Zukunft folgende »Theorie« vorbringen könnten: Wären die Juden weniger feige gewesen, hätten sie Widerstand geleistet und versucht, die kriminellen Pläne zu ihrer eigenen Vernichtung zu vereiteln, dann wäre es für diejenigen, die vor solchen Taten zurückschreckten, einfacher gewesen, Himmler und Heydrich den Gehorsam zu verweigern. Eine solche Verleumdung ihrer Opfer erleichtert das Gewissen der Verbrecher, weil dadurch scheinbar ihre eigene Verantwortung für das Verbrechen geringer wird. Doch nebenbei gesagt: Gab es überhaupt größere, verachtungswürdigere Feiglinge als die nationalsozialistischen Mörder? Ist nicht der Mord an Frauen und Kindern, Alten und Kranken durch gesunde Menschen, die bis an die Zähne bewaffnet sind, der Gipfel der Feigheit? Ihre Schamlosigkeit und Arroganz währten nur so lange, wie sie die deutschen Machthaber auf ihrer Seite wußten, die jederzeit bereit waren, sich hinter sie zu stellen. Das Bild von einer Handvoll SS-Männer, die ganze jüdische Gemeinden in den Tod schickten, ist irreführend. Nicht sie allein haben die Juden auf dem Gewissen, sondern mit ihnen die zahlreichen Soldatenbataillone, die jederzeit Artillerie und Flugzeuge gegen Juden einsetzen konnten! Zahlreiche Augenzeugen erlebten die unvorstellbare Feigheit der Nazis. Sie gebärdeten sich nur dann schamlos und arrogant, wenn sie ihren unbewaffneten Opfern überlegen waren. Sie wagten es jedoch nie, ein Haus im Ghetto ohne große Eskorte zu betreten. Hier zeigt sich, wie Nazis unsere Neigung zur Selbstgeißelung und Selbstkritik ausnutzten, um die Erinnerung an ihre Opfer in den Schmutz zu ziehen und zu beleidigen.   [2]

(Nathan Eck wurde in Polen geboren und war vor dem Krieg Publizist, Direktor des jüdischen Gymnasiums in Lodz und führendes Mitglied der linkszionistischen Organisation »Hitachdut« in Polen. Später war er Redakteur der Zeitung des Untergrundes im Warschauer Ghetto »Slowo Mlodych« sowie Leiter des illegalen Gymnasiums. Seine Kampfgenossen besorgten ihm einen südamerikanischen Paß. Er wurde Ende 1943 im Internierungslager Nr. XIII in Biberach / Riß als feindlicher Ausländer inhaftiert. Von dort wurde er ins Lager Vittel in Ostfrankreich verlegt, wo er Jizchak Katzenelson (siehe S. 88-89) traf, mit dem er vor dem Krieg in Lodz befreundet war. Eck mußte Katzenelson versprechen, das von ihm verfaßte große poetische Werk »Dos lied vunem ojsgehargetn jidischn volk« herauszugeben, sollte der Dichter den Krieg nicht überleben. Im April 1944 wurde Eck zusammen mit seiner Familie aus Vittel nach Auschwitz deportiert, aber es gelang ihm, vom Zug abzuspringen und nach Paris zurückzukehren. Im Februar 1945, noch vor Ende des Krieges, gab er Katzenelsons Werk im jiddischen Original in Paris heraus. Dr. Nathan Eck ging später nach Israel. Er war Autor vieler Essays und Bücher, u. a. eines bedeutenden Werkes über die Schoa, das 1972 in Tel Aviv erschien. Er starb in Tel Aviv am 22. Februar 1982.)

II. DEUTSCHLAND

Im Jahr 1933 lebten in Deutschland 500.000 Personen, die sich zum jüdischen Glauben bekannten. 5.000 Juden lebten im Saargebiet, das 1935 ins Reich eingegliedert wurde. Sie stellten 0,77 % der Bevölkerung. 56.000 in Deutschland lebende Juden waren polnische Staatsbürger. In Berlin gab es 160.000 Juden, 30.000 in Frankfurt. Am 1. September 1944 lebten nur noch 14.574 Juden in Deutschland. 200.000 Juden wurden ermordet. 346.000 gelang die Auswanderung oder Flucht. 70.000 deutsche Juden wurden aus den europäischen Exilländern deportiert und ermordet. 15.000 Juden, die in sogenannten privilegierten Mischehen lebten, haben die Nazizeit legal überlebt, 5.000, meist in Berlin, überlebten im Untergrund. Etwa 70.000 Juden vieler Nationalitäten überlebten in KZs in Deutschland, ein Fünftel von ihnen starb kurz nach der Befreiung.

Chronik der Ereignisse

1933

30. Januar	Machtergreifung durch die NSDAP, Hitler wird Reichskanzler.
28. Februar	Verordnung zum Schutze von Volk und Staat: Aufhebung der bürgerlichen Rechte.
24. März	Ermächtigungsgesetz
1. April	Boykott aller jüdischen Geschäfte.
4. April	Titelschlagzeile im Organ der deutschen Zionisten (»Jüdische Rundschau«): »Tragt ihn mit Stolz den gelben Fleck«.
26. April	Gründung der Gestapo.
10. Mai	Öffentliche Bücherverbrennung. Bis 1942 werden unzählige Erlasse, Verordnungen und Verbote verkündet, die die Rechte der deutschen Juden drastisch beschneiden, ihnen das Leben außerordentlich erschweren und sie zur Auswanderung zwingen. 37.000 Juden wandern 1933 aus.

| 1934 | 23.000 Juden wandern aus. |

1935

15. September	Erlaß der Nürnberger Gesetze.
14. November	Aberkennung aller Rechte für Juden, Verbot von »Mischehen«.
	21.000 Juden wandern aus.

| 1936 | 5.000 Juden wandern aus. |

1937

| 15. Juli | Die vom Völkerbund garantierten Minderheitenrechte für Juden in Oberschlesien werden aufgehoben. |
| | 23.000 Juden wandern aus. |

1938

13. März	»Anschluß« Österreichs an Deutschland. Beginn der Judenverfolgung dort.
6. Juni	Die internationale Flüchtlingskonferenz in Evian endet ohne Ergebnisse.
17. August	Juden müssen die zusätzlichen Vornamen Sara und Israel tragen.
20. August	Eichmann errichtet in Wien eine »Zentralstelle für jüdische Auswanderung«.
29. September	Münchener Abkommen, Teile der Tschechoslowakei werden den Nazis ausgeliefert.
28. Oktober	17.000 polnische Juden werden durch Zwangstransporte ausgewiesen.
7. November	Attentat Herschel Grynszpans auf v. Rath in Paris.
9.-11. November	Pogrome, Synagogenverbrennungen, Demolierung von 7.000 Geschäften, Morde und Verschleppung von 30.000 Juden in KZs.
12. November	Goering ordnet die Zahlung einer »Sühneleistung« von einer Milliarde Mark an. Ausschaltung der Juden aus der Wirtschaft.

3. Dezember	Verordnung über den Zwangsverkauf jüdischen Eigentums.

1939

30. Januar	Hitler verkündet im Reichstag die »Vernichtung der jüdischen Rasse in Europa« im kommenden Krieg.
15. März	Beginn der antijüdischen Maßnahmen und Einführung der Nürnberger Gesetze.
17. Mai	Zahl der Juden in Deutschland: 213.930.
4. Juli	Zwangsgründung der »Reichsvereinigung der Juden in Deutschland« unter Leitung der Gestapo.
20. Juni	Die Briten ordnen die Einstellung der Einwanderung von Juden nach Palästina an.
1. September	Deutschland entfesselt den Zweiten Weltkrieg. Vom 1. Januar 1938 bis zum Kriegsausbruch sind 157.000 Juden ausgewandert.
27. September	Heydrich wird Chef des Reichssicherheitshauptamtes, in welchem alle nazistischen Terrororganisationen zusammengefaßt sind.
21. Dezember	Eichmann wird Leiter des Judenreferates IV B4.

1941

7. März	Einführung der Zwangsarbeit für deutsche Juden.
19. September	Pflicht zum Tragen des gelben Sterns.

1942

20. Januar	Während der Wannsee-Konferenz wird die Ermordung aller Juden Europas verkündet.

1945

8. Mai	Deutschland kapituliert bedingungslos, Ende des Krieges.

1946

1. Oktober	Urteilsverkündung im Nürnberger Hauptkriegsverbrecher-Prozeß, Todesstrafe für zwölf Angeklagte.

WERNER JOCHMANN
Zur Problematik des Widerstandes deutscher Juden

Je größer der Abstand zur Zeit der Verfolgung und Ermordung deutscher Juden wird, desto bohrender wird gefragt, warum sie sich im nationalsozialistischen Deutschland so widerstandslos aus dem öffentlichen Leben verdrängen und diskriminieren ließen, warum sie sich gegen ihre Vernichtung nicht mit aller Kraft auflehnten. So verständlich eine solche Frage auf den ersten Blick angesichts des furchtbaren, noch immer unfaßbaren Verbrechens auch erscheint, so zeugt sie doch von unzureichenden Kenntnissen über die in Deutschland lebenden Juden und ihre Beziehungen zur Umwelt. Wer sich an Erörterungen dieser Art beteiligt, der geht in der Regel von der falschen Vorstellung aus, die Juden seien eine homogene, von der übrigen deutschen Bevölkerung klar abgegrenzte Gruppe gewesen. Nicht selten werden dabei – wenn auch zumeist unbewußt – die Argumente der Judenfeinde übernommen, nach denen die Angehörigen dieser Minderheit »Fremdlinge« in der deutschen Gesellschaft gewesen seien. Falsche Thesen dieser Art führen zu falschen Schlüssen.

Die Juden waren in Deutschland seit der Römerzeit seßhaft, und die Mehrzahl von ihnen liebte dieses Land wie jeder andere Deutsche. Ihr Schicksal war in Jahrhunderten mit der deutschen Geschichte aufs engste verwoben, und seit Beginn des 19. Jahrhunderts beteiligten sie sich in allen Bereichen am Prozeß der Modernisierung des wirtschaftlichen und gesellschaftlichen Lebens. Sie waren daher so vielfältig mit der Volksmehrheit verbunden, daß auch die Gruppe der Juden wie diese sozial, religiös und politisch gegliedert und differenziert waren. Selbst diejenigen Juden, die sich angesichts des Antisemitismus in der deutschen Bevölkerung mehr und mehr von ihr abgrenzten, waren noch in ihrem geistigen und gesellschaftlichen Habitus von ihrer Umwelt geprägt.

Unter diesen Umständen haben die Juden auf die Bedrohung durch den Nationalsozialismus kaum anders reagiert als die Mehrheit der deutschen Hitlergegner. Sie erkannten als Betroffene die Gefahr oft früher und klarer, aber sie teilten als Kommunisten, Sozialdemokraten, Gewerkschafter, Liberale, Konservative unterschiedlichster Prägung die Vorstellungen, Irrtümer und Illusionen ihrer Partei oder

Gruppe. Als Geschäftsleute, Akademiker oder Beamte waren sie ebenso standhaft oder kleinmütig wie ihre nichtjüdischen Berufskollegen, sie trafen sich mit anderen gleichaltrigen Deutschen in ihrer Skepsis oder in den verschiedenartigsten Erwartungen. Tatbereit waren nur junge Menschen.

Die Juden, die fest in ihrem Glauben wurzelten und schon vor 1933 gelernt hatten, sich ohne Einvernehmen mit der deutschen Bevölkerung zu behaupten und durchzusetzen, empfanden die Ereignisse des Jahres 1933 und die damit beginnende Zeit der Entrechtung nicht als einen so schweren Schock wie jene, die sich bereits ganz oder teilweise vom Judentum gelöst hatten. Sie besaßen den Rückhalt in ihren Gemeinden und Organisationen und hofften, die Verfolgung als jüdische Schicksalsgemeinschaft überstehen zu können. Sie spannten angesichts der Benachteiligung ihre Kräfte an, um die Widrigkeiten des Alltags besser zu bestehen und den Willen zur Selbstbehauptung zu stärken.

Sehr viel schwieriger war die Lage der Juden, die sich weithin an die deutsche Umwelt angepaßt hatten, die sich Parteien, Verbänden und anderen nichtjüdischen Organisationen angeschlossen hatten und dort auch geistig beheimatet waren. Sie hatten vor 1933 mit Genossen, Kollegen und Parteifreunden kollektive Abwehrstrategien gegen die NSDAP entwickelt. Nach der raschen Abdankung des liberalen und konservativen Bürgertums 1933 und der schnellen und widerstandslosen Liquidierung der organisierten Arbeiterbewegung waren sie ohne Rückhalt und weithin verunsichert. Je nach Alter und Intensität der persönlichen Bindungen leisteten einzelne in ihren Gruppen Widerstand. Sie standen für ihre politische Überzeugung ein und verteidigten die Ideale, für die sie vorher schon gestritten hatten. Wer sich vor 1933 innerlich gefestigte und zuverlässige Freunde gewählt hatte – so äußerte ein engagierter Linksliberaler in einem Gespräch –, der behielt sie auch nach 1933. Er konnte mit ihnen dem Terror begegnen.

Wer diese dauerhaften Bindungen nicht besaß, wessen Parteifreunde oder Verbandskollegen kleinmütig und resigniert aufgaben oder ihre Widerstandsgruppen durch die Mitarbeit von Juden nicht zusätzlich gefährden wollten, der fand keinen Rückhalt für entschiedenen Widerstand. Diese Menschen mußten sich – zumal in kleinen Orten – in einer Umgebung von Begeisterten oder Angepaßten, von Furchtsamen und Eingeschüchterten behaupten. Das aber war besonders schwer. Als einzelner in einer solchen Umwelt und unter so extremen Bedingungen Widerstand zu leisten, war praktisch unmöglich, zumal in den meisten Fällen Rücksichten auf Frauen oder Kinder, auf alte oder kranke Eltern oder Angehörige die Entscheidung erschwerten.

Aus der Rückschau und einer veränderten Bewußtseinslage heraus wird bei der Beurteilung des Verhaltens der Juden noch ein weiterer Faktor übersehen. Wer nicht als revolutionärer Marxist oder radikaler Pazifist in Opposition zur bestehenden politischen Ordnung in Deutschland gestanden hatte – und das traf entgegen der Behauptungen der Nationalsozialisten nur für eine verschwindend kleine Gruppe der deutschen Juden zu–, der war kaum in der Lage, binnen kurzer Zeit zu einer Fundamentalopposition gegen den Staat überzugehen. Das hat auch keiner der anderen Deutschen vermocht, auch wenn er ein noch so erklärter Gegner der Nationalsozialisten war. In ihrer Mehrheit waren die deutschen Juden Bürger, die sich nur schwer entscheiden konnten, ihr Werk oder ihren Beruf aufzugeben, sich von liebgewordenen Arbeiten und Vorstellungen zu trennen. Es erschien den meisten undenkbar, sich gegen einen Staat zu wenden, den man zwar mit Mängeln behaftet und in der Hand von brutalen Machtmenschen wußte, aber doch noch immer als den eigenen ansah. Es lag außerhalb des Vorstellungsvermögens, den Staat als Werkzeug des Verbrechens und der Vernichtung zu betrachten.

Die deutschen Juden waren viel zu stark mit der geistigen Tradition ihrer Heimat verwachsen, sie liebten die deutsche Kultur, die sie ebenso wie die Wissenschaft gemehrt und gefördert hatten, zu sehr, als daß ihnen die Abkehr vom Land ihrer Väter und vielfach auch ihres eigenen Schaffens in wenigen Jahren möglich gewesen wäre. Sie lebten vielfach mehr in der Welt des Geistes und dieser Kultur als in der rauhen Alltagswelt mit beispielloser Wirtschaftsnot, politischen Gewalttaten und systematischer Herabsetzung und Diffamierung Andersdenkender. Namentlich die älteren – und unter den etwa 500.000 in Deutschland lebenden Juden gab es einen hohen Prozentsatz von ihnen – konnten sich mit dem Wandel der politischen Kultur nur schwer abfinden.   [3]

Arnold Paucker
Jüdischer Widerstand in Deutschland

Nach der Vernichtung des europäischen Judentums hatte sich lange
Zeit das Bild vom Juden als wehrlosem Opfer eingebürgert. Daß Millionen hilfloser, unschuldiger Menschen in den Tod getrieben wurden, wird heute nur von neonazistischen Pseudohistorikern bestritten; daß es aber allerorts ohne jüdischen Widerstand geschah, ist
natürlich falsch und von befugter Seite eindrücklich widerlegt
worden.

In Deutschland selbst hat es praktisch keinen bewaffneten Widerstand gegeben, und somit gab es auch keinen bewaffneten jüdischen
Widerstand. Nur ein Irrsinniger kann nachträglich den Juden Vorhal-
tungen darüber machen, daß sie sich unter der NS-Diktatur nicht in
militärische Abenteuer stürzten. Über derartige Torheiten wollen wir
keine Zeit verlieren. Aber deutsche Juden konnten sehr wohl – nach
ihrer Emigration – den Kampf gegen Nazideutschland aufnehmen,
und das haben sie auch getan. Hunderttausende von ihnen dienten in
den Armeen der Alliierten, und die Tatsache, daß sie aus Deutschland
stammten, machten viele von ihnen besonders geeignet für riskante
und geheime Operationen. Auch hier soll nicht vergessen werden,
daß junge Juden aus Deutschland zu den ersten zählten, die sich 1936
zur Internationalen Brigade meldeten. Hunderte kämpften für die
Freiheit des spanischen Volkes (so z. B. eine ganze Gruppe, die geschlossen über Holland nach Spanien ging). Später sind Aktivisten
des jüdischen Widerstands aus Deutschland entkommen und zu den
Untergrundbewegungen der besetzten Länder gestoßen, denen sich
bereits viele deutsch-jüdische Flüchtlinge angeschlossen hatten. Sie
waren im französischen Maquis, in den Garibaldi- und Matteotti-Bri-
gaden Norditaliens und bei Titos Partisanen. Gerade bei den deutschen Juden gilt es, Widerstandsbereitschaft in bezug zu Kampfbe-
reitschaft zu setzen. Eine ganze Generation deutscher Juden kämpfte
an allen Fronten gegen den Faschismus.

Der illegale, antifaschistische jüdische Widerstand ist bis 1970 von der
deutsch-jüdischen Geschichtswissenschaft so gut wie ausgeklammert
worden. Gegen Widerstand gab es leider Widerstand, wobei ich auch
mein eigenes Leo-Baeck-Institut von der Kritik nicht ausnehmen

kann. Diese Einstellung ist nicht zuletzt mit einem gewissen Unvermögen verbunden, jüdische Verhaltensweisen unter dem NS-Regime kritisch zu beleuchten. So wurde in die geschichtliche Untersuchung zunächst allenfalls der »Aufbau im Untergang« einbezogen, d.h. die konstruktive jüdische Leistung zur Zeit der nationalsozialistischen Verfolgungen. Hier gab es Vorbehalte und Hemmungen, die man verstehen und respektieren muß. Die Gründer des ersten deutsch-jüdischen Instituts der Nachkriegszeit waren zum Teil Funktionäre, die in die Geschehnisse selbst verwickelt waren. Die Beziehungen der »unfreien« jüdischen Repräsentanten zu den Vertretern und Schergen der braunen Machthaber waren komplex und geben zu vielen Fehlinterpretationen Anlaß. Hier wurde meiner Meinung nach aus unnötiger Ängstlichkeit heraus das Feld allzu oft Unbefugten überlassen, die Geschichtsklitterei betrieben, und so sind Zerrbilder jüdischen Verhaltens entstanden, die noch heute herumgeistern. Mit »Aufbau im Untergang« alleine war es eben nicht getan. Die Unterlassungssünden beruhten ferner auf der Tatsache, daß der politische Widerstand gegen den Faschismus von einer jugendlichen Minderheit getragen wurde, die mit der etablierten jüdischen Gemeinschaft oft nur lose verbunden war und die schon deswegen von den älteren jüdischen Historikern einfach ignoriert wurde.

Ein grundlegender Wandel fand statt, als eine jüngere Generation von jüdischen und nichtjüdischen Fachhistorikern die deutsch-jüdische Geschichtswissenschaft übernahm. Der Umschwung setzte um 1970 ein und führte dazu, daß eine beachtliche Literatur entstand. Das Hohelied jüdischen Widerstands wird in ihr zu Recht gesungen, aber der Wandel und die Gegenreaktion auf die frühere Vernachlässigung brachte es auch mit sich, daß dabei Pauschalurteile gefällt wurden, die von der Hilflosigkeit und Passivität bis hin zum Mythos der Kollaboration der offiziellen jüdischen Repräsentanz reichen. Eine derartige Gegenüberstellung von Heroen und Schwächlingen ist ebenso unangebracht wie fragwürdig. Das Standardwerk von Konrad Kwiet und Helmut Eschwege über den jüdischen Widerstand hat daher auch umfassend alle Formen jüdischer Auflehnung gegen die NS-Diktatur dargestellt. Auch ich gehe hier davon aus, daß wir bei einer Würdigung des jüdischen Widerstands die Thematik nicht auf die politische, antifaschistische Arbeit einengen sollten.

Daß die Juden als Gruppe, die jüdische Religionsgemeinschaft als solche – eine jüdische Elite als Vertretung der deutschen Juden – in einem gleichgeschalteten Land, dessen demokratische Organe schmählich versagt hatten oder brutal zerschlagen worden waren, so etwas wie einen direkten politischen Widerstand hätten wagen können, gehört ganz einfach in den Bereich der Wahnvorstellungen. Es hat aber viele Formen jüdischen Widerstrebens gegen staatliche Maßnahmen gegeben, die zuweilen an politischen Widerstand grenzen. In den offenen Protesten und den vielen Interventionen bei den nationalsozialistischen Behörden und der Reichsregierung hat zudem ein Sprachgebrauch geherrscht, der geradezu frappierend erscheint, wenn man bedenkt, daß es sich um die Vertreter einer wehrlosen Minderheit handelte.

Der antifaschistischen Untergrundarbeit jüdischer Jugendlicher stand die »Reichsvertretung« – wie die überwältigende Mehrheit der deutschen Juden – ablehnend gegenüber, soweit sie von ihr überhaupt Kenntnis nahm; offiziell ignorierte sie sie einfach, jedenfalls bis zum Kriegsausbruch, und später suchte sie sie zu bremsen oder einzudämmen. Dafür müssen folgende Gesichtspunkte in Betracht gezogen werden:

1. Die jüdische Gemeinschaft war völlig isoliert und gänzlich wehrlos. In dieser Beziehung nahm sie eine Sonderstellung ein, mit der keine »deutsche« Gruppe konkurrieren konnte. Jüdische Gemeinden waren Gesamtgeiseln für gefügiges Verhalten und mußten später im Krieg für die Handlungen ihrer Jugendlichen büßen. (Zuvor war z.B. der Reichsausschuß der Jüdischen Jugendverbände ihr Bürge gegenüber den NS-Behörden.)

Als Vergeltung für den Anschlag auf die Nazi-Propagandaausstellung »Das Sowjetparadies« im Berliner Lustgarten durch die Baum-Gruppe wurden beispielsweise 500 Juden verhaftet, von denen die Hälfte sofort von der SS erschossen und die restlichen 250 später in Sachsenhausen »liquidiert« wurden. Jüdische Funktionäre hatten vergeblich versucht, diese Aktion der Baum-Gruppe zu unterbinden, die in ihrer »jüdisch-kommunistischen« Verquickung nicht gerade eine Glanzidee war. Selbst einige Gruppenmitglieder hatten dagegen opponiert. (Sie setzten sich frühzeitig ab und zählten zu den wenigen Überlebenden der Baum-Gruppe.)

Da die verbliebenen jüdischen Führer 1942 nicht mit Sicherheit wissen konnten, daß das Todesurteil über alle Juden bereits ausgesprochen war, muß man ihre kritische Haltung verstehen. Das ändert nichts an unserer Bewunderung des Heldenmuts dieser jungen Juden.

2. Der antifaschistische Aktivismus wurde überwiegend von jüdischen Jugendlichen getragen, die sich in erster Linie der deutschen Arbeiterbewegung und nicht der jüdischen Gemeinschaft verpflichtet fühlten, obwohl jüdische Gesichtspunkte auch unter ihnen stärker hervorzutreten begannen. Viele von diesen jungen Sozialisten und Kommunisten waren Atheisten und sind eher als »Randjuden« zu bezeichnen. Die deutschen Juden waren in ihrer Mehrheit eine religiös und politisch liberale Gemeinschaft.

3. Das Hauptkontingent des jüdischen Widerstandes waren jugendliche Kommunisten. Sie standen zunächst gänzlich außerhalb einer Gemeinschaft, die in der Weimarer Republik zu 95 % den Kommunismus verneint hatte und für eine revolutionäre Umwälzung der bestehenden Gesellschaftsordnung ohnehin nicht zu haben war. Und es waren eben gerade Kommunisten, die z.B. die jüdischen Jugendverbände unterwanderten und für ihre Ziele benutzten.

4. Schließlich die KPD-Propaganda in Nazi-Deutschland überhaupt. Die nicht gerade von einem Genius geprägten Schablonen der Weimarer Zeit in bezug auf die »Judenfrage« wurden leider – jedenfalls bis zur Reichpogromnacht – beibehalten. (Es besserte sich später.) Ganz abgesehen davon mußten die jüdischen und nichtjüdischen Genossen die von Moskau diktierte Parteilinie bis über den Hitler-Stalin-Pakt hinaus brav schlucken (was für die jüdischen Genossen noch ein Sonderproblem darstellte). Sechs Jahre lang jedenfalls entbehrte die KPD-Propaganda nicht der Stereotypen aus der Zeit der Weimarer Republik. Daß der Antizionismus dabei Juden wie Nichtjuden eingebleut wurde, versteht sich von selbst. Doch das will ich nicht weiter herausstellen, denn schließlich waren ja die meisten deutschen Juden selbst unter der NS-Diktatur keine Zionisten geworden. Und der Antizionismus eines Verbandes Nationaldeutscher Juden oder eines Reichsbundes Jüdischer Frontsoldaten wurde von den Kommunisten auch nicht gerade überboten. Betrüblicher ist schon, daß über Jahre hinweg die ungeschickte und gefährliche »Ob Christian oder

Itzig, das Geschäft bringt's nun mal mit sich / Ob Jude oder Christ,
Kapitalist ist Kapitalist«-Variante eifrigst propagandistisch ausgebeutet wurde, bis es in Deutschland keine jüdischen Kapitalisten mehr
gab.

Dies zum Verständnis der Problematik, die sich hier für die offiziellen
Vertreter des deutschen Judentums ergab. Gerade die Propaganda der
Kommunisten muß man hierbei unter die Lupe nehmen, die von ar-
gen Geschmacklosigkeiten begleitet war, die aus taktischen Gründen
in der Weimarer Zeit vielleicht noch verständlich gewesen sein mögen, doch nun unter der nationalsozialistischen Herrschaft für kaum
einen Juden akzeptabel sein konnten. Diese Dinge müssen ausgesprochen werden und dämpfen natürlich auch ein wenig unsere Anerkennung dieser antifaschistischen jüdischen Aktivität. Andererseits stand
nach der Pogromnacht die kommunistische Untergrundpresse im
Zeichen vorbildlicher Solidarität mit der drangsalierten jüdischen Bevölkerung. »Gegen die Schmach der Judenpogrome!« lautete die
Schlagzeile der »Roten Fahne«, die in den Novembertagen des Jahres
1938 nachts in den Arbeitervierteln Berlins unter die Türen geschoben
wurde. Und überhaupt – schon in Anbetracht der großen Opfer, die
sie gebracht haben, sind und bleiben die Kommunisten die Helden
des deutschen Widerstands.

Ein besonders günstiger Nährboden für das Schüren antifaschistischer Gesinnung und die Entfaltung von Anti-Nazi-Aktivität war die
jüdische Jugendbewegung. Damit soll hier nicht der Eindruck er-
weckt werden, daß sie diesem Ziel hauptsächlich diente. Dies wäre
eine ganz unsinnige Behauptung. Die jüdischen Jugendverbände spie-
gelten in ihrer Haltung alle jüdischen Richtungen wider und erstreck-
ten sich von deutsch-betont (Schwarzes Fähnlein und Vortrupp) und
rechtszionistisch *(Betar)* bis zur äußersten Linken. Sie waren zumeist
entweder jüdisch-liberal oder sozialistisch-zionistisch orientiert, wobei die zionistische Jugendbewegung ständig zunahm und die Vorbereitung Jugendlicher zur Auswanderung nach Palästina eine immer
stärkere Rolle spielte.

Was die zionistischen Jugendbünde betrifft – das galt gewiß für viele
Mitglieder der Werkleute, des *Haschomer Hazair*, auch *Habonim*, oder
der *Borochov*-Jugend –, so wurden sie (ich erinnere mich) etwa folgendermaßen indoktriniert: Natürlich sympathisierten wir mit dem

illegalen antifaschistischen Kampf der deutschen Arbeiterklasse, nur war dies nicht mehr unsere Aufgabe, da wir jetzt keine Deutschen mehr waren. Unsere Sache war es nun, nach Palästina zu gehen und ein sozialistisches Eretz Israel zu errichten. Nur gab es dann diejenigen, die meinten, daß man das eine tun könnte und dabei das andere nicht lassen müßte.

Die jüdische Jugendbewegung besaß andere hervorstechende Merkmale. Sie führte ein Sonderdasein im Dritten Reich, denn in einem sonst gleichgeschalteten Deutschland lebten in ihr alle Traditionen der deutschen Jugendbewegung fort – die der elitären Pfadfinderbünde sowie der sozialistischen Jugendverbände. In sie mündeten viele Gruppen von jüdischen Jugendlichen, die den aufgelösten deutschen Jugendverbänden oder den Jugendorganisationen der linken Parteien angehört hatten. Ihre »deutsche« Vergangenheit konnten sie nicht so leicht abschütteln. Bis zum Verbot der jüdischen Jugendverbände existierte hier – im totalitären Deutschland – jahrelang eine Oase freiheitlichen Denkens, trotz allem »Führergebaren« und den ihnen sonst angekreideten autoritären Zügen, die man ebenfalls der deutschen Umwelt verdankte. Auch die starke sozialistische Ausrichtung eines Kerns der zionistischen Jugendgruppen, die bereits in der Weimarer Republik existiert hatten, soll hier noch einmal betont werden. Obwohl dies nicht für die gesamte jüdische Jugendbewegung gelten konnte, ist die Feststellung gerechtfertigt, daß dort nicht nur viele Tausende von Jugendlichen eine jüdische und zionistische Erziehung genossen, sondern teilweise auch – unter den Augen der Gestapo – eine sozialistische und antifaschistische Erziehung erhielten.

Es war ein Problem jeder politischen Widerstandsaktion deutschjüdischer Antifaschisten, daß sie als Juden besonders stark gefährdet waren – dies bezeugt auch lebhaft ihre Selbstaufopferung – und daß sie durch die zunehmende Isolierung der jüdischen Bevölkerung auch ihre deutschen Genossen durch ihre exponierte Position immer mehr in Gefahr brachten. Dies bedarf keiner weiteren Ausführungen. Es wurde daher auch z.B. zur Politik der KPD, nach der Verkündung der Nürnberger Gesetze jüdische Widerstandszellen separat zu halten. Junge jüdische Kommunisten folgten den Parteiinstruktionen, indem sie sich in jüdische Organisationen hineinsetzten, während ihre deutschen Genossen in deutschen Verbänden untertauchten. Und die

Kommunisten waren nicht die einzigen, die das systematisch betrieben. Das Hineingehen in die jüdischen Organisationen diente zwei Zwecken: zum einen der Tarnung, zum anderen der Rekrutierung junger Juden für die antifaschistische Propaganda. Die Infiltration einer Reihe von jüdischen Jugend- und Sportorganisationen ist hinreichend belegt. Wenn wir hier den Ring-Bund Deutsch-Jüdischer Jugend, den Schwarzen Haufen, die Werkleute, den *Haschomer Hazair*, den *Makkabi* und *Bar Kochba* nennen, ist die Liste damit nicht erschöpft. Auch im Schwarzen Fähnlein haben »antifaschistische« Zellen existiert, wofür es an Beweisen nicht mangelt. Ganz besonders stark war der nichtzionistische Bund Deutsch-Jüdischer Jugend unterwandert worden, worüber uns sein in den Vereinigten Staaten lebender ehemaliger Bundesführer erst kürzlich seine Ahnungslosigkeit und Entrüstung versicherte. Es handelt sich hier um Hunderte von jüdischen Jungen und Mädchen, die im Dritten Reich in gewisser Weise ein Doppelleben führten.

Historiker des Widerstands deutscher Juden gegen die NS-Diktatur haben schon vor Jahren errechnet, daß es ungefähr 2000 junge jüdische Menschen gewesen sein dürften, die zwischen 1933 und 1943, zu verschiedenen Zeitpunkten, aktiv in der direkten antifaschistischen Untergrundarbeit tätig gewesen sind. Wenn man dabei im Auge behält, daß die jüdische Bevölkerung im Januar 1933 bis zum Kriegsausbruch im September 1939 von 550 000 auf 200 000 zusammenschmolz und dies prozental zur deutschen Bevölkerung setzt, würde die jüdische Ziffer einer Massenbewegung von 600 000 bis 700 000 aktiven deutschen Antifaschisten entsprechen. Und davon konnte doch wahrhaftig nicht die Rede sein! Dies sollte uns nachdenklich stimmen. Wir haben hier somit eine ganz beachtliche jüdische Kampftruppe, und ich vermute, daß die Schätzungen eher noch zu niedrig angesetzt sind. Darüber legt die Widerstandsforschung der letzten Jahre eindringlich Zeugnis ab. Hunderte von jüdischen Aktivisten wurden im Verlauf der Aufdeckung und Zerschlagung von Widerstandsgruppen inhaftiert, und viele setzten ihre Arbeit selbst in den Konzentrationslagern fort. Im kommunistischen Widerstand scheint die Anzahl der Juden wesentlich höher als bisher angenommen gewesen zu sein. In den Widerstandsgruppen der SPD und SAP, der KPD-Opposition und des Internationalen Sozialistischen Kampfbundes –

überall gab es jüdische Genossen und Zellen. Die Ideologen und
Organisatoren der größten sozialdemokratischen Widerstandsbewegung (»Neu Beginnen«) waren Juden. Selbst die Hamburger Gruppe
der Weißen Rose hatte jüdische Mitglieder. Zahlreiche Einzelaktionen sind überliefert, und es gibt zuverlässige Informationen über die
Tätigkeit unabhängiger jüdischer Gruppen. Es hat also in Deutschland durchaus einen höchst eindrucksvollen jüdischen Widerstand
gegen den Nationalsozialismus gegeben.

Die Einzelaktionen des deutsch-jüdischen Widerstandes sind in den
letzten Jahren stärker in unser Blickfeld gerückt, sind Thema der
wissenschaftlichen Forschung und des politischen Journalismus geworden. So ist die Herbert-Baum-Gruppe als größte jüdische Widerstandsorganisation Gegenstand zahlreicher Studien, die sich fast
ausnahmslos mit der Kriegszeit befassen.

Eine andere Widerstandsgruppe wurde 1936 von der Gestapo ausgehoben. Sie war noch keine separat organisierte jüdische Zelle der
kommunistischen Untergrundbewegung, verdient jedoch die Bezeichnung »jüdisch«, da sie aus einer KPD-Agitprop-Truppe der Weimarer Republik hervorgegangen war, die zumeist aus Juden bestand.
Das »Rote Sprachrohr« war – neben »Kolonne Links« und »Roter
Wedding« – der berühmteste Propaganda-Sprechchor der KPD. Sofort nach dem Verbot der Partei organisierten sich seine Mitglieder illegal um die Person von Jonny Hüttner alias Nathan Hirschtritt, der
zur Tarnung in die »Werkleute« eintrat, die KZs überlebte und darüber hinaus als »Rädelsführer« einer Revolte in Auschwitz bekannt ist.
Seine damals ebenfalls inhaftierte Schwester, Helene Hüttner, war
schon früher entkommen (die Hüttners entstammten dem ostjüdi-
schen Berliner Proletariat) und ist heute Ehefrau eines Engländers,
der Arzt im Clement-Attlee-Bataillon der Internationalen Brigaden
war und kürzlich die Geschichte dieser Gruppe niedergeschrieben
hat.

In Breslau existierte bis 1937 eine jüdische KPO-Gruppe, die aus dem
deutsch-jüdischen Wanderbund »Kameraden« hervorgegangen war.
Bei der Spaltung der »Kameraden« in Zionisten, Nichtzionisten und
Kommunisten machte hier ein Teil der Breslauer Freien Deutsch-Jüdischen Jugend den Anschluß an die stalinistische KPD nicht mit, sondern beteiligte sich vier Jahre lang an der illegalen Arbeit der Kommu-

nistischen Parteiopposition (KPO), die 1937 auf Landesebene von der Gestapo zerschlagen wurde. Die erschütternde Geschichte der jungen Breslauer Antifaschistin Helga Beyer, die im Alter von 13 bis 17 im Untergrund tätig war, 1937 verhaftet wurde und 1942 in Ravensbrück umgekommen ist, wurde ebenfalls erst vor kurzem veröffentlicht. Dies diene als ein Beispiel der vielen jüdischen Widerstandsgruppen, die außerhalb der KPD operierten.

Als letztes möchte ich einer anderen illegalen Gruppe gedenken, die, soweit man dies nach den hinterlassenen Namen beurteilen kann, eine Berliner antifaschistische jüdische Mädchengruppe genannt werden darf. Auch sie entwickelte sich aus dem Bund Deutsch-Jüdischer Jugend, machte aber aus ideologischen Gründen die Wendung zur Baum-Gruppe nicht mit, da sie offenbar mit ihrer kommunistischen Zielsetzung nicht einverstanden war. Ihre Anführerin, Eva Mamlok, war schon vor dem Krieg öfter beim Verbreiten antifaschistischer Propaganda ertappt worden. In den Jahren 1939-1941 zur Zwangsarbeit eingesetzt, konzentrierten sich die Mitglieder dieser Gruppe auf Anti-Kriegspropaganda. Sie wurden im September 1941 denunziert, wegen Zersetzung der Wehrkraft des deutschen Volkes vor Gericht gestellt und zum Tode verurteilt. Durch Bestechung soll es damals gelungen sein, die Todesurteile in Deportation nach Riga zu verwandeln. Mit einer Ausnahme sind alle diese aufrechten Menschen in den Konzentrationslagern des Ostens zugrunde gegangen. Daß Namen wie Eva Mamlok und Inge Levinson nicht der Vergessenheit anheimgefallen sind, verdanken wir der einzigen Überlebenden, Inge Gerson-Berner (New York), die 1971 zu mir ins Leo-Baeck-Institut kam, um Zeugnis abzulegen.

Die Zugehörigkeit zur jüdischen Religionsgemeinschaft oder gar ein Bekenntnis zum jüdischen Volkstum kann nicht Maßstab einer Betrachtung sein. Als jüdische Historiker haben wir uns alle – einige zögernd, manche sogar etwas widerwillig – zu dem Standpunkt durchgerungen, daß für die wissenschaftliche Erforschung der Geschichte des deutschen Judentums alle die einbezogen werden müssen, die dem Judentum entstammen, das Judenschicksal erlitten haben oder von der Außenwelt als Juden betrachtet werden. Es kann daher auch die Selbsteinschätzung der Akteure dieses oft furchtbaren Dramas nicht allein als Maßstab unserer Würdigung dienen. Offizielle Vertreter des

Judentums, die versuchten, Maßnahmen der Gestapo zu unterbinden oder zu sabotieren, werden sich kaum als Antifaschisten definiert haben. Jungen und Mädchen der Baum-Gruppe und vieler anderer jüdischer Zellen des antifaschistischen Widerstands fühlten eine Affinität zur deutschen Arbeiterschaft und vermochten sich nicht national-jüdisch zu identifizieren.

Heute, im Abstand eines halben Jahrhunderts, dürfen wir sie alle in Anspruch nehmen, können wir mit Fug und Recht sagen: Ein zionistischer Funktionär, der freiwillig nach Kriegsausbruch in der *Hechaluz*-Arbeit verblieb und mit seinen Kameraden elend zugrunde ging; der Rabbiner, der den Weg der Emigration ausschlug und mit den Überresten seiner Gemeinde den schweren Gang in die Vernichtungslager antrat; ein liberaler jüdischer Repräsentant wie Otto Hirsch, Direktor der Reichsvertretung, der sich den ersten Deportationen entgegenstemmte und in Mauthausen umkam; der kommunistische Aktivist Herbert Baum, Märtyrer des deutschen und des jüdischen Widerstands, der in Plötzensee zu Tode gefoltert wurde: Sie alle sind für das jüdische Volk gestorben, sie alle sind im Kampf gegen den deutschen Faschismus gefallen. [4]

(*Arnold Paucker war während des Krieges Freiwilliger in der Britischen Armee. Nach dem Krieg promovierte er und war langjähriger Direktor des Leo-Baeck-Instituts in London sowie Herausgeber des LBI-Jahrbuches.*)

KONRAD KWIET/HELMUT ESCHWEGE
Die Herbert-Baum-Gruppe

Die Herbert-Baum-Gruppe ist die größte und bekannteste deutsch-jüdische Widerstandsorganisation. Legenden haben sich um diese Berliner Gruppe gebildet, und es ist nicht ganz einfach, auf der Grundlage einer fragmentarischen Überlieferung ihre Geschichte zu rekonstruieren. Nur einige Darstellungen liegen vor. Je nach Standort des Autors fällt die Einordnung aus. Nach dem

Herbert Baum

Urteil des jüdischen Historikers Bernhard Mark gilt die Baum-Gruppe als Musterbeispiel des deutsch-jüdischen Widerstandes. Andere jüdische Autoren haben diese Lesart übernommen. Demgegenüber steht das Bild aus der DDR. Margot Pikarski hat es entworfen. Vor dem Hintergrund des kontinuierlichen Antifaschismus der KPD erscheint hier die Baum-Gruppe als eine illegale Widerstandsorganisation, die von Anbeginn nach den Beschlüssen oder im Sinne der KP-Führung von Herbert Baum geführt wurde.

Als kommunistische Widerstandsorganisation trat die Herbert-Baum-Gruppe bis Ende 1941 nach außen nicht in Erscheinung. Sie hatte eine politisch-ideologische Programmatik entwickelt, die sich allein am kommunistischen Modell orientierte – »es gab keine spezifisch jüdische Ideologie, sondern nur die allgemein kommunistische«. Es ist daher charakteristisch, daß sie den Zeitpunkt für den Widerstandskampf für gekommen hielt, als der deutsch-sowjetische Nichtangriffspakt zerbrach und die Nationalsozialisten die Sowjetunion überfielen. Gleichzeitig aber fiel der Entschluß in der Zeit, als auch die Deportation der deutschen Juden einsetzte. Die Kommunisten jüdischer Herkunft in der Baum-Gruppe hielten an ihrer Grundüberzeugung fest, daß nur ein Sieg der Sowjetunion die Lage der Juden bessern und daß im Endstadium nur der Kommunismus die »Judenfrage« – durch die Auflösung des Judentums – lösen könne. Ihr Antifaschismus zielte denn auch nicht speziell darauf ab, die Juden und deren Repräsentanten zu mobilisieren, die Judenverfolgung offen anzuprangern oder gar Sabotageanschläge auf Deportationseinrichtungen zu verüben, sondern vielmehr darauf, die Berliner Bevölkerung, insbesondere die Arbeiterschaft, zum Kampf gegen die Hitlerdiktatur aufzurufen. Die Mitglieder hielten Vorträge über historisch-politische Themen, hörten ausländische Sender, allen voran Radio Moskau, und diskutierten über Tagesmeldungen.

Erst im Herbst 1941 ging die Herbert-Baum-Gruppe zur »Massenpropaganda« über. Die ersten antifaschistischen Kampfschriften und Aufrufe stammten noch von anderen Gruppen, so ein 19 Schreibmaschinenseiten langes Pamphlet, das den Titel trug: »Organisiert den revolutionären Massenkampf gegen Faschismus und imperialistischen Krieg!« Anfang Mai 1942 wurde im Berliner Lustgarten die Ausstellung »Das Sowjetparadies« eröffnet. Den Anstoß dazu hatte Joseph Goebbels gegeben, als er nach den ersten militärischen Niederlagen an der russischen Front die Reichspropagandaleitung der NSDAP anwies, diese Propagandawerk auf die Beine zu stellen. Auf insgesamt 9000 qm Fläche wurden drei nebeneinandergestellte riesige Zelthallen errichtet, in denen dem Besucher »ein Stück bolschewistischen Alltags ... lebensecht« vorgeführt werden sollte. Modernste Ausstellungstechniken sowie politische, künstlerische und akademische Fachberater sorgten dafür, daß die gestohlenen Originalstücke, Attrappen und Fälschungen, die Vitrinen, Schaukästen, Zeichnungen und Fotomontagen so aufgestellt, beleuchtet und beschriftet wurden, daß der »jüdisch-bolschewistische Weltfeind« fast leibhaftige Züge annahm. Widerstandsgruppen in Berlin debattierten darüber, wie man auf diese geradezu beispiellose Hetze reagieren solle. Die »Rote Kapelle« etwa klebte antifaschistische Parolen an Mauern und Wände.

Diese Form des Protestes aber reichte Herbert Baum nicht aus. Er schlug vor, die Ausstellung in Brand zu setzen. Als Termin der Brandlegung wurde der Nachmittag des 17. Mai gewählt. Aus der Baum-Gruppe waren sieben Mitglieder beteiligt: Herbert und Marianne Baum, Hans Joachim, Sala Kochmann, Gerd Meyer, Suzanne Wesse und Irene Walter. Eines der Auswahlkriterien war, daß man die zurückließ, die durch ihr »jüdisches« Aussehen besonders aufgefallen wären. Aus einer anderen Gruppe nahmen Joachim Franke, Werner Steinbrink und Hildegard Jadamowitz teil. Am Nachmittag des 17. Mai, einem Sonntag, erschien der Trupp in der Ausstellung, aber der starke Publikumsverkehr durchkreuzte den Plan. Am Nachmittag des 18. Mai waren die Umstände günstiger. Sie konnten die kleinen Behälter an verschiedenen Stellen und zur gleichen Zeit abstellen – vermutlich an den Zeltwänden –, entzünden und unbemerkt die Ausstellung verlassen. Die schnell eintreffende Feuerwehr löschte den Brand, der Schaden blieb in Grenzen. Die nationalsozialistische Presse schwieg den Anschlag tot, nur Gerüchte wurden laut und verbreiteten sich in Windeseile. Der Sabotageakt, der die Anerkennung der anderen illegalen kommunistischen Gruppen fand, hatte fatale Folgen – für die Baum-Gruppe wie für die Berliner Jüdische Gemeinde. Innerhalb weniger Tage wurden fast alle unmittelbar an der Brandlegung beteiligten Mitglieder der Steinbrink- und Baum-Gruppe festgenommen.

Am 27. Mai 1942 meldete die Gestapo ihren Erfolg: »Der Stapoleit-

stelle Berlin gelang es, in eine illegale kommunistische Gruppe einzudringen, die kurz nach Kriegsausbruch mit der SU errichtet worden war und sich bis in die letzte Zeit hinein mit der Herstellung und Verbreitung von Hetzmaterial befaßt, in Berlin kommunistische Schmieraktionen durchgeführt und eine Abhörgemeinschaft gebildet hatte. Auch waren von dieser Gruppe Sabotageakte geplant und schließlich am 18. Mai ein Anschlag auf die Ausstellung ›Das Sowjetparadies‹ im Berliner Lustgarten verübt worden, wobei Brandsätze in einigen Ausstellungsräumen ausgelegt wurden. Durch rechtzeitiges Einschreiten konnte jedoch größerer Schaden verhindert werden.«
Herbert Baum wurde das erste Opfer. Am 11. Juni 1942 teilte die Gestapo der Staatsanwaltschaft seinen Selbstmord mit. Um seinen Tod haben sich sofort Legenden gerankt. Unter Berliner Juden erzählte man sich, daß er auf dem Alexanderplatz gehenkt worden sei. In den Bereich der Mythen gehört vermutlich auch, daß er kurz vor seinem Tod von der Gestapo zum Lehrter Bahnhof geschleppt worden sei. Die Gestapo habe dabei alle jüdischen Zwangsarbeiter, die auf dem Weg zu den Siemenswerken waren und die ihn erkannten und ansprachen, festnehmen wollen, niemand aber sei auf ihn zugegangen. Mitglieder der Baum-Gruppe wie auch andere Insassen des Gefängnisses am Alexanderplatz waren überzeugt, daß Herbert Baum ermordet worden sei. In den Gestapo- und Justizakten finden sich lediglich Hinweise auf den Selbstmord. Man darf annehmen, daß Herbert Baum den Verhören und Folterungen selbst ein Ende bereitet hat und in den Selbstmord getrieben worden ist. Einen Selbstmordversuch unternahm auch Sala Kochmann. Sie wurde ins Jüdische Krankenhaus transportiert. Dort traf sie auf der Isolierstation Charlotte Paech, die dort als Krankenschwester ihren Dienst versah. Informationen über den Stand der Untersuchung wurden so an die noch in Freiheit befindlichen Gruppenmitglieder weitergeleitet.
Als der erste Prozeß gegen die Baum-Gruppe eröffnet wurde, war Sala Kochmann bereits »transportfähig« – auf einer Bahre liegend nahm sie an der Verhandlung teil, die am 16. Juli 1942 vor dem Sondergericht Berlin stattfand. Mit der Begründung, als Juden seien sie »Feinde Deutschlands«, ließ das Gericht Wahlverteidiger und jüdische Zeugen nicht zu. Die Prozeßakten sind unauffindbar. Überliefert ist, daß zehn Angeklagte zum Tode verurteilt und am 18. August 1942 in

Berlin-Plötzensee mit dem Fallbeil hingerichtet wurden. Das Reichs-
justizministerium informierte Hitler unverzüglich über die Verkündung der Todesstrafen. Bereits nach dem Brandanschlag hatte der Ju-
stizminister Hitler über den »jüdischen Sabotageakt« unterrichtet.
Inzwischen waren weitere Mitglieder der Baum-Gruppe verhaftet
worden, so Heinz Rotholz und Heinz Birnbaum, Hella und Alice
Hirsch, Edith Fraenkel und Hanni Meyer, Marianne Joachim und
Lothar Salinger, Helmuth Neumann und Hildegard Loewy sowie
Siegbert und Lotte Rotholz. In den ersten Vernehmungen – sie dauerten insgesamt vom 8. Juli bis zum 21. August – bestritten sie die gegen
sie vorgebrachten Anschuldigungen. Sie wurden nun verschärften
Verhören unterzogen. In einem als »Geheime Reichssache« klassifi-
zierten Schreiben setzte die Gestapo den Oberreichsanwalt am Volksgerichtshof davon in Kenntnis, daß sie auf Anordnung des Chefs der
Berliner Stapoleitstelle, SS-Obersturmbannführer Bovensiepen, »ver-
schärfte Vernehmungen in Form von Stockhieben« durchgeführt
habe. Die Opfer zeigten keine Reue, im Gegenteil, sie traten selbst-
bewußt auf und bekannten sich zuletzt zu ihren Widerstandshandlungen und politischen Überzeugungen.
So erklärte Heinz Rotholz: »Ich gestehe, daß ich von den Vorbereitungen der Sabotageaktion auf die Ausstellung ›Das Sowjetparadies‹
wußte. Hätten die Genossen mich nicht wegen meines jüdischen Aussehens von der Aktion ausgeschlossen, wäre ich zur Ausstellung gegangen und hätte mich an ihr beteiligt.« Hella Hirsch äußerte ihre Überzeugung, daß »Hitler gestürzt und es dann den Juden wieder besser gehen
werde«. Lotte Rotholz gab zu: »Uns allen war klar, daß man auf Grund
der Judenverfolgung keine positive Einstellung zum Nationalsozialismus haben kann und jede Gelegenheit benutzen muß, um ihn zu bekämpfen. Ich selbst bin nicht sonderlich geschult und habe mich auch
nicht besonders in den Diskussionen hervorgetan: eines aber war mir
klar, daß ich als Jüdin nicht zurückstehen kann ... Wir waren und bleiben mit Herbert Baum verbunden.« Andere beriefen sich auf ihre Treue
zur Sowjetunion und hielten weiter an ihrem Glauben fest, daß nur der
Kommunismus die »Judenfrage« lösen könne. Was sie alle – die Kommunisten und Nichtkommunisten – verband, war ihre jüdische Herkunft und die Erkenntnis, daß sich ihre Lage nur durch den Sturz des
nationalsozialistischen Regimes ändern könne. Über den Ausgang des

Prozesses machten sie sich keine Illusionen. In der Untersuchungshaft versuchten sie, sich gegenseitig Mut zuzusprechen.

Am 18. September 1942 bat ein jüdischer Anwalt vergebens um die Erlaubnis, die Angeklagten verteidigen zu dürfen. Eine Woche vor Prozeßbeginn versuchte Hilde Loewy, aus dem Gefängnis zu fliehen. Es gelang ihr durch das Zellenfenster zu klettern und sich mit einem Strick, den sie aus ihrem Bettzeug geflochten hatte, abzuseilen. Doch an der Gefängnismauer wurde der Fluchtversuch vereitelt. Der Prozeß gegen »Rotholz u. A.« fand am 10. Dezember 1942 vor dem 2. Senat des Volksgerichtshofs statt. Als Vorsitzender amtierte der Vizepräsident des Volksgerichtshofes Crohne, als weitere Richter Landgerichtsrat Preußner, SS-Oberführer Tscharmann, Generalmajor Cabanis und Reichshauptamtsleiter Giese. Als Vertreter des Oberreichsanwalts vertrat der Erste Staatsanwalt Wittmann die Anklage, ein Spezialist, der sich in vielen Prozessen gegen Widerstandskämpfer »ausgezeichnet« hatte.

Der Prozeß dauerte einen Tag. Neun Todesurteile wegen »kommunistischen Hochverrats in organisiertem Zusammenhalt« wurden ausgesprochen – gegen Heinz Rotholz, Heinz Birnbaum, Hella Hirsch, Hanni Meyer, Marianne Joachim, Lothar Salinger, Helmuth Neumann, Hildegard Loewy und Siegbert Rotholz. Lotte Rotholz wurde zu acht Jahren, Edith Fraenkel zu fünf Jahren und Alice Hirsch zu drei Jahren Zuchthaus verurteilt. Die Zuchthausstrafen wurden bald aufgehoben, die drei Frauen nach Auschwitz deportiert und umgebracht.

Drei Pflichtverteidiger, die das Parteiabzeichen trugen, waren den Angeklagten zugewiesen worden. Man wird ihnen eine gewisse Zivilcourage nicht absprechen können. Sie erreichten, daß drei Zuchthausstrafen ausgesprochen wurden, und sie bemühten sich, das Leben der Verurteilten zu retten. Unmittelbar nach der Verkündung der Todesstrafen beantragten sie – sehr zum Ärger des Gerichts und der Justizbehörden – die Begnadigung. Als Begründung führten sie den Fronteinsatz der Väter der Verurteilten im Ersten Weltkrieg an, und einer scheute sich nicht, die Eltern als ehrliche und patriotische Juden auszugeben. Die Gesuche, auf denen der obligatorische »Heil-Hitler-Gruß« fehlte, lösten ein bürokratisches Verfahren aus, Berichte über die Führung der Verurteilten wurden angefordert.

Die Hinrichtung wurde für den 4. März 1943 in Berlin-Plözensee anberaumt. Der Vollstreckungsbericht für Heinz Rotholz ist erhalten

geblieben. Kurz vor 19 Uhr wurde Heinz Rotholz von zwei Gefäng-
niswärtern zur Hinrichtungsstätte geführt. Seine Arme waren auf dem
Rücken zusammengebunden. Anwesend waren der Berliner Scharf-
richter Röttger mit drei Assistenten, der Richter am Volksgerichtshof
Dr. Beselin mit seinem Protokollführer sowie der Gefängnisbeamte
Rohde. Nachdem die Identität von Rotholz festgestellt worden war,
ordnete Dr. Beselin die Vollstreckung der Strafe an. Im Bericht heißt
es: »Der Verurteilte erschien ruhig und gefaßt und ließ sich ohne
Widerstand auf den Bock legen.« Nach der Enthauptung verkündete
Dr. Beselin den Vollzug der Strafe. Zwischen beiden Bekanntmachun-
gen lagen 18 Sekunden.

Die Namen und Altersangaben der neun Hingerichteten erschienen
am 4. März 1943 in einer öffentlichen Bekanntmachung. Es läßt sich
nicht klären, was den Volksgerichtshof bewogen hat, von der sonst ge-
übten Praxis abzuweichen und die Todesurteile und die Hinrichtungen publik zu machen. Zu vermuten ist, daß in diesem Fall der Propa-
ganda- und Terroreffekt ausschlaggebend gewesen ist. Die deutsche
Bevölkerung wurde nur über die »Vorbereitung zum Hochverrat und
landesverräterische Feindbegünstigung« informiert. Lediglich an den
Namen »Sara« und »Israel« konnte sie erfahren, daß diese todeswürdi-
gen Verbrechen von Juden verübt worden waren.

Am 29. Juni 1943 fand ein weiterer Prozeß gegen Mitglieder der Baum-
Gruppe statt, ebenfalls vor dem 2. Senat des Volksgerichtshofes. Wegen »Vorbereitung zum Hochverrat« klagte Staatsanwalt Wittmann
dort Martin Kochmann, Felix Heymann und Herbert Budzislawsky
an, »sämtliche Juden zur Zeit in dieser Sache in gerichtlicher Untersuchungshaft«. Das Urteil wurde schnell verkündet, die kurze Begründung lautete: »Die Angeklagten haben an jüdisch-kommunistischen
Gruppenbildungen teilgenommen, und zwar auch noch nach Ausbruch des deutsch-bolschewistischen Krieges. Damit haben sie
gleichzeitig den Feind Deutschlands begünstigt. Sie werden deshalb
zum Tode verurteilt.« In den Beurteilungen fanden sich keine »besonderen Umstände«, die eine »Milderung der Strafen« rechtfertigten. Im
Gegenteil, die Stapoleitstelle Berlin stellte klar, daß sie, »in keinem
Falle einen Gnadenerweis« befürworten könne. In einem Schreiben
an den Volksgerichtshof vom 23. Juli 1943 erhob das RSHA keine Bedenken »gegen die Freigabe der Leichen«. Martin Kochmann, Felix

Heymann und Herbert Budzislawsky wurden am 7. September 1943 hingerichtet.

Von Beginn an ließen die Nationalsozialisten nichts unversucht, auch den Kreis der Freunde und Helfer zu treffen. Nach dem Anschlag auf die antisowjetische Ausstellung und den ersten, schnellen Verhaftungen waren die anderen Gruppenmitglieder in den Untergrund geflüchtet, und nichts deutet in den zugänglichen Quellenresten darauf hin, daß sie von anderen illegalen kommunistischen Gruppen aufgefangen wurden; erwähnt wird allein, daß die Gruppe um Hans Fruck mit Lebensmittelkarten aushalf. Es war ein kleiner, unorganisierter Kreis jüdischer wie nichtjüdischer Freunde und Helfer, der die Fluchthilfe übernahm.

Gegen diesen Fluchthelferkreis, zu dem noch weitere Personen zählten, erhoben die Nationalsozialisten Anklage, die »hochverräterischen Umtriebe« der Baum-Gruppe unterstützt zu haben. Jakob Berger wurde bereits am 3. Juni 1942 festgenommen und in das Untersuchungsgefängnis Berlin-Moabit gebracht. Am 31. Juli 1942 verhaftete die Gestapo Gustav Paech und ordnete seine Einweisung in das Konzentrationslager Sachsenhausen an. Beide wurden vor dem Strafsenat des Berliner Kammergerichts angeklagt. Die Anklageschrift vom 9. März 1943 ist überliefert. Am 16. Juli 1943 wurde das Urteil verkündet. Gustav Paech erhielt eine zweijährige Gefängnisstrafe, wobei ihm die bisherige Haftzeit von elf Monaten und 16 Tagen angerechnet wurde. Nach der Verbüßung der Strafe wurde die obligatorische Schutzhaft verfügt. Wenige Wochen nach der Befreiung aus dem Konzentrationslager starb Gustav Paech in einem Hospital.

Der Prozeß gegen Jakob Berger fand nicht mehr statt. Seit dem 1. Juli 1943 durften Juden nicht mehr vor deutschen Gerichten erscheinen. Ihre Bestrafung war der SS überlassen worden. Es ist nicht bekannt, ob Jakob Berger in der SS-Kaserne Berlin-Lichterfelde oder in einem Vernichtungslager umgebracht wurde. Im Oktober 1942 und in den folgenden Wochen wurden die anderen Fluchthelfer aufgespürt. Zuständig für die Aburteilung war der Strafsenat des Berliner Kammergerichts. Die Anklageschrift A, datiert vom 25. Juni 1943, ist erhalten. Sie bezieht sich auf neun Personen. Die nichtjüdischen Angeklagten erhielten Gefängnis- und Zuchthausstrafen, die jüdischen Fluchthelfer verschwanden in Auschwitz, so Dora Bahnmüller, Rita und Norbert Meyer, Ruth Moratz, Martin Josef, Kurt Bernhard und ein gewisser Wittenberg. Lotte Rotholz kam vermutlich in Theresienstadt um. Lothar Cohn und Bernhard Heymann, die sich der Fruck-Gruppe angeschlossen hatten, wurden in Berlin-Lichterfelde erschossen. Nur vier Mitglieder, die zum engeren Kreis der Baum-Gruppe gehörten, haben überlebt. Es waren Ursula Ehrlich und Rita Meyer sowie Charlotte Paech und Richard Holzer. Ursula Ehrlich war es als einziger gelungen, sich in Berlin versteckt zu halten. Nach der Befreiung tauchte sie aus dem Untergrund auf. Rita Meyer kehrte aus Auschwitz zurück, heiratete erneut und blieb eine überzeugte Kommunistin. Im Juni 1945 traf Charlotte Paech in Berlin ein. Anfang Oktober 1942 war sie verhaftet worden – zunächst nicht wegen ihrer Mitgliedschaft in der Baum-Gruppe, sondern wegen »Kriegswirtschaftsverbrechens«: Die Gestapo hatte ihre Aktivitäten bei der Beschaffung und Verteilung von Lebensmittelkarten entdeckt. Ein Gericht verurteilte sie zu einer Gefängnisstrafe von eineinhalb Jahren. Justizbeamte hatten Mühe, eine Haftanstalt zu finden, die noch nicht als »judenrein« galt. Während dieser Zeit entdeckte die Gestapo ihre »hochverräterischen Aktivitäten« in der Baum-Gruppe. Am 29. Juni 1943 wurde sie zum Tode verurteilt, »in Abwesenheit«.

Zum Zeitpunkt der Urteilsverkündung befand sie sich in einem Gefängnis in Leipzig. Die Übergabe an die Gestapo verzögerte sich, Charlotte Paech lag mit Scharlach in einer Quarantänezelle. Nach sechs Wochen wurde sie nach Berlin überführt und kam über das Untersuchungsgefängnis Moabit in das Judendurchgangslager in der Hamburger Straße, wo sie erneut durch eine Quarantänesperre vor der Liquidierung bewahrt wurde. Bei einem Luftangriff wurden ihre Akten verschüttet, ein halbes Jahr konnte sie noch als Krankenschwester im Lager arbeiten. Schließlich gelang ihr im Sommer 1944 die Flucht. Angehörige der Bekennenden Kirche – Pfarrer Poelchau und eine Pfarrerswitwe – nahmen sie auf und besorgten ihr vorübergehend ein Quartier. Zuletzt tauchte Charlotte Paech, als Französin getarnt, in einem französischen Zivilarbeiterlager in Anklam unter. In ihrem Erlebnisbericht fährt sie fort: »Ja, mit meinem schlechten Schulfranzösisch – wenn man muß, geht alles. Und so wurde ich auf etwas stürmische und bittere Art von den Russen befreit und kam im Juni 1945 von der Ostsee zu Fuß und barfuß nach Berlin.«

Die im Mai 1945 aus dem Moskauer Exil eintreffenden Führungsspitzen der Kommunistischen Partei Deutschlands haben sich aber nicht sonderlich um das überlebende Mitglied der Herbert-Baum-Gruppe gekümmert, jener Widerstandsorganisation, die sich nach der offiziellen Lehre als illegale Parteiorganisation konstituiert und nach den Anweisungen der KP-Führung operiert haben soll. Eine ähnliche Erfahrung muß wohl auch Richard Holzer gemacht haben. Ihm war es als einzigem gelungen, ins Ausland zu entkommen. Im Herbst 1942 kehrte er in sein Geburtsland zurück – nach Ungarn. Als Jude wurde er hier in eine Zwangsarbeitskompanie gesteckt und an die russische Front gebracht. Nach Charlotte Paech »lief er, sobald er konnte, zu den Russen über, kam aber bald in ein Kriegsgefangenenlager nach Archangelsk.« Es dauerte eine ganze Zeit, bis er den russischen Offizieren klargemacht hatte, daß er kein ungarischer Faschist, sondern ein antifaschistischer Widerstandskämpfer war und im »Nationalkomitee Freies Deutschland« mitarbeiten könne. Richard Holzer hat später ein etwas glorifizierendes Bild über seine Zeit hinter der russischen Front entworfen. Für die Zeit unmittelbar nach dem Krieg notierte Charlotte Paech: »Im September 1945 kam er zurück nach Budapest, weil er nach Fleck- und auch anderem Typhus so schwach war, daß er nur noch 80 Pfund wog.« Sie hatte sofort nach ihrer Befreiung eine Suchanzeige nach dem vermißten Freund aufgegeben. Richard Holzer fand die Anzeige durch Zufall im Frühjahr 1946 in einer Zeitung. »Wir trafen uns«, so schreibt Charlotte Peach, »in Ulm, und jetzt sind wir wieder in Berlin, und nun weiß ich noch nicht genau, wie es weitergehen wird.« Es ging weiter. Charlotte Paech und Richard Holzer heirateten. Auch sie blieben Kommunisten und Bürger der Deutschen Demokratischen Republik. Mit den anderen Überlebenden begannen sie nach dem Verbleib der ermordeten Kameraden zu forschen. Nur die Leiche von Herbert Baum wurde gefunden. Die Nationalsozialisten hatten sie auf dem Verbrecherfriedhof von Berlin-Malzahn verscharrt. Noch einmal lebte eine Diskussion über den »jüdischen« Standort auf. Die kommunistische Partei bestand wohl zunächst darauf, die letzte Ruhestätte auf dem Friedhof Friedrichsfeld einzurichten, dort, wo all die anderen Gräber der ermordeten Widerstandskämpfer gepflegt wurden. Das Ehepaar Holzer und andere plädierten für den alten Berliner jüdischen Friedhof in Weißensee. Sie setzten sich durch. Herbert

Baum wurde in Weißensee beigesetzt. Auf seiner Grabstelle errichtete die Berliner Jüdische Gemeinde für die jüdischen und nichtjüdischen Angehörigen der Widerstandsgruppe eine gemeinsame Gedenktafel. Rabbiner waren zugegen, als das Mahnmal eingeweiht wurde. 27 Namen sind auf ihm verzeichnet. Die Zahl der Opfer war größer. [3]

Charlotte Holzer starb am 29. September 1980 in Ost-Berlin. Sie wurde auf dem Jüdischen Friedhof in Weißensee begraben. Franz Kraus sprach am Grab Worte des Nachrufs. Richard Holzer starb am 21. Februar 1975 in Ost-Berlin.

Werner Scharff und die Gemeinschaft für Frieden und Aufbau

Werner Scharff

Eine der unbekanntesten, aber trotzdem sehr aktiven Widerstandsgruppen war die von Werner Scharff gegründete Gruppe »Gemeinschaft für Frieden und Aufbau«, die von Luckenwalde bei Berlin aus Tausende von Flugblättern versandte und Widerstand leistete.

Werner Scharff wurde 1912 in Posen geboren. Später zog die Familie nach Berlin. 1929 starb der Vater Scharffs. Werner wollte studieren, aber die judenfeindliche Gesetzgebung und die Notwendigkeit, die Familie zu ernähren, zwangen ihn dazu, Handwerker zu werden. Er arbeitete als Elektriker bei einer jüdischen Firma, die Elektroinstallationsarbeiten für die meisten Gebäude der Jüdischen Gemeinde in Berlin ausführte. Ab 1941 arbeitete er als Elektriker der Jüdischen Gemeinde im Synagogengebäude in Moabit, das zum Deportations-Sammellager umfunktioniert wurde. Er führte privat Reparaturen in Wohnungen der Gestapobeamten durch, konnte dadurch ihr Vertrauen gewinnen und Einblick in die Deportationslisten nehmen. Oft warnte er die betroffenen Personen und konnte ihnen damit vorläufig das Leben retten. Sehr bald beschloß er, in die Illegalität abzutauchen. Seine Frau Gertrud Weismann arbeitete in einer Druckerei und druckte auf Scharffs Bitte mehrere Werks-Ausweise eines wirklich existierenden »Chemisch-Metallurgischen Laboratoriums«. Als am 27. Februar 1943 im Rahmen der »Fabrikaktion« die letzten in Berlin noch legal lebenden Juden abtransportiert werden sollten, warnte Scharff alle Bekannten und Freunde. Es gelang ihm, als Elektriker verkleidet, seinen verhafteten jüngeren Bruder Stephan aus dem Lager herauszuschmuggeln. Am 10. Juni 1943 tauchte Scharff mit seiner Frau und der Freundin Fancia Grün endgültig in die Illegalität ab. Im Juli wurde Scharff von Gestapobeamten verhaftet. Er hätte sich mit seiner Waffe verteidigt, wenn nicht zwei jüdische Ordner bei der Verhaftung dabeigewesen wären. Scharff wurde ins KZ Theresienstadt transportiert, von wo er am 7. September 1943 flüchtete. Er schlug sich nach Berlin durch. Im KZ hatte ihm sein Freund Günther Samuel die Adresse seines nichtjüdischen Freundes Hans Winkler in Luckenwalde bei Berlin gegeben. Der 37jährige Winkler war seit 18 Jahren Justizangestellter beim Amtsgericht in Lukkenwalde. Der politisch wenig interessierte Winkler änderte seine Einstellung zum NS-Regime, als er bei Vernehmungen und Folterungen der Gestapo das Protokoll führen mußte. Schon vorher nahm er den jüdischen Jugendlichen Eugen Herman-Friede bei sich auf. Bereits 1942 gründete Winkler in Berlin den »Sparverein hoher Einsatz«, mit dessen Geld Lebensmittel für untergetauchte Verfolgte gekauft wurden.

Hans Winkler und seine Frau Frieda haben sich dem Kampf gegen das verbrecherische NS-Regime verschrieben. Winkler gründete eine kleine Widerstandsgruppe, die Opfer der Nazis beschützte. Anfang 1944 entwarf Werner Scharff die Idee, die Bevölkerung durch Flugblätter über den verbrecherischen Charakter des Regimes aufzuklären. Das erste Flugblatt trug den Namen »Zum Überdenken. Feind hört mit.« Es wurden über tausend Abzüge des Flugblatts vervielfältigt und an im Telefonbuch verzeichnete Adressen in Berliner Briefkästen gesteckt. Im April und August 1944 folgten weitere Flugblätter, die nun den Namen der Gruppe als Absender enthielten: »Gemeinschaft für Frieden und Aufbau.« Die Titel einiger Flugblätter: »Generalmobilmachung, Wir klären auf, Vorsicht, Feind hört mit.« In einem Flugblatt heißt es:

»Der Faschismus hat inzwischen Schläge bekommen, daß es nur noch gilt, zu retten, was zu retten ist, nämlich sofort bedingungslos zu kapitulieren . . . Wir fordern Euch, deutsche Soldaten, daher auf, die Waffen sofort niederzulegen und Euch gegen Eure Unterdrücker zu erheben. Das deutsche Volk rufen wir jetzt zum aktiven Widerstand auf! Erklärt Euch mit den Soldaten, die unserer Aufforderung folgen, solidarisch. Gewährt ihnen Unterkunft, Verpflegung und Zivilkleidung. Sie werden es Euch später danken.«

Um den Anschein zu erwecken, daß die Gruppe auch in anderen Städten des Reiches wirkt, wurden die Flugblätter von Mitgliedern der Gruppe auf ihren Reisen mitgenommen und in Halle, Karlsbad und sogar in Rotterdam eingeworfen.

Im April 1944 fand die erste Verhaftung statt. Es wurde der Versuch gemacht, die Witwe eines Verlegers für die Gruppe zu werben, der wegen eines regimefeindlichen Witzes zum Tode verurteilt wurde. Doch diese zeigte die Bezugsperson Hilde Bromberg an. Erst im Oktober und Dezember 1944 wurden fast alle Mitglieder der Gruppe verhaftet. Die nichtjüdischen Mitglieder wurden vom Volksgerichtshof wegen Hoch- und Landesverrat und wegen Wehrkraftzersetzung angeklagt, doch der für den 23. April 1945 anberaumte Prozeß konnte nicht mehr stattfinden, so daß die meisten überleben konnten. Die Juden wurden in KZs eingewiesen. Werner Scharff wurde im KZ Sachsenhausen ermordet, wie auch Gerhard und Fancia Grün. Edith und Dr. Kurt Hirschfeld, Stephan Scharff, Ludwig Lichtwitz, Alexander Rotholz und Hans Rosenthal wurden von der Gestapo nicht erfaßt und konnten überleben.

Eugen Herman-Friede, der bei Frankfurt lebt, hat seine Erlebnisse und die Aktivitäten der Gruppe in seinem Buch »Für Freudensprünge keine Zeit« eindrucksvoll geschildert. Die Biographin der Gruppe, Barbara Schieb-Samizadeh, charakterisiert die »Gemeinschaft für Frieden und Aufbau« so:

»Das Bemerkenswerteste dieser Gruppe besteht in zwei Aspekten: Werner Scharff fand sich mit der ihm zugewiesenen Rolle als Verfolgter nicht ab, sondern wurde in vielen Bereichen gegen die NS-Diktatur aktiv, wobei die Initiative zur Gründung der ›Gemeinschaft für Frieden und Aufbau‹ nur das letzte Glied einer Kette von Widerständigkeiten darstellt. Der zweite Aspekt betrifft die sogenannten ›kleinen Leute‹ der Gruppe, die Winkler in Luckenwalde für den Widerstand werben konnte. Selbst wenn sie z. T. die Hoffnung hatten, nach dem Zusammenbruch des NS-Regimes Vorteile aus diesem Widerstand ziehen zu können, so waren sie doch 1943 und 1944 bereit, ihr Leben aufs Spiel zu setzen, um in einer kleinen Dimension dabei mitzuhelfen, die Diktatur zu untergraben.«

Flugblatt Generalmobilmachung   [5]

Gemeinschaft für Frieden und Aufbau
Reichsführung München

April 1944

Generalmobilmachung
Die Gemeinschaft für Frieden und Aufbau, geboren aus der Not des
Volkes, marschiert. Mutige Männer und Frauen Deutschlands haben
sich zusammengeschlossen, um Lüge und Mord der Nazis ein Ende
zu bereiten.
Wir wollen nicht mehr mitansehen, wie unsere Soldaten sich an der
Front verbluten. Wir dulden nicht mehr, daß Tag und Nacht unsere
Heimat von Bombern zertrümmert wird. Wir wollen nicht zusehen,
wie unsere Arbeiter in 72 Wochenstunden bis aufs Letzte ausgebeutet
werden. Wir wollen ein gesundes Volk bleiben und nicht Nervenbün-
del sein. Unsere Lage ist aussichtslos. Der Feind steht an den Ölquellen in Rumänien. Die Invasionsheere stehen zum Einfall bereit. Die
feindliche Luftwaffe übt immer stärkere Tag- und Nachtangriffe aus.
Die Verluste, die wir ihnen zufügen, sind bedeutungslos. Wir haben
keine Vergeltungswaffen, denn aus zerstörten Fabriken können wir
keine Wunder erwarten. Wir kämpfen für den sofortigen Frieden.
Wenn unser Volk erst zu Bettlern geworden ist, war alles umsonst.

Wir rufen zum passiven Widerstand auf!!
Wir verlangen von Dir nichts anderes, als daß Du denken sollst, rede
nicht sinnlos nach, was Dir von der Regierung oder einzelnen Partei-
genossen vorerzählt wird. Du verlängerst damit den Krieg und trägst
somit die Schuld am Elend unseres Volkes. Wir klären Dich auf. Versuche unsere Aufklärungsschriften zu bekommen.
Folge unseren Anweisungen.

Hilf uns und Du hilfst Dir.
Du hast vorstehendes 10mal abzuschreiben und an 10 verschiedene
Leute zu versenden. Wir werden Dich nach diesen Namen fragen.
Wenn Du unserer Aufforderung nicht nachgekommen bist, wirst Du
aus der Gemeinschaft ausgeschlossen.
Behalte dieses Schreiben für Dich als Ausweis.

Chug Chaluzi –
eine zionistische Untergrundorganisation in Berlin

In Berlin existierten zahlreiche zionistische Jugendorganisationen, die ihre Tätigkeit nach Anfang des Krieges illegal und konspirativ fortsetzten. Als am 10. Oktober 1941 der erste Transport mit über 1000 Berliner Juden nach dem Osten abging, ordneten die Behörden die Verwandlung der bis dahin legal existierenden zionistischen Berufsbildungszentren *Hachschara* in Zwangs-Arbeitslager an. Die jüdischen Jugendlichen mußten in der Landwirtschaft, Industrie und beim Straßenbau schuften.

Anfang 1942 entwickelte Edith Wolff, die in der Kulturabteilung der offiziellen »Jüdischen Jugendhilfe« tätig war und kurz vorher von einer Erkundungsreise nach Wien zurückgekommen war, einen Plan, nach welchem die gesamte zionistische Jugendorganisation in den Untergrund abtauchen sollte. Ende August 1942 ging als erster der Jugendleiter der zionistischen Jugendgruppe, Jizchak Schwersenz, in den Untergrund, gefolgt von weiteren, insgesamt 40 Mitgliedern. Die Gruppe stand vor fast unüberwindlichen Hürden: Besorgung von sicheren Unterkünften, von Lebensmitteln, falschen Papieren und Geldmitteln, und dies alles in der Höhle des Löwen, der Hauptstadt des Reiches, mit Hunderten von Gestapospitzeln, Zuträgern und speziell eingesetzten jüdischen Denunzianten, sogenannten »Greifern«. Die Quartiere mußten aus Sicherheitsgründen oft gewechselt werden. Es galt den zahlreichen Fahndungen, Razzien und Kontrollen zu entkommen. Die christlichen Helfer der Gruppe riskierten jeden Tag ihre Freiheit und ihr Leben. Daneben ging die zionistische und jüdische Erziehungsarbeit weiter. Es wurden Zusammenkünfte und sogar Schabatfeiern veranstaltet. Die Gruppe überlebte die unglaublichen Gefahren dank dem Mut und der Kaltblütigkeit ihrer Führung und ihrer jungen Mitglieder.

Für den Februar 1944 plante Schwersenz eine Flucht in die Schweiz, denn die vorherigen Pläne, mit kleinen Booten nach Schweden zu flüchten, mußten aus technischen Gründen aufgegeben werden. Mit einem falschen, für viel Geld besorgten Wehrpaß reiste Schwersenz mit der Bahn bis zur Grenze und wurde dann von Bauern über die tiefverschneiten Berge in die Schweiz geschleust.

Schwersenz setzte sich sofort mit dem Leiter der
Zentrale des *Hechaluz*, Nathan Schwalb, in Genf
in Verbindung, der den Kontakt mit der Gruppe
in Berlin aufnahm und durch Kuriere Geld
schickte, was eine wichtige Voraussetzung für
das Überleben der Gruppe in der Illegalität war.
Der noch heute in Berlin lebende Gad Beck
übernahm als 21jähriger die Leitung der Gruppe,
die fast vollständig überlebte. Die Gründe für

Gad Beck

diesen außerordentlichen Erfolg lagen in der Tatsache, daß sich die
Gruppe ganz auf die Rettung ihrer Mitglieder konzentrierte. Nathan
Schwalb hat diese Art des Widerstandes so formuliert: »Mit jedem Le-
ben, das wir retten, bekämpfen wir Hitler.«
Wenige Monate nach der Befreiung Berlins durch die Rote Armee
wanderten die Mitglieder der Gruppe, getreu ihrem zionistischen
Selbstverständnis, nach Palästina aus, wo sie noch heute leben.

Hechaluz – eine zionistische Rettungs-, Flucht- und Widerstandsorganisation in Ost- und Westeuropa

In allen jüdischen Zentren Europas existierten zahlreiche zionistische Jugendorganisationen, die während der deutschen Besatzung
die meisten Kader und Kämpfer des jüdischen Widerstandes stellten. Sie erreichten selbst während der schwierigsten Periode der Verfolgung dank dem Idealismus ihrer Mitglieder einen hohen und sehr
effektiven Organisationsstand. Fast alle Widerstandsbewegungen in
Osteuropa wurden von zionistischen Vorkriegs-Funktionären gegründet.
Besonders die linkszionistische Jugendorganisation *Hechaluz* konnte
dank ihrer straffen Organisation in ganz Europa Hervorragendes bei
der Rettung jüdischer Kinder und Jugendlicher und durch ihre Beteiligung am bewaffneten Kampf leisten.
Neben der Weltzentrale in Genf unter der Leitung von Nathan
Schwalb operierten *Hechaluz*-Zentralen in der slowakischen Hauptstadt Preßburg und in Budapest. Es konnten Fluchtwege, Unterkünf-

te, falsche Papiere und Verpflegung für Tausende von aus Polen und anderen osteuropäischen Ländern geflüchtete Juden organisiert werden, weil die Slowakei, Ungarn und Rumänien als Verbündete Deutschlands zunächst noch nicht ins Programm der Ermordung ihrer jüdischen Bewohner einbezogen wurden. Der *Hechaluz* organisierte viele landwirtschaftliche Schulungszentren, die ihren Mitgliedern Schutz und Zuflucht boten. Zur Infrastruktur gehörten auch die früheren Palästina-Ämter, Jugend-Alija-Heime usw.

Der *Hechaluz* war auch in Deutschland und Österreich aktiv und besorgte Geld, Pässe ausländischer Staaten und den Kontakt der Zentralen untereinander.

Ende 1942 wurde von der Zionistischen Weltorganisation in Palästina der *Waad Hatzala* (Rettungsrat) gegründet, dem der frühere polnische Parlamentarier Jizchak Grünbaum vorstand und der mit beschränkten finanziellen Mitteln den jüdischen Untergrund im gesamten besetzten Europa unterstützte. Das Büro des Rettungsrates im neutralen Konstantinopel entsandte Kuriere mit Geld, Informationen und Instruktionen in alle damals noch existierenden jüdischen Zentren. Es wurden Fluchtlinien aus Holland, Belgien und Frankreich nach der Schweiz und nach Spanien organisiert.

Die zionistischen Jugendorganisationen in Frankreich bildeten eine großartige Kinder-Rettungsorganisation, die Tausende von Kindern versteckte oder in die Schweiz schmuggelte. Auch der bewaffnete Widerstand der *Armée Juive* wurde von zionistischen Jugend- und Pfadfinderorganisationen formiert.

Die Gelder für die Rettungstätigkeit stammten von der jüdisch-amerikanischen Hilfsorganisation *Joint*. Es wurden Schiffe gekauft und von rumänischen Häfen mit Tausenden von Juden nach Palästina geschickt. Dies mußte illegal geschehen, weil die Engländer mit ihrem »Weißbuch« von 1939 die Tore Palästinas dicht abriegelten. Viele Schiffe wurden mit ihrer menschlichen Fracht von U-Booten im Schwarzen Meer versenkt. Das Schiff »Patria« mit über 250 Flüchtlingen an Bord versank im Hafen von Haifa, weil die Engländer die Landung untersagten. Die glücklich Gelandeten anderer Schiffe wurden nach der Insel Mauritius deportiert und dort in Lagern bis zum Kriegsende festgehalten.

Neben den hauptamtlichen Kurieren diente die reguläre internationale Post als Verbindung zwischen den Zentralen und den lokalen Stellen. Um die deutsche Militärzensur zu überwinden, wurden im Briefverkehr kodierte, dem Hebräischen entnommene Worte benutzt, die jeder Zionist verstand. Tausende solcher Briefe passierten die Grenzen ins neutrale Ausland und von dort weiter in die alliierten Hauptstädte. Wie bekannt, war den Hilfeersuchen kein Erfolg beschieden.

Georg Hornstein – das Bekenntnis eines jüdischen Kämpfers

Georg Hornstein wurde am 8. Dezember 1900 in Berlin geboren. Die Familie übersiedelte 1902 nach Düsseldorf, wo sie auf der eleganten Königsallee einen Laden besaß. Georg meldete sich nach dem Abitur und einem Semester an der Handelshochhschule in Köln im Januar 1918 als Freiwilliger bei der k.u.k. Armee in Wien und diente als Fähnrich beim 33. Landwehr-Jäger-Regiment in Krakau, bis zu seiner Entlassung im November 1918. Nach Studienaufenthalten in Köln, Paris, London und Buenos Aires kehrte er 1926 nach Düsseldorf zurück. Nach der Machtübernahme durch die Nazis emigrierte Hornstein nach Amsterdam, wo er sich eine neue Existenz aufbaute.
Als der Spanische Bürgerkrieg ausbrach, meldete er sich beim spanischen Generalkonsul in Amsterdam mit dem er vorher gesellschaftlich verkehrt hatte, als Freiwilliger. Er fuhr über Paris nach Spanien und meldete sich beim Rekrutierungsbüro der spanischen Armee in Barcelona. Hier sein Bericht (wie er nach seiner Vernehmung von einem SS-Offizier am 24. Januar 1942 in Düsseldorf protokolliert wurde):
»Bei den Gefechten von Madrid erhielt ich eine schwere Verwundung (Kiefernschuß), die mich felddiensttauglich machte und die mich längere Zeit zu einem Aufenthalt im Lazarett zwang. Im September 1937 wurde ich wieder nach Albacete beordert und dort als Verbindungs-Offizier zwischen der rotspan. Regierung und dem Generalstab der internat. Brigade eingesetzt. Diese Stellung hatte ich bis April 1938 inne. Als im Mai 1940 Holland von den deutschen Truppen besetzt wurde, liquidierte ich noch im Mai 1940 mein Geschäft und legte das daraus erworbene Geld in Schmucksachen und ähnlichen Wert-

gegenständen an. Bei meinen Bemühungen, Holland zu verlassen und ins Ausland zu flüchten, wurde ich dann von der Sicherheitspolizei festgenommen.«

Der nun folgende Teil der Aussage des unbesungenen Helden Georg Hornstein ist das in dieser Form und unter diesen mörderischen Umständen einmalig formulierte Bekenntnis eines jüdischen Widerstandskämpfers, der seine Bereitschaft bekundet, jederzeit für seine Rechte und seine Würde als Mensch und Jude zu kämpfen.

»Wenn ich gefragt werde, aus welchem Grunde ich als Offizier bei der Internat. Brigade an den Kämpfen in Spanien teilgenommen habe, so habe ich hierzu folgendes zu sagen:

Ich besitze zwar die deutsche Staatsangehörigkeit und gelte nach den Buchstaben des Gesetzes als deutscher Staatsangehöriger. Als Jude habe ich jedoch praktisch alle Rechte in Deutschland verloren und war darum bemüht, mir eine neue Heimat zu suchen. Daß ich hierbei gerade die besonderen Umstände in Spanien ausnutzte, ergibt sich aus der Natur der Sache.

Mir war zwar bekannt, daß ich in Spanien auch gegen deutsche Freiwilligenverbände kämpfte und vor allem als Offizier bei einer vom deutschen Reich nicht anerkannten Regierung diente. Als Jude habe ich hier für meine Überzeugung und meine Lebensrechte gekämpft. Ich betrachte mich unter den gegebenen Umständen nicht mehr als deutschen Staatsangehörigen und würde jede mir gegebene Gelegenheit benutzen, eine neue Staatsangehörigkeit zu erwerben, wie ich auch als Jude jederzeit bereit wäre, für meine Lebensrechte zu kämpfen.

Weitere Angaben habe ich nicht zu machen.«

Im Anschluß an die Vernehmung und deren Protokollierung verfaßte der leitende SS-Offizier einen Schlußbericht, dessen letzter Absatz wie folgt lautet:

»Bei Hornstein handelt es sich um einen intellektuellen Juden, der in der Erkenntnis der Lage des Judentums in Europa alles auf eine Karte setzt und aus rein egoistischen Motiven handelt. Durch die vorliegenden Umstände nunmehr restlos in seiner Handlungsfreiheit beschränkt, ist er ein fanatischer Gegner des nationalsozialistischen Deutschlands und bedeutet eine Gefahr für die öffentliche Sicherheit und Ordnung, so daß seine Unterbringung in ein Konzentrationslager angebracht ist.«

Die Gestapo beantragte am 24. Januar 1942 beim Reichssicherheitshauptamt in Berlin die Schutzhaft der Stufe 3, d. h. die KZ-Inhaftierung für besonders gefährliche Gegner des Nazi-Regimes. Der Schutzhaftbefehl wurde am 6. März 1942 ausgestellt und von Heydrich persönlich unterzeichnet. Die dort angeführten Gründe: »Er gefährdet nach dem Ergebnis der staatspolizeilichen Feststellungen durch sein Verhalten den Bestand und die Sicherheit des Volkes und Staates, indem er auf Grund seines Einsatzes als Rotspanienkämpfer zu der Befürchtung Anlaß gibt, er werde sich in Freiheit staatsabträglich verhalten.«

Bis zu seiner Überstellung ins KZ Buchenwald befand er sich im Polizei-Gefängnis in Düsseldorf, wo er seit der Ankunft aus Amsterdam inhaftiert war. Aus der Zelle schickte er seiner Mutter Hulda Hornstein, die noch in Düsseldorf wohnte, mehrere Briefe. Er tröstete die besorgte Mutter mit der Zusicherung, daß er sich guter Gesundheit erfreue, obwohl er eine eitrige Furunkulose und Folterungen während der Vernehmung hinter sich hatte. Er schließt einen Brief mit den Worten: »Zum Schluß nochmals: Mach Dir keine Sorgen meinetwegen, ich bin weiterhin gesund, und alles wird wieder gut werden. – Hoffentlich ist auch bei Dir alles in Ordnung. Da ich nicht glaube, daß Du mich besuchen kannst, schreib mir bitte, was es bei Dir gibt und was Du von Grete und Lucie gehört hast. Viele Grüße und Küsse von Deinem Georg.« In einem weiteren Brief vom März 1942 wünscht Georg seiner Mutter alles Gute zu den bevorstehenden Pessach-Feiertagen.

Nach der Ausstellung des Schutzhaftbefehls durch Heydrich im März 1942 wurden die Vernehmungsakten mit allen Anlagen an verschiedene Gestapo- und SD-Stellen in Berlin geschickt. Am 16. April 1942 wurde die Überführung ins KZ Buchenwald angeordnet. Georg Hornstein kam dort am 7. 5. 1942 an. Er war unter ständiger Beobachtung und durfte nicht bei Arbeiten der Außenkommandos beschäftigt werden. Inzwischen wurde seine Mutter am 21. Juli 1942 nach Theresienstadt deportiert.

Am 3. September 1942 beendeten die SS-Schergen das Katz-und-Maus-Spiel mit diesem Helden des Widerstandes, indem sie ihn töteten. Durch die Ermordung im KZ ersparten sich die SS-Mörder einen Prozeß samt Henker.   [6]

III. POLEN – WARSCHAU

Im Jahr 1939 lebten 3.351.000 Juden in Polen. 32.216 jüdische Offiziere und Soldaten sind im Krieg im September 1939 gefallen, 61.000 kamen in Gefangenschaft. Nach dem Einmarsch der Roten Armee in Ostpolen verblieben im deutschen Besatzungsgebiet 2.100.000 Juden. In sowjetisch besetzten und kurz darauf annektierten Gebieten lebten 1.200.000 Juden. Etwa 300.000 Juden flohen aus den von Deutschland besetzten Gebieten nach Ostpolen. Sie wurden 1940/41 in die Sowjetunion deportiert. 200.000 von ihnen haben in der Sowjetunion überlebt. 369.000 polnische Juden haben den Krieg überlebt, 2.982.000 wurden ermordet: das ist die Hälfte aller Opfer der Schoa.

Chronik der Ereignisse

1939
1. 9.   Überfall auf Polen, Beginn des Zweiten Weltkrieges.
17. 9.   Sowjetische Truppen besetzen Ostpolen.
28. 9.   Die Hauptstadt Warschau kapituliert nach schweren
              Kämpfen und Luftangriffen.
30. 9.   General Sikorski bildet in Paris die politische Exil-
              Regierung, die später nach London übersiedelt.
12. 10.   Eingliederung polnischer Westprovinzen ins Reich.
26. 10.   Bildung des Generalgouvernements Polen mit Sitz
              in Krakau.
29. 10.   Nach einer »Volksabstimmung« werden die von der
              Roten Armee eroberten Gebiete der Sowjetunion
              einverleibt.
1. 12.   Kennzeichnungspflicht für die Juden.

Mit dem Angriff der deutschen Wehrmacht auf Polen am 1. September 1939 begann der Zweite Weltkrieg. Nach schweren Luft- und Artillerieangriffen kapitulierte die Hauptstadt Warschau am 28. September 1939. Am 25. November 1939 ordnete Hitler die Errichtung des Generalgouvernements Polen mit Sitz in Krakau an. Drei Tage später befahl Generalgouverneur Hans Frank die Gründung von Judenräten an. Schon vorher wurden die Juden aus den Provinzen Oberschlesien, Danzig, Westpreussen und Warthegau ins Generalgouvernement umgesiedelt. Noch vor Ende des September-Krieges richtete Richard Heydrich am 21. September 1939 einen streng geheimen Brief an die Chefs der Einsatzgruppen, in welchem er die Richtlinien für die Verfolgung und Ermordung der Juden Polens erläuterte.

Es begann die tragischste Periode der jüdischen Geschichte. Der Wehrmacht folgten Einsatzgruppen, die Abertausende, meistens Juden, ermordeten. Von Anfang an terrorisierten die Besatzer die polnische und die jüdische Bevölkerung durch Massenverhaftungen, Morde auf den Straßen, Hinrichtungen und Verschickung in KZs. Der Bevölkerung wurden außerdem schwere wirtschaftliche Lasten aufgebürdet, 112.000 jüdische Geschäfte, 115.000 Werkstätten und Rohstoffvorräte konfisziert. Es folgten eine schreckliche Verarmung der jüdischen Bevölkerung und Erfassung der Männer zur Zwangsarbeit. Durch Umsiedlung erfolgte die Liquidierung kleiner Gemeinden, schließlich wurde eine strenge Ghettoisierung durchgeführt. Alle Schulen wurden geschlossen, Hilfsorganisationen und Vereine verboten. Nach dem Angriff auf die Sowjetunion im Juni 1941 wurde mit der massiven Vernichtung der Juden, der »Endlösung« begonnen. Es wurden Vernichtungslager errichtet, in denen man Millionen von Juden, auch aus Westeuropa, ermordete.

Die allmählich durchsickernden Nachrichten über die Massenmorde in den Vernichtungslagern motivierten die jüngeren Juden, meistens Mitglieder von zionistischen und anderen Organisationen, den Widerstand als letzten Kampf um Ehre und menschliche Würde zu wagen. In vielen Ghettos entstanden konspirative Widerstands- Organisationen und Kampfgruppen. In Zentral- und Ostpolen kämpften Tausende von Juden als Partisanen. Es gab mehrere Familienlager, wo auch Frauen, Kinder und Greise von den jüdischen Partisanen vor dem sicheren Tod gerettet wurden. In einigen Vernichtungslagern gab es Rebellionen jüdischer Häftlinge. Der bekannteste und stärkste Ausdruck des Willens zum Widerstand war der Aufstand im Warschauer Ghetto. Ein Widerstandskämpfer schrieb in sein Tagebuch: »Wir kämpfen und sterben für die Ehre des jüdischen Volkes, für ein paar Zeilen in den Geschichtsbüchern.«

»Ich bin im Dezember 1970 vor dem Denkmal der im Warschauer Ghetto-Aufstand Umgekommenen in die Knie gegangen. Ich tat, was man tun kann, wenn Worte versagen. Es war auch der Versuch, im Ausdruck der Verbundenheit, eine Brücke zu schlagen zur Geschichte der Opfer unserer Völker.«

Aus dem Grußwort von Willy Brandt zur Tagung der Friedrich-Ebert-Stiftung im Mai 1983 in Bonn aus Anlaß des 40. Jahrestages des Aufstandes im Warschauer Ghetto.

Warschau

In Warschau lebten bei Kriegsausbruch 375.000 Juden, 29,1 % der Bevölkerung, von denen 47 % Handwerker und Arbeiter, 33 % Händler und viele Freiberufler waren. Warschau war das bedeutendste jüdische Zentrum mit zahlreichen politischen, karitativen, religiösen, kulturellen und erzieherischen Institutionen. Hier hatten jüdische Verlage, Parteien, Gewerkschaften und Presseorgane ihren Hauptsitz. Noch vor Errichtung des Ghettos wurden 90.000 Juden aus anderen polnischen Städten nach Warschau zwangsumgesiedelt. Die daraus resultierende schreckliche Not wurde durch die Selbsthilfe-Organisation *ZTOS (Zydowskie Towarzystwo Opieki Spolecznej* / Jüdische Gesellschaft für Sozialhilfe) zu lindern versucht. Außerdem wird die Tätigkeit der sog. »Häuserkomitees« aus der Zeit des deutschen Lufterror im September 1939 fortgesetzt. Es sind über 1000 Häuserkomitees tätig, die von vermögenden Mietern und Nachbarn Beiträge einziehen und mit diesen Geldern die Armen unterstützen und speisen.

Am 2. Oktober 1940 wurde die Errichtung des Ghettos angeordnet und am 15. 11. 1940 das Ghetto vollständig abgeriegelt. Auf 2,4 % der Stadtfläche wurden nun 30 % der Bevölkerung zusammengepfercht. Von den 1.800 Straßen der Stadt wurden nur 73 dem Ghetto zugeschlagen. Not und Hunger nahmen schreckliche Ausmaße an. Viele Juden wurden in den für die Kriegswirtschaft arbeitenden Betrieben beschäftigt. Viele Tausend fabrizierten illegale Konsumgüter, die nach außen geschmuggelt und gegen Lebensmittel getauscht wurden. Das hat es den Ghettobewohnern ermöglicht, etwas länger dem Hungertod standzuhalten. Diese Tätigkeit, wie auch der Besitz von Roh-stoffen, Fertigfabrikaten und Geld, waren streng verboten. Die illega-le wirtschäftliche Tätigkeit war Teil des zivilen Widerstandes fast der ganzen Bevölkerung. Der von den ehemaligen Grund- und Mittel-schullehrern fortgesetzte illegale Schulunterricht, wie auch das ge-meinsame Beten an Feiertagen, waren streng verboten. Auch dies war ziviler Widerstand.

Trotz der widrigen Bedingungen schufen jüdische Jugendorganisatio-nen und Parteien Anfang 1941 eine illegale Infrastruktur mit Zeitun-gen, Kursen und Schulungen. Bereits im Oktober 1939 schuf Emanuel Ringelblum das illegale, geheime *Ghetto-Archiv.* Die Sitzungen der Ar-chiv-Mitarbeiter wurden als *Oneg Schabat* (Sabbat-Nachmittagfeier) getarnt. Im März 1942 wurde der »Antifaschistische Block« gebildet, dem die Kommunisten, die zionistischen Jugendbewegungen und später auch der sozialistische Bund angehörten.

Der Block gab die gemeinsame Zeitung »Der Ruf« heraus. Es wurden konspirative Fünfer-Kampfgruppen gebildet. Die militärische Lei-tung wurde Josef Kaplan, Mordechaj Tenenbaum, Abraham Fiszelson, Hersch Lent und Andrzej Szmidt (d. i. Pinkus Kartin) anvertraut. Im April und Mai 1942 gelang es den Gestaposchergen, mehrere Führer des Blocks zu verhaften und zu ermorden. Am 30. Mai 1942 wurden Andrzej Szmidt, ein ehemaliger Hauptmann der Internationalen Bri-gade in Spanien, der von Moskau aus zum Einsatz in Polen per Fall-schirmabsprung kam, sowie Adam Meretik und David Wlosko ver-haftet und später im Pawiak-Gefängnis nach heftigem Widerstand umgebracht. Es folgten Massendeportationen, die als Arbeitseinsatz-Verschickungen maskiert wurden. Die große Aktion begann am 22. Ju-li 1942 und dauerte mit Unterbrechungen bis zum September 1942 an. Am 23. Juli 1942 beging der Vorsitzende des Judenrats, Adam Czernia-ków, als Protest gegen die Massendeportationen in die Vernichtungs-lager Selbstmord.

Im Laufe des Jahres 1942 schlossen sich alle jüdischen Parteien und Gruppierungen zum *Zydowski Komitet Narodowy,* dem Jüdischen Na-tionalkomitee zusammen. Dem Präsidium des Komitees gehörten Jiz-chak Zuckerman, Menachem Kirschenbaum und Abrascha Blum an. Anschließend wurde das »Koordinationskomitee« mit Jizchak Zuk-kerman und Abrascha Blum an der Spitze geschaffen. Das war der zivile Arm der *Zydowska Organizacja Bojowa/ZOB* (Jüdische Kampf-Organisation), die am 28. Juli 1942 gegründet wurde. Ihr gehörten Mitglieder des Bund, die Kommunisten, sowie Mitglieder von acht zionistischen Organisationen an. Das Kommando der ZOB bestand aus: Schmuel Braslaw, Jizchak Zuckerman, Zivia Lubetkin, Mordechaj Tenenbaum-Tamarow und Marek Edelman. Kommandant der ZOB wurde der zionistische Jugendführer Mordechai Anielewicz. Die ZOB entsandte Vertreter zur »arischen« Seite: Jizchak Zukerman, Tosia Altman, Frumka Plotnicka, Lea Perlstein und Arje Wilner-Jurek. Die gesamte Bewaffung der ZOB bestand aus einer Pistole, mit welcher Israel Kanal den verhaßten Chef der Ghetto-Polizei, Jozef Szerynski, niederstreckte. Außer ihm wurden auch Jakob Lejkin und andere Kollaborateure zum Tode verurteilt und hingerichtet. Es wurden Aufrufe zum Widerstand gedruckt und verbreitet.

Die Beschaffung der Waffen war das wichtigste und zugleich schwierigste Problem im Warschauer Ghetto. Seit 1942 wandte sich die Jüdische Kampforganisation ständig mit der Bitte um Waffenhilfe an den Kommandanten der Heimatarmee in Polen, General Stefan Rowecki. Erst im Dezember 1942 befahl Rowecki die Lieferung von zehn (!) alten Pistolen mit geringen Mengen Munition. Von seinen Chefs, der Londoner Exilregierung, wegen stärkerer Waffenhilfe an die Juden bedrängt, funkte er am 2. Januar 1943 an den polnischen Ministerpräsidenten General Sikorski folgenden Text:

»Da es nun zu spät ist, wenden sich die Juden verschiedener kleiner kommunistischer Gruppen um Waffen an uns, als hätten wir volle Lagerhäuser davon. Zur Probe übergab ich ihnen einige Pistolen. Ich bin mir nicht sicher, ob sie sie gebrauchen werden. Ich werde ihnen keine weiteren Waffen liefern, da wir sie, wie Sie wissen, selbst nicht haben. Ich warte auf Sendungen. Lassen Sie mich wissen, welche Kontakte die Juden in London haben.«

Die Wahrheit war: Die ZOB war keine kommunistische Organisation, und die Juden hatten keine direkten Kontakte nach London; sie waren auf die Funkverbindungen über den Sender der Heimatarmee angewiesen. Die Heimatarmee hatte ein riesiges Arsenal, verstärkt durch Fallschirm-Abwürfe von über 60 Flugzeugen der RAF, die von polnischen Piloten geflogen wurden und 241 Container mit Waffen, Munition und Sprengstoffen abwarfen. Die Lügen Roweckis übernahm später sein Nachfolger, General Bór-Komorowski (und der Historiker Raul Hilberg wiederholt dieselben, obwohl er auf deren Unrichtigkeit von berufener Seite mehrmals hingewiesen wurde). Die Waffen mußten auf abenteuerliche und lebensgefährliche Weise von Kurieren, meistens Frauen, auf dem Schwarzmarkt gekauft und ins Ghetto geschmuggelt werden. Der Ingenieur Michal Klepfisch gründete große illegale Werkstätten, in denen Waffen und Sprengstoff hergestellt wurden. Am 3. September 1942 verhaftete die Gestapo Josef Kaplan. Wenige Stunden später wurde Schmuel Braslaw mit dem Waffenvorrat der ZOB verhaftet und umgebracht.

Bereits am 19. Juli 1942, sechs Monate nach der Wannsee-Konferenz, ordnete Himmler an, daß bis zum Jahresende 1942 alle Juden des Generalgouvernements liquidiert werden sollten. Am 9. Januar 1943 besuchte Himmler Warschau und ordnete die Verlagerung aller Rüstungsbetriebe in die KZs Trawniki und Lublin-Poniatowa an. Der Rest sollte in den Vernichtungslagern umgebracht werden.

Als die Massendeportationen im Januar 1943 fortgesetzt werden sollten, wurde von der ZOB Widerstand geleistet. Vom 18. bis zum 23. Januar traten die Kämpfer mit der Waffe in der Hand gegen den überlegenen Gegner an. Die Geschichte kennt keine vergleichbare politisch-militärische Situation, wo gegenüber einem brutalen, rücksichtslosen und bis an die Zähne bewaffneten Gegner seitens der Zivilbevölkerung ein solcher Widerstand geleistet wurde. Zum ersten Mal in der Geschichte der deutschen Besatzung in Europa erhob sich die gesamte Bevölkerung eines urbanen Zentrums zum offenen Widerstand. Verteidigt wurden die folgenden Straßen: Zamenhof, Mila, Muranowska, Stawki, Niska und Leszno. Die Kasse des Judenrates wurde beschlagnahmt, Waffen eingekauft und die Vorbereitung eines allgemeinen Aufstandes beschlossen.

22 Kampfgruppen wurden gebildet, die sich nach Zugehörigkeit zu den einzelnen politischen Gruppierungen organisierten. Neben der ZOB bestand eine weitere Widerstandsorganisation, der *Zydowski Zwiazek Wojskowy* (Jüdischer Militärverband), sowie weitere, politisch nicht gebundene Kampfgruppen.

Über 1000 unterirdische Bunker und Verstecke wurden gebaut und mit den notwendigen Versorgungseinrichtungen und Lebensmittel-Vorräten versehen. Alle Arbeiten mußten nachts verrichtet werden, um der Observation durch die Gestapo und deren Spitzel zu entgehen. Das Ghetto bereitete sich gründlich auf den letzten und entscheidenden Kampf vor.

Die Deutschen planten, am 19. April 1943 das Ghetto zu liquidieren. Die Aktion sollte drei bis vier Tage dauern. Doch die Juden leisteten Widerstand, und der historische Aufstand im Warschauer Ghetto begann. Er ist laut Stroops Bericht am 16. Mai 1943 niedergeschlagen worden, doch in Wirklichkeit wurde vereinzelt noch bis Mitte Juli gekämpft.

Nach der Niederschlagung des Aufstandes wurden Tausende von Überlebenden in die KZs Majdanek, Trawniki und Poniatowa übergeführt, wo sie in den nach dorthin verlagerten Rüstungsbetrieben arbeiteten. Im Rahmen der »Aktion Erntefest« wurden alle Häftlinge am 3. November 1943 ermordet und ihre Leichen verbrannt.

Mordechaj Anielewicz – Kommandant des Warschauer Ghettoaufstandes

Der Kommandant der Jüdischen Kampforganisation ZOB im Ghetto Warschau, Mordechaj Anielewicz, wurde 1920 in ärmlichen Verhältnissen in Warschau geboren. Trotzdem konnte er das jüdische Privatgymnasium Laor absolvieren. Zunächst war er Mitglied des rechtszionistischen *Betar*, als Jugendlicher trat er dann der linkszionistischen Jugendorganisation *Haschomer Hazair* bei, in deren Führung er aufstieg. An-

Mordechaj Anielewicz

fang September 1939 floh er aus Warschau nach Ostpolen, von wo aus er eine Fluchtroute für jüdische Jugendliche über Rumänien nach Palästina zu organisieren suchte. Er wurde dabei von den Sowjets verhaftet. Nach der Freilassung kehrte er nach Warschau zurück. Anschließend reiste er in viele polnische Orte, um die zionistische Judenbewegung in der Illegalität zu organisieren. Seit Januar 1940 war dies seine hauptsächliche Beschäftigung.

Unter dem Eindruck der Nachrichten über die Massenmorde an den

Juden auf sowjetischem Territorium nach Beginn des Rußland-Feld-
zuges begann er, die Selbstverteidigung der Juden in den Ghettos Polens zu organisieren. Die ersten Versuche, mit dem von der Exilregierung in London geführten polnischen Untergrund Kontake anzuknüpfen, scheiterten. Während der Massendeportationen aus dem
Warschauer Ghetto im Sommer 1942 war er in Bedzin und Sosnowiec,
den großen jüdischen Zentren im ins Reich eingegliederten Ost-
Oberschlesien. Als er nach Warschau zurückkehrte, waren nur noch
60.000 der zuvor 350.000 Warschauer Juden am Leben. Die kleine,
kurz davor gegründete Jüdische Kampforganisation ZOB besaß keine Waffen. Im November 1942 wurde Anielewicz zum Kommandanten der ZOB gewählt. In kurzer Zeit vereinigte er die verschiedenen
Organisationen unter dem Dach der ZOB.
Es folgten die Vorbereitungen zum bewaffneten Widerstand. Als die
SS am 18. Januar 1943 das Ghetto umzingelte, um die Reste der Juden
Warschaus in KZs oder in Vernichtungslager zu transportieren, reagierten einige Kampfgruppen der ZOB spontan und ohne Abstim-
mung mit dem Kommando mit bewaffnetem Widerstand. Sie
schlossen sich zunächst den Kolonnen der Deportierten an und griffen auf ein vereinbartes Signal hin an der Kreuzung der Straßen
Zamhenhofa und Niska die SS-Truppen an. Angesichts des unerwarteten bewaffneten Widerstands beendete die SS die Aktion vier Tage
später.
Die folgenden drei Monate nutzt die ZOB für fieberhafte Vorbereitungen auf die bewaffnete Erhebung. Anielewicz befehligte und
überwachte alle diese Aktionen, verhandelte mit dem polnischen Untergrund und flehte ihn um die so dringend benötigten Waffen an,
konsolidierte die Zusammenarbeit der 22 zumeist parteipolitisch aus-
gerichteten Kampfgruppen und koordinierte die Zusammenarbeit
mit dem rechtszionistischen, sehr gut vorbereiteten und bewaffneten
Jüdischen Militärverband ZZW. Anielewicz war der Kommandant
und die Seele des Aufstandes. Ihm gelang es, die sich bis dahin befeh-
denden Kommunisten, Bundisten, Links- und Rechtszionisten mit
nicht gebundenen Kämpfern zu einer hervorragend organisierten,
auf Leben und Tod verschworenen Kampfgemeinschaft zu vereinen.
Er verfaßte zahlreiche Aufrufe, Briefe und Berichte. Die meisten von
ihnen blieben erhalten und zeugen von den ungewöhnlichen Qualitä-

ten, dem Idealismus, Mut und Organisationstalent dieses erst 23jährigen Mannes, dessen Name in goldenen Lettern in die Geschichte der Juden und der ganzen Menschheit einging.

In einem letzten Brief schrieb er:

»Unsere letzten Tage nahen. Aber solange wir noch Kugeln haben, so lange werden wir weiterkämpfen und uns verteidigen.«

Mit großer Bravour befehligte Anielewicz persönlich die ersten Straßenkämpfe. Er mußte sich mit seinem Stab und vielen Kämpfern in den Befehlsbunker in der Milastraße 18 zurückziehen. Der Bunker fiel am 8. Mai 1943, dem 15. Tag des Aufstandes. Zu seinem Gedenken wurden in verschiedenen Ländern Briefmarken gedruckt, Medaillen geprägt, Straßen und Universitätsfakultäten benannt. Der Kibbutz Jad Mordechaj im Negev trägt seinen Namen.

Jizchak Zuckerman (»Antek«) – Koordinator des Widerstands

Einer der Gründer und Führer der Jüdischen Kampforganisation im Warschauer Ghetto war Jizchak Zuckerman. Er wurde 1915 in Wilna geboren, wo er ein jüdisches Gymnasium absolvierte. Im Alter von 23 Jahren wurde er Generalsekretär der Vereinigten linkszionistischen Jugendbewegungen *Dror-Hechaluz* in Polen mit Sitz in Warschau. In dieser Eigenschaft bereiste er viele jüdische Zentren Polens. Bei Kriegsausbruch ging er wie viele seiner Genossen nach Ostpolen, das kurz darauf von sowjetischen Truppen okkupiert wurde. Auf Anweisung der Weltzentrale seiner Bewegung kehrte er nach Warschau zurück, wo er zu einem anerkannten Führer der Untergrundaktivitäten in Warschau und auch in ganz Polen wurde. Er organisierte die gesamte Infrastruktur des Untergrundes mit Zeitungen, Seminaren, landwirtschaftlichen Lehrfarmen etc. Nach dem Überfall auf die Sowjetunion im Juni 1942 und den darauffolgenden Massenmorden der Einsatzgruppen an der jüdischen Bevölkerung in den Ostgebieten kam er zu der

Jizchak Zuckerman

Überzeugung, daß die bisherigen Aktivitäten keinen Sinn mehr hatten. Es mußte Widerstand geleistet werden. Zuckerman war Mitbegründer des Antifaschistischen Blocks und später einer der Architekten der Jüdischen Kampforganisation ZOB.

Nach Beginn der Massendeportationen im Juli 1942 forderte Zuckerman auf einer Notstandssitzung sofortigen Widerstand, konnte sich aber nicht durchsetzen. Ende Juli wurde schließlich die ZOB gegründet, und die Vorbereitungen zum bewaffneten Widerstand begannen. Im Dezember 1942 reiste er nach Krakau, um mit dem dortigen Untergrund, den jüdischen Stadtguerillas, die außerhalb der Ghettos operierten, neue Aktivitäten zu vereinbaren. Er nahm am Überfall der Krakauer Kämpfer auf das von deutschen Offizieren frequentierte Café Cyganeria teil und konnte trotz einer Beinverwundung nach Warschau zurückkehren.

Während der Kämpfe vom 18. Januar 1943 war er der erste, der das Feuer auf die SS-Truppen eröffnete. Später wurde er Kommandant eines der drei Kampfsektoren des Ghettos und Stellvertreter von Anielewicz. Im März 1943 erhielt er vom Kommando der ZOB den Auftrag, auf die »arische« Seite zu wechseln, um einen festen Kontakt mit dem polnischen Untergrund herzustellen und die Versorgung mit Waffen zu organisieren. Nach der Niederschlagung des Aufstandes organisierte er den Rückzug der Kämpfer durch das Kanalnetz.

Später war er als Mitglied des geheimen Jüdischen Nationalkomitees aktiv, das den im Versteck lebenden Juden half und Kontakt mit den jüdischen Partisanen hielt. Im Mai 1944 verfaßte er einen Bericht über das Geschehen, den er mit der dringenden Bitte um Hilfe für die Reste der polnischen Juden verband. Der Bericht wurde nach London übermittelt.

Während des polnischen Aufstandes in Warschau im August 1944 kommandierte Zuckerman eine Einheit jüdischer Kämpfer aus dem Ghetto. Als Warschau im Januar 1945 befreit wurde, kümmerte er sich gemeinsam mit seiner Frau Zivia Lubetkin um die Überlebenden. Er organisierte die Auswanderung von Tausenden Menschen nach Palästina. Anfang 1947 kam er selbst ins Land und gründete den Kibbutz der Ghettokämpfer in Galiläa. Er starb hochgeehrt im Jahre 1981.

Marek Edelman – Ghettokämpfer

Marek Edelman

Den *Bund,* die große nichtzionistische sozialistische Partei der osteuropäischen Juden, vertrat
Marek Edelman im Kommando der ZOB. Er
wurde 1921 geboren und war schon als Kind
Mitglied der Kinderorganisation des Bundes
SKIF (Sozialistischer Kinder-Verband). Zunächst stieg er in die Leitung der Kinderabtei-
lung und später in die der bundistischen Jugendorganisation »Zukunft« auf.
Bei Ausbruch des Ghettoaufstands kommandierte er die Kampfgruppen im Bürstenmacher-Viertel. Nach dessen Aufgabe kämpfte er mit
seinen Leuten in der Franciszkanska-Straße. Ihre Basis befand sich in
einem Bunker, den Arbeiter der Ghettomüllabfuhr angelegt hatten.
Am 10. Mai führte er die Flucht von etwa 50 Kämpfern durch die Abwasserkanäle auf die »arische« Seite. Zu dieser Gruppe gehörten die
vier Überlebenden aus dem Kommandobunker der ZOB in der Milastraße 18, die von Edelmans Leuten aufgelesen worden waren und die
später alle auf der »arischen« Seite umkommen sollten. Wie viele andere überlebende Ghettokämpfer, nahm er am polnischen Aufstand
im August 1944 teil. Bereits 1945 schrieb er einen »Bericht über die Rolle des Bundes bei der Verteidigung des Warschauer Ghettos«. Das
Buch *Getto Walczy* (Das Ghetto kämpft) erschien 1946 im Verlag des
damals noch legal existierenden Bundes in Warschau und später in
englischer und jiddischer Sprache. Es ist die erste Darstellung eines
Kämpfers und Kommandomitglieds der ZOB.
Als einziges ZOB-Mitglied blieb Edelman in Polen. Er wurde Arzt
und arbeitete als Kardiologe. Nach 1980 war er als führendes Mitglied
der *Solidarnosc* Pressionen ausgesetzt. 1983 empfahl er jüdischen Funktionären, nicht zu den 40. Jahresfeiern des Aufstandes nach Warschau
zu kommen und dem Jaruzelski-Regime keine internationale Legiti-
mation zu verschaffen. Erst im Jahre 1993 erschien sein Buch in deutscher Sprache. Er hat die deutsche Ausgabe selbst autorisiert.

Zivia Lubetkin – eine Frau im Ghettokampf

Zivia Lubetkin war Gründungsmitglied des Antifaschistischen Blocks, Mitglied des Jüdischen Nationalkomitees und Kommandomitglied der Jüdischen Kampforganisaton ZOB im Ghetto Warschau. Sie wurde 1914 in Ostpolen geboren. Vor dem Krieg gehörte sie der Führung der linkszionistischen Jugendorganisation *Dror* (»Freiheit«) an. Sie nahm sowohl an den Januarkämpfen gegen die SS als auch am Aprilaufstand teil. Sie gehörte zu der Edelman-Gruppe, die am

Zivia Lubetkin

10. Mai durch die Kanäle auf die »arische« Seite floh. Im August 1944 kämpfte sie im polnischen Aufstand in Warschau.

Nach dem Krieg organisierte sie die illegale Einwanderung der Überlebenden des Holocaust nach Palästina, wohin sie selbst 1946 nachfolgte. Am 22. Zionistischen Kongreß, der im Dezember 1946 als erster Kongreß nach dem Krieg in Basel stattfand, nahm sie als Delegierte teil. Gemeinsam mit ihrem Mann Jizchak Zuckerman gründete sie den Kibbutz der Ghettokämpfer in Galiläa. Sie starb dort 1976.

Jizchak Katzenelson – Großer Gesang vom ausgerotteten jüdischen Volk
(*Dos lied vunem ojsgehargeten jidischn volk*)

»Großer Gesang vom ausgerotteten jüdischen Volk« ist das wichtigste und ergreifendste poetische Werk des Holocaust. Der Dichter wurde 1886 in Korelitsche bei Minsk geboren. Im gleichen Jahr übersiedelte die Familie nach Lodz. Wie sein Vater war Katzenelson Schriftsteller, Dichter und Dramatiker in jiddischer und hebräischer Sprache, wie auch Pädagoge. 1912 gründete er in Lodz ein hebräisches Theater und

Jizchak Katzenelson

schuf zwischen den beiden Weltkriegen jüdische Kindergärten, Volks- und Mittelschulen. Er war Autor zahreicher Theaterstücke und Kinderbücher.

Im November 1939 flüchtete er mit seiner Frau und drei Söhnen nach Warschau, wo er bis zum Ausbruch des Aufstandes im Ghetto lebte. Das Kommando der Jüdischen Kampforganisation wollte das Leben dieses größten Poeten des Ghettos und der jiddischen Literatur unbedingt sichern und verschaffte ihm eine illegale Wohnung auf der »arischen« Seite, wie auch einen honduranischen Paß. Als fremder Staatsbürger wurde er im Lager Vittel in Frankreich interniert.

Dort schuf er das unsterbliche Werk, dessen Manuskript er am 17. Januar 1944 fertiggestellt hat. Drei Monate später, am 27. April 1944, wurde er in Auschwitz ermordet. Doch zuvor hatte er mit der Mitgefangenen Miriam Novitch, die überlebte, das Manuskript unter einem Baum im Lager Vittel, das am 12. September 1944 von den Alliierten befreit wurde, vergraben. Es wurde nach der Befreiung Frankreichs gefunden. Eine weitere Fassung des Werkes übergab er einer Lagerkameradin. Diese wurde als britische Staatsangehörige mit einem britisch-palästinensischen Paß gegen deutsche Staatsbürger ausgetauscht und kam schon 1944 nach Palästina.

Auf diese wundersame Weise blieb dieses Werk »eines Jeremias und Dante des Warschauer Ghettos« erhalten. Es besteht aus 15 Gesängen, gegliedert in 225 lange vierzeilige Strophen.

Noch vor Ende des Krieges wurde das große Werk von Dr. Nathan Eck in Paris bearbeitet und im Jahre 1945 im jiddischen Original herausgegeben. Später folgten Übertragungen in mehrere Sprachen.

Als ich dieses Buch konzipierte, wollte ich den 14. Gesang (*Das Ende*), der den Aufstand im Warschauer Ghetto schildert, hier wiedergeben. Ich bat Wolf Biermann, eine dem bedeutenden Werk adäquate deutsche Übertragung zu schreiben. Als ich ihm meine Rohübersetzung des Gesanges vorlegte, war er von dem Gedicht so beeindruckt, daß er beschloß, das gesamte große Werk zu übertragen und mit Kommentaren versehen herauszugeben.

Pinkus Kartin alias Andrzej Szmidt – Vom Spanien-zum Ghettokämpfer

Pinkus Kartin wurde 1914 in Luck in Ostpolen als Sohn eines armen Hutmachers geboren. Pinje, wie er von Freunden genannt wurde, besuchte ein jüdisches Gymnasium. Er bestand 1933 die Abiturprüfung und wollte in Warschau studieren, aber die Familie konnte das Studium nicht finanzieren. Er wurde Bauarbeiter und Mitglied des Verbandes der kommunistischen Jugend KZMP, später Funktionär der KPP. Er beschloß,

Pinkus Kartin

sich als Freiwilliger am Spanischen Bürgerkrieg zu beteiligen. Erst im Januar 1938 gelang es ihm, zu Fuß über die Pyrenäen nach Spanien zu kommen. Nach der Rekruten-Ausbildung in Casa Ibanez wurde er Soldat der 13. Dombrowski-Brigade. Später wurde er Politkommissar der Basis der Interbrigaden in Albacete und trat auch der spanischen KP bei. Im April 1938 wurde er bei der Schlacht von Lerida verwundet. Da er nicht mehr dienstfähig war, wurde er nach Paris zurückgeschickt.

Am 6. September 1939 meldete sich Pinkus beim polnischen Konsulat in Paris als Freiwilliger der Armee in Frankreich. Im Juni 1940 wurde er Soldat der französischen Armee und flüchtete nach der Niederlage Frankreichs nach Vichy. Ende 1940 wurde er sowjetischer Staatsbürger, weil er aus den Gebieten Polens stammte, die von der Sowjetunion annektiert worden waren. Er fand Arbeit in der sowjetischen Botschaft beim Petain-Regime in Vichy. Im März 1941 wurden ca. 100 Spanienkämpfer, die durch die Annexion Polens und der baltischen Länder Sowjetbürger wurden, in die Sowjetunion repatriiert. In Monino bei Moskau traf er viele ehemalige Waffenkameraden aus Spanien, die in einem Erholungsheim untergebracht waren. Er fand Arbeit bei der polnischen Rundfunkanstalt in Moskau.

Nach Ausbruch des deutsch-sowjetischen Krieges im Juni 1941 versuchten die noch nicht ermordeten Führer der aufgelösten KPP, nach Verhandlungen mit Dimitrow, dem Chef der Komintern, die Partei wiederaufzubauen, denn nun galt es, den Widerstand gegen Nazideutschland, den einstigen Bundesgenossen und jetzigen Feind der Sowjetunion, in Polen zu organisieren.

Es wurde beschlossen, eine Initiativgruppe zur Neugründung der KPP mit Fallschirmen über Polen abspringen zu lassen. Zu dieser Gruppe der Spitzenfunktionäre, die eine Fallschirmsprung- und Funk-Ausbildung erhielten, gehörte auch Pinkus. Sie sollten von Wiasma aus abfliegen, aber das Flugzeug stürzte nach dem Start ab, und Pinkus gehörte zu den leichter Verletzten. Dann sollten sie mit einem anderen Flugzeug abfliegen, aber bald wurde Wiasma von der Wehrmacht eingekreist. Die am Leben gebliebenen Mitglieder der Initiativgruppe wurden nach Moskau beordert. Im Oktober 1941 wurden alle Regierungsämter der Sowjetunion und auch die Komintern nach Kujbyschew evakuiert. Dimitrow persönlich hat sich mit allen Mitgliedern der Initiativgruppe unterhalten.

Die erste Gruppe von sechs Spitzenfunktionären sollte in der Nähe von Warschau Ende Dezember 1941 abspringen, die zweite Gruppe in Südost-Polen. Beim Absprung ging die mit einem besonderen Fallschirm abgeworfene Funkstation verloren. Beim Vergleich der in Moskau fabrizierten Ausweise mit den nunmehr in Polen gültigen stellte es sich heraus, daß sie veraltet waren. Pinkus ging zu Fuß nach Warschau und wurde von polnischen Genossen aufgenommen, die er von früher her kannte. Er lebte illegal in der Wohnung von Genossen, niemand durfte von seiner Existenz etwas wissen.

Entgegen den ursprünglichen Plänen erhielt Pinkus die Aufgabe, den Widerstand im Ghetto Warschau zu organisieren. Er übersiedelte von der »arischen« Seite ins Ghetto und nahm Kontakt mit den im Ghetto lebenden ehemaligen Genossen auf. Die Nachricht vom Erscheinen eines jüdischen Fallschirmspringers aus Moskau, der obendrein Kämpfer der Interbrigaden in Spanien war, elektrisierte die Kommunisten im Ghetto. Sie weckte in ihnen die Hoffnung, daß man sie in Moskau nicht vergessen habe, und ermutigte sie, den Kampf gegen die Nazis aufzunehmen.

Im Ghetto trat Pinkus als Andrzej Szmidt auf, was zu späteren Verwechslungen mit einem anderen Schmidt führte. Pinkus informierte die Genossen im Ghetto über die Neugründung der Partei, die nun PPR/Polnische Arbeiter-Partei hieß. Pinkus wurde mit Jozef Lewartowski-Finkelstein und Adam Meretik-Cymerman Mitglied der Füh-

rungs-Trojka der PPR im Ghetto. Er wurde Kommandant der sozialistischen Volksgarde im Ghetto – *Gwardia Ludowa.*
Es galt, den bewaffneten Kampf propagandistisch vorzubereiten. Pinkus war gezwungen, seinen Wintermantel und seinen Pullover zu verkaufen, um einen Radioapparat und Papier für die zu vervielfältigen-
den Aufrufe kaufen zu können. Der Emissär erhielt keine Geldmittel
von der Partei.
Im Ghetto traf Pinkus seine ältere Schwester. Die Nazis ermordeten
seine Mutter in Luck, weil ihr Sohn Kommunist war. Pinkus arbeitete
an der Koordination aller Kreise der Ghettobevölkerung im Kampf
gegen die Nazis. Er übernahm mit Anielewicz, Tenenbaum und Fiszelson (ehemaliger Arzt für die Freiwilligen in Spanien) die operative militärische Abteilung. Pinkus bildete viele – aus je fünf Personen bestehende – Kampfgruppen aus. Vor Überarbeitung und Unterernährung
wurde er magenkrank, setzte seine Arbeit jedoch trotzdem fort. Am
15. Mai 1942 erschien die Erstausgabe des jiddischen Organs des Antifaschistischen Blocks »Der Ruf«, das Pinkus gründete.
Während des Transports einer Druckmaschine aus dem Ghetto auf
die »arische« Seite – es war ein Geschenk des jüdischen Widerstandes
an die polnischen Genossen – wurde Kartin zusammen mit Meretik-
Cymerman am 20. Mai 1942 verhaftet. Auf der Fahrt ins Gefängnis versuchte Pinkus, einem SS-Mann die Waffen zu entreißen, was aber
nicht gelang. Er wurde zusammengeschlagen und ins berüchtigte Pawiak-Gefängnis gebracht, wo er weiter gefoltert wurde. Er versuchte,
sich das Leben mit Glasscherben zu nehmen, wurde aber im Gefäng-
nis-Lazarett am Leben erhalten und weiter gefoltert. Trotzdem hat er
niemanden verraten. Auf seinen Wunsch brachte ihm ein Kalfaktor
einen Riemen, mit dem er sich im Juni 1942 erhängte. Er wurde in
einem Massengrab auf dem jüdischen Friedhof in der Okopowastraße beerdigt.
Auf der Liste jener 50 Ghettokämpfer, denen die polnische Regierung
1945 höchste militärische Auszeichnungen verlieh, steht der Name
Kartins an zweiter Stelle hinter Anielewicz.

Andere Aufständische

Józef Lewartowski-Finkelstein

Józef Lewartowski war Gründungsmitglied des Antifaschistischen Blocks im Warschauer Ghetto. Er wurde 1886 in Ostpolen geboren und war einer der Führer der linkszionistischen Bewegung *Poale Zion* in Polen. Er wurde später Kommunist und verbrachte zehn Jahre seines Lebens in polnischen Gefängnissen. Er war Führungsmitglied der wiedergegründeten polnischen kommunistischen Partei PPR, die im Ghetto Warschau sehr aktiv war. Er gilt als die Seele des im Frühjahr 1942 gegründeten Antifaschistischen Blocks. Im Herbst 1942 wurde er von der Gestapo verhaftet und in Treblinka ermordet.

Arje Wilner (»Jurek«)

Einer der wichtigsten Gründer der ZOB war Arje Wilner, der 1917 in Warschau geboren wurde. Er war vor dem Krieg Führer der linkszionistischen Jugendorganisation *Haschomer Hazair*. Als Initiator und Organisator des Widerstandes in Warschau gelang es ihm, Kontakte mit dem polnischen, in der *Armia Krajowa* (Heimatarmee) und der *Gwardia Ludowa* (Volksgarde) organisierten Widerstand anzuknüpfen. Ihm ist die Versorgung der ZOB mit Waffen zu verdanken. Am 6. März 1943 wurde er außerhalb des Ghettos von der Gestapo verhaftet. Die Deutschen entdeckten jedoch seine tatsächliche Identität nicht und inhaftierten ihn schließlich in einem Arbeitslager, aus dem er mit Hilfe polnischer Freunde fliehen konnte. Seine Aufgaben als Kontaktmann hatte inzwischen Jizchak Zuckerman übernommen. Wilner kehrte ins Ghetto zurück und nahm trotz einer Beinverwundung am Aufstand teil. Er gehörte zu den Führungsmitgliedern der ZOB, die sich am 8. Mai 1943 im Kommandobunker der Milastraße 18 selbst töteten.

Michal Klepfisz

Der Waffenmeister des Widerstandes im Warschauer Ghetto war Michal Klepfisz. Er wurde 1913 in Warschau in eine bundistisch engagierte Familie geboren. So war es nur natürlich, daß auch Michal Mitglied der Jugendorganisation »Zukunft« des Bundes wurde und an vielen Aktivitäten der jüdischen Arbeiterbewegung teilnahm. Nach Ausbruch des Krieges ging er in die Sowjetunion, wo er in einem Uranium-Bergwerk arbeitete. Später kehrte er zu seiner Familie nach Warschau zurück. Er organisierte den Schmuggel von Waffen und Brennstoffen ins Ghetto. Mit Hilfe des polnischen Untergrundes errichtete er im Ghetto große illegale Werkstätten zur Herstellung von Waffen und Munition.

Klepfisz fiel bereits am zweiten Tag des Aufstandes, dem 20. April 1943, im Bürstenmacher-Viertel. Die polnische Exilregierung in London verlieh ihm im März 1944 postum die höchste polnische Tapferkeitsauszeichnung *Virtuti Militari*.

Elieser Geller

Elieser Geller wurde in Opoczno geboren. Er war Führer der linkszionistischen Jugendbewegung *Gordonia* in Polen, nahm am Krieg im September 1939 als Soldat der polnischen Armee teil, geriet in Kriegsgefangenschaft und konnte nach Warschau entkommen. Ab 1941 lebte er mit gefälschten Papieren als Eugeniusz Kowalski, was ihm Reisen in ganz Polen ermöglichte. Er gehörte zu den Gründern der ZOB und besorgte Waffen für sie. Gemeinsam mit Mordechaj Anielewicz organisierte er auch den Widerstand in Bedzin und Sosnowiec, den jüdischen Zentren im annektierten Ostoberschlesien.

Er nahm an den Kämpfen im Januar 1943 im Ghetto Warschau teil. Während des Aufstands im April 1943 kommandierte er den Widerstand im Gebiet der Fabriken Többens und Schultz. Ende April konnte er durch die Kanäle entkommen. Er wurde im Sommer 1943 in einem Versteck verhaftet und in ein KZ eingeliefert, wo er starb.

Tosia Altman

Die ZOB-Kämpferin und Kurierin des Widerstandes in Warschau, Tosia Altman, wurde 1918 in Wloclawek geboren. Sie war bereits als Kind Mitglied der linkszionistischen Jugendbewegung *Haschomer Hazair*. Während des Kriegs organisierte sie im Auftrag ihrer Organisation den Untergrund in vielen Städten Polens. Nach der Gründung der ZOB wurde sie aus dem Ghetto geschickt, um als Verbindungsfrau zum polnischen Widerstand zu wirken. Sie organisierte den Kauf von Waffen für das Ghetto.

Während des Aufstandes kämpfte sie im Zentralghetto. Am 8. Mai 1943 befand sie sich im Befehlsbunker in der Milastraße 18. Sie gehörte zu jenen wenigen, die im letzten Moment einen unbewachten Ausgang fanden und entkommen konnten. Die Edelman-Gruppe nahm sie auf ihre Flucht aus dem Ghetto mit. Sie lebte in einem Versteck in einer Zelluloidfilm-Fabrik. Aus ungeklärten Gründen brach dort am 24. Mai 1943 ein Feuer aus, das rasch die Zelluloid-Vorräte erfaßte. Tosia Altman kam im Feuer um.

Leon Feiner

Dr. Leon Feiner wurde 1886 in der Nähe von Krakau geboren. Er studierte Jura und war einer der bekanntesten Führer des »Bundes« in Polen. Als Jurist verteidigte er in vielen Prozessen wichtige Persönlichkeiten der Linken. Daneben war er auch literarisch tätig, u. a. übersetzte er die Werke Ernst Tollers ins Polnische. Wegen einer regierungskritischen Ansprache kam er für fünf Monate in ein polnisches Konzentrationslager. Als 1939 der Krieg ausbrach, befand er sich im sowjetisch besetzten Territorium. Dort wurde er zu 20 Jahren Haft verurteilt und kam erst nach Beginn des deutsch-sowjetischen Krieges frei. Er wurde Vorsitzender des im Untergrund arbeitenden Bundes und führendes Mitglied des Jüdischen Nationalkomitees. Er lebte auf der »arischen« Seite Warschaus mit Papieren, die ihn als Polen namens Borozowski auswiesen. So konnte er Kontakt zur Außenwelt halten. Er war stellvertretender Vorsitzender des geheimen polnischen Komitees *Zegota* zur Hilfe für die Juden. Er überlebte bis zur Befreiung, starb aber bereits im Februar 1945 in Lublin.

Schaanan Lent, der 17jährige Kämpfer aus Tel Aviv

Der linkszionistische Arbeiter Hersch Lent aus
Warschau wanderte in den zwanziger Jahren
nach Palästina aus. Im Stadtteil Newe Schaanan
in Tel Aviv wurde 1926 sein Sohn geboren, der
den Namen des Stadtteils Schaanan erhielt. Später kehrte die Familie nach Warschau zurück.
Hirsch arbeitete als Schaffner bei der Straßenbahn. Vater und Sohn waren Aktivisten der Jüdischen Kampforganisation ZOB im Warschauer

Schaanan Lent

Ghetto. Schaanan war einer Einheit im Bürstenmacher-Viertel zuge-
teilt, wo die Kämpfer seit Beginn des Aufstandes den überlegenen
Kräften des Feindes heftigen Widerstand leisteten.
Schaanan kämpfte mit anderen Jugendlichen, die ihre Stellung zwei
Wochen lang hielten, mit dem Mut der Verzweiflung. Am 3. Mai ent-
deckten die Deutschen den Bunker der Kampfgruppe in der Franci-
skanskastraße 30. Schaanan wurde schwer verwundet und bat seine
Kameraden, ihn zu erschießen, da er nicht lebend in die Hände des
Feindes fallen wollte.

Emanuel Ringelblum – Historiker im Ghetto

Emanuel Ringelblum zählt zu den hervorragendsten und verdientesten Gestalten des polnischen Judentums. Er wurde am 21. November
1900 in Buczacz (Westgalizien) geboren und
verbrachte seine Jugendjahre in Nowy Sacz. 1919
wurde er Student der Geschichte an der Universität Warschau. Dort blieb und lebte er bis zu seinem Tod 1944. Seit 1925 war er Mitarbeiter am Jü-

Emanuel Ringelblum

dischen Wissenschaftlichen Institut in Wilna
(YIVO, heute Sitz in New York). 1925 gründete er einen Kreis junger
jüdischer Historiker am Sitz des Jüdischen Akademikerhauses in Warschau. 1926 und 1929 erschienen Jahrbücher dieses Historikerkreises

in jiddischer Sprache mit dem Titel »Der junge Historiker«. 1927 promovierte er zum Dr. phil. mit einer Dissertation über die Geschichte der Juden von Warschau bis zum Jahr 1527.

Neben seiner wissenschaftlichen Tätigkeit auf pädagogischem, editorischem und jiddisch-philologischem Gebiet war er auch gesellschaftlich aktiv. Am Vorabend des Krieges weilte er in Genf. Über Italien und Ungarn kehrte er sofort ins umkämpfte und von der deutschen Luftwaffe gnadenlos bombardierte Warschau zurück. Noch während des Septemberkrieges organisierte er eine Zivilschutz-Organisation für die jüdischen Wohnviertel Warschaus; diese »Häuserkomitees« dienten zur Organisation sozialer Hilfsmaßnahmen für die Armen. Nach der Einschließung der Juden im Ghetto gründete er mit mehreren treuen Mitarbeitern das konspirative Ghetto-Archiv, dem wir detaillierte Kenntnisse über Leben und Schicksal der Warschauer Juden, aber auch anderer Gemeinden Polens verdanken. Die Besprechungen mit seinen Mitarbeitern wurden von Ringelblum, einem sozialistischen Atheisten, als *Oneg Schabat* (Samstagnachmittags-Versammlungen frommer Juden) getarnt. Ringelblum sammelte nicht nur alle vorhandenen Materialien, sondern entfaltete eine fieberhafte wissenschaftliche Tätigkeit, wobei er sich der modernsten Methoden der Soziologie bediente. Er verwendete Fragebogen und sammelte systematisch persönliche, zum Teil sehr ausführliche schriftliche Zeugnisse. Daneben schrieb Ringelblum ungezählte persönliche *Notatki* (Notizen). Aus Konspirationsgründen verwendete er dabei Codenamen, Abkürzungen etc.

Mit Bildung des Antifaschistischen Blocks im Frühjahr 1942 stellte sich das Archiv zusätzliche politische Aufgaben: Die Alliierten und die öffentliche Meinung der freien Welt sollten über die Massenmorde an den polnischen Juden informiert werden. Seine Nachrichten erreichten auch London: Im Anschluß an die Gründung der Jüdischen Kampforganisation wurde am 15. November 1942 ein ausführlicher Bericht über die Liquidation des Warschauer Ghettos, adressiert an die alliierten Regierungen, nach London übermittelt.

Ende Februar fand er mit seiner Frau Judith und seinem Sohn Uri ein Versteck in einem Bunker im »arischen« Teil der Stadt in der Grojeckastraße 84. Er kehrte jedoch am Vorabend des Aufstandes ins Ghetto zurück, wurde während der Kämpfe erfaßt und ins KZ Trawniki verbracht. Durch gemeinsame lebensgefährliche Anstrengungen des polnischen und jüdischen Untergrundes konnte er nach dreimonatiger Haft befreit und – als Eisenbahner getarnt – nach Warschau gebracht werden. Er kehrte in seinen Bunker im Ghetto zurück. Hier setzte er seine Arbeit fort, schrieb eine ausführliche Studie über die polnisch-jüdischen Beziehungen und Berichte, die das YIVO-Institut in New York und mehrere PEN-Clubs erreichten.

Während das Ghetto ringsherum liquidiert wurde, vergruben Mitarbeiter des *Oneg Schabat* unter Mithilfe des 12jährigen Pfadfinders David Graber Tausende Dokumente des Archivs in zehn metallenen Behältern, 50 x 30 x 15 cm groß, in einem sorgfältig getarnten Keller des Hauses Nowolipkistraße 68. Ein anderer Teil des Archivs wurde in der Fabrik Hallmann eingemauert. Weitere Materialien wurden in zwei Milchkannen verpackt und vergraben. Den letzten Teil versteckte Marek Edelman, Stabsmitglied der ZOB und Delegierter des Bundes, in der Swietojerskastraße 34, unter der sich ein Stabsbunker der ZOB befand.

Ringelblum war es nicht beschieden, zu überleben und sein Archiv selbst auszuwerten. Am 7. März 1944 wurde das Versteck aufgrund der Denunziation eines jungen Polen entdeckt. Alle Juden und die polnischen Helfer wurden verhaftet, ins berüchtigte Pawiak-Gefängnis gebracht und in den Ruinen des Ghettos ermordet.

Von den über 50 Mitarbeitern des Archivs blieben nur zwei am Leben: Rachela Auerbach, die 1976 in Israel starb, und Hersz Wasser. Mit ihrer Hilfe wurde am 18. September 1946 der erste Teil des Archivs unter den Ruinen des Hauses Nowolipkistraße 68 gefunden. Am 1. Dezember 1950 wurde am gleichen Ort ein weiterer Teil gefunden. Der erste Teil des Archivs besteht aus 1208 Einheiten, die die Zeit vom September 1939 bis zum 3. August 1942 betreffen. Zu der Sammlung gehören auch Zeichnungen der Malerin Seksztajn. Der zweite Teil mit 484 Einheiten betrifft die Zeit vom 22. Juli 1942 bis Ende Februar 1943. Es handelt sich um Abertausende von Archivalien in Form von Notizbüchern, Schulheften, Einzelblättern, oft nur Papierfetzen.

All diese Materialien sind von unschätzbarem historischem Wert. Sie befinden sich im Jüdischen Historischen Museum in Warschau. Viele von ihnen mußten im Laufe der letzten Jahre durch konservatorische Maßnahmen vor dem Zerfall gerettet werden. Auch wenn es im Laufe der Jahre zahlreiche Veröffentlichungen aus dem Archiv gegeben hat, sogar in japanischer Sprache, so warten viele der Archivalien doch noch immer auf eine Auswertung.

EMANUEL RINGELBLUM
Die jüdischen Frauen

(*Juni 1942*) Künftige Historiker werden der Rolle der jüdischen Frau während des Krieges ein eigenes Kapitel widmen müssen. Aufgrund ihres Mutes und ihrer Beharrlichkeit, durch die Tausende von Familien in schlechten Zeiten überleben konnten, nimmt sie eine wichtige Stellung in der jüdischen Geschichte ein. In der jüngsten Zeit läßt sich eine interessante Entwicklung beobachten. In vielen Hauskomitees übernehmen Frauen die Positionen der Männer, die sich erschöpft und müde nach der Arbeit zurückziehen. Einige Hauskomitees werden ausschließlich von Frauen geleitet. Angesichts der zahlreichen Aufgaben im sozialen Bereich, in dem viele unverbrauchte Kräfte benötigt werden, ist es von großem Vorteil, wenn man sich auf eine Reihe neuer, aktiver Mitarbeiter stützen kann.

Die Leistung der tapferen Mädchen Chaika, Frumka [die Schwestern Chaika und Frumka Plotnicka waren Kuriere der jüdischen Untergrundbewegung, A. L.] und anderer bietet Stoff für einen großen Schriftsteller. Diese furchtlosen Mädchen reisen in alle Städte und Ortschaften Polens. Sie haben Papiere, die sie als arische Polinnen oder Ukrainerinnen ausweisen. Eine von ihnen trägt ständig ein Kreuz bei sich, mit dem sie sich allerdings im Ghetto nicht zeigen kann. Täglich sind die Mädchen größter Gefahr ausgesetzt. Mit ihrem arischen Äußeren und ihren Kopftüchern gehen sie jedes Risiko ein. Ohne Murren und ohne das leichteste Zögern führen sie die gefährlichsten Missionen aus. Ist es erforderlich, nach Wilna, Bialystok, Lemberg, Kowno, Lublin, Tschenstochau oder Radom zu gehen und illegales Material, wie zum Beispiel Publikationen des Untergrunds, Nachschub oder Geld in die Stadt zu schmuggeln, so tun sie dies, als sei es die natürlichste Aufgabe der Welt. Müssen Kameraden aus Wilna, Lublin oder anderen Städten befreit werden, gehen sie sofort ans Werk. Für die Mädchen gibt es keine Hindernisse und keine Zwischenfälle. Sind Kontakte zu einem Lokomotivführer erforderlich –

einem Deutschen –, um auch außerhalb der Provinz reisen zu können (dies ist nur Personen mit Sondergenehmigung gestattet), so stellen sie diesen Kontakt eben her, als seien sie darauf spezialisiert.

Sie kommen in Gebiete, in die nie Vertreter jüdischer Organisationen reisen würden, wie beispielsweise Wolhynien oder Litauen. Sie waren die ersten, die uns die tragische Nachricht aus Wilna brachten. Sie waren die ersten, die eine ermutigende und solidarische Botschaft zu den Überlebenden nach Wilna trugen. Wie oft haben sie dabei wohl dem Tod ins Auge gesehen? Wie oft wurden sie festgenommen oder verhört? Aber das Glück war auf ihrer Seite. Sie waren »die Boten des

»Mit Waffen gefangene Weiber der Haluzzenbewegung«
So lautet die Unterschrift unter diesem bekannten Bild aus dem Stroop-Bericht. Erst 1968, fünfundzwanzig Jahre nach dem Geschehen, berichtete die junge Frau rechts auf dem Foto über die Umstände ihres wundersamen Überlebens. Es ist Malka Zdroje-wicz. Sie war Mitglied der ZOB, nahm am Waffenunterricht teil, schmuggelte Pistolen und Granaten ins Ghetto und kämpfte beim Aufstand mit Molotow-Cocktails.
»Wir wurden gegen Ende des Aufstandes zusammen mit Rachela und Bluma Wyzo-grodzka in einem Waffenlager entdeckt, nach oben geschleppt, zusammengeschlagen und in einer Reihe zum Erschießen aufgestellt. Bluma war sofort tot, aber wir beide wurden nicht getroffen« – berichtete Malka Zdrojewicz. Sie wurden mit vielen anderen Frauen zum Umschlagplatz getrieben und von dort nach Majdanek verbracht. Sie hat überlebt und heißt heute Malka Hornstein.

Volkes, denen kein Leid widerfährt«. Bemerkenswert ist, mit welcher Einfachheit und Bescheidenheit sie über ihre Taten während der Zugreisen berichten, bei denen sie christlichen Männern und Frauen begegneten, die zur Zwangsarbeit nach Deutschland gebracht wurden.

Im derzeitigen Weltkrieg hat die jüdische Frau eine der schönsten Seiten des Buches der jüdischen Geschichte geschrieben. Die Chaikas und Frumkas werden in dieser Geschichte den wichtigsten Platz einnehmen. Diese Mädchen kannten keine Pausen. Sie kamen aus Tschenstochau, wo sie illegales Material hingebracht hatten, und zwei Stunden später waren sie schon auf dem Weg zum nächsten Auftrag. Ohne das kleinste Zögern, ohne sich eine Pause zu gönnen.   [7]

(Aus E. Ringelblums Ghettotagebuch)

Schmuel Zygielbojm – Märtyrer des Widerstands

Schmuel Zygielbojm wurde 1895 bei Lublin als Sohn eines Lehrers geboren. Bereits mit 11 Jahren mußte er arbeiten. Später kam er nach Warschau und wurde Sekretär der jüdischen Metallarbeiter-Gewerkschaft. Mit 30 Jahren wurde er Mitglied des ZK des Bundes und Sekretär des Zentralrates jüdischer Gewerkschaften, dessen Organ *Arbeterfragn* er redigierte. 1938 wurde er als Vertreter des Bundes Stadtrat in Lodz.

Schmuel Zygielbojm

1939 kehrte Zygielbojm nach Warschau zurück und wurde als Geisel von der Wehrmacht nach der Kapitulation Warschaus verhaftet. Er gehörte dem illegalen Parteizentrum des Bundes an und kam im Dezember 1939 auf vielen Umwegen nach Brüssel, wo er vor der Sozialistischen Internationale über die Judenverfolgung in Polen berichtete. Nach dem Einmarsch der Deutschen in Belgien gelang ihm die Flucht nach Paris, von wo er im September 1940 nach New York kam.

Im März 1942 wurde er als Vertreter des Bundes in den Polnischen Nationalrat – das Parlament der polnischen Exilregierung in London – delegiert, wo er mit Ignacy Schwarzbart die Juden Polens vertrat.

Sofort nach seiner Ankunft in London erreichten ihn Berichte seiner Genossen aus Warschau über den Beginn der Massenmorde an den polnischen Juden. Er begann eine fieberhafte Tätigkeit und versuchte, die polnische und die alliierten Regierungen auf die katastrophale Lage hinzuweisen und gegen deren Untätigkeit zu protestieren. Am 2. Juni 1942 sprach er in der BBC über die Tragödie der Juden und sagte, daß es eine Schande sei, nach diesen Massenmorden weiter zu leben.

Im Oktober 1942 traf Zygielbojm mit dem Emissär des polnischen Untergrundes an die Exilregierung, Jan Karski, in London zusammen, der vorher mehrmals das Warschauer Ghetto besuchte. Karski überbrachte die Botschaften der Mitglieder des Jüdischen Nationalkomitees in Warschau, Leon Feiner und Arje Wilner, die die Führung der Alliierten beschworen, endlich etwas zu unternehmen. Sie forderten zu unbefristetem Hungerstreik vor den Toren der Regierung auf. In einer weiteren Sendung der BBC im Dezember 1942 warnte er vor der völligen Vernichtung der Juden durch Hitler.

Als er einsehen mußte, daß die Alliierten nichts unternehmen wollten, nicht einmal deklaratorische Schritte, und die Vernichtung des Ghettos und der letzten Reste der Juden Polens und Warschaus nahte (es waren bereits über drei Wochen seit dem Ausbruch des Aufstandes vergangen), schrieb er Abschiedsbriefe an den Staatspräsidenten Polens im Exil, Wladyslaw Raczkiewicz, an den Ministerpräsidenten General Sikorski und an seine Genossen in New York. Am 12. Mai 1943 beging er, wie von ihm einen Tag zuvor angekündigt, Selbstmord. Sein Abschiedsbrief an den polnischen Staats- und Ministerpräsidenten gehört zu den bewegendsten Testamenten unserer Zeit.

Die polnische Exilregierung ordnete für den 21. Mai 1943 ein Staatsbegräbnis an, an welchem der Präsident des Nationalrats Grabski, der stellv. Ministerpräsident Mikolajczyk, die Minister Raczynski und Prof. Kot, der die Trauerrede hielt, teilnahmen. Er sagte u.a.: »Wir rufen die Welt und die kommenden Geschlechter auf, Rache zu nehmen für die an den polnischen Juden verübten Verbrechen.« Auch Vertreter der *Labour Party* sprachen am Grab. Die Londoner Zeitungen *Daily Herald, Observer* und *Sunday Dispatch* brachten ausführliche Zitate aus den Trauerreden und aus dem Abschiedsbrief. Die konspirativen Zeitungen des polnischen Untergrundes berichteten ebenfalls über den Tod Zygielbojms.

Der Jüdische Militärverband (ZZW) im Warschauer Ghetto

Nach 1945 sind zahlreiche Bücher, Dokumentationen, Filme und Hörspiele über den Aufstand im Warschauer Ghetto produziert und veröffentlicht worden. In fast allen Veröffentlichungen wird nur eine einzige Widerstandsorganisation mit großer Akribie und Genauigkeit dargestellt, die *Zydowska Organizacja Bojowa* (ZOB) – die Jüdische Kampforganisation. Wer diese umfangreiche Literatur kennt, käme nicht auf den Gedanken, daß es noch eine weitere jüdische Kampforganisation im Warschauer Ghetto gab, den *Zydowski Zwiazek Wojskowy* (ZZW), den Jüdischen Militärverband. Viele Historiker haben diese Organisation bis auf den heutigen Tag in ihren Forschungen nicht berücksichtigt. Auch in Israel wird sie von fast allen Instituten und Archiven, die sich mit dem Holocaust und dem Widerstand beschäftigen, ignoriert. Die Gründe für diesen weißen Fleck in den Geschichtsbüchern sind ideologischer Natur.

Die Führung der ZOB hatte dank der unablässigen Bemühungen von Mordechaj Anielewicz den traditionellen jüdischen Partikularismus überwunden. Anielewicz ist gelungen, was bis dahin als unmöglich galt: die zugleich antizionistischen und antikommunistischen, sozialistischen Bundisten mit Kommunisten und mehreren zionistischen Organisationen meist sozialistischer Prägung in einem Verband zu vereinigen. Die Rechtszionisten, Mitglieder der Revisionistischen Bewegung mit ihren Unterorganisationen *Betar* und *Brit Hachajal*, wurden aber von allen anderen als jüdische Faschisten beschimpft und blieben aus der vereinten Widerstandsorganisation ausgesperrt.

Die Revisionistische Partei hatte sich 1935 unter ihrem Führer Vladimir Jabotinksy von der Zionistischen Weltorganisation abgespalten und eine eigene Weltorganisation gegründet. Die meisten jüdischen Reserveoffiziere der polnischen Armee waren Mitglieder dieser Organisation.

Sofort nach Ende der deutschen Kriegshandlungen gegen Polen organisierten sich in Warschau die Angehörigen dieser Organisation, jüdische Offiziere und Soldaten der polnischen Armee, im geheimen Widerstandsverband *Swit* (Morgenröte). Die Organisation arbeitete streng konspirativ, auch im Ghetto selbst wußten die wenigsten von ihrer Existenz. Sie hatte im Gegensatz zur späteren ZOB keine festen ideologischen Grundlagen, gab kaum Untergrundzeitungen heraus und beschränkte ihre Zielsetzung auf den bewaffneten Kampf. In den letzten Monaten vor dem Aufstand stieg die Zahl der Kämpfer des Jüdischen Militärverbands, so hieß diese Organisation ab 1942, erheblich an. Proletarische Elemente hatten sich der Organisation angeschlossen, darunter sogar Kommunisten.

Abraham Rodal

Der Verband unterhielt von Anfang an gute Beziehungen zu den einzelnen Organisationen des polnischen militärischen Widerstands, vor allem zum *Korpus Bezpieczenstwa* (Sicherheitskorps) unter Oberst Petrykowski. Im Herbst 1942 hatte der Verband 150 bestens geschulte und bewaffnete Kämpfer, die in konspirativen Fünfergruppen organisiert waren. Anfang 1943 zählte der Verband bereits 400 Mitglieder und verübte eine Anzahl von Attentaten auf SS-Männer und Gestapo-Agenten. Kommandant war der aus großbürgerlichem Milieu stammende Dawid Maurycy Apfelbaum, Reserveleutnant der polnischen Armee. Ihm zur Seite standen der Student Pawel Frenkiel und die Brüder Abraham und Arie Rodal.

Arie Rodal

Henryk Iwanski (Deckname: Herbert Bystry), Teilnehmer des schlesischen Aufstands, Historiker und Hauptmann d. R., diente im Sicherheitskorps. Er hielt die Kontakte zum ZZW aufrecht. Er arbeitete als Verwalter eines Krankenhauses für Infektionskrankheiten, das die Deutschen wie die Pest mieden. Daher war das Krankenhaus eine ideale Schaltstelle für alle konspirativen Aktivitäten.

Zu Bystrys Aufgaben zählten u. a. der Aufbau einer Infrastruktur für die Rettung von Juden und die Auswahl christlicher Pflegeeltern für jüdische Kinder. Vor allem aber lautete sein Auftrag, dem jüdischen Widerstand zu helfen. Es ist nicht auszuschließen, daß ein Teil des polnischen Widerstandes den jüdischen Aufstand auch deshalb unterstützte, weil er sich davon eine Signalwirkung auf die polnische Bevölkerung versprach. Die Juden sollten als Initialzündung für den spä-

teren, allgemeinen polnischen Aufstand, eventuell in ganz Polen, dienen. So jedenfalls dachten mehrere Kämpfer des ZZW.

Der ZZW verfügte dank der Kontakte mit Iwanski und seiner Organisation über eine ausgezeichnete Bewaffnung und militärische Infrastruktur. Der Ghetto-Historiker Dr. Emanuel Ringelblum stattete
dem Hauptquartier des ZZW kurz vor Ausbruch des Aufstandes
einen Besuch ab. Er hat seine Beobachtungen wie folgt beschrieben:

»Ich sah das Arsenal des ZZW. Es befindet sich in einem verlassenen
Haus in der Muranowskastraße 7, in einer 6-Zimmer-Wohnung im er-
sten Stock. Der Kommandoraum ist mit einem erstklassigen Radio-
empfänger ausgestattet, mit dem man Sendungen aus der ganzen
Welt empfangen kann. Daneben sah ich eine Schreibmaschine. Die
Stabsoffiziere des ZZW, mit denen ich mich unterhielt, trugen ihre
Waffen offen in den Holstern. In einem anderen Raum sah ich viele
Waffen an Haken an der Wand hängen, MGs, Gewehre, Handgrana-
ten, Pistolen vieler Kaliber, Munitionsmagazine, deutsche Wehr-
machts-Uniformen, die während des Aufstandes gut genutzt wurden.
Das Hauptquartier war so betriebsam wie jede andere militärische
Kommandostelle. Es wurden Befehle an Posten und Kampfgruppen
ausgegeben, Berichte über Geldkonfiszierungen von vermögenden
Ghettobewohnern erstattet. In meiner Anwesenheit wurden von
einem ehemaligen polnischen Offizier Waffen für eine Viertel Million
Zloty gekauft, bei einem Vorschuß von 50.000 Zloty. Es wurden zwei
automatische Gewehre für 40.000 Zloty gekauft, dazu eine beachtliche Menge von Granaten und Munition. Ich fragte, warum die Wohnung nicht getarnt sei, und bekam zur Antwort, daß sie keine Angst
vor einem Verrat von innen hätten. Sollte jedoch ein unerwünschter
Besucher, wie ein Polizist, auftauchen, würde er den Raum nicht lebend verlassen.«

In geheimen Schießständen in den Kellern der Hotels Londynski und
Rosja, wo sich auch die Magazine des ZZW befanden, schulte der
ZZW seine Mitglieder im Gebrauch der Waffen. Er machte Jagd auf
Verräter und Kollaborateure. Das Feldgericht des ZZW verurteilte
Spitzel, auch solche, die sich auf der »arischen« Seite befanden, zum
Tode.

Der ZZW baute geheime Waffenlager und zwei Tunnel in der Kar-

melicka- und de Muranowskastraße, die auf die »arische« Seite führten. Der ZZW kaufte Waffen auf dem Schwarzmarkt und verließ sich nicht, wie die ZOB, auf die Hilfe der offiziellen polnischen Militärorgane. Die Kurierinnen Zosia Rathajzer, Emilka Kosower, Sonia und weitere Frauen sorgten für die Verbindung nach außen.
Die ZOB und der ZZW arbeiteten zeitweilig zusammen, um dann auseinanderzugehen. Am Vorabend des Aufstandes kam es jedoch zu vollständiger Koordination und Kooperation. Mordechaj Anielewicz wies dem ZZW bestimmte Operationszonen zu. Die Kampfgruppen des ZZW waren die am besten bewaffneten Einheiten des Aufstandes. Die Feuerkraft ihrer Waffen überstieg diejenige der ZOB um ein Mehrfaches. Die Haupteinheit in der Muranowska Straße verfügte über 300 Granaten, 8 Maschinenpistolen, ein leichtes MG, zwei schwere MGs und große Mengen Munition.
Es ist sehr schwierig, Zahl und Namen der Angehörigen des ZZW festzustellen, weil von den etwa 300 Kämpferinnen und Kämpfern nur acht am Leben geblieben sind. Von den Gründern und Kommandanten des ZZW, Apfelbaum und Frenkiel, gibt es nicht einmal Fotos. Der große Häuserblock am Muranowskiplatz, der auch im Stroop-Bericht als Schauplatz der erbittertsten Kämpfe genannt wird, wurde von vier Kampfgruppen verteidigt, die von Arie Rodal, Eliahu Halbersztein, Meir Toblus und Josef Goldshaber geführt wurden. Der Kommandant Dawid Maurycy Apfelbaum kämpfte in der Mila 10. Henryk Federbusch befehligte die Kampfgruppe in der Smocza 28. Weitere Kampfgruppen wurden von Jan Pika, Leiser Staniewicz, David Berlinski und Binstock kommandiert.
In der Kampfgruppe von Roman Weinstock kämpfte zusammen mit ihren jüdischen Gefährten Mosche Kuperman auch die junge Polin Agnieszka Cybulska, die sich weigerte, ihren Freund zu verlassen, und mit ihm zusammen fiel. Im Zentralghetto, im Bürstenmacher-Gebiet – dort kämpfte der Dichter Wladyslaw Szlengiel – und auf dem Gelände der *Shops* (Fabriken) operierten ebenfalls Einheiten des ZZW. Den größten Eindruck sowohl auf die Polen wie auch auf die SS-Truppen machten die jüdische blauweiße und die polnische weiß-rote Fahne, die über den vom ZZW verteidigten Gebäuden gehißt wurden. Mehrere SS-Männer wurden beim Versuch, die Fahnen zu erbeuten, getötet. Einem Teil der ZZW-Kämpfer gelang nach dem Fall der Häu-

ser die Flucht auf die »arische« Seite. Hauptmann Iwanski kommandierte mehrere Entlastungsangriffe auf die Ghettomauer und verteidigte mit seinen Männern die lebenswichtigen Ausgänge des Tunnels.

Henryk Iwanski – Erinnerungen eines christlichen Kämpfers

»Unsere Agenten erfuhren schon früh von der
Absicht der Deutschen, die Juden hinter Ghetto-
mauern einzupferchen. Ich erhielt den Auftrag,
geheime, von ehemaligen jüdischen Offizieren
der polnischen Armee gegründete Zellen des
jüdischen militärischen Widerstandes zu unterstützen und zu versorgen. Den Kern der Organisation bildete die Gruppe um Leutnant Maurycy Apfelbaum. Die Deutschen haben große

Henryk Iwanski

Anstrengungen unternommen, um die Verbindungen des polnischen
militärischen Widerstandes mit dem Ghetto auszukundschaften und
zu zerstören. Sie haben hierfür jüdische Spitzel wie Gancwajch, Kon
und Heller eingesetzt. Unser Sicherheitsdienst unter Tadeusz Bed-
narczyk vom Oberkommando der AK sammelte die Beweise für den
Verrat und übergab sie dem Feldgericht des ZZW, der die Verräter ab-
urteilte und hinrichtete.
Vor Ausbruch des Aufstandes lieferten wir über die Tunnel Lebensmittel, Medikamente, Waffen und Munition ins Ghetto. Das frühere
Asyl der Albertiner-Mönche in der Dzikastraße wurde unter dem
Deckmantel einer sozialen Hilfsorganisation Zentrum des ZZW. Meine Organisation, der KB, konnte fünftausend Juden aus dem Ghetto
herausschleusen, auf unsere Seite bringen und sie dann weiterleiten.
Dies wäre ohne die Hilfe des Klerus, der uns seine Klöster, Asyle,
Waisenhäuser, Armenküchen und Pfarrkanzleien (mit Dokumenten-
anfertigung) zur Verfügung stellte, nicht möglich gewesen. Das Verstecken und Retten von Juden haben ganze Familien mit ihrem Leben
bezahlt, so z. B. die Familie in der Grojecka 81, die den Historiker Ringelblum versteckte. Oberstleutnant Dr. Wilhelm Spikowski, ehemals
Chefrichter der polnischen Armee, stellte uns sein ganzes Haus in

Marymont zur Verfügung. Viele kampffähige Juden brachten wir zur
27. Division ›Wolhynien‹ der AK.
Zum Zweck der sicheren Identifikation der Kuriere unserer beiden
Organisationen, des KB und des ZWW, wurde mir ein goldener Sie-
gelring übergeben, dessen exakte Kopie Apfelbaum bekam. Deshalb
wurde bei uns nie ein Spitzel eingeschleust.
Am 27. April 1943 gerieten die Kampfgruppen des legendären Kommandanten des ZZW, Maurycy Apfelbaum, in eine gefährliche Situation, weil während der schweren, achttägigen Kämpfe die Munition
ausgegangen war. Aus diesem Grunde führten wir einen Entlastungs-
angriff auf die Ghettomauer an diesem Abschnitt durch. Ich kommandierte meine 18 freiwilligen Soldaten. Schon vorher kämpften unsere
Soldaten auf dem Abschnitt von Kalman Mendelson. In diesem
Kampf fiel neben unseren Soldaten auch Apfelbaum. Dort sah ich ihn
zum letzten Mal. Er war verwundet, und wenig später erlitt er eine
weitere Verwundung. Ich wollte ihn aus dem Ghetto heraustragen,
aber er sagte mir: Bystry, laß das, ich werde das Ghetto nie mehr verlassen. Auch ich wurde verwundet. Marek Edelman, Vertreter des
Bundes im Kommando der ZOB, fand in meiner Wohnung in der
Zlota 56a eine Bleibe, bis er mit vielen anderen durch die Kanäle her-
ausgebracht werden konnte. Unsere Organisation konnte viele Juden
bis zum Ende des Krieges verstecken und ihnen so das Leben retten.«
Soweit der stark gekürzte Bericht von Henryk Iwanski. (*Prawo i Zycie*,
4. Dezember 1966).

An dem Angriff auf die Ghettomauer am 27. April 1943 nahmen auch
Iwanskis Sohn Roman und sein Bruder Waclaw teil. Beide fielen an
diesem Tag. Iwanski wurde am Bein verwundet. Trotzdem ging er
noch an der Spitze einer Patrouille mehrmals ins Ghetto, um verwundete jüdische Kämpfer in Sicherheit zu bringen. Beim Heraustragen
von Verwundeten aus dem Ghetto im Mai 1943 fiel sein zweiter Sohn
Zbigniew. Der Täter Stroop beschrieb diesen Tag so:
»Der Stoßtrupp unter Oberleutnant der Schutzpolizei Diehl stellte
eine Bande in einer Stärke von 120 Mann, stark bewaffnet mit Pistolen, Gewehren, LMG, Handgranaten, fest, die sich zur Wehr setzten.
Es gelang, 23 Banditen im Feuerkampf zu erledigen, 52 Banditen wurden festgenommen ... Außerdem wurden 17 Polen, darunter 2 poln.

Polizisten, festgenommen, die von dem Vorhandensein der Bande
hätten wissen müssen ... Heute gelang es u.a. auch, einen der Gründer
der jüdisch-polnischen Wehrformation zu erfassen und zu liquidieren. [Vermutlich Maurycy Apfelbaum. A. L.]
Das äußere Erscheinungsbild der jetzt zur Erfassung kommenden Juden zeigt, daß nun die Juden an die Reihe kommen, die die Führung
des ganzen Widerstandes in den Händen hatten. Mit Beschimpfun-
gen auf Deutschland und auf den Führer auf den Lippen und mit Flü-
chen auf die deutschen Soldaten stürzten sie sich aus den brennenden
Fenstern und von den Balkonen ...«
Nachdem Stroop 1945 in Wiesbaden verhaftet worden war, wo in seiner Wohnung der nach ihm benannte Bericht gefunden wurde,
schrieb der Henker der Warschauer Juden ein handschriftliches Protokoll nieder, das zu den Akten seines Prozesses vor einem amerikanischen Militärgericht im Januar 1947 genommen wurde. In diesem
Dokument berichtet er über die bewaffnen Männer und Frauen im Al-
ter von 18 bis 30 Jahren, die in einer Chaluzen-Bewegung namens
Betar organisiert waren. Stroop wußte also genauer als die heutigen
Historiker, gegen wen seine Leute kämpften!
Im April 1963, zum 20. Jahrestag des Aufstandes im Ghetto, wurde
Iwanski mit dem höchsten polnischen Tapferkeits-Orden *Virtuti Mili-*
tari ausgezeichnet. Am 13. Oktober 1964 beschloß die Kommission der
»Gerechten der Völker« bei der nationalen Gedenkstätte Israels, Yad
Vashem, ihm die Medaille und Titel »Gerechter der Völker« zu verlei-
hen und einen Baum auf dem *Har Hasikaron*, dem Berg des Gedenkens, zu pflanzen. Er ist einer der 3.268 polnischen »Gerechten« von
insgesamt 9.295 stillen Helden aus 30 Nationen (Stand: Januar 1991).
Der ZZW, seine Kommandanten, Kämpfer und christlichen Waffenbrüder, sind bis heute für Historiker und Medien die underdogs geblieben. Auch bei den Feiern zum 50. Jahrestag des Aufstandes im
Warschauer Ghetto im April 1993 wurden die Kämpfer des ZZW
nicht erwähnt. Und in der erst 1993 erschienenen englischen Fassung
des Buches »Chronik das Warschauer Ghettoaufstands« von Jizchak
Zuckerman, dem letzten Kommandanten der ZOB, sucht man das
Kürzel ZZW vergebens. Er spricht an zwei Stellen und in zwei Fußnoten lediglich von *Betar*, ohne näher auf den ZZW einzugehen. Die
Adolf Berman, dem Vertreter des konspirativen Jüdischen National-

rates in Warschau, übergebenen und in seinem Archiv befindlichen Berichte zweier gefallener Kämpfer des ZZW sind niemals veröffentlicht worden. Mit diesen Zeilen versuche ich, das Andenken der bis heute unbekannt gebliebenen Kämpfer zu ehren und sie dem unverdienten Vergessen zu entreißen.

RYSZARD WALEWSKI
Die Schlacht um den Muranowskiplatz (Bericht eines ZZW-Kämpfers)

Es ist der 18. April 1943, ein Tag vor Ausbruch des Aufstands im Warschauer Ghetto. Ein stiller Frühlingsabend. Ich stand auf dem Muranowskiplatz. Der Platz war völlig leer, auch die Straßen des Ghettos waren leer. Doch in den Häusern und in den Höfen geht es zu wie in einem Bienenstock. Die Leute schicken sich an, in den Untergrund zu gehen, sich in Bunkern und anderen geheimen Orten zu verschanzen, die Kämpfer beziehen ihre Stellungen und Stützpunkte.

Die Nachricht von einer geplanten militärischen Aktion gegen das Ghetto hatte uns bereits in den Morgenstunden erreicht, daher die gespannte Stimmung, das nervöse Harren auf das Kommende. Die nicht in Gruppen organisierten Ghetto-Bewohner waren vor der herannahenden Gefahr gewarnt.

Ich wartete auf den Verbindungsmann von der »arischen« Seite, der uns Fotos der deutschen Pläne für den Angriff gegen das Ghetto bringen sollte. Auf dem Platz herrschte eine drückende unruhige Stille, nach einem Tag fieberhafter Vorbereitungen, wo eine Nachricht die andere jagte und die nervöse Spannung von Minute zu Minute stieg. Ich stand auf dem scheinbar ruhigen Platz und nahm die Ruhe vor dem Sturm in mir auf.

Unsere Stunden waren gezählt. Die Konfrontation der ungleichen Kräfte, deren Ausgang vorhersehbar war, rückte immer näher. Aber gerade deshalb stehe ich hier am Muranowskiplatz und warte auf den Verbindungsmann, der uns in dem ungleichen Kampf sehr hilfreich sein könnte. Die geheimen Pläne des Feindes in die Hand zu bekommen, das wäre unbezahlbar; im voraus zu wissen, von wo der erste Angriff kommen würde, die Intensität des auf uns gerichteten Feuers, die Anzahl der an dem Unternehmen beteiligten Soldaten – mit dieser Information konnten wir uns besser verteidigen, dem Feind schwerere Verluste zufügen und die Mordgesellen, die ausgezogen waren, uns zu vertilgen, aufs Haupt schlagen. Als wir uns anschickten, den Platz zu verlassen, sahen wir die gebeugte Gestalt des Eliasz Gutkowski auf uns zukommen. Gutkowski war Lehrer in Lodz gewesen, mit Kriegsausbruch nach Warschau gekommen und gehörte dort dem Untergrundarchiv des Ghettos an. Unter meinem Einfluß hat er sich schon vor dem Aufstand für den Zusammenschluß der Widerstandskräfte im Warschauer Ghetto eingesetzt. Er war der Verbindungsmann zwischen der ZOB und den übrigen Untergrundorganisationen im Ghetto. Die von der Jüdischen Kampforganisation ZOB angeregten Verhandlungen unter Führung der linken Parteien und des ZZW (des vom *Betar* und der nationalen Bewegung gegründeten Jüdischen Militär-Verbandes) zogen sich endlos hin, und die Zeit drängte, denn die Tage des Ghettos waren gezählt.

Zusätzlich zu den Anhängern dieser beiden Organisationen gab es im Ghetto Hunderte von bewaffneten Männern, die Dutzende von Bunkern besaßen, die mit Nahrungsmitteln, Wasser und Elektrizität ausgerüstet waren und über Geheimgänge verfügten, die nach außerhalb des Ghettos führten. Geplant war, daß der Zusammenschluß von ZOB und ZZW den Auftakt zur Vereinigung sämtlicher bewaffneter Kräfte im Ghetto bilden sollte.

Gutkowski meldete uns, er sei in hochwichtiger Mission zum Hauptquartier des ZZW entsandt. Erst vor einer halben Stunde habe er den Auftrag bekommen, mitzuteilen, daß die ZOB auf alle im Zuge der Verhandlungen gestellten Bedingungen eingeht und eine gemeinsame Sitzung im Quartier des ZZW auf ein Uhr nachts einberuft. Sollte heute nacht kein Treffen zustande kommen, bleibt die vorige Übereinkunft in Kraft, wonach das Ghetto in zwei Verteidigungsbezirke geteilt ist und jede der beiden Organisationen die Verteidigung »ihres« Teils übernimmt. Der ZZW ist für die Straßen rings um den Muranowskiplatz und den Platz selbst zuständig, die ZOB für ihre eigenen Verteidigungsstellungen.

Ich sah Gutkowski in die Augen, er sah traurig und müde aus. An meinem Herzen nagte der Zweifel: Würden wir uns lebend wiedersehen?

Ein letzter Händedruck. Gutkowski machte sich auf den Weg, blieb plötzlich stehen, wandte sich mir zu und rief: Also, auf ein Uhr nachts. Einige Augenblicke blieb ich auf dem Muranowskiplatz stehen und schaute der Gestalt nach, die im Tor des Gebäudes Muranowskistraße 7-9 verschwand, dann wandte auch ich mich zum Gehen. Im Ghetto wurde es Nacht.

Flaggen über dem Stabsgebäude

Nach Mitternacht beenden wir die Patrouille an den Ghetto-Mauern entlang. Von der Bonifraterska biegen wir in die Muranowska ein und bleiben an der Mauer stehen. Ich steige die Leiter hinauf, um über die Mauer zu spähen. Dort marschiert eine Truppe deutscher Soldaten mit einem Offizier an der Spitze. Sie verteilen Posten rings um die Mauer. Ich schaue auf meine Armbanduhr. Es ist bald zwei Uhr in jener unvergeßlichen Nacht zum 19. April 1943 – das Ghetto ist umstellt.

Der Muranowskiplatz ist von hohen Häuser-Blöcken umgeben, und enge Straßen trennen einen Block vom andern. Verteidigungsrampen sind errichtet. Eine Reihe von Häusern, verdeckte Verbindungsgänge, untereinander verbundene Keller und versteckte Dachböden ermöglichen es, von einem Haus zum andern zu gelangen, ohne auf den offenen Platz hinauszutreten. Das Netz der über das ganze Gelände verstreuten Bunker bietet der Zivilbevölkerung die Möglichkeit, vor einer plötzlichen Aktion Schutz zu suchen.

Die Topographie des Muranowskiplatzes war genau auf die Verteidigung des Ghettos zugeschnitten. Der Platz, auf dem die Muranowska- und die Nalewkistraße zusammenliefen, lag frontal dem Zugangsweg zugewandt, den die Deutschen für die Eroberung dieses Ghetto-Teils vorgesehen hatten. Die Häuserfronten am Platz bildeten die erste Linie von Abwehrstellungen. Zwei riesige Gebäude an den beiden Enden des Platzes waren zu befestigten Stützpunkten ausgebaut. Mit Ausbruch der Kämpfe gelang es diesen Stützpunkten, einen feindlichen Angriff nach dem anderen abzuwehren.

In diesen Gebäuden waren die Maschinengewehre stationiert, doch auch die übrigen Gebäude waren befestigt; es bestand ein ganzes Netz von Posten für Gewehre, die Fenster an den Häuserfronten waren zugemauert, die Keller zu Bunkern umgebaut. So war am Muranowski-platz ein ganzer Block von Verteidigungsposten entstanden, die der Feind in den ersten Tagen des Kampfes trotz seiner zahlen- und materialmäßigen Überlegenheit nicht einzunehmen vermochte.

Die eigentlichen schwachen Punkte lagen auf der Rückseite des Platzes, an der Bonifraterska, deren alte Häuser mit ihren mürben Mauern dem feindlichen Feuer nicht lange hätten standhalten können. Diese Lücke im Verteidigungssystem der Aufständischen würden die Deutschen womöglich ausnützen und den Muranowskiplatz von hinten, von der Bonifraterska her angreifen. In der Tat erschwerten gleichzeitige Angriffe von der Muranowski und von der Bonifraterska her die Verteidigung des Platzes ungemein.

Die mir unterstellte Kampftruppe war auf der Vorderseite des Platzes stationiert, an der Mündung der beiden Straßen. In den ersten Tagen des Aufstands wechselte die Situation ständig. Aus allen Teilen des Ghettos gingen bedrohliche Nachrichten ein, etliche Verstecke und Bunker wurden bereits vom Feind erobert. Die ersten Brände brachen aus. In den meisten Stellungen wurden eine Reihe von Stützpunkten eingenommen, und mit Ausnahme des Muranowskiplatzes war die Munition fast ganz zu Ende.

Der Muranowskiplatz kämpfte heldenhaft. Sämtliche Abwehrstellungen befanden sich noch in den Händen der Aufständischen. Der Kontakt zur »arischen« Seite funktionierte. Nach Liquidierung einiger Widerstandsnester innerhalb des Ghettos rüstete der Feind zum Großangriff auf den Muranowskiplatz.

Die Verteidiger des Platzes bereiteten sich auf die Entscheidungsschlacht vor; im Zuge der Vorbereitungen beschloß der Kommando des ZZW, über dem Gebäude Muranowska 7-9, wo der Stab der Organisation stationiert war, zwei Flaggen zu hissen: die blau-weiße der Juden und die weiß-rote der Polen. Die Flaggen wehten vom Dach des hohen Gebäudes stolz über das mit allerletzter Kraft kämpfende Ghetto. Auch von der »arischen« Seite aus waren sie gut zu sehen. Viele Zivilisten stiegen auf die Dächer, um das Schauspiel mitanzusehen.

Durch die Flaggen wollten die Kämpfer am Platz ihren Freunden in den übrigen Teilen des Ghettos zu verstehen geben, daß hier zur großen Entscheidungsschlacht gerüstet wurde. Betont werden sollte auch die brüderliche Einheit des kämpfenden Ghettos mit den polnischen Zivilisten, die ebenfalls gegen die Besatzungsmacht kämpften. So sollten Polen auf der »arischen« Seite zur Hilfeleistung für das kämpfende Ghetto gewonnen werden. Die Kämpfer bildeten sich ein, die Nachricht von den über dem aufständischen Ghetto wehenden Flaggen werde auch über die Grenzen des besetzten Europas hinaus in die freie Welt hinausdringen und deren Gewissen wachrütteln.

Angesichts der Flaggen über dem Stützpunkt der Aufständischen am Muranowskiplatz bekamen die Deutschen eine fürchterliche Wut und verstärkten ihre Angriffe auf die Stellungen des ZZW, sie wollten um jeden Preis die Flaggen herunterholen.

Es war wirklich eine grausame Schlacht. Die regulären deutschen Streitkräfte, die an den Gefechten im Ghetto beteiligt waren, erhielten an jenem Tag Verstärkung durch einen »Sondersturmtrupp« unter dem Kommando von SS-Untersturmführer Dehmke. Laut Bericht von General Stroop gelang es dieser Truppe, die Flaggen einzuholen. Faktisch jedoch nahmen die Deutschen die beiden Flaggen nicht im Sturm, sondern holten sie erst ein, nachdem die Leute des ZZW den Rückzug aus dem Ghetto angetreten hatten. Die Schlacht um die beiden, von den Leuten des ZZW am Muranowskiplatz im Warschauer Ghetto, mitten im besetzten Polen, gehißten Flaggen verlief folgendermaßen:

An jenem Tag gab es besonders schwere Gefechte. Die deutschen Angriffe setzten keinen Augenblick aus. Schützenwagen und leichte Panzer des Feindes näherten sich unseren Stellungen. Die Deutschen beschossen den Muranowskiplatz von beiden Seiten mit Kanonen; auf der Rückseite, in der Bonifraterska, war ihre Artillerie-Stellung.

Aber dennoch, trotz des Eingreifens der Artillerie in die Schlacht, gelang es den Deutschen nicht, die Verteidigungslinie der Aufständischen, die ihre Stellungen am Platz behaupteten, zu durchbrechen. Mehr noch: Solange die an beiden Seiten des Platzes stationierten Maschinengewehre funktionierten, fügten die Aufständischen dem Feind schwere Verluste an Gefallenen und Verwundeten zu. Es gelang ihnen sogar, einen deutschen Schützenwagen und ein gepanzertes Fahrzeug außer Gefecht zu setzen. Der Muranowskiplatz war der stärkste Punkt des ganzen Ghettos, die Gefechte dort zogen sich über mehrere Tage hin, ohne daß die Deutschen den Widerstand der

ZZW-Kämpfer zu brechen und diese aus ihren Stellungen zu verdrängen vermochten.

Dies änderte sich erst, als das Maschinengewehr der Aufständischen
samt seiner Mannschaft von der deutschen Artillerie getroffen wurden. Die Verwundeten des ZZW wurden durch unterirdische Gänge
ins Krankenhaus auf der »arischen« Seite transportiert.

Die unablässigen feindlichen Angriffe schwächten die Aufständischen, für die Verwundeten gab es keinen Ersatz, und wer noch heile
Glieder hatte, war völlig erschöpft. Weitere Waffenlieferungen von
der »arischen« Seite waren nicht zu bekommen. Die Deutschen dagegen schickten ständig neue Truppen in den Kampf. Zum Schluß blieb
nur noch ein einziges Maschinengewehr zur Verteidigung des ganzen
Platzes. Der Muranowskiplatz schien verloren. Da beschlossen die
Aufständischen, von der Verteidigung zum Angriff überzugehen.
Dies schien ein aussichtsloses Unterfangen. Die meisten Verteidiger
waren verwundet, viele Waffen waren unbrauchbar geworden, die
Munition ging zu Ende. Wir waren zu müde, um die Konfrontation
mit dem Feind in offener Schlacht wagen zu können. Unsere Leute
mußten geschont werden, nicht dem Feuer ausgesetzt, doch es gab
keinen anderen Ausweg. Der Feind setzte zum vernichtenden Angriff
auf den Platz an; wir würden ihm also zuvorkommen müssen.

Ein improvisierter Plan wurde ausgearbeitet: Rückzug aus den Stellungen des Feuers, mit dem Maschinengewehr auf dem Posten, der
das Gebäude mit den Flaggen schützte. Die feindlichen Sturmtrup-
pen würden sicherlich durch das Häuser-Labyrinth der Muranowska
vorpreschen und über den scheinbar ungeschützten Platz zu dem
Haus mit den Flaggen vordringen, um die Gelegenheit zu nützen und
möglichst rasch die »Schmach« der von den jüdischen Aufständischen
vor den Augen des »arischen« Warschau gehißten Flaggen zu tilgen.
Mitten auf dem Platz wollten wir sie mit Feuer von allen Seiten überraschen.

Nach Anweisung des Kommandierenden wurde das Feuer eingestellt. Das Maschinengewehr verstummte. Die Aufständischen machten sich unsichtbar, auf dem Platz herrschte Stille. Alles hielt den
Atem an und wartete, was da kommen würde. Doch es geschah, womit wir nicht gerechnet hatten. Entweder war der Feind schlauer als
wir, oder seine Kampferfahrung warnte vor leichten Siegen. Sie glaub-

ten uns einfach nicht. Vielleicht rechneten sie auch mit unserer Befähigung zu Straßenschlachten, und der »Zusammenbruch« unserer Verteidigung erschien ihnen verdächtig. Offenbar hatte ihr Oberkommando beschlossen, die Einnahme der »verlassenen« Stellungen zu verzögern, und die deutschen Soldaten blieben, wo sie waren. Der Feind nahm uns anscheinend ziemlich ernst.

Inzwischen wurde unserem Beobachtungsposten gemeldet, daß sich am Tor des uns gegenüberliegenden Gebäudes einige Offiziere versammelten. Offenbar überlegten sie, wie sie uns umgehen und uns den Rückzug abschneiden könnten, vielleicht wollten sie uns lebendig haben?

Aus sämtlichen noch intakten Schußwaffen wurde auf den im Hof des Oberkommandos eingeschlossenen deutschen Trupp gefeuert. Entsetzt treten sie den Rückzug zum Tor an, drängen gewaltsam hinaus, doch vom Treppenhaus aus werden sie mit Handgranaten beworfen, und am Tor empfängt sie ein Geschoßhagel. Dutzende von Gefallenen und Verwundeten füllen den Hof, und oben auf dem von der deutschen Artillerie durchlöcherten Dach direkt über den Köpfen der restlichen deutschen Angreifer steht eine weitere Gruppe von Aufständischen und beschießt sie.

Der Kampf ging weiter, und über Warschau wehten immer noch die Fahnen der Aufständischen.

Während ein Trupp von deutschen Soldaten zusammengedrängt am Tor eines der Häuser am Platz stand, uns anscheinend nicht auf den Leim ging, sondern auf Anweisungen wartete, tauchte plötzlich von irgendwoher ein deutscher Offizier in SS-Uniform auf, riß seine Pistole heraus und raste mit dem Schrei »Juda verrecke« auf das Tor des Gebäudes Nr. 7-9 zu.

Mit erstaunlicher Schnelligkeit rannte der Offizier seinen Untergebenen voraus, verschwand im Tor, durchquerte den Hof, trat ins Treppenhaus, stieg zur Wohnung im ersten Stock hinauf und warf aus dem Fenster eine Handgranate – direkt in die Gruppe von Soldaten, die noch nicht bis ins Treppenhaus gelangt waren.

Erschöpft von der Anstrengung nahm der »SS-Offizier« den Helm ab und wischte sich die Schweißperlen von der Stirn. Es war der stellvertretende Oberbefehlshaber des ZZW, Abraham Rodal, der jüngere Bruder des Kommandanten Leib Rodal.

Abschied vom Platz

Nachdem die Brände erloschen waren, sah das Ghetto ganz grau aus, wie eine Totenstadt. Grau waren die stehengebliebenen Mauern der Häuser, grau die Aschenberge, die das Ghetto bedeckten, grau die verödeten Höfe. Aschgrau waren auch unsere Gesichter, von keiner Sonne beschienen.

So vergingen die Wochen, endlos, eine ganze Ewigkeit. Doch die Gefechte dauerten immer noch an, ohne Unterlaß, ohne Atempause. Der Feind war seit zwei Monaten unablässig hinter uns her. Er vernichtete alles um uns her, Häuser, Bunker, Keller. Der Feind verminte die Kanalisation, schnitt uns den Nachschub ab. Nur an uns Kämpfer war er noch nicht herangekommen, wir befanden uns noch auf dem Ghettogelände, unter der Erdoberfläche, in den Ruinen, auf Dachböden von Häusern mit halb verkohlten Wänden.

Wir tauchten auf, wo der Feind vergessen hatte, uns aufzulauern. Er merkte, daß wir da waren. Im Ghetto fielen Deutsche, und ihr Tod machte ihn nur noch wütender. Ihm war klar, daß er seinen Zerstörungsauftrag am Ghetto noch nicht vollzogen hatte, solange die Überreste der dort versteckten Kämpfer nicht vernichtet waren.

Nach Tagen mit Gefechten aus verlassenen Stellungen, hauptsächlich am Muranowskiplatz, kam das Stadium der kleineren tagtäglichen Scharmützel. Die Hauptkräfte der jüdischen Kampforganisation hatten das Ghetto am 8. Mai 1943 verlassen, doch immer noch gab es viele Gruppen von Kämpfern, die den Kampf weiterführten. Als der Feind merkte, daß er uns weder mit Maschinengewehren noch mit Gasbomben beikommen konnte, griff er zu uns noch unbekannten Vernichtungsmitteln. So gerieten wir in das Endstadium der Kämpfe, in denen der Feind abwechselnd mit Schlauheit und Brutalität operierte.

Wie aasgierige Geier kreisten die Banden der faschistischen Internationale über dem Ghetto. Tag für Tag drangen »Elite«-Einheiten der verbrecherischen Waffen-SS und Kolonnen von Wehrmachtssoldaten ins Ghetto, deutsche Polizisten, litauische Verbrecher, degenerierte Ukrainer und Horden polnischer Polizei. Sie alle brachten den Tod mit ins Ghetto, Tod und Raub. Sie plünderten alles, Uhren und Ringe, und wenn es schnell gehen sollte, hieben sie den Finger zusammen mit dem Ehering ab.

Hundert Kämpfer standen dicht gedrängt in der Kanalisation und harrten der Nacht. Ich legte mein Ohr auf die Erde und horchte. Aus der Ferne klang das Echo sich entfernender Schritte. Bald verstummten die Stimmen von außerhalb völlig.

Wir blieben in einem ausgebrannten Keller stehen, über uns sahen wir einen Mauerspalt, durch den Spalt erblickten wir die Reste eines Tors. Hinter dem Tor ging die Straße weiter, eine öde, menschenleere Straße. Noch eine letzte Anstrengung, sich an den Händen hinaufzuhangeln und aus dem zerstörten Kellerloch hinauszuzwängen. Danach über den tiefen Bombentrichter springen, in die Tornische. Nach so langem Aufenthalt im Dunkel der Kanalisation blendete uns das Mondlicht dermaßen, daß wir es für Scheinwerferlicht hielten.

Ein paar hundert Meter von unserem jetzigen Standort entfernt, im Nordosten des Ghettos, erstreckte sich der Muranowskiplatz. Wir sahen ihn gut, denn die verbrannten Häuser verdeckten ihn nicht. Um diesen Platz herum, im Halbkreis wie in einem Amphitheater, ragten die Ruinen der zerstörten Häuser. Der Platz selbst erschien mir jetzt klein, zusammengeschrumpft, farblos. Und doch war es hier, auf diesem Platz, wo die Fackel des Aufstands entfacht worden war; hier hatten die schwersten Kämpfe stattgefunden und hier erlitt der Feind die größten Verluste.

Seit jenem Tag waren zwei Monate vergangen. Sechzig Tage und sechzig Nächte, eintausenfünfhundert Stunden. Jede Stunde zum Bersten gefüllt mit so entsetzlichen Ereignissen und Erlebnissen, als ob es die letzte Stunde unseres Lebens sein sollte.

Und nun stehe ich hier auf diesem Platz, umgeben von Schatten der Menschen, die nicht mehr sind. Im Ghetto lebt fast keine Menschenseele mehr, alle sind umgekommen. Nur manchmal irren vereinzelt Menschen durch die Trümmer, unklar, woher sie kommen und wie sie überlebt haben. Eine Totenstadt, Durchgänge – leerer Raum und Trauer. Trauer um die, die nicht mehr wiederkehren, und um etwas, das unwiederbringlich verloren ist.

Ich werfe einen letzten Blick auf den Muranowskiplatz. Im Geiste sehe ich noch die Flaggen der Aufständischen im Wind wehen und höre das Rattern der Gewehre, die Blei und Feuer auf den verhaßten Feind schleudern. Und ich sehe den unzerstörten Bunker, den unterirdischen Gang und den Ausgang, der auf die »arische« Seite führt. Jetzt haben wir keinerlei Möglichkeit mehr, aus dem Ghetto hinauszugelangen.

Leb wohl, Vergangenheit. Lebt wohl, Freunde, die ihr hier gefallen seid. Lebt wohl, ihr Trümmerberge, die ihr in vielen Schichten diesen von Blut und Tränen getränkten Fleck Erde bedeckt. Leb wohl, Muranowski-Platz. [9]

SCHMUEL KRAKOWSKI
Juden im polnischen Aufstand von Warschau im Jahre 1944

Es läßt sich nicht genau bestimmen, wie viele Juden sich am 1. August 1944 zu Beginn des polnischen Aufstandes in Warschau befanden. Emanuel Ringelblum schätzt die Zahl derer, die sich nach dem Aufstand im Ghetto versteckt hielten, auf etwa 15.000. Adolf Berman, einer der Hauptaktivisten des Jüdischen Nationalkomitees, ging davon aus, daß sich ca. 12.000 Juden in Warschau und Umgebung verbargen. Beide Schätzungen erscheinen jedoch sehr hoch. Nach einem Bericht des Jüdischen Nationalkomitees aus dem Jahre 1944 befanden sich lediglich 5.000 Warschauer Juden unter seinem Schutz. Obwohl einige tausend Juden mehr in Warschau lebten, die von dem Komitee keine Unterstützung erhielten oder benötigten, ist es doch sehr unwahrscheinlich, daß dort im Sommer 1944 bis zu 10.000 Juden gelebt haben sollen.

Die Juden, die sich in der ersten Hälfte des Jahres 1944 in Warschau befanden, lassen sich drei verschiedenen Gruppen zuordnen. Zu der ersten gehörten diejenigen, die arische Papiere besaßen. Da die meisten von ihnen Arbeit hatten, konnten sie sich mit falschen Papieren innerhalb der Stadt frei bewegen. Die zweite Gruppe waren Juden, die sich an verschiedenen Orten versteckt hielten und aufgrund ihres Aussehens bzw. ohne geeignete Papiere diese Verstecke nicht verlassen konnten. Die dritte Gruppe bestand aus Juden des Konzentrationslagers der Gesia-Straße oder aus dem Pawiak-Gefängnis. Hunderte dieser Juden, insbesondere aus den ersten Gruppen, waren aktive Mitglieder der polnischen Untergrundorganisation.

Viele Juden, die in Warschau geblieben waren, beteiligten sich an dem

Aufstand. Einige, die vorher in der Heimatarmee gewesen waren, wurden mobilisiert. Andere, die keine Verbindungen zum polnischen Untergrund hatten oder Angehörige der Volksarmee waren, die nicht in den geheimen Beschluß zum Aufstand eingeweiht worden waren, meldeten sich freiwillig. Sie wurden in Kampfeinheiten aufgenommen, zur Errichtung von Befestigungen oder zur Unterstützung der Aufständischen eingeteilt. Mitglieder der Jüdischen Kampforganisation bildeten innerhalb der Volksarmee einen eigenen Kampfverband. Eine weitere Gruppe, die sich am Aufstand beteiligt hatte, waren Gefangene, die aus dem Konzentrationslager in der Gesiastraße befreit wurden.

Eine weitere jüdische Einheit, die sich am Warschauer Aufstand beteiligte, war der Zug der Jüdischen Kampforganisation unter dem Kommando von Jizchak Zuckerman. Nach Ausbruch des Aufstandes nahm Zuckerman Kontakt zur Leitung der Heimatarmee auf und schlug vor, eine jüdische Einheit innerhalb der Heimatarmee zu bilden. Sein Anliegen wurde abgelehnt. Erst einige Tage später, als Einheiten der AL (*Armia Ludowa* – Volksarmee) in Warschau intensiv mit der Mobilisierung begannen, gelang es Zuckerman, Kontakt zur Führung der AL aufzunehmen. Diese war sofort einverstanden, in ihren Reihen eine jüdische Einheit zu organisieren. Es gelang jedoch nur wenigen Überlebenden der ZOB, in dieser turbulenten Zeit Kontakt zu Zuckerman aufzunehmen. Daher suchten viele ihren eigenen Weg zu den verschiedenen polnischen Einheiten, in erster Linie aber zu den Einheiten der Heimatarmee.

Der von Zuckerman gebildete Zug der Jüdischen Kampforganisation ZOB wurde dem 3. Bataillon der Volksarmee angegliedert und übernahm die Verteidigung der Stellung in der Altstadt nahe der Mostowastraße. Nachdem der Aufstand dort niedergeschlagen worden war, wechselte der Zug in das Zoliborz-Viertel. Dort sind bekannte jüdische Untergrundkämpfer gefallen, wie z. B. Pola Elster, Hirsch Berlinski und Eliahu Erlich.

Der jüdische Zug des Wigry-Bataillons verteidigte seine Stellung in der Nähe der St.-Johannes-Kirche, wobei er erhebliche Verluste hinzunehmen hatte. Später kämpfte er bis zum bitteren Ende und mußte schließlich im Czerniakow-Viertel aufgeben.

Der Kommandeur der Jüdischen Kampforganisation veröffentlichte einen Aufruf an diejenigen Warschauer Juden, die noch am Leben waren, und forderte sie auf, sich aktiv am Widerstand zu beteiligen.

Neben Einheiten der ZOB und der Jüdischen Internationalen Brigade kämpfte auch eine große Zahl Juden in verschiedenen polnischen Einheiten der Volksarmee. Manche von ihnen zählten während des Aufstandes zu den Hauptorganisatoren und Befehlshabern der Volksarmee. Die Jüdin Helena Kozlowska und zwei Männer hatten die Leitung der Polnischen Arbeiterpartei inne, die als politische Zentrale für die Einheiten der AL diente. Zum Warschauer Kommando der Volksarmee gehörten die folgenden Offiziere: Hauptmann Menasche Anastazy Matywiecki, Hauptmann Stanislaw Kurland und Hauptmann Edward Lanota. Alle drei sind am 26. August 1944 gefallen, als die Warschauer Zentrale der AL bei Kämpfen im Umkreis der Altstadt bombardiert wurde.

Zu den Kommandeuren der AL-Einheiten gehörten Juden wie z. B. Oberleutnant Jan Szelubski (Mitglied der Führung des Widerstandes im Kriegsgefangenenlager Lublin, als Partisan im Wald von Janow), der eine Kompanie der Volksarmee im Bezirk Powisle befehligte; Oberleutnant Edwin Rozlubirski, stellvertretender Kommandeur der Czwartacy-Einheit; Oberleutnant Michael Jaworski; Leutnant Reich (ehemals Kämpfer im Ghetto), Leutnant Ludwik Herszberg und Leutnant Hirsch (Ryszard) Zelwianski. Der Befehlshaber der Heimatarmee, General Bor-Komorowski, verlieh persönlich Oberleutnant Szelubski und Oberleutnant Rozlubirski als Offizieren der Volksarmee die höchste Auszeichnung *Virtuti Militari*.

Einige Juden erreichten den Wald von Puszcza Kampinowska und schlossen sich den dort operierenden Einheiten der AK an. Unter anderem befand sich auch Schmuel Willenberg in dieser Gruppe, der an der Revolte in Treblinka beteiligt war. Alle Juden in Puszcza Kampinowska gaben sich als Polen aus.

Etwa 500 Juden, darunter viele, die sich am Aufstand beteiligt hatten, blieben in der zerstörten Stadt und versteckten sich in Bunkern, die in relativ kurzer Zeit zwischen den Trümmern errichtet worden waren. Hätten sie die Stadt zusammen mit der polnischen Bevölkerung verlassen, wären sie ohne Zweifel aufgrund ihres Aussehens in den Tod gegangen. Hielten sie sich dagegen in Bunkern versteckt, bestand zumindest die Hoffnung, daß sie so lange am Leben blieben, bis die

Russen eine neue Offensive starten würden. Die Juden in den Bunkern waren jetzt die einzigen Bewohner Warschaus, nachdem Anfang Oktober die gesamte Bevölkerung aus der Stadt vertrieben worden war. Bernard Goldstein, ein jüdischer Widerstandskämpfer, beschreibt folgendes Bild: »Warschau wurde leer. Außer den Juden in ihren unterirdischen Bunkern gab es dort keine anderen Bewohner. In jenen Monaten wurde die polnische Hauptstadt zu einer jüdischen Stadt.«

Eine Gruppe der Jüdischen Kampforganisation, der auch Jizchak Zukkerman und Zivia Lubetkin angehörten, versteckte sich eine zeitlang in einem Bunker in der Promykastraße. Mit der Hilfe des polnischen Untergrunds gelang es ihnen, ihr Versteck zu verlassen und nach Lesna Podkowa zu kommen, wo sie bis zur Befreiung des Gebietes im Januar 1945 blieben. Nachdem sie Kontakt zu Adolf Berman aufgenommen hatten, der ebenfalls aus Warschau geflohen war, begannen sie erneut mit den Aktivitäten des Jüdischen Nationalkomitees. Lodzia Hamerstein-Bukowska spielte als Abgesandte der ZOB eine wichtige Rolle bei der Verständigung zwischen den Aktivisten des Jüdischen Nationalkomitees und der Wiederbelebung von dessen Arbeit.

Eine weitere Gruppe aus ehemaligen Mitgliedern der ZOB versteckte sich in einem Bunker an der Ecke Sosnowa-/Siennastraße; neunundzwanzig andere Juden befanden sich in der Wspolnastraße 26 in einem Bunker. Zu ihnen gehörten bekannte Personen wie David Guzik und Bernard Goldstein sowie Spiegelmann und Wiernik, die sich am Aufstand in Treblinka beteiligt hatten und nach Warschau geflohen waren, ein griechischer Jude, ehemaliger Gefangener im Gesiowka, sowie einige Kämpfer des Warschauer Aufstandes. Auch einige ehemalige Partisanen der Anielewicz-Einheit befanden sich in den Bunkern. In einem anderen Bunker wiederum kamen einundvierzig Widerstandskämpfer zusammen. Unter ihnen waren Roman Fischer, Organisator der Widerstandsbewegung im Lubliner Gefangenenlager, und der polnische Hauptmann Wladyslaw Kowalski, der sich erst versteckt hielt und im arischen Sektor Hilfe leistete, sich nach Ausbruch der Revolte aber entschloß, das Schicksal der Juden zu teilen. Eine andere Gruppe von Widerstandskämpfern aus dem Zug von Schmuel Kenigswein hielt sich zusammen mit ihrem Kommandeur in den Trümmern der Altstadt an der Ecke Kilinski-/Krzywe-Kolostraße versteckt. Vierzig weitere Widerstandskämpfer versteckten sich in den Trümmern des Blocks in der Zlota- und Siennastraße. Der Befehlshaber der Heimatarmee, General Bor-Komorowski, schätzte die Zahl der am Aufstand beteiligten Juden auf etwa 1.000. Wahrscheinlich waren es erheblich mehr.

In Aussagen von Polen und Juden wird immer wieder die besondere Bedeutung der weiblichen jüdischen Kuriere hervorgehoben, die während des Warschauer Aufstands den Kontakt zwischen den verschiedenen Gebieten der Stadt aufrechterhielten, die von den Deutschen abgeschnitten worden waren: Sie leiteten die Widerstandskämpfer durch das Abwassersystem.

Schoschana (Emilka) Kosower, Kurierin des Jüdischen Nationalkomitees, führte die Einheiten der AK, die Oberst Seweryn und Major Olgierd Rudnicki-Sienkiewicz unterstellt waren, durch die Abwasserkanäle. Ihr wurde eine hohe Auszeichnung für Tapferkeit verliehen und sie wurde in den Rang eines Leutnants erhoben. Auf dem Höhepunkt des Aufstandes führte die jüdische Kurierin Zofia Friedental (»Stasia«) Einheiten der Heimatarmee aus dem Stadtzentrum nach Czerniakow, wo sie im Kampf gefallen ist. Die Kurierinnen »Maria«, »Janka«, »Stefa« und »Emilia« (nur unter ihren Spitznamen bekannt) sind ebenfalls im Kampf gefallen. Sie liegen in den Massengräbern der Wspolna-, Marszalkowska- und Mokotowskastraße.

Die Juden, die in polnischen Einheiten kämpften, mußten ihre jüdische Herkunft verbergen und galten als Polen. Wenn sie im Kampf fielen, wurden sie unter ihren christlich-polnischen Decknamen begraben. Sie offenbarten ihre wahre Identität nicht, weil der Antisemitismus unter der polnischen Bevölkerung Warschaus und den polnischen Soldaten im Widerstand sehr verbreitet war. Diese Haltung bestimmte die Atmosphäre in den Kampfverbänden – selbst in eher linksgerichteten Einheiten – und führte zu mehreren schweren Zwischenfällen.

Zu Beginn des Aufstandes ermordeten Angehörige der NSZ, der extremen antisemitischen Gruppierung der Heimatarmee, viele Juden, die sich aus ihrem Versteck wagten. Später besserte sich ihre Lage. In der Widerstandspresse erschienen Artikel, in denen die Verbrechen an Juden verurteilt wurden. Mit der Niederschlagung des Widerstands verschlechterte sich die Situation erneut, da die Disziplin der

Partisanen zu wünschen übrigließ. Zielscheibe waren sowohl die Zivilbevölkerung als auch Kämpfer aus den eigenen Reihen.

Wladka Miedzyrzecka beschreibt einen Mord, der am fünften Tag des Aufstandes im Haus eines Eisenbahners an der Ecke Zelazna-/Chmielnastraße verübt wurde. Einige Juden suchten Schutz vor der deutschen Artillerie. Drei von ihnen wurden aufgrund ihres jüdischen Aussehens von einer Patrouille der AK festgenommen. Man sagte ihnen, daß es im befreiten Polen keinen Platz für Juden gebe. Die Patrouille eröffnete das Feuer. Jehoschua Salomon wurde getötet. Den beiden anderen gelang die Flucht.

Waclaw Zagorski berichtet über den Mord an sieben jüdischen Frauen auf Befehl von Hauptmann Stryjkowski (»Hal«), Befehlshaber des 1. Bataillons der Gruppe Chrobry II. Dies war nicht der einzige Fall, in dem Hauptmann Stryjkowskis Soldaten Morde verübt hatten. Mit Zustimmung und unter dem Kommando von Oberleutnant Okrzeja ermordete am 10. September 1944 eine Gruppe Soldaten des 1. Bataillons vierzehn Juden in einem Gebäude der Prostastraße.

Eine Gruppe Gefangener, die erst kurz zuvor aus dem Konzentrationslager der Gesiastraße befreit worden waren, errichteten Barrikaden in der Mostowastraße. Sie trugen noch die typische Kleidung der KZ-Insassen. Auf einmal waren Rufe zu hören: »Tod den Juden!« Danach fielen Schüsse. Zwei Juden in KZ-Kleidung wurden getötet. Die Angreifer riefen: »Wir brauchen keine Juden. Erschießt sie alle!« Einige Polen griffen jedoch ein. Wie durch ein Wunder gelang es ihnen, die anderen Gefangenen, die für die Aufrührer gearbeitet hatten, vor dem antisemitischen Mob zu retten.

Die meisten Juden, die am Warschauer Aufstand teilgenommen hatten, kämpften von Beginn an in den Reihen der Heimatarmee. Manche von ihnen wurden in den Rang eines Offiziers erhoben und hatten leitende Positionen. Viele Juden unter den Rebellen hatten bereits Erfahrungen im Kampf gegen die Deutschen gesammelt, andere waren am Aufstand im Warschauer Ghetto beteiligt gewesen. Neben den Mitgliedern der ZOB gab es noch etwa zehn oder zwanzig Kämpfer des Jüdischen Militärverbandes (ZZW), die sich nach der Niederschlagung des Aufstandes im Warschauer Ghetto im arischen Teil der Stadt versteckt hielten. Sie bildeten keine eigene jüdische Einheit, schlossen sich aber nach Ausbruch der Revolte verschiedenen Einheiten der Heimatarmee an, in erster Linie der Baszta-Einheit. [10]

Als Auftakt zu den Feiern zum 50. Jahrestag des polnischen Aufstandes in Warschau fand in der Nozyk-Synagoge in Warschau am 29. Juli 1994 ein Gedenkgottesdienst statt. Es wurde das Totengebet »Kaddisch« für die während des Aufstandes gefallenen (und ermordeten) jüdischen Kämpfer gesprochen.

SCHMUEL KRAKOWSKI
Die Jüdische Internationale Brigade im polnischen Aufstand in Warschau von 1944

Nach der Niederschlagung des Aufstandes im Warschauer Ghetto errichteten die Deutschen in der Gesiastraße ein KZ, genannt »Gesiowka«, das ein Nebenlager des KZs Majdanek war. In der zweiten Hälfte des Juli 1944 befanden sich dort noch 4.000 Gefangene. Angesichts der anrückenden Roten Armee begannen die Deutschen, das Lager zu räumen. Als in Warschau der Aufstand ausbrach, waren jedoch noch nicht alle Gefangenen evakuiert. 400 von ihnen befanden sich im Lager selbst, während andere an Arbeitsstellen außerhalb des Lagers tätig waren. Einige der aus dem Lager Geflohenen und Juden, die aus dem Pawiak-Gefängnis entwichen waren, hielten sich in den Ruinen des Ghettos versteckt.

Etwa eine halbe Stunde nach Ausbruch des Aufstandes wurden die ersten Gefangenen befreit, die außerhalb des Lagers an dem früheren Umschlagplatz gearbeitet hatten. (Zwei Jahre zuvor waren Hunderttausende von Juden von dort aus nach Treblinka in den Tod geschickt worden.) Die meisten Gefangenen waren griechische oder ungarische Juden; es gab jedoch auch belgische und französische Juden. Der polnische Jude Israel Chaim Goldstein hat die Geschichte dieser Gefangenen in seinem Buch »Sieben in einem Bunker« beschrieben. Obwohl sie von den Deutschen unter Beschuß genommen wurden, errichteten die befreiten Gefangenen in den ersten Tagen des Aufstandes Barrikaden für die Aufständischen. Später traten die meisten von ihnen in Einheiten der Heimatarmee ein. David Edelman aus Frankreich fiel als erster seiner Gruppe. Am 5. August wurde ihnen der Befehl erteilt, in die Altstadt vorzudringen. Das Zoska- und das Wigry-Bataillon hatten sich unter dem Druck der deutschen Angriffe aus dem Wola-Viertel zurückgezogen, nachdem sie in diesem Teil der Stadt eine Niederlage hatten hinnehmen müssen. Ihr Weg führte durch das KZ Gesia. Nach dem Zusammenstoß mit den Deutschen konnten 348 Juden befreit werden, unter ihnen Griechen, Franzosen, Polen, Rumänen und Ungarn sowie vierundzwanzig Frauen. Alle befreiten Gefangenen meldeten sich umgehend freiwillig zur Heimatarmee. Einige von ihnen schlossen sich Kampfgruppen an, in erster Linie den Zoska-, Parasol- und Wigry-Bataillonen, andere bildeten als Techniker einen Zug, der Panzer instand setzte. (Die Aufständischen hatten drei Panzer erobert.) Andere wiederum arbeiteten in Fabriken, in denen Waffen repariert wurden; sie befanden sich im Gebäude der Swieta-Kinga-Schule in der Okopowastraße.

Die ehemaligen Gefangenen bewiesen großen Mut und Einsatzfreude. Leutnant Tadeusz Zuchowicz, ein Pole, der an der Befreiung des Lagers beteiligt war, erinnert sich an einen solchen Fall bei der Schlacht am neunten Tag des Aufstandes:

»Etwa um den 9. August kamen drei Panzer aus der Powazkowskastraße. Als sie die Kreuzung Okopowa erreichten, wurde einer der Panzer von Schüssen aus unserem ›Fiat‹ (englisches Panzergeschütz, auch zur Zerstörung von Bunkern) getroffen. Die SS sprang aus dem Panzer und wurde sofort von unseren Kugeln getroffen. Die beiden anderen Panzer waren auf dem Rückzug in die Powazkowskastraße und eröffneten das Feuer. Der Abschnittskommandant rief: Wer wagt sich in den stehenden Panzer, dreht das Geschütz und zielt auf die beiden abziehenden Panzer? Einer der Juden sprang auf und rannte auf den ›Panther‹ zu, der nun für uns keine Gefahr mehr war. Schon war er am Eingang zum Geschützturm. Wir hielten den Atem an, als er langsam das Geschütz drehte. Die beiden abziehenden Panzer hatten sich schon 200 bis 300 Meter entfernt, als ein lauter Knall die Luft erzittern ließ und ein Feuerstrahl aus dem Pannzerrohr schoß. Wir sahen, wie der eine Panzer zu einem brennenden Haufen Metall wurde. Der zweite konnte entkommen. Unser siegreicher Jude entstieg dem Panzer mit leuchtenden Augen, seine Lippen umspielte ein entschlossener, kämpferischer Ausdruck. Der Kommandant des Frontabschnitts, ein Major, rannte auf ihn zu, küßte seine beiden Wangen und heftete den Orden *Virtuti Militari* an die Brust des Juden. Wir alle klatschten und beglückwünschten ihn.«

Die befreiten Gefangenen wurden vom Quartiermeister des Wigry-Bataillons, Hauptmann Feliks Cywinski, mit besonderer Freude empfangen. Er besorgte für sie Lebensmittel aus Lagerbeständen der Einheit und manchmal sogar Kleidung. Dieser Mann, dem in Yad Vashem die Auszeichnung »Gerechter der Völker« verliehen wurde, hatte vor Beginn des Aufstandes auf eigene Initiative, ohne die Hilfe bekannter Organisationen, sechsundzwanzig Juden Zuflucht gewährt. Mit dem Ausbruch der Revolte war Cywinski als Offizier der Heimatarmee von der Mobilisierung seines Regiments betroffen. Seine jüdischen Schützlinge setzte er in verschiedenen Einheiten der Aufständischen ein. Nur ein älteres Paar blieb zurück. Nach der Befreiung des Lagers in der Gesiastraße bildete Cywinski eine Spezialeinheit aus ehemaligen Gefangenen und Juden, die sich mit seiner Hilfe hatten verstecken können. Diese Gruppe wurde dem Wigry-Bataillon angegliedert, Schmuel (Stanislaw) Kenigswein zum Befehlshaber ernannt. Auch er hatte sich mit Unterstützung Cywinskis verstecken können. Vorher war er Boxer bei Makkabi Warschau und Feldwebel in der polnischen Armee gewesen. Nach Angaben eines Soldaten aus seiner Einheit, Erno Hermonovics, schlossen sich über vierzig ehemalige Gefangene des Konzentrationslagers dem Zug an, obwohl sich ihre Reihen durch Verluste bei den Kämpfen nach und nach lichteten.

Viele der ehemaligen Gefangenen in der Hilfsgarde beteiligten sich am Bau von Befestigungen. Nachdem sie ihre Arbeit abgeschlossen hatten, blieben sie sich selbst überlassen: Sie hatten weder Nahrung noch ein Dach über dem Kopf. Ihre wiederholten Versuche, in Kampfgruppen der Heimatarmee aufgenommen oder für andere Arbeiten eingesetzt zu werden, blieben erfolglos. Erst als Einheiten der Volksarmee in die Stadt kamen, wandten sich die ehemaligen Gefangenen an die Befehlshaber und schlugen vor, sich am Aufstand zu beteiligen. Der Pole Jan Fotek, der von der Leitung der AL beauftragt wurde, Kontakt mit ehemaligen Gefangenen des Lagers Gesia aufzunehmen, berichtet folgendes:

»In der Altstadt befanden sich viele Juden, vor allem aus der Tschechoslowakei und Ungarn, die von den Aufständischen aus dem Gebiet des ehemaligen Ghettos befreit worden waren. Häufig baten sie uns, ihnen Waffen zu besorgen und sie in unsere Reihen aufzunehmen. Dies war uns damals nicht möglich, weil wir nicht genügend Waffen hatten. Dennoch mußten wir den von den Nazis Verfolgten eine Möglichkeit geben, am Kampf teilzunehmen und Rache für die Verbrechen an ihrem Volk zu üben. Nach langen Debatten kam die Idee auf, eine Einheit aus diesen Leuten zu bilden, die sich – trotz fehlender Waffen – am Kampf beteiligen konnten. Außerdem gab es mehr und mehr Aufgaben für die Zivilbevölkerung. So kam die jüdische Einheit zustande, die sich am Warschauer Aufstand beteiligte. Die Führung gab der Einheit den Namen »Internationale Jüdische Hilfsbrigade der Volksarmee«. Ich war verantwortlich für die Zusammenstellung dieser Einheit. Das war keine leichte Aufgabe. Ich kannte niemanden aus der Gruppe und war der einzige Pole. In Militärbaracken machte ich geeignete Quartiere ausfindig, in denen die Truppe unterkommen konnte. Dann wählte ich einige Männer aus, die mir besonders energisch schienen, und beriet mich mit ihnen. Ich erfuhr, daß Dr. Stern aus Bratislava, einer der Männer, die ich ausgesucht hatte, als Anführer galt. Daraufhin ernannte ich Dr. Stern zum Chef des Hauptquartiers der Brigade und bat ihn um weitere Vorschläge. Auf diese Weise wurde die Brigade in wenigen Stunden organisiert, und ich konnte mich meinen Aufgaben zuwenden. In der Brigade gab es einige Bauarbeiter. Ich wies sie an, Anlagen bei der Stellung des 3. Bataillons der Volksarmee zu befestigen und zu erweitern. Die Brigade errichtete drei oder vier Reihen Barrikaden, Befestigungen und Posten, die mit wenigen Personen zu verteidigen waren. Als wir vor den Bunkern Gräben aushoben, hatten wir das Gefühl, daß es dem Feind nicht gelingen würde, unsere Stellungen einzunehmen. Tatsächlich erwies sich ihr Abbruch beim Wiederaufbau von Warschau als äußerst schwierig.«

Den Angaben des polnischen Historikers Antoni Przygonski zufolge waren etwa 150 Soldaten Mitglieder der Jüdischen Brigade. Noch während der Kämpfe wurde die Brigade mit Waffen versorgt und übernahm schließlich die Verteidigung der von ihr ausgebauten Stellungen. Am 23. September führten die Deutschen einen Großangriff gegen sie. Fotek schreibt dazu: »Der massive Angriff der Deutschen trieb die Verteidiger zurück in die Nähe der Prosta- und der Dlugastraße. Der Druck des Feindes nahm täglich zu. Die Internationale Jüdische Brigade erlitt so schwere Verluste, daß sie letztlich nicht mehr bestand. Die wenigen überlebenden Soldaten suchten Zuflucht im Stadtzentrum.«   [10]

(Schmuel Krakowski wurde 1926 in Warschau geboren. Während des Krieges war er Mitglied des Untergrundes im Ghetto Lodz. Er ist Überlebender der nazistischen KZs. Nach dem Kriege wurde er Offizier der polnischen Armee und erforschte die Militärgeschichte Polens. Als Major d. R. wurde er Chefarchivar des Jüdischen Historischen Instituts in Warschau. Nach seiner Einwanderung nach Israel lehrte er die Geschichte der Schoa an der Universität Tel Aviv. Er ist seit Jahren Direktor der Archive von Yad Vashem in Jerusalem und Autor zahlreicher Bücher und Essays zum Thema Schoa und Widerstand.)

Die künftigen jüdischen Interbrigadisten kurz nach der Befreiung am 8. August 1944

Aus den Akten der Täter

Der Mörder Frank beginnt, an Gott zu glauben

Am 20. April 1943, Führers Geburtstag, einen Tag nach Ausbruch des Aufstandes im Warschauer Ghetto, schrieb der Generalgouverneur Dr. Hans Frank einen Brief mit nachfolgendem Beginn an den Chef der Reichskanzlei Dr. Lammers.

Sehr verehrter Herr Reichsminister Dr. Lammers!
In der heutigen, aus Anlaß des Führergeburtstages abgehaltenen Sitzung der Regierung des Generalgouvernements beherrschte die Entwicklung der Sicherheitslage das Bild. In der Tat entwickelt sich diese unter Einfluß verschiedenster Umstände in geradezu gefährlichster Weise. Seit gestern haben wir in Warschau einen bereits von Geschützen zu bekämpfenden wohlorganisierten Aufstand im Ghetto. Die Morde an den Deutschen nehmen in furchtbarer Weise zu. Züge werden überfallen, Transportwege völlig unsicher gemacht. Die Bandenbildung entwickelt sich in grassierender Weise. Ich sehe zur Zeit die Verantwortung für das Leben der Deutschen im Generalgouvernement Gott allein anvertraut. (...) [12]

Die schlaflosen Nächte des Heinrich Himmler   [12]

```
FERNSCHREIBEN EINGEGANGEN AM 22. 4. 43
00.42 UHR


BGWD  NR 1258  22. 4. 43  2350 =MA=
AN DEN 1.) HOEHEREN SS-UND POLIZEIFUEHRER
OST
SS-GRUPPENFUEHRER KRUEGER KRAKAU
ZUR KENNTNISNAHME AN
2.) CHEF DER SICHERHEITSPOLIZEI
3.) CHEF DES SS-FUEHRUNGSHAUPTAMTES. ====

DIE DURCHKAEMMUNG DES GHETTOS IN WARSCHAU
IST MIT GROESSERER HAERTE UND UNNACHSICHT-
LICHER ZAEHIGKEIT ZU VOLLZIEHEN. JE HAERTER
ZUGEPACKT WIRD, UMSO BESSER IST ES. GERADE
DIE VORFAELLE ZEIGEN, WIE GEFAEHRLICH DIESE
JUDEN SIND
                                 GEZ. H. HIMMLER
```

Letztes Dokument aus dem Stroop-Bericht   [8]

Abschrift   Fernschreiben
Absender: Der SS- und Polizeiführer im Distrikt Warschau
Warschau, den 24. Mai 1943

Az.: I/ab –3t/Gr- 16 07 – Tgb.Nr. 633/43 geh.
Betr.: Ghetto-Großaktion
Bezug: Dort. FS Nr. 946 v. 21.5.43

An den
Höheren SS- und Polizeiführer Ost
SS-Obergruppenführer und General d. Polizei
Krüger – o.V.i.A.   *Krakau*

Obenbezeichnetes Fernschreiben beantworte ich wie folgt:

Zu Ziff. 1
Von den 56.065 insgesamt erfaßten Juden sind ca. 7.000 im Zuge der
Großaktion im ehem. jüd. Wohnbezirk selbst vernichtet. Durch
Transport nach T. II wurden 6.929 Juden vernichtet, so daß insges.
13.939 Juden vernichtet wurden. Über die Zahl 56.065 hinaus sind
schätzungsweise 5-6.000 Juden bei Sprengungen und durch Feuer vernichtet worden.

Zu Ziff. 2
Es wurden 631 Bunker vernichtet

Zu Ziff. 3 (Beute)
7 poln. Gewehre, 1 russ. Gewehr, 1 deutsches Gewehr, 59 Pistolen
versch. Kalibers, mehrere 100 Handgranaten, darunter polnische und
selbstgefertigte, einige 100 Brandflaschen, selbstgefertigte Sprengkörper, Höllenmaschinen mit Zündkabel.
Große Mengen Spengstoffe, Munition für Waffen aller Kaliber, darunter auch MG-Munition.
Bei der Beute an Waffen ist zu berücksichtigen, daß die Waffen
selbst in den meisten Fällen nicht erfaßt werden konnten, weil sie
von den Banditen und Juden in nicht festzustellende oder unauf-
findbare Verstecke und Löcher vor Gefangennahme weggeworfen
wurden. Die Erfassung war auch wegen der Vernebelung der Bunker durch unsere Männer unmöglich. Da die Sprengung der Bunker
sofort vorgenommen werden mußte, kam eine spätere Erfassung
nicht in Betracht.

Die erbeuteten Handgranaten, die Sprengmunition und die Brandflaschen fanden bei Bekämpfung der Banditen durch uns sofort wieder
Verwendung.

Weiter wurden erbeutet:
1.240 alte Waffenröcke (z. T. mit Ordensbändern – EK und Ostmedail-
le versehen –)
600 alte Hosen, Ausrüstungsstücke und deutsche Stahlhelme
108 Pferde, davon 4 noch im ehem. Ghetto (Leichenwagen).

Bis zum 23. 5. 43 wurden gezählt:

4,4 Mill. Zloty, außerdem ungezählt etwa 5-6 Mill. Zloty, eine große Menge Devisen, unter anderem 14 300 Dollar Papierscheine und 9.200 Golddollar, außerdem Schmucksachen (Ringe, Ketten, Uhren usw.) in großen Mengen.

Zu Ziff. 4

Bis auf 8 Gebäude (Polizeiunterkunft, Krankenhaus und vorgesehene Unterkunft für Werkschutz) ist das ehem. Ghetto vollständig zerstört. Soweit nicht Sprengungen durchgeführt wurden, stehen nur noch die Brandmauern. Aus den Ruinen sind aber noch Steine und Schrott in unübersehbarer Menge zu verwerten.

Der SS- und Polizeiführer
im Distrikt Warschau
gez. Stroop
SS-Brigadeführer
und Generalmajor d. Polizei.

IV. POLEN – DIE ANDEREN GHETTOS

Krakau

Die Juden Krakaus gehörten, historisch gesehen, zu den wichtigsten jüdischen Gemeinschaften der Welt. Hier, am Sitz der polnischen Könige, wurde über das Wohlergehen der Juden Polens entschieden, also der Mehrheit der Juden der Welt. Die Krakauer Juden entwickelten eine blühende Gemeinde mit vielen Lehranstalten, Synagogen, hebräischen Druckereien usw. Hier blühten Handel, Gewerbe, die Künste und Wissenschaften. Hier wirkten große religiöse Gelehrte. Am Vorabend des Zweiten Weltkrieges lebten 60.000 Juden in Krakau, bei einer Gesamtbevölkerung von 250.000.

Krakau wurde am 6. September 1939 von deutschen Truppen besetzt. Im Gefolge der Wehrmacht ermordete ein Einsatzkommando der Einsatzgruppe I zahlreiche Juden. Bereits am 26. Oktober 1939 wurde das Generalgouvernement Polen mit Sitz Krakau gebildet. Hier residierte Generalgouverneur Hans Frank im alten Königspalais *Wawel*, von wo aus alle antijüdischen Erlasse und Gesetze verkündet wurden.

Am 3. März 1940 wurde im südlichen Vorort Podgórze ein Ghetto eingerichtet. Es hatte eine Fläche von nur einem Viertel Quadratkilometer! Es kamen mehrere tausend Juden aus kleineren Gemeinden hinzu. In verschiedenen Fabriken wurde die billige Arbeitskraft der Juden ausgenutzt. Am 19. März 1942 wurden im Rahmen der sogenannten »Intelligenz-Aktion« fünfzig führende Persönlichkeiten der Gemeinde verhaftet und in Auschwitz ermordet. Ende Mai 1942 wurde das Ghetto abgeriegelt, 6.000 Juden kamen ins Vernichtungslager Belzec. Unter ihnen war Mordechaj Gebirtig, der bekannte Komponist jiddischer Lieder. Im Oktober 1942 wurden wieder Tausende von Juden nach Belzec deportiert und mehrere hundert wegen Widerstandes erschossen. Der Rest der noch am Leben gebliebenen Juden, etwa 10.000 Menschen, wurde nach Plaszow bei Krakau verbracht, wo ein Arbeitslager existierte, das im Jahr 1944 in ein Konzentrationslager umgewandelt wurde.

Seit Anfang der Besatzung wirkten in Krakau zwei Widerstandsorganisationen, die von Führern der zionistischen Jugendbewegungen *Akiva* (bürgerlich) und *Haschomer Hazair* (sozialistisch) gegründet worden waren. Die Akiva stellte die größere Widerstandsgruppe. Sie wurde von Dolek Liebeskind geführt. Auf seiten der Haschomer Hazair war Hesiek Bauminger der Anführer.

Die Zusammenkünfte der Jugend erfolgten zunächst halblegal unter dem Vorwand der Umschulung auf einer landwirtschaftlichen Farm in Kopaliny. Aber bald tauchten die Mitglieder in den konspirativen Untergrund ab. Der Kampf gegen die Besatzung wurde in Krakau von Anfang an außerhalb des Ghettos als Stadtguerilla geplant und durchgeführt. Darin unterschied sich der Widerstand in Krakau von allen anderen jüdischen Widerstandsbewegungen in Osteuropa. In der Höhle des Löwen, am Sitz des Generalgouverneurs, kämpfte der kleine David gegen den allmächtigen Goliath.

Im Oktober 1942 vereinigten sich die beiden Bewegungen zur *Bojowa Organizacja Zydowskiej Mlodziezy Chalucowej* (Kampf-Organisation der jüdischen, chaluzischen [zionistischen] Jugend). Die Führer waren Dolek Liebeskind, Hesiek Bauminger, Benek Halbreich, Szymon Draenger, Gusta (Justyna) Davidson-Draenger, Laban-Leibowicz, Elimelech Eisenstein und Gola Mirer. Die BOZMC gab eine polnischsprachige Untergrundzeitung heraus, den *Hechaluz Halochem* (Der kämpfende Chaluz), die in einer Auflage von 250 Exemplaren mit etwa 10 Seiten Umfang über vierzigmal erschienen ist. Als »Liebespaare« getarnt, vertrieben Kolporteure sie in Krakau und umliegenden Städten. In der Ausgabe Nr. 31 vom 27. August 1943 wurde auf der ersten Seite ein »Kampfbefehl an alle jüdischen Siedlungen im Generalgouvernement« veröffentlicht, der mit den Worten beginnt: »Die endgültige Vernichtung naht ...« Er endet mit dem Satz: »Erhebt euch, um im entscheidenden Augenblick bereit zu sein. Oberkommando der BOZMC.«

In einer konspirativen Wohnung richtete Draenger ein »Technisches Büro« ein, in welchem unzählige Dokumente gefälscht wurden. Sie waren eine Hauptvoraussetzung für den Kampf. Es wurden Kontakte zum polnischen Untergrund hergestellt und Waffen durch Überfälle auf deutsche Soldaten und durch Kauf beschafft. An ihnen wurde geübt. Durch Brandstiftung zerstörten die jüdischen Guerilleros zahlreiche Fahrzeuge der Organisation Todt.

Aber auch innerhalb des Ghettos gab es Arbeit. Es galt, Spitzel und Kollaborateure der Gestapo abzuurteilen und hinzurichten. In der Zei-

tung des Widerstandes erschienen oft Namen von Spitzeln, die auch
außerhalb des Ghettos wirkten.

Die Kommunistin Gola Mirer stellte Kontakt mit dem linken, polnischen Untergrund her, der Waffen lieferte. Ein Überfall auf die Klei-
derfabrik »Optima« sicherte dem Untergrund warme Kleidung und
vor allem deutsche Uniformen. Jüdische Stadtpartisanen unternahmen gemeinsam mit polnischen Kameraden mehrere Überfälle auf
deutsche Einrichtungen und Personen. Als Antwort auf die Deportationen in die Vernichtungslager plante man Überfälle auf drei von
deutschen Offizieren frequentierte Cafés und Sabotage an Polizeifahr-
zeugen und Weichsel-Schiffen. Am 22. Dezember 1942 sollte eine große Operation mit 40 Kämpfern gestartet werden. Vorgesehen waren
Angriffe auf das Café Cyganeria, Treffpunkt von SS-Offizieren, das
Café Esplanada, den Offiziersclub Zakopianka, das Kino Skala und
den Offiziersclub im National-Museum. Um 19 Uhr wurden gleichzeitig die Lokale Cyganeria, Esplanada und Zakopianka angegriffen. Es
gab viele Tote und Verwundete.

Durch Folter erfuhr die Gestapo die Adresse des Hauptquartiers der
Kampforganisation im Keller des Hauses Zulawskastraße 3. Idek
Tennebaum, 22 Jahre alt, und Dolek Liebeskind, 30 Jahre alt, fielen
nach heftigem Schußwechsel am 24. Dezember 1942. Die Nachricht
von diesem Ereignis scheint von so großer Bedeutung gewesen zu
sein, daß sie mit einem mehrseitigen Fernschreiben am ersten Weih-
nachtstag 1942 direkt an den Verbindungsmann der SS, Obergruppen-
führer Wolff, zu Hitler ins Führerhauptquartier in der Wolfsschanze
übermittelt wurde. (Vgl. das Faksimile S. 141/42)

Ansonsten hielten die Behörden striktes Schweigen über die Angriffe
der Juden ein. Erst am 20. Mai 1943, also fünf Monate später, berichtete
die »Krakauer Zeitung« über das Geschehen. Trotz allem wurden weitere Aktionen durchgeführt, so z. B. eine Zugentgleisung. Die Gestapo setzte Spitzel ein, um die Widerstandsbewegung zu vernichten.
Nach und nach sind viele Partisanen im Kampf gefallen. Unter ihnen
befand sich Hesiek Bauminger. Andere, wie Szymon Draenger, wurden verhaftet. Draenger hatte ein Abkommen mit seiner Frau Gusta
geschlossen, wonach im Falle der Verhaftung des einen Partners der
andere sich freiwillig stellen sollte, was auch geschah. Die 25jährige
Gusta (Justyna) schrieb vom Februar bis April 1943 im Gefängnis in

der Helclówstraße auf zahlreichen Toilettenpapier-Streifen ein Tagebuch, das den Umfang von über 130 Buchseiten hat und zu den ergreifendsten schriftlichen Zeugnissen des jüdischen Widerstandes zählt. Justyna und Szymon sind umgebracht worden, aber 15 der 20 Kapitel des Tagebuchs blieben auf wundersame Weise erhalten.

Am 29. April 1943 sind 30 jüdische Kämpferinnen im Gefängnis zum Erschießen versammelt worden. Vor Verlassen der Zellen sangen sie die Hymne der zionistischen Bewegung *Hatikwa*, heute die Nationalhymne Israels, und die Hymne der jüdischen Arbeiterbewegung *Techsakna*. Auf dem Weg zum Richtplatz brach eine Rebellion aus. Zehn Frauen ist die Flucht gelungen, die anderen wurden erschossen.

Trotz allem erschien die Widerstands-Zeitung weiter. Die Ausgabe vom 13. August 1943 war dem Gedenken an die gefallenen Kameraden gewidmet. Zwanzig von ihnen wurde, mit kurzen biographischen Daten versehen, ehrend gedacht. Die letzte Ausgabe des *Hechaluz-Halochem* erschien am 22. Oktober 1943. Die Zeitung hat fast alle ihre Leser im Kampf verloren. Dolek Liebeskind, Hesiek Bauminger und Gola Mirer wurden nach dem Kriege von der polnischen Regierung postum mit der höchsten Tapferkeitsauszeichnung geehrt.

Im Herbst 1944 versuchten die letzten noch am Leben gebliebenen Kämpfer über die Slowakei nach Budapest zu entkommen. Dort konnten sie sich am Widerstand beteiligen. Die jüdischen Stadtguerillas von Krakau schrieben ein glorreiches Blatt in die Geschichte des jüdischen Widerstandes.

Szymon Draenger und Gusta (Justyna) Davidson-Draenger

Szymon Draenger wurde 1917 in Krakau geboren. Er war bis 1939 Herausgeber des Organs der bürgerlich-zionistischen Jugendorganisation *Akiva*. Als Kommandomitglied der jüdischen Kampforganisation wurde er am 18. Januar 1943 verhaftet und ins Montelupich Gefängnis eingeliefert, wo später auch seine Frau Gusta (Justyna) einsaß. Beiden gelang zunächst die Flucht, aber Szymon wurde Anfang November 1943 wieder gefaßt und vermutlich getötet.

Szymon Draenger

Auch Gusta wurde 1917 in Krakau geboren. Als
sie erfuhr, daß Szymon am 18. Januar verhaftet
worden war, stellte sie sich der Gestapo. Beide
konnten entkommen und setzten die Herausgabe des *Hechaluz Halochem* und ihre Partisanen-
Tätigkeit im Wisnicz-Wald fort. Als Szymon im
November 1943 verhaftet wurde, stellte sie sich
erneut. Sie wurde vermutlich ermordet.

Gusta Draenger
»Justyna«

Hesiek Bauminger (»Bazyli«)

Hesiek Bauminger, Kommandomitglied des jüdischen Widerstandes
in Krakau, wurde 1919 in Krakau geboren. Er absolvierte ein hebräisches Gymnasium und war Aktivist der linkszionistischen Jugendorganisation *Haschomer Hazair*. Er kämpfte als Soldat der polnischen Armee im September-Krieg 1939 und kam dann nach Lemberg, wo er in
die Rote Armee eingezogen wurde. 1941 geriet er in deutsche Kriegsgefangenschaft. Er konnte entkommen und kehrte mit falschen Papieren zu Fuß nach Krakau zurück. Als seine konspirative Wohnung gestürmt wurde, hat er sich mit der Schußwaffe verteidigt und beging
mit der letzten Kugel Selbstmord.

Gola Mirer

Gola Mirer, Führerin des Widerstandes in Krakau, war bereits als
junges Mädchen wegen der Mitgliedschaft im illegalen Kommunistischen Jugendverband Polens zu 15 Jahren Haft verurteilt worden,
von denen sie bei Ausbruch des Krieges 1939 drei Jahre abgesessen
hatte. Kurz darauf konnte sie zu ihrem Mann fliehen, der später im
Krieg fiel. Sie blieb mit einem Baby zurück, das unter tragischen Umständen starb. Sie stürzte sich in den Reihen der wiedergegründeten
polnischen kommunistischen Partei PPR in den Kampf gegen die
Besatzer. Als Cousine von Eva Libeskind kam sie den zionistischen
Untergrundkämpfern Libeskind und Draenger nahe und wurde
Kommando-Mitglied der jüdischen Kampforganisation. Ihre Kontakte zum PPR-Untergrund waren von höchster Bedeutung für den

Die jüdischen Stadtpartisanen vor den Attentaten im Dezember 1942

jüdischen Widerstand. Sie fiel in die Hände der Gestapo und wurde an einem unbekannten Ort ermordet.

Text des Schwurs der *Bojowa Organizacja Zydowskiej Mlodziezy Chalucowej* (Kampf-Organisation der Jüdischen Zionistischen Jugend in Krakau):

Ich trete ein in den aktiven Dienst im Rahmen der BOZMC. Ich schwöre bei allem, was mir am teuersten und am nächsten ist und vor allem bei der Ehre des untergehenden jüdisch-polnischen Volkes: Daß ich mit jeder mir zugänglichen Waffe bis zum letzten Moment meines Lebens gegen den größten Feind des jüdischen Volkes und der ganzen Menschheit kämpfen werde, gegen die nationalsozialistischen Deutschen und ihre Bundesgenossen. Ich will den Tod der unschuldigen jüdischen Kinder, Mütter und Greise rächen, um mit dem eigenen Blut eine helle und unabhängige Zukunft für das jüdische Volk zu erkämpfen. Ich will kämpfen für die Gerechtigkeit auf der Welt und für das freie Lebensrecht aller, die danach dürsten, an der Seite derjenigen, die mit uns kämpfen werden.

Ich schwöre, daß ich der Sache treu dienen werde und mich bedingungslos der Disziplin unterwerfen und daß ich alle persönlichen Wünsche dem gemeinsamen Wohl unterordnen werde.

Ich schwöre, daß jeder, der mit mir Schulter an Schulter gegen den gemeinsamen Feind kämpft, mein Bruder sein wird und daß der Verrat an den gemeinsamen Idealen mit dem Tod des Abtrünnigen geahndet werden wird.

Ich schwöre, daß ich bis zum Ende aushalten und weder Mühe noch Tod scheuen werde. [12]

Hechaluz Halochem
Nr. 31 vom 27. August 1943, Titelseite:

Kampfbefehl an alle jüdischen Siedlungen im Generalgouvernement

Die endgültige Vernichtung naht. Der Feind mobilisiert seine Kräfte gegen den Rest des polnischen Judentums. Warten wir nicht untätig auf den Tod. Rechnen wir nicht auf ein unerwartetes Kriegsende und eine baldige Befreiung. Wir müssen selbst zum Kampf um unser Leben antreten.

Ihr Jungen – nur mit der Waffe in der Hand kann man diesen Sturm durchhalten. Tretet in die Reihen der kämpfenden Jugend ein, schließt euch der allgemeinen Kampfaktion an. Jeder soll auf dem ihm zugewiesenen Posten zum aktiven Kämpfer werden. Laßt euch nicht von den Ereignissen, die der Tag mit sich bringt, überraschen.

Ihr Juden – wer nicht genug Kraft zum aktiven Kampf hat, wer schon nicht imstande ist, zur Waffe zu greifen, soll sein eigenes Leben retten. Jedes Entrinnen aus den Händen der Schinder ist heute eine Kampftat. Man muß ihm die Vernichtungsarbeit erschweren. Legt nicht selbst den Kopf unters Messer.

Es darf nicht gezögert werden. Die falschen Gesichtspunkte der Bequemlichkeit und der Furcht vor den Folgen dürfen nicht die wirkliche Gefahr in den Schatten stellen. Flüchtet durch jede Spalte – durch Mauern, Zäune, Stacheldraht. Mischt euch unter die namenlose städtische Menschenmenge, um den Feind zu täuschen. Bevölkert die Wälder und Berge, nutzt jeden Weg der Flucht aus. Zerreißt endgültig die Fesseln, mit denen euch der Feind und die eigene Untertänigkeit gebunden haben.

Erhebt euch, um im entscheidenden Augenblick bereit zu sein.

Das Oberkommando
der Kampforganisation
der Zionistischen Jugend [12]

Hechaluz Halochem
Nr. 33 vom 10. September 1943:

Wir sind immer näher am Abgrund. Wir nähern uns ihm mit großen Schritten, und während die einen einen schönen Tod gefunden haben, gehen ihm die anderen blindlings entgegen. Wird nichts diesen verdammten Zug, der unabwendbar zur Vernichtung führt, stoppen? Zum Ende des vierten Kriegsjahres haben wir ein blutiges Lösegeld gezahlt. Die letzten Ghettos, wo man noch heimlich frei atmen konnte, wurden dem Erdboden gleichgemacht. Während einer Nacht wurde das Leben einiger zehntausend jüdischer Kinder, Mütter und Väter beendet. Wieder hatten sie nicht auf die warnenden Stimmen gehört, wieder hat die zerstörerische Flut sie fortgerissen, und sie sind leise dorthin gegangen, woher es kein Zurück gibt.

Auf unseren verstreuten Posten stehen wir wie auf den Gräbern unserer Väter. Unser Kampf hört nicht auf, und unser Schrei verstummt nicht. Aber mit Zittern denken wir an den Tag, an dem wir allein in der Wüste rufen werden, und von nirgendwoher die Stimme eines Bruders antworten wird.

Daher rufen wir euch, solange noch Zeit ist, solange noch die letzte Rettungsmöglichkeit besteht, zu: Laßt nicht zu, daß wir wie eine Handvoll einsamer Verwaister zurückbleiben! Steht auf, verbindet euch mit uns, überstehen wir gemeinsam in einer großen Schar von Kämpfern.   [12]

- Fernspruch - Fernschreiben - Funkspruch - Blinkspruch

Nacht.-Stelle		Nr.		Befördert			
			an	Tag	Zeit	durch	Rolle
Wolfsschanze		WNOF 3338					

Vermerke:				— 3 Blatt —

Angenommen oder aufgenommen			
von	Tag	Zeit	durch
HVST	25/12.42	1435	Schönfeld

```
+ BERLIN NUE 235 /03 25.12.42 1425 =HI=
AN SS-OBERGRUPPENFUEHRER   W O L F F -
FUEHRERHAUPTQUARTIER. =
BEI DER UEBERHOLUNG EINES DURCH ANHALTENDE VERNEHMUNG ——
DES JUDEN ABRAHAM   L E I B O W I C Z   BEKANNT GEWORDENEN
TERRORISTEN-SCHLUPFWINKELS IN KRAKAU AM 24.12.42 ABENDS,
WURDEN DIE IN DEM SCHLUPFWINKEL ANGETROFFENEN JUDEN —
 ADOLF   L I E B E S K I N D, GEB. 3.10.1912 IN ZABIERZOW,
KREIS KRAKAU, WOHNH. KRAKAU, GHETTO, LIMANOWSKIEGO —
NR. 9/18, UND   JUDA   T E N N E N B A U M, GEB. 16.8.1920
IN KRAKAU, LED. WOHNH. KRAKAU, GHETTO, KRAKUSA 20,/17,
NACH HEFTIGEM KUGELWECHSEL ERSCHOSSEN. DER SCHLUPFWINKEL
BEFAND SICH IM KELLERRAUM EINES NUR VON REICHSBAHNBEAMTEN
BEWOHNTEN GEBAEUDES. DIE ALS POLEN MIT FALSCHEN
KENNKARTEN GETARNTEN JUDEN SIND VON DEM POLNISCHEN
HAUSMEISTER GEGEN HOHES ENTGELT IN DAS GEBAEUDE
EINGESCHMUGGELT UND DORT IN DEM WOHNLICH HERGERICHTETEN
SCHLUPFWINKEL VERSTECKT GEHALTEN WORDEN. IN DEM VERSTECK
WURDEN SICHERGESTELLT:
```

Fernspruch - Fernschreiben - Funkspruch - Blinkspruch

Nachr.-Stelle		Nr.		Befördert				
				an	Tag	Zeit	durch	Rolle
		W110F						
		3378						
Vermerke:								

Aufgenommen oder aufgenommen				
von	Tag	Zeit	durch

1 MAUSER PISTOLE NR. 182890, KALIBER 7,65 MM –

1 FN. PISTOLE ORIG. NR. 201999, KALIBER 7,65 MM –

1 VIS POLN. ARMEEPISTOLE NR. 19063, KALIBER 9 MM –

45 PISTOLEN-PATRONEN, KALIBER 7,65 MM –

RADIOAPPARAT – 1 SCHREIBMASCHINE –

1 VERVIELFAELTIGUNGSAPPARAT, FLACHDRUCKER, GREIF-

200 DOLLAR – 10 540 ZLOTY – JE 2 AUS EINER MUETZE UND

EINEM MANTEL BESTEHENDE UNIFORMSTUECKE FUER EINEN

POLNISCHEN POLIZEIBEAMTEN UND EINEN REICHSBAHNBEAMTEN. –

DER POLNISCHE HAUSMEISTER UND SEINE EHEFRAU WURDEN

FESTGENOMMEN. DIE ERMITTLUNGEN IN DIESER ANGELEGENHEIT

WERDEN MIT NACHDRUCK FORTGEFUEHRT. WEITERE ERGEBNISSE

WERDE ICH SOFORT NACHBERICHTEN. –

ZWECKS VERVOLLSTAENDIGUNG DER ERFOLGREICHEN

SICHERHEITSPOLIZEILICHEN TAETIGKEIT BERICHTE ICH NOCH,

DASS ES BEAMTEN MEINER DIENSTSTELLE BEREITS AM 21.12.42

ABENDS GELANG, EINE OERTLICHE SABOTAGEGRUPPE ZU

UEBERRASCHEN. DER FUEHRER DIESER SABOTAGEGRUPPE, DER AUS

LITZMANNSTADT STAMMENDE POLE HENRYK J A N I S Z E W S K I

ALIAS HENRYK PSIORZ, WURDE NACH LEBHAFTEN KUGELWECHSEL

UND HEFTIGER GEGENWEHR FESTGENOMMEN. ER WAR BEI SEINER

FESTNAHME IM BESITZ VON DREI SCHUSSFERTIGEN PISTOLEN UND

WEITEREN 65 RESERVEPATRONEN. DURCH DIESE FESTNAHME IST

EIN AUF DIE EISENBAHNSTRECKE KRAKAU-LEMBERG IN DER NACHT

ZUM 23.12.42 ETWA 15 KM. OESTLICH VON KRAKAU VON DIESER

SABOTAGE GRUPPE GEPLANT GEWESENER SPRENGSTOFFANSCHLAG

VERHINDERT WORDEN. =

REICHSSICHERHEITSHAUPTAMT – AMT ROEM 4 –

Polnisch-Oberschlesien/Bedzin

Die Dombrowaer Kohlensenke (polnisch *Zaglebie Dabrowskie*), mit
den Städten Sosnowiec, Bedzin und Dabrowa, grenzt an das deutsche
Oberschlesien. 1940 lebten dort ca. 100.000 Juden. In Bedzin stellten
sie sogar die Mehrheit der Bevölkerung. Es war seit dem Mittelalter
ein wirtschaftliches und kulturelles Zentrum der Juden in Westpolen.
Nach dem Einmarsch der Wehrmacht Anfang September 1939 wurde
das Gebiet als Ost-Oberschlesien ins Reich eingegliedert. Die dortigen Ereignisse werden in den Gesamtdarstellungen über den Widerstand polnischer Juden wahrscheinlich deshalb nicht beschrieben,
weil das Gebiet dem Deutschen Reich eingegliedert wurde.
Am 9. September 1939 setzten die Deutschen die Große Synagoge
und umliegende jüdische Häuser in Bedzin in Brand, wobei viele
Menschen bei lebendigem Leib verbrannten. Später stabilisierten sich
die Verhältnisse. Es wurden zahlreiche große Industriebetriebe der
Holz-, Bekleidungs-, Schuh- und anderer Branchen errichtet, in denen
Tausende von Juden für einen Hungerlohn für die deutsche Kriegswirtschaft arbeiteten. Die Juden wurden dem Ältestenrat der jüdischen Gemeinden in Ost-Oberschlesien unterstellt, der von Moses/
Moniek Merin geleitet wurde. Schon früh wurden Tausende von jungen Juden in Zwangsarbeitslager verschickt. Die im Vergleich zum Generalgouvernement erträglichen Verhältnisse und die Hoffnung, daß
die kriegswichtige Arbeit die Juden vor schlimmen Maßnahmen verschonen würde, trug dazu bei, daß sich am Anfang der Besatzung kein
Widerstand unter den Juden formierte. Das Gebiet war das einzige in
Polen, in welchem es bis Anfang 1943 kein Ghetto gab. Die Übermacht des Feindes, das Fehlen der Unterstützung seitens der polnischen Bevölkerung und die topographische Lage – dichte städtische
Ansiedlungen, ähnlich wie im Ruhrgebiet, direkt an der deutschen
Vorkriegsgrenze – waren die weiteren Gründe für das anfängliche
Fehlen eines operativen Widerstandes. Die vom Judenrat vorgebrach-
te Losung »Rettung durch Arbeit« leuchtete vielen ein, auch mangels
Alternativen. Ein bewaffneter Widerstand erschien als romantische,
aber gefährliche und die ganze Gemeinschaft bedrohende Angele-
genheit.
Die vor dem Krieg bestehenden zionistischen Jugend-Organisatio-

nen nahmen jedoch sofort die konspirative Tätigkeit auf, die sich auf erzieherische, kulturelle und soziale Arbeit beschränkte. Sie umfaßte über 2.000 Jugendliche. Das Zentrum der Aktivitäten in Bedzin war die *farma,* ein landwirtschaftliches Gut. Die relative Ruhe wurde durch die Verschickung von vielen Tausenden von Juden ins nahegelegene Auschwitz im Mai 1942 beendet. Am 12. August 1942 folgte eine große Aktion in den Zwillingsstädten Bedzin-Sosnowiec, in deren Folge 15.000 Juden nach Auschwitz transportiert wurden. In dieser Zeit weilte der spätere Kommandant der Jüdischen Kampforganisation in Warschau (ZOB), Mordechaj Anielewicz, in dem Gebiet, um den Widerstand zu organisieren. Auch der Führer der Jugendorganisation *Gordonia,* Elieser Geller, kam aus Warschau nach Bedzin. Beide berieten tagelang auf der *farma* über die Organisation des Widerstandes.

Von Beginn an gab es kommunistische, trotzkistische und linkszionistisch inspirierte Gruppen, die jedoch bald in die Fänge der Gestapo gerieten. Am 29. März 1943 wurden acht Juden, unter ihnen der 20jährige Bobo Graubart, nach langer Folter wegen Hochverrats zum Tod verurteilt und laut amtlicher Mitteilung in Auschwitz durch Erschießen hingerichtet. Eine Widerstandsgruppe wurde beim Drucken von Flugblättern für die Frontsoldaten gegen den Krieg ertappt.

1942 wurden Dreier-Kampfgruppen der verschiedenen Jugendorganisationen gebildet, die sich *Tajna Organizacja Bojowa* (Geheime Kampforganisation) nannten. Die Leitung übernahmen Zvi Brandes, Herschel Springer, Frumka Plotnicka, Józek und Bolek Korzuch, auch Leon Blat, Karol Tuchschneider, Samek und Lola Majtlis gehörten dazu. Im Ghetto wurde ein großes Gebäude als Kibbutz organisiert, das

Zvi Brandes

als Wäscherei des Ghettos fungierte. Dort befanden sich zwei Bunker des Kommandos der Organisation.

Der Untergrund hielt Verbindung mit dem Emissär der Zionistischen Weltorganisation in Genf, Natan Schwalb. Durch eine Fülle von kodierten Briefen konnten wichtige Nachrichten an die Außenwelt gelangen. Es gab heftige Diskussionen innerhalb der konspirativen Gruppen, deren Gegenstand die Alternativen – Rettung durch Flucht oder

Kampf im Ghetto – waren. Da es in der Gegend keine polnischen Partisanen gab, denen man sich, wie in Ostpolen, hätte anschließen können, gab es keine weiteren Möglichkeiten des bewaffneten Widerstands. Die polnische Bevölkerung war im allgemeinen feindselig eingestellt. Vor diesem Hintergrund schwelte ein ständiger Konflikt mit dem Judenratsvorsitzenden Merin, der die Festnahme und Auslieferung mehrerer Mitglieder des Untergrunds an die Gestapo veranlaßte. Das daraufhin gegen ihn verhängte Todesurteil konnte nicht vollzogen werden, weil er ständig jüdische Ghettopolizisten um sich hatte.

Die Verbindungsleute zur ZOB in Warschau waren Zvi Brandes und Frumka Plotnicka, die zum bewaffneten Widerstand aufriefen. Schließlich konnte durch den Polen Socha doch noch die Verbindung zum polnischen Untergrund gefunden werden. Bedingung für die Aufnahme waren gute Ausrüstung und Bewaffnung. Socha führte allerdings die erste Gruppe von zehn Kämpfern, denen weitere folgen sollten, in einen Hinterhalt. Alle zehn Mitglieder der Gruppe wurden ermordet, doch Socha kam zurück, berichtete von der angeblich glücklichen Ankunft der Gruppe, und es wurde die zweite Zehnergruppe mit Waffen und Ausrüstung in Marsch gesetzt. Aus dem Hinterhalt wurden neun jugendliche Kämpfer durch MG-Feuer umgebracht. Zufällig war Eisik Neumann ausgetreten und konnte sich dadurch retten. Er marschierte die ganze Nacht nach Bedzin zurück und konnte so die dritte Gruppe vor dem Tod retten. Ihr sollte auch Siegmund Pluznik angehören. Socha wurde nach dem Krieg zum Tode verurteilt und hingerichtet.

Das größte Problem war die Waffenbeschaffung. Hierbei mußten abenteuerliche Wege begangen werden. Kuba Rosenberg und Olek Gutman gelang mit Hilfe von Jadzia Spiegelmam der Raub von Waffen aus der Wohnung eines deutschen Beamten. Harry Blumenfrucht wurde während des Rückzugs von einer Aktion auf der Straße von einem deutschen Beamten erkannt. Seine Waffe hatte Ladehemmung, und er wurde deshalb überwältigt. Trotz langer Folter hat er niemanden verraten und wurde umgebracht. Er wurde zur symbolischen Figur des jüdischen Widerstandes in Zaglebie. Die gemeinsame Leitung des Widerstandes bestand aus Frumka Plotnicka, Herschel Springer, Zvi Brandes, Israel Diamant, Israel Korzuch, Leon Blat und Chajka Klinger. Nur die zwei letzteren haben überlebt, die anderen starben im Kampf. Die Waffen wurden von den jungen jüdischen Kurierinnen wie Renia Kukielka gekauft und transportiert. Es konnten einige Dutzend Pistolen besorgt werden. Das Geld für den Widerstand erreichte die Juden von Bedzin erst im Juli 1943, einen Monat vor der endgültigen Vernichtung. Ein deutscher Kurier brachte 50.000 Mark vom zionistischen Verbindungsbüro in Konstantinopel. Er ließ sich den Empfang quittieren. Die meisten Unterzeichneten waren wenige Wochen später nicht mehr am Leben.

Der Judenratsvorsitzende Merin setzte den Widerstand ständig unter Druck, insbesondere als die Frontsoldaten in Stiefeln und Uniformen, die in Bedzin hergestellt wurden, Antikriegspropaganda-Zettel fanden. Er ließ die Führer des Widerstandes Dunski und Minz festnehmen und übergab sie der Gestapo. Als er eine Reihe weiterer Widerstandskämpfer verhaften ließ, drohte ihm der Untergrund mit dem Tod, so daß er die Leute entlassen mußte. Einige wenige Jugendliche sammelten Informationen für die Militärspionage, die über den polnischen Untergrund die Alliierten erreichte.

Nach der Niederschlagung des Aufstandes im Warschauer Ghetto, mit dem es enge Verbindungen gab, entschlossen sich die linkszionistischen Jugendlichen zum Widerstand im Ghetto, das erst im Januar 1943 errichtet wurde, während die Mitglieder der allgemeinzionistischen Jugendorganisation *Hanoar Hazioni* eine Flucht nach Palästina (so phantastisch es auch damals klang) vorbereiteten.

Am 1. August 1943 umstellten starke Kräfte der SS und Polizei mit 775 Mann die beiden benachbarten Ghettos Bedzin und Sosnowiec, um alle Juden des Gebiets in die wartenden Züge zu verladen. Die Aktion war für vier Tage geplant, dauerte aber wegen des Widerstandes zwei Wochen. Für die Deutschen völlig unerwartet, wurde aus mehreren Gebäuden das Feuer eröffnet. Zu den Kämpfern, von denen nur wenige überlebten, zählten: Janek Zimerman, Hipek Glicenstein, Zvi Brandes, Bolek Korzuch, Chajka Klinger, Frumka Plotnicka, mein Cousin Heniek Lustiger, Pola Strochlitz und Baruch Gaftek. Der Schußwechsel des Kommandobunkers dauerte eine halbe Stunde. Alle acht Kämpfer fielen. Andere Bunker mußten die Deutschen mit Gewalt erobern.

Im Bericht des Polizeipräsidenten von Sosnowiec an den Inspekteur der Polizei im Wehrkreis VIII in Breslau am 7. August 1943 heißt es u. a.: »Abtransportiert bis 7. 8. 1943: rund 30.000 (Männer, Frauen, Kinder)

Erschossen wegen Fluchtversuchs oder Widerstand: rund 400 Juden
Aktion noch nicht abgeschlossen. Die Polizeikräfte bleiben noch bis
zum 18. 8. 1943 im Einsatz.
Bemerkungen:
Auf eine derartige Aktion waren die Juden von langer Hand vorberei-
tet, nur der Tag blieb geheim. Ein großer Teil von ihnen hielt sich
außerhalb der Wohnungen in Bunkern, gut getarnten Erdlöchern
oder vermauerten Kellern versteckt und konnte erst nach und nach
festgenommen werden ...
Teilweise versuchten die Juden unter Waffenanwendung, Widerstand zu
leisten ... Die Täter konnten erst im Feuerkampf überwältigt werden.
In der Nacht vom 2. und 3. August wurden die um das Judenghetto
Sosnowiec aufgestellten Absperrketten aus mehreren Häusern des
Ghettos beschossen. Unter Führung eines Offiziers drang ein mit
Handgranaten bewaffneter Stoßtrupp in den Häuserblock ein und
holte 27 Juden, darunter 2 Tote, heraus.«
Die Juden von Bedzin spielten im Widerstand und im Aufstand des
Sonderkommandos in Auschwitz am 7. Oktober 1944 eine führende
Rolle. Zu ihnen zählten Schaja Ehrlich und Mosche Wygnanski. Ala
Gertner aus Sosnowiec und Regina Sapirstein aus Bedzin zählten zu
den vier Frauen, die wegen der Lieferung von Sprengstoff, mit dem
das Krematorium in die Luft gesprengt wurde, gehängt wurden. Es
waren die letzten Hinrichtungen von Auschwitz.
Im August 1943 flüchtete eine Gruppe von 60 Jugendlichen aus dem
Ghetto. Leon Blat und Chaim Tannenwurzel besorgten Waffen und
falsche Papiere. Samek Meitlis bereitete die Unterkünfte in den Bergen nahe der slowakischen Grenze vor. Fredka Mazia suchte Arbeitsplätze für die zukünftigen »Arier«. Kuba Rosenberg fuhr nach der
Slowakei, um die Grenzübertritte mit den örtlichen Schmugglern zu
organisieren. Die Gruppe gelangte, mit falschen Papieren versehen,
über Wien, die Slowakei und Ungarn nach Rumänien.
Von dort fuhren sie mit drei Schiffen nach der Türkei, wobei eines der
Schiffe versenkt wurde. Im August 1944 kamen 45 Mitglieder der *Nasza
Grupa* (Unsere Gruppe), wie sie sich noch heute nennen, über die Türkei
in Palästina an. Ihre unglaublichen Abenteuer, ihre Beteiligung am Wi-
derstand in Ungarn und Rumänien, ihre mehrmalige Inhaftierung und
Flucht in Wien und Budapest sind Gegenstand eines Dokumentarfilms

des ZDF, der an den Orten des Geschehens in sechs Ländern gedreht wurde und in dem u. a. Siegmund Pluznik, Kuba Rosenberg und Leon Blat von ihren Kämpfen und Erlebnissen erzählen. Fast alle Mitglieder der *Nasza Grupa* nahmen später am Unabhängigkeitskrieg in Israel teil. Mein Schulkamerad Alexander (Olek) Gutman wurde hoher Offizier der Luftwaffe. Später leitete er unter falscher Identität gewagte Operationen in einem arabischen Land, durch welche die Rettung von Tausenden jüdischer Kinder ermöglicht wurde. Seew Londner wurde Fliegeras, Cheftestpilot der Luftwaffe und später als Oberst Militärattachee Israels in mehreren südamerikanischen Staaten.

Vom militärischen Standpunkt aus gesehen, gab es in Ost-Oberschlesien keinen Aufstand. Trotzdem sollte der Wille zum Überleben, zur Rettung und der Heroismus der wenigen, die den Kampf ohne Aussicht auf jeglichen Erfolg aufnahmen, nicht vergessen werden.

Frumka Plotnicka – Widerstandskämpferin

Zur Führung des Widerstandes in Bedzin gehörte die 1914 bei Pinsk geborene Frumka Plotnicka. Sie arbeitete bis Kriegsanfang auf der linkszionistischen landwirtschaftlichen Vorbereitungsfarm *Hachschara* in Bialystok. Während des Krieges entfaltete sie eine starke Aktivität im Untergrund und wurde zu einer legendären Gestalt des jüdischen Widerstandes in Polen. Sie war die wichtigste Emissärin der zionistischen

Frumka Plotnicka

Organisation *Hechaluz* in Polen, deren Leitung sie angehörte, und sie bereiste illegal alle jüdischen Zentren. Sie war u.a. in Wilna, Bialystok, Tschenstochau und Bedzin, wohin sie den Gedanken des bewaffneten Widerstandes trug. Über ihre Reisen schrieb sie ausführliche Berichte nach Genf, von wo aus Nathan Schwalb die bescheidenen Hilfsmaßnahmen der Zionistischen Weltorganisation leitete.

Im Herbst 1942 wurde sie im Auftrag der Jüdischen Kampforganisation in Warschau nach Bedzin entsandt, um dort den Widerstand zu organisieren. In Bedzin überraschte sie der Aufstand in Warschau, zu dessen Führung sie engste Beziehungen hatte. Es wurde ihr nahegelegt, mit einem gefälschten Paß ins neutrale Ausland zu entkommen, aber das lehnte sie ab. Noch am 17. Juli 1943 unterschrieb sie mit die Quittung für das Geld, das ein Kurier aus dem Ausland brachte. Sie fiel im Bunker der Widerstandsorganisation am 3. August 1943. Auf der Liste der 50 von der polnischen Regierung am 19. April 1945 mit den höchsten militärischen Orden ausgezeichneten Ghettokämpfer figuriert der Name von Frumka Plotnicka an vierter Stelle.

Ihre vier Jahre jüngere Schwester Chancia blieb in Warschau. Auch sie diente als Kurierin und bereiste die Ghettos von Lemberg, Bialystok und Bedzin. Im März 1943 wurde sie nach Warschau zurückgerufen. Nach Beginn des Aufstandes erhielt sie die Anweisung, nach Bedzin zurückzukehren, um dort zusammen mit ihrer Schwester Frumka den Widerstand zu organisieren. Auf dem Weg aus dem Ghetto wurde sie mit vier anderen Kämpfern gefaßt. Ihre Kameraden eröffneten das Feuer, um ihr die Flucht zu ermöglichen. Ihre Begleiter konnten fliehen, sie wurde sofort erschossen. Dies geschah am 20. April 1943.

Siegmund Pluznik
Meine Flucht von Bedzin nach Palästina (1943-1944)

Seit meinem 15. Lebensjahr gehörte ich der zionistischen Jugendorganisation *Hanoar Hazioni* an, deren Ziel es war, uns eine landwirtschaftliche Pionierausbildung für die spätere Auswanderung nach Palästina zu vermitteln. Seit dem Kriegsausbruch mußte diese im Untergrund operieren und verlegte ihren Sitz auf eine *farma* (landwirtschaftlicher Lehrbetrieb) in Srodula bei Bedzin. Im Sommer 1943 wußten wir bereits von den deutschen Vernichtungsplänen und der

Siegmund Pluznik
in Palästina 1944

bevorstehenden Liquidierung des Ghettos in Bedzin. Um dieser Gefahr zu begegnen, bauten wir Verstecke innerhalb und außerhalb des Ghettos und verschafften uns gefälschte Papiere, die uns als »arische« Polen auswiesen.

Als das Ghetto dann am 1. August 1943 umstellt wurde, hielten wir uns in den ersten Tagen in unseren Verstecken auf. Schließlich gelang es uns, die Postenkette der SS und der Polizei zu überwinden. Wir irrten dann tagelang vergeblich in der Stadt umher, in der Hoffnung, noch andere Bekannte oder Verwandte aus dem Ghetto retten zu können. Ich erfuhr dabei von einem Polen, daß in der Talstraße ein provisorisches Arbeitslager für Juden aus Bedzin eingerichtet worden war. Ich wagte es, über den Zaun dieses Lagers zu klettern, um nach Freunden zu suchen, die ich dort vermutete. Dort traf ich dann auch tatsächlich meinen Klassenkameraden vom jüdischen Fürstenberg-Gymnasium, Arno Lustiger, mit seiner Familie. Nach einigen Tagen erschien dort Karola Bojm, von der Führung unserer Organisation, und gab mir die Anweisung, am nächsten Tag um 12 Uhr vor dem Bahnhof in Nowy Bedzin zu erscheinen. Es war zu dieser Zeit noch relativ einfach möglich, aus dem Lager zu fliehen; die wenigsten verfügten jedoch, im Gegensatz zu unserer Organisation, über eine überlebensnotwendige Unterschlupfmöglichkeit in der feindlichen polnischen Umgebung. Zur ausgemachten Zeit wurde ich dann von Karola und Schewa Ingster am Bahnhof erwartet und zu einem sicheren Versteck geführt. Dabei handelte es sich um den ausgebauten Dachboden der Fabrik von Johann Pscheidt, einem Deutschen, dem nach dem Krieg die Auszeichnung »Gerechter der Völker« verliehen wurde. Nur nachts konnten wir auf den Hof gehen, um frische Luft zu schnappen und uns zu bewegen, denn tagsüber war die Fabrik in Betrieb.

Von dort wurde ich nach Zywiec gesandt, einer Grenzstadt in den Beskiden-Bergen, um dort eine Möglichkeit des Grenzübertritts in die Slowakei zu erkunden und Kontakt zu polnischen Partisanen aufzunehmen. Mit meinen primitiv gefälschten polnischen Papieren mußte ich mich beim örtlichen Meldeamt als ein in Urlaub befindlicher polnischer Arbeiter registrieren. Es wird mir immer ein Rätsel bleiben, warum mein »Dokument« nicht als Fälschung entlarvt wurde. Nach drei Wochen ging mein »Urlaub« zu Ende. Es war mir in dieser Zeit nicht gelungen, einen Weg in die Slowakei zu finden, so daß ich unverrichteter Dinge nach Sosnowiec zu unserem Versteck zurückkehrte. Inzwischen hatte unser Anführer Leon Blat Papiere für unsere Gruppe organisiert, die es uns ermöglichten, als polnische Arbeiter zu einem vorgeblichen Arbeitseinsatz nach Österreich zu fahren.

Nach der Ankunft im Ausländerarbeitsamt in Wien wurden wir nach Geschlechtern getrennt und sollten von einer Gesundheitskommission auf unsere Arbeitstauglichkeit hin untersucht werden. Hier dachten wir, daß unsere Reise ein böses Ende nehmen würde, da wir uns völlig nackt entkleiden mußten und wir somit befürchteten, als Juden erkannt zu werden. Was wir damals nicht wußten, war, daß auch in Österreich (wie im Judentum) die Gepflogenheit bestand, alle Knaben nach der Geburt beschneiden zu lassen. Dem Arzt fiel also nichts Besonderes auf, als er uns routinemäßig auf Geschlechtskrankheiten hin untersuchte. Anschließend wurden wir verschiedenen Bauern in der Umgebung von Schwechat als polnische Landarbeiter zugeteilt. Das war nicht ungefährlich, denn polnische und ukrainische Arbeiter hatten bereits viele Juden an die Gestapo denunziert.

Das war der Grund für unseren Entschluß, auch Österreich möglichst bald wieder zu verlassen. Nur der Osten kam für eine Flucht in Frage, da die westlichen Grenzen, nach der Niederlage von Stalingrad, von SS und SD zur Verhinderung der Desertion kriegsmüder deutscher Soldaten hermetisch abgeriegelt wurden. So beschlossen wir, nach Ungarn zu fliehen. Leon Blat bemühte sich erfolgreich, einen Schmuggler aufzutreiben, der uns über die Grenze bringen würde. Mehreren Gruppen gelang auf diesem Weg die Flucht nach Ungarn. Als ich mit der letzten Gruppe von acht Leuten bereits auf der ungarischen Seite in Sopron in der Wohnung des Schmugglers war, wurde das Haus von der Gendarmerie umstellt und wir alle verhaftet, nachdem uns ein Dorfbewohner denunziert hatte. Ein Rechtsanwalt, den uns Leon Blat vermittelt hatte, riet uns, uns als Juden zu erkennen zu geben, damit die Motive unseres illegalen Grenzübertritts klar wurden, sonst drohe uns eine langwierige Untersuchungshaft wegen des Verdachts der Spionage oder Sabotage. Am 5. März 1944 wurde uns der Prozeß wegen unerlaubten Grenzübertritts gemacht, und wir wurden zu 14 Tagen Haft verurteilt.

In der Nacht vor unserer Freilassung am 19. März hörten wir deutsche Kommandos auf den Fluren des Gefängnisses. Ungarn war von Deutschland besetzt worden, und wir wurden als politische Häftlinge nach Budapest transportiert. Im riesigen Gefängnis Tolonzhaz wurden Tausende von Juden von Eichmanns Schergen zum »Sondereinsatz« nach Polen gesammelt. Wir waren uns im klaren, daß dies Auschwitz bedeutete. Es war Karol Tuchschneiders Einfall, sich in dieser

Situation nicht als Juden zu bekennen und darauf zu drängen, als ausländische »Kriminelle« eingruppiert zu werden. Nach vier Monaten wurden meine sieben Kameraden in das berüchtigte Durchgangslager in
der Rumbach Utca verlegt, nachdem sie dennoch als Juden erkannt worden waren. Sie erwartete der Transport nach Auschwitz. Leon Blat und
Kuba Rosenberg konnten ihnen jedoch noch rechtzeitig einen Flucht-
plan zuspielen, so daß diese nach den notwendigen Vorbereitungen aus
diesem Vorhof der Hölle ausbrechen konnten. Ich blieb alleine in Tolonzhaz, aber nach ca. drei Wochen wurden auch meine wahren Personalien festgestellt, und ich wurde als Jude in das Durchgangslager auf
der Donauinsel Czepel verlegt, wo ich in der Zellulosefabrik arbeiten
mußte. Nach einigen Wochen gelang mir mit einem anderen polnischen Juden die Flucht, indem wir noch vor Beginn unseres Arbeitsta-
ges den Holzzaun, der das Lager umgab, mit unseren Werkzeugen auf-
brachen und auf eine vorbeifahrende Straßenbahn aufsprangen, die uns
an den Wachleuten vorbei auf die andere Seite der Donau beförderte,
wo wir in einer engen Kurve wieder absprangen, bevor wir von den all-
gegenwärtigen Gendarmen hätten gefaßt werden können. Nach einer
nervenaufreibenden Irrfahrt ohne Papiere, Bargeld und mit unseren
verräterisch kahlgeschorenen Köpfen erreichten wir die geheime Wohnung von Kuba Rosenberg. Da ich in Budapest als Ausbrecher gesucht
wurde, verbrachte ich die Zeit, bis meine Haare wieder auf unauffällige
Länge gewachsen waren, damit, mittels Blaupapier »Stempel« in gefälschte Ausweise zu zeichnen.

Der Boden in Ungarn wurde für uns immer heißer, weil sich die faschistischen ungarischen »Pfeilkreuzler« als übereifrige Helfer Eichmanns erwiesen. Da die Juden in Rumänien in relativer Sicherheit
waren, beschlossen wir im Juli 1944, uns dorthin durchzuschlagen. Erneut verdankten wir es dem unerschöpflichen Einfallsreichtum und
Organisationstalent von Leon Blat, daß wir auf spektakuläre Weise
die Grenze überqueren konnten. Von Kopf bis Fuß stilecht weiß ein-
gekleidet, fuhren wir mitten im Krieg von Budapest im offenen Mer-
cedes-Cabrio als deutsche Junioren-Tennis-Nationalmannschaft zur
rumänischen Grenze und passierten auf diese Weise ungehindert alle
Kontrollen auf dem Weg dorthin. Kurz vor der Grenze trafen wir uns
mit einem Schmuggler, der uns nachts sicher über die Grenze und bis
nach Arad in Rumänien führte.

Das Internationale Rote Kreuz hatte im Sommer 1944 den Austausch von deutschen Kriegsgefangenen gegen rumänische Juden ausgehandelt, wobei den Juden freie Passage in die Türkei eingeräumt wurde. 15 Mitglieder unserer Jugendorganisation wurden ausgewählt, in diese Aktion einbezogen zu werden, und schifften sich im Schwarzmeerhafen von Konstanza nach Konstantinopel ein. Insgesamt wurden ca. 1.800 Juden in die drei kleinen türkischen Schiffe Marino, Mefkure und Bülbül gepfercht. Als wir, erfreut über unsere sichere Flucht, aus dem Hafen ausliefen, fuhren wir an einem deutschen Kriegsschiff vorbei, dessen Matrosen und Offiziere uns schadenfroh angrinsten. Erst später sollten wir den Grund für dieses Verhalten erfahren.

Nur ein paar Stunden später wurde in der gleichen Nacht das Schiff »Mefkure« mit 600 Juden und türkischen Seeleuten an Bord von der deutschen Kriegsmarine hinterhältig versenkt. Dem Kapitän der Mefkure gelang es noch rechtzeitig, Leuchtraketen abzuschießen, so daß unser Schiff den Kurs ändern konnte, um der Versenkung zu entkommen. Das deutsche Kriegsschiff konnte uns während der Nacht nicht mehr finden. Im Morgengrauen fuhren wir an die Stelle zurück, an der die Mefkure versenkt worden war, wo wir sechs türkische Seeleute und fünf Juden lebend aus dem Wasser fischen konnten. Zu allem Unglück geriet unser Schiff »Bülbül« in der folgenden Nacht in einen Sturm und strandete an der türkischen Küste bei Adana. Wir wurden dort allesamt von türkischen Grenztruppen interniert und in mehreren Nachtmärschen nach Konstantinopel geführt.

Nach der Ankunft in Konstantinopel wurden wir vom britischen *Intelligence Service* über unsere kriegsrelevanten Kenntnisse ausgefragt. Nach mehreren Tagen durften wir endlich zum Ziel unserer langen Reise und Träume aufbrechen: nach Palästina. Unter Bewachung indischer Ghurkas fuhren wir die Mittelmeerküste entlang über Anatolien und Syrien bis nach Attlit in Palästina. Dort angekommen mußten wir die ersten Wochen erneut in ein britisches Quarantänelager, bevor wir im August 1944 nach langen Jahren der stetigen Flucht und Verfolgung endlich wieder freie Menschen in Palästina waren. Ich machte mich sofort auf den Weg zum Kibbuz Tel Jizchak.

An dieser Stelle möchte ich der Kameraden gedenken, die in unserem Kampf fielen: Heniek Lustiger und die Brüder Józek und Bolek Korzuch, die Leiter des Widerstandes unserer Organisation, fielen in

Bedzin und Sosnowiec im Kampf. Israel Diamant und Alex Stattler, die uns das geistige Rüstzeug für den Widerstand vermittelten, konnten leider nicht kämpfen, wie sie geplant hatten. Sie wurden von der Gestapo verhaftet und ermordet. Fredka Mazia-Ochsenhändler und Jadzia Spiegelman überlebten; unzählige Male haben sie für uns ihr Leben riskiert, um gefälschte Papiere zu besorgen oder Schmuggelwege auszukundschaften. Leon Blat, dem wir alle mehrmals unser Leben verdanken, indem er uns Jüngeren die Flucht ermöglichte und selber auf dem Posten blieb, wurde noch im Oktober 1944 verhaftet und nach Auschwitz deportiert. Zu unserem Glück überlebte er.   [14]

Leon Blat
Weg eines Kämpfers

Ich wurde in Kattowitz geboren, wo ich ein polnisches Gymnasium besuchte und in der bürgerlich-zionistischen Jugendbewegung *Hanoar Hazioni* aktiv war. 1938 bestand ich die Abiturprüfung. Sofort nach Einmarsch der deutschen Truppen im September 1939 mußten wir die Stadt verlassen und zogen nach Sosnowiec. Dort baute ich zusammen mit anderen Freunden, etwa Józek Korzuch, unsere frühere Jugend-

Leon Blat

organisation illegal wieder auf. Wir gründeten eine illegale Mittelschule mit jüdischen Unterrichtsfächern. Die Kameraden Janek Zimerman und Bolek Korzuch nutzten ihre Positionen in der Verwaltung des Judenrates für unsere Untergrundarbeit aus. In der Armenküche fanden z.B. nach der Essensausgabe unsere Veranstaltungen mit 250 bis 300 Jugendlichen statt.

Als im Mai 1942 die erste große »Aktion« stattfand, im Verlauf derer mehrere Tausend Juden nach Auschwitz geschickt wurden, diskutierten wir nächtelang, was wir tun sollten und könnten. Wir hielten es für unsere Pflicht, die Welt, aber auch die Deutschen von den Verbrechen an den Juden zu unterrichten. Junge blonde oder blondierte Mädchen fuhren nach Schlesien – Meta Schwerdt gelangte sogar bis

Wien – und transportierten Flugblätter, die über die Morde an den Juden berichteten und in Briefkästen in verschiedenen Orten eingeworfen wurden. Unsere Kameraden, die in den für die Wehrmacht arbeitenden Bekleidungs- und Schuhfabriken schufteten, legten in die Uniformen und Stiefel Flugblätter, in denen wir die von der BBC London
verbreiteten Verlustzahlen der Wehrmacht bekanntgaben. Die Gestapo kam auf die Spur der »Feindpropaganda« und verlangte vom Judenrat die Auslieferung der Täter, die verhaftet und ermordet wurden.
Lola Majtlis fuhr mit falschen Papieren nach Warschau, um Kontakt
mit der dortigen Widerstandsorganisation aufzunehmen. Dort erfuhr
sie von Anielewicz und Geller, daß ein Aufstand vorbereitet wurde. In
langen Diskussionen berieten wir, was zu tun sei. Wir beschlossen,
polnischen Widerstandsgruppen beizutreten, uns Waffen zu beschaffen, bis zum Letzten zu kämpfen und unser Leben teuer zu verkaufen.
Das war aber leider nicht möglich, weil das polnische Hinterland uns
feindselig gesonnen war und es fast unmöglich war, Waffen zu besorgen. Zwei bewaffnete Kampfgruppen von je zehn Jugendlichen wurden an die Deutschen verraten und ermordet.
Obwohl ich für das Überleben in Verstecken plädierte, fuhr ich aufgrund des Beschlusses unserer Leitung ins Generalgouvernement
nach Tschenstochau, um Waffen zu besorgen. Es gelang mir nach
lebensgefährlichen Abenteuern lediglich, eine Pistole und drei Granaten über die Grenze zu schmuggeln. Ich war der Meinung, daß mehrere von uns am Leben bleiben sollten, um über die Verbrechen an unserem Volk berichten zu können. Wir suchten deshalb Verstecke
außerhalb des Ghettos und Wege nach der Slowakei, um von dort
Nachrichten über das Geschehen in die noch freie Welt zu senden.
Um diese Ziele zu erreichen, mußte man vor allem am Leben bleiben.
Kuba Rosenberg fand einen Weg, mit Hilfe von Schmugglern in die
Slowakei zu gelangen. Fredka Korzuch stellte eine Verbindung zum
Arbeitsamt in Krakau her. Sie brachte aus Krakau Blankoformulare
für Ausweise mit, die deren Inhaber als für den Arbeitseinsatz im
Reich bestimmte Polen legitimierten.
Die Liquidation des Ghettos am 1. August 1943 hat uns stark über-
rascht. Die von uns eingerichteten primitiven Bunker erwiesen sich
als unzulänglich. Wir beschlossen deshalb, durch die dichte Posten-
kette aus dem Ghetto auszubrechen. Mit einer Pistole und Handgra-

naten bewaffnet, wollten wir den Ausbruch erzwingen und uns ein paar Tage verstecken, um dann in den Beskiden-Bergen an der slowakischen Grenze zu Kuba Rosenberg zu stoßen.

Unsere Kameraden näherten sich nachts bis auf 30 Meter der Postenkette und begannen zu schießen. Sie wurden von Scheinwerfern und MG-Feuer erfaßt. Józek Korzuch und Natan Rosenzweig fielen, Karol Tuchschneider wurde am Hals verletzt. Einigen unserer Kameraden gelang es, bei den Juden unterzukommen, die am dritten Tag der Aktion zu Aufräumungsarbeiten bestimmt wurden. Janek Zimermann sprang aus dem Fenster eines Gebäudes an der Grenze des Ghettos, wo sensationslüsterne Polen das Geschehen beobachteten und ihn an die SS-Leute auslieferten. Obwohl ich nur eine Minute nach ihm sprang, hatte ich mehr Glück und konnte entkommen, weil ich die Gaffer mit meiner gezogenen Pistole bedrohte. Bei der Flucht zum vereinbarten Treffpunkt am Bahnhof Nowy Bedzin wurde unser Kamerad Alexander Glicenstein gestellt. Er schoß sein Magazin leer und wurde dann von Kugeln der SS durchsiebt.

In den folgenden Tagen nahmen Bolek Korzuch und ich Verbindung zu unseren noch im Ghetto verbliebenen Kameraden auf. Sie erfuhren von uns den täglich veränderten Treffpunkt und die Stunde, falls ihnen der Ausbruch gelingen sollte. Wir hatten in der Stadt ein erstklassiges Versteck organisiert, von wo wir unsere Leute über Kuba Rosenberg in die Slowakei schicken konnten. Rosenberg war nach einer gewissen Zeit gefährdet, und er mußte nach Ungarn flüchten, doch vorher gab er seine Verbindungen an der Grenze an seine Nachfolger weiter.

Inzwischen brachte Fredka bei mehreren Reisen Blankoformulare des Arbeitsamtes aus Krakau mit, mit denen wir 45 unserer Leute als polnische Zwangsverpflichtete zum Arbeitseinsatz nach Österreich schicken konnten. Bei ihrer letzten Reise wurde Fredka verhaftet und ins Gefängnis nach Kattowitz gebracht. Ende September wurden unsere Rettungsaktivitäten abgebrochen. Von unserer Leitung blieben nur ich und Bolek Korzuch in der Nähe des Ghettos. Bei einer Polizeikontrolle wurden wir durch zwei Kriminalbeamte gestellt. Wir zogen unsere Pistolen, verletzten die Beamten erheblich und konnten entkommen. Bolek wurde zwei Tage später zusammen mit Chaim Tannenwurzel am Bahnhof in Kattowitz beim Begleiten einer unserer

Arbeitseinsatz-Gruppen festgenommen. Ich versuchte zu erfahren, wohin die Leute abgeführt wurden. Beim Bahnübergang am Hotel Astoria in Richtung des Gestapo-Gebäudes begegnete ich einem Gestapobeamten, der mich auf dem Bahnsteig zuvor gesehen hatte. Ich überrumpelte ihn, indem ich ihn ansprach. Er zog seine Waffe, doch ich war schneller und konnte entkommen. Chaim und Bolek wurden hingerichtet.

Nun war ich das einzige am Leben gebliebene Mitglied der Leitung unserer Widerstandsorganisation. Herbst und Winter nahten. Ich mußte für unsere Leute in Wien Winterkleidung besorgen, da sie sonst auffallen würden. Die »richtigen« Polen ließen sich ja ihre Kleidung von zu Hause nachschicken. Ein polnischer Bekannter begleitete mich und wir kamen glücklich in Wien an. Ich nahm Kontakt mit unseren Leuten auf, wie auch mit meiner Schwester Hanna, die als Salatköchin im Opernrestaurant arbeitete, natürlich mit falschen Papieren. Sie erzählte mir von einer ungarischen Zeitungsreporterin, die Juden nach Ungarn schmuggelte und bei der sie Englisch lernte. Am selben Abend besuchte ich zusammen mit meiner Schwester die Reporterin, Frau Benedikt, die mir einen neuen Weg nach Ungarn verriet. Als ich am nächsten Tag, es war ein Samstag, vor der Oper auf meine Schwester wartete, wurde ich festgenommen und ins Gefängnis Rosauer Lände gebracht, wo man mich sofort verhörte. Frau Benedikt wurde als Agentin des britischen *Intelligence Service* seit langem observiert. Als ich bei ihr erschien, schlug die deutsche Abwehr zu. Auch meine Schwester und alle, die mit mir in Berührung kamen, wurden festgenommen. In der Nacht vom Sonntag zum Montag gelang es mir, zusammen mit zwei Häftlingen, einem polnischen und einem Wiener Juden, ein Fenstergitter meiner Zelle im sechsten Stock zu überwinden und über einen Blitzableiter in den Hof zu gelangen. Nach einem abenteuerlichen Marsch im Regen auf der Suche nach einer Bleibe – einer von uns hatte keine Schuhe – kamen wir in den Kohlenkeller einer Polizeigarage. Nach zwei Tagen kam mein Freund Bozedaj aus Sosnowiec zu mir. Er brachte mir Geld und falsche Papiere. So konnte ich nach Sosnowiec zurückkehren, wo ich feststellen mußte, daß ich steckbrieflich gesucht wurde. Ich hatte noch den Mut oder eher die *Chuzpe,* im Polizeipräsidium in Sosnowiec meinen Lichtbildausweis als Volksdeutscher abzuholen. Inzwischen war es Mitte Oktober 1943 geworden. Ich hatte keine Bleibe, kein Geld und auch keine Papiere mehr, weil die Person, die sie mir besorgte, sich diese dann unter Drohungen zurückholte. Ich schlief in der Scheune der Familie Bozedaj, ohne daß diese es wußte.

Nach einigen Tagen, am Ende meiner physischen und seelischen Kräfte angelangt, schlenderte ich durch die Straßen der Stadt und wünschte mir zum ersten Mal seit Anfang des Krieges, daß mich die Deutschen verhaften sollten, denn ich wußte nicht weiter.

In diesem furchtbaren Zustand traf mich ein Pole namens Dabrowski, den ich von früher kannte, nahm mich in seiner Wohnung auf, päppelte mich hoch und gab mir wieder Mut. Über die Familie Bozedaj gelang es mir, einen neuen Schmugglerweg nach Ungarn zu finden.

Ich kam am 14. Oktober 1943 in Budapest an. Unsere Kameraden lebten nach unglaublichen Abenteuern in einer Pension in der Kossut-Lajos-Straße. Es ging ihnen gut, außer der Sorge um die Kameraden in Österreich, denn nach meiner Verhaftung in Wien verließen sie aus Angst vor der Entdeckung ihre Arbeitsplätze und lebten auf der Straße.

Ich setzte mich sofort mit dem jüdischen Rettungskomitee in Budapest in Verbindung. Aber das Komitee konnte mir nicht helfen, weil dessen Kontaktperson in Wien in Haft saß. Es war niemand anders als »meine« Frau Benedikt. Der ungarischen Sprache nicht mächtig, fuhr ich nach einigen Tagen zur Grenze nach Sopron, wo ich innerhalb von 24 Stunden Kontakt mit Österreich bekam. Nach wenigen Tagen holten wir unsere Kameraden, auch Mitglieder anderer zionistischer Jugendorganisationen, aus Österreich nach Budapest. Ich selbst wurde dann Mitglied des Rettungskomitees. Wir versuchten den ungarischen Juden klarzumachen, daß das Endziel der angeblichen »Aussiedlung«, wie in ganz Europa, Auschwitz war. Wir druckten Zehntausende von falschen Papieren und versuchten die Juden zu überzeugen, sich als »Arier« zu retten, doch sie glaubten fest an ihren Reichsverweser Admiral Horthy.

Als die Wehrmacht im März 1944 Ungarn schließlich besetzte, begannen die Transporte nach Auschwitz. Da wir nicht ungarisch sprechen konnten, versuchten wir nach Rumänien zu entkommen. Obwohl Rumänien an Deutschlands Seite in Rußland kämpfte, erlaubte General Antonescu den Eichmanns nicht, rumänische Juden nach Auschwitz

zu deportieren. Unser Kamerad Pinchas Trajman, den wir zur rumänischen Grenze schickten, brachte viele Kameraden nach Rumänien,
wo sie relativ sicher waren und auch überlebten.

Die letzte Gruppe, bestehend aus acht Kameraden, wurde am 5. März
1944 in Sopron in der Wohnung des Schmugglers verhaftet und in
mehrere Gefängnisse in Budapest gebracht. Sie alle sollten nach
Auschwitz geschickt werden. Als sie bereits im Durchgangslager in
der Rumbach Utca waren, gelang ihnen eine spektakuläre Befreiungsaktion, durch welche sieben unserer Leute flüchten konnten. Dem
achten Kameraden gelang kurze Zeit danach die Flucht aus dem Lager Csepel.

Wir hatten noch einen zweiten, besseren Weg nach Rumänien aufgebaut, und zwar mit Hilfe des stellvertretenden Bürgermeisters einer
mittelgroßen Stadt in Ungarn. Er glaubte, daß wir uns über die Türkei
der polnischen Armee des General Anders anschließen wollten.

Als mir im Juni 1944 der Boden in Budapest zu heiß wurde, entschloß
ich mich, in Begleitung des Bürgermeisters über die Grenze nach Rumänien zu gehen. Ich wurde zusammen mit ihm und weiteren Kameraden verhaftet. Das Arbeitserziehungslager in Bács Topolya war die
erste Etappe. Ein Arzt attestierte, ich wäre nicht beschnitten und somit »Arier«. In Budapest wurde bekannt, daß ich festgenommen worden war, und bald erfuhr es auch die Gestapo. Ich wurde nach Budapest ins Gefängnis der Fötutca gebracht. Von dort ging jede Woche
ein Transport nach Auschwitz.

Nachdem ich beim Verhör von der Gestapo halbtot geschlagen wurde, stellte man mich zwei jüdischen Spitzeln gegenüber. Ich mußte
dann zugeben, daß ich Leon Blat heiße. Auf dem Wege nach Polen
versuchte ich aus dem Fenster des Schnellzugs zu springen, aber der
mich begleitende SS-Oberscharführer faßte mich an den Beinen, als
ich schon zur Hälfte draußen hing. Er hat mich ins Abteil zurückge-
zerrt. Über Wien kam ich zur Gestapo in Kattowitz, während der
Rest der sieben Gefangenen, darunter meine Mutter, direkt nach
Auschwitz transportiert wurde. Drei Wochen lang wurde ich unablässig verhört und dann ebenfalls nach Auschwitz geschickt.

Es war schon Ende September 1944. Ich versuchte den Häftlingen Mut
zuzusprechen, denn ich hielt es für wichtig, die Hoffnung gerade
in den letzten Monaten des Bestehens des Dritten Reiches nicht zu

verlieren. Mit Hilfe von Kameraden, die schon lange in Auschwitz inhaftiert waren, planten wir einen Ausbruch. Es kam aber nicht mehr dazu, denn Ende Januar 1945 wurde das Lager evakuiert. Am hellichten Tage flüchtete ich mit zwei anderen Kameraden vom Todesmarsch in der Nähe von Pszczyna in Oberschlesien. Wir überlebten.   [15]

Aus den Akten der Täter

Telegramm
(G-Schreiber)

Budapest, den 18. Juli 1944 – 20.20 Uhr
Ankunft: den 18. Juli 1944 – 24.00 Uhr

Nr. 2003 vom 18. 7. Geheim!

Für Botschafter Ritter.

+) Inl. II (V. S.)
Im Anschluß an den Drahtbericht Nr. 1969 –) vom 15. 7.
Der höhere SS- und Polizeiführer meldet mir am 17. Juli 1944:
(...)
4.) Spionage-Abwehr. Am 15. 7. 44 wurden in Budapest die polnischen Flüchtlinge Leo Blat und Berek Abramczik festgenommen. Blat, der polnischer Jude ist, führt den Decknamen Nowacki. Abramczik besaß Papiere auf den Namen Rudolf Machowski. Im Zusammenhang damit konnte vom KDS Szeged eine polnische Fluchtorganisation festgestellt werden, die in Verbindung mit verschiedenen ungarischen Staatsangehörigen in Szeged durch polnische Mittelsmänner Polen, hauptsächlich Juden, bei Mako über die Grenze nach Rumänien schleuste. Unter anderem haben sich der Hauptschriftleiter Ivan Mihaly, der Assistenzarzt an der Szegediner Universitätsklinik Dr. Scharfa und der städtische Oberarzt von Szeged, Vitez Dr. Bela Todt am Polenschmuggel beteiligt. (...)

Veesenmayer   [16]

Tschenstochau

Knapp 30.000 Juden lebten bei Ausbruch des Krieges in Tschenstochau, einer Industriestadt 200 km südwestlich von Warschau, die
auch ein bedeutender katholischer Wallfahrtsort ist. Beim Einmarsch
der Wehrmacht am 3. September 1939 wurden mehrere hundert Juden
ermordet. Bei einem zweiten Pogrom am 25. Dezember 1939 wurde
die Große Synagoge verbrannt und 300 Juden getötet. Im April 1941
entstand ein Ghetto, in welches weitere 20.000 Juden aus umliegenden Städten eingepfercht wurden. Schon 1941 formierte sich der Widerstand, der jedoch politisch zersplittert und wenig wirksam
blieb.

Am 23. September 1942 begann eine große »Aktion«, die bis zum 5. Oktober dauerte. 2.000 Juden wurden auf der Stelle wegen passiven Widerstands erschossen, 39.000 wurden nach Treblinka transportiert
und dort ermordet, darunter die meisten Mitglieder des Widerstands.
Es blieben 6.500 Juden in einem stark verkleinerten Ghetto, das aus
drei Straßen bestand. Die Arbeitskraft der Juden wurde in metallurgi-
schen Werken und in mehreren Rüstungswerken, darunter in der
Waffenfabrik »Hasag«, ausgebeutet.

Im November 1942 entstand eine vereinigte
Kampforganisation nach Warschauer Muster.
Kommandant der Organisation, die sich ZOB
nannte, wurde der aus Warschau stammende
27jährige Mordechai »Mojtek« Zylberberg, der
als Unteroffizier der polnischen Armee am
Krieg teilgenommen hatte. Er knüpfte enge
Kontakte zum Warschauer ZOB. Bald hatte die
Organisation über 300 Angehörige. 70 Mitglie-

»Mojtek« Zylberberg

der lebten zusammen in einem kollektiven Kibbutz in der Nadrzecz-
nastraße 66. Sie nannten sich deshalb »Gruppe 66 «.

Wie auch anderswo mußten größte Anstrengungen zur Beschaffung
von Waffen unternommen werden, die auf dem schwarzen Markt von
den Polen gekauft wurden. Der Leiter der Gruppe 66, Ferleger, wurde
hierbei gefaßt. Nach ergebnisloser Folter brachte man ihn um. Die
Kurierin Zoska, die eine Waffenlieferung aus Warschau gebracht hatte, wurde erschossen, als sie sich der Verhaftung mit der Waffe wider-

setzte. Drei weitere Kämpfer wurden bei der Übergabe von Waffen überrascht. Zwei von ihnen konnten entkommen, aber Renia Lenczner fiel verwundet in die Hände der Polizei und wurde nach langer Folterung ermordet. Der Untergrund fabrizierte auch selbst Granaten und Brandflaschen.

Über 100 Leute schufteten in drei Schichten, um mehrere Bunker zu bauen, sie auszumauern und mehrere Tunnel zu graben, deren Ausgänge außerhalb des Ghettos lagen. Unerwartet starteten die Deutschen am 4. Januar 1943 eine »Aktion«, während sich die meisten Kämpfer bei der Arbeit befanden. Mendel Fiszlewicz griff mit seiner Waffe den kommandierenden Offizier an, beim zweiten Schuß hatte die Pistole jedoch Ladehemmung. Ein anderer Kämpfer griff dessen Adjudanten mit einem Messer an. Beide Juden wurden zusammen mit 25 willkürlich ausgewählten anderen sofort erschossen. Zusätzlich wurden strafweise 300 Männer nach Radomsko und von dort nach Treblinka transportiert, wo sie umkamen. Danach wurden 250 Kinder und Alte, die zu den 1.000 Illegalen zählten, die ohne Arbeitspapiere im Ghetto vegetierten, ermordet. Weil ihr Rachedurst noch nicht gestillt war, nahmen die Deutschen später noch einmal 127 politisch und kulturell aktive Personen fest, Ärzte und Mitglieder des Judenrats, und ermordeten sie auf dem Friedhof.

Der Widerstand versuchte zwei Gruppen zu den polnischen Partisanen in der Nähe von Zloty Potok und Koniecpol zu entsenden. Sie fielen jedoch in die Hände von faschistischen polnischen Partisanen der Organisation NSZ (Nationale Streitkräfte), die sie ermordeten. Andere kleine Gruppen konnten sich zu den Partisanen der Gwardia Ludowa (Volksgarde) durchschlagen, in deren Reihen sie später kämpften. Am 22. April 1943 konnten Bahngleise in der Nähe der Stadt sabotiert werden.

Unerwartet wurde das kleine Ghetto am 25. Juni 1943 von SS- und Polizeikräften abgeriegelt. Die Kämpfer wurden alarmiert und bezogen ihre Waffen und Positionen in den Bunkern. Als jedoch am Nachmittag die Arbeiter aus den Fabriken zurückkehrten, schien es, als wäre die Aktion abgeblasen, so daß der Alarmzustand beendet wurde. Das war jedoch nur ein Trick. Als die Aktion tatsächlich wieder begann, konnten nur 20 Kämpfer in die Bunker eilen und die Waffen herausholen. Den Deutschen gelang es, in die Bunker und Tunnel einzudringen. Der Kommandant Zylberberg, der an diesem Tag hohes Fieber hatte, wurde im Bunker erschossen. Nur Lutek Glicenstein gelang die Flucht. Eine andere Gruppe hatte sich in einem Haus verbarrikadiert und konnte sich am nächsten Tag zu den Partisanen durchschlagen. Die letzte sechsköpfige Gruppe unter dem Kommando von Riwka Glanz, die nur mit zwei Pistolen und einer Granate bewaffnet war, wurde vom Feind gestellt und erschossen. Die Deutschen erbeuteten in den Bunkern zwei Gewehre, 18 Pistolen und 30 Granaten. So endete die Serie von unglücklichen Versuchen, unter den ungünstigsten und hoffnungslosesten Umständen Widerstand zu leisten.

Als Riwka Glanz kurz vor dem Ende im Juni 1943 nach Warschau fuhr, um mit den wenigen Überlebenden des Warschauer Ghettoaufstandes zusammenzukommen, traf sie die in strengster Konspiration lebende Zivia Lubetkin. Diese riet ihrer Waffenkameradin Riwka, Tschenstochau zu verlassen und zu den Partisanen zu gehen, weil man auf diese Weise mehr Deutsche töten und mehr Juden retten könnte. Die Antwort, die Zivia Lubetkin in jiddischer Sprache überlieferte, lautete: »*Ojch mir wiln bleibn bis der letzter minut mit unsere brider.*« Zivia beendete ihren Bericht so: »Und tatsächlich: sie blieben, sie blieben und fielen.«

Im Leben von Riwka Glanz finden sich alle Probleme und Aspekte des Lebens und des Kampfes der polnischen Juden gegen die Massenmörder ihres Volkes. Sie wurde in Konin geboren und befand sich bei Kriegsausbruch in der polnischen Hafenstadt Gdynia als Arbeiterin der linkszionistischen Hachschara-Vorbereitungsfarm für die Auswanderung nach Palästina. Sie kam dann nach Lodz und wurde Sekretärin des Judenratsvorsitzenden Rumkowski. Als sie den wahren Charakter der Tätigkeit des Judenrates erkannte, ging sie nach Warschau, wo sie zu den Pionieren des zionistischen Warschaus gehörte. Ende 1940 wurde sie nach Lublin entsandt, um den dortigen Widerstand zu organisieren. Ende 1941 kam sie nach Tschenstochau, wo sie als Mitglied der Gruppe 66 zur Leitung des Widerstandes gehörte. Sie unternahm mehrere Kurierfahrten nach Warschau, um Waffen zu besorgen und Instruktionen einzuholen. Sie fiel am 26. Juni 1943 an der Spitze ihrer kleinen Kampfgruppe mit der Waffe in der Hand. Sie wurde 28 Jahre alt.

Bialystok

Die Juden Bialystoks erlitten im Zweiten Weltkrieg ein wechselvolles Schicksal. Bei Ausbruch des Krieges stellten sie mit 46.000 Menschen die Hälfte der Bevölkerung. Bialystok wurde am 15. September 1939 von deutschen Truppen erobert und eine Woche später an die Sowjetunion abgetreten. Nur fünf Tage nach Ausbruch des deutsch-sowjetischen Krieges wurde Bialystok am 27. Juni 1941 abermals und diesmal für 21 lange Monate besetzt. Mit den Truppen kamen auch Kommandos der Einsatzgruppe z.b.V. und des Einsatzkommandos 8 und richteten unter den Juden ein Blutbad an. Innerhalb weniger Wochen wurden 6.000 von ihnen ermordet. In das am 1. August 1941 eingerichtete Ghetto wurden 50.000 Juden, auch aus den umliegenden Gemeinden, eingepfercht. Im Ghetto wurden zahlreiche Fabriken errichtet. Noch aus der Vorkriegszeit gab es eine Reihe von politischen Gruppierungen, die unter der jüdischen Bevölkerung eine Anhängerschaft besaßen, Bundisten, Kommunisten, Zionisten. Die Diskussionen drehten sich von Anfang an vor allem um die Frage, ob man im Ghetto oder bei den Partisanen Widerstand leisten solle. Die ideologischen Differenzen führten dazu, daß zwei Widerstandsbündnisse im Untergrund entstanden, Block 1 und Block 2. Erst im Juli 1943 entstand eine vereinigte Widerstandsorganisation, an deren Spitze der Linkszionist Mordechaj Tenenbaum stand. Sein Vertreter war der Kommunist Daniel Moszkowicz. Zu den Initiatoren des Widerstandes gehörten Chajka Grossman und Edek Boraks.

Wie in Warschau wurde auch in Bialystok ein geheimes Archiv angelegt, das zum größten Teil erhalten geblieben ist. Der Vorsitzende des Judenrats, Ephraim Barasz, stellte der Organisation bedeutende Geldmittel zum Ankauf von Waffen zur Verfügung, hoffte aber vor allem, das Ghetto für die Deutschen als Produktionsstätte unentbehrlich zu machen. Trotz ständiger Interventionen Tenenbaums bei der Heimatarmee lieferte diese keine Waffen aus ihren gut gefüllten Arsenalen. Deshalb waren die Chancen für ein Gelingen das Aufstandes gering.

Eine »Aktion« im Februar 1943 kostete 12.000 Juden das Leben. Zum größten Teil wurden sie nach Treblinka transportiert. Viele wehrten sich aber und wurden vor Ort erschossen. Im Dezember 1942 gelang

kleinen bewaffneten Gruppen der Ausbruch aus dem Ghetto. Im
August 1943 war das Schicksal der Juden besiegelt. Am 15. August umstellten starke, sogar mit Kanonen ausgerüstete Kräfte der Polizei,
der SS und ukrainischer Kollaborateure das Ghetto, in welchem
30.000 Juden lebten. Es hieß, daß sich die Juden zur freiwilligen Umsiedlung, angeblich nach Lublin, stellen sollten.

Als sich um zehn Uhr morgens eine Menge von Juden auf dem Sammelplatz einfand, bezogen die Widerstandskämpfer die vorher bestimmten Positionen und eröffneten den ungleichen Kampf. Es sollte
eine Bresche in den Ghettozaun geschlagen werden, durch den die
Ghettobewohner in den Wald entkommen konnten. Die Kämpfe
dauerten fünf Tage, vom 16. bis zum 20. August 1943, wobei die Aufständischen große Verluste erlitten. 300 von ihnen fielen am ersten
Tag im Kampf, weil die Bewaffnung vollkommen unzureichend war.
Trotzdem mußten die Deutschen sogar Panzer und Panzerspähwagen
einsetzen, um den Widerstand zu brechen. Eine Gruppe von 72
Kämpfern zog sich in einen Bunker in der Chmielnastraße zurück. Sie
wurden entdeckt und alle bis auf einen Kämpfer erschossen. Am fünften Tage fielen die letzten Widerstandspositionen in der Ciepla- und
in der Fabrycznastraße. Dort fielen unter unbekannten Umständen,
wahrscheinlich durch Selbstmord, die Kommandanten Tenenbaum
und Moszkowicz.

Nach dem Aufstand schlossen sich 150 überlebende Kämpfer den Partisanen an. Sie waren Kämpfer der Partisanengruppe *Vorojs* (Vorwärts), die bis zur Ankunft der Roten Armee tapfer kämpfte. Als sich
die Gruppe im Frühjahr 1944 sowjetischen Partisanenverbänden anschloß, lebten noch 60 Kämpfer aus dem Ghetto.

Mordechaj Tenenbaum – Organisator des Widerstandes

Eine der bedeutendsten kämpferischen und intellektuellen Gestalten
des jüdischen Widerstandes in Polen war Mordechaj Tenenbaum. Er
wurde 1916 in Warschau geboren. Sein Vater war Haus- und Grund-
stücksverwalter. Schon als Kind war er aktives Mitglied zionistischer
Jugendorganisationen. Er besuchte ein hebräisches Gymnasium und

interessierte sich für Geschichte und Philosophie. Ab 1936 studierte er Orientalistik an der Warschauer Universität. Er war ein außergewöhnliches Sprachtalent, widmete sich besonders den semitischen Sprachen und liebte die Orientalen. Er wollte sogar in einem arabischen Dorf in Palästina leben. Als Mitglied der Landesleitung der zionistisch-sozialistischen Bewegung *Hechaluz* in Polen schrieb er viele ideologische und andere Beiträge für deren Organe.

Bei Ausbruch des Krieges flüchtete er nach Ostpolen, zunächst nach Kowel und dann nach Wilna. Als hoher Funktionär der zionistischen Bewegung hätte er ein legales Einwanderungsvisum nach Palästina, ein Zertifikat, beanspruchen können, doch zog er es vor, in Polen zu bleiben, um die konspirative Arbeit der zionistischen Organisationen in den deutsch und sowjetisch besetzten Teilen Polens zu organisieren und zu koordinieren. Er half vielen Genossen bei der Ausreise nach Palästina.

Nachdem die Deutschen im Juni 1941 Wilna eingenommen hatten, organisierte er dort die Untergrundbewegung. Er war Teilnehmer der Versammlung am 1. Januar 1942, in der der berühmte Aufruf zum Widerstand formuliert und verkündet wurde. Weil er perfekt Türkisch sprach, konnte er mit falscher Identität als moslemischer Tatare namens Jussuf Tamarow in Polen herumreisen und die Verbindung zu den jüdischen Zentren in Warschau, Grodno und Bialystok aufrechterhalten.

Aufgrund der tragischen Erfahrungen der Juden in Litauen warnte er seine Genossen in Warschau vor der von den Deutschen beabsichtigten restlosen Ermordung aller Juden. Als Mitgründer des Antifaschistischen Blocks in Warschau schrieb er Beiträge in dessen Organ »Der Ruf.« Er besuchte die Ghettos in Krakau, Tschenstochau und Bedzin. Später war er Mitgründer der ZOB in Warschau und Waffenbeschaffer.

Im November 1942 kam er nach Bialystok, um dort auf Beschluß der ZOB eine Widerstandsorganisation zu gründen, doch mußte er nach Grodno ausweichen, wo er bei einer Kontrolle gefaßt und bei der Flucht verwundet wurde. Nach seiner Genesung initiierte, koordinierte und leitete Tenenbaum die Aktivitäten des jüdischen Widerstandes in Bialystok. Er hielt Kontakt zum Vorsitzenden des Judenrats Barasz und erhielt von ihm Gelder zum Waffenkauf. Ohne Erfolg verhandelte Tenenbaum mit den Organen des polnischen, von London aus geleiteten Widerstandes.

Unser Wissen über das Leben und den Widerstand der Juden in Polen ist zum großen Teil Tenenbaum zu verdanken, weil außer seinem Tagebuch auch das von ihm in Bialystok gegründete Archiv mit vielen Dokumenten erhalten blieb.

Am 8. Februar 1943 wurde der folgende, von ihm verfaßte Aufruf im Ghetto Bialystok veröffentlicht:

»Aussiedlung bedeutet Tod! Gehe nicht freiwillig in den Tod! Verteidige dein Kind, räche deine Mutter! Zerstöre die Fabriken! Wenn du deine Wohnung verläßt, setze dein Eigentum in Brand! Hinterlasse den Mördern nichts! Gehe nicht nach Treblinka! Jüdischer Polizist! Helfe nicht den Henkern!«

Seine Gefährtin Tama Schneiderman hielt als Kurierin die Verbindung zum Ghetto und zur ZOB in Warschau. Sie fiel dort während der Gefechte im Ghetto im Januar 1943.

Tenenbaum hielt Kontakt mit den Partisanen in der Umgebung, leitete Sabotageakte der Juden in den Fabriken an und organisierte die Beschaffung von Waffen, die in einem Bunker in der Chmielnastraße gelagert wurden. Er war ein entschiedener Anhänger des Kampfes innerhalb des Ghettos. Der Ghettoaufstand sollte von einem Massenausbruch der Juden in die Wälder gekrönt werden. Anders als in Warschau folgte die Masse der Ghettobevölkerung aber noch der Autorität des Judenrats und stellte sich wie befohlen am Sammelplatz zum Abtransport. Tenenbaum fiel im Aufstand. Sein umfangreiches Archiv befindet sich in Warschau und in Jerusalem.

Chaika Grossman – Von der Partisanin zur Parlamentspräsidentin

Chaika Grossman, eine der großen Gestalten des jüdischen Widerstandes in Osteuropa, wurde 1920 in Bialystok geboren, wo sie ein jüdisches Gymnasium absolvierte. Sie war Mitglied der nationalen Leitung der linkszionistischen Jugendbewegung *Haschomer Hazair*

(Junger Wächter) in Polen. Ihre Heimatstadt wurde am 8. September 1939 von den deutschen Truppen besetzt, doch eine Woche später marschierte aufgrund des Hitler-Stalin-Abkommens die Rote Armee in die Stadt ein. Am 27. Juni 1941 wurde die Stadt zum zweiten Mal von den Deutschen erobert, und Grossman kehrte aus Wilna, wo sie den zionistischen Untergrund aufbaute, nach Bialystok zurück. Dort nahm sie

Chaika Grossman

unverzüglich Kontakt mit allen Kreisen des jüdischen Widerstandes auf, reiste als Kurierin der Leitung des Untergrundes in Polen mit »arischen« Papieren in viele jüdische Zentren, auch nach Warschau. Sie transportierte Informationsmaterial, Nachrichten und sammelte Geld für den Widerstand.

Sie kehrte Anfang 1942 nach Bialystok zurück und stürzte sich in die Organisation des bewaffneten Widerstandes. Sie war Leitungsmitglied der Widerstandsorganisation »Antifaschistisches Bialystok«, in welcher weltanschaulich sehr unterschiedliche Kreise zusammengefaßt waren. Mit mehreren anderen Frauen, wie Liza Czapnik, Maryla Ruziecka, Hasia Bielicka, Anna Rud und Bronka Klibanska, den berühmten *Mejdelach*, war sie die Seele des Widerstandes. Sie nahm am bewaffneten Aufstand im Ghetto Bialystok im August 1943 teil. Nach dessen Niederwerfung blieb sie illegal in der nun »judenreinen« Stadt und organisierte eine Widerstandsgruppe von »arischen« Juden, die den in der Nähe der Stadt operierenden Partisanen große, lebenswichtige Dienste leistete. Die Gruppe wurde vom Stab der Partisanen als das offizielle »Antifaschistische Komitee«, dem auch deutsche Antifaschisten angehörten, anerkannt. Grossman wurde später Mitglied einer jüdischen Partisanengruppe.

Nach dem Sieg organisierte sie die illegale Einwanderung der Reste der polnischen Juden nach Palästina, wohin sie selbst im Mai 1948, als der Staat Israel ausgerufen wurde, kam. Sie wurde Kibbutzmitglied und begann sofort mit dem Abfassen ihres bereits 1949 erschienen Berichts *Anschej Hamachteret*. Der hebräischen Ausgabe folgte eine amerikanische, spanische und 1993 eine hervorragend von Ingrid Strobl übersetzte und herausgegebene deutsche Fassung, »Die Untergrundarmee«. Chaika Grossman war seit 1969 viele Jahre lang Knesset-Abgeordnete und Vizepräsidentin der Knesset. Sie ist Präsidentin des Archivs, Verlags und Instituts *Moreschet*, in welchem der Widerstand erforscht wird. Sie erlitt 1993 einen schweren Unfall, der sie seitdem ans Bett fesselt. Chaika Grossman hat mein Buchprojekt sehr unterstützt und schrieb mir eine anerkennende Widmung in die hebräische Ausgabe ihres Buches.

CHAIKA GROSSMAN
Die uns verließen und die sich erhoben

War das Mordechai Tenenbaum, der nervöse, dynamische, schlagfertige Mordechai, der so leicht ins Schwärmen geriet? Richtig, seine Augen brannten, aber seine Bewegungen waren überlegt, und seine Antworten waren direkt und klar. War das der Mordechai, dem so oft die Phantasie durchging, dem die Begeisterung so oft den Gleichmut raubte? Das war ganz sicher ein neuer Mordechai. Das war ein Kommandant, der wußte, was er tat. Als ich ihm mitteilte, daß die Stabskommandanten des anderen Sektors beschlossen hatten, sich an der Schlacht zu beteiligen, erwiderte er: »Gut, sehr gut. Ich wollte es selbst vorschlagen, aber es fiel mir schwer. Nu, viel Glück.« Er beachtete uns nicht länger. Mordechai, der, wann immer ein Genosse sich auf eine schwierige Mission begab, gefühlvoll wurde und ihm mit feurigen Blicken nachsah, Mordechai, der so von Menschen schwärmen konnte, heute erinnerte nichts mehr an diesen Mordechai. Da war nur noch die Realität: die Vernichtung der letzten Überlebenden des polnischen Judentums, des offenbar letzten Ghettos. Und die Tatsache der nahenden Schlacht. Daniel war ruhig wie immer. Auch er wurde nicht emotional, seine Ratschläge waren logisch und durchdacht. Wenn Mordechai seine Befehle gab, sah er Daniel an. Ich sah, wie sich ihre Blicke trafen und ihre Lippen sich in Übereinstimmung bewegten. Daniel war blaß, seine Wangen eingefallen. Sein Gesicht war hübsch, obwohl die Tuberkulose es verwüstet hatte. Aus Bereza Kartuska, dem berüchtigten Konzentrationslager des halbfaschistischen Polen, war er tuberkulosekrank zurückgekommen und schließlich im Kommandostab der Untergrundbewegung gelandet.

Das letzte Bild vom Generalstab des Bialystoker Ghetto-Aufstandes hat sich in mein Gedächtnis gegraben: der kleine Raum in der Ciepla-straße 13. Mordechai und Daniel an dem Tisch mit der bunten Decke, der Stadtplan des Ghettos vor ihnen ausgebreitet, der Schrank, in dem die Waffen hingen, weit geöffnet. Die beiden Männer kannten sich erst ein paar Wochen. Ich stand für einen langen Moment am Tisch und sah aus dem tiefgelegenen Fenster. Die Sonne schien her-ein. Es war heiß im Zimmer. »Hatten wir nicht beschlossen, daß du das Ghetto heute morgen verläßt?« Daniel sah nicht vom Tisch auf. Er flüsterte seine Frage, so als wollte er das letzte gemeinsame Schwei-gen nicht brechen. »Ich habe beschlossen, nicht zu gehen. Du kannst mich nicht zwingen, nicht wahr?« Daniel sagte nichts. Ich öffnete leise die Tür und ging. Ich konnte ihre Blicke in meinem Rücken fühlen. Mir kam es so vor, als sei es wärmer geworden. Ich knöpfte meinen Mantel auf und begab mich in Stellung. Es würde bald losgehen.

Wir fanden ein einstöckiges Holzhaus mit Dachboden in der Smolna-straße, direkt am großen Garten des Judenrates. Nach vorne hinaus blickte es auf den Zaun. Das Haus war leer, Habseligkeiten lagen verstreut auf den ungemachten Betten und dem Eßtisch. Es gab Kissen, Federbetten, Decken: auf dem Tisch stand das Geschirr der gestrigen Mahlzeit. Die Mieter waren offensichtlich zum Sammel-platz gegangen.

Zerah kommandierte diesen Sektor. Nichts. Er warf einen Blick auf den Bahndamm. Keine militärischen Bewegungen zu sehen; der Bahndamm verbarg, was dahinter vorging. Es wurde zehn Uhr. Plötz-lich schoß nicht weit von uns entfernt eine Feuersäule in den Himmel. Das war das Signal. Wir zündeten den Heuschober an, um alle Sekto-ren, alle Stellungen und über das Ghetto verstreuten Sabotagegrup-pe zu alarmieren. (Nach unserem Plan sollte die Aktion schnell und konzentriert durchgeführt werden.) Sofort anschließend hörten wir Explosionen von der anderen Seite des Ghettos, und Feuersäulen stie-gen in der Ferne empor. Wir wußten, die Mädchen hatten ihre Mis-sion erfüllt. Wo Ruvchik war und was im Judenrat passierte, wußten wir nicht. Die Fabrycznastraße stand in Flammen, die Detonationen gingen weiter. Die Leinwandfabrik brannte. Noch eine Explosion, und die Scheune lag in Trümmern. Vom Nowogrodzka-Sektor schall-ten »Hurra«-Rufe herüber, die entfernt nachhallten. »Hurra«, antworteten wir alle. Wir brachen durch. Der Zaun war vor uns. Wir schossen und stürmten vorwärts. Zuerst herrschte Stille. Niemand erwiderte das Feuer. Wo war der Feind? Wo hielt er sich versteckt? Wir waren am Zaun, versuchten drüberzuklettern.

»Ach Gott«, hörten wir jemanden auf deutsch nahe bei uns rufen. Da waren sie, entlang des Zaunes versteckt. Wir hörten Schüsse. Sie fielen und stöhnten, griffen uns aber nicht an. Sie hatten Angst. »Hu . . . raaa . . .« Die Erde ebte, und wir schwankten im Angriff der Gewehre, die entlang des Zaunes losdonnerten. Plötzlich waren wir unter Beschuß geraten. Ein Mann lag in seinem Blut. Das Haus ging in Flammen auf, auch die angrenzenden Häuser brannten wie Streichholzschachteln.

Das Haus war keine Zuflucht mehr, wir mußten uns zurückziehen. Wir gaben es auf und erreichten die großen Parks in der Nowogrodzkastraße. Auch in den anderen Abschnitten zogen sich unsere Genossen zurück. Das Feuer verzehrte die Häuser, und wir standen auf dem offenen Feld, wo der Feind uns leicht ausmachen konnte. Es würde eine Schlacht von Angesicht zu Angesicht werden.

Jetzt schossen sie vom Bahndamm her. Auch sie hatten sich zurückgezogen, sie benutzten schweres Geschütz. Ein Maschinengewehr setzte mit seinem tödlichen Ra-ta-ta ein. Alle Wachen hinter dem Zaun, die »Ach Gott!« gerufen hatten, trugen Gewehre, ein Zeichen dafür, daß sie vorbereitet und auf einen Aufstand eingestellt waren. Das Maschinengewehr ratterte über unseren Köpfen. Wir griffen abwechselnd an und zogen uns zurück.

Ich kann mich erinnern, daß ich schoß, hinfiel, aufstand, zum Zaun rannte und mich dann mit den anderen zurückzog. Ich war in den Stacheldraht geraten, meine Füße bluteten. Ich war schmutzig, mit Schlamm und Ruß bedeckt. Ich schrie »Hurra« wie alle und klammerte mich wie alle an den Boden, wenn das deutsche Feuer stärker wurde. Ich hörte die Verwundeten stöhnen und sah einen Genossen neben mir fallen. Sein Schrei erstarb. Ich sehe noch immer Zerahs Mantel im Wind flattern; ich sehe noch immer Gedalyahu, noch immer zittert die Luft von seinen hastigen Bewegungen, seinem blinden Losstürmen an der Seite der angreifenden Einheit.

»*Hem chevra*, hurra, vorwärts«, seine aufgeregte Stimme hallt noch immer nach. Avremele, Jentel, Sonka und die ganzen jungen Leute, die mit uns rannten, hinfielen, wieder aufstanden, verwundet wurden, vorwärts stürmten, Lonchik und Meir und all die anderen ...

Da waren der kranke Leibusch, Chaia, die alte Kommunistin, deren Haar in Kämpfen ergraut war, Lilka, blitzschnell trotz ihrs Alters. Lilka Malerevich – ihre letzten Worte, als sie zu meiner Linken stand, hinter mir her rannte, mich überholte, hinfiel, sich an den Boden preßte, wieder aufstand und auf den Feind zurannte, klingen mir noch immer in den Ohren: »Vorwärts, vorwärts, wir haben nichts zu verlieren«, rief sie uns zu, mir, den Genossen, den Verwundeten, und vielleicht auch dem Genossen, der zu meiner Rechten gefallen war.

Das Feld vor uns war mit Leichen übersät. Die Schlacht wurde heftiger. Auch der Tag wurde heißer. Die Schießerei wurde intensiver: Ein schweres Maschinengewehr dröhnte, brachte die Stimmen der Rache zum Schweigen. Der Garten, die Nowogrodzka- und die Smolnastraße waren mit Leichen bedeckt. Sie lagen entlang des ganzen Zaunes. Die Sonne stand schon hoch am Himmel, das Geräusch der Schüsse aus dem Ghetto wurde leiser. Wir hatten keine Munition, keine Maschinengewehre. Das unbenutzte Tor an der Fabrycznastraße ging plötzlich auf, und ein schwerer Panzer fuhr langsam Richtung Cieplastraße. Er blieb abrupt stehen: Offensichtlich war er von einem Molotow-Cocktail getroffen worden. Vor uns waren noch mehr Panzer.

Leute aus der Menge schlossen sich uns an. Normale Menschen, die nie in einer Zelle organisiert gewesen waren, eine Frau erkannte ich wieder. Man hatte ihr alles mögliche Schlechte nachgesagt, jetzt schrie sie der Menge zu: »Kommt endlich, worauf wartet ihr noch?« Sie lief hinter mir, gefolgt von Polizisten. Ich kannte sie, es waren Gedalyahus Kollegen, die besten von ihnen. Sie hatten immer auf ihn gehört, und sie hatten ihm geholfen. Auch Fabrikarbeiter mit zerfurchten Gesichtern und zerrissenen Kleidern schlossen sich uns an, nicht viele, nur ein paar Dutzend, aber es war ermutigend. Noch einmal versuchten wir, die bewaffnete Kette der Deutschen zu durchbrechen. Vielleicht konnten wir einen Weg freikämpfen für die Massen, die in der nahen Jurowieckastraße auf ihren Bündeln lagerten.

Ein Flugzeug dröhnte über uns hinweg. Es flog tief, drehte ein paar Runden und verschwand. Es kam wieder, nahm uns auf den Feldern und in den Straßen unter Beschuß. Die Deutschen auf dem Bahndamm schossen nicht ein einziges Mal in die Massen, die in der Nähe lagerten. War das ein Trick? Sicher. Zwei SS-Kolonnen zogen auf, eine nach der anderen, langsam, verstohlen, die eine von der Cieplastraße her, die andere von der Ecke Ciepla-Jurowiecka-Straße. Zwei Kolonnen mit ihren automatischen Waffen. Bis jetzt hatten sich die Deutschen im Bereich des kämpfenden Ghettos nicht blicken lassen. Die Panzer waren nicht vorangekommen. Nun schickten sie SS-Infanterie. Wir schossen auf sie, aber die Front rückte näher. Viele von ihnen fielen, doch die Kolonne war lang. Sie bewegten sich vorwärts und feuerten, kamen näher und hörten nicht auf zu schießen. Von der Jurowiecka-Smolna-Kreuzung her kamen sie auf uns zu und schnitten uns von den Massen ab. Sie kreisten uns in einem Feuerhagel ein. Die SS befahl den Leuten, sich hinzulegen. Wir hörten die deutschen Kommandos, die aus der Jurowieckastraße kamen.

»Liegen! Köpfe runter! Wir werden alle Widerständler erschießen, paßt auf!« Sie wollten uns von den Massen isolieren. Sie schützten sie vor den Kugeln, zielten nur auf die ruchlosen Rebellen. »He, ihr Helden, greift noch mal an!«

Wir waren isoliert. Die Munition war uns ausgegangen, wir hatten viele Verluste. Die Menschen würden uns nicht mehr folgen; wir würden sie nicht mitziehen können in den Wald, in den Kampf um die Befreiung der Juden. Wir hatten Deutsche getötet, hatten gekämpft, hatten eine lebende Brücke gebildet, aber die Massen würden nicht ausbrechen. Die Deutschen hatten schweres Geschütz gegen den Aufstand eingesetzt. Die Leute würden es nicht wagen, uns zu folgen. Sie waren zu schwach.

Die Kolonnen kamen näher, die Umzingelung war fast lückenlos. Da kam der Befehl, den Durchbruch zu versuchen und uns den Gruppen in der Gornastraße anzuschließen. Unser einziger Maschinengewehr-Schütze hatte Order, den Rückzug zu decken. Ich ging los und erreichte das Haus. Hinter mir hörte ich Schüsse. Ich drückte mich an die Wand und spürte eine Welle heißer Luft, und dann hörte ich es pfeifen. Verputz fiel mir auf die Füße. Nur wenige Zentimeter von mir entfernt schlug eine Kugel ein.

Das Haus war aus Steinen und Ziegeln gebaut, ein starkes Gebäude. Auf der anderen Seite ging es auf die Jurowieckastraße hinaus. Die Pistole in meiner Hand war nicht mehr zu gebrauchen; die Handgranaten und die Munition waren mir ausgegangen. Ich trug meinen

abgewetzten Mantel auf dem Leib und meine Sommerschuhe an
den Füßen. Füße und Gesicht waren mit Schlamm und Ruß ver-
dreckt, mein Mund brannte, und mein Herz klopfte heftig. Hinter
mir lag das Schlachtfeld, die Deutschen und die Genossinnen und
Genossen, von denen ein paar vermutlich auch aus der Umzingelung
ausbrechen würden. Vor mir – die verängstigten Leute, die in der Jurowieckastraße auf ihren Bündeln hockten. Jetzt war auch die Cieplastraße von der zweiten Kolonne versperrt. Es gab keinen Durchgang
mehr auf die Gornastraße. Vom fernen Schlachtfeld her, von der
Smolna- und Cieplastraße, waren noch immer vereinzelte Schüsse zu
hören. Unsere Genossen, deren Feuer leicht zu erkennen war, hatten
es offenbar nicht geschafft, aus der Falle zu entkommen, und schossen nun ihre letzten Kugeln auf den Feind. Ich versuchte mich in die
Cieplastraße zu schleichen, um in die Gorna zu gelangen, schaffte es
aber nicht. Ich hatte meine Gruppe verloren, meine Genossinnen
und Genossen, und vor mir lag nur noch der Sammelplatz. Es war
schon drei oder vier Uhr nachmittags. Ich stand in der Menge und
hielt nach Genossen Ausschau. Vielleicht war ja noch jemand hierhergekommen, statt in die Gorna zu gelangen. Die Suche war
schwierig, viele Leute standen und saßen eng beieinander. Noch immer hörte ich das schwache Echo vereinzelter Schüsse, aber es war
klar, die Schlacht war vorbei.

Weine nicht an den Gräbern von Helden. Weine nicht und empfinde
kein Mitleid. Die Welt verlangt nicht nach Mitleid, sondern nach Taten, die die Menschheit aus dem Alptraum von Unterdrückung und
Sklaverei befreien.

Schau. Hier ist das Grab. Hier wurden die letzten Aufständischen begraben. Es waren einundsiebzig. Hier wurden sie erschossen, hier fielen sie, stolz und ehrenhaft. Hier, in diesem Schutthaufen wurden sie
beerdigt. Schau auf die Überreste ihrer Gesichter, ihrer Finger, die
noch nicht verwest sind. Nein, nein, nicht weinen. Schau auf die ge-
ballten Fäuste; sie erregen kein Mitleid. Der Tod mit geballter Faust ist
nicht so tragisch. In den Taschen ihrer Mäntel, von den Maden zerfres-
sen, wirst du die letzten Kugeln finden, die sie für sich selbst aufgehoben haben. Das ist das Zeichen dafür, daß sie nicht kläglich gestorben
sind.

1948 wurden die Leichen der Aufständischen aus dem Schutthaufen

geborgen und auf dem Friedhof in der Zabiestraße, dem Ghetto-
Friedhof, begraben. Am 16. August 1948, dem fünften Jahrestag des
Aufstandes, wurde ein Denkmal errichtet über dem Grab der letzten
17 Aufständischen, der letzten unter den Kämpferinnen und Kämpfern, den letzten, die gefallen waren. Sie hatten eine ganze Woche lang
dem Feuer der deutschen Maschinengewehre getrotzt, das jeden Zentimeter des Ghettos aufwühlte. Eine Woche lang hatten sie den
Kampf unterirdisch fortgeführt. Heute kann man ihr Grab besuchen
und das Denkmal besichtigen. Fünf Jahre nachdem sie gefallen waren,
wurden ihre Überreste aus dem Grab unter der Schutthalde geholt,
die Überreste ihrer Körper und ihrer Kleider. Der Anblick der ver-
drehten und madenzerfressenen Glieder, die zum jüdischen Begräbnis gebracht wurden, war entsetzlich. Aber niemand weinte an ihrem
Grab. Leser, weint auch Ihr nicht! Aber verschließt nicht eure Herzen
und eure Ohren. Hört auf die Stimmen aus dem Grab. Seht und erinnert, aber weint nicht ...
Plötzlich wurde mir bewußt, daß ich auf dem Sammelplatz stand. Sollte ich mich dem Transport anschließen? Während meiner ganzen Un-
tergrund-Tätigkeit hatte ich dagegen gekämpft, daß wir wie die Läm-
mer zur Schlachtbank gingen ... Tag und Nacht. Ich hatte mir selbst
und den anderen gesagt: »Lassen wir nicht zu, daß sie uns holen!« Ich
suchte die Menge ab. Bis auf die schwarze, langsam sich bewegende
Masse sah ich nichts. Auf der Jurowieckastraße brannte die grelle Sonne auf die schwarze Masse herab.   [17]

Aus den Akten der Täter   [12]

Der Befehlshaber   Fernschreib-Dienst
der Sicherheitspolizei und des SD   der Sicherheitspolizei
– Ostland –   RIGA

– *IV A 2 – 486/43*   Fs.-Nr. 03654   Riga, den 2. März 1943

An den
Kommandeur der Sicherheitspolizei und des SD
– Weißruthenien –
in Minsk
Betr.: Bildung von Judenbanden

Wie mir der Kommandeur der Sicherheitspolizei und des SD für
den Bezirk Bialystok mitteilt, wurde am 18.2.1943 von der Gendarmerie in einem Waldstück ostwärts von Puzewicze, etwa 3 1/2 km
südlich Skidel, Kr. Grodno, eine aus Juden bestehende bewaffnete Bande in Stärke von 25 Mann gestellt. Die Gendarmerie eröffnete sofort das Feuer und vernichtete die Bande bis auf einen
Juden, der festgenommen werden konnte. Bei seiner Vernehmung erklärte der Jude u.a., daß die Bande unter Führung des
18jährigen Juden Aron Armanowski, wohnhaft gewesen im Ghetto Bialystok, und von zwei unbekannten Polen über Grodno und
Skidel sich nach Dubicze (Ostland) begeben wollte, um dort zu
dem Bandenführer Butzko zu stoßen. Angeblich soll Butzko eine
Bande von etwa 5000 Mann führen. Bei der vernichteten Banden-
gruppe handelt es sich um Juden, die nach einer Teilevakuierung
aus dem Ghetto Bialystok entwichen waren. Es ist zu erwarten,
daß noch weitere aus dem Ghetto Bialystok geflüchtete Juden
versuchen werden, zu dem Bandenführer Butzko zu stoßen. Ich
gebe hiervon Kenntnis und bitte um Mitteilung, sofern dort dies-
bezügliche Feststellungen getroffen werden sollten.

i. A. gez. Jagusch
SS-Hauptsturmführer

Emanuel Brand
Untergrundaktivitäten der zionistischen Chaluz-Gruppe im Lemberger Ghetto

Historische Quellen wie Untersuchungen, Erinnerungen ehemaliger Bewohner sowie verschiedene Zeitschriftenartikel vermitteln einen guten Einblick in das jüdische Leben in Lemberg und Umgebung während der nationalsozialistischen Besetzung. Von den deutschen Quellen ist der berüchtigte Bericht des Hauptverantwortlichen, SS-Gruppenführer Katzmann, vom 30. Juni 1943 besonders aufschlußreich. Unter den bereits veröffentlichten Memoiren von Überlebenden aus Lemberg verdient das Buch von Stefen Szende »Der letzte Jude aus Polen«, das schon während des Krieges in einer schwedischen Ausgabe (Stockholm 1944) erschien, besondere Aufmerksamkeit. Unveröffentlichte Memoiren und Berichte von Lemberger Juden finden sich in den Archiven von Yad Vashem, des Jüdischen Historischen Instituts in Warschau und des YIVO-Instituts in New York. Diese Quellen werden ergänzt durch Interviews, die der Autor des vorliegenden Artikels im Rahmen einer umfassenden Studie von Lemberg geführt hat. Neben bereits bekannten Tatsachen brachten diese Interviews auch neue Erkenntnisse an den Tag.

Die besondere Situation des Lemberger Untergrundes

Betrachtet man die Organisation des Widerstandes, um zu einer gerechten Einschätzung der Aktivitäten der Lemberger Juden zu gelangen, muß man vor allem die Lebensbedingungen in der Stadt und in Ostgalizien berücksichtigen. Es ist allgemein bekannt, daß zwischen Ukrainern und Polen offene Feindschaft, ja oft sogar Haß herrschte, die sich während der Besetzung des Gebietes durch die Nationalsozialisten noch zuspitzten. Unter den erbitterten Kämpfen zwischen den beiden Völkern hatten vor allem die Juden zu leiden. Als besonders grausam galten die ukrainischen Faschisten, die in Städten wie Tarnopol, Rowno usw. nicht vor Massakern an den Polen zurückschreckten. Die Juden waren die eigentlichen Opfer des Konflikts zwischen den Erben Petluras, den Anhängern von Bandera, Melnik und Bulba. Die Nazipropaganda fiel sowohl bei den organisierten als auch den nichtorganisierten ukrainischen Nationalisten auf fruchtbaren Boden. Sie waren die Handlanger der deutschen Verbrecher. Es sei nur an die Pogrome Petluras nach dem ersten Weltkrieg, der ukrainischen Miliz und der SS-Division Galizien erinnert.

In vielen Gebieten, in denen sich eine jüdische Widerstandsbewegung formiert hatte, fand sie Unterstützung durch den demokratischen oder kommunistischen Untergrund der Polen und Ukrainer. Nur – die Untergrundbewegungen traten erst spät in Erscheinung, als die meisten Juden bereits umgekommen waren. Neben diesen *äußeren Faktoren* gab es noch eine zweite wichtige Komponente, den *internen, jüdischen Faktor:* der drastische Mangel an Führern für die verschiedenen öffentlichen Institutionen, insbesondere unter jungen Menschen. Viele von ihnen flohen im Jahre 1939 zu der Chaluz-Gemeinschaft nach Wilna oder Rumänien (nach der endgültigen Auflösung der öffentlichen Einrichtungen und der Jugendbewegung durch die sowjetischen Behörden) und versuchten, einen Weg nach Eretz Israel zu finden. Im Gegensatz zu der Situation in Polens westlichen Provinzen waren diejenigen, die 1941 nach dem Vordringen der Deutschen bis Lemberg nicht in Richtung Osten geflohen waren, unmittelbar von der Vernichtung bedroht. In Lemberg begann das Massaker an den Juden schon in den ersten Tagen der deutschen Besetzung. Männer und junge Menschen zählten zu den ersten Opfern. Eine Handvoll Jungendlicher, die sich erst kurz zuvor organisiert und in Lemberg überlebt hatten, fanden sich ohne Führer und ohne jede Organisation wieder.

Entstehung und Organisation der Untergrundbewegung

Nach der großangelegten »Aktion« vom August 1942, bei der 40.000 Juden der Stadt umgekommen waren, nahmen Pläne zum Widerstand erste Formen an. Im Gegensatz zum übrigen Polen hatten hier die Jugendorganisationen keine eigene Bewegung gegründet. Nach der Besetzung der Stadt durch die Nationalsozialisten hatten sich die verschiedenen Bewegungen nicht wieder neu organisiert. Es ist bekannt, daß die Führer ehemalige Mitglieder der Chaluz-Jugendbewegung oder der jüdischen Linken waren. Uns sind jedoch nur einige

Namen von den 150 Mitgliedern bekannt, die in guten Zeiten der Organisation angehörten. Die meisten von ihnen sind ums Leben gekommen.

Avraham Wahrmann, auch unter dem Namen Bumek bekannt, Mitglied des *Haschomer Hazair,* wird als einer der Führer der Gruppe genannt. Andere Namen sind Rabinowitz von der *Akiva*-Bewegung, Amster und Langenthal vom *Hanoar Hazioni,* Mundek Weg und Jumek Szteger, Bronia Margulies sowie Jakob Szudrich und Mosche Horowitz von der Linken.

Mosche Horowitz ist uns aus dem Katzmann-Bericht bekannt. Dort wird er als Führer der Widerstandsbewegung und als Hauptvertreter der PPR (Polnische Arbeiterpartei) in Lemberg erwähnt. Einige ihrer aktiven Mitglieder haben überlebt: Magister Michal Hoffman und Avraham Goldberg, dessen umfangreiche Erinnerungen in den Archiven von Yad Vashem die wichtigste Grundlage des vorliegenden Artikels waren.

In den letzten Tagen des Ghettos befand sich die Basis der Gruppe in der Jakub-Herman-Straße 6, einem Wohnblock, in dem viele ihrer Mitglieder lebten. Dieser Block gehörte zu Hallmans Bürstenfabrik, die gleichzeitig als Waffenversteck diente. Unter dem Nachbargebäude befand sich ein Radioempfänger der Untergrundbewegung, über den die Mitglieder Informationen zu den internationalen Ereignissen und den Entwicklungen an der Front erhielten.

Die Gruppe gab ein Flugblatt heraus, für das vor allem Magister Hoffman und Avraham Wahrmann verantwortlich waren. Wir wissen nicht genau, wie viele Exemplare gedruckt worden sind. Einige Quellen nennen sechs Ausgaben; der Augenzeuge Goldberg erinnert sich allerdings lediglich an zwei. An die Ausgabe, in der die Kämpfe während des Aufstandes im Warschauer Ghetto beschrieben sind, erinnert er sich genau. Das Flugblatt hatte für die überlebenden Juden des Ghettos eine ganz besondere Bedeutung. Darin wurde zur Fortsetzung des Widerstandes aufgerufen und davor gewarnt, sich in Sicherheit zu wiegen und den deutschen Versprechungen Glauben zu schenken. Eine Frau, Stefania Pacanowska, trug die Informationen für die Flugblätter zusammen. (Sie fiel im Juli 1943 den Deutschen in die Hände, als sie versuchte, Mitglieder der Gruppe aus dem Janowski-Lager in den arischen Teil der Stadt zu bringen.)

In einer außergewöhnlichen Aktion war es Avraham Wahrmann und Magister Hoffman gelungen, eine Druck- und Vervielfältigungsmaschine aus dem »arischen« Teil der Stadt ins Ghetto zu bringen. Sie wurde dringend benötigt, um Flugblätter und später auch falsche (polnische und ukrainische) Papiere zu drucken.

Beschaffung von Waffen

Den Höhepunkt ihrer Aktivitäten erreichte die Untergrundbewegung, nachdem es ihr gelungen war, Revolver zu beschaffen. Waffen wurden auf allen erdenklichen Wegen organisiert, in erster Linie aber zu horrenden Preisen (zwischen 2.000 und 6.000 Zloty) von italienischen, ungarischen und polnischen Soldaten gekauft. Es gab auch Fälle von organisiertem Diebstahl in Fabriken, in denen Mitglieder der Gruppe für die Deutschen arbeiten mußten. Wir haben Informationen, daß die Gruppe sich auch an den rechten Flügel des polnischen Untergrundes mit der Bitte um Waffenlieferungen gewandt hat. Diese Kontakte erwiesen sich jedoch als nicht sehr hilfreich. Zu einem späteren Zeitpunkt bekam die Gruppe von der linken Untergrundbewegung einige Revolver und Handgranaten.

Sie unterhielt Kontakte zum jüdischen Untergrund in Krakau, Warschau und Brody. Der jüdische Untergrund in Brody war für die Lemberger Gruppe ein Verbindungsglied zu der jüdischen Partisanenbewegung in den umliegenden Wäldern. Auch diese Tatsache wird im Katzmann-Bericht erwähnt.

Operationen

Laut dem Augenzeugenbericht von Goldberg bezogen bereits im Dezember 1942 zwölf Angehörige des Lemberger Untergrunds mit zwei Revolvern Stellung in den Wäldern. Diese Gruppe sollte größere Partisanenangriffe vorbereiten. Sie wurde allerdings bald von der ukrainischen Polizei entdeckt, als sie etwa 15 Kilometer von Lemberg entfernt war. In einem ungleichen Kampf verloren neun Partisanen ihr Leben. Nur dreien gelang es, wieder in das Ghetto zurückzukehren. Nach dieser Niederlage wurden Pläne zur Flucht nach Ungarn ausgearbeitet. Auch diese waren zum Scheitern verurteilt.

Im März des Jahres 1943 nahmen zwei Führer der Gruppe, Mundek Weg und Jumek Szteger, die im SS-Lager in der Czwartakowstraße arbeiteten, Kontakt zu zwei deutschen Fahrern auf, die sie bestechen wollten, fünfzig Männer in zwei LKWs nach Ungarn zu schmuggeln. Da sie wußten, daß die Mitglieder der Gruppe nicht genügend Geld hatten, weihten sie einige wohlhabende Juden ein, die die Operation finanzierten. Zu der Gruppe, die fliehen wollte, gehörten zwanzig Mitglieder des Untergrunds, unter ihnen auch sechs Mädchen. Sie nahmen fast den gesamten Bestand an Waffen mit (vier Revolver und einige Granaten). Sie bestiegen die beiden LKWs, die im Abstand von zehn Minuten losfuhren. Am Rand der Stadt fuhr der erste LKW in einen Hinterhalt der Gestapo. Die Passagiere wurden aufgefordert, auszusteigen. Sie eröffneten aber das Feuer. Bei der folgenden Schießerei wurden alle getötet. Als der zweite LKW sich näherte, hörten die Flüchtigen Schüsse. Mundek Weg, der auf dem Beifahrersitz saß, erkannte, daß sie verraten worden waren, und erschoß den deutschen Fahrer. Er ergriff das Steuer und brachte den LKW aus der Stadt. Über das weitere Schicksal dieser Gruppe ist allerdings nichts bekannt.

Ein weiterer Fluchtversuch hat sich Anfang 1943 ereignet. Ein Mitglied der Gruppe namens Wacek, der »arisch« wirkte und im Besitz falscher Papiere war, sollte die Evakuierung von einigen Juden aus Lemberg zu sowjetischen Partisanen in der Nähe von Dnjepropetrowsk vorbereiten. Zweimal legte er die Strecke zwischen Lemberg und Dnjepropetrowsk zurück, wobei er jedesmal vier Angehörige der Gruppe mitnahm. Als er diesen Weg im Mai 1943 zum dritten Mal ging, wurde er bei seiner Rückkehr gefaßt, konnte allerdings auf dem Weg zum Zentralgefängnis wieder entkommen. Er versteckte sich in der Krolewskastraße hinter den Mauern des Ghettos. Von seinem Versteck aus nahm er Kontakt zu anderen Mitgliedern auf. Nach einiger Zeit schloß sich ihm seine Freundin Bronia Margulies an. Wacek wollte wieder Verbindung mit Dnjepropetrowsk aufnehmen, wurde aber schließlich von der Gestapo entdeckt. Als diese ihn verhaften wollte, verteidigte er sich mit Waffengewalt. Die Deutschen hatten Angst, sich Waceks Versteck zu nähern, und schmiedeten einen teuflischen Plan. Sie brachten eine Gruppe Juden aus dem Ghetto zu Waceks Versteck und zwangen sie, sich ihm zu nähern. Die Nazis wußten genau, daß er niemals auf Juden schießen würde. Langsam näherten sich die bewaffneten Wachen im Schutz ihrer Geiseln. Wacek schoß über die Köpfe der Juden hinweg. Als diese schon ganz nah an seinem Versteck waren, warfen sie sich auf den Boden, so daß die Polizisten in der Schußlinie standen. Einige wurden getroffen. Der Kampf war beendet, als Wacek die Munition ausging. Mit den letzten beiden Kugeln nahm er sich und seiner Freundin das Leben.

Im Ghetto wurden auch Versuche unternommen, mit Vertretern der jüdischen Polizei zusammenzuarbeiten. Angesichts der bevorstehenden Liquidierung des Ghettos wollte man eine starke Verteidigung organisieren. Diese Bemühungen scheiterten jedoch. Im Mai 1943 bemerkten Kundschafter der Gruppe, daß sich die jüdische Polizei an den Toren des Ghettos auf einen Appell vorbereitete. Auf Nachfrage antworteten die Polizisten, daß sie eine gewöhnliche Übung vorbereiteten und daß an jenem Tag keine Gefahr einer »Aktion« bestehe. Die Mitglieder der Gruppe wähnten sich in Sicherheit und gingen in Richtung der Tore zu ihren Arbeitsstätten. Unvermittelt erschienen zahlreiche deutsche Polizisten und begannen mit der Selektion. Dadurch, daß die Gruppenmitglieder zwischen zwei Fronten standen – die Deutschen auf der einen, die jüdische Polizei auf der anderen Seite –, konnten sie nicht in ihre Verstecke zurück, um Waffen zu holen. Dennoch blieben sie geistesgegenwärtig. Sie bahnten sich mit Brechstangen einen Weg durch den Zaun des Ghettos und ermöglichten auf diese Weise sich selbst und anderen die Flucht in den »arischen« Teil der Stadt, wo sie sich zerstreuten.

Bei dieser und anderen Operationen sind viele Mitglieder der Gruppe gefallen. Als das Ghetto aufgelöst wurde, blieben nur wenige, die eine Widerstandsbewegung organisieren konnten. Man weiß auch, daß Mitglieder der Gruppe verschiedene Sabotageaktionen in deutschen Fabriken durchgeführt haben, in denen sie zur Zwangsarbeit verpflichtet waren. Sie hatten dabei besonders die deutschen Uniformen im Auge, die in den Werkstätten von Schwartz gefertigt wurden. Bumek Wahrmann, Gefangener im Janowski-Lager, hat nach der Auflösung des Ghettos weitere Sabotageakte geplant. Im August 1943 war er mit Hilfe des polnischen Untergrunds aus dem Lager geflohen.

Als er nach Warschau kam, nahm er Kontakt zu Überlebenden der Jüdischen Kampforganisation und des Jüdischen Nationalkomitees auf. Als Vertreter des *Hashomer Hazair* beteiligte er sich aktiv an der Arbeit des Komitees. Nach seiner Festnahme im Mai 1944 wurde er erschossen.   [18]

Aus den Akten der Täter
Der Katzmann-Bericht

Zu den wichtigsten und umfangreichsten Dokumenten der Nazimörder zählt der fast 70seitige, mit 152 Fotos und 17 anderen Anlagen versehene Bericht des SS-Führers Katzmann vom 30. Juni 1943. Der Bericht wurde in den Nürnberger Prozessen oft als Dokument 018-L angeführt.

Der 1906 geborene Fritz Katzmann war bereits 1928 Parteimitglied und seit 1930 SS-Führer. Nach einer Karriere als Ratsherr in Duisburg und Stadtverordneter und Beisitzer am Volksgerichtshof in Berlin, wurde er 1939 SS- und Polizei-Führer in Radom und ab 1941 SS- u. Polizeiführer im Distrikt Galizien, und zwar im Rang eines SS-Gruppenführers und Generalleutnants der Polizei. In dieser Eigenschaft ist er für die Ermordung von Hunderttausenden von Juden in Polen verantwortlich. Katzmann konnte nach Kriegsende untertauchen und lebte als Bruno Albrecht in Darmstadt. Erst kurz vor seinem Tod 1957 enthüllte er seine wahre mörderische Identität.

Der Katzmann-Bericht wird in der Literatur ausschließlich zur Dokumentation des Massenmordes an den Juden angeführt, obwohl die interessantesten Passagen seines Berichtes den Widerstand der Juden betreffen. Auf mehreren Fotos werden die zahlreichen, von den Juden erbeuteten Waffen mit Munition gezeigt. Diese unbekannten Teile des Katzmann-Berichtes sind eine leicht zu schließende Forschungslücke, die ich mit dem nachfolgenden, stark gekürzten Text fülle. Hilberg zitierte Katzmann und seinen Bericht in seinen beiden Werken zwölfmal, aber unter Ausschluß sämtlicher Passagen über den jüdischen Widerstand.

Der SS- und POLIZEIFÜHRER   Lemberg, den 30. Juni 1943
im Distrikt Galizien
Tgb.Nr. 42/43 g.R.-Ch/Fr.-   Geheime Reichssache

Betr.: Lösung der Judenfrage
Bezug: Anliegender Bericht

An den
Höheren SS- und Polizeiführer Ost
SS-Obergruppenführer und General der Polizei
Krüger – o. V. A.
Krakau

In der Anlage überreiche ich den Abschlußbericht als 1. Ausfertigung
über die Lösung der Judenfrage im Distrikt Galizien mit der Bitte um
Kenntnisnahme

Katzmann
SS-Gruppenführer
und Generalleutnant der Polizei

(...)
Je geringer die Zahl der noch verbleibenden Juden wurde, um so größer wurde der Widerstand. Waffen aller Art, darunter insbesondere
solche italienischer Herkunft, wurden zur Verteidigung benutzt. Diese italienischen Waffen kauften die Juden von den im Distrikt stationierten ital. Soldaten gegen hohe Zlotybeträge auf.
Die nachstehenden Bilder geben einen kleinen Ausschnitt aus der
Auswahl der sichergestellten Waffen. Besonders gefährlich waren die
abgeschnittenen Karabiner aller Art.
Unterirdische Bunker wurden festgestellt, deren Eingänge meisterhaft getarnt, z. T. in den Wohnungen z. T. auch im Freien lagen. In den
meisten Fällen war der Eingang zu den Bunkern nur so groß, daß gerade eine Person durchschlüpfen konnte. Die Zugänge zu den Bunkern
waren so versteckt angelegt, daß sie ohne Kenntnis der Örtlichkeit
nicht gefunden werden konnten. (...)

Großer Bunker:

Die Juden hatten im Ghetto Rohatyn 3 große Erdbunker gebaut und diesen folgenden Namen gegeben:

»Stalingrad-Bunker«,

»Sewastopol-Bunker« und

»Leningrad-Bunker«.

In nachstehenden Bildern handelt es sich um den »Stalingrad-Bunker«. Der Bunker hatte eine Länge von etwa 30 m und war in einen Gartenhügel eingetrieben. Vom Hauptgang gingen Nebengänge ab und mündeten in Kammern von etwa 2,50 m Quadrat. Der etwa 10 m lange Zugang aus einem Haus heraus hatte eine Höhe von etwa 1 m. Der Eingang in diesen Stollen war allerdings nur so groß, daß man durchkriechen mußte.

Am 13.5.1943 meldeten zwei reichsdeutsche Kraftfahrer des Luftgaukommandos Charkow, daß an sie ein Jude mit der Bitte herangetreten sei, etwa 20 – 30 Juden aus dem Judenlager Lemberg nach Brody zu schaffen. Die Juden seien teilweise im Besitz von Waffen. Gefälschte Fahr- und Marschbefehle auf den Namen des Kraftfahrers ausgestellt, würden mitgebracht werden. Für die Durchführung des Transportes wurde den Kraftfahrern der Betrag von 20.000 Zl. geboten.

Die beiden Kraftfahrer erhielten die Anweisung, auf dieses Angebot einzugehen. Es wurde verabredet, die Juden am 15.5. um 5 Uhr auf den LKW der Luftwaffe aufzuladen, in Richtung Brody loszufahren und an der Dienststelle des Kommandos des NSKK Lemberg, das an der Straße nach Brody liegt, plötzlich einzubiegen und in den Hof der Unterkunft zu fahren. Tatsächlich fuhr der LKW um 5.30 besetzt mit 20 Juden und einem Polen in den Hof der Unterkunft ein. Die Juden, die z. T. mit geladenen und entsicherten Pistolen und abgeschnittenen Karabinern bewaffnet waren, wurden von einem bereitgestellten Kommando überwältigt und entwaffnet. Es wurden folgende Waffen sichergestellt:

1.) 1 P-Beretta-Pistole, Kal. 9 mm Nr. 725508

2.) 1 P.-Beretta-Pistole, Kal. 9 mm Nr. 627565,

3.) 1 poln. Walzenrevolver, Kal. 9 mm, 7,65 mm FB. Radom Ng.30-1931r

4.) 1 F.N. »Baby« Kal. 6,35 mm Nr. 36148,
    1 F.N. »Baby« Kal. 6,35 mm Nr. 39788

5.) 1 Wakter-Pistole, Kal. 6,35 mm Nr. 56679

6.) 1 Steyer-Pistole, Kal. 6,35 mm Nr. 119187 A.

7.) 1 M.A.B.-Pistole, Kal. 6,35 mm Nr. 55286

8.) 1 russ. Schnellfeuergewehr, Modell 40-Nr. 4481 (zerlegt)

9.) 2 poln. Karabiner (abgeschnitten).

Nach eingehender Untersuchung konnten ferner erhebliche Wertsachen sichergestellt werden. Die eingehende Vernehmung der festgenommenen Juden ergab, daß ein gewisser Jude Horowicz, der sich in den Wäldern bei Brody mit einer noch größeren Gruppe aufhalte, diese Transporte organisierte. Es konnten durch die Vernehmung weiter die Juden festgenommen werden, die für die Flüchtenden die falschen Ausweispapiere herstellten. Der gleichfalls festgenommene Pole gab in seiner Vernehmung zu, der poln. Widerstandsbewegung »PPR.« anzugehören. Er bezeichnet weiter den Juden Horowicz als den Hauptfunktionär der »PPR.« in Lemberg. Da die Anlaufstelle in den Wäldern bei Brody aus den Vernehmungen festgestellt wurde, wurde noch am gleichen Tage das gesamte Waldgelände von der Gendarmerie, ukrainischen Polizei und 2 Kompanien Wehrmacht umstellt und durchkämmt. Dabei stieß man an verschiedenen Stellen auf kleinere bewaffnete Bandentrupps, die sich in einigen, noch aus der Russenzeit stammenden eingerichteten Bunkern und Unterständen eingerichtet hatten. Die Banden machten in allen Fällen von ihren Schußwaffen Gebrauch, konnten aber sämtlichst unschädlich gemacht werden. 33 jüdische Banditen wurden erschossen. Sichergestellt wurden einige abgeschnittene Karabiner sowie russ. Schnellfeuergewehre und Pistolen. Ein bei Durchkämmung beteiligter polnischer Heger wurde von den Banditen tödlich getroffen. Während der Festnahme in Lemberg wurde 1 SS-Mann durch einen Steckschuß in den linken Unterschenkel verletzt.

Am 21. 5. 43 gelang es gleichfalls bei Rawa-Ruska eine jüd. Bande zu vernichten, die ebenfalls wieder mit 0,8 Pistolen italienischer Herkunft augerüstet waren. (Inzwischen haben sämtliche italienischen Soldaten den galizischen Raum verlassen.)

Einige Tage später, und zwar am 31. 5. 43, konnten bei einer wiederholten Durchkämmung der Wälder bei Busk gleichfalls 6 größere Erdbunker mit 139 jüdischen Banditen vernichtet werden.

Am 2. 6. 1943 konnten wiederum weitere Juden, die mit einem LKW der ungarischen Wehrmacht zu flüchten beabsichtigten, festgenom-

men und, da sie Widerstand leisteten, erschossen werden. Auch bei
diesen wurden erhebliche Wertgegenstände sichergestellt. Den beteiligten ungarischen Soldaten wurde eine entsprechende Belohnung
ausgezahlt. (...)
Da immer mehr alarmierende Nachrichten eintrafen, über die sich
mehrende Bewaffung der Juden, wurde in den letzten 14 Tagen des
Monats Juni 1943 in allen Teilen des Distrikts Galizien gleichzeitig mit
den schärfsten Mitteln gegen die Vernichtung des jüd. Banditentums
eingeschritten. Besondere Maßnahmen waren notwendig bei der Auflösung des jüdischen Wohnbezirks in Lemberg, wo die bereits de-
monstrierten Bunker eingerichtet waren. Hier mußte, um eigene Verluste zu vermeiden, von vornherein brutal eingeschritten werden,
wobei mehrere Häuser gesprengt bzw. durch Feuer vernichtet werden
mußten. Hierbei ergab sich die erstaunliche Tatsache, daß anstatt der
gemeldeten 12.000 Juden insgesamt 20.000 Juden erfaßt werden
konnten. Mindestens 3.000 jüd. Leichen, die durch Einnahmen von
Gift Selbstmord begingen, mußten bei den Aufräumungsarbeiten aus
allen möglichen Verstecken geborgen werden.   [19]

Reuben Ainsztein – Bordschütze der RAF
und Historiker des jüdischen Widerstandes

Reuben Ainsztein wurde 1917 in Wilna geboren. Jiddisch, Polnisch
und Russisch waren seine Muttersprachen. Nach dem Abitur studierte er seit 1936 in Brüssel Medizin. Als der Krieg ausbrach, meldete er
sich mit Sondergenehmigung des britischen Kriegsministers als Freiwilliger für die Royal Air Force. Die britische Botschaft in Brüssel ver-
sagte ihm jedoch ein Einreisevisum. Er versuchte über Spanien nach
England zu gelangen, mußte aber nach Brüssel zurückkehren, wo er
über ein Jahr unter deutscher Besatzung lebte. Er versuchte es dann
noch einmal, durchquerte Europa zu Fuß und kam schließlich 1942
nach Spanien, wurde gefaßt und im berüchtigten frankistischen KZ
Miranda del Ebro inhaftiert.
Nach einem Hungerstreik wurde er nach Gibraltar entlassen und kam
schließlich nach England. Er meldete sich als Freiwilliger bei der RAF,

wurde Bordschütze der Bomberflotte der RAF und absolvierte viele Einsätze. Beim Bombereinsatz über Deutschland im Januar 1945 wurde er verwundet und konnte mit dem Fallschirm über Belgien abspringen. Nach dem Krieg diente er als Besatzungsoffizier in Hildesheim.

Später war er viele Jahre Redaktionsmitglied der Nachrichtenagentur Reuters und der *Sunday Times*, doch seine Liebe und Passion galt der Erforschung des jüdischen Widerstandes in Osteuropa. Seine außerordentlichen sprachlichen Fähigkeiten (er sprach fließend elf Sprachen) haben es ihm ermöglicht, ein großes privates Archiv auf diesem Gebiet aufzubauen. Seine gesamte Familie wurde in Ponary bei Wilna ermordet, nur eine Nichte überlebte in Israel. »Verzeihen und Vergessen ist leichter als sich erinnern«, schrieb er einmal. 1974 erschien in London sein umfangreiches Standardwerk »Jüdischer Widerstand im deutschbesetzten Osteuropa«, das erst 20 Jahre später auch in Deutschland herausgegeben wurde. Nach langer Krankheit starb Ainsztein am 6. Dezember 1981 im Alter von 64 Jahren.

REUBEN AINSZTEIN
Revolten in Provinzghettos

Die vielleicht bemerkenswerteste Form jüdischen Verhaltens in den Grenzregionen Belorußlands und der nördlichen Ukraine ist der kollektive Widerstand ganzer Ghettos. Diese Form des Widerstands blieb in Polen aus. Man könnte sagen, daß sie Bedingungen zu verdanken war, die es anderswo nicht gab: der Illusionslosigkeit der Juden, die nach den Massakern der Einsatzgruppen keine Zweifel mehr über die Pläne der Nazis haben konnten; dem Gefühl vieler Juden, insbesondere der jungen und politisch Gebildeten, daß sie angesichts der wachsenden sowjetischen Widerstands- und Partisanenbewegung von der Außenwelt nicht völlig abgeschnitten und verlassen waren; und dem Charakter der Landschaft, die mit ihren riesigen Wäldern und Sümpfen in der Region Wilna, in Belorußland und in der nördlichen Ukraine Zuflucht selbst denen bot, die ohne Waffen waren. Doch zuallererst war diese Widerstandsform dem unerschütterlichen

Kampfgeist der jungen Generation geschuldet, die – in weltlichen Schulen erzogen – nicht auf Wunder hoffte und die Autorität ihrer passiven Eltern ablehnte.

Zählen wir, in chronologischer Ordnung, die Revolten auf, die in Kleinstadtghettos auf den ehemals polnischen Territorien östlich von Bug und San stattfanden.

In *Nieswiez* (Neswish), dem Stammsitz der Radziwills, waren 1939 die Hälfte der 10.000 Einwohner Juden. Am 30. Oktober 1941 schlachteten deutsche und litauische Einheiten 4.000 Juden ab und ließen etwa 600 Handwerker mit ihren Familien zurück. Ermutigt durch Gerüchte, daß in den nahen Wäldern Partisanen aufgetaucht wären, stellten die jungen Leute eine Verteidigungsorganisation auf die Beine und begannen, sich nach Waffen umzusehen. Der Judenrat unter Vorsitz des Rechtsanwalts Magalif, einem Flüchtling aus Warschau, opponierte zunächst mit allen zur Verfügung stehenden Mitteln gegen Ideen und Arbeit der Widerstandsgruppe, weil er befürchtete, daß die Deutschen jedermann im Ghetto vernichten würden, wenn sie von diesen Aktivitäten erführen. Doch weil sie die Unterstützung der Handwerker gewonnen hatten, zwangen die Jungen Magalif und die anderen Angehörigen des Judenrats, eine neutrale bzw. sogar aktiv unterstützende Haltung einzunehmen. Die Kampforganisation, deren Leiter in der polnischen Armee gedient hatten, bereitete mit Schwefelsäure und anderen Chemikalien gefüllte Flaschen vor und hortete Benzin, mit dem das Ghetto in Flammen gesetzt werden sollte. Versuche, Feuerwaffen zu kaufen, schlugen fehl, jedoch gelang es Lea Dukor und Rachel Kagan, ein Maschinengewehr zu stehlen, es zu demontieren und Stück für Stück ins Ghetto zu schmuggeln; denselben Weg nahmen mehrere Gewehre, ein paar Granaten und Munition. Zur gleichen Zeit konnte Berl Alperowicz einige wenige Pistolen und Revolver aus einem deutschen Arsenal stehlen und ins Ghetto bringen. Zudem wurde jeder Ghettobewohner aufgefordert, sich mit allem zu bewaffnen, was immer als Waffe dienen konnte: Hämmer, Messer, Äste, Wagendeichseln, Molotowcocktails oder Heugabeln.

Am 18. Juli 1942 ermordeten die Nazis die überlebenden Juden aus Jordeja (Gorodewa), einem Städtchen fünfzehn Kilometer von Neswish. Als die Juden von Neswish von dem Massaker erfuhren, versammelten sie sich in der Synagoge und entschieden, den Anordnungen

ihrer Verteidigungsorganisation zu folgen. Am 21. Juli traf ein Trupp
litauischer Schergen in der Stadt ein, und die Deutschen teilten dem
Judenrat mit, daß diese die Aufgaben der jüdischen Polizei innerhalb
des Ghettos übernehmen würden. Über die Absichten der Deutschen
konnte es keinen Zweifel mehr geben, daher trafen sich die Juden erneut in der Synagoge, um ihren Endkampf abzusprechen. Das Maschinengewehr wurde auf dem Dachboden des Synagogengebäudes postiert; man entschied, wo der Angriff auf die Stacheldrahtumzäunung
stattfinden solle und daß das Signal zur Revolte eine brennende Heumiete sein würde.

Am 22. Juli drangen Deutsche und Litauer bei Tagesanbruch in das
Ghetto ein und kündigten an, junge Leute für die Arbeit in einem an-
deren Arbeitslager selektieren zu wollen. Die Heumiete ging in Flammen auf, und die Brüder Mosche und Njoma Duker eröffneten das
Feuer aus dem Maschinengewehr, das jedoch bald eine Ladehemmung hatte und nicht mehr schoß. Die Juden setzten ihre Häuser in
Brand und stürmten die Umzäunung. Der Kampf dauerte mehrere
Stunden an, und nur 25 Juden konnten die Wälder erreichen. Örtliche
Bauern, deren Wagen später zum Abtransport der toten und verwundeten Deutschen und Litauer requiriert worden waren, berichteten
von vierzig auf deutscher Seite Getöteten oder Verwundeten.

Ebenfalls am 22. Juli 1942 umstellten Deutsche und ihre belorussi-
schen Spießgesellen das Ghetto von *Kleck* (Klezk), einer etwa 40 Kilometer von Neswish entfernten Stadt. Es ist bekannt, daß der Judenrat von Klezk gedroht hatte, jeden jungen Ghettobewohner, der eine
Widerstandsgruppe aufzubauen versuchen sollte, den Deutschen auszuliefern, und daß die jüdische Ghettopolizei in einem Fall einige junge Leute inhaftiert hatte, vermutlich, um ihre Flucht zu den Partisanen
zu verhindern. Doch als die Nazis das Ghetto in den frühen Morgenstunden des 22. Juli abriegelten, empfingen die überlebenden Juden
sie unter der Führung von Mosche Fisz mit einem Steinhagel, setzten
die Ghettohäuser in Brand und erstürmten das Tor. Etwa 400 Menschen konnten ausbrechen, die Zahl derer, die die Wälder erreichten
und zu Partisanen wurden, war allerdings viel kleiner.

Am 3. September 1942 kam die Reihe an *Lachwa,* eine kleine Stadt im
Herzen der Pripjat-Sümpfe. Ihre 2.000 Juden waren zwar den Massakern von 1941 entgangen, wurden jedoch im Frühjahr 1942 in ein

Ghetto gesperrt, das aus etwa dreißig Häusern bestand. Die aus fünf-
köpfigen Gruppen gebildete Verteidigungsorganisation fand die Unterstützung des örtlichen Judenrats, dem neben zwei Rabbinern Ber
(Dov) Lopatin angehörte – ein Mann mit Charakter und Mut. Die Widerstandsgruppe, der sich auch die Ghettopolizei angeschlossen hatte, versuchte alles, um an Feuerwaffen zu gelangen, scheiterte jedoch
und entschied deswegen, bei den ersten Zeichen einer bevorstehenden Liquiditation ihre Kämpfer das Ghettotor angreifen zu lassen, damit jedermann versuchen konnte, zum nahen Pripjat und seinen
Sümpfen zu entkommen.

Eine Truppe von 150 Deutschen und 250 Belorussen traf am 2. September in Lachwa ein und befahl den örtlichen Bauern, eine tiefe Grube
auszuheben. Einer der Bauern stahl sich ins Ghetto und warnte die Juden vor dem, was sie erwartete. Daraufhin gelang es Lopatin, das
Ghetto zu verlassen und den Stadtkommissar, einen örtlichen »Volksdeutschen« namens Koch, zu sprechen, um so vielleicht das Massaker
noch verhindern zu können. Koch zeigte ihm Befehle seiner Vorgesetzten, daß das Ghetto liquidiert werden müsse, bot jedoch an, Lopatin und eine kleine Gruppe von Handwerkern zu schonen.

Lopatin kehrte in das Ghetto zurück und warnte die Juden vor ihrer
bevorstehenden Vernichtung. Die Leiter der Verteidigungsorganisation und Lopatin selbst plädierten für einen sofortigen Angriff auf das
Ghettotor, bevor die Deutschen und ihre Hilfstruppen das Ghetto
umstellt hätten, aber die Rabbis und die älteren Leute waren dagegen,
die Initiative zu ergreifen. So ging das Überraschungsmoment verloren, und um neun Uhr morgens erhielt die übliche Polizeiwache um
das Ghetto herum die Verstärkung der 150 Deutschen und 250 Belorussen.

Als die Mörder in das Ghetto eindrangen, trafen sie auf die jungen
Leute, die mit Messern, Äxten und Molotowcocktails bewaffnet waren, während Lopatin und andere die Häuser in Brand setzten. Die
Feuersbrunst griff sofort auf den restlichen Teil der Stadt über. Etwa
600 Juden konnten ausbrechen, und ungefähr 400 erreichten den
Pripjat, der sechs Kilometer vor der Stadt fließt. Dort trennten sie sich
in kleine Gruppen, die auf der Suche nach Partisanen in die Wälder
gingen.

Insgesamt 500 Deutsche und Belorussen nahmen an dem Kampf teil, ihnen halfen einige mord- und plünderlüsterne Einheimische. Die Juden hatten keine anderen Feuerwaffen als die von den Deutschen erbeuteten; trotzdem sollen sie nach Aussagen von Einheimischen einhundert ihrer Feinde getötet haben.

Der in zeitlicher Reihenfolge nächste Aufstand ereignete sich in *Krzemieniec* (Kremenez) im ukrainischen Podolien. Kein einziger Jude aus Kremenez hat überlebt, so daß wir auf die Aussagen der örtlichen polnischen und ukrainischen Bevölkerung und einiger weniger Juden aus den benachbarten Städten und Dörfern vertrauen müssen. Offenbar hatten die Polen 1939 auf dem Gebiet, das später zum Ghetto wurde, eine größere Menge Waffen vergraben, und diese Waffen wurden von Juden, die eine Selbstverteidigungsgruppe gegründet hatten, entdeckt. Die Organisation war mit Passierscheinen, die ihren Mitgliedern das Verlassen des Ghettos erlaubten, gut versorgt, und zusammen mit dem Besitz dessen, was ihnen als ein großes Waffenlager erscheinen mußte, ermutigte sie dieser Umstand zu einem kühnen Plan. Die jüdischen Kämpfer beschlossen, einen Teil der Gruppe zur Organisation einer Partisanenabteilung auf dem umliegenden Lande abzustellen, und sobald die Deutschen zur Zerstörung des Ghettos ausholen sollten, würden die Ghettokämpfer die Nazis in der Stadt angreifen und die Partisanen ihnen zur Hilfe eilen.

Vielleicht bekamen die Deutschen von den Vorgängen im Ghetto Wind, denn überraschend riegelten sie es am 9. August 1942 ab, noch bevor die jüdischen Kämpfer die Partisanengruppe aussenden oder Positionen außerhalb des Ghettos hatten aufbauen können. Nichtsdestoweniger benötigten die Nazis zur Liquidierung des Ghettos eine ganze Woche. Sie war erst abgeschlossen, als die letzten Juden in den Häusern verbrannt waren, die sie selbst am dritten Tag der Kämpfe in Brand gesteckt hatten. Es ist bekannt, daß die Deutschen am ersten Tag der »Aktion« sechs und am zweiten Tag zehn Tote zurückließen, doch die Gesamthöhe ihrer Verluste bleibt ungewiß. (Über den Aufstand von *Tuczyn* [Tutschin] berichtet der nachfolgende Text.)

In den frühen Morgenstunden des 19. Oktober 1942 riegelten die Deutschen das Ghetto von *Lachowicze* (Ljachowitschi) ab, einer Kleinstadt unweit von Klezk und Baranowicze. Eine Gruppe von sechzig Juden attackierte die Deutschen am Ghettotor, und zehn konnten entkommen. Die anderen fielen im Kampf; die Deutschen jedoch gaben für dieses Mal den Versuch auf, in das Ghetto einzudringen, wo 300 Juden in unter den Häusern gegrabenen Bunkern Schutz gesucht hatten. Als sie zehn Tage später zurückkehrten, wurden sie mit Kugeln empfangen. Dem Kommandanten der Feldgendarmerie des Distrikts, Hans Fritz, wurde bei dem Versuch, die Insassen eines Bunkers lebend herauszuholen, von David Jelin die Kehle durchgeschnitten. Andere Juden kamen lieber in den von ihnen in Brand gesteckten Häusern um, als sich zu ergeben. Nur vier konnten fliehen und sich den Partisanen anschließen.

Die in chronologischer Reihenfolge nächste bekannte Revolte ist die von *Marcinance* (Marcinkonis), einer Kleinstadt in der Region Wilna, deren Ghetto die Deutschen und Litauer in der Nacht des 1. November 1942 umstellten. Von der jüdischen Polizei über die Vorgänge gewarnt, konnten eine Reihe von Juden noch während der Nacht und am frühen Morgen aus dem Ghetto fliehen. Als die Juden sich um sechs Uhr morgens am 2. November wie üblich vor dem Ghettotor sammelten, um zur Arbeit außerhalb des Ghettos zu gehen, fanden sie es verschlossen. Der deutsche Stadtkommissar teilte dem Judenrat mit, daß es keine Arbeit mehr für die Juden in Marcinkonis gäbe und sie sich deswegen bis acht Uhr bereit machen müßten, um woandershin gebracht zu werden. Doch um acht wartete kein einziger Jude auf den Abtransport zum Ort des Gemetzels. Als die Schlächter erschienen, versuchte der Vorsitzende des Judenrats, Aaron Kobrowski, und andere, sich auf den befehlshabenden Deutschen zu stürzen und ihm die Maschinenpistole zu entreißen. Doch sie scheiterten, und Kobrowski rief die Juden auf, um ihr Leben zu rennen. Während eine Anzahl Juden mit bloßen Händen, oder was immer sie als Waffen benutzen konnten, den Kampf gegen die Deutschen aufnahmen, stürmte der Rest den Zaun: 105 Juden wurden innerhalb des Ghettos, oder nachdem sie die Umzäunung bezwungen hatten, erschossen. Einige Frauen und Kinder, die sich in unterirdischen Verstecken verborgen hatten, wurden von den Deutschen nicht gefunden; Einheimische, die zum Plündern ins Ghetto gekommen waren, entdeckten sie jedoch einige Tage später und verrieten sie an die Nazis. Sie waren die einzigen Juden, die die Deutschen und Litauer lebend gefangennehmen konnten.

Eine Gruppe von 25 Überlebenden sammelte sich in einem nahegelegenen Wald. Der litauische Bauer Jonas Balevicius half ihnen bei der Suche nach Nahrung, und für 25 Goldrubel kaufte er ihnen drei Gewehre und neunzig Schuß Munition. Auf diese Weise nicht mehr länger die leichte Beute eines beliebigen örtlichen Banditen, wurde die kleine Gruppe zum Kern einer Partisaneneinheit.

Von den 1.800 Juden, die bei Kriegsausbruch in *Braslaw* gelebt hatten, einer Kleinstadt in der Region Wilna, überlebten nur ungefähr vierzig, die bei Bauern Schutz gefunden hatten, das Massaker vom 3. Juni 1942. Zwei Monate später brachten die Deutschen etwa fünfzig jüdische Handwerker aus dem nahen Dorf Opsa und sperrten sie in ein Ghetto. Im März 1943 kamen die Deutschen, das Ghetto zu liquidieren, fanden die Juden aber in einem Haus verbarrikadiert. Als sie darauf vorrückten, eröffneten die Juden das Feuer aus Gewehren und Revolvern. Nachdem es so schien, als ob die Juden ihre Munition verschossen hätten, stürmten die Deutschen das Haus. Sobald aber der erst Deutsche herangekommen war, wurde er von einem Juden getötet, der sein Gewehr erbeutete und erneut das Feuer auf die Angreifer eröffnete. Daraufhin setzten die Deutschen das Haus mit Granaten in Brand, doch die Juden zogen es allesamt vor, in den Flammen zu sterben, statt sich zu ergeben.

In *Glebokie* (Glubokoje), ebenfalls in der Region Wilna, überlebte trotz des Massakers an 2.500 Juden vom 19. Juli 1942 ein Ghetto bis zum Sommer 1943. Verschiedene Gruppen junger Leute, die seit dem Frühjahr Waffen gesammelt hatten, verließen das Ghetto nach dem Massaker und schlossen sich der Suworow-Brigade unter Major Chamtschenko an. Chamtschenko sandte daraufhin zwei jüdische Emissäre nach Glubokoje, die die Jungen zur Flucht aus dem Ghetto überreden sollten, um sich ihm anzuschließen. Einer der Emissäre kehrte mit zwanzig jungen Leuten zu Chamtschenko zurück und berichtete, daß sein Gefährte im Ghetto geblieben sei, um 300 bewaffnete Kämpfer für einen Aufstand vorzubereiten, von dem sie hofften, daß er mit einem Angriff der Partisanen Chamtschenkos von außen koordiniert werden könnte.

Während diese Vorbereitungen getroffen wurden, entschied eine unerwartete Wendung das Schicksal der Juden Glubokojes. Um sein Leben zu retten, hatte sich Oberstleutnant I.I. Gil-Radionow nach seiner Gefangennahme während der Bialystok-Minsk Kesselschlachten vom Juni und Juli 1941 bereit erklärt, den Deutschen zu dienen. Er wurde Kommandant der 3.000 Mann starken Ersten Russischen Nationalen Brigade, die an vielen Antipartisanen-Aktionen teilnahm, so auch an der berüchtigten Operation »Kottbus«. Am 16. August 1943 wechselte Gil-Radionow mit seiner Brigade die Fronten, wendete sich gegen seine Meister und löschte die deutschen Garnisonen in den Kleinstädten Dokszyce (Dokschizy), Dolhinów (Dolginowo) sowie Królewszczyzna (Krulewschtschina) aus. Die Einheit wurde zur Ersten Antifaschistischen Partisanenbrigade. Alarmiert durch Gil-Radionows Aktivitäten beschlossen die Deutschen, die Juden von Glubokoje zu töten, um ihrer möglichen Befreiung vorzubeugen. Am 20. August 1943, noch bevor die Kämpfer innerhalb des Ghettos ihre Aktionen mit Chamtschenkos Brigade hatten abstimmen können, erschienen die Deutschen und befahlen den überlebenden Juden, sich zur »Umsiedlung« in die Region Lublin zu melden.

Kein Jude folgte der Anordnung. Sobald die Deutschen in das Ghetto eindrangen, wurden sie mit Schüssen und Granaten empfangen. Sie benötigten drei Tage, um die Juden zu überwältigen und zu ermorden. Als den Juden die Munition ausging, setzten sie ihre Häuser in Brand und stürmten den Zaun. Nur einige Dutzend konnten fliehen. Die Entflohenen waren zumeist junge Leute, die sich den Partisanen anschlossen.

Dieser Überblick über die am besten dokumentierten Fälle kollektiven Widerstands in den kleinstädtischen Ghettos auf den ehemals polnischen Territorien östlich von Bug und San ist keineswegs erschöpfend. Die Ereignisse in *Druja,* einer Kleinstadt in der Region Wilna, mögen als Beispiel für andere Fälle gemeinsamen Widerstands in halb ländlichen Ghettos dienen, die in dieser Studie nicht aufgezählt werden können. Druja liegt an der Mündung eines kleinen Nebenflusses in die Westliche Dwina. Als das deutsche Sonderkommando im Sommer 1943 mit Lastwagen eintraf, um das Ghetto zu liquidieren, hatten die Juden die Dwinabrücke erobert und in Brand gesetzt. Das hinderte die Deutschen, den Fluß zu überqueren. Die Juden steckten ihre Häuser in Brand und flohen.

Fanden vergleichbare Akte kollektiven Widerstands auch in den Kleinstädten Belorußlands und der sowjetischen Ukraine statt? Der sowjetisch-jüdische Autor Joseph Bregman beschreibt nur einen solchen Fall im Detail. Daneben zitiert er aus dem von Ehrenburg zusammengestellten »Schwarzbuch«, daß es organisierten bewaffneten Widerstand von Juden in den ukrainischen Städten *Ostrog, Proskurow* und *Jarmolinzy* gegeben habe. Der lakonische Bericht über diese drei Fälle bewaffneten Widerstands, den Ehrenburg von Je. Lanstman erhielt, lautet wie folgt:

»In Ostrog empfingen die Juden die deutschen Henker mit Schüssen aus Maschinenpistolen. In Proskurow dauerte der Schußwechsel mehrere Stunden. Am Abend ging den Juden die Munition aus. Einige junge Männer konnten ausbrechen und erreichten die Wälder.

In Jarmolinez wehrten sich die Juden zwei Tage lang. Ihre Waffen waren im voraus vorbereitet worden: Die Juden hatten sie verborgen unter ihrem Hausrat in das Ghetto gebracht. Dies geschah in Unterkünften der Armee (die in ein Ghetto umgewandelt worden waren). Der erste Polizist, der auf das Gelände vordrang, um eine Gruppe Verdammter zusammenzustellen, wurde getötet, und sein Kadaver flog aus dem Fenster. Daraufhin brach das Gefecht aus, und einige weitere Polizisten starben.

Am folgenden Tag trafen aus den benachbarten Distrikten Lastwagen mit Polizisten zur Verstärkung ein. Erst am Abend, als den Juden die Munition ausgegangen war, drangen die Polizisten in das Ghetto ein. Das Schlachten dauerte drei Tage. In mehreren Häusern auf dem Gelände gab es Fälle von Selbstmord. Ein Vater warf seine beiden Kinder aus dem Fenster und folgte ihnen dann zusammen mit seiner Frau. Ein Mädchen stand an einem Fenster und rief immer wieder: ›Lang lebe die Rote Armee!‹«

Neben diesen von Bregman erwähnten Revolten wissen wir von mindestens einem weiteren größeren Aufstand in einem Ghetto auf sowjetischem Boden. Das, was wir wissen, widerlegt die Ansicht einiger Holocaustforscher, daß die sowjetischen Juden keinen organisierten kollektiven Widerstand geleistet hätten, weil sie aufgrund des Verlustes ihrer traditionellen Gemeindeorganisationen auch der Fähigkeit verlustig gegangen wären, gemeinsam als Juden zu agieren. Statt dessen muß man Bregman zustimmen, wenn er schreibt, daß es trotz des Fehlens schriftlicher Zeugnisse kaum anzunehmen sei, daß es keinen »bewaffneten Widerstand in solchen jüdischen Zentren wie

Odessa, Winniza, Gomel, Dwinsk und vielen anderen« gegeben habe:
»Wir glauben, daß die Geschichte unserer großen Tragödie und unseres Ruhms mit Hilfe derjenigen, die etwas zu verrichten und erzählen haben, noch geschrieben werden muß.«

Die von Bregman im Detail beschriebene Ghettorevolte fand in der moldawischen Stadt *Dubossary* statt und war chronologisch die erste all dieser Revolten. Als die Deutschen die Stadt erobert hatten und einen Judenrat einsetzen wollten, fanden sie keinen einzigen Juden bereit, ihnen zu dienen, obgleich sie zur Strafe für die mangelnde Kollaborationsbereitschaft sechs Männer und eine Frau auf dem Hauptplatz des Ortes erhängt hatten. Ende August 1941 gab es bereits eine vorwiegend jüdische Untergrundorganisation unter der Leitung des Juden Jankl Gusanjazkij. Eine der ersten Aktionen der Organisation bestand in der Gefangennahme des ukrainischen Verräters Matwejenko – der den Deutschen geholfen hatte, die sieben Juden hinzurichten – und seiner Erhängung am selben Galgen. Am gleichen Tag sprengten die jüdischen Kämpfer zudem die Brücke über den Dnjestr.

Am 3. September 1941 selektierten die Deutschen 600 ältere Juden beiderlei Geschlechts, sperrten sie in die acht Synagogen der Stadt und verbrannten sie bei lebendigem Leib. Am folgenden Tag nahmen die jüdischen Kämpfer mit der Tötung des Stadtkommandanten Kraft und der Sprengung eines großen Waffenlagers Revanche. Nach diesen beiden Aktionen verließen Gusanjazkij und seine Leute die Stadt und begannen, als Partisanen in der Gegend zu kämpfen. Bald gab es fünf Partisanengruppen. Sie setzten sich zumeist aus Juden, die aus Dubossary, Tuczyn, Molew und anderen kleinen Städten und Dörfern geflohen waren, sowie aus geflüchteten sowjetischen Kriegsgefangenen zusammen.

Die andere Revolte hatte *Kopyl* zum Schauplatz, eine kleine Stadt etwa fünfzig Kilometer östlich von Neswish und Klezk und wenige Kilometer östlich der polnisch-sowjetischen Grenze von 1939. Zu den ortsansässigen Juden sperrten die Deutschen auch die Überlebenden aus umliegenden Städtchen und Dörfern in das Kopyler Ghetto – insgesamt 2.500 Menschen. Der Widerstandswille führte zur Bildung einer Untergrundorganisation, die sich ein Maschinengewehr sowie mehrere Gewehre, Revolver und Granaten beschaffen konnte. Die

Deutschen entdeckten, daß etwas im Gange war, und fielen Mitte März 1942 in einem dreitägigen Massaker über das Städtchen her, dem in einer der Synagogen 1.200 Menschen zum Opfer fielen. Elf Mitglieder der Widerstandsgruppe entkamen in die umliegenden Wälder und bildeten eine der berühmtesten Partisanenabteilungen Belorußlands. Leiter der Gruppe war Ljowa Giltschik, ein Mann mittleren Alters, der in Friedenszeiten für Kolchosen Fleisch transportiert hatte. Unter seinen Gefährten waren der Student Sosin, der Lektor an der Universität Moskau Godl Shurawizky, der Schuhmacher Mejer Vainer, der Eisenbahner Hasberg und Haim Menaker, ein Elektriker. Die vorwiegend aus jüdischen Flüchtlingen aus den Ghettos entlang der polnisch-sowjetischen Grenze von 1939 bestehende Abteilung zählte bald mehrere hundert Frauen und Männer. Giltschik stellte Kontakte zu der Widerstandsgruppe innerhalb des Ghettos her und versprach, den Kopyler Juden zur Hilfe zu kommen, wenn sie sich in einer Revolte gegen die Deutschen erhöben.

Doch die Deutschen überraschten das Ghetto Kopyl im Sommer 1942 mit einem Überfall, der die Vernichtung vollenden sollte. Als die schreckliche Nachricht Giltschik und seine Gefährten erreichte, war es zu spät, dem Ghetto zur Hilfe zu eilen. Trotzdem trafen die Schlächter auf entschlossenen Widerstand. Elje Peker nutzte sein Maschinengewehr so wirkungsvoll, daß man 48 tote Deutsche um seine Stellung herum fand. Um die Juden zu bezwingen, gossen die Deutschen Benzin aus und setzten die Häuser in Brand – von den 700 Kopyler Häusern und Hütten entgingen nur 200 der Zerstörung. Nur etwa 70 Juden glückte die Flucht, um sich Giltschiks Abteilung anzuschließen.

Verglichen mit den Aufständen in den Kleinstadtghettos auf der polnischen Seite der 1939er Grenze, unterschied sich die Revolte von Kopyl nur in einer Hinsicht: Den sowjetischen Juden fiel es dank ihres engen Kontakts zu den einheimischen Bauern und nichtjüdischen Partisanen viel leichter, Partisanen zu werden. Andere bedeutende Unterschiede zwischen den Juden, die kämpfend in Klezk, Lachwa oder Ljachowitschi im polnischen Belorußland starben, und jenen in der sowjetischen Kleinstadt scheint es nicht gegeben zu haben. Daraus könnten wir schließen, daß es weitere Kopyls auf sowjetischem Boden gegeben haben muß, und wenn wir von ihnen nichts wissen, dann ist das vor allem den besonderen Bedingungen seit der Zeit Stalins geschuldet, die das Studium des jüdischen Martyriums und Heldenmuts in den besetzten Teilen der Sowjetunion verhindert haben.   [20]

Der unbekannte Aufstand im Ghetto von Tuczyn

10. Juni 1942 Lidice – 10. Juni 1944 Oradour. Diese beiden Daten und Ortsnamen gehören zum kollektiven Gedächtnis der Welt. Die Bewohner beider Orte wurden von SS-Truppen ermordet. In Osteuropa gab es Hunderte von jüdischen Städten und Städtchen, die das gleiche Schicksal erlitten, aber über keines von ihnen, außer über die großen Ghettos von Warschau, Wilna und Bialystok, ist Näheres bekannt. Auch die Standardwerke über den Holocaust enthalten keine Beschreibungen des tragischen Geschehens.

Dov Levin hat in seinem Werk *The Fighting Leadership of the Judenräte in Small Communities in Poland* (Jerusalem 1979) elf Ghettos aufgeführt, in denen es Aufstände unter Führung der Judenräte gab. Für jedes der Ghettos wird die Art des Widerstandes aufgeführt, etwa das Lagern von Waffen, Verbrennen der Häuser, Straßenschlachten, Selbstmord und Flucht.

Datum	Ortsname	Bewohnerzahl	Name des Judenrats	Zahl der Flüchtigen
9. 5. 42	Markuszów	1.600	Schlomo Goldwasser	Hunderte
18. 7. 42	Szarkowszczyzna	1.500	Hirsch Barken	900
22. 7. 42	Nieswiez	5.000	Megaliff	25
5. 8. 42	Pilica	2.700	Fogel	Hunderte
6. 8. 42	Zdzieciol	3.000	Dworzecki	800
2. 9. 42	Lachwa	2.300	Berl Lopatin	600
9. 9. 42	Serniki	1.000	Schlomo Turkenitz	270
23. 9. 42	Tuczyn	3.000	Getzl Schwarzman	2.000
24. 9. 42	Korzec	5.000	Mosche Krasnotawski	Dutzende
11. 11. 42	Marcinkance	370	Aron Kowrowski	200
6. 6. 43	Rohatyn	2.000	Ghettopolizei	einige

Im nachfolgenden möchte ich kurz den Aufstand im Ghetto Tuczyn am 23. September 1942 dokumentieren. Es ist mein Wunsch, daß man von nun an neben Lidice und Oradour auch der Bewohner von Tuczyn gedenkt. Die genaue Schilderung des Geschehens dort verdanken wir dem jüdischen Erzähler Mendel Mann, dem wichtigsten jüdischen Romancier des Zweiten Weltkrieges.

Mendel Mann – Dichter und Soldat

Mendel Mann ist Autor der großartigen jiddischsprachigen Trilogie »Vor den Toren Moskaus«, »An der Weichsel« und »Der Fall von Berlin«, für die er den Nobelpreis verdient gehabt hätte. Mann wurde am 9. Dezember 1916 in Warschau geboren. Als Kind verbrachte er die Ferien bei seinen Großeltern, die Bauern waren. Die Verbundenheit zur Natur prägte alle seine Werke. Er gehörte zur dritten Generation jiddischer Schriftsteller in Polen. 1939 kämpfte er als polnischer Soldat in seiner Vaterstadt Warschau bis zur Kapitulation. Er konnte aus der Kriegsgefangenschaft in Ostpreußen in den sowjetisch besetzten Teil Polens flüchten und kam ins Städtchen Tuczyn, wo er als Lehrer tätig war. Im Juni 1941 flüchtete er vor den anrückenden deutschen Armeen und kam bis an die Wolga, wo er kurze Zeit in der Kolchose Tjenguschaj an der Wolga arbeitete. Bereits im Sommer 1941 meldete er sich als Freiwilliger bei der Roten Armee. Von 1941 bis zum Mai 1945 kämpfte er als Rotarmist, von der Wolga bis zur Weichsel. Er gehörte zu den Soldaten, die Berlin erstürmten und die verkohlte Leiche Adolf Hitlers fanden. In seiner Kriegs-Trilogie schilderte er seine und seiner Kameraden Erlebnisse.

Am 17. Januar 1944 ist er mit seinen Waffengenossen im Schtetl Tuczyn einmarschiert. Einige wenige Überlebende des jüdischen Städtchens erzählten ihm, was im September 1942 geschehen war. Er gründete und leitete eine Schule für die jüdischen Kinder, die in Verstecken überlebten. Im Dezember 1945 erschien in Lodz sein Gedichtband »Die Stille mahnt«. Nach dem Pogrom von Kielce am 4. Juli 1946, als der polnische Mob 42 Juden ermordete und 50 verletzte, kam er in ein DP-Lager nach Bayern. In Regensburg erschien 1947 seine zweite Gedichtsammlung »Das Erbe«. Er wanderte dann nach Israel aus. In dem kleinen verlassenen arabischen Dorf Jasur bei Jaffa glaubte er eine neue Heimat gefunden zu haben. In den Romanen »Das Haus in den Dornen«, »Das verwahrloste Dorf« und »Samsons Füchse« schilderte er die schwere Arbeit auf dem steinigen Boden und den Neubeginn des Lebens in einem alten Land. Er wanderte später nach Frankreich aus und wurde berühmtes und hochgeachtetes Mitglied der Gruppe jiddischer Schriftsteller in Paris. Die französischen Editionen seiner Romane wurden von Manès Sperber betreut. Mendel Mann starb am 26. August 1975 in Paris, betrauert von einer großen Zahl seiner Freunde und Leser.

MENDEL MANN
Die Flammen des Ghettos von Tuczyn

Das kleine Schtetl Tuczyn liegt 27 Kilometer von Rowno in Wolhynien entfernt. 1939 lebten dort 2.500 Juden, 1940/41 an die 3.000. Es war ein armes Städtchen, dessen Bewohner sich von der Schneiderei und Schusterei ernährten. Marktfahrer schleppten Kisten mit Pelzen und Stiefeln zu den Märkten der Umgebung. Die Wege waren schlecht, die Räder der Wagen versanken bis zu den Achsen im Morast. Eine Reise zum nur 20 Kilometer entfernten Markt dauerte eine ganze Nacht. Montags war Tuczyner Markt, dienstags der von Kostopol, mittwochs in Hoszcz, donnerstags in Aleksandrina. Freitag war Ruhetag. Zwischen dem einen und dem anderen Markt arbeiteten die Marktfahrer nächtelang an der Herstellung ihrer Waren.
Die Tuczyner führten ein schweres Leben. Manche arbeiteten in der Gerberei, andere in einer Fabrik für bäuerliche Bekleidung. Schulter an Schulter und mit bestem Einvernehmen arbeiteten Juden und Ukrainer in den kleinen Fabriken. Als die Sowjets einmarschierten, arrangierten sich die Schneider und Schuster, indem sie kleine Handwerks-Kooperativen gründeten und aufhörten, zu den Märkten zu fahren. Die Jugend begann zu lernen. Es wurde eine jüdische Mittelschule mit einigen hundert Schülern und eine Abendschule für Erwachsene gegründet.

So pulsierte das jüdische Leben bis zum 30. Juni 1941, als deutsche Soldaten Tuczyn besetzten. Die Schuster und Schneider, die Gerber und Weber konnten sich nicht an den Gedanken eines passiven, langsamen Todes, wie er ihnen bevorstehen sollte, gewöhnen, auch nicht an die Flüche und Beleidigungen. Sie wollten der Zerstörung ihrer Heime nicht zuschauen: Also wagte das kleine Schtetl Tuczyn den Aufstand gegen die Deutschen und Ukrainer. Umzäunt von Stacheldraht-Verhauen und von Deutschen bewacht, stürzten sich die Juden mit Äxten auf ihre Feinde.

Tuczyn war eine jener Städte in Wolhynien, die den Kampf aus den Ghettos heraus aufnahmen. Das Schicksal dieser Städtchen ist meistens unbekannt. Nur wenige Juden aus Hunderten von Städten Wolhyniens blieben am Leben. Es gibt niemanden, der erzählen, niemanden, der über die Vernichtung berichten könnte. Die Juden von Wolhynien hatten nicht einmal das »Privileg«, in ein Lager verschickt zu werden. Man hat sie in ihren Wohnorten einfach in Gruben getrieben und ermordet. Einige sind nach Kiew verschickt worden, doch niemand kam von dort zurück. Auch alle, die in die Wälder flüchten konnten, sind dort umgekommen. Deshalb findet man in den Listen der Nazimörder selten die Namen jener Deutschen und ihrer Helfer, die die Juden von Wolhynien ermordeten. Sie lebten frei und bequem weiter; es gibt niemanden, der sie erkennen, niemanden, der sie der Gerechtigkeit übergeben könnte.

Die Tatsachen, über die ich hier berichte, habe ich persönlich nach der Befreiung von Tuczyn aufgezeichnet. Die Einzelheiten erfuhr ich von Juden, die sich in den Wäldern versteckten, wie Meir Friedman u.a. sowie von dem ukrainischen Lehrer Jegor Krzyzanowski, der als Dolmetscher bei den Deutschen arbeitete.

Am 30. Juni 1941 eroberten die Deutschen Tuczyn. Am gleichen Tag haben sie die aus den Synagogen herausgeholten Thora-Rollen in den Dreck geworfen und vorübergehende jüdische Frauen gezwungen, auf den bestickten samtenen Thoramänteln zu tanzen. Danach mußten die Frauen die Thora-Rollen zerreißen und auf der Straße verbrennen.

Im Juli 1941 wurde die Bildung eines Judenrats angeordnet. Vorsitzender wurde Getztl Schwarzman. Es gab keinen Tag, an dem die Deutschen das Ghetto in Ruhe gelassen hätten. Mal forderten sie 80 Paar

Stiefel aus bestem Chromleder, mal 100 neue Anzüge, später goldene
Uhren, Silber, Kupfer, Mäntel usw. Alles mußte pünktlich geliefert
werden, am befohlenen Tag und Stunde. Außerdem forderten die
ukrainischen Polizisten und auch einfaches Gesindel Geschenke für
ihre Bräute. Wehe, wenn die Juden etwas verweigerten …

Selbst in einer schweren Lage, mußten die Tuczyner den letzten Bis-
sen noch mit solchen Juden teilen, die aus den umliegenden Städtchen nach Tuczyn flüchteten, aus Kostopol, Ludwipol, Berezina,
Rowno, Hoszcz und Aleksandrina. Diese Juden erzählen schreckliche
Begebenheiten vom Tod, von den »Aktionen«, bei denen man grund-
los Klein und Groß erschießt. Solche himmelschreienden Verbrechen
sind noch nie in der Geschichte vorgekommen. Besonders schmerzlich waren die Morde durch Ukrainer, mit denen die Juden seit Hunderten von Jahren zusammenlebten. Auch in Tuczyn gab es einige
kleinere »Aktionen«, bei denen ukrainische Polizisten die Erschießungen durchführten.

Plötzlich kommt gegen Ende des Sommers 1942 der Befehl zur Bildung eines Ghettos. In den wenigen Gäßchen um die Synagoge werden 3.000 Juden eingepfercht. Die Juden müssen einen hohen Zaun
aus dem Holz der zerstörten Häuser errichten, das Tor zum Ghetto
wurde geschlossen. Urplötzlich erscheinen starke Verbände von bewaffneten Ukrainern und Deutschen. Alle Wege sind verstellt, die
deutsche Polizei in voller Bewaffnung. Regelmäßig wird das Tor geöffnet, und es werden Juden hineingeworfen, die sich noch außerhalb
des Ghettos befunden hatten.

Jedermann ist nun klar, daß jetzt Tuczyn an der Reihe ist. Zwei Tage
nach Jom Kippur, am 23. September 1942, erscheint ein Gestapo-Offi-
zier aus Rowno. Er befiehlt allen Juden, sich vor dem Ghetto-Tor zu
versammeln, und gibt bekannt, daß die jungen, arbeitsfähigen Männer
woandershin zur Arbeit gebracht werden sollen.

Der 33jährige Tuwa Tschubak, Sohn eines Schmiedes und zionistischer
Pionier, und der 32jährige S. Toplitz agitieren dafür, die Befehle der
Deutschen nicht zu befolgen. Sie rufen die Juden auf, sich in der Synagoge zu versammeln. Einer springt auf das Thora-Lesepult und
schreit: »Sich wehren, Widerstand leisten, nicht freiwillig gehen wie
die Schafe!« Ein zweiter steigt auf die Bank und schreit: »Juden, ihr sollt
wissen, die Gruben im Katowski-Wald sind schon ausgehoben!«

Die jungen Menschen sind in Kampfstimmung. Der Tod erwartet sie
ohnehin. Jemand schreit: »Verbrennen, anzünden! Holt Petroleum
von den Seitschiks, in ihrem Lager gibt es noch welches! Es soll alles
verbrannt werden!« Von irgendwoher schleppt man Fässer mit Petroleum an, man füllt Eimer, Teekessel, Krüge, Töpfe und Küchenge-
schirr. Selbst fünfjährige Kinder transportieren mit Petroleum gefüllte Tassen.

Einige fromme Juden nehmen keinen Anteil an diesem Ge-
schehen. Sie haben sich in der großen Synagoge versammelt und sa-
gen Psalmen auf. Die reichen Juden vernichten ihre Bekleidung.
Man wirft Geld und Gold in die brennenden Öfen hinein. Einige
Frauen klettern über den Ghetto-Zaun. Von Zeit zu Zeit hört man
Schießereien . . .

Die Nacht bricht an. Mit den ersten Sternen flackern die Flammen im
Ghetto auf. Alles brennt nun. Die Deutschen und die Ukrainer sind
verwirrt und schießen chaotisch ins Feuer. So etwas haben sie trotz ihrer teuflisch sorgfältigen Planung nicht vorausgesehen. Diesen Moment der Verwirrung nutzen die Juden. »Zerstört die Zäune!« rufen laute Stimmen. Schwache Mütter springen mit ihren Kindern ins
Feuer, die jungen Leute überfallen mit Äxten die Ukrainer und Deutschen. Von den jüdischen Häusern fallen Schüsse, es werden Granaten geschleudert. Danach überwinden die Juden Zäune und Wachen
und laufen aus dem brennenden Ghetto in den nahen Wald. Inzwischen hat sich das Feuer immer weiter ausgebreitet. Die hölzernen
Häuser brennen im höllischen Feuer. Kilometerweit ist es hell wie am
lichten Tag. Der kleine Teich neben der Synagoge ist noch tagelang rot
vom Blut. So endete die große Tragödie der Tuczyner Gemeinde! Wie
mir der bereits erwähnte Krzyzanowski, der alles mit eigenen Augen
gesehen hat, berichtete, hat man zwei Lastautos mit toten Deutschen
und Ukrainern aus dem Ghetto abtransportiert.

Von den geflüchteten Juden haben zweitausend den Wald erreicht.
Der Weg dorthin war wegen der dauernden Beschießung durch die
Deutschen unerhört schwer. Auch die Ukrainer aus der Gegend erwarteten die geflüchteten Juden, um sie mit Mistgabeln zu töten. Das
waren keine Einzelfälle, sondern eine Massenerscheinung.

Kurz nach dem Aufstand gaben die Deutschen amtlich bekannt, es sei
den Juden erlaubt, weiterhin in Tuczyn zu leben. Sie würden nicht

mehr verfolgt, hieß es. Diejenigen, die auf der Flucht festgenommen worden waren, wurden nicht erschossen, sondern in einigen noch unzerstörten Häusern einquartiert. Der Hunger trieb diese Juden in den freiwilligen Tod. Mutigere suchten nachts ukrainische Hütten auf, bettelten um Brot und gaben ihr letztes Hemd weg. Nackt geworden, hat man auch sie ermordet. Weder die Geistlichen noch die fortschrittlichen Ukrainer haben sich für die Juden eingesetzt. Unsere Brüder starben mit der Überzeugung, daß die ganze Welt judenfeindlich gesinnt ist. Innerhalb von vier Wochen kehrten 400 Juden aus den Wäldern nach Tuczyn zurück: Resigniert, hungrig, doch mit dem festen Willen, unter und mit den Angehörigen im heimischen Schtetl zu sterben, ein Teil sogar in der Hoffnung, daß die Deutschen ihre Zusagen einhalten würden. Sie sind eines Nachts, kurze Zeit später, neben dem jüdischen Friedhof erschossen worden.

Doch eine große Anzahl von Juden blieb noch in den Wäldern. Sie führten ein schweres Leben, riskierten mit jedem Schritt aus dem Wald ihr Leben. Einige wenige arbeiteten in Scheunen bei Ukrainern und auf Dachböden als Schneider und Schuster. Im November 1943 gab es wieder einen Aufruf an die Juden in den Wäldern, sie könnten von nun an frei in Tuczyn leben. Wieder wurden 150 der Zurückgekehrten erschossen. Doch wieder blieben noch viele Juden im Wald und beschlossen, dort zu leben oder zu sterben. Einige Schuster stellten für Bauern Stiefel her, andere nähten Pelze. Wenn die Arbeit fertig war, reichte man »das Jüdchen« an einen anderen Bauern weiter. Den Juden wurde für ihre Arbeit nichts bezahlt; waren Stoffe oder Leder ausgegangen, hat man sie den Deutschen ausgeliefert. In den meisten Fällen haben allerdings die Bauern ihren Juden selbst ermordet.

Manchmal gab es in den Dörfern Schlägereien, die mehrere Tage dauerten, weil die Bauern sich darum stritten, bei wem der jüdische Schneider oder Schuster zuerst arbeiten sollte. Der Streit endete meistens mit einem Vergleich: Man ermordete den Juden, und die Streitparteien versöhnten sich bei einem Schnaps. Von den vielen versteckten Schneidern und Schustern blieben nur zwei am Leben: der Schneider Michl Sajtschik und der Schuster Meir Friedman.

Am Morgen des 17. Januar 1944 marschierte die Rote Armee in Tuczyn ein. Vom jüdischen Schtetl waren nur Ruinen und Steine geblieben, mit Schnee bedeckt. Darauf wuchs hohes Unkraut. In der zerstörten

Synagoge hingen noch die Gesetzestafeln, auf dem Boden des Flurs lagen Fetzen der Thorarollen aus Pergament. Nur die Wände waren stehengeblieben. Mit einem der geretteten Juden haben wir eine Wand aufgebrochen und aus dem Versteck 16 Thorarollen mit den bestickten samtenen Thoramänteln herausgeholt. Diese Thorarollen waren im letzten Moment vor dem Aufstand eingemauert worden. Aber in Tuczyn gab es keinen *Minjan* mehr [ein Gebetsquorum von zehn Männern, A. L.]. Wir brachten deshalb die wenigen Juden nach Rowno, wo noch eine größere Gruppe von Geretteten aus den umliegenden Städtchen lebte.

Die Flammen des Tuczyner Ghettos leuchteten nicht nur über alle Schtetl Wolhyniens, sondern sie sind auch ein loderndes Fanal des Märtyrertums aller Juden Osteuropas. Deshalb soll man in der Reihe der aufständischen Ghettos auch des kleinen Städtchens Tuczyn gedenken.   [21]

V. POLEN – DIE LAGER

Aufstände in den Lagern

> *Die unglaublichste Form nahm menschliche Tapferkeit zweifellos in den Todeslagern der Nazis an. Man kann darüber streiten, ob physische Revolten das beste Beispiel dafür darstellen, aber sicherlich waren Aufstände in den Todeslagern eine besonders außergewöhnliche Form dieses Mutes.*

> Reuben Ainsztein: Jüdischer Widerstand im deutschbesetzten Osteuropa

Der Widerstand in den Lagern hatte vielfältige Formen; er mußte sich nach den örtlichen Bedingungen orientieren. Nur ein relativ kleiner Teil der Häftlinge war imstande, aktiven oder selbst passiven Widerstand zu leisten. Wer, wie der Autor dieser Zeilen, mehrere Jahre der schweren Arbeit und des Hungers hinter sich hatte, bevor er ins Lager kam, war ständig mit dem Problem beschäftigt, zunächst den kommenden Tag zu überleben. Es gab unzählige Gefahren, die die Lebenserwartung eines einfachen Gefangenen ohne die Privilegien eines Funktionshäftlings drastisch und plötzlich verkürzen konnten. Daß trotzdem Widerstand geleistet wurde und es in fast jedem Vernichtungslager Ausbruchsversuche und Aufstände gegeben hat, widerlegt die Thesen von der angeblich durch die Geschichte in die Seelen der Juden eingebrannten Passivität. Erst wer keine Repressionen gegen die Familienangehörigen zu fürchten hatte, da sie schon ermordet wurden, war zu allem fähig. Für viele Widerstandshandlungen von Juden in Ghettos und Lagern gibt es keine Zeugen, weil alle Beteiligten ermordet wurden. Die Geschichtsschreibung über den jüdischen Widerstand, besonders in den Lagern, ist deshalb nur äußerst fragmentarisch.

Mehrere Überlebende der Fluchten und der Aufstände haben ihre außergewöhnlichen Erlebnisse vor und nach dem Aufstand, ihren Kampf ums Überleben und ihre anschließende Beteiligung am Widerstand eindrucksvoll geschildert. Diese Berichte sind wichtige Dokumente des jüdischen Selbstbehauptungswillens. Zu den Autoren dieser autobiographischen Schilderungen zählen Samuel Willenberg,

Richard Rashke, Leon Weliczker, Stanislaw Szmajzner, Aleksandr Petschorski u. a.; Jean-François Steiner, Miriam Novitch und Jizchak Arad schrieben ausführliche Monographien über die Aufstände in den Lagern. Ein Hollywood-Film schilderte den Aufstand in Sobibor. Jankel Wiernik nahm nach der Flucht aus Treblinka Kontakt mit der polnischen Widerstandsbewegung auf, mit deren Hilfe der jüdische Untergrund in Warschau die von Wiernik verfaßte Broschüre »Ein Jahr in Treblinka« bereits 1944 in einer Auflage von 2.000 Exemplaren druckte. Den Text brachte ein Kurier des polnischen Untergrundes als Mikrofilm nach London. Noch während des Krieges erschienen 1944 und 1945 eine jiddische und eine englische Fassung der Broschüre in New York.

Eine genaue und detaillierte Darstellung der Aufstände in den Lagern findet sich im großen Werk von Reuben Ainsztein, »Jüdischer Widerstand im deutschbesetzten Osteuropa während des Zweiten Weltkrieges.«

Der Aufstand im Vernichtungslager Treblinka

Das Lager Treblinka im Norden des Generalgouvernements, das 1941 als Strafarbeitslager errichtet wurde, ist im Mai 1942 zu einem Vernichtungslager umfunktioniert worden. Es hatte den gleichen Grundriß wie das Lager Sobibor. Im August 1942 übernahm das Kommando der frühere Kommandant von Sobibor, Franz Stangl. Stellvertretender Kommandant war Kurt Franz. Das Personal bestand auch hier aus SS-Leuten, Volksdeutschen und Ukrainern. In Treblinka konnte die SS die in Belzec und Sobibor gesammelten Erfahrungen verwerten, um die Morde effizienter zu erledigen. Etwa 870.000 Juden wurden insgesamt in Treblinka ermordet.

Seit Bestehen das Lagers gab es viele Fluchtversuche, auch durch das Graben eines Tunnels, aber sie sind nicht geglückt. Anfang 1943 gründete der ehemalige Hauptmann und Militärarzt, Dr. Julian Chorazykki, der die SS-Leute behandelte, eine Widerstands-Organisation. Beim Versuch, die ukrainischen Wachleute mit Goldmünzen zu bestechen, ist Dr. Chorazycki aufgefallen. Er widersetzte sich tätlich der

Verhaftung und schluckte eine Giftampulle, um seine Gruppe unter Folter nicht zu verraten. Die Leitung der Gruppe von etwa 70 Widerstandskämpfern übernahmen dann ein ehemaliger Hauptmann der tschechischen Armee, Zelomir Bloch, und Rudolf Massaryk. Vor dem ältesten Kämpfer, Seew Kurland, schworen sie bei der Ehre des jüdischen Volkes, bis zum letzten Blutstropfen zu kämpfen.

Am 2. August 1943 drangen die Widerstandskämpfer in die Waffenkammer ein, nahmen dort viele Handgranaten, MPs, Pistolen und Munition mit. Der Desinfektor des Lagers besprengte die Lagerstraßen mit Petroleum. 25 SS-Leute und 60 ukrainische Wachen wurden erschossen. Ein großer Teil des Lagers brannte ab. Wenig später wurde das Lager liquidiert. Von den 750 Häftlingen, darunter zehn Frauen und Mädchen, brachen etwa 500 bis 600, die am Aufstand und an der anschließenden Flucht beteiligt waren, aus. Nur 70 haben die Befreiung erlebt, darunter Samuel Willenberg. Kurt Franz wurde 1965 in Düsseldorf zu lebenslänglichem Zuchthaus verurteilt, jedoch im Mai 1993 in aller Stille entlassen.

Richard Glazar – Aufständischer

Der Prager Jude Richard Glazar schlug sich, nach dem Einmarsch deutscher Truppen in die Tschechoslowakei, als Knecht bei einem Bauern durch. Er wurde als Jude entdeckt und in das KZ Theresienstadt eingeliefert. Von dort kam der 23jährige Glazar nach Treblinka, wo er zu den Arbeitsjuden gehörte. Er nahm am Aufstand aktiv teil und konnte sich, durch ganz Polen ohne Papiere flüchtend, bis nach Mannheim durchschlagen. Nach dem Krieg kehrte er nach Prag zurück und begann sofort seine Erlebnisse aufzuzeichnen. Sein Buch sollte während des Prager Frühlings veröffentlicht werden, doch die Publikation wurde durch die sowjetischen Panzer buchstäblich überrollt. Er flüchtete dann mit seiner Familie in die Schweiz. Erst 1992 erschien sein Bericht »Die Falle mit dem grünen Zaun – Überleben in Treblinka.« Er pflegt seine Vorträge mit folgenden Worten zu beenden: »Ich bin der Letzte, fragen Sie mich aus.«

Samuel Willenberg – Kämpfer

Einer der wenigen Überlebenden des Aufstandes in Treblinka ist Samuel Willenberg. Er wurde in Tschenstochau geboren und war Soldat der polnischen Armee. Während der Kämpfe im September 1939 wurde er verwundet. Bei der Liquidierung des Ghettos Opatow in Westpolen wurde er am 20. Oktober 1942 nach Treblinka transportiert. Er entging der sofortigen Vergasung, weil er einer Maurerkolonne zugeteilt wurde. Danach wurde er beim Sortieren der Hinterlassenschaften der Opfer eingesetzt. Später wurde er dem sog. Tarnungskommando zugeteilt, das das Lager vor den Blicken Fremder schützen sollte. Direkt am Stacheldraht-Verhau wurden Tannenbäume usw. gepflanzt. Willenberg war Zeuge des ungleichen Kampfes zwischen Dr. Chorazycki, einem der Führer des Aufstandes, und einem SS-Offizier. Willenberg nahm aktiven Anteil am Aufstand. Bei der Flucht wurde er durch einen Gewehrschuß am Bein verletzt. Trotzdem setzte er seine Flucht fort und erreichte ein Dorf, wo er sich als Pole ausgab, der aus einem Arbeitslager flüchtete. In einem naheliegenden Städtchen versorgte ein polnischer Arzt die Wunde, ohne Fragen zu stellen. Er fuhr dann mit der Bahn nach Rembertow, von wo aus er nach wenigen Tagen auf Umwegen nach Warschau kam. Dort erfuhr er, daß seine Eltern in Warschau in einem Versteck lebten und daß seine beiden Schwestern ermordet wurden. In Warschau traf er seinen Kameraden vom Aufstand, Jankel Wiernik, dessen Bericht der jüdische Untergrund in einer Publikation abdruckte.

Willenberg schloß sich der polnischen Widerstandsorganisation AK in Warschau an. Er nahm im Rang eines Fähnrichs am polnischen Aufstand im August 1944 vom ersten Moment an teil. Während der wochenlangen Kämpfe traf er zwei jüdische Mädchen, die er beschützte. Er selbst mußte sich vor den Mördern der polnischen nationalsozialistischen Organisation NSZ in acht nehmen, die Aufständische jüdischer Abstammung abknallten. Eine ehemalige Kurierin der Jüdischen Kampforganisation in Warschau bat Willenberg um die Rettung ihres Bruders, der unter falschen Anschuldigungen von den polnischen Auf-

Samuel Willenberg

ständischen festgehalten wurde. Als er mit drei Soldaten dessen Befreiung erwirken wollte, war er bereits erschossen worden. Diese Auskunft erhielt er von einer polnischen Stabssoldatin, die in Wirklichkeit
die Enkelin des Oberrabbiners von Tschenstochau war.

Nach zwei Monate dauernden Kämpfen brach der Aufstand zusammen, weil die sowjetische Armee untätig am anderen Ufer der Weichsel im Stadtteil Praga verharrte. Nach der Kapitulation versteckte Willenberg seine MP im Gepäck und reihte sich mit seiner polnischen
Lebensgefährtin Hanka und mit Zygmunt, einem Kameraden aus Treblinka, in die Reihen der von den Deutschen zwangsweise mit dem
Zug evakuierten Polen ein. Unterwegs sprangen alle drei ab und gerieten plötzlich ins Schußfeld einer deutschen Patrouille. Eine Salve aus
der MP zerstreute die deutschen Soldaten. Später gelangten sie zu einer
Arbeitersiedlung, von wo aus sie sich zu den Partisanen durchschlagen
wollten. Unterwegs wurden sie von deutschen Soldaten überrascht.
Hanka erschoß sie mit ihrer unter dem Mantel versteckten MP. Ein
Dorfbürgermeister teilte ihnen eine Wohnung zu, wo Willenberg
einen Kameraden aus dem Aufstand in Treblinka, einen Arzt, traf.

Endlich kam die sowjetische Front in Bewegung. Die kleine Gruppe
hatte sich die Aufgabe gestellt, zwei Brücken bei Kopytow vor der
Sprengung durch die Deutschen zu verteidigen, um den Vormarsch
der sowjetischen Truppen zu beschleunigen. Willenberg und seine
Leute begannen die Operation am 19. Januar 1945. Es gelang ihnen,
einen Wehrmachts-LKW mit Waffen zu erbeuten. Mit gezieltem
Feuer konnten sie die starken, sich zurückziehenden deutschen Verbände vor der Brücke anhalten. Nach kurzer Zeit konnte die Gruppe
Kontakt mit in weißen Tarnanzügen gekleideten sowjetischen Soldaten aufnehmen. Willenberg stellte sich als Kommandant der Partisanen vor und befahl, die massive, stark verteidigte Betonbrücke von
beiden Seiten durch Überquerung des zugefrorenen Flusses Utrata zu
erobern, was auch geschah.

Willenberg konnte überleben, weil er ein »arisches« Aussehen hatte,
Polnisch ohne jüdischen Akzent sprach und weil ihn ungeheurer Mut
und Verwegenheit auszeichneten. Dieser Kombination von Eigenschaften verdankt er sein Leben. Willenberg wanderte 1950 nach Israel aus. Er lebt seitdem in Jerusalem. Sein Bericht erschien 1986 in Tel
Aviv, 1989 in Oxford und 1991 in Warschau.

Der Aufstand im Vernichtungslager Sobibor

Das Lager Sobibor nordöstlich von Lublin wurde im Frühjahr 1942 errichtet. Im April 1942 wurde Franz Stangl zum Kommandanten des Lagers ernannt. Neben dem aus 20 bis 30 SS-Leuten bestehenden Stammpersonal dienten dort etwa 120 volksdeutsche und ukrainische Wachleute. Im sog. Vorlager befanden sich die Bahnstation mit Rampen für die Deportationszüge sowie die Unterkünfte der SS-Mannschaften. Das Lager I beherbergte die Baracken der Häftlinge und die Werkstätten. Die ankommenden Transporte kamen ins Lager II, wo sie zum Getötetwerden vorbereitet wurden. Das Lager III war streng isoliert. Hier befanden sich die Gaskammern und die Massengräber sowie Baracken des Sonderkommandos. Ab Juli 1942 wurden die Leichen sofort verbrannt. Etwa tausend Juden, darunter 150 Frauen, arbeiteten als Lagerpersonal und in den Werkstätten. Ungefähr 250.000 Juden wurden in Sobibor zwischen März 1942 und Oktober 1943 ermordet.

Seit Errichtung des Lagers gab es zahlreiche Fluchtversuche, die die Lagerleitung zur Verminung des umliegenden Geländes veranlaßte. Im Juli 1943 gründete der frühere Vorsitzende des Judenrates in Zolkiew, Leon Felhendler, eine Widerstandsorganisation, die einen Aufstand und die Flucht der Häftlinge plante. Im Sommer 1943 begannen die Häftlinge einen Tunnel zu graben, der aber wegen Falschberechnung vor dem Minenfeld endete. Eine explodierende Mine alarmierte die SS-Wachen, die kurz darauf alle 150 Häftlinge des Sonderkommandos erschossen. Auch ein weiterer Fluchtversuch durch einen Tunnel scheiterte.

Die Initiative zum Aufstand konnte endlich durch die Ankunft jüdisch-sowjetischer Kriegsgefangener aus Minsk verwirklicht werden, denn darunter befand sich auch der 34jährige Leutnant Aleksandr-Sascha Petschorski aus Rostow, der die Leitung der Organisation übernahm, der Waffen besorgte und jedem Aufständischen genaue Funktionen zuteilte.

Aleksandr Petschorski

Der Aufstand, an dem alle Häftlinge teilnahmen, brach am 14. Oktober 1943 um 16 Uhr los. Nach und nach wurden die meisten SS-Leute unter verschiedenen Vorwänden in die Werkstätten gelockt und dort von den Häftlingen erschlagen. Elf SS-Männer und mehrere Hilfswillige wurden getötet. Petschorski gab den Befehl: »Zu den Waffen, der Rest an den Stacheldraht.« Mehrere hundert Aufständische kämpften sich zum Tor vor und zerschnitten den Stacheldraht-Zaun. 300 Häftlingen gelang zunächst die Flucht in die nahegelegenen Wälder. Viele kamen durch Minen um oder wurden erschossen, nur 50 Häftlinge überlebten den Aufstand und erlebten das Kriegsende. Die meisten schlossen sich den Partisanen an und kämpften bis zum Ende des Krieges gegen die Nazis. Auch Aleksandr Petschorski überlebte und schilderte das Geschehen in einem in Moskau in jiddischer Sprache erschienen Buch. Das Lager wurde nach dem Aufstand sofort liquidiert.

Franz Stangl konnte mit einem vatikanischen Paß nach Syrien entkommen. Er ließ sich später in Brasilien nieder. 1967 wurde er verhaftet und nach Deutschland ausgeliefert. Im Dezember 1970 wurde er zu lebenlänglichem Zuchthaus verurteilt, wo er ein Jahr später starb. Weitere elf SS-Männer aus Sobibor standen von 1965 bis 1966 in Hagen vor Gericht.

Treffen der Überlebenden von Sobibor in Tel Aviv

Der Aufstand des Sonderkommandos in Auschwitz

Seit dem Bestehen des Lagerkomplexes Auschwitz gab es Versuche, Widerstand zu leisten. Es gab eine internationale Widerstands-Organisation, die sich hauptsächlich um die Rettung ideologisch oder national nahestehender Kameraden bemühte. Ihrer Leitung gehörten u.a. auch die früheren jüdischen Offiziere des Spanischen Bürgerkrieges Emmanuel Mink und Sewek Kirschenbaum an. Unter schwierigsten Bedingungen flüchteten fast 700 Häftlinge. Zu den bekanntesten unter ihnen zählen die belgische Jüdin Mala Zimetbaum und ihr polnischer Gefährte Edek Galinski. Mala gelang es, sich vor der Hinrichtung die Pulsadern aufzuschneiden und einem SS-Mann ins Gesicht zu schlagen. Alfred Wetzler und Walter Rosenberg (Rudolf Vrba), die einen genauen Bericht über das Geschehen in Auschwitz niederschrieben und für dessen Verbreitung in der Welt sorgten, zählen zu den wichtigsten Flüchtlingen aus Auschwitz. Daß die westlichen Alliierten trotz Kenntnis der schrecklichen Tatsachen Auschwitz nicht durch Bomben zerstörten, wird ihre ewige Schuld bleiben. Die sowjetische Frontlinie lag seit dem Juli 1944 nur noch 150 km von Auschwitz entfernt und wurde dennoch nicht vorangetrieben!

Den einzigen effektiven Widerstand leisteten die meist aus Griechenland und Polen stammenden jüdischen Häftlinge des Sonderkommandos. Geplant war ein Aufstand der Sonderkommandos aller Krematorien, doch durch tragische Umstände konnte nur das Krematorium IV durch dessen Sonderkommando zerstört werden. Der Aufstand brach am 7. Oktober 1944 aus. Alle Aufständischen wurden bei der anschließenden Flucht getötet.

Bald danach erfuhr die SS, daß Sprengstoffe, die aus der Munitionsfabrik »Union« gestohlen waren, zur Zerstörung des Krematoriums benutzt wurden. Die dort arbeitenden Häftlinge Ala Gertner, Regina Safirsztajn und Ester Wajcblum hatten den Sprengstoff in kleinen Mengen gestohlen. Nach und nach wurde er durch die Vermittlung von Roza Robota in die Krematorien geschmuggelt. Sie wurde festgenommen, gefoltert, hat aber niemanden, der noch am Leben war, verraten. Am 6. Januar

Roza Robota

1945 wurden die vier jüdischen Heldinnen des Aufstandes von Auschwitz gehängt. Dies waren die letzten Exekutionen in Auschwitz; drei Wochen später wurde das Lager befreit.

Mehrere jüdische Häftlinge von Auschwitz hinterließen schriftliche Berichte über das Geschehen, so Salman Gradowski, Salman Lowenthal, Leib Langfuss und ein anonymer Häftling.

ISRAEL GUTMAN
Der Aufstand des Sonderkommandos in Auschwitz

Als die Vorbereitungen der illegalen Widerstandsbewegung für einen Aufstand Gestalt
anzunehmen begannen, wurde die jüdische
Gruppe der Organisation beauftragt, Sprengstoff aus der Munitionsfabrik »Union« zu
schmuggeln, damit Sprengkörper hergestellt
werden könnten. Jehuda Laufer und ich waren
dafür verantwortlich. Es war uns von vornherein
klar, daß dies eine äußerst schwere Aufgabe sein

Israel Gutman

würde. Bald stellte sich heraus, daß die Hindernisse noch größer waren, als wir befürchtet hatten. Alle Anstrengungen waren umsonst. In
der Union-Fabrik war nur eine kleine Gruppe von jüngeren weiblichen Häftlingen mit der Herstellung des Sprengstoffs beschäftigt.
Diese jüdischen Mädchen waren einer besonders strengen Kontrolle
unterworfen. Alle ihre Bewegungen wurden beobachtet, und es war
ihnen strengstens untersagt, während der Arbeit in Verbindung mit
anderen Häftlingen, namentlich mit männlichen, zu treten. In verschiedenen Abteilungen war es während der Arbeitspausen möglich,
mit anderen zu sprechen. Meist geschah das unter stillschweigender
Duldung der SS-Posten. Nicht so in der Abteilung dieser Mädchen.
Alle Annäherungsversuche unter den verschiedensten Vorwänden
scheiterten. Wir mußten uns davon überzeugen, daß es nur möglich
war, mit Hilfe von Frauen, die auch in der »Union« arbeiteten, unser
Ziel zu erreichen. Bis dahin hatten wir keine Verbindungen mit dem
Frauenkommando und kannten daher auch niemanden dort, dem wir

eine so gefährliche und verantwortungsvolle Aufgabe zutrauen durften. Wir schickten darum Noach nach Birkenau. Dort sollte er mit Hilfe von Frauen, die in unserer Organisation im Frauenkonzentrationslager waren, eine Verbindung mit Mädchen der Sprengstoffabteilung herstellen. Wir kannten eine verläßliche Kameradin im Frauenlager, Roza Robota. Roza sagte ihre Hilfe zu, und schon nach wenigen Tagen hatten ihre Bemühungen Erfolg. Einige Mädchen, die in der betreffenden Abteilung arbeiteten, versprachen, kleine Mengen von Sprengstoff zu beschaffen. Die Kameradin Hadassa, die im Kommando Union arbeitete, erhielt den Auftrag, die Verbindung herzustellen und den Sprengstoff – es handelte sich um ganz geringe Mengen – aus einem Versteck zu holen. Von dort brachte sie ihn dann in einer Arbeitspause zu Jehuda oder mir. Ein anderes Mitglied unserer Organisation, von Beruf Spengler, stellte eine Schüssel mit doppeltem Boden her. Wir achteten darauf, daß in dieser Schüssel immer Tee- oder Suppenreste waren. Im Doppelboden versteckten wir den Sprengstoff, der in Papier verpackt war. Viele Häftlinge hatten ähnliche Schüsseln und hoben sich darin ein bißchen Suppe für den Abend auf. Deshalb fiel unsere Schüssel nicht auf. Wenn uns die SS untersuchte, dann warf sie nur einen Blick in das Eßgeschirr, ohne es zu berühren. Kamen wir abends ins Lager, dann übergaben wir das kostbare Material einem Kameraden, der es in das Magazin unserer Organisation brachte.

Mehr als einmal kam es zu kritischen Situationen. Eines Abends nach Arbeitsschluß, als wir uns in Reih und Glied aufgestellt hatten, um ins Lager zurückzumarschieren, stand ich wie gewöhnlich neben Jehuda. Plötzlich begann die SS mit einer gründlichen Untersuchung des Kommandos. Die SSler tasteten alle Körper ganz ab und prüften sorgfältig jede auffällige Stelle der Kleidung. Als diese Untersuchung begann, flüsterte mir Jehuda zu, daß er diesmal keine Zeit gehabt habe, den Sprengstoff in der Schüssel zu verstecken. Er hatte ihn nur schnell in eine Zigarettenschachtel getan. Das bedeutete, daß alles verloren war. Rund um uns stand SS, die uns genau beobachtete. Es war verboten, sich zu rühren. Ohne Zweifel würde der untersuchende SSler die Schachtel bemerken. Dann war nicht nur unser, sondern wahrscheinlich auch das Schicksal anderer besiegelt.

Ich stand bleich da und zitterte am ganzen Körper. Der SSler, der mich untersuchte, bemerkte meine Unruhe und überprüfte mich deswegen besonders gründlich. Lange Minuten verstrichen – aber er fand bei mir nichts. Meine Nervosität rettete uns. Nach mir kam Jehuda an die Reihe, aber dieser erregte keinen Verdacht. Da der SSler bei mir so viel Zeit verloren hatte, untersuchte er Jehudas Hosentaschen nur flüchtig. Seitdem waren wir vorsichtiger.

Sowohl in das Stammlager als auch nach Birkenau wurden kleine Mengen von diesem Sprengstoff verschickt. Nach Birkenau brachte sie Roza Robota. So kam das Pulver zu der Gruppe im Sonderkommando, die mit der Widerstandsbewegung Kontakt hatte. Einige Häftlinge, die Fachleute auf diesem Gebiet waren, haben Sprengkörper hergestellt und sie dem Sonderkommando übergeben. Darüber berichtet Jeschaja Eiger:

»Einige unserer Kameraden konnten sich dank ihres Arbeitskommandos freier bewegen und kamen so in die verschiedenen Lagerabschnitte. Sie kamen auch öfter ins Frauenlager. Durch sie haben wir Verbindung mit den Mädchen aufgenommen, die in der Munitionsfabrik »Union« arbeiteten. Den geschmuggelten Sprengstoff übergaben wir täglich dem russischen Techniker Borodin. Borodin füllte damit und mit anderen Chemikalien leere Konservenbüchsen. Diese Büchsen wurden an verschiedenen Stellen gelagert.«

Nach einem Besuch in Birkenau teilte uns Noach mit, daß das Sonderkommando einen Aufstand vorbereite, ohne auf den geplanten allgemeinen Aufstand im Lager zu warten. Damals war die große Vernichtungsaktion der ungarischen Juden beendet worden, und darum erwartete das Sonderkommando täglich seinen eigenen Untergang. Die Mitglieder dieses Kommandos hatten keine Illusionen. Sie hatten Beweise, daß ihr Schicksal besiegelt war. Sie waren organisiert und entschlossen zu handeln.

Wir verständigten sofort die Leitung der Kampfgruppe im Stammlager. Diese warnte, daß jede vorzeitige Aktion einen allgemeinen Aufstand nur gefährden und unsere illegale Organisation in größte Gefahr bringen müsse. Wir erhielten den Auftrag, die Leute vom Sonderkommendo zu bewegen, später zu handeln.

Nach Beendigung der »Aktion Höß« – so wurde die Massenvernichtung der ungarischen Juden genannt – hieß es, daß 160 Mann des Sonderkommandos auf Transport geschickt würden. Es war dies das erste Mal, daß Häftlinge dieses Kommandos nicht sofort auf dem Arbeitsplatz umgebracht, sondern wie gewöhnliche Häftlinge in ein anderes Lager geschickt werden sollten. Das konnte ein Lichtblick für das ganze Sonderkommando sein, das damals etwa 1000 Häftlinge zählte. Sehr bald stellte sich aber heraus, daß dieser Transport wieder nur ein Täuschungsmanöver der SS war. Die für den Transport Ausgewählten wurden von ihren Mithäftlingen getrennt und dann vergiftet. Die Organisation sorgte dafür, daß dem Sonderkommando das Schicksal ihrer Kameraden bekannt wurde. Dies bestärkte die Leute nur in ihrer Absicht, nicht zu warten, sondern sich sofort zu erheben. Das Kommando besaß nach monatelangen Vorbereitungen einige Revolver, ein leichtes Maschinengewehr und einige selbsthergestellte Sprengkörper.

Leider fehlen genaue Angaben über die weiteren Vorbereitungen. Auch die Namen der leitenden Männer des Aufstandes sind nicht bekannt. Eiger erwähnt Jaakow Handelsmann und Joseph Warschawsky als die Leiter des Aufstandes. Andere vermuten, daß die Führung aus griechischen Juden bestand, Offizieren der griechischen Armee. Weitere Quellen nennen andere Namen und Einzelheiten. Da es keine Überlebenden des Aufstandes gibt, ist es unmöglich, hier völlige Klarheit zu gewinnen.

An dem Tag, als ein zweiter angeblicher »Transport« des Sonderkommandos zusammengestellt werden sollte, brach der Aufstand aus. In wenigen Minuten schlossen sich ihm etwa 600 Häftlinge dieses Kommandos an. Das Krematorium IV wurde in Brand gesteckt und gesprengt. Der deutsche Kapo, der wegen seiner Brutalität berüchtigt war, wurde lebend ins Feuer geworfen. Im Nahkampf wurden 4 SS-Leute getötet und viele andere verletzt. Das Revier des Krematoriums war der Kampfplatz. Die Aufständischen sprengten die Umzäunung, und Hunderte flüchteten. Die SS war völlig verwirrt. In aller Eile wurden 2000 Mann alarmiert und der Ausnahmzustand verhängt. Die jüdischen Häftlinge in Birkenau mußten zum Appell antreten. Die SSler liefen nervös und verängstigt herum. Ihre Sicherheit und ihr Selbstbewußtsein hatten einen schweren Schlag erlitten.

Aber die Häftlinge von Birkenau und die aus den anderen Lagern konnten den Aufständischen nicht zu Hilfe kommen. Ihr Schicksal war von vornherein besiegelt. Trotzdem wurde dieser Aufstand des Sonderkommandos zu einem Symbol. An der Stelle, wo Millionen unschuldiger Opfer ermordet wurden, fielen durch die rächenden Hände von Häftlingen die ersten SS-Mörder. Und es waren Juden, die das vollbrachten. Dieser Aufstand hat den nichtjüdischen Schicksalsgenossen in Auschwitz gezeigt, was Juden zu tun vermochten.

Die SS ermordete alle Häftlinge des Sonderkommandos, die lebend in ihre Hand fielen, auf der Stelle. Ihre Rachsucht kannte keine Grenzen. Nur einzelne Aufständische, die erst nach einiger Zeit in die Hände der SS fielen, wurden nicht sofort ermordet. Die SS hatte zu jener Zeit mit einer Untersuchung des Aufstandes begonnen und brauchte Aussagen.

Nach zwei Wochen hatte die SS festgestellt, daß der Sprengstoff der Aufständischen aus der Union-Fabrik gekommen war. Die SS beauftragte einen Spitzel, die Helfer im Kommando Union festzustellen. Ich habe diesen Spitzel gekannt. Er hieß Eugen Koch, ein Halbjude aus der Tschechoslowakei. Er war Vorarbeiter in der Abteilung, in der ich arbeitete. Er trachtete danach, sich bei einflußreichen Häftlingen beliebt zu machen. Anfangs war er uns nicht verdächtig. Aber ich hatte einmal aus einem anderen Grund einen Zusammenstoß mit ihm. Eines Tages fiel er über einen kleinen, armseligen Jungen her, der an seiner Maschine einen Fehler gemacht hatte, und bearbeitete ihn mit den Fäusten. Er beschimpfte ihn auf deutsch und warf ihn aus dem Kommando. Als er dabei auch mich bedrohte, schlug ich ihm ins Gesicht. Um ehrlich zu sein: Nachher war ich besorgt, daß Koch auch gegen mich vorgehen würde. Zu meinem Erstaunen meldete mich aber Koch nicht, sondern suchte sogar meine Nähe, blieb manchmal neben meiner Maschine stehen und begann sich mit mir über Mithäftlinge, über die politische Lage und anderes zu unterhalten. Damals kam es mir gar nicht in den Sinn, ihn zu verdächtigen. Im Gegenteil: Einige Kameraden schlugen sogar vor, ihn in unsere Widerstandsbewegung einzubeziehen. Wir waren schon nahe daran, aber sein Benehmen veranlaßte uns doch, noch zu warten. Während ein Häftling gewöhnlich ein ausdrucksloses Gesicht zeigte, wenn ein SS-Mann in die Nähe kam, wurde Koch unterwürfig und kriecherisch. Er sprach oft mit SSlern, ohne daß diese ihn fragten. Zweideutig waren auch seine Beziehungen zum Kapo unseres Kommandos. Dadurch wurden wir vorsichtig.

Als ein Mitglied der Politischen Abteilung zum neuen Kommandoführer ernannt wurde – die Aufgabe dieses SSlers war es, die Herkunft des Sprengstoffs zu erkunden –, zeigte sich deutlich, daß Koch ein Spitzel war. Ohne besonderen Grund erhielt er Erlaubnis, im ganzen Betrieb frei herumzugehen. Manchmal verschwand er für mehrere Stunden, ohne daß man wußte, wohin. Schließlich ist es ihm gelungen, ein junges jüdisches Mädchen aus Belgien zu gewinnen. Er machte ihr Liebeserklärungen, überschüttete sie mit Geschenken und horchte sie aus, ohne daß das Mädchen dies durchschaute. So entdeckte die SS die Verbindungen der Abteilung für Explosivstoffe nach außen. Schon vorher hatte die SS zwei Mädchen dieser Abteilung und den jüdischen Kapo des Kommandos verhaftet. Die Mädchen leugneten aber standhaft, und dem Kapo fiel es nicht schwer, zu beweisen, daß er der SS immer treu gedient hatte. Nach zwei Tagen wurden daher alle drei wieder freigelassen.

Erst nach dem Verrat von Koch wurden die Mädchen neuerlich verhaftet. Diesmal hatte die SS Beweise. Ella Gärtner – die junge Belgierin – und die zwei Mädchen wurden in den Bunker gebracht. Sie wurden aufs schlimmste gefoltert, denn die Politische Abteilung wollte Einzelheiten über die illegale Bewegung und den Aufstand des Sonderkommandos erfahren. Wir waren uns der Gefährlichkeit der Lage bewußt. Zwei Tage danach erfuhren wir abends beim Einmarsch des Kommandos, daß auch Roza Robota in den Bunker gebracht worden war. Uns war klar, daß die Mädchen der Folter nicht standgehalten hatten. Wir mußten damit rechnen, daß in den nächsten Stunden oder Tagen die SS auch auf unsere Spur kommen würde.

Das waren schwere Tage. Roza kannte unsere Namen und unsere Tätigkeit. Sie war 23 Jahre alt, Mitglied des *Haschomer Hazair.* Wir hatten volles Vertrauen zu ihr. Aber wir wußten auch, wie die SS foltern konnte. Keiner von uns vermochte zu sagen, ob er solchen Foltern standhalten könne. Wer will den anklagen, der da schwach wird, wenn man ihn mit Schlägen überschüttet, mit Zigaretten brennt, ihm die Finger bricht und die Haare ausreißt? Kann ein Mensch aus Fleisch und Blut solche Foltern tage- und nächtelang aushalten, wenn er ganz allein im KZ seinen Peinigern ausgeliefert ist?

Lange Tage warteten wir auf unsere Verhaftung. Jeder SSler, der während der Arbeit auftauchte, schien in unseren Augen der zu sein, der uns holen würde. Es ist ein furchtbares Gefühl, eine so große Gefahr zu kennen, ohne dagegen etwas unternehmen zu können. Wir legten uns unsere Verteidigung vor der Politischen Abteilung zurecht. In der Einsamkeit unserer Herzen dachten wir an Selbstmord.

Nicht daß wir den Tod so sehr fürchteten. Im Lauf der Jahre hatten wir uns damit abgefunden, sterben zu müssen. Der Tod erschien uns als ein alter Bekannter. Wir fürchteten die Foltern, und ganz besonders fürchteten wir, daß wir – jüdische Häftlinge – die Widerstandsbewegung in Auschwitz ins Unglück stürzen könnten.

So vergingen einige Tage. Jeden Morgen brachte man Roza aus dem Bunker in die Politische Abteilung und führte sie abends zurück. Ihre Kleider waren zerrissen, sie blutete, ihr Gesicht war kaum zu erkennen. Wir standen auf der Lagerstraße und bemühten uns, ihre Blicke auf uns zu lenken. Wir wollten ihr so unsere Sorge und unser Mitgefühl zeigen. Aber sie erkannte niemanden mehr. Sie schleppte sich zwischen zwei Wachen, die sie stützten. Ihre Kräfte schwanden zusehends.

In diesen Tagen ereignete sich etwas, was ganz unglaublich klingt. Jakob, der Kapo des Bunkers, wandte sich an uns und erklärte sich bereit, Noach bei Nacht heimlich in den Bunker einzulassen und ihm dort eine Aussprache mit Roza zu ermöglichen. Wir zögerten zuerst, denn wir fürchteten, es handle sich um eine Falle der SS. Aber schließlich schien die Aussicht, Roza zu sprechen, doch so wichtig, daß wir alle Gefahren mißachteten. Noach ging zu diesem nächtlichen Treffen.

Jakob hatte den SS-Aufseher des Bunkers betrunken gemacht und führte Noach ins Totenhaus. Er öffnete die schwere Eisentür, Noach trat in die Zelle und fand Roza auf dem kalten Betonboden liegend. Sie hat ihn anfangs nicht erkannt. Eine ganze lange Stunde waren diese beiden Jugendfreunde beisammen, ohne daß Roza zu Bewußtsein kam. Ganz langsam aber erholte sie sich so weit, daß sie Noach die Ereignisse der letzten Tage erzählen konnte. Sie sagte, daß sie keinen Namen genannt, sondern die ganze Schuld auf jemanden geschoben hatte, von dem sie wußte, daß er bereits tot war. Sie versicherte, daß wir nichts zu fürchten hätten. Daß sie sterben müsse, wisse sie. Bis zum Ende werde sie standhaft bleiben.

Noach brachte uns einen Zettel von Roza – ein letztes Abschiedswort. Sie schrieb uns, wie schwer es sei, sich vom Leben zu trennen; aber wir hätten nichts zu befürchten, sie würde uns nicht verraten. Nur eine Bitte hatte sie an uns: Falls doch jemand von uns eines Tages in Freiheit käme, sollte er Rache üben. Der Zettel war mit dem Gruß des *Haschomer Hazair* unterschrieben: *Chasak we'emaz* (seid stark und tapfer).

Einige Tage später wurde im Kommando Union bekanntgegeben, daß das weibliche Häftlingskommando früher einzurücken habe. Wie immer, wenn ein so außergewöhnlicher Befehl kam, wurden alle möglichen Mutmaßungen angestellt. Nur bei Selektionen wurde die Arbeit früher beendet. Diesmal aber mußten alle Häftlinge früher einrücken, während das bei einer Selektion nur den Jüdinnen befohlen worden war.

An diesem Nachmittag wurden die vier Mädchen, die in den Sprengstoffschmuggel verwickelt waren, öffentlich gehenkt.   [22]

Mala Zimetbaum – Heldin von Auschwitz

Mala Zimetbaum wurde 1922 in Polen geboren und kam mit ihren Eltern als Kind nach Antwerpen. Als sie 1942 mit einem Transport aus Belgien in Auschwitz ankam, wurde sie in das Lager Auschwitz-Birkenau eingewiesen. Wegen ihrer Sprachkenntnisse hatte sie die Funktion einer »Läuferin«, die zwischen den verschiedenen SS-Dienststellen Botengänge absolvierte. Diese Arbeit verschaffte ihr Gelegenheit, vielen Menschen zu helfen, für den Widerstand im Lager Nachrichten zu über-

Mala Zimetbaum

mitteln usw. Im Lauf der Zeit freundete sie sich mit Edward (»Edek«) Galinski an, einem polnischen Häftling, der seit Bestehen des Lagers in Auschwitz inhaftiert war. Im Juni 1944 flüchtete Edek mit Mala, der ersten Frau, der bis dahin eine Flucht aus Auschwitz gelungen war. Sie gelangten bis zur slowakischen Grenze, wurden jedoch nach einigen Wochen gefaßt, nach Auschwitz zurückgebracht und zum Tode durch Erhängen verurteilt. Beide konnten vor der Hinrichtung Selbstmord begehen. Zur Ehre von Mala ist an ihrem Haus in Antwerpen eine Gedenkplakette angebracht. Ihre Lagerkameradin Raya Kagan hat das Geschehen beschrieben.

Raya Kagan
Mala

Mala ist geflohen! Diese überraschende Neuigkeit erfahren wir aus Bruchstücken eines Telefongesprächs, das der diensthabende SS-Mann von der Politischen Abteilung im Nebenzimmer führt, jede Silbe betonend: »An alle Stapo- und Kripoleitstellen, an alle Gendarmerieposten! Der jüdische Häftling Mala Zimetbaum ist entflohen . . .«
Mala ist frei!
Sie ist die erste Jüdin, die es gewagt hat, aus Birkenau zu fliehen; die »Läuferin« Mala, die rechte Hand der Oberaufseherin Drechsler, die schon seit dem Sommer 1942 auf diesem Posten stand. Die gesamte Lagerleitung schenkt ihr Vertrauen, selbst die Lagerführerin Mandel. Mala darf sich im Lagerbereich unbeaufsichtigt bewegen. Sie wohnt in einem sauberen Block für Prominente und kann Dinge erreichen, an die ein gewöhnlicher Häftling gar nicht denken darf. Trotz ihrer Stellung und der Macht, die sie hatte, blieb sie eine der wenigen, denen diese Macht nicht zu Kopf stieg. Sie wurde nicht hartherzig wie so andere Prominente. Mala vergaß nie, daß Birkenau ein Vernichtungslager ist. Immer bemühte sie sich, zu helfen, zu erleichtern, zu retten.
Sie war in Polen geboren. Später lebte sie in Belgien. Dort wurde sie auch verhaftet. Immer, wenn ein Transport aus Belgien kam, war Mala zugegen.

Ich erinnere mich sehr gut an eine Begegnung mit Mala, die mir ihre Opferbereitschaft bewies. Ich war damals in sehr gedrückter Stimmung, da ich vor einiger Zeit erfahren hatte, daß meine beste Freundin nach unsagbaren Folterungen durch die Gestapo in Paris nach Birkenau eingeliefert worden war.
An einem trüben Apriltag im Jahre 1944 kam Mala statt einer anderen Läuferin vom Frauenlager Birkenau dienstlich zum Stammlager. »Man

hat dir Grüße aus Birkenau überbracht«, sagte mir eine meiner Kolleginnen vom Standesamt. Ich eilte auf die Toilette, den üblichen Platz aller heimlichen Begegnungen und Besprechungen. Dort stand Mala, schön und groß. Sie hatte ein merkwürdig ruhiges Auftreten und erweckte sofort Vertrauen. »Deine Freundin läßt dich grüßen«, sagte sie. »Hast du sie gesehen? Wie geht es ihr?« »Sie ist krank und liegt im Revier, in Block 18.« »Was soll ich machen, wie kann ich ihr helfen?« fragte ich. »Sie braucht Medikamente, Herzstärkungsmittel, Digitalis, Cardiazol.« »Ich habe keine Medikamente«, sagte ich verzweifelt, »ich werde mich bemühen, sie zu beschaffen, aber niemand ist bereit, irgend etwas nach Birkenau zu schmuggeln, die Durchsuchungen ...!« Mala unterbrach mich mit einer Geste: »Ich werde es machen.« Mit Mühe und Not gelang es mir, ein kleines Fläschchen des gewünschten Medikamentes zu »organisieren«, und Mala überbrachte es meiner Freundin in Birkenau.

Malas Flucht wurde schnell zur Legende. Man flüsterte sich zu, daß Mala nicht in erster Linie deswegen geflohen sei, um ihre Freiheit zu gewinnen; maßgebend für ihren Entschluß zur Flucht soll der Wunsch gewesen sein, der Welt von dem, was in Auschwitz und Birkenau vor sich ging, Nachricht zu geben. Man sagte, daß Mala deswegen auch die letzten SS-Listen – die Verzeichnisse der »Sonderbehandelten« – von ungarischen Judentransporten aus dem Büro der Drechsler entwendet habe.

Tatsache war, daß Mala zusammen mit Edek, einem jungen Polen, der im Elektrikerkommando arbeitete und sich ebenfalls im Lagerbereich frei bewegen durfte, geflohen war. Noch am Tag der Flucht – einem Samstag, der von ihnen gewählt wurde, weil dann weniger SSler zur Aufsicht zur Verfügung standen – wurde bekannt, daß sich Mala als Aufseherin und Edek als SS-Mann verkleidet hatten.

Seit der Flucht zitterten wir jeden Morgen, wenn wir in die Baracke der Politischen Abteilung zur Arbeit geführt wurden, ob eine Nachricht dort war, daß beide wieder gefangen worden sind. Eine solche Nachricht wäre zuerst in die Abteilung gelangt, die Häftlingsfluchten zu bearbeiten hatte und von SS-Oberscharführer Boger geleitet wurde. Vierzehn Tage vergingen, und die Hoffnung, daß Mala und Edek endgültig entkommen waren, wuchs in unseren Herzen. Dann kam der verhängnisvolle Anruf: »Gefaßt. Sie sind zunächst in Bielitz in Haft.«

Dann brachte man beide nach Auschwitz.

Wir wußten, was wiederergriffene Flüchtlinge zu erwarten hatten. Da
Fluchten immer häufiger vorkamen, wurde von Berlin aus befohlen,
scharf einzugreifen. So wurde eines Tages eine ältere Frau ans Tor des
Stammlagers Auschwitz gestellt. Man hatte ihr ein Schild umgehängt,
auf dem stand: »Ich bin die Mutter des Häftlings, der am soundsoviel-
ten aus Auschwitz geflohen ist.«

Eine Flucht, die vorbereitet war – wenn also der Flüchtling Lebensmittel, Geld und Kleidung bei sich hatte –, wurde seit diesem Befehl
nicht mehr mit Einweisung in die Strafkompanie, sondern mit dem
Tod bestraft. Wenn einer in Häftlingskleidung geflohen war und sich
unterwegs Zivilkleidung verschafft hatte, so wurde er wegen Ein-
bruchs und Diebstahls verurteilt und gehenkt. Dieselbe Strafe hatte
jeder Jude zu erwarten, der einen Fluchtversuch unternahm.

Mala und Edek betraf dieser neue Befehl. Boger selbst verhörte die
beiden.

Edek, den schönen Polen, den wir das letzte Mal auf dem Gang in unserer Baracke sahen, ließ Boger in das alte Krematorium bringen, um
ihn dort gemeinsam mit einigen anderen SS-Männern zu foltern.
Nach dem Jahresanfang 1943, als die Riesenkrematorien in Birkenau
fertiggestellt waren, wurde dieses verhältnismäßig kleine Krematorium stillgelegt, aber für Folterungen und Erschießungen benützt.

Wie beide ihre Flucht durchgeführt hatten, erfuhr ich aus den Protokol-
len, die ich einsehen konnte. Am Samstagnachmittag hatten Mala und
Edek, getrennt voneinander, in SS-Verkleidung das Lager verlassen.
Um diese Zeit pflegten die dienstfreien SS-Leute in die Stadt Auschwitz zu gehen. Beide passierten ohne Schwierigkeiten die Postenkette.
Am Ufer der Weichsel wollten sie sich treffen. Edek kam als erster hin
und wartete ungeduldig. Viele SS-Leute gingen am Flußufer spazieren.
Mala kam erst abends in der Uniform einer SS-Aufseherin. Gemeinsam wanderten sie dann in Richtung der Grenze zur Slowakei. In Bielitz machten sie Station. Ich vermute, daß sie dort Anweisungen oder
einen Führer erwartet haben. Nach einigen Tagen sind sie dann ohne
Begleitung zur Grenze gekommen. Stundenlang irrten sie in einer
dunklen Nacht dort in den Bergen umher, bis sie zu einem Haus kamen. Es war ein Zollhaus. Mißtrauisch befragten die Beamten das SS-
Pärchen, das sie für Deserteure hielten. Nachdem es offenbar wurde,

daß Mala und Edek falsche Namen angegeben hatten, wurden sie zur Überprüfung nach Bielitz eingeliefert. Dort stellte man sehr bald die Wahrheit fest, und die Flüchtlinge wurden zurück nach Auschwitz transportiert. Sie kamen in den Bunker und von dort zum Verhör.

Das letzte Mal sahen wir Mala, als wir uns einmal vor einer kleinen Baracke anstellten, um zum Mittagessen geführt zu werden − vor der Baracke, wo die Häftlinge immer warten mußten, wenn sie zu einem Verhör geführt wurden. Mala stand am Fenster und schaute uns zu. Ich sah wieder ihre klugen Augen, ihren offenen, aufrichtigen Blick, die schöne Stirn und die Ruhe und Sicherheit ihrer Haltung.

Obwohl es sehr gefährlich war, dort mit vorgeführten Häftlingen zu sprechen, da sie bewacht wurden, fiel aus unseren Reihen die Frage: »Wie geht es dir, Mala?« Sie antwortete ruhig, mit einem Anflug von Ironie: »Mir geht es immer gut.« Fast klangen diese Worte wie eine Herausforderung.

Bald darauf wurde Edek im Männerlager Birkenau gehenkt.

Malas Hinrichtung sollte ein abschreckendes Beispiel für alle werden, so befahl die Lagerführerin Mandel. Diese Hinrichtung prägte sich tief in die Herzen aller Häftlinge ein, allerdings in einem anderen Sinn, als es die Mandel gewünscht hatte.

Das ganze Frauenlager Birkenau war zum Generalappell angetreten. Die Oberaufseherin forderte alle Häftlinge auf, genau hinzusehen, wie die Jüdin, die es gewagt hatte, aus dem Lager zu fliehen, nun für ihre Frechheit bestraft wird.

Malas Hände waren auf den Rücken gebunden. So wurde sie vom Arbeitsdienstführer Ritter bis zur Mitte des Appellplatzes geführt. Plötzlich befreite sie die Hände von den Banden und öffnete sich mit der Rasierklinge die Pulsader einer Hand. Der SSler wollte ihr die Rasierklinge entreißen. Sie schlug ihm aber die blutende Hand ins Gesicht. Außer Atem vor Erregung und wie erlöst durch Malas Mut schauten alle Häftlinge dieser Szene zu.

Die Legende, die sich um Mala gesponnen hat, legte ihr dabei folgende Worte in den Mund. »Ich werde als Heldin sterben, du aber wirst verrecken wie ein Hund!« Man führte die blutüberströmte Mala in Block 4 des Reviers und schlug sie dort ohne Erbarmen. Als es dunkel geworden war, wurde sie auf einem Wagen zu den Krematorien gebracht. Es regte sich kaum noch Leben in ihrem Körper; ihr ungebrochener

Geist schwebte über Birkenau als Sinnbild von Tapferkeit – von Heldentum.   [22]

Aufstände in anderen Lagern

Die Sabotage im Lager *Myslowitz* bei Kattowitz in Oberschlesien zählt zu den wenig bekannten Widerstandsakten. Dort arbeiteten Ende 1941 1.800 Männer aus den naheliegenden jüdischen Zentren Bedzin und Sosnowiec beim Sortieren, Instandsetzen und Lagern sowjetischer Beutewaffen und Ausrüstung. Die Waffen wurden so präpariert, daß sie ohne Warnung explodierten und Soldaten töteten. Maschinengewehre wurden mit unpassender Munition bestückt, die zu deren Vernichtung führte. Es wurden Waggons mit Leder für Militärstiefel sabotiert, Pelze und Skier für den Winterkrieg in Rußland zerstört usw. Die Sabotage wurde so eingefädelt, daß der Verdacht eher auf die Wachen, als auf die Häftlinge fiel. Schließlich wurden die Anführer ins Lager Gräditz transportiert, in welchem eine Typhusepidemie die Häftlinge dezimierte. Da man bei einer Durchsuchung der Baracken viele Waffen fand, wurden mehrere Juden erschossen und 800 Häftlinge schrecklich verprügelt.
Aus zahlreichen Häusern konnten die Juden flüchten, ohne daß sie wieder gefaßt wurden. Das geschah zum Beispiel im Lager *Starachowice* in Westpolen, wo die Häftlinge in einer Munitionsfabrik arbeiteten.
Die Überlebenden der Massaker von *Baranowicze* in Nordostpolen, wo vor dem Krieg die 6.600 Juden 60 % der Bevölkerung stellten, wurden in zwei Lagern inhaftiert, die jeweils unter der Leitung der »Organisation Todt« und der SS standen. Im SS-Lager besorgten sich die Widerstandskämpfer zehn Maschinenpistolen und einige Revolver. Es war ein Massenausbruch geplant. 32 Juden flüchteten ohne Absprache aus dem Lager und überließen den Rest ihrem Schicksal. Daraufhin gab es einige Selbstmordversuche. Das Lager wurde anschließend liquidiert.
15 Kilometer von Baranowicze befand sich das Lager *Koldeczowo*, das eigentlich ein Gutshof war. Das Lager wurde von 120 berittenen Polizisten bewacht. Es war ein Arbeits- und Vernichtungslager zugleich. Ende 1943 wagten alle Häftlinge einen Ausbruch. Nur eine Gruppe

hat überlebt und konnte nach vielen Abenteuern das jüdische Partisanenlager der Brüder Bielski erreichen.

Als im Jahre 1942 die deutsche Offensive an der Ostfront zum Stehen
kam, an einen Blitzsieg nicht mehr zu denken war und die Massenmorde an Millionen von Menschen, meistens Juden, im Westen bekannt wurden, begannen auf höchsten Befehl spezielle Einheiten, die
mit einem Tarncode-Namen als »Sonderkommando 1005« bezeichnet
wurden, die Spuren der Morde zu beseitigen. Sie mußten gigantische
Berge von Leichen ausgraben, um sie zu verbrennen. Ab Juni 1942 wurden unter Leitung des SS-Standartenführers Paul Blobel die Leichen
in den Vernichtungslagern in Polen verbrannt. Im Juni 1943 wurden
die Leichen in Ostpolen und den sowjetischen Gebieten beseitigt.
Die Arbeit mußten Hunderte von jüdischen Gefangenen ausführen,
die nach Beendigung der Arbeit ermordet wurden.

Die jüdischen Häftlinge des Sonderkommandos 1005 im Lager *Janowska* in Lemberg brachen am 19. November 1943 aus. Einige wenige konnten überleben, unter ihnen Leon Weliczker, der von seinen unglaublichen Abenteuern vor und nach seiner Flucht in einem Buch berichtete.
Auch in den Vernichtungslagern und Hinrichtungsstätten in Litauen
kam es zu Aufständen und Fluchtversuchen. Am 19. Mai 1944 flüchteten 40 Juden des Sonderkommandos 1005 in *Ponary,* wo sie die Leichen von Abertausenden von Juden von Wilna verbrennen mußten.
Sie gruben drei Monate lang einen Tunnel. Nur elf von ihnen erreichten die Partisanenlager von Rudniki.

Die Gefangenen des Sonderkommandos 1005 in *Grabowka* in Ostpolen flüchteten, aber nur 11 von ihnen überlebten.

Im Lager *Borki* bei Lublin gruben die Häftlinge, meistens jüdische
Kriegsgefangene, einen Tunnel und flohen am 24. Dezember 1943.
Einige wenige erreichten die Partisanen und berichteten über das Ver-
brechen der Nazis.

Zu den dramatischsten Höhepunkten des Widerstandes gehört die
Massenflucht der jüdischen Gefangenen aus dem »Neunten Fort« in
Kowno, wo die SS-Verbrecher im November 1943 ein »Sonderkommando 1005« errichteten. Die 64 Häftlinge trugen bei der Arbeit Fesseln und wurden von 35 SS-Männern mit Maschinenpistolen bewacht. Dem Kommando wurden 15 Mitglieder der Antifaschistischen
Organisation aus dem Ghetto in Kowno zugeteilt, was den Willen

zum Widerstand stärkte. Nach wochenlangen Vorbereitungen, Anfertigung von Nachschlüsseln usw. flüchteten alle 64 Häftlinge am 25. Dezember 1943. Sie wurden von deutschen und litauischen Polizisten gejagt. Nur vierzehn von ihnen überlebten die Suchaktionen und Denunziationen der litauischen Bevölkerung und schlugen sich zu den jüdischen Partisaneneinheiten in den Rudniki-Wäldern durch, wo sie den Kampf gegen den Feind aufnahmen.

Bei der Liquidierung des Vernichtungslagers *Chelmno* im Januar 1945 haben 47 jüdische Häftlinge Widerstand geleistet und die Wachen getötet. Nur zwei Häftlinge haben die Flucht überlebt.

Die Überlebenden des Aufstandes im Ghetto Warschau wurden in die Lager *Poniatów* und *Trawniki* bei Lublin gebracht. Ein Teil der Häftlinge im Lager Poniatów begann sofort mit der Organisation eines Aufstandes. Es wurde ein Plan ausgearbeitet und Kontakt mit einer in der Nähe operierenden sowjetischen Partisanengruppe aufgenommen. Die Kampfgruppe wurde vom plötzlichen Entschluß der SS überrascht, alle Juden in diesen Lagern am 3. und 5. November 1943 restlos zu ermorden, obwohl sie kriegswichtige Arbeit leisteten. Eine Gruppe zündete das Uniformlager der SS an. Im letzten Augenblick verbarrikadierten sich die Mitglieder einer anderen Kampfgruppe in einem Gebäude, wo sie Widerstand leisteten. Das Gebäude wurde angezündet, und alle verbrannten bei lebendigem Leib.

Auch im Lager *Trawniki* gab es Versuche, Widerstand zu leisten. Im Lager *Krasnik* in Polen waren ca. 400 jüngere Männer inhaftiert, darunter einige Teilnehmer am Aufstand in Warschau. Die Widerstandsorganisation im Lager entsandte acht Mitglieder nach außen, um Kontakt mit den Partisanen aufzunehmen und um Waffen einzukaufen. Die Aktion wurde verraten und ca. 50 Widerstandskämpfer erschossen. Daraufhin wurde ein Ausbruch geplant. Es wurden Nachschlüssel zum Lagertor angefertigt und ukrainische Wachen bestochen. Die Flüchtlinge verteilten sich in mehrere Gruppen. Nur acht Juden kamen ans Ziel. Von allen anderen blieb keine Spur.

Im relativ kleinen Nebenlanger *Wifo* in *Krasnik* bei Lublin wurden 100 jüdische Häftlinge bei verschiedenen Arbeiten beschäftigt. Am 17. Februar 1944 sind 18 Häftlinge geflüchtet. Als Vergeltung wurden 21 Angehörige der Geflüchteten von einem SS-Kommando erschossen. Bei einer danach durchgeführten Durchsuchung wurden 12 gefälschte polnische Kennkarten sowie 21.490 Zloty in bar gefunden. Der Aufstand und die Flucht wurden vom jüdischen Lagerältesten Peisach Kawa geplant. Am nächsten Tag wurden weitere 44 Juden der »Endlösung« zugeführt, wie es in einem Bericht der SS Lublin vom 19. Februar 1944 heißt.

Israel Gutman – Widerstandskämpfer und Nestor der Historiographie von Schoa und Widerstand

Israel Gutman ist die herausragende Gestalt unter den Forschern des Holocaust und des jüdischen Widerstandes. Er wurde 1923 in Warschau geboren und war Mitglied des Jüdischen Widerstandsorganisation ZOB im Warschauer Ghetto. Er nahm am Aufstand teil und mußte den Verteidigungsbunker am 5. Mai 1943 verlassen, als die SS-Schergen Gasbomben in den Bunker hineinwarfen. Er hatte das Glück, nicht sofort erschossen zu werden, sondern kam ins Vernichtungslager Majdanek, von wo er nach Auschwitz transportiert wurde. Dort nahm er am Aufstand der Häftlinge teil. Als das Lager im Januar 1945 evakuiert wurde, mußte er mit tausenden anderer Häftlinge den »Todesmarsch« nach Mauthausen antreten. Gutman wurde am 5. Mai 1945 in Gunskirchen befreit. 49 Jahre später, am 5. Mai 1994, wurde ihm der Carl-von-Ossietzky-Preis der Stadt Oldenburg verliehen. Nach dem Krieg emigrierte Gutman nach Israel, wurde Kibbutzmitglied, studierte und wurde Professor für Neuere Jüdische Geschichte an der Hebräischen Universität in Jerusalem und Direktor des Internationalen Forschungs-Instituts bei der Gedenkstätte Yad Vashem. Die Bibliographie seiner Bücher und Essays umfaßt viele Themen und ist sehr umfangreich. Sein Lebenswerk ist die 1989 in hebräischer, 1990 in englischer und 1993 in deutscher Sprache erschienene mehrbändige »Enzyklopädie des Holocaust«. Gutman mobilisierte als Hauptherausgeber 140 prominente Fachkollegen aus der ganzen Welt, die hunderte von Artikeln zum Thema Schoa und Widerstand verfaßten. Gutman allein schrieb fast 60 Artikel.

Aus den Akten der Täter

Deutsche Wehrmacht und Schutzpolizei
als treue Helfer der Massenmörder
(Zum Halbjahrestag des Aufstandes im Vernichtungslager Sobibor empfiehlt
sich der tapfere SS-Untersturmführer Adalbert Benda für das Bandenkampf-
abzeichen)

Der Kommandeur
der Sicherheitspolizei und des SD
für den Distrikt Lublin
Grenzpolizeikommissariat
Cholm

Cholm, den 17. März 1944

Bericht

Betrifft: Bandenkampfabzeichen
Vorgang: Kdr. Befehl Nr. 11 vom 11. März 1944, Abs. 105.
Anlage: Keine
In den Vormittagsstunden des 15.10.1943 unternahmen etwa 300
Häftlinge des Sonderlagers Sobibor, nachdem sie einen Teil der Wach-
mannschaften entwaffnet und einen SS-Führer sowie 10 SS-Unterfüh-
rer ermordet haben, einen Ausbruchversuch, der zum Teil gelang.
Vom Grenzpolizeikommissariat Cholm wurde ein Einsatzkom-
mando nach Sobibor entsendet, dem die nachstehend aufgeführten
SS-Angehörigen beigegeben waren:
[Es folgen 7 Namen – vom SS-Untersturmführer Benda bis zum SS-
Rottenführer Reinelt.]
Außerdem war Wehrmacht und Schutzpolizei aufgeboten. Mit Rück-
sicht auf die Art des Sonderlagers und dessen Häftlinge wurde veran-
laßt, daß die Wehrmacht sofort die Verfolgung der Flüchtigen und die
Schutzpolizei die Sicherung des Lagers außerhalb der Lagerumzäu-
nung aufnahm.
Das vom Grenzpolizeikommissariat Cholm entsandte Einsatzkom-
mando führte die Durchkämmung der einzelnen Lager innerhalb des
Lagers durch. Hierbei wurden die eingesetzten Männer in der Nacht

des 15. 10. 1943 und in den frühen Morgenstunden des 16. 10. 1943 von den im Lager zurückgehaltenen Häftlingen mehrfach beschossen. Bei der Durchkämmung des Lagers selbst mußte mehrmals von der Schußwaffe Gebrauch gemacht werden, weil die Häftlinge ihrer Festnahme Widerstand entgegensetzten. Eine größere Anzahl von Häftlingen wurden hierbei erschossen, bezw. 159 Häftlinge befehlsgemäß behandelt.

Alle Angehörigen des Einsatzkommandos haben sich während der ganzen Aktion bewährt.

Beweis: Bericht an den Kdr. d. Sipo und des SD für den Distrikt Lublin vom 16. 10. 1943 – Greko Cholm – B. Nr. 284/43 – g –.

(–) Benda
SS-Unterscharführer

Die Richtigkeit wird bescheinigt
(unleserlich)
SS-Hauptsturmführer und KrimKom.

Rundstempel und Stempel: IV Gst.
[12]

VI. POLEN – DIE PARTISANEN

Kommandanten jüdischer Partisanenverbände

Im nachfolgenden werden vier Gründer und Kommandanten jüdischer Partisanenverbände vorgestellt, Dr. Alter Dworzecki, Dr. Jecheskel Atlas, Hirsch Kaplinski und Ingenieur Mosche Gildenman. Sie stammten aus kleinen jüdischen Städtchen in Ostpolen. Die Nähe riesiger Waldgebiete, z.B. in der Gegend von Nowogródek, begünstigte die Flucht zahlreicher Juden aus den jüdischen Städtchen Dereczyn, Kozlowszczyzna, Zdzieciol und Korzec in die Wälder. Einige von ihnen wurden Pioniere der jüdischen Partisanen-Bewegung.

Alter Dworzecki

Alter Dworzecki wurde 1906 in Zdzieciol bei Nowogródek in Nordostpolen geboren. Er studierte Jura in Wilna und war führendes Mitglied der linkssozialistischen Partei *Poale Zion* in dieser jüdischen Metropole. Nach der Besetzung Wilnas durch deutsche Treppen kehrte er nach Zdzieciol (jiddisch: Schetel) zurück und wurde Vorsitzender des dortigen Judenrates, um Hilfe zu leisten und um die Juden vor der Besatzungsbehörde zu vertreten. Sehr bald wurden ihm die wahren Ziele der Nazis bewußt. Er benutzte seine Position, um eine Widerstandsbewegung zu gründen, Waffen zu beschaffen und um bewaffnete Gruppen in die umliegenden Lipiczany-Wälder zu schicken. Dort sollten Stützpunkte für die nichtkampffähigen Juden als Familienlager errichtet werden.

Dworzecki lieferte auch Waffen für aus Lagern geflüchtete sowjetische Kriegsgefangene und schuf damit den Nucleus einer bedeutenden Partisanen-Streitmacht in der Lipiczanska Puszcza, dem dichten Urwald von Lipiczany. Im Sommer 1944 operierten dort folgende große Partisaneneinheiten: die Brigade *Pobjeda* (Sieg) von Bulak, die Lenin Brigade, die aus der Orjol Gruppe *Borba* (Kampf) hervorging, die Woroschilow Brigade und die Einheiten der sowjetischen Fallschirmspringer. Im Bestand dieser Brigaden kämpften die jüdischen

Partisanen-Verbände. Viele Juden waren außerdem Soldaten sowjetischer Einheiten, einige, wie Dawidow, in führenden Positionen. Dworzecki plante die Gründung großer jüdischer Partisanenverbände in Regimentsstärke und erhoffte sich die Hilfe nichtjüdischer Partisanen. Diese Hilfe blieb aus. Er plante die Rettung der Juden durch Massenflucht aus dem Ghetto und drängte die Kommandanten der Partisanenverbände zum Angriff auf die Besatzungstruppen in Zdzieciol. Ein bereits gestarteter Angriff wurde in der Anfangsphase abgeblasen. Am 23. April 1942 führte Dworzecki die erste Gruppe des Ghettos in den Wald. Für die Ergreifung Dworzeckis wurde ein Preis von 25.000 Mark ausgesetzt. Am nächsten Tag wurde das Ghetto von bewaffneten deutschen und baltischen, weißrussischen und ukrainischen Banden überfallen. Alle Alten und Kinder wurden ermordet. Dworzeckis Mitkämpfer organisierten während der Auflösung des Ghettos am 6. August 1942 eine Massenflucht, und 600 Juden entkamen in die Lipiczany-Wälder.

Die Einheit von Dworzecki kämpfte tapfer an der Seite der anderen Partisanen. Als Dworzecki bei einer der Operationen verwundet wurde, fand er Aufnahme in einem Bauernhof. Dort wurde er von einem sowjetischen Partisanen ermordet, der es auf seine Maschinenpistole abgesehen hatte.

Hirsch Kaplinski

In den Lipiczany-Wäldern kämpften drei jüdische Partisanen-Einheiten. Eine von ihnen war die Kaplinski-Einheit. Hirsch Kaplinski wurde 1910 in Zdzieciol geboren, wo er Verwalter einer jüdischen Schule war. Er war Aktivist der örtlichen zionistischen Bewegung und nahm am Krieg als Sergeant der polnischen Armee teil. Als bei einer der »Aktionen« im August 1942 seine Eltern, Frau und Sohn ermordet wurden, flüchtete er in die Lipiczany-Wälder, wo er Kommandant einer nach ihm genannten jüdischen Partisanengruppe wurde. Die Einheit zählte ursprünglich 120 jüdische Männer und Frauen und wurde in die Einheit *Borba* eingegliedert. Kaplinskis Bataillon lieferte den Deutschen erbitterte Kämpfe, sprengte Brücken, erbeutete Waffen und unternahm Strafaktionen gegen Bauern, die Juden denunziert oder ermordet hatten. In dieser Gruppe gab es auch viele jüdische Rotarmisten. Am 10. Dezember 1942 geriet Kaplinski in einen Hinterhalt und wurde beim Kampf schwer verletzt. Er wurde ebenfalls von Partisanen einer anderen Einheit entwaffnet und ermordet.

Jecheskel Atlas

Dr. Jecheskel Atlas

Dr. Atlas wurde 1913 in Rawa Mazowiecka bei Warschau geboren. Er studierte in Frankreich, promovierte 1939 zum Dr. med. in Mailand und arbeitete bis zum Kriegsausbruch im städtischen Krankenhaus in Lodz. Er flüchtete mit seinen Eltern und seiner Schwester ins sowjetisch besetzte Lemberg. In Slonim arbeitete er bis zum Jahre 1941 als Arzt. Seine Familie wurde von den Einsatzgruppen ermordet. Er nahm Kontakt mit russischen Partisanen auf, deren Verwundete er behandelte. Als er ersucht wurde, sich den Partisanen ganz anzuschließen, stimmte er unter der Bedingung zu, daß er zusammen mit einer Gruppe jüdischer Freiwilliger kommen könne.

Als das Ghetto der Kleinstadt Dereczyn liquidiert wurde, gelang es 300 Juden zu flüchten. Dr. Atlas organisierte Waffen für die Männer unter ihnen und gründete eine jüdische Partisanen-Einheit mit 120 Kämpfern, die er kommandierte. Im August 1942 lieferte er den SS-Truppen in Dereczyn eine Schlacht, die mehrere Stunden dauerte und 45 der Mörder das Leben kostete. Anschließend führte seine Einheit zahlreiche Sabotageakte aus und kämpfte gegen überlegene deutsche Truppen. Beim Angriff auf den Ort Kozlowszczyzna fielen 30 deutsche Soldaten. In der Schlacht von Ruda Jaworska fielen 120 Deutsche, 75 Soldaten wurden gefangengenommen. Er und seine Kämpfer wurden zur Legende. In der Schlacht von Wielka Wola wurde er schwer verwundet und starb, nachdem er das Kommando Eliahu Lipszowicz übertragen hat.

Mosche Gildenman (Dadia Mischa)

Mosche Gildenman wurde 1898 in Korzec in
Ostpolen geboren, wo er eine Zementfabrik besaß. Er war eine sehr geachtete Persönlichkeit in
seiner Stadt, Gründer einer Genossenschafts-
Bank und anderer gemeinnütziger Institutionen. Im September 1942 organisierte er mit seinem Sohn Simcha eine kleine Partisanengruppe
und ging in die Wälder, wo er auf weitere ver-

Mosche Gildenman

sprengte jüdische Partisanen stieß. Die vereinigte Gruppe lieferte
dem Feind viele Kämpfe und konnte Waffen erobern. Es wurden
deutsche Dienststellen und ukrainische Kollaborateure angegriffen.
Im Januar 1943 kommandierte er bereits eine komplette jüdische, unabhängige Partisanen-Kompanie, die er dem Oberbefehl des Brigade-
kommandeurs General Saburow unterstellte. Seine Einheit rettete
einen Teil der 13. sowjetischen Armee vor der Einkreisung. Später
diente er als Hauptmann in einer Pioniereinheit und emigrierte nach
Kriegsende nach Israel, wo er 1957 als der legendäre Dadia (Onkel)
Mischa, hochgeehrt und von vielen geliebt, starb. Er beschrieb seine
Abenteuer und Kämpfe in vier Büchern.

Herschel Zimmerman – Lebenserinnerungen eines Partisanen

Herschel Zimmerman wurde 1918 in dem jüdischen Schtetl Gorczkow
in Polen geboren. Mit fünfzehn Jahren ging er nach Warschau, wo er mit
der Gewerkschaftsbewegung in Kontakt kam. Als er sechzehn war, wurde er von einer Horde Judenhassern krankenhausreif geschlagen und
schloß sich danach einer jüdischen Selbstverteidigungsgruppe an.
Nach der Besetzung Warschaus im September 1939 ging er zusammen
mit seinen Brüdern Mojsche und Motel – damals dreizehn und siebzehn Jahre alt – zur Verwandtschaft nach Gorczkow. Was weiter mit den
Brüdern geschah, erfuhr Herschel erst nach Ende des Krieges. Sie wurden ins Lager Izbica deportiert, doch sie konnten flüchten und kehrten

nach Gorczkow zurück. Sie baten bei einem früheren Nachbarn, einem polnischen Bauern, um Essen; dieser forderte sie auf, in der Scheune auf ihn zu warten. Er kam mit einer Bande bewaffneter Dorfbewohner wieder, die Zimmermans Brüder zu Tode knüppelten.

Eines Tages traf Zimmerman auf dem Weg zur Feldarbeit einen Mann, der laut auf jiddisch mit einer Kuh schimpfte. Es handelte sich um Moniek, einen Taxifahrer aus Warschau, der ebenfalls erfolglos versucht hatte, über den Bug zu flüchten, und bei einem Bauern untergeschlüpft war. Moniek gehörte später zu Zimmermans Partisanentruppe. Als im Herbst 1942 der Befehl erging, daß jedem Bauern, der Juden versteckte, mitsamt seiner Familie die Todesstrafe drohte, entschloß er sich, in die Wälder zu flüchten. Mit ihm gingen fünfzehn Personen, unter ihnen Zimmermans Freundin Mania, ihr Bruder Schmuel und ihre Mutter sowie Moniek, der Taxifahrer. Es gelang ihnen, Decken, warme Kleidung und Nahrung mitzunehmen; aber sie hatten keine einzige Waffe. Als ihnen nach einer Woche die Lebensmittel ausgingen, brachen Moniek, Mania und Herschel auf, um bei dem ukrainischen Bauern Stephan Nachschub zu holen. Stephan gab ihnen zwar Essen mit; zugleich aber bedrohte er sie mit der Waffe und verbot ihnen, jemals wiederzukommen. Als die drei Freunde ihr Versteck im Wald aufsuchen wollten, fanden sie keine Überlebenden mehr vor. Ihre kleine Gruppe war von den Bauern der Umgebung aufgestöbert und geschlossen den Deutschen in Sosnowica übergeben worden, die sie auf der Stelle erschossen.

Mania, Moniek und Herschel Zimmerman zogen sich in den Wald von Zamolodycze zurück, wo sie von Wölfen und wilden Ebern attackiert wurden. Sie hatten nichts als Stöcke und Messer, um sich zu verteidigen. Später trafen sie zwei Töchter von David, einem Juden aus Hola. Diese führten sie zu einem Erdloch, das entlaufene russische Kriegsgefangene als Versteck für vier bis fünf Personen angelegt hatten. Dort verbargen sich mittlerweile achtzehn jüdische Überlebende, unter ihnen ein Baby, das unablässig vor Hunger schrie. Seine Eltern erstickten es eines Nachts, um die Gruppe nicht zu gefährden.

Trotzdem fanden die Ukrainer den Weg. Sie umringten das Lager und trieben die Gruppe mit Mistforken und Stöcken ins Dorf Zamolodycze, wo sie die Juden – inzwischen dreißig an der Zahl – in ein Haus pferchten. Dann holten die Bauern die Nazis, und alle Juden wurden erschossen. Die Ukrainer, denen die Juden meist persönlich bekannt waren, sahen dabei zu. Die einzigen Überlebenden waren Mania und Herschel, die im letzten Augenblick flüchten konnten. Mania fieberte schwer; sie überlebte nur dank der Hilfe einer polnischen Bäuerin, einer gläubigen Katholikin, die immer wieder Juden bei sich aufnahm und verpflegte. Sie stießen zu einer Gruppe von fünfundsiebzig Überlebenden im Wald von Zamolodycze. Eine so große Gruppe mußte irgendwann die Aufmerksamkeit der Umgebung auf sich ziehen. Nachdem Herschel Zimmerman kurz eingeschlafen war, weckten ihn plötzlich deutsche Maschinenpistolen; die Soldaten jagten die Juden wie Hasen vor sich her. Auf der Flucht fiel Zimmerman zusammen mit einem zehnjährigen Jungen in einen Sumpf. Dort harrte er, bis zum Hals im Schlamm stehend, den ganzen Tag lang aus.

Dieses Massaker kostete dreißig Menschen das Leben. Der Rest teilte sich in kleine Gruppen von fünf bis sechs Personen auf, die immer mit den Füßen zueinander lagen, um sich vor der Kälte zu schützen. Essen bekamen sie von freundlichen Dorfbewohnern. Das war Ende 1942.

Im Januar 1943 trafen vierzig sowjetische Partisanen ein, die Überbleibsel einer größeren Truppe, der es gelungen war, sich aus der deutschen Umklammerung zu befreien. Diese Partisanen erwiesen sich bald als sehr undiszipliniert: Sie vergewaltigten die jungen jüdischen Frauen. Noch schlimmer war, daß sie Fußspuren im Schnee hinterlassen hatten, denen ihre deutschen Verfolger nur nachzuspüren brauchten. Als sie einige Tage später eintrafen, entwickelte sich ein heftiges Feuergefecht, in dessen Verlauf die Juden in den Wald verstreut wurden. Viele starben, unter ihnen auch Mania, die seit 1939 Zimmermans Freundin gewesen war.

Der Winter 1942/43 war so kalt, daß die Birken in der Mitte entzweisprangen. Die meisten Juden beschlossen deswegen, freiwillig ins Ghetto Wlodawa zu gehen, wo sie sich bessere Überlebenschancen ausrechneten. Nur sechs blieben in den Wäldern zurück: Moniek der Taxifahrer, Faiga Rosenblum aus Zamolodycze, Herschel Zimmerman und die drei Brüder Jossel, Simcha und Chanina Barbanel. Sie faßten den Entschluß, zu den sowjetischen Partisanen im Makoszka-Wald bei Parczew zu stoßen.

Sie besorgten sich Waffen und konnten damit bei den Bauern Essen requirieren. Bei einer solchen Aktion trafen die Partisanen unerhofft auf Verbündete, zwei Russen und einen Juden, alle drei mit Waffen. Zusammen mit ihnen machten sie sich auf die Reise in den Makoszka-Wald, um andere Partisanen zu finden. Dort gab es zahlreiche geflüchtete sowjetische Kriegsgefangene, die sich schon früh zusammengeschlossen und bewaffnet hatten. Auch jüdische Partisanen hausten hier. Die Beziehungen zwischen Russen und Juden war nicht spannungsfrei: Die sowjetischen Partisanen überfielen die Juden und raubten sie aus, Vergewaltigungen waren an der Tagesordnung. Dennoch war das Überleben hier sicherer als in den Wäldern von Hola. Die Deutschen wagten sich nicht ohne weiteres in die Nähe von Bewaffneten. Mitten im Wald befand sich ein *Tabor*, ein Lagerplatz für ungefähr zweihundert Juden. Viele der jungen Frauen, die dort lebten, waren mit Russen liiert; so waren sie vor Vergewaltigungen geschützt.

Im Wald von Skorodnica traf Zimmermans Gruppe bei der Suche nach Nahrungsmitteln auf sechs russische Partisanen, die sich ihr anschlossen. Mit dieser willkommenen Verstärkung gelang der erste direkte Angriff auf deutsche Soldaten: Von einer Polin erfuhren Zimmerman und seine Freunde, daß sich zehn Deutsche bei Timofi in Hola aufhielten, einem der Verantwortlichen für das erste Massaker, das von Sosnowica. Ein älterer judenfreundlicher Pole namens Kornila bestätigte diese Information. Zimmermans Gruppe beschloß daraufhin, die Attacke zu wagen. Faiga Rosenblum, die wie ein »arisches« Bauernmädchen aussah und fließend Ukrainisch sprach, lenkte die ukrainische Wache vor Timofis Haus ab, so daß Moniek sie erwürgen konnte. Dann warfen die Partisanen Handgranaten in das Gebäude und erschossen alle, die aus dem Haus flüchteten. Insgesamt gelang es ihnen, sechs deutsche Soldaten und etliche Dorfbewohner zu töten; unter ihnen befand sich der verhaßte Timofi.

Eines Tages trafen die Juden auf einen Trupp kommunistischer Partisanen unter ihrem Anführer Wanka Kirpicznik. Dieser erzählte ihnen von einer jüdischen Partisaneneinheit unter dem Kommando von Chiel Grynszpan, die in den Wäldern von Ochoza operierte. Er schlug ihnen vor, sich dieser Einheit anzuschließen. Fünfundzwanzig Mann – darunter Herschel Zimmerman – machten sich also auf, um Chiel Grynszpan zu suchen. Unterwegs trafen sie deutsche Soldaten, die sie erfolgreich in einen Hinterhalt locken konnten. Endlich begegneten sie Grynszpan und fünf seiner Männer.

Der jüdische Kommandant Chiel Grynszpan begrüßte sie herzlich als

Chiel Grynspan

seine Mitkämpfer. Er war ein ausgezeichneter Partisanenchef, und seine Leute liebten und respektierten ihn. Vor dem Krieg war er Zugführer in der polnischen Armee gewesen. Das *Tabor* der Grynszpan-Partisanen befand sich mitten in einem Sumpfgebiet im Wald auf zwei Inseln; auf der einen lagerten die Partisanen, auf der anderen die Unbewaffneten, vor allem Alte und Kinder. Man gelangte zu diesen Inseln nur, wenn man sich mit Ästen über den sumpfigen Untergrund schwang. Dies bedeutete eine zusätzliche Sicherheit vor deutschen Angriffen.

Herschel Zimmerman und seine Freunde beschlossen, sich mit der Partisanengruppe von Chiel Grynszpan zu vereinigen. Zusammen zählten sie nun etwa zweihundert Partisanen. Sie unterstanden dem Oberkommando der von Moskau aus befehligten polnischen Volksarmee, der *Armia Ludowa*. Die *Armia Krajowa*, die Heimatarmee, die der polnischen Exilregierung in London unterstand, war mit den kommunistischen Partisanen verfeindet und sehr antisemitisch. An dieser prinzipiellen Judenfeindlichkeit änderte sich auch dann nichts, als Chiel Grynszpans Truppe im Frühjahr 1944 einer Einheit der Heimatarmee Entsatz leistete und sie aus der Einkesselung der Deutschen befreite.

Die jüdischen Partisanen verfolgten mit ihren militärischen Operationen mehrere Ziele gleichzeitig: Rache für die Ermordung ihrer Verwandten, Respekt vor jüdischem Leben aus Furcht vor Vergeltung, Kampf gegen den Feind durch Zugentgleisungen, Brückensprengungen, Zerstörung der Vorräte der Wehrmacht und Angriffe auf die deutschen Truppen und ihre Hilfswilligen.

Die Rettung ihrer Brüder und Schwestern aus den Händen der Henker gehörte zu den wichtigsten und nobelsten Aufgaben der jüdischen Partisanen. Manchmal gelang es ihnen, mehrere Ziele miteinander zu vereinen. Nach einem Anschlag auf einen militärischen Eisenbahntransport – eine Brücke war gesprengt worden, die Waggons hatten sich danach auf die Seite gelegt – wateten deutsche Soldaten hilflos im flachen Wasser. Unter dem Dauerfeuer der Partisanen schrien sie vor Angst nach ihren Müttern. Ein Partisan meinte darauf-

hin: Wie gut es diesen Deutschen doch immer noch ginge. Sie hätten
noch Mütter, nach denen sie rufen könnten; die jüdischen Mütter sei-
en längst umgebracht.

Im Sommer des Jahres 1943 kämpften unter Chiel Grynszpans Kommando dreihundert Partisanen. Dazu kamen noch zweihundert Unbewaffnete im *Tabor*, dem Lagerplatz im Wald. Das Kriegsglück der
Deutschen hatte sich gewendet, und damit änderte sich auch die Stimmung der Bauern in den umliegenden Dörfern. Nach der vernichtenden Niederlage von Stalingrad traten sie gegenüber den Juden freund-
licher auf. Die Partisanen versuchten ihrerseits, gute Beziehungen zu
den Dorfbewohnern aufzubauen: Sie requirierten Essen nur von den
Reichen und verschonten die Armen.

Die Grynszpan-Partisanen operierten mittlerweile so erfolgreich, daß
sie ernsthaft planten, das Todeslager Sobibor zu befreien. Nachdem
ein Vortrupp die Umgebung des KZ auskundschaftete, mußten sie
diesen Plan aber wieder fallenlassen. Die Wachmannschaft in Sobibor
– sie bestand aus SS-Leuten sowie ukrainischen und lettischen Hilfs-
kräften – war drei- bis vierhundert Mann stark; zudem war das Lager
von einem elektrisch geladenen Stacheldrahtzaun und einem Minen-
gürtel umgeben. Dahinter sahen die Partisanen den Schornstein des
Krematoriums, der unablässig Rauch ausspuckte. Sie konnten nicht
mehr tun, als eine Art Salut abzufeuern: Die Partisanen schossen in
die Luft, um den todgeweihten Juden im Lager zu zeigen, daß draußen
jemand an sie dachte.

Im Frühjahr 1944 hielten sich vierhundert jüdische Kämpfer und vierhundert Unbewaffnete im *Tabor* auf. Sie wurden Zeugen des Durch-
zugs riesiger Partisaneneinheiten, die immer weiter in den Westen
Polens vordrangen. Die *Armia Ludowa* schloß sich ihnen an, aber die
Juden blieben. Sie hatten ihre unbewaffneten Schützlinge zu versorgen und waren darum weniger mobil. Für einige Wochen setzten sie
sich in das Gebiet östlich des Bug ab, um deutschen Suchtrupps aus
dem Wege zu gehen.

Ihre letzte große Schlacht schlugen Chiel Grynszpans Partisanen unter dem Oberkommando von General Baranowski, einem – wie sich
später herausstellte – ungarischen Juden, der zweihundert sowjetische
Partisanen befehligte. Insgesamt siebenhundert Kämpfer hielten
einen Tag lang die Stellung in dem Dorf Wola Wereczynska, wobei

hundert Deutsche fielen. Diese Schlacht war der Auftakt für verzweifelte Gefechte mit deutschen Truppen, die ihren Rückzug gegen die Partisanen freischießen mußten. Chiel Grynszpans Truppe wurde dabei eingekesselt, so daß der Ausbruch nur in kleinen Gruppen gelingen konnte.

Die Stunde der Freiheit schlug mit dem Eintreffen sowjetischer Panzereinheiten. Die Befreiung vom Nationalsozialismus bedeutete freilich nicht, daß die Leiden der polnischen Juden nun zu Ende gewesen wären. In der Nachkriegszeit kam es zu wütenden Pogromen, etwa in Krakau, Chelm und Rzeszow; der dramatischste Überfall ereignete sich im Juli 1946 in Kielce. Herschel Zimmermans Freund Abram Bocian, der als Partisan tapfer gegen die Deutschen gekämpft hatte, wurde in seinem Heimatdorf Parczew von antisemitischen Polen erschossen. Auch Leon Felhendler, einer der beiden Führer des Aufstandes im Lager Sobibor, wurde in Lublin ermordet. Chiel Grynszpan entging nur knapp einem Attentat der Heimatarmee – sie sandte ihm

Jüdische Partisanen in Polen im Jahre 1943
v. l. n. r. kniend: Chanina Barbanel, Abram Potzan, Schenka aus Wlodawa
stehend: Welwale Patzan, Abram Grynszpan, Dora Grynszpan, Symcha Barbanel,
Herschel Zimmerman

als besondere Aufmerksamkeit ein Blumenpaket, in dem eine Bombe versteckt war. Kurz: Die Überlebenden des Holocaust waren den nichtjüdischen Polen alles andere als willkommen.

Herschel Zimmerman entschloß sich darum, nach den USA auszuwandern. Er lebte dort bis zu seinem Tode im Jahr 1989 unter dem Namen Harold Werner. Kurz vor seinem Ableben diktierte er auf dem Krankenbett seiner Frau Dorothy seine Erinnerungen; sie erschienen als Buch unter dem Titel »Fighting Back« [23]

(*Aus dem Englischen zusammengefaßt und übersetzt von Hannes Stein*)

Niuta Tajtelbaum – eine unerschrockene Stadtpartisanin

Eine unauffällige junge Frau mit langen blonden Zöpfen, die wie ein 16jähriges Mädchen aussah, verbreitete Schrecken unter den deutschen Polizisten und SS-Leuten in Warschau. Es war Niuta Tajtelbaum, die 1918 in Lodz geboren wurde, dort das Gymnasim besuchte und mehrmals wegen illegaler politischer Tätigkeit aus den Schulen verwiesen wurde. Sie studierte Geschichte an der Warschauer Universität. Nach Kriegsaus-

Niuta Tajtelbaum

bruch tauchte sie in den Untergrund ab und betätigte sich unter dem Namen »Wanda« als Kurierin für den jüdischen Widerstand, besorgte und transportierte Waffen und unterrichtete ihre Genossen in deren Gebrauch.

Wegen ihres unjüdischen Aussehens wurde sie mit wichtigen Diensten außerhalb des Ghettos betraut und stellte Kontakt zu den ihr bekannten Genossen aus der linken Widerstandsformation *Gwardia Ludowa* (Volksgarde) her. Auf Wunsch des Kommandos dieser Organisation verließ sie das Ghetto und wurde stellvertretende Kommandantin der Kampfabteilung für besondere Aufgaben. Am 7. und 8. Oktober 1942 sprengte ihre Abteilung mehrere Bahnlinien, über die der Nachschub an die Ostfront gelangte.

Die Deutschen nahmen schreckliche Rache, erhängten öffentlich 50 Polen und erlegten der Stadt eine hohe Kontribution auf. Die Antwort der Volksgarde ließ nicht lange auf sich warten. An einem einzigen Tag griffen Wanda und ihre Mitkämpfer ein Café in der Aleje Jerozolimskie, das Treffpunkt hoher Wehrmachts- und SS-Offiziere war, das Restaurant des Warschauer Hauptbahnhofs und die Räume der Verräter-Zeitung *Nowy Kurier Warszawski* an. Im November überfiel Wandas Abteilung am hellen Tage die polnische Kommunal-Bank und raubte die gleiche Summe von einer Million Zloty, die als Kontribution gezahlt worden war. Nach einer gewissen Zeit bei den Partisanen im Wald kehrte sie zu ihrer Einheit in der Stadt zurück. Mehrmals suchte sie Dienststellen der Gestapo auf und erschoß die Schergen an ihrem Arbeitsplatz. »Die kleine Wanda mit den Zöpfen« wurde ein bekannter Begriff im Kreise der nazistischen Henker, und es wurde ein Preis von 150.000 Zloty für ihre Ergreifung ausgesetzt.

Nach Ausbruch des Aufstandes im Ghetto hat eine Einheit der Volksgarde eine Geschützstellung der SS an der Mauer ausgeschaltet. Auch an dieser Operation war Niuta Tajtelbaum beteiligt. Im Juli 1943 wurde sie in ihrer Unterkunft von Gestapo-Leuten überrascht. Sie versuchte Gift zu schlucken, wurde verhaftet, gefoltert und ermordet.

Mit dem Gesetz des Komitees der nationalen Befreiung der provisorischen Regierung Polens (vom 23. Dezember 1944) wurden, am zweiten Jahrestag des Aufstandes in Warschau, am 19. April 1945, fünfzig Ghettokämpfer Polens mit hohen militärischen Auszeichnungen geehrt, sieben von ihnen mit der höchsten, dem Grunwald-Kreuz. Unter diesen finden wir den Namen von Niuta Tajtelbaum, der unerschrockenen »kleinen Wanda mit den Zöpfen.«

Zofia Jamajka – Kampf bis zum letzten Schuß

Die 18jährige Zofia Jamajka ist eine Heldin des jüdischen Widerstandes und die jüngste Person, die den hohen polnischen Tapferkeitsorden *Virtuti Militari* erhielt. Nach aktiver Tätigkeit im Widerstand im Warschauer Ghetto konnte Zofia mit mehreren bewaffneten Gruppen das Ghetto verlassen, um sich den Partisanen in Ost-

Zofia Jamajka

polen anzuschließen. Sie waren mit einem Kurier der Partisanen im Ghetto von Biala Podlaska verabredet, der jedoch nicht erschien. Statt dessen wurde das Ghetto der Stadt umzingelt. Sie wurde gefaßt und konnte aus dem Zug nach Treblinka springen, kehrte nach Biala Podlaska zurück, mußte aber bald nach Warschau zurückkehren, weil sie keinen sicheren Aufenthaltsplatz fand.

Sie besorgte sich falsche polnische Papiere und wurde der konspirativen Druckerei des Organs des linken polnischen Widerstandes *Gwardzista* zugeteilt. Ende September 1942 wurde die Druckerei von der Gestapo entdeckt. Zofia wurde gefoltert, verriet ihre wahre Identität aber nicht und gab sich als analphabetische Waise aus dem Dorf aus. Nach dreimonatiger Haft wurde sie entlassen.

Sie besorgte sich eine Waffe und wollte sich den Partisanen anschließen. Bei einer Ausweiskontrolle erschoß sie einen Polizisten. Endlich erreichte sie die Partisanengruppe Levi, deren Mehrheit jüdische Kämpfer waren. Sie wurde Kundschafterin der Gruppe, deren Kommandant der Jude Jona Eisenman war. Sie nahm an Zugentgleisungen und anderen Kampfhandlungen teil und versah Kurierdienste für den Partisanenstab. Im Januar 1943 eroberte die Levi-Gruppe das Städtchen Gowarczów, hielt es mehrere Stunden, zerstörte Wehrmachts- und Polizeidienststellen und Telefonleitungen und requirierte die für die Deutschen bestimmten Nahrungsmittel.

Im Februar 1943 kam eine Truppe von 300 deutschen Soldaten, um die 50 Kämpfer starke Gruppe zu fangen. Die Gruppe mußte sich zurückziehen. Drei Partisanen deckten den Rückzug mit einem Maschinengewehr, zwei Polen und Zofia. Zofia schoß bis zur letzten Patrone und fiel. Später wurde ihr Körper von den Partisanen umgebettet und mit militärischen Ehren begraben. Im April 1963, 20 Jahre nach ihrem Tod, wurde ihr der hohe militärische Orden *Virtuti Militari* verliehen.

Brief des polnischen Generals
und späteren Marschalls Rola-Zymierski   [11]

Polnische Armee	Lublin, den 21. Juli 1944
Oberste Heeresleitung	Aktenzeichen Nr. 0339

An den Vorsitzenden des Verbandes jüdischer Partisanen
Oberstleutnant Mag. Gustaw Alef

Ich begrüße mit Freude die Gründung des Verbandes jüdischer Partisanen. Alle Völker Europas haben unter dem barbarischen Nationalsozialismus gelitten, aber keines von ihnen so viel, wie das jüdische Volk.

Von den Juden, die am Leben blieben, sind Tausende in die Wälder gegangen, um mit der Waffe in der Hand, Schulter an Schulter mit ihren polnischen Partisanen-Brüdern gegen den gemeinsamen Feind zu kämpfen.

Die Juden, die in der Überzeugung die Waffe ergriffen haben, daß sie den Tod besiegen werden, haben damit das Banner der Menschenwürde hochgehalten.

Die heldenhaften Verteidiger des Warschauer, des Bialystoker und anderer Ghettos, Partisanen der Einheit des Hauptmanns Chiel Grynszpan, dessen Tapferkeit und Hingabe an die Sache der Freiheit ich selbst während einer Inspektion von Partisanen-Einheiten in den Wäldern von Parczew feststellen konnte, die Kämpfer von solchem Rang, wie Sie, Oberstleutnant Alef, Major Temczyn, Major Margulies, so unvergeßlich schöne Gestalten wie Niuta Tajtelbaum, Hanka Szapiro und Major Skotnicki, die in dem ungleichen Kampf fielen – das alles bezeugt, daß das jüdische Volk auf seine Partisanen-Söhne stolz sein kann. Das polnische Volk wird die Juden – Helden des Kampfes für die Freiheit Polens – niemals vergessen.

Voller Anerkennung habe ich die Selbstlosigkeit und den Aufopferungswillen beim Kampf der Juden in den Partisanen-Einheiten der Volksarmee verfolgt. Ich bewundere auch ihre Haltung und Hingabe an die Sache des demokratischen, freien und unabhängigen Polen.

Die polnische Demokratie begrüßt in ihren Reihen die mit Ruhm bedeckten jüdischen Partisanen als Soldaten der wiedererstandenen Polnischen Armee und des freien, unabhängigen und demokratischen Polen. In dem wiedererstandenen demokratischen Polen wird es keinen Platz für rassistische, antisemitische und nationalsozialistische Theorien geben. Das Manifest des Polnischen Befreiungskomitees gewährleistet die völlige Gleichberechtigung aller Bürger der Republik Polen, ohne Rücksicht auf die Nationalität und Konfession. Die wiedererstandene Polnische Armee steht auf der Wacht für die Verwirklichung dieses Manifestes.

Rundsiegel   Der Oberbefehlshaber der Polnischen Armee
Polnische Armee   (–) General Rola-Zymierski
Der Oberbefehlshaber

REUBEN AINSZTEIN
Kommandanten und Organisatoren

Die Geschichte des jüdischen Beitrags zur Partisanenbewegung im »Generalgouvernement« wäre ohne einen Bericht über die Rolle, die jüdische Kommandanten und Organisatoren in ihr spielten, unvollständig. Allerdings war bewußtes Vergessen das Los, das vielen Juden widerfuhr, die eine hervorragende Rolle bei der Verwandlung der Volksgarde und später der Volksarmee in eine beachtenswerte Partisanenarmee gespielt hatten. Verborgen hinter ihren polnischen Pseudonymen wußten nur ihre Freunde, Mitpartisanen und einige Kenner der Hintergründe von ihrer jüdischen Identität, wenn sie ihren Namen in polnischen Büchern begegneten. Erinnern wir uns also an die Namen der wichtigsten jüdischen Kommandanten und Organisatoren.
Robb-Narbutts Vater, ein Mitglied der Polnischen Sozialistischen Partei, war aus politischen Gründen 1905 nach Sibirien verbannt worden. *Ignacy* wurde als Pole aufgezogen; erst während der Nazibesetzung begann er, sich als Jude zu verstehen. »Ich bin ein Jude. Hitler hat es mir beigebracht«, berichtete er nach dem Krieg seiner Freundin Liba Roznowska, einer Katholikin. Von Beruf war er eigentlich Journalist, aber im Septemberfeldzug 1939 erwies sich der große, gutaussehende und kräftige Ignacy auch als sehr guter Soldat. Nach dem Fall Polens arbeitete er als Journalist in Lwow. Als die Deutschen 1941 die Stadt

einnahmen, ging er zurück in seine Heimatstadt Warschau, wo er dank seiner polnischen Freunde als »Arier« lebte. Nach Gründung der Polnischen Arbeiterpartei wurde er einer der Organisatoren der Volksgarde. Er war es, über den die jüdischen Kommunisten und die linkszionistischen Organisationen im Warschauer Ghetto ihre ersten Kontakte zur Polnischen Arbeiterpartei knüpften. –
Im Juni 1942 schickte der in Warschau arbeitende Generalstab der Volksgarde *August Lange* mit dreizehn anderen Kämpfern in die Region Kielce. Sie sollten dort den Partisanenkrieg aufnehmen. Lange hatte im Spanischen Bürgerkrieg in der Internationalen Brigade »Jaroslaw Dabrowski« gekämpft und war nach der Flucht aus einem Lager in Vichy-Frankreich im Frühjahr 1942 nach Polen zurückgekehrt. Nach Ankunft in der Region Kielce schlossen sich der Abteilung zwei geflohene sowjetische Kriegsgefangene an. Ihre Ausrüstung bestand aus neun Pistolen, einem leichten Maschinengewehr und siebzehn Granaten. Das letzte Mal, daß es in der Region Kielce bewaffneten Widerstand gegen die Deutschen gegeben hatte, war am 30. April 1940 gewesen. Damals war Major Henryk Dobranski-Hubal bei einem Gefecht mit einer Wehrmachteinheit gefallen, nachdem er sechs Monate lang eine Partisanenabteilung geführt hatte. Langes Partisanen waren also die ersten, die den Partisanenkrieg in der Region wiederaufnahmen, als sie in der Nacht zum 28. Juli 1942 das Postamt in Janowiec angriffen. Das Postamt wurde von einem deutschen Beamten tapfer verteidigt. Er konnte Lange noch verwunden, bevor er selbst fiel. Nach zwei Monaten war Lange von seinen Verletzungen genesen. Ohne Lange als Kommandanten beschränkte sich die Abteilung auf die Erbeutung von Lebensmitteln und Waffen. Die Zahl der Partisanen wuchs durch vier weitere Rotarmisten – eine Gruppe von Juden, die aus den Ghettos von Solc und Kazanów geflohen waren – und mehrere Polen an. Das Schicksal der Abteilung blieb jedoch bis zur Ankunft von *Ignacy Robb-Narbutt* Anfang September 1942 unsicher.
Unter seinem Befehl wuchs die Partisaneneinheit unter dem Namen »Abteilung Region Kielce« auf eine Stärke von 130 Mann und wurde zum größten Verband der Volksgarde im Gebiet Kielce. Sie operierte aggressiv und effizient und konnte zweimal der Umzingelung durch übermächtige deutsche Kräfte entkommen. Wegen seiner Leistungen als Partisanenführer wurde Robb-Narbutt im April 1943 vom General-

stab der Volksgarde nach Warschau zurückgerufen, um das Kommando über die Volksgarde in der Region Czestochowa – Piotrków zu übernehmen. Nachdem er sich erneut auf seinem Posten ausgezeichnet hatte, kommandierte er die Einheiten der Volksgarde in der Warschauer Vorortregion links der Weichsel.

Während des Kommandos bestritt die Kazimierz-Pulaski-Abteilung unter seiner Führung am 7. August 1943 erfolgreich eine mehrstündige Schlacht in der Nähe des Dorfes Zabudziska, Distrikt Skierniewice. Verfolgt von einer 2.000 Mann starken Streitmacht, die aus Gendarmen, Polizisten und Soldaten bestand und die auf Luft- und Panzerwagenunterstützung zählen konnte, glückte es Robb-Narbutt, seine Abteilung zu befreien. Dabei wurden zweiundzwanzig Deutsche und sechs Partisanen getötet. Später wurde Robb-Narbutt in den Generalstab befördert, wo er bis zum Eintreffen der polnischen Streitkräfte, die 1944 gemeinsam mit der Roten Armee nach Polen vordrangen, blieb. Als Oberst unterstützte er General Karol Swierczewski, den berühmten General Walter des Spanischen Bürgerkrieges, bei der Aufstellung der zweiten Polnischen Armee und beendete den Krieg in Berlin. –

Einen entscheidenden Beitrag zur Aufstellung der Partisanenabteilungen der Volksgarde leistete eine Gruppe von über zwanzig Offizieren der internationalen Jaroslaw-Dabrowski-Brigade, die mit Hilfe französischer Kommunisten aus ihren Internierungslagern in Vichy-Frankreich geflohen waren und sich 1942 nach Polen durchgeschlagen hatten. Einer von ihnen, *Grzegorz Korczynski*, war in der Region Lublin tätig, ein anderer, August Lange, als Anführer der ersten Volksgardeabteilung in der Region Kielce. Zu der Gruppe gehörten auch zwei Juden: *Dr. Henryk Sternhel*, der zum Kommandanten der Volksgarde in Warschau wurde und der am Warschauer Ghettoaufstand teilnahm, und der Ingenieur *Józef Spiro*. Aus Warschau wurde Spiro in die Region Lublin entsandt, wo er Stellvertreter von Korczynski wurde, als jener im März 1943 das Kommando über die operative Gruppe »Tadeusz Kosciusko« übernahm, die aus den Tadeusz-Kosciusko-, Jaroslaw-Dabrowski-, Schtschors-, Kotowskij- und Berek-Joselewicz-Abteilungen bestand. Am 4. April 1943 hielt Korczynskis Stab in einer Försterhütte bei Starzyzna im Distrikt Bilgoraj, um nach mehrtägigen Kämpfen mit verfolgenden deutschen Kräften ein paar Stunden zu schlafen. Obersturmbannführer Kolba, der SS- und Polizeiführer des Landkreises, erfuhr von der Anwesenheit der Partisanen und ließ das Haus von einem Polizeibataillon und einer SS-Einheit umstellen. Korczynski und einigen wenigen anderen gelang es, durch den deutschen Ring zu schlüpfen, Spiro aber zählte zu der Mehrzahl, die im Kampf starb. –

Fast alle Ärzte der Volksgarde und später der Volksarmee in der Region Lublin waren Juden. *Dr. Michael Temczyn* war aus dem Warschauer Ghetto geflohen und hatte sich unter den Bauern des Distrikts Hrubieszów niedergelassen. Als die Deutschen 1942 mit der »Aktion Reinhard« begannen, wurde er Führer einer bewaffneten Gruppe von Juden, die aus Grabowiec geflüchtet waren. Mit seiner Gruppe, zu der im Lauf der Zeit auch Rotarmisten und Polen gestoßen waren, schloß er sich später der Volksgarde an. Temczyn wurde leitender medizinischer Offizier beim Kommando der Volksgarde Region Lublin. –

In der Region Kielce spielten, abgesehen von Robb-Narbutt, zwei weitere Juden eine bedeutende Rolle bei der Aufstellung und Führung von Volksgarde und Volksarmee. *Stanislaw Hanyz* war zunächst Stabschef der Volksarmee Region Czestochowa und 1944 Stabschef der Dritten Kielcer Brigade »General Józef Bem«. *Ryszard Nazarewicz,* der seine Kämpferlaufbahn in der Warschauer Volksgarde begonnen hatte, war politischer Offizier derselben Brigade. –

Den Höhepunkt ihrer numerischen Stärke und Kampfeffektivität erreichte die Volksarmee im Sommer und Herbst 1944, als ihre Operationen mit denen der großen sowjetischen Partisanenverbände eng koordiniert wurden. Um der Roten Armee bei ihrer bevorstehenden Offensive über den Bug zu helfen, erschienen im späten Winter und Frühjahr 1944 komplette sowjetische Partisanenbrigaden und -abteilungen in der Region Lublin. Die erste, die den Bug überquerte, war die Brigadegruppe unter Oberstleutnant Iwan Banow. Ihm folgten Major Viktor Karassjows Brigadegruppe und Oberstleutnant Nikolai Prokopjuks Abteilung. Nach diesen kamen drei weitere Brigadegruppen, kommandiert von Major Wladimir Tschepiga, General Semjon Baranowskij und Oberst Boris Schangin, sowie fünf Abteilungen unter Leutnant Iwan Jakowlew, Hauptmann Michail Nadelin, Oberleutnant Sergei Sankow, Leutnant Grigorij Kowaljow und Hauptmann

Mikolaj Kunicki. Während den Brigadegruppen zwischen 400 und 500 Frauen und Männer angehörten und Prokopjuks Abteilung 382 Partisanen zählte, betrug die Stärke der anderen Abteilungen zwischen 60 und 120 Mann. Ihre Zahlen wuchsen jedoch sehr schnell dank des Zustroms entflohener sowjetischer Kriegsgefangener und ganzer Einheiten der Osttruppen und der Ostlegion, die ihre deutschen Offiziere getötet hatten und mit ihren Waffen desertiert waren. Zu ihnen kam außerdem eine unbekannte Zahl überlebender Juden, die bis zum Eintreffen der sowjetischen Partisanen keinen Platz in der polnischen Partisanenbewegung hatten finden können.

Kunickis etwa einhundertköpfige Abteilung überquerte den Bug in der Nacht vom 13. auf den 14. April. Nach der Ausschaltung deutscher Grenztruppen, die dank der überlegenen Feuerkraft mehrerer Dutzend Maschinengewehre und Mörser problemlos verlief, zogen die Partisanen zu den Wäldern bei Janów. Nach mehreren weiteren Schlachten und Zusammenstößen mit den Deutschen erreichten sie am 1. Mai das Dorf Otrocz. Was hier geschehen war, berichtet Kunicki:

»In den Forsten und Wäldern nördlich von Otrocz hielten sich acht Juden, vier Jüdinnen und fünf geflohene sowjetische Kriegsgefangene seit geraumer Zeit vor den Deutschen verborgen. Vier von ihnen waren mit Gewehren und Granaten bewaffnet, und ihr Kommandant war ein Jude, *Markus Szlajcher*. Er war klein, dünn, mutig, gerecht und ein Mann mit gesundem Menschenverstand. Zuvor waren die Rotarmisten in einer Gruppe von dreißig entflohenen sowjetischen Kriegsgefangenen gewesen. Eine NSZ-Abteilung hatte sie überrascht und zu einem gemeinsamen Frühstück eingeladen; als sie der Einladung folgten, wurden sie entwaffnet und eine Anzahl von ihnen erschossen. Diejenigen, die entkommen konnten, schlossen sich den Juden an, die in den bewaldeten Schluchten nahe Otrocz hausten. Als sie von unserer Ankunft von der anderen Seite des Bug erfuhren, baten sie uns, sich unserer Abteilung anschließen zu dürfen. Nach sorgfältiger Befragung und langen Gesprächen befahl ich, daß alle siebzehn zu unserer Abteilung zugelassen und mit Waffen ausgerüstet wurden.« –

Leon Kasman, Deckname Janowski, erreichte mit seiner Abteilung im März 1944 aus Nordwolhynien kommend die Region Lublin. Er spielte

eine bedeutende Rolle bei der Vergrößerung der örtlichen Einheiten der Volksarmee, denn er stand in direktem Kontakt zu General Aleksander Zawadzki, dem Chef des Polnischen Partisanenstabs in Rowno, und war zugleich Vertreter des Zentralkomitees der Polnischen Arbeiterpartei in der Region Lublin. Daher war er für die Luftabwürfe sowjetischer Waffen zuständig, die die Ausdehnung der örtlichen Einheiten der Volksarmee zu Brigaden entscheidend beschleunigten. Zudem zeichnete sich Kasman häufig als Militärführer aus, so auch bei der größten Partisanenschlacht, die auf polnischem Boden ausgefochten wurde. Die Schlacht begann am 10. Juni 1944 und endete erst zwei Wochen später, nachdem es den 25.000 Mann starken deutschen Truppen nicht gelungen war, die 3.500 von Oberst Prokopjuk kommandierten sowjetischen und polnischen Partisanen zu vernichten, obwohl sie sie in den Janówer Wäldern und, nachdem jene dort durch ihren Ring gebrochen waren, noch mal in der Solska Puszcza umzingelt hatten. –
Der Ausbau der Volksarmee wäre ohne das Eintreffen ausgebildeter Kader unmöglich gewesen. Die Männer und Frauen, die 1944 hinter den deutschen Linien in den Regionen Lublin und Kielce absprangen, waren zumeist in dem Unabhängigen Sturmbataillon ausgebildet worden, das zur Ersten Polnischen Armee in Rußland gehörte und von Oberst *Henryk Torunczyk* kommandiert wurde, jenem jüdischen Ingenieur, der im Spanischen Bürgerkrieg Stabschef und letzter Kommandant der Internationalen Brigade »Jaroslaw Dabrowski« gewesen war. Von Mai bis September sprangen insgesamt zwölf Gruppen in den beiden Regionen ab. Einen gewissen Eindruck von der Rolle der Juden in diesem besonderen Team gewinnt man, wenn man in Erinnerung ruft, daß die erste Gruppe von Leutnant *Michal Goldys* kommandiert wurde, einem Juden, dessen politischer Stellvertreter Leutnant *Michal Drzewiecki* war, ebenfalls ein Jude. Eine weitere Gruppe stand unter dem Kommando von *Juliusz Konar,* dessen wirklicher Name Kon lautete. Konar, der den Rang eines Obersten erreichte, wurde die höchst bedeutsame Aufgabe übertragen, die Eisenbahnverbindungen entlang der Weichsel zu unterbrechen.
Die wichtigsten der Partisanenabordnungen, die vom Ostufer des Bug eintrafen, waren jene von Oberst Robert Satanowski, von Major Czeslaw Klim, der als Nachfolger Skotnickis in Nordwolhynien die

Tadeusz-Kosciuszko-Abteilung kommandiert hatte, und von Major
Józef Sobiesiak. Einer der Offiziere in Satanowskis Gruppe, die ihn
beim Aufbau der Brigade *Jeszcze Polska Nie Zginela* unterstützten, war
Leutnant *Isaac Gutman-Skuteli*. Am 6. September 1944, nach der Befreiung der Region Lublin durch die Rote Armee, sprangen Gutman-
Skuteli und elf weitere Offiziere über der Region Kielce ab, um das
Kommando der Einheiten der erweiterten Dritten Kielcer Brigade
»General Józef Bem« zu übernehmen. Gutman wurde Stellvertreter
des Kommandanten der Brigade, Boreslaw Boruta, Deckname Ha-
nicz, dessen Stabschef wiederum der Jude *Hanyz* war. Als wenige Tage
später 12.000 deutsche Soldaten und Polizisten versuchten, die Brigade in eine Falle zu treiben, mußte die Dritte Kielcer Brigade sich auf-
teilen; Gutman führte sein Bataillon bis zu den Ausläufern der Hohen
Tatra, wo er mit seinen 120 Mann bis zum 28. Januar 1945 weiterkämpfte. In der Region Podhale am Fuße der Tatra war *Leib Birmans* jüdische
Abteilung eine der ersten Partisanenabteilungen der Volksgarde gewesen. –
Major Klims Organisationsgruppe stellte die Tadeusz-Kosciusko-
Brigade auf. Zu den Juden seiner Gruppe gehörten Leutnant *Samuel
Koniuchowski,* Leutnant *Borys Troki,* Oberfeldwebel *Jacob Wowk* und
Leutnant *Lucyna Herc,* die nach Befreiung der Region Lublin zu ihrem
Regiment in der Ersten Polnischen Armee zurückgekehrt war. Sie war
stellvertretende Kommandantin in einer Kompanie von Maschinen-
pistolenschützen, als sie im September 1944 mit ihren Männern die
Weichsel überquerte und dabei tödlich verwundet wurde. –
In Major Sobiesiaks Abteilung, die über der Region Kielce abgesprungen war und von zunächst 100 Mann zu der 500köpfigen Grunwald-
Brigade anwuchs, gab es mehrere jüdische Offiziere. Da die Hauptauf-
gabe der Grunwald-Brigade in der Unterbrechung der feindlichen
Schienenstrecken bestand, war Leutnant *Bernard Szwarc,* der die Mi-
nenleger befehligte, einer der wichtigsten Offiziere des Verbands. Ihm
war es zum großen Teil zuzuschreiben, daß Sobiesiaks Leute 72 deutsche Züge zur Entgleisung brachten und 30 Eisenbahn- und Straßen-
brücken sprengten. Als Sobiesiak beim Aufbau der Ersten Kielcer Brigade half, versetzte er Szwarc zu dem neuen Verband. Als leitender
Sprengoffizier der Brigade zerstörte Szwarc sieben deutsche Züge, bevor er an der Hand verwundet wurde. Er wurde bei einer polnischen

Familie untergebracht und sollte dort bleiben, bis seine Verletzung verheilt war. Sein Versteck wurde aber den Deutschen verraten – beim Fluchtversuch in die nahegelegenen Wälder wurde er erschossen. – Ein anderer Jude, der mit Sobiesiak nach Polen gekommen war, Leutnant *Adam Kornecki*, wurde Stabschef und stellvertretender Kommandant der Ersten Kielcer Brigade. Noch ein weiterer von Sobiesiaks Offizieren, Major Janina Zureck-Dudowa, deren wirklicher Name *Bluma Perelmuter* lautete und die in Saburows Brigadegruppe gekämpft hatte, wurde politische Offizierin der Ersten Kielcer Brigade. Und Feldwebel *Zbigniew Kohlberger,* jüdischer Veteran aus Sobiesiaks Organisationsgruppe, half im Juli 1944 bei der Aufstellung der Ersten Krakauer Brigade der Volksarmee, in der Leutnant *David Grinberg* – per Fallschirm abgesprungen mit Leutnant Antoni Janczaks Organisationsteam – Stabschef war. –

Versuchen wir nun, den quantitativen Beitrag von Juden zur linksgerichteten polnischen Partisanenbewegung zu beurteilen. Polnische Historiker schätzen die Gesamtstärke der Volksarmee, die 1944 aus der Volksgarde, einer Reihe von Bauernbataillonen und einigen wenigen Einheiten der Heimatarmee hervorging, auf 50.000 bis 60.000 Männer und Frauen. Wie irreführend diese Zahl jedoch sein kann, wird aus einer detaillierten Studie über die polnische Partisanenbewegung in der Region Kielce deutlich, die Bogdan Hillebrandt, der methodischste und gründlichste Forscher über die polnische Partisanenbewegung, verfaßt hat.

Von ihm erfahren wir, daß zur Volksarmee auf dem Höhepunkt ihrer Stärke und Tätigkeit 1944 in der Region Kielce etwa 7.000 Menschen gehörten, während die nominale Stärke der Heimatarmee zur gleichen Zeit rund 30.000 und diejenige der Bauernbataillone 27.500 Mann betrug. Diese Zahlen repräsentieren aber keineswegs die wirkliche Anzahl der Partisanen. 1943 betrug die tatsächliche Gesamtzahl der Volksgardepartisanen 570, die der Heimatarmee 600 und die der Bauernbataillone 200. 1944 lag die Zahl der zur Volksarmee zählenden Partisanen bei 2.300, die Stärke der mobilisierten Einheiten der Heimatarmee betrug 5.500 und jene der Partisaneneinheiten der Bauernbataillone etwa 1.100 Mann. Folglich hatte es die Volksarmee geschafft, 30 % ihrer Mitglieder zu mobilisieren, die Heimatarmee hatte

17 % und die Bauernbataillone hatten 4 % ihrer Mitglieder mobilisiert. Die Zahlen der polnischen Partisanen in der Region Lublin lagen höher als in der Region Kielce, doch das Verhältnis zwischen denen, die tatsächlich als Partisanen kämpften, und jenen, die einfache Mitglieder der drei militärischen Untergrundorganisationen waren, wird sich kaum sehr unterschieden haben. Deswegen kommen wir, selbst wenn wir annehmen, daß landesweit 30 % der Angehörigen der Volksarmee zu irgendeiner Zeit Partisanen waren, bei einer geschätzten Gesamtmitgliedschaft der Volksarmee von 50.000 bis 60.000 Menschen auf eine Zahl von rund 20.000 aktiven Partisanen. Nach sowjetischen Quellen kämpften im Frühjahr 1944 insgesamt etwa 7.000 sowjetische Bürger in der polnischen Partisanenbewegung, 6.000 davon in der Volksgarde bzw. Volksarmee und etwa 1.000 in der Heimatarmee oder in den Bauernbataillonen. Daraus folgt, daß von den 20.000 Partisanen in den Einheiten der Volksarmee mindestens ein Drittel entflohene sowjetische Kriegsgefangene waren, unter denen es natürlich auch Juden gab.

Was die Zahl polnischer Juden in den Partisanenabteilungen von Volksgarde und Volksarmee angeht, so können wir sie mangels statistischer Angaben nur schätzen. Wir wissen aber, daß, nachdem am 20. November 1944 in Lublin die Jüdische Partisanenvereinigung gegründet worden war, binnen kurzem 1.000 jüdische Partisanen registriert wurden. Natürlich konnten unter den zu dieser Zeit in Polen herrschenden Bedingungen nicht alle jüdischen Partisanen, die östlich des Bug gekämpft hatten, registriert werden, insbesondere weil viele zur polnischen Armee gegangen waren und deswegen nicht frei reisen oder sich über die Ereignisse in der überlebenden jüdischen Gemeinde auf dem laufenden halten konnten. Zudem befanden sich die jüdischen Partisanen, die in der Region Kielce und anderen Gebieten westlich der Weichsel gekämpft hatten, noch hinter den deutschen Linien.

Berücksichtigen wir nun für jeden jüdischen Partisanen, der bis zum Ende des Krieges überlebte, einen Gefallenen, so erhalten wir für das Gebiet des Generalgouvernements mit Ausnahme des Distrikts Galizien eine sehr vorsichtige Schätzung von 5.000 jüdischen Partisanen in Volksgarde, Volksarmee und Bauernbataillonen. Wenn wir nun in Erinnerung rufen, daß alle Partisanenabteilungen der Volksarmee in

der zweiten Jahreshälfte 1943 zusammen nur etwa 2.000 Mann umfaß-
ten und daß nur eine Hälfte dieser Zahl westlich des Bug operierte,
und dann die Größe der polnischen Bevölkerung mit der des Restes
des polnischen Judentums in der zweiten Hälfte 1943 vergleichen, so
sind wir zu der Schlußfolgerung berechtigt, daß die jüdische Beteiligung an der polnischen Partisanenbewegung als unverhältnismäßig
hoher Beitrag herausragt.   [20]

Aus den Akten der Täter

Meldungen des Kommandos der Ordnungspolizei im Distrikt Lublin

Am 6. 7. 43 wurde im Raume zwischen Kawolin und Krasnik, 5 km
südlich-westl. / Krasnik, durch Kräfte der Pol. Reiterschwadron
Lublin 1 Judenbande gestellt. Im Feuerkampf wurden 10 Juden vernichtet. Erbeutet einige Schuß Munition.   Komm ORPO Lublin

15. 7. 43 Wald Krasówka, Gem. Wyryki, 52 km nördl. Cholm, durch
Truppenpol. 30 Juden vor der Festnahme erschossen.

18. 7. 43 Im Verlaufe der Aufklärungsaktion wurden durch Truppenpol.
und Gendarmerie unter Absperrung durch Wehrmacht, 2 Banditen, 2
Helfer und 120 Juden vor der Festnahme auf der Flucht erschossen.
Weiter wurden 80 Verdächtige festgenommen und nach Lublin transportiert.

Gendarmerie Hauptmannschaft Zamosc:
Die seit dem 21. 8. 43 durch Truppenpolizei verfolgte größere Bande
(500 Mann) ist am 25. 8. 43, 7.00 Uhr, bei Obrocz auf den Feldern Bilgoraj, Gem. Zwierzyniec, 26 km ostwärts Bilgoraj, von dem Heger
Giezonka aus Obrocz gesichtet worden. Die Bande war in 3 Gruppen
geteilt, worunter sich Juden und 10 Frauen befanden.

                                              Komm. ORPO Lublin

Gend. Hauptmannschaft Radzyn:

Am 8. 9. 43 gegen 22 Uhr wurden auf dem Liegenschaftsgut Uhnin I, Gemeinde Debowa-Kloda, 35 km SO Radzyn, 6 Getreideschober, von einer etwa 100-150 Mann starken Judenbande, die auf etwa 20 Fuhrwagen aufkommen, in Brand gesteckt. Es verbrannten 140 Fuhren Roggen, 20 Fuhren Weizen, 15 Fuhren Gerste und 10 Fuhren Heu. Der Schaden beträgt ca. 10.000 zl.   [12]

Himmlers persönlicher Krieg gegen jüdische Widerstandskämpfer in Polen, die für todbringende Versuche ausgewählt wurden

Der Reichsführer-SS   Feldkommandostelle, den 16. Juni 1943.
Tgb.Nr. 1652/43 geh.Kds.
RF/Bn
Betr.: Erforschung der Ursache der ansteckenden Gelbsucht (Hepatitis epidemica.)
Bezug: Dort v. 1. 6. 1943 – Az.: 420/IV/43 – Tgb.Nr. 6/43 g.Kdos.
                                   Geheime Kommandosache!
An den   4 Ausfertigungen
Reichsarzt-SS und Polizei   3. Ausfertigung
Berlin.
Ich bestätige den Empfang Ihres Briefes vom 1. 6. 1943.

1. Ich genehmige, daß 8 zum Tode verurteilte Verbrecher in Auschwitz (8 zum Tode verurteilte Juden der polnischen Widerstandsbewegung) für die Versuche verwendet werden.

2. Ich bin einverstanden, daß Dr. Dohmen diese Versuche in Sachsenhausen macht.

3. Ich bin mit Ihnen der Ansicht, daß eine wirkliche Bekämpfung der ansteckenden Gelbsucht von unerhörtem Wert wäre.

                              gez. H. Himmler.   [12]

Bewaffneter jüdischer Widerstand in Osteuropa, 1941-1944

Karte von Dr. S. Krakowski, Archiv Yad Vashem, Jerusalem

Wir kämpfen, um uns vor den Deutschen zu retten, um
uns zu rächen, uns den Weg freizukämpfen, vor allem
aber, verzeih das große Wort, unserer Würde wegen.
Primo Levi: Wann, wenn nicht jetzt (München 1986)

VII. BALTIKUM UND SOWJETUNION

2,1 Millionen Juden lebten in den von Deutschen eroberten Gebieten der Sowjetunion. 1,1 Millionen Juden gelang die Flucht aus den besetzten Gebieten. 1.127.000 Juden lebten in der Westukraine und Westweißrußland, 250.000 in Litauen, 95.000 in Lettland, 5.000 in Estland sowie 325.000 in Bessarabien und in der Nordbukowina. Hinzuzuzählen sind 2.000 jüdische Flüchtlinge aus Westpolen.

Chronik der Ereignisse

1939

23. März	Memel wird von Deutschland annektiert.
29. September	Estland muß aufgrund des Hitler-Stalin-Paktes der Sowjetunion die Errichtung von militärischen Stützpunkten gestatten, es folgen Lettland am 5. Oktober und Litauen am 10. Oktober 1939.
Juli-August	Estland, Litauen und Lettland werden als Sowjetrepubliken in die Sowjetunion eingegliedert. Wilna wird Hauptstadt Litauens.

1941

Anfang Juni	Heydrich berichtet den Kommandeuren der vier in Pretsch in Sachsen konzentrierten Einsatzgruppen über Hitlers Anordnung zur Liquidation der Juden in den zu besetzenden Sowjetgebieten.
Mitte Juni	Deportation von »Volksfeinden« aus den baltischen Republiken nach Sibirien, darunter mehrere tausend

	Juden. Unbeabsichtigt konnten dadurch Tausende von ihnen überleben.
22. Juni	Überfall auf die Sowjetunion. Italien, Rumänien, Ungarn, Slowakei und Finnland folgen dem 3. Reich in den Krieg.
29. Juni	Die KPdSU ruft zum »Vaterländischen Krieg« auf.
24. August	Das neugegründete Jüdische Antifaschistische Komitee der Sowjetunion ruft in einer jiddischsprachigen Sendung von Radio Moskau die Juden der Welt auf, der Sowjetunion in ihrem Kampf zu helfen.
Sept./Okt.	Leningrad ist eingeschlossen, Beginn des Angriffs auf Moskau.

1942
19. November   Beginn der sowjetischen Gegenoffensive bei Stalingrad.

1943
31. Januar   Die 6. Armee kapituliert bei Stalingrad.
5. Juli   Beginn der sowjetischen Offensive bei Kursk.

1944
März-Juni   Frühjahrs- und Sommeroffensive

1945
12. Januar   Beginn der Großoffensive von Warschau bis Schlesien.
16. April   Beginn des Angriffs auf Berlin.

Die Vernichtung der Juden wurde in drei Phasen ausgeführt: 1. Vom 22. Juni 1941 bis zum Winter 1941/42. 2. Vom Frühjahr 1942 bis Ende 1942. 3. Vom Anfang 1943 bis zur Befreiung der besetzten Territorien. Neben den Einsatzgruppen A, B, C und D operierten mehrere SS-Brigaden, Waffen-SS-Einheiten, Polizei-Bataillone und 170 mobile Polizei-Bataillone, die aus baltischen, ukrainischen und aus sowjetischen Hilfswilligen anderer Nationalitäten bestanden. In den Gebieten, die vor dem Krieg zur Sowjetunion gehörten, wurden die Juden bereits in den ersten Monaten des Krieges ermordet. In einigen Städten wurde die Bildung von Ghettos und Judenräten angeordnet. Zu keiner Zeit rief die sowjetische Regierung oder die kommunistische Partei zur Hilfe und Rettung der jüdisch-sowjetischen Bürger auf.

Trotz dieser widrigen Umstände bildete sich unter den Juden schon früh eine starke Widerstandsbewegung. Die Juden waren sogar Pioniere der Partisanenbewegung, was in vielen Berichten der führenden deutschen Verwaltungs- und Polizeistellen zum Ausdruck kam. Bereits im August-September 1941 bildeten sich Widerstandsgruppen in Wilna und Minsk. Es gab bewaffnete Aufstände in mehreren Ghettos. Tausende flohen in die Wälder, wo sie Partisanengruppen gründeten oder sich den bereits bestehenden anschlossen. Als die sowjetische Armee, meist im Sommer 1944, die besetzten Gebiete befreite, fand sie fast keine jüdischen Überlebenden mehr. Zu den Opfern des Krieges müssen noch 180.000 jüdische Soldaten der sowjetischen Armee gezählt werden, die im Kampf fielen, wie auch 80.000 jüdische Kriegsgefangene, die meist sofort nach der Gefangennahme erschossen wurden. Tausende von sowjetischen Juden starben darüber hinaus bei den Blockaden und Kämpfen um Moskau, Leningrad und Odessa.

Wilna

Wilna gehörte zu den wichtigsten jüdischen Gemeinschaften der Welt. Hier blühten jüdische Wissenschaften und Kultur, jiddische Literatur, Druckkunst und religiöse Gelehrsamkeit. Wilna war auch das Zentrum der jüdischen Arbeiter- und Gewerkschaftsbewegung. In Wilna wurde die jüdische sozialdemokratische Arbeiterpartei *Bund* gegründet. Zwischen den beiden Weltkriegen war Wilna Hauptstadt der gleichnamigen polnischen Wojewodschaft und zählte über 57.000 Juden. Die Rote Armee besetzte Wilna gemäß dem Hitler-Stalin-Pakt am 19. September 1939, aber schon im Oktober des gleichen Jahres wurde die Stadt an die Republik Litauen zurückgegeben. Anfang

August 1940 wurde sie Hauptstadt der von der Sowjetunion annektierten Litauischen Sowjetrepublik. Viele religiöse, zionistische und bürgerliche jüdische Persönlichkeiten wurden in die Sowjetunion deportiert, manche von ihnen dort ermordet.

Am 24. Juni 1941 marschierten die deutschen Truppen in Wilna ein, wo sie von der litauischen Bevölkerung mit Blumen empfangen wurden. Die Besatzungsbehörden begannen sofort mit der Judenverfolgung. Das Einsatzkommando 9 der Einsatzgruppe B ergriff im Juli unter Mithilfe litauischer Kollaborateure bei Straßenrazzien 5.000 Juden, brachte sie nach Ponary, 12 km von Wilna entfernt, und ermordete sie dort. Die Gestapo streute Gerüchte aus, nach denen sich die Männer in einem Arbeitslager befänden. Im August übernahm die zivile Verwaltung die Macht. Litauen wurde Teil des Reichskommissariats Ostland. Vom 31. August bis zum 3. September 1941 folgte eine weitere »Aktion«, bei der 8.000 Juden erfaßt und in Ponary ermordet wurden. Anschließend wurden zwei Ghettos errichtet, getrennt durch die Deutsche Straße. 30.000 Menschen wurden ins Ghetto Nr. 1 umgesiedelt und ca. 10.000 ins Ghetto Nr. 2. Es fanden weitere »Aktionen« statt, denen die Alten, Kranken, Kinder und Arbeitsunfähigen zum Opfer fielen. Bis Ende 1941 hatten die Massenmörder über 33.000 von den 57.000 Juden ermordet. 12.000 »legale« Juden mit gelben Scheinen – Ausweisen einer »produktiven Tätigkeit« – sollten zunächst am Leben bleiben. Um dem schrecklichen Schicksal zu entgegen, wurden Verstecke und Bunker, sogenannte *Malines* gebaut. Etwa 8.000 »Illegale« versuchten sich irgendwie durchzuschlagen. Manche fühlten sich durch eine Arbeit für die deutsche Rüstungsindustrie geschützt.

Eine andere Strategie entwickelten die Mitglieder zionistischer Jugendverbände, deren Organisationsstruktur trotz sowjetischer und deutscher Besatzung erhalten geblieben war. Es wurde darüber debattiert, ob man den Kampf im Ghetto selbst aufnehmen oder außerhalb des Ghettos als Partisanen kämpfen sollte.

In der Silvesternacht 1941/42 versammelten sich 150 Aktivisten der zionistischen Organisationen in einer Suppenküche in der Straszuniastraße 2 zu einer Gedenkveranstaltung für die Ermordeten von Ponary und zu einer Konferenz, die als Silvester-Feier getarnt wurde. Anwesend war auch Tema Katz, der die Flucht aus Ponary gelungen ist und die über die schrecklichen Morde berichtete. Abba Kowner, der bekannte jiddische Dichter und spätere Kommandant des Widerstands, legte den Entwurf eines Aufrufs vor, der in jiddischer und hebräischer Sprache vorgelesen und verabschiedet wurde. In diesem Aufruf wird zum ersten Mal im besetzten Europa die These aufgestellt – es war eine intuitiv und ohne dokumentarische Beweise geäußerte richtige Vermutung –, daß Hitler die Vernichtung des gesamten jüdischen Volkes beabsichtigte. Der Aufruf wurde 19 Tage *vor* der Wannsee-Konferenz vom 20. Januar 1942 verabschiedet und verbreitet.

Drei Wochen später, am 21. Januar 1943, wurde von Zionisten und Kommunisten die *Fareinikte Partisaner Organisazje* gegründet, die allgemein mit den Inititalen FPO bezeichnet wird. Nach dem Beitritt des Bundes gehörten fünf ideologisch verschiedene Gruppierungen zur FPO. Kommandant wurde der Kommunist Jizchak Wittenberg (»Leon«), der die Verbindung zu den sowjetischen Partisanen herstellen sollte. Seine Vertreter waren Abba Kowner und Josef Glazman. Die FPO-Mitglieder wurden in strengorganisierte Gruppen, zunächst Dreiergruppen, später »Quintette« zusammengefaßt. 300 Kämpfer bildeten zwei Bataillone, mit vielen Frauen als vollberechtigten Kämpferinnen. Weitere Hunderte besorgten die Logistik und Infrastruktur. Es war ein Aufstand im Ghetto mit anschließender Flucht in die Wälder geplant. Waffen wurden durch Kauf und Entwendung aus deutschen Fabriken und Dienststellen besorgt.

Eine weitere Kampforganisation unter Jechiel Scheinbaum vertrat die Strategie der sofortigen Flucht zu den Partisanen. Später schloß sich diese Gruppe der FPO an. Die FPO organisierte verschiedene Sabotageakte, u.a. an Kraftfahrzeugen und Flugmotoren. Witka Kempner nahm mit anderen Kämpfern an einer Zugentgleisung teil.

Der erste Zusammenstoß der FPO mit dem Judenrat unter Jakob Gens erfolgte, als dieser Josef Glazman, seinen früheren Stellvertreter, verhaften und in ein Arbeitslager schicken wollte. Dann erzwang die Gestapo unter der Folter Aussagen von zwei litauischen Kommunisten, die Wittenberg als Kommandanten des Widerstandes bezeichneten. Am 15. Juli 1943 wurde Wittenberg verhaftet, aber von bewaffneten FPO-Männern befreit. Es war klar, daß die Nazis dies als strafwürdige Provokation auffassen würden. Die FPO wurde in Alarmzustand versetzt. Die Gestapo stellte ein Ultimatum: Entweder Wittenberg wird bis zum nächsten Morgen ausgeliefert, oder das gesamte Ghetto wird ausradiert. Wittenberg ließ sich verhaften, nachdem ihm der entsprechende Beschluß des zuständigen Organs der Kommunistischen Partei mitgeteilt wurde. Er wurde noch am gleichen Tag ermordet. Das war der tragische »Wittenberg-Tag«, der die Geschichte des jüdischen Widerstandes überschatten sollte.

Als das Ghetto Wilna am 1. September 1943 umstellt wurde, forderte die FPO ihre Mitglieder zum Kampf auf. Der Tagesappell trug den Titel: »Juden zum bewaffneten Widerstand!« Die SS-Leute wurden an mehreren Stellen des Ghettos angegriffen. Bei diesen Kämpfen fiel auch Jechiel Scheinbaum.

Am 15. September 1943 wurde das Ghetto noch einmal umstellt, aber die SS-Truppen zogen sich zurück, als sie erfuhren, daß die FPO kämpfen würde. Als am 23. September die endgültige Liquidation des Ghettos bevorstand, befahl das Kommando der FPO den Kämpfern, in die Wälder zu gehen, um sich den Partisanen anzuschließen. Die Ghettobewohner wurden zum Teil in das Vernichtungslager Sobibor und zum Teil in estnische und lettische Arbeitslager deportiert. Knapp 3.000 Juden blieben in Wilna zurück und wurden in Rüstungsbetrieben beschäftigt. Am 3. Juli 1944, zehn Tage vor der Befreiung Wilnas, wurden sie in Ponary ermordet.

Mehrere hundert Männer und Frauen, auch die Überlebenden der Kampfgruppe Jechiel Scheinbaums, schlossen sich den Partisanen in den Rudniki- und Narocz-Wäldern an, wo sie bis zur Befreiung kämpften. Die Juden bildeten eigene Kampfgruppen, u.a. die Gruppe *Nekome* (Rache). Die Führung der sowjetischen Partisanenbewegung duldete jedoch keine Partisanengruppen, die statt nach territorialen nach nationalen Kriterien organisiert waren. Man wollte offenbar auch einen Konflikt mit der im allgemeinen antijüdisch eingestellten Bevölkerung vermeiden. Später konnte Abba Kowner vier jüdische Bataillone aufstellen, weil viele Juden aus den Arbeitslagern und aus Wilna zu den Partisanen flüchteten. Der litauische Partisanenstab wirkte durch Abordnung nichtjüdischer Kämpfer der weiteren Bildung rein jüdischer Einheiten entgegen. Auch die jüdischen Kommandanten wurden durch andere ersetzt.

An den Kämpfen um Wilna nahmen auch die Wilnaer Partisanen teil. Von den 57.000 Juden Wilnas blieben zwei- bis dreitausend am Leben. Die Gruppenfotos dieser Männer und Frauen am Tage der Befreiung

Wilnas zählen zu den bekanntesten Bildern des jüdischen Widerstandes im Zweiten Weltkrieg. Am gleichen Tag kam Ilja Ehrenburg nach Wilna, um mit den von ihm so geliebten jüdischen Partisanen zusammenzusein, und stellte sich zu einer Gedenkaufnahme. Am 27. Juli 1944 veröffentlichte die jiddische Zeitung *Ejnigkeit*, Organ des Jüdischen Antifaschistischen Komitees der Sowjetunion, dieses Foto. Es ist auch in Ehrenburgs und Grossmans »Schwarzbuch« abgebildet.

Abba Kowner – ein Dichter im Widerstand

Zu den wichtigsten und markantesten Gestalten des jüdischen Widerstandes in Osteuropa, neben Mordechaj Anielewicz und Mordechaj Tenenbaum, gehörte der Dichter und Partisanen-Kommandant Abba Kowner. Er wurde 1918 in Sewastopol auf der Krim geboren, lebte aber mit seiner Familie in Wilna, wo er ein hebräisches Gymnasium absolvierte. Bereits vor dem Krieg war er in der linkszionistischen Bewe-

Abba Kowner

gung *Haschomer Hazair* aktiv. Der Kriegsausbruch verhinderte seine Auswanderung nach Palästina. Während der sowjetischen Besetzung Wilnas von 1939 bis 1941 war er im zionistischen Untergrund tätig. Schon früh entschied sich Kowner für den Widerstand und gründete eine Kampforganisation. Drei Wochen *vor* der Wannsee-Konferenz verfaßte und verkündete er den berühmten Aufruf vom 1. Januar 1942, in welchem zum ersten Mal intuitiv, ohne dokumentarische Beweise, die Massenmorde durch die Einsatzgruppen als Teil des Planes zur Ermordung aller Juden Europas interpretiert wird. Die Worte des Aufrufs »Laßt uns nicht wie Schafe zur Schlachtbank gehen« sind später fälschlicherweise zur Charakterisierung des Verhaltens der Juden während der Schoa mißbraucht worden. Kowner war stellvertretender Kommandant der am 21. Januar 1942 gegründeten Vereinigten Partisanen-Organisation FPO. Nach dem Tod von Wittenberg wurde er Kommandant der FPO. Er leitete die Flucht der FPO-Kämpfer in die Wälder von Rudniki, wo er eine große jüdische Partisanen-Einheit gründete und kommandierte, die sich später zum jüdischen Bataillon *Nekome* (Rache) entwickelte. Die Wilnaer Partisanen nahmen an den Kämpfen zur Befreiung ihrer Stadt teil. Schon 1945 organisierte Kowner zusammen mit seinen Kameraden die Fluchtorganisation nach Palästina (*Bricha*), deren Mitglieder Hunderttausende von Juden ins Land brachten. 1945 fuhr er selbst nach Palästina, um Mittel für die Jagd auf die Judenmörder zu organisieren. Auf dem Rückweg wurde er von der englischen Geheimpolizei in Ägypten verhaftet und zur Verbüßung einer Haftstrafe nach Palästina gebracht. Zusammen mit seiner Kampf- und Lebensgefährtin Witka Kempner wurde er Kibbutzmitglied. 1947 wurde Kowner Soldat der berühmten Givati-Brigade, die sich im Unabhängigkeitskrieg tapfer schlug. Er redigierte das tägliche Kampfbulletin der Brigade und verfaßte viele Gedichte, die zum Schatz der hebräischen Dichtung gehören. Bereits 1943 wurde in Palästina sein hebräisches Gedicht *Me'amakim* (Aus den Tiefen) von der Zeitung *Ha'aretz* – unter dem Pseudonym Uri – veröffentlicht. Sein bekanntestes Gedicht ist *Achoti haktana* (Meine kleine Schwester) und die Prosa-Trilogie *Scheat Ha'efes* (Stunde Null), in welcher er seine Erfahrungen als Partisan und Soldat Israels wiedergibt. Kowner war einer der wichtigsten Zeugen im Eichmann-Prozeß. Er war Mitgründer vieler Institutionen, wie des Diaspora-Museums in Tel Aviv. 1970 erhielt er den israelischen Literaturpreis und wurde Vorsitzender des israelischen Schriftsteller-Verbandes. Er starb 1988, geliebt und betrauert von der ganzen Nation.

Die Anführer des Widerstandes in Wilna

Jizchak Wittenberg (»Leon«)

Jizchak Wittenberg, der erste Kommandant des Widerstandes im Ghetto Wilna, wurde 1907 als Sohn einer proletarischen Familie geboren. Er erlernte den Schneiderberuf und war von Jugend auf Kommunist. Ihm fehlte aber der Dogmatismus, der viele seiner Gesinnungsgenossen auszeichnete. Nicht zuletzt deswegen gelang es ihm,

Kommunisten, Bundisten, Links- und Rechtszionisten zu einem gemeinsamen Widerstands-
bündnis zusammenzufassen. Er wurde von allen
Fraktionen zum Kommandanten gewählt. Am
16. Juli 1943 stellte er sich der Gestapo, die seine
Auslieferung verlangt hatte, um eine Vernichtung des gesamten Ghettos und seiner Bewohner zu verhindern. Noch am gleichen Tage wurde er ermordet.

Jizchak Wittenberg

Josef Glazman

Der 1913 geborene stellvertretende Kommandant der FPO, Josef
Glazman, war Führer der rechtszionistischen Jugendorganisation *Betar*. Als stellvertretender Leiter der Ghettopolizei in Wilna konnte er
dem Widerstand große Hilfe leisten. 1942 verließ Glazman diesen Posten und widmete sich ausschließlich dem Widerstand. Er kommandierte eines der beiden Bataillone der FPO. Nachdem Jacob Gens, der
Chef des Judenrats, seine Verhaftung veranlaßt hatte, kam es zu einem
Zusammenstoß der FPO mit den Ghettobehörden. Gemeinsam mit
anderen FPO-Kämpfern verließ Glazman das Ghetto, um eine jüdische Partisanenbewegung in den litauischen Wäldern aufzubauen.
Glazman fiel nach einem heftigen Feuergefecht mit deutschen Truppen am 7. Oktober 1943, als er versuchte, seine Kampfgruppe von den
Narocz-Wäldern, wo die jüdischen Einheiten aufgelöst und entwaffnet werden sollten, in die Rudniki-Wälder zu führen.

Jechiel Scheinbaum

Der Gründer der nach seinem Vornamen be-
nannten Kampfgruppe im Ghetto Wilna wurde
1914 als Sohn eines adligen Konvertiten in Odessa geboren. Er war Kibbutzmitglied in Lodz und
zog später nach Wilna, wo er Führungsmitglied
der linkszionistischen Organisation *Dror* (»Frei-

Jechiel Scheinbaum

heit«) wurde. In Opposition zu Wittenberg und anderen Widerstandsführern forderte er, so viele Juden wie möglich zu Partisanen in den Wäldern zu machen, wo sie den Deutschen die empfindlichsten Schläge verabreichen konnten. Später schloß sich Jechiels Gruppe der FPO an. Scheinbaum konnte seinen Partisanentraum nicht verwirklichen und fiel am 1. September 1943 beim Kampf gegen die ins Ghetto eindringenden SS-Truppen auf der Barrikade in der Straszuniastraße 12.

Rozka Korczak – Partisanin

Rozka Korczak

Die Partisanin Rozka Korczak war bereits zu Lebzeiten eine Legende, sie ist das Symbol des Widerstandes jüdischer Frauen in Osteuropa geworden. Sie wurde 1921 in Bielsko geboren. Nach Kriegsanfang ging sie nach Wilna, wo sie sich der linkszionistischen Organisation *Haschomer Hazair,* zu deren Leitung Abba Kowner und seine Gefährtin Witka Kempner gehörten, anschloß. Es herrschte vollständige Übereinstimmung zwischen ihnen bezüglich des Kampfes. Rozka Korczak nahm an dem Treffen am 1. Januar 1942 teil, bei welchem der Aufruf zum Kampf proklamiert wurde. Sie ging mit Kowner und den anderen Partisanen der FPO in die Rudniki-Wälder und nahm auch an den Kämpfen zur Befreiung Wilnas teil. Auf dem historischen Foto, das am Tage des Einmarsches ihrer Einheit in Wilna aufgenommen wurde, steht sie rechts neben Kowner in erbeuteter deutscher Uniform mit der MP im Anschlag. Ihr verdanken wir die Schilderung des ersten Einsatzes jüdischer Partisanen im »Schienenkrieg«.

Bereits Anfang Dezember 1944 wanderte sie auf vielen Umwegen nach Palästina aus, wo sie sich am Aufbau des Landes und dessen Verteidigung beteiligte. Sie schrieb ihre Erfahrungen im Kampf nieder und war Mitherausgeberin des großartigen zweibändigen Werkes *Sefer hapartisanim hajehudim* (Das Buch von den jüdischen Partisanen), das bereits 1958 erschien und auch dem vorliegenden Werk als wichtige Quelle gedient hat. 1964 erschien ihr Erinnerungsbuch *Lahawot Ba'afar* (Flammen in der Asche), dessen Titel so zutreffend den Kampf jüdischer Partisanen charakterisiert und dem eine deutsche Ausgabe zu wünschen ist. Rozka Korczak beteiligte sich am Aufbau der Archive des jüdischen Widerstandes in Givat Chawiwa und Jad Mordechaj. Die vielgeliebte und bewunderte Partisanin Rozka starb, wie Abba Kowner, im Jahr 1988.

Rozka Korczak
Jüdische Partisanen in den Wäldern von Narocz/Litauen

Die erste Gruppe von FPO-Kämpfern (*Fareinkte Partisaner Organisazje*) aus Wilna trat am 24. Juli 1943 den Weg aus dem Ghetto in die Wälder von Narocz an. Sie nannte sich Leon-Gruppe, zum Gedenken an ihren Kommandeur Jizchak Wittenberg »Leon«, der eine Woche zuvor den Heldentod gestorben war. An der Spitze der 21 Mann starken Gruppe stand Josef Glazman, Stabsmitglied der FPO. Der jüdische Partisan Scheike, Abgesandter der weißrussischen Brigade Markow, sollte ihnen den Weg weisen. Die Leute erhielten Pistolen, ein paar Gewehre, Handgranaten und ein Maschinengewehr – einen erheblichen Teil des spärlichen Waffenbestands, den die Organisation besaß. Sie nahmen die Waffen auseinander und versteckten sie gut, und mit den Einzelteilen fest am Körper, schlüpften sie nacheinander durch die Seitenpforte des Ghettos aus dem Hof des Gebäudes Rudnicka Str. 6 hinaus. Auf der Straße jenseits der Mauer traten die Männer in Reihen an, ähnlich wie eine reguläre Arbeitstruppe, die aus dem Ghetto zur Arbeit bei den Deutschen geht. Sie waren mit Äxten und Sägen ausgerüstet, wie die Holzfällereinheiten, die in den Wäldern bei der Stadt beschäftigt waren, an der Spitze ein jüdischer Polizist in Uniform – das war Sundel Leiserson von der FPO.

Die Gruppe erregte keinerlei Aufmerksamkeit in den Straßen der Stadt und gelangte unangefochten nach Neu-Willike. Dort stieß eine Gruppe von Ortsansässigen zu ihnen, denen es gelungen war, dem deutschen Wachtposten zu entschlüpfen. Gegen Abend gelangte die Gruppe in ein Wäldchen etwa 30 km von der Stadt entfernt. Die Hauptgefahr war vorüber, die Leute machten es sich bequem, nahmen die verborgenen Waffen heraus, setzten das Maschinengewehr zusammen und rissen den gelben Fleck von der Kleidung. Glazman teilte die Leute in zwei Abteilungen, ernannte Iska Mackewitz und Chaim Lazar zu Kommandeuren. Die Kommandeure erhielten Befehl, von allen die Ausweispapiere einzusammeln und zu vernichten. Die Männer waren in gehobener Stimmung: »Plötzlich waren wir von verfolgten Juden zu freien Kämpfern geworden, deren ganzes Sehnen dahin ging, sich für die von ihnen angetane Schmach und die Mordtaten zu rächen. Dort in diesem Wäldchen wurden wir sozusagen von neuem geboren, als ob wir in einem Augenblick den Alptraum des Ghettolebens abgeschüttelt hätten.«

Mit Einbruch der Dunkelheit gingen sie weiter. Vorneweg fünf Späher – Mulke Chasan, Sundel Leiserson, die Brüder Gordon und Iska Makkewicz – die durch das Dorf zogen. Unweit des Dorfes floß die Wilja vorbei, mit einer Brücke, die es zu überschreiten galt. Die ganze Gruppe rückte in Richtung auf die Brücke vor, in einigen hundert Meter Entfernung warfen sich die Männer zu Boden und warteten auf das Zeichen. Die Späher betraten die Brücke, und die Gruppe schickte sich an, ihnen zu folgen. Plötzlich wurde von der anderen Seite der Brücke her heftiges Feuer auf sie eröffnet. Das Feuer, das die Männer auf dem Rückzug aus ihren Pistolen abgaben, war nicht sonderlich wirkungsvoll. Die Männer, die keinerlei Kampferfahrung hatten, verloren völlig den Kopf. Die mitten auf der Brücke angegriffenen Späher leisteten noch Widerstand, doch bald verstummte das Feuer.

Während des Rückzugs stellte sich heraus, daß viele vermißt wurden, denn die Männer hatten beim Laufen den Kontakt zueinander verloren. Ob die Vermißten tot oder verwundet waren oder sich nur verlaufen hatten, wußte keiner. Scheike behauptete, die Gruppe sei von allen Seiten umzingelt und schlug vor, sich in Grüppchen von 3 bis 4 Mann in den Wald durchzuschlagen. Sein Vorschlag wurde abgelehnt. Die Männer waren nicht bereit, sich voneinander zu trennen, zumal nicht alle über Waffen verfügten und das Schicksal der Vermißten ungewiß war. Während sie noch nach einem Ausweg suchten, bemerkten sie, daß der Anführer und seine Frau verschwunden waren. Die beiden kamen nicht wieder, und mit ihnen war die einzige Landkarte abhanden gekommen, die die Gruppe besaß.

Ratlos und schweren Herzens verließen die Männer allmählich den

Schauplatz des tragischen Zwischenfalls und zogen sich ins Waldesinnere zurück. Sie gingen in Deckung, tarnten sich, und warteten mit schußbereiter Waffe das Ende des zweiten Tages ab. Es vergingen Stunden, ohne daß Schüsse zu hören waren. Einige unter ihnen wollten ins Ghetto zurück – ohne Ortskundigen hätte es keinen Sinn weiterzugehen. Sie verließen die Gruppe und schlugen den Weg zur Stadt ein. Die übrigen, etwa die Hälfte der Gruppe, waren fest zum Weitermarsch entschlossen. Einige Männer hatten eine Liste mit den Namen der Dörfer bei sich, die sie auf dem Weg nach Narocz passieren mußten, danach wollten sie weiterziehen.

Den ganzen Tag über kehrte keiner von den Vermißten zurück. In der Nacht zog die Gruppe weiter und schlug den Weg nach Wilenka ein, wo sie versuchen wollte, den Hinterhalt zu umgehen. Sie versteckten sich am Waldrand, nahe beim Fluß, und warteten auf eine Gelegenheit, ihn zu überqueren. Zwei Bauern, die sie anhielten, erzählten, der Hinterhalt, in den die Gruppe geraten war, sei für sie vorbereitet gewesen. Die Dorfbewohner waren verwarnt worden, den Verwundeten keine Hilfe zu leisten und der Polizei sofort Meldung zu erstatten, wenn eine verdächtige Person in der Gegend auftauchen sollte. Die beiden Bauern führten die Gruppe an eine Furt, und so überquerte man den Fluß ohne Zwischenfälle. Sie marschierten jeweils bei Nacht. Tagsüber ruhten sich die Männer im Waldesdickicht aus, und zwei oder drei Kameraden, die nicht »typisch jüdisch« aussahen, zogen als Bauern verkleidet los, um Verpflegung aufzutreiben und Nachrichten einzuholen. Wenn sie zurückkamen, führten sie die Gruppe das Wegstück weiter, das sie ausgekundschaftet hatten. So brauchten sie für den Weg, der nach dem Plan hätte sechs Tage dauern sollen, zwei Wochen.

Schließlich gelangte die Gruppe, auf weniger als 15 Mann dezimiert, in die Wälder von Narocz. Müde und erschöpft, betrübt über den Tod ihrer Kameraden, kamen die Kämpfer in die Partisanenstellungen von Markow. Iska Mackewicz, sein Bruder Gordon, Sundel Leiserson, Milke Chasan, Rosa Scherscheniwska, Rahel Borkiski und Chaim Spokojny waren nicht mehr bei ihnen. Bei Iska Mackewicz, der unter den fünf auf der Brücke Gefallenen war, hatten die Deutschen nach seinem Tod die unvorsichtigerweise nicht vernichteten Ausweispapiere der Kämpfer gefunden. Die Gestapo veranstaltete am anderen Tag

Suchaktionen im Ghetto und tötete sowohl die Angehörigen der Kämpfer als auch fünf Aufseher der Aufsehergruppen, in denen die Männer gearbeitet hatten.

Die erste weißrussische Brigade

Zu Beginn des Jahres 1942 kam die erste organisierte Gruppe in die Wälder von Narocz mit dem Ziel, dort eine weißrussische Partisanenbewegung aufzubauen. Es war eine kleine Gruppe, bestehend aus sechs Mann. An ihrer Spitze stand Fjodor Markow, der kein Berufsoffizier war. Beim Einfall der Nazis in die Sowjetunion gelangte er nach Moskau. Nach Umschulung zum Guerillakrieg wurde er zusammen mit einem Juden, dessen Name nicht bekannt ist, ausgesandt, um die Partisanenbewegung im westlichen Weißrußland zu organisieren. Er drang durch die feindlichen Linien und erreichte seinen Bestimmungsort, wo er die erste weißrussische Partisanenbrigade dieser Gegend aufbauen sollte.

Etwa um diese Zeit schlossen sich die ersten Juden den Partisaneneinheiten an. Es waren hauptsächlich junge Leute, die im Wald in Familienverbänden lebten oder unlängst aus den umliegenden Wäldern dorthin gekommen waren. Einige unter ihnen verfügten über Waffen, die sie aus dem Ghetto mitgebracht hatten, aber die meisten besaßen nichts. Da es damals darum ging, die Einheiten zu verstärken und eine kampffähige Partisanenbewegung aufzubauen, stießen die Juden auf keine besonderen Schwierigkeiten, auch wenn sie keine Waffen besaßen. In den meisten Partisaneneinheiten gab es jüdische Kämpfer, und es dauerte nicht lange, bis mehrere von ihnen als ausgezeichnete Partisanen Berühmtheit erlangt hatten.

Im Verlauf eines Jahres wuchs die Partisanenbewegung und konsolidierte sich. Neue Brigaden wurden errichtet, und die ganze Gegend um den Narocz-See stand unter ihrer Kontrolle. Die Deutschen durchkämmten zwar den Wald, aber die meisten Einheiten schafften es, der Umzingelung zu entkommen. Im Frühjahr 1943 kehrten die Einheiten dann allmählich in die Wälder von Narocz zurück.

Die Anzahl der Juden im Wald nahm zu. Die ganze Zeit über kamen weitere Gruppen, selbst aus weiter entfernten Orten. Unter ihnen waren auch Frauen und Kinder, ganze Familien, denen es gelungen war, zu entkommen, sich zu Familienverbänden zusammenzuschließen, sich *Semlankas* (Erdhütten) zu bauen und ein kümmerliches Dasein zu fristen. Solange sich die Partisanen im Wald befanden, war ihr Leben mehr oder weniger gesichert, denn die jüdischen Partisanen waren ihnen bei der Lebensmittelbeschaffung behilflich und schützten sie vor den Übergriffen seitens nichtorganisierter Banden, aber auch seitens der weißrussischen Partisanen. Doch während und nach den Strafoperationen der Deutschen, als die Einheiten den Wald verlassen hatten, wurde die Situation der Juden – die überwiegend am Ort geblieben waren – unerträglich.

Ein wunderbares Unternehmen zur Rettung von Juden wurde von den Partisanen in der Umgebung von Niwir durchgeführt. Einige Monate vor den geschilderten Vorgängen, bei der Liquidierung vieler Ghettos, waren Hunderte von Juden in die Sümpfe von Niwir, etwa 80 km vom Narocz-See entfernt, entkommen. Dort hatten sich Juden aus vielen Orten zusammengefunden, dorthin kamen Abgesandte von Partisaneneinheiten aus dem Osten und rekrutierten die jüngeren und kampffähigen Männer. Die Frauen, Kinder und ältere Männer schleusten sie von einer Partisaneneinheit zur andern ostwärts, bis sie eine größere Brigade erreichten, von wo sie durch die Frontlinien in die Sowjetunion verbracht wurden. Die genaue Anzahl der auf diesem Weg geretteten Juden konnte ich nicht ermitteln. Manche meinen, es seien über tausend gewesen; drei Gruppen von je 500 Mann sollen die Front überschritten haben und in die Sowjetunion gelangt sein.

In den Monaten Mai/Juni 1943 kehrten die Partisaneneinheiten allmählich in ihre verlassenen Stellungen zurück. Zahlreiche Sabotageeinheiten kamen in die Wälder von Narocz. Die Brigade von Markow umfaßte damals bereits über tausend Mann. Auch die litauische Brigade begann sich zu konsolidieren, war allerdings noch viel kleiner als Markows weißrussische Brigade.

Juden in Markows Brigade

In den meisten von Markows Einheiten befanden sich viele Juden. In der Brigade erlangte Isaak Blatt, der Anführer des Spähtrupps, Berühmheit. Mehrmals hatte er die feindlichen Linien überschritten und dabei ungewöhnlichen Mut bewiesen. Er war unter den ersten im Wald, die für ihre Partisanentätigkeit einen Orden erhielten. Zusätzlich zu seinen militärischen Unternehmungen, durch die er berühmt wurde, spielte er eine wichtige Rolle bei der Rettung von Juden aus den Ghettos; außerdem kümmerte er sich um die Leute, die in den Familienhütten saßen.

Eine herausragende jüdische Persönlichkeit war der Kommissar Podolny. Er stammte aus Moskau, war Oberleutnant der Roten Armee, von Beruf Ingenieur. Während des Krieges geriet er in deutsche Gefangenschaft, aber es gelang ihm, aus dem Zug, der ihn nach Deutschland bringen sollte, zu flüchten. Er kam in den Wald und wurde zum Kommissar der Einheit ernannt. In dieser Einheit befanden sich sehr viele Juden. Eine Gruppe von Leuten aus einem Schtetl hatte die ganze Zeit eine Gelegenheit gesucht, in eine Partisaneneinheit aufgenommen zu werden. Sie waren einmal auf einen Partisanen aus der Einheit von Podolny gestoßen, und der erzählte, daß sein Kommissar Jude sei und sie gewiß in seine Einheit aufnehmen würden. Sie ließen sich zum Kommissar führen. Die russische Begrüßung von Meir Chadasch, der im Namen der Gruppe sprach, erwiderte Podolny hebräisch mit *Schalom alejchem* (Friede über euch). Er klärte sie über die Aufgaben eines Partisanen auf, wobei er betonte, daß es in seiner Einheit bereits Juden gibt, die gute Kämpfer sind. Er stimmte ihrer Aufnahme sofort zu, obwohl sie keine Waffen hatten.

Doch nicht in allen Einheiten fühlten sich die jüdischen Partisanen als gleichberechtigte Mitglieder. Die Idee, deshalb eine gesonderte und eigenständige jüdische Partisaneneinheit zu gründen und dadurch die schmerzhaften Probleme zu lösen, bewegte die Herzen vieler Kämpfer und drängte nach Verwirklichung. Aus Gesprächen unter Partisanen bei zufälligen Begegnungen erwuchs der Gedanke einer jüdischen Einheit und wurde zum Wunsch von vielen. Mit der Ankunft der FPO-Kämpfer aus Wilna, mit Josef Glazman an der Spitze, war der Boden für die Errichtung der Einheit bereitet, doch stand die endgültige Genehmigung des Oberkommandos der Partisanen aus. Glazman traf sich mit Markow und erläuterte diesem die Notwendigkeit der Errichtung einer jüdischen Einheit. Er bemühte sich um die Unterstützung von Jurgis, dem Befehlshaber der litauischen Brigade. Jurgis war ein Jude aus Kowno, dessen eigentlicher Name Siman lautete. Glazman stammte auch aus Litauen, er kannte Siman noch von vor dem Krieg und erlangte dessen Einwilligung zur Errichtung einer jüdischen Einheit. Schließlich gab auch Markow seine Zustimmung. Die jüdische Partisaneneinheit in den Wäldern von Narocz wurde Tatsache.

Das Kommando bestand aus jüdischen Kämpfern. Botinas, Kommandant des Bataillons, war ein jüdischer Fallschirmspringer aus Litauen, der bis dahin der litauischen Brigade angehört hatte und von Jurgis der jüdischen Einheit zugeteilt wurde. Josef Glazman wurde Stabschef, Boris Groneman sein Stellvertreter. Die Einheit zählte an die 70 Mann und war in zwei Trupps unter Führung von Chaim Lazar und G. Gitelson eingeteilt.

Bei einem feierlichen Appell, an dem Befehlshaber mehrerer Partisaneneinheiten teilnahmen, wurden die jüdischen Kämpfer darauf vereidigt, tapfer bis zum Sieg zu kämpfen. Markow hielt eine feurige Rede, die mit den Worten endete: »Ihr habt die besondere Pflicht, gegen den Nazi-Feind zu kämpfen und Rache zu nehmen für das vergossene Blut eurer Brüder! Bemüht euch, gut und tapfer zu kämpfen. Wir werden euch mit allen uns verfügbaren Mitteln unterstützen: mit Ausbildern und Waffen.« Er schlug vor, der jüdischen Einheit den symbolträchtigen Namen *Mest* (Rache) zu verleihen.

Die Einheit »Rache« – ein jüdisches Kampfzentrum

Die Errichtung der Einheit »Rache« wurde das zentrale Ereignis nicht nur für die Mitglieder der Einheit, sondern auch für die jüdischen Partisanen in den verschiedenen anderen Einheiten sowie für die Juden der ganzen Gegend. Junge Leute, die bis dahin in den Familienhütten lebten, ohne jegliche Aussicht, in eine kämpfende Einheit aufgenommen zu werden, schlossen sich nun der jüdischen Einheit an und wurden Partisanen. Die über diverse Einheiten zerstreuten jüdischen Soldaten erblickten in »Rache« ihre eigentliche Adresse, das war nun ihre Einheit. Viele von ihnen wollten sich von ihren derzeitigen Einheiten versetzen lassen, doch ihr Wunsch stieß auf Ablehnung ihrer Vorgesetzten. Die Stellungen von »Rache« wurde innerhalb kurzer Zeit zum

Treffpunkt aller jüdischen Partisanen im Wald, zum Ort, wo man Mut schöpfen, jiddisch sprechen und erfahren konnte, was an den verschiedenen Orten im Wald und besonders im Wilnaer Ghetto passiert war. Der Anteil der Wilnaer Juden in »Rache« war beträchtlich. Noch vor deren Aufstellung kam eine Gruppe von Jugendlichen aus dem Ghetto an. Kurze Zeit nach Ankunft der Glazman-Gruppe kamen 28 Mann aus Wilna.

Die neue Einheit nahm die Organisation ihres eigenen Lebens energisch in Angriff. Sie hatte ihre eigenen Stellungen, baute Wohnhütten, die Männer übten mit Waffen, zogen zu Aktionen aus. Das Kommando der weißrussischen Brigade (Jurgis und Markow stritten darum, wem diese Einheit unterstehen sollte) beauftragte sie mit der Sicherung der Absprungfelder, Einsammlung der Fallschirme und sonstiger Ausrüstungsgegenstände sowie dem Aufsuchen von Fallschirmspringern. Trupps von Kämpfern pflegten zusammen mit anderen Partisanen zu Sabotageakten an Eisenbahnen auszuziehen.

An einer Aktion gegen die Stadt Kowalnik war die jüdische Einheit beteiligt. Meir Chadasch, der aus diesem Städtchen stammte, fungierte bei dem Unternehmen als Wegweiser. Alleine begab er sich zum ersten Haus am Stadtrand, dessen Bewohner erschraken, als sie einen Juden ihrer Stadt als Partisan erblickten. Die Partisanen besetzten das ganze Städtchen. Als erste erreichte eine berittene Kompanie zu Pferde den Marktplatz. Chadasch führte eine Kompanie, die die Zugänge zur Stadt zu sichern hatte, sowie die Gruppe, die den Bahnhof sprengen sollte. Sie zündeten das Haus des Bürgermeisters an. Die ersten Flammen waren das Zeichen, die ganze Stadt in Brand zu stecken.

Die Genugtuung über die Vernichtung der deutschen Stellungen und die Verbrennung der Häuser derjenigen, die beim Untergang der Juden des Städchens zugesehen und sich darüber gefreut hatten, begleitete die jüdischen Partisanen auf dem Rückweg in ihre Stellungen.

Allerdings war die Einheit »Rache« damals nicht imstande, gesonderte Unternehmungen, Sabotageakte größeren Umfangs, durchzuführen. Der Mangel an Waffen war gravierend. Der Hauptteil der Ausrüstung kam aus dem Ghetto, und die meisten Waffen trugen nur über kurze Entfernungen. Markow, der bei der Gründung der Einheit feierlich versprochen hatte, sie mit Waffen zu unterstützen, hielt sein Versprechen nicht. Die Verpflegung der ständig wachsenden Einheit wurde zu einem ernsten Problem. Die Zusammensetzung der Einheit war anders, als die der meisten übrigen Partisaneneinheiten im Wald. Auffallend war der hohe Anteil an Frauen und unbewaffneten Männern. Die anfangs freundliche Haltung der anderen Partisanen schlug um. Nicht selten hatten die Männer von »Rache« nun beim Auszug zu Versorgungsaktionen Spott und Verachtung, sogar antisemitische Ausbrüche der weißrussischen Partisanen zu gewärtigen.

Doch die Stimmung in der Einheit war gut. Man glaubte, daß sich das Blatt bald wenden würde. Glazman entsandte mit Markows Genehmigung Boten ins Wilnaer Ghetto und verlangte, neue bewaffnete Gruppen zu entsenden. Er vertrat die Ansicht, daß in den Wäldern von Narocz eine starke jüdische Kampfeinheit entstehen würde, wenn die gesamte Organisation mit Männern und Ausrüstung in den Wald käme. Alexander Katzenellenbogen (den Jurgis noch mit einer Sonderaufgabe in Wilna betraute), Gilman und Mosche Rudnicki gingen nach Wilna. Sie überbrachten Schreiben von Markow, Jurgis und Glazman an den Stab der FPO mit der Aufforderung, bewaffnete jüdische Jugendliche in die Wälder von Narocz zu schicken.

In den Positionen von »Rache« gab es schon mehrere *Semlankas* (Erdhütten), und die Bauarbeiten gingen ständig weiter. Die fast täglich eintreffenden Juden mußten untergebracht werden. Am Ort befand sich ein Badehaus, eine Krankenstation (wo eine Wilnaer Ärztin, Dr. Gordon, tätig war) und ein Vorratsraum für Lebensmittel, wo Reserven für den Winter gesammelt wurden. Die Einheit umfaßte über 230 Mann, darunter viele Familien von Juden aus der Umgebung, unter ihnen viele kampfuntüchtige Männer. Die Kämpfer waren in Abteilungen von je 30 Mann eingeteilt. Waffen waren Mangelware. Drei Maschinengewehre und eine geringe Anzahl von Gewehren und Maschinenpistolen aus dem Ghetto bildeten auch jetzt noch den Hauptteil der Ausrüstung. Trotzdem zogen immer wieder Gruppen zu Partisanenaktionen aus.

Die Auflösung der Einheit

Um diese Zeit herum wurde ein Vertreter der Partei, Klimow, von Moskau in den Wald entsandt, um die dortigen Aktionen zu kontrollieren. Bald erfuhren einige jüdische Partisanen, die mit ihm in Kontakt kamen, daß Klimow die Existenz einer gesonderten jüdischen Einheit prinzipiell ablehnte. Er behauptete, die Partisanenbewegung sei nach ethnisch-territorialen Einheiten gegliedert und die Juden, die entweder weißrussische oder litauische Bürger waren, müßten den Territorialverbänden ihrer jeweiligen Republiken angehören. Außerdem vertrat er die Auffassung, man dürfe der deutschen Propaganda, wonach die Partisanen allesamt Juden und Banditen seien, keinen Vorschub leisten, um nicht die von antisemitischen Gefühlen durchdrungene lokale Bevölkerung abzuschrecken. Klimows Haltung erregte Besorgnis unter den jüdischen Partisanen. Sie verloren das Vertrauen in die Zukunft ihrer Einheit, die ihren militärischen Charakter weitgehend eingebüßt hatte und mittlerweile eher einem überdimensionierten Familienlager glich.

Am selben Tag, als die Führung von »Rache« sich zu einer besorgten Beratung über die Zukunft der Einheit traf, stellte sich heraus, daß die Entscheidung in der Leitung der Brigade bereits gefallen war und daß die Auflösung bald vollzogen werden sollte. Am 23. September 1943 erhielt das Lager der Einheit »Rache« den Befehl, zu einem allgemeinen Appell anzutreten. Über 260 Mann mit ihren Waffen stellten sich zum Appell auf. Markow erschien in Begleitung einiger Leute seines Stabs. Er ließ verlauten, daß sich im Lager von »Rache« zu viele Leute ohne jegliche militärische Ausbildung und Kampferfahrung befänden, die Waffen hätten. Dagegen gäbe es viele ausgezeichnete und erfahrene Partisanen, denen Waffen fehlten. Für diese müsse doch zuerst gesorgt werden. Wenn Sendungen aus der Sowjetunion einträfen und genug für alle da sei, sollten auch die Leute von »Rache« voll ausgerüstet werden. Bis dahin, teilte Markow mit, wollte er aus ihnen eine Versorgungseinheit bilden. In dieser Gruppe sollten einige Männer Waffen behalten, um Verpflegung für die ganze Einheit beschaffen zu können. Zum Schluß verkündete er, die Kämpfer aus der Einheit »Rache«, die über Waffen verfügten, sollten der weißrussischen Einheit »Komsomolski« zugeteilt werden, und eine Partisaneneinheit, die erste berittene Komsomol-Einheit auf den Namen »Woroschilow«, solle entstehen.

Die weißrussischen Partisanen, denen die jüdischen Kämpfer »zugeschlagen« werden sollten, standen schon bereit. Sie waren nicht zu

Pferd gekommen und warteten einstweilen abseits. Neben Markow stand während des ganzen Appells Schaulewitz, der zum Kommandeur der Einheit bestimmt war. Die Auflösung und Liqudierung von »Rache« wurde auf der Stelle vollzogen. Markow inspizierte die Gruppe und gab Befehl, vielen die Waffen abzunehmen, in erster Linie den Kämpferinnen der FPO, die ihre Waffen aus dem Ghetto mitgebracht hatten. Die Waffen gab er sogleich an die weißrussischen Partisanen weiter. Als dies erledigt war, meinte er, ob es noch Fragen gäbe. Batja Ziwkowicz, eine Kämpferin der FPO, Mitglied von *Haschomer Hazair*, die Waffen aus dem Ghetto mitgebracht hatte, schrie ihn an: »Wir sind nicht hierhergekommen, um uns zu verstecken, sondern um zu kämpfen. Unsere Waffen haben wir für teures Geld gekauft, die dürft ihr uns nicht einfach wegnehmen. Unsere Mädchen haben sich als Kämpferinnen bewährt, noch bevor sie in den Wald kamen.« Markow grinste nur und gab keine Antwort. Vor ihm stand ein junges Mädchen, klein von Wuchs, mit einem Kindergesicht, aus dem Wut und Enttäuschung sprachen. Im Ghetto hatte dieses Mädchen mehr als einmal ihr Leben gewagt, um russischen Kriegsgefangenen behilflich zu sein. Und hier beschloß Markow, sie sei nicht wert, ein Gewehr zu tragen.

Die Handwerker mußten aus den Reihen der Unbewaffneten vortreten, über 60 Mann. Die sollten die Handwerkereinheit bilden, und Markow beorderte sie aus der Stellung an einen anderen Ort. Ausgerüstet war diese Gruppe mit zwei kaputten Gewehren und fünf Revolvern. Mit diesen Waffen sollten sie Verpflegung für 60 Mann auftreiben und sich verteidigen. Zu ihrem Befehlshaber ernannte Markow Boris Groneman. In den Reihen verblieben Leute, die weder Waffen noch eine handwerkliche Ausbildung besaßen. Aus ihnen bildete Markow eine »Arbeitsbrigade«, deren Aufgabe darin bestand, den kämpfenden Einheiten im Wald Dienste zu leisten. Dies war die erste und einzige Einheit dieser Art in sämtlichen Partisanenlagern. Viele traf dieser Schlag in den ersten Tagen ihres Aufenthaltes im Wald. Sie waren aus dem in Auflösung begriffenen Ghetto in den Wald gekommen, direkt von den Barrikaden der FPO, und hegten Hoffnungen auf Kampf, Rache und Eingliederung in die jüdische Kampftruppe. Buchstäblich auf der Schwelle lösten sich all ihre Träume in Luft auf. Einige Leute der FPO erhielten die Erlaubnis, sich der weißrussischen Einheit »Komsomolski« anzuschließen. Die übrigen, die weitaus die Mehrheit darstellten, bekamen den Befehl, die Stellung, die sie mitaufgebaut hatten, zu verlassen und sich der »Handwerker«-Brigade anzuschließen. Die jungen Leute, die im Ghetto zwei Jahre lang für den Kampf und Aufstand gelebt hatten, waren mit dieser neuen Situation durchaus nicht einverstanden, hatten aber keinerlei Möglichkeit, sich dagegen aufzulehnen.

Die Strafaktionen der Deutschen

Nachdem sich die bewaffnete Einheit aus dem Staub gemacht hatte, blieben etwa zweihundert Juden zurück. Die Leute, die schon über längere Erfahrung im Wald verfügten und selbst aus der Gegend stammten, erkannten sogleich, was für eine Gefahr dem Lager drohte, und suchten Zuflucht in den Sümpfen. Die Leute aus Wilna, von denen die meisten Neulinge im Wald waren und sich dort nicht auskannten, waren völlig hilflos. Ihnen war klar, daß sie am Ort nicht bleiben durften. Nissan Reznik, der sich auf den Weg gemacht hatte, traf den bekannten jüdischen Partisanen Isaak Blatt, und dieser machte ihm den Vorschlag, die Leute sollten sich in kleinen Gruppen in den Sümpfen verbergen. Wer sich aber in den Sümpfen versteckte, wußte, daß nur ein Wunder ihn vor den Suchaktionen der Deutschen retten konnte. Dagegen liefen diejenigen, die den Partisanen folgten, Gefahr, auf deutsche Angreifer zu stoßen. Nur wenige beschlossen, sich in der Hoffnung aufzumachen, die etwa 100 km entfernten Wälder von Kasan zu erreichen; die übrigen zogen es vor, sich im umliegenden Sumpfgebiet zu verstecken.

Die Partisanin Mira Schwedski berichtet über ihren Weg von Narocz nach Kasan während der deutschen Razzia:

»Die Kränkung, Erniedrigung und Hilflosigkeit erschütterten mich zutiefst. Ich beschloß, allein ins Ungewisse zu ziehen. Meine Freundin Sprinze Schwarz ging mit. Ohne Waffen auf dem Rückzug in einem Wald voller Partisanen, die sich auch zu normalen Zeiten jungen Mädchen gegenüber nicht gerade ritterlich verhielten, machten wir uns auf den Weg. Am dritten Tag unserer Wanderung stießen noch zwei junge Männer zu uns, die wir kannten, Mosche Gros und Swirsky, und die wie wir einen Ausweg aus der Umzingelung suchten. Die Deutschen hatten die Dörfer in der Nähe von Partisanenstellungen niedergebrannt, so daß die Wege im Wald von Bauernfamilien samt ihren kümmerlichen Habseligkeiten wimmelten.

In der Gegend zwischen den Wäldern von Narocz und Kasan gab es viele Dörfer, die von den Partisanen beherrscht waren. Deutsche und Litauer wagten dort keine Strafaktionen vorzunehmen, und das Schicksal der Bauern war mit dem der Partisanen aufs engste verknüpft. Die Bauern waren die Hauptleidtragenden der Strafaktionen. Als wir weiterzogen, trennten sich die beiden jungen Männer von uns. Zwei Tage später erfuhren wir, daß sie betrunkenen Partisanen in die Hände gelaufen waren; Mosche Gros hatten sie umgebracht, Swirsky dagegen war ihnen entkommen. Nun waren wir schon sechs Tage unterwegs und hörten in der Ferne den Widerhall von Schüssen. Etliche Male hörten wir deutsche Stimmen. Es war ein Wunder, daß sie uns nicht erwischten. Doch schließlich kamen wir im Wald an, und dort war alles ganz anders. Hier herrschte keine Atmosphäre von Furcht und Flucht, viele Partisanen bewegten sich in voller Sicherheit, manche Gruppen zogen zu Aktionen aus, andere kamen zurück. Also mußten wir wohl in den Wäldern von Kasan sein. Wir wollten den Anführer der Brigade, Kasimir, treffen. In der Partisanenstellung wurde uns gesagt, ihr Nachrichtendienst habe soeben gemeldet, daß die Razzia in den Wäldern von Narocz abgebrochen werden sollte und daß die Deutschen nun gegen die Wälder von Kasan vorrückten. Noch am selben Tag zog ein Trupp aus der litauischen Brigade zu einer Aktion aus. Wenige Stunden später kehrte die Gruppe in die Stellung zurück. Der Weg war zu, die Razzia in den Wäldern von Kasan hatte begonnen. Unter den Rückkehrenden fehlte Abraham Brant. Er war auf eine Mine getreten und auf der Stelle tot gewesen. Gegen Abend erging der Befehl, in Richtung Rudniki zurückzuweichen. Die Partisanen schickten sich an, die Stellung zu verlassen. Sie hatten nichts dagegen, daß wir mitkamen, waren aber nicht befugt, über unsere Aufnahme in die Einheit zu entscheiden. Das hing ganz von Kasimir ab, der den Oberbefehl über die litauischen Partisanen im Wald hatte. Er war einverstanden, uns in die Brigade aufzunehmen, sobald wir nach Rudniki gelangt waren.

Viele irrten ohne Waffen ziel- und schutzlos im Wald umher. Es gab

viele Opfer, und oft wußte man nicht, wer gefallen war. Ein Partisanentrupp stieß zufällig auf eine Gruppe, bestehend aus acht Wilnaer
Juden. Der jüdische Partisan Meir Chadasch, der dem Partisanentrupp angehörte, bat seinen Vorgesetzten, die acht in die Gruppe aufzunehmen, doch dieser lehnte ab. Darauf wollte Chadasch
sich freistellen lassen, um die Leute wenigstens an einen sicheren
Ort zu geleiten, aber auch diese Bitte wurde ihm abgeschlagen. Einige Zeit später wurde bekannt, daß alle acht Männer unterwegs umgekommen waren.

Die Kämpfergruppe unter Glazman war damals unterwegs nach Kasan, wobei sie alle Mühe hatte, nicht in die deutsche Razzia zu geraten. Die Gruppe zählte achtzehn Mann, die meisten von Glazman
persönlich ausgewählte FPO-Kämpfer, und sie war gut ausgerüstet.
Unterwegs schlossen sich ihnen weitere siebzehn Mann aus der Umgebung an.

Am 7. Oktober abends machte sich Glazman mit seiner Gruppe auf
den Weg nach Narocz, von wo sie sich in die Wälder von Rudniki
durchschlagen wollten. Am 8. Oktober geriet die Gruppe in einen
deutschen Hinterhalt, und alle Mitglieder kamen ums Leben. Die einzige Überlebende aus der Gruppe von 35 Mann war das junge Mädchen Julia Goldberg. Sie allein wußte vom Ende der Kämpfer zu erzählen.

Der jüdische Beitrag zum Kampf

Die jüdischen Partisanen, die über viele Einheiten im ganzen Wald
verteilt waren, erfüllten ihre Pflicht, bewährten sich als Juden und Partisanen und leisteten einen wichtigen Beitrag im Kampf gegen den
Feind. Sie bildeten vom gesellschaftlichen und nationalen Selbstverständnis her klar umrissene Gruppen. Wenn es auch zu gelegentlichen Äußerungen von Feindseligkeit kam, so wurden diese vom
Stab energisch niedergehalten. Der Kommandant Podolny ließ keinerlei Ausschreitungen durchgehen, und seine stolze Haltung als Jude, seine kämpferische Statur und sein ethisches Niveau prägten die
ganze Einheit.

Die an der noch ziemlich weit entfernten Front geschlagenen Deutschen kämpften nun wütend um die Sicherung der Rückzugslinien und unterhielten starke Streitkräfte am Ort. Darauf reagierten die Partisanen mit koordinierter Aktion mehrerer Einheiten, fielen mit großem Truppenaufgebot über den Feind her und griffen ihn an seinen schwächsten Punkten an. Damals zog Kommandeur Podolny an der Spitze einer großen Truppe zu einem Unternehmen aus, das dreierlei erreichen sollte: 1) Sabotage an Straßen und Telefonleitungen, 2) Angriffe auf deutsche Garnisonen, 3) Beschaffung von möglichst reichem Proviant aus weiter entfernten Gegenden.

Bei den Kämpfen wurden außer Podolny noch einige Partisanen verwundet. Auf dem Weg in die Stellung mußten die Männer einen Fluß überqueren; ihren verwundeten Anführer trugen sie auf den Händen. Podolny wurde nach Moskau geflogen und durch einen anderen Kommandeur ersetzt; seine Abwesenheit machte sich in der Einheit sofort negativ bemerkbar.

Im Juli 1944 durchbrachen einige Partisaneneinheiten die Frontlinie und stießen zur Roten Armee. Die Partisanen erhielten den Befehl, das Hinterland von flüchtenden Deutschen zu säubern. Eine Abteilung von »Kalinin« umzingelte hundert durch den Wald flüchtende deutsche Offiziere. Im Kampf mit ihnen fielen auch die jüdischen Kämpfer Lutek Schneider und Ben-Zion Katz. Noch im August lieferten sie sich Gefechte mit den Deutschen. Nun waren also die Deutschen diejenigen, die im Wald Zuflucht suchen mußten.

Die jüdischen Partisanen, von denen die meisten aus der FPO kamen, konnten erst gegen Ende des Krieges ihr Haupt erheben. Doch ihr Herzenswunsch, sich mit ihren aus dem Ghetto in den Wald verschlagenen Kameraden zu vereinigen, ging nicht in Erfüllung. Alle Versuche in diese Richtung wurden durch das Oberkommando zunichte gemacht. Der Abzug der litauischen Brigade unter Jurgis aus der Gegend von Narocz und seine Weigerung, die jüdischen Kämpfer mitzunehmen, vereitelte ihre Hoffnung, sich eines Tages zu einer großen jüdischen Einheit zusammenschließen zu können. Weit weg, sich selbst überlassen, kämpften ihre Kameraden im Walddickicht von Rudniki weiter.

[24]

Jüdische Partisanen aus Kowno in den Rudniki-Wäldern
v. l. n. r.: J. Berman, K. Goldstein, B. Kis, S. Bloch, D. Safer,
A. Nisanowitsch, I. Juchnikow

ROZKA KORCZAK
Jüdische Kämpfer in den Wäldern von Rudniki/Litauen

Es vergingen einige Wochen, bis sich die drei jüdischen Einheiten, bestehend aus Mitgliedern der FPO im Ghetto Wilna, in den Wäldern von Rudniki etabliert hatten. Innerhalb dieses Zeitraums gelang es den Partisanen, sich zu organisieren, das Lager aufzubauen und ihren Waffenbestand etwas zu vergrößern. Gleichzeitig führten sie Versorgungskampagnen sowie Sabotageakte durch. Die Verbindung zur antifaschistischen Untergrundbewegung in Wilna wurde durch die jüdischen Kämpferinnen aufrechterhalten. Die jungen Partisaninnen hatten für Koordination zwischen dem Stab der Brigade im Wald und dem Zentrum der Untergrundbewegung in der Stadt zu sorgen. Zentralisiert wurden die Kontakte mit dem Wald vom städtischen Zentrum aus durch Sonja Madajsker. Ihr überbrachten die Partisaninnen Anweisungen und Nachrichten vom Stab der Brigade. Sonja arbeitete nach den Anweisungen des jüdischen Kommandos im Wald weiter daran, die Juden aus der Pelzfabrik »Keilis« zum Auszug in den Wald vorzubereiten.

Der Mut der jüdischen Partisaninnen, deren Aktionen den üblichen Rahmen dieser Tätigkeit weit überschritten, weckte Stolz in den Herzen der jüdischen Kämpfer und besondere Anerkennung im Stab der Brigade sowie in den naheliegenden Einheiten. Hauptmann Alko, der Kommandeur der Fallschirmspringereinheit, die in der Nähe der jüdischen Einheiten operierte, wandte sich an das jüdische Kommando mit dem Vorschlag, gemeinsam eine großangelegte Sabotageaktion in Wilna zu unternehmen. Die Brigade besaß damals größere Mengen Sprengstoff, war aber selbst nicht in der Lage, eine solche Aktion durchzuführen, daher bat man das jüdische Kommando, eine Anzahl jüdischer Kämpferinnen zur Verfügung zu stellen.

Die Idee gefiel uns. Eine Sabotageaktion mitten im deutschen Wilna, wo es so gut wie keine Juden mehr gab – was konnte dem Herzen eines Wilnaer jüdischen Partisanen näherliegen? Aber eine Bedingung stellte der Stab: Die Aktion müsse unabhängig sein, und die Fallschirmspringer-Einheit solle nur den Sprengstoff liefern. Hauptmann Alko stimmte zu. Ihm war klar, daß außer den Juden keiner bereit gewesen wäre, unter den bestehenden Bedingungen eine dermaßen gefährliche Mission auf sich zu nehmen.

Sabotageaktion in der Stadt

Am Vorabend des Versöhnungstags Jom Kippur verließen Witka Kempner, Chaja Schapira, Mattis Levin und Israel Rosow das Partisanenlager in Richtung Wilna. In Witkas Koffer verborgen lagen magnetische Haftminen mit Zeitzündern. Die Gruppe hatte die Aufgabe, das Wasser- und Stromversorgungsnetz der Stadt zu beschädigen. Zwei Tage später kamen die vier nach Wilna. Es stellte sich heraus, daß die städtische Untergrundbewegung ihnen keine Adresse, zum Übernachten und als Basis der Sabotageaktion, besorgt hatte. Sie mußten sich also an die Pelzfabrik »Keilis« wenden, obwohl sie wußten, daß dies sowohl den Leuten als auch dem ganzen Unternehmen gefährlich werden könnte. Zu ihrem Glück waren unter den von »Keilis« zur Bewachung des Tores abgeordneten Polizisten ein paar Mitglieder der FPO.

Am selben Abend begegneten sie Sonja Madajsker. Sie berichtete, eine geschlossene Gruppe sei fertig zum Auszug in den Wald. Die Partisanen erhielten den Auftrag, sie nach Abschluß der Sabotageaktion zum Lager hinauszuführen. Den Tag über blieben die beiden Männer und Chaja Schapira bei »Keilis«. Witka Kempner ging in die Stadt, um endgültig zu bestimmen, welche Objekte gesprengt werden sollten. Sie mußten die Aktion noch am Abend desselben Tages durchführen und gleich im Anschluß daran in den Wald zurückkehren, um weder die »Keilis«-Leute noch die städtische Untergrundbewegung zu gefährden.

In den Abendstunden verließen die Kämpfer die Pelzfabrik »Keilis« und mischten sich unter die Menschenmenge, die durch die Straßen der Stadt flanierte. Sie hatten bewußt Orte mit möglichst viel Gedränge, die Hauptstraßen, gewählt. Witka spazierte mit einem jungen Litauer, den Sonja ihr geschickt hatte, durch die Malinowska- und Zygmuntowskastraße. Chaja Schapira ging mit ihrem litauischen Begleiter in eine andere Straße. Die jungen Paare schlenderten durch die Straßen, und bei den Transformatoren blieben sie kurz stehen, der junge Mann in einiger Entfernung. Die Transformatorenkästen waren mit Ölfarbe gestrichen, weshalb die Minen nicht haften blieben. Die Mädchen mußten erst mit den Fingernägeln so viel Farbe abkratzen, bis das Eisen zum Vorschein kam – und das in einem Menschenstrom von Deutschen und SS-Leuten. Witka legte Minen an drei Elektrokästen, Chaja Schapira an einen weiteren.

Die beiden jungen Männer, Mattis Levin, der das Kanalisations- und Wasserleitungsnetz der Stadt gut kannte, und Israel Rosow, gingen in ein anderes Stadtviertel. Sie tauchten in der Menge unter und gelangten zum unterirdischen Zugang der zentralen Wasserleitung. Die Öffnung lag mitten in der Straße. Den beiden gelang es, hinabzusteigen und den Deckel über sich zuzumachen. Nun hatten sie das weit verzweigte Kanalisationsnetz vor sich, und in dieses legten sie ihre Minen. Sie schafften es, unbemerkt wieder auf die Straße zu kommen und die Öffnung zu verschließen. Dann harrten die Saboteure voller Ungeduld auf den Erfolg der Aktion. Es verging eine Stunde, zwei Stunden, noch war nichts zu hören. Plötzlich ertönten heftige Explosionen an verschiedenen Stellen der Stadt, und es wurde finster. Wilna hatte kein Wasser und keinen elektrischen Strom mehr.

Zu diesem Zeitpunkt befanden sich die beiden Mädchen bereits in einem Wäldchen außerhalb der Stadt, zusammen mit einer Gruppe von 60 Mann, startklar zum Auszug in den Wald. Viele Mitglieder der Gruppe gehörten keiner Organisation an und hatten sich erst in den letzten Stunden angeschlossen, als sie von dem bevorstehenden Auszug erfahren hatten. Einige wenige hatten Pistolen, sonst waren keine Waffen vorhanden. Der Anteil der Frauen war recht hoch und die Zahl der Kampffähigen entsprechend gering.

Die Leute waren angespannt und nervös vom Warten. Der übliche Wegeleiter war noch nicht da, und weiterer Verbleib an diesem gefährlichen Ort, so nahe der Stadt, in der soeben eine Sabotageaktion stattgefunden hatte, konnte verhängnisvolle Folgen haben. Witka ging los, den Ortskundigen zu suchen. Nach längerem Suchen fand er sich, ein Tatare, der schon mehrere jüdische Gruppen in den Wald geleitet hatte. Diesmal ließ er sich besonders lange bitten, eine so große unbewaffnete Gruppe zwischen den deutschen Stützpunkten hindurchzulotsen.

Der Weg durch die Sümpfe, selbst für erfahrene Partisanen nicht einfach, machte den Städtern, die längere Fußmärsche nicht gewöhnt waren, schwer zu schaffen. Sie ermüdeten und begannen zu straucheln. Immer wieder mußte die ganze Kolonne anhalten. Schließlich mußten einige Leute in den Wagen gesetzt werden, der eigentlich zum Transport von Sachen bestimmt war. So zog sich der Weg länger hin als gewöhnlich. Als die Gruppe den Waldrand erreichte und die Leute müde und erschöpft waren, wartete eine neue Überraschung auf sie.

Eine Partisanentruppe aus dem jüdischen Lager, dienstlich im Wald unterwegs, stieß zufällig auf die Gruppe, die sich auf dem Weg in den Wald befand. Die Kämpfer trauten ihren Augen nicht. In den letzten Tagen war nämlich vom Stab der Brigade der Befehl ergangen, daß das jüdische Kommando keine Juden mehr in den Wald bringen darf. Der Partisan Mitka meldete, er persönlich habe vom jüdischen Kommando den Befehl erhalten, jede Gruppe, die am Eingang des Waldes auftauchen sollte, abzuweisen. Man müsse sich vor den Bauern in acht nehmen, damit diese keinen weiteren Zuzug von Juden zu sehen bekämen, außerdem müßten die Partisanenlager der anderen Einheiten umgangen werden, weil sie von dem Verbot der Aufnahme weiterer Juden wußten.

Diese Nachrichten, so schwerwiegend sie für die Zukunft waren, erforderten eine sofortige Änderung der Marschroute. Die Leute, die nach den Unbilden des Weges schon aufgeatmet und sich in Sicherheit gewähnt hatten, mußten sich nun nach zwei Nächten mühseligen Gehens weiterhin im Partisanenwald verborgen halten. Am Ende des dritten Tages erreichte die Gruppe geschlossen das Lager. Mit ihrer Ankunft stieg die Zahl der jüdischen Partisanen auf etwa 400. Eine weitere Einheit wurde errichtet und erhielt den Namen *Borba* (Kampf). Zum Befehlshaber der Einheit wurde Aron Aronowitz ernannt, ein Funktionär der FPO bei »Keilis«, der mit einer der vorigen Gruppen in den Wald gekommen war.

Die Freude über das Anwachsen der jüdischen Truppe und die Genugtuung darüber, Hunderte von Juden vor dem sicheren Tod gerettet zu haben, wurde jäh gestört durch das Verbot des Brigadestabs, weitere Juden in den Wald zu bringen. Alles, was bis dahin selbstverständlich und allgemein anerkannt gewesen war, wurde damit verboten und illegal. Sicherlich hatte der Stab der Brigade gewichtige Gründe für seine Entscheidung gehabt, darunter militärische, politische und wirtschaftliche, doch zweifellos hatte ein weiterer Faktor mitgewirkt, nämlich die Furcht, dieser Wald, im Herzen einer feindseligen und antisemitischen litauischen Bevölkerung und ganz in der Nähe der Hauptstadt gelegen, werde einen ausgesprochen jüdischen Charakter erhalten.

Das jüdische Kommando mußte sich damit abfinden, zumal die drakonische Maßnahme wohlbegründet war. Akzeptiert wurde sie jedoch nur zum Schein, denn im Ernst dachte niemand daran, sich an das Verbot zu halten.

Waffen für die jüdischen Einheiten

Der ständige Zuzug zum Lager warf Probleme auf, das gewichtigste darunter war das der Bewaffnung. Die steigende Personenzahl stand in keinem Verhältnis zum Bestand an Waffen. Die meisten waren ohne Waffen in den Wald gekommen, und das wenige, was sie hatten, waren hauptsächlich Pistolen. Vom Stab der Brigade war keinerlei Unterstützung zu erwarten. Die Waffen reichten nicht einmal für das Nötigste, außerdem waren die Beschaffungsmöglichkeiten überaus beschränkt. In dieser Gegend waren die deutschen Posten überall präsent. Was die Kämpfer von Patrouillen erbeuteten oder ländlichen Kollaborateuren mit Gewalt wegnahmen, deckte den Bedarf bei weitem nicht. An ausgedehnte Unternehmungen zwecks Waffenbeschaffung in Gestalt von Überfällen auf diese Garnisonen war nicht einmal im Traum zu denken, solange 400 Mann über kaum 20 Gewehre verfügten.

Da beschloß der Stab, Waffen mit allen Mitteln zu erwerben, notfalls auch zu kaufen. Hinter diesem Entschluß steckten die verschiedensten Bedenken und Überlegungen, doch über allem stand die Notwendigkeit, eine minimale Feuerkraft zu garantieren, um die Durchführung von Aktionen und die Verteidigung des Lagers sicherzustellen. Der Geheimdienst, in dem sich auch einige Partisanen aus den umliegenden Dörfern befanden, hatte Kontakt zu Agenten aufgenommen, die versprachen, Waffen gegen Gold zu besorgen. Der Stab schilderte den Kämpfern die Möglichkeit, Waffen für Gold zu kaufen, und forderte die Besitzer von Goldmünzen auf, diese für diesen Zweck zur Verfügung zu stellen. Aber nur wenige Menschen im Lager besaßen Silber und Gold. Die allermeisten Partisanen waren völlig mittellos in den Wald gekommen, ein hoher Prozentsatz von ihnen war schon vorher nicht gerade vermögend gewesen. Unter den wenigen, die irgendwelche Wertgegenstände aus dem Ghetto gerettet hatten, fanden sich Leute, die sogleich beim ersten Spendenaufruf alles dem Stab übergaben, Uhren, Schmuckstücke usw.

Dem Stab oblag die Vorbereitung und Planung der Aktionen. Beschränkt wie die Ausführungsmöglichkeiten waren, mußten Mittel und Wege gefunden werden, die den gegebenen Verhältnissen entsprachen. Nach den ersten Aktionen, in denen es gelang, Telephon- und Telegraphenleitungen zu beschädigen, zunächst die Straße durch den Wald und dann die Bahnstrecke entlang, kamen die Brücken an die Reihe.

Als erstes Objekt wurde eine Brücke an der Hauptstraße Grodno-Wilna ausersehen, eine wichtige Verkehrsader für den deutschen Nachschub. Der Stab arbeitete einen detaillierten Plan aus und legte ihn dem Kommandeur der Brigade, Jurgis, zur Genehmigung vor. Jurgis begrüßte die Initiative. Geplant war die Sprengung der Brücke in einem Blitzangriff. Abba Kowner, der den Plan entwarf, hoffte zu diesem Zweck eine Sprengstoffladung vom Stab der Brigade zu erhalten. Doch als ihm beim Gespräch mit Jurgis klar wurde, daß dieser den erforderlichen Sprengstoff nicht erübrigen könne, plante er kurz entschlossen um. Wenn die Brücke nicht zu sprengen sei, müsse sie eben verbrannt werden. Zu diesem Zweck wurde eine Partisaneneinheit zum Überfall auf das Städtchen in der Nähe delegiert. Die Kämpfer machten einen Einbruch in eine Chemikalienfabrik, holten sich dort Fässer mit hochbrennbaren Materialien und brachten sie auf Wagen zum Lager.

In der Nacht danach zog die Truppe mit zwei Maschinengewehren, Gewehren und Handgranaten ausgerüstet zur Brücke. Die Gruppe zählte an die vierzig Mann, von denen nicht alle bewaffnet waren. Das Kommando führte Abba Kowner. Unbemerkt erreichten die Kämpfer den Schauplatz des Unternehmens. Gruppen zur Deckung bezogen auf beiden Seiten der Brücke Stellung, daneben Beobachtungsposten. Als die Saboteure daran gingen, Feuer an die Brücke zu legen, stellte sich heraus, daß sie von einer dicken Eisschicht bedeckt war, die Balken mit Wasser vollgesogen. Daher scheiterten die ersten Versuche, die Brücke in Brand zu stecken. Trotz der damit verbundenen Gefahr sah sich der Kommandant genötigt, von der Deckung weitere Leute abzuziehen, damit sie die Brücke von Schnee und Eis befreiten. Nach langer mühsamer Arbeit fing die Brücke endlich Feuer, als es einigen Männern gelungen war, unter die Stützpfosten der Brücke zu klettern und zwischen den Balken vorsorglich gesammeltes harziges Tannenreisig anzubringen. Mit Benzin wurde der Brand soweit vergrößert, daß er die ganze Brücke erfaßte. Als die Flammen höher schlugen, begannen die deutschen Posten zu schießen und unter heftigem Gewehrfeuer von der anderen Brückenseite her vorzurücken. Die Kämpfer der Deckung schossen zurück, um sie aufzuhalten, und hielten verzweifelt lange aus, bis sie den Befehl erhielten, den Rückzug zum Ende der brennenden Brücke anzutreten. Die Deutschen schossen mit Mörsern, aber die Kämpfer wichen nicht zurück. Sie hielten dem Beschuß stand, bis sie die Brücke in sich zusammenstürzen sahen. Unter andauerndem Schußwechsel kehrten alle unversehrt zum Ausgangspunkt zurück.

Ihre erste Feuerprobe hatten die Kämpfer glanzvoll bestanden und dabei Kampfkraft und bewundernswerten Mut gezeigt. Anderntags ging Abba Kowner zum Stab der Brigade, wo sich die Kommandeure der Einheiten trafen. Jurgis, der nach dem Unternehmen einen Nachrichtenoffizier entsandt hatte, um sich über den Erfolg berichten zu lassen, rühmte bei der Besprechung Planung und Resultate des Unternehmens in den höchsten Tönen. Er meldete, die Aktion habe in der Umgebung großen Eindruck gemacht und die Deutschen hätten berichtet, sie hätten die Zerstörung der Brücke nicht verhindern können, weil große Streitkräfte von Partisanen aufmarschiert seien ...

Bei Beratungen im jüdischen Stab wurde beschlossen, die beiden Einheiten »Tod dem Faschismus« und »Kampf« in die Wälder von Narocz zu verlegen – eine Gegend, wo nach den vorliegenden Nachrichten eine große Partisanenbewegung tätig war. Die beiden anderen Einheiten dagegen sollten näher an Wilna bei einer Eisenbahnkreuzung Stellung beziehen. Die Waffen wurden aufgeteilt. Die Einheiten, die nach Narocz zogen, erhielten 11 Gewehre, zwei Maschinengewehre, Pistolen und Handgranaten. Eine ähnliche Menge blieb in den Händen der ersten und zweiten Einheit.

Der Marsch nach Narocz wurde von Aron Aronowitz, dem Befehlshaber der vierten Einheit, befehligt und von Chaim Lazar, dem die Patrouille unterstand. Begleitet wurden sie von einem russischen Ortskundigen, Nicola, der sie an ihren neuen Ort führen sollte. Beim Abschiedsappell, an dem alle jüdischen Partisanen teilnahmen und auch Vertreter des Stabs der Brigade anwesend waren, erläuterte Abba Kowner die Gründe für die Streuung der Stützpunkte und suchte den Leuten Mut zuzusprechen. Doch die Teilung als solche und der Auszug an einen neuen, unbekannten Ort dämpften die Stimmung, und viele empfanden den Marschbefehl als ein hartes Urteil.

»Wir brachen deprimiert und verbittert auf«, schreibt Isaak Kuperberg. »Wir fürchteten, unsere Kameraden nicht wiederzusehen, und hatten den Eindruck, man wolle uns abschieben. Wir nahmen sehr betrübt Abschied. Manche weinten dabei.« Man wußte zwar, daß in den ca. 80 km entfernten Wäldern von Narocz russische und jüdische Partisanen saßen, denen es gutging. Jüdische Partisanen, die von dort gekommen waren, erzählten, daß man dort neue Einheiten errichten konnte, aber dies alles reichte nicht aus, den Kummer und die Spannung zu überwinden.

In den Partisanenbataillonen »Tod dem Faschismus« und »Kampf«

Wenige Wochen nach ihrer Rückkehr aus der Gegend von Narocz in die Wälder von Rudniki konnten die Einheiten schon 6 km vom Lager »Rächer« und »Für den Sieg« entfernt eine eigene Ausgangsbasis schaffen und sich neu organisieren. Die jüdischen Befehlshaber leisteten viel für die Konsolidierung der Einheiten sowie für die Steigerung ihrer Kampfkraft. Die Einheiten, die an die 150 Mann zählten, wurden in Kampftrupps mit jeweils erfahrenen Partisanen an der Spitze aufgeteilt. Andere Gruppen von Partisanen aus beiden Einheiten begannen zunächst zu Versorgungsaktionen auszuziehen, später auch zu Sabotage-Akten, Hinterhalten und Sprengungen.

Doch eines Tages erschienen in der Stellung 20 sowjetische und litauische Partisanen. Sie verkündeten, sie seien vom Stab der Brigade entsandt, um die jüdischen Einheiten zu befehligen und deren militärisches Potential zu verstärken. Außerdem behaupteten sie, die Kommandeure der Einheiten wären nicht kampferprobt genug, und die militärischen Leistungen nicht sonderlich wirkungsvoll. Eine Reorganisation müsse erfolgen, in erster Linie ein Wechsel des Kommandos.

Noch am selben Tag fand ein Appell statt. In die Reihen traten die neuen Kämpfer mit Gewehren und Maschinengewehren. Die jüdischen Kämpfer blickten wortlos auf diese Waffenfülle und hörten sich den Befehl an, der einer Auflösung der eigenständigen jüdischen Einheiten gleichkam. Dies geschah völlig unvermutet und außerordentlich rasch. Nicht einmal die Angehörigen des Kommandos, unter denen auch Mitglieder der kommunistischen Partei waren, hatten auch nur eine Andeutung erhalten, was geplant war. Es war zwar ein offenes Geheimnis gewesen, daß Jurgis und die Leute vom Stab prinzipiell etwas gegen die gesonderte Existenz der jüdischen Einheiten hatten und schon lange Gelegenheit suchten, deren Eigenständigkeit aufzuheben. Aber niemand hatte damit gerechnet, daß der Jude Jurgis sich diesen Herzenswunsch dadurch erfüllen würde, daß er willkürlich den 150 Juden 20 Litauer und Russen vor die Nase setzte.

Noch am selben Tag wurde die Ablösung vollzogen. An die Stelle von Abrascha trat ein litauischer Kommunist und Fallschirmspringer. Sämtliche mittleren und unteren Offiziersränge, mit Ausnahme von Kaganowicz und noch einem oder zweien, wurden ihrer Ämter beraubt und durch die russischen und litauischen Partisanen ersetzt. Die herausragendste Gestalt unter diesen war ein Offizier, der sich als Major einer Panzereinheit der Roten Armee vorstellte und ständig mit seinen Heldentaten angab.

Schon am ersten Tag nach der Ablösung war die Situation im Lager äußerst gespannt. Den Kämpfern, die Unabhängigkeit gewöhnt waren und ihre Befehlshaber noch vom Ghetto her kannten, fiel die Umstellung schwer. Die Chancen für die Durchführung weitreichender Aktionen waren durch die Waffenzufuhr zwar gestiegen, aber die Stimmung im Lager war schlecht. Vordergründig betrachtet war das Verhalten des Kommandos gegenüber den Kämpfern korrekt, aber hie und da kamen Nadelstiche vor – wie etwa das Verbot, in der Stellung jiddisch zu sprechen, oder Andeutungen, Partisanenerfahrung und Kampfkraft der Juden aus dem Ghetto seien doch wesentlich geringer. Es kamen auch Einwände gegen die Anwesenheit von Frauen im Lager. Auch die Beziehungen der beiden Einheiten zueinander änderten sich, jede verselbständigte sich, wobei die Tendenz dahin ging, die eine Einheit in eine andere Stellung zu verlegen, was danach auch geschah.

Unter den Anordnungen der neuen Befehlshaber befand sich auch das Verbot, daß Paare zusammenwohnten. Die Trennung wurde rasch vollzogen. Es gab allerdings auch Fälle, in denen sich das Oberkommando nicht damit begnügte, Familien innerhalb des Lagers auseinanderzureißen, gelegentlich wurde einer von beiden in eine andere Einheit versetzt, zu Jurgis oder nach »Ferkunas«.

Die Partisanenaktionen steigerten sich zwar in diesem Zeitraum, was an der Qualität der Waffen lag, die den Einheiten nun zur Verfügung standen. Die Kämpfer zogen auch gern in den Kampf, denn dabei geriet die Verbitterung des Alltags in Vergessenheit und das Gefühl der Unabhängigkeit stellte sich wieder ein, da ungeachtet des russischen oder litauischen Kommandos die Initiative doch bei den jüdischen Kämpfern blieb, die sich in der Umgebung gut auskannten.

Nicht selten quittierten die Partisanen einen Marschbefehl des Stabskommandanten mit spöttischem oder bitterem Lächeln, wenn der mit dem Finger auf die Landkarte deutete und befahl: »Da sollt ihr hin!« Einer der Kämpfer warf einen Blick auf die Karte und meinte ganz erstaunt: »Aber das ist doch ein deutscher Posten.« Der Kommandànt wurde unsicher, erläuterte noch einmal Ziel und Zweck des Unternehmens. Die Partisanen entschieden natürlich nach eigenem Gutdünken, wie die Aktion durchzuführen sei.

Zu jener Zeit wechselte der Oberbefehl wieder. Zum Kommandeur von »Kampf« avancierte Wassilenko, der dort bis dahin Stabschef war. Dieser Wechsel ließ die Herzen der Kämpfer höher schlagen. Wassilenko war ein russischer Jude (mit richtigem Namen hieß er Baselinicki), Hauptmann der Roten Armee, von Beruf Ingenieur. Zu Anfang des Krieges war er am Bau der Befestigungen von Sewastopol beteiligt gewesen und hatte auch auf sowjetischen Kriegsschiffen gedient. Er war in deutsche Kriegsgefangenschaft geraten und als Gefangener nach Kowno gekommen. Damals beschäftigten die Deutschen Gruppen von Juden und Kriegsgefangenen damit, die Leichen der von ihnen Ermordeten zu verbrennen. Wassilenko regte die Anlage eines Fluchttunnels an. Nach etlichen Monaten der Arbeit unter ungewöhnlichen Bedingungen gelang 80 Häftlingen die Flucht aus der Festung. Ein Teil von ihnen gelangte ins Ghetto, darunter auch Wassilenko. Er knüpfte Kontakte zur Untergrundbewegung im Ghetto an und zog hinaus mit einem der jüdischen Kämpfertrupps aus Kowno, die in die Wälder von Rudniki kamen. Zunächst gehörte er einer anderen Einheit an. Von dort wurde er als Kommandeur zu den jüdischen Einheiten versetzt.

Mit feinem Gespür witterten die Partisanen die Herkunft ihres Kommandanten gleich bei seiner Ankunft. Dabei bekannte er sich nie als Jude, sprach nie ein Wort jiddisch und zeigte auch kein sonderliches Interesse am Schicksal seines Volkes. Er war um die 40, schweigsam, machte keinerlei Anbiederungsversuche bei seinen Untergebenen, war sorgfältig auf Distanz zu den Kämpfern bedacht und hielt sie sehr kurz. Wassilenko erzog die Einheit zu eiserner Disziplin. Jeder Truppe, die zu einer Aktion auszog, gab der Kommandeur den Satz mit auf den Weg: »Denkt daran, wenn ihr es nicht schafft, sind die Folgen verheerend.«

Antisemitische Ausfälle

Die Aufhebung der Selbständigkeit der jüdischen Einheiten »Tod dem Faschismus« und »Kampf«, die Entlarvung von Verrätern innerhalb des nichtjüdischen Kommandos jener Einheiten – dies zog die beiden anderen jüdischen Einheiten, »Rächer« und »Für den Sieg« in Mitleidenschaft – verbreiteten Bitterkeit und tiefe Enttäuschung. Dazu kamen schwere Sorgen um die Zukunft der beiden Einheiten, die man zwar noch nicht anzutasten gewagt hatte, deren eigenständiger Weiterbestand aber sehr gefährdet war. Während keines anderen Zeitraumes im Wald hatten die Männer so sehr um diese Unabhängigkeit zu fürchten. Leider war die Ausbildung dieses jüdischen Partisanenbewußtseins nicht nur die Folge der Vorstellung von der besonderen Bestimmung des Juden als Partisan und von der nationalen Bedeutung eines jüdischen Regiments. Eines Tages kamen Nachrichten vom Leben der jüdischen Partisanen in litauischen Einheiten, nur wenige Kilometer entfernt von den Stellungen der Einheiten »Rächer« und »Für den Sieg«. Man wußte, daß in den litauischen Einheiten überwiegend jüdische Jugendliche aus Kowno dienten, die gut bewaffnet in den Wald gekommen waren und auch nach den Anweisungen des Kommandos die meiste Ausrüstung für das Partisanenlager mitgebracht hatten. Doch diese Umstände hatten sich nicht auf die Einstellung des litauischen Kommandos und der wenigen litauischen Partisanen zu ihren jüdischen Kameraden ausgewirkt. Die Juden in der litauischen Einheit hatten Erniedrigung, Hohn und Spott, offenen Antisemitismus zu erdulden und schließlich sogar Todesopfer zu beklagen.

Dazu kamen noch die Vorgänge in der Fallschirmspringereinheit von Hauptmann Alko. Dort befanden sich nur vereinzelte Juden, und zwar Partisanen, die freiwillig zu den Fallschirmspringern gegangen waren, noch bevor die FPO-Leute in den Wald kamen und die jüdische Einheit errichtet wurde. Kampflustig und rachedurstig, tatkräftig und militärisch ausgebildet wie sie waren, hatten sie sich bald eine angesehene Position in der Einheit erworben.

Somit bestand eigentlich überhaupt kein Grund, daß diese vereinzelten Juden irgendwelche spezielle Behandlung oder Diskriminierung hätten erfahren sollen. Da kam eines Tages die Nachricht, daß der Partisan Salman hingerichtet worden war. Er war bei der Wache schlafend angetroffen und dafür hingerichtet worden. Freilich konnte kein Partisan es rechtfertigen, wenn jemand im Dienst, zumal bei der Wache, einschlief, aber man wußte, daß es etliche solcher Fälle gegeben hatte. Auch sonst waren die Schuldigen bestraft worden, aber keiner hatte ein solches Vergehen mit dem Leben bezahlen müssen.

Kurze Zeit später wurde im jüdischen Lager bekannt, daß auch der Partisan Mosche Epstein hingerichtet worden war. Beim Auszug zu einer Aktion war die Gruppe, in der sich auch Epstein befand, auf einen deutschen Hinterhalt gestoßen, der heftiges Feuer auf sie eröffnet hatte. Beim Rückzug wurde Epsteins Gewehr getroffen, so daß es ihm aus der Hand fiel. Als er sich erholte und merkte, daß er sein Gewehr nicht mehr hatte, war es zu spät, um zurückzugehen, denn das Gelände befand sich in deutscher Hand. Als Epstein in die Stellung zurückkam, befahl ihm Hauptmann Alko, das Gewehr wiederzuholen, andernfalls werde er hingerichtet. Epstein ging los, es zu suchen, er war ins Lager der Juden gekommen und hatte um Hilfe gebeten. Doch es war schlechterdings unmöglich gewesen, ihm aus den spärlichen Beständen der Einheiten ein Gewehr zu geben. Man machte ihm den Vorschlag, nicht zu seiner Einheit zurückzukehren, sondern bei der jüdischen Einheit zu bleiben, in der Hoffnung, das jüdische Kommando werde im Laufe der Zeit seine Versetzung regeln können. Epstein nahm das Angebot nicht an, kehrte zurück, und Alko machte seine Drohung wahr. Dabei spielte es anscheinend überhaupt keine Rolle, daß Epstein eine fleckenlose, kämpferische Partisanenvergangenheit aufzuweisen hatte und daß in der Fallschirmspringereinheit eigentlich kein Mangel an Waffen herrschte.

Die Hinrichtung der beiden im Lager wohlbekannten Partisanen, die dort auch Freunde und Verwandte – Epstein hatte eine Schwester – hatten, erregte den Zorn der Juden. Doch bestand keine Möglichkeit, darauf zu reagieren, auch nicht offiziell, und etwa von den Verantwortlichen eine Erklärung zu verlangen. Solche Urteile waren nach Partisanenrecht erlaubt, und die Betreffenden hätten bestimmt jeglichen antisemitischen Hintergrund ihrer Handlungsweise abgestritten.

Die letzten Rettungsversuche

Es gab 1.550 Juden im Arbeitslager HKP (Heereskraftfahrpark) in Wilna. Von dort konnte keiner unsere Basis erreichen, obwohl es dort eine Widerstandsorganisation gab, mit welcher wir über Selda Treger ständigen Kontakt hatten. Um einen Massenausbruch aus dem Lager zu organisieren, vermittelte Lusiek Schapira ein Treffen mit dem jüdischen Lagerältesten Kulisch, der zunächst kooperativ reagierte, dann aber hinhaltend taktierte. Als diese Gespräche zu nichts führten, beschloß man, einen Fluchttunnel zu graben. Die streng konspirative Arbeit wurde nachts ausgeführt und dauerte mehrere Monate. Die ausgegrabene Erde wurde in den Hosentaschen nach außen befördert. Die Jungen schufteten am Tage und gruben dann die ganze Nacht weiter. Jüdische Spitzel haben den Tunnel verraten und wurden vom Widerstand hingerichtet. Lusiek Schapira wurde verhaftet und schwer mißhandelt. Die Entdeckung des Tunnels führte zur verstärkten Wachsamkeit, und die Chancen der Flucht wurden immer kleiner.
Es war April geworden. Das Kommando vom »Rächer« drängte zum Aufbruch, denn sie fürchteten, zur Rettung der überlebenden Juden zu spät zu kommen. Aus dem Lager kam die Genehmigung, und in der Partisanenstellung wurden sämtliche Vorkehrungen für die Aufnahme der Gruppe getroffen. Selda Treger wurde in die Stadt entsandt, um die letzten Vorbereitungen zu leiten, und einen Tag später machte sich auch Witka Kempner auf den Weg, die die Gruppe bis an den Waldrand bringen sollte, wo die Partisanentruppe sie erwarten wollte.
Die beiden Kämpferinnen trafen Sonja Madajsker und klärten mit ihr die Einzelheiten des Unternehmens. Sonja berichtete, das Agieren in der Stadt sei schwieriger und gefährlicher geworden, weil die Gestapo Angehörige der Untergrundbewegung beschattete. Der Zentralrat in Wilna hatte beschlossen, den Transfer der Leute in den Wald fortzusetzen. Sowohl sie als auch der Untergrundkämpfer Karol müßten die Stadt verlassen, denn sie würden beschattet. Die drei Mädchen

vereinbarten einen Treffpunkt und trennten sich. Der Zeitpunkt des Auszugs wurde für den kommenden Sonntagabend festgesetzt. Am andern Morgen ging Selda Treger zum Treffpunkt. Vor dem Gebäude stand ein ihr unbekannter Mann, und Selda bemerkte, daß er Karols Kleider trug. Sie sah auch Spuren von Schüssen rings um das Haus. Es gelang ihr, Ruhe zu bewahren und ohne stehenzubleiben an dem Haus vorbeizugehen.

Einige Stunden später wurde ihr klar, daß die Straße am Vortag von Gestapo-Leuten in Zivil umstellt gewesen war. Sie waren Karol auf seinem Nachhauseweg gefolgt, hatten ihn eintreten lassen und dann die Tür gestürmt. Sonja, die sich im Raum befand, war in den Keller geflüchtet und versuchte, sich zu erschießen. Sie war schwer verwundet. Karol hatte versucht, Widerstand zu leisten, und war ebenfalls festgenommen worden. Die Deutschen brachten Sonja, die einen Mundschuß hatte, ins Krankenhaus und bewachten sie streng. Nach wenigen Tagen erlag Sonja Madajska dort ihren Verletzungen.

Erschüttert über Sonjas tragisches Ende, fuhren Witka und Selda fort mit der Erfüllung ihres Auftrags. Die beiden gingen tagsüber durch die Stadt, um ein weiteres Mal den Weg abzuschreiten, auf den am Abend die Gruppe von Juden aus dem HKP-Lager kommen sollte. Sie kamen in die Nähe von Ponary, auf dem einzigen sicheren Weg, den sie erst am Vortag gegangen waren. Aus einiger Entfernung fiel ihnen eine Veränderung auf, erhöhte Bewegung von Gestapo-Leuten. Das kam ihnen verdächtig vor. Als sie ins Dorf kamen, meldete ihnen ihr Gewährsmann, in der Nacht seien Juden aus Ponary geflüchtet, die Deutschen und die Litauer suchten die Umgebung nach ihnen ab. Er meinte auch, in dieser Nacht sei es unmöglich, Leute über den Fluß zu bringen, er stehe zu hoch. Doch war dieses Detail in der nunmehr entstandenen Situation schon belanglos. Die beiden Mädchen berieten sich mit dem Begleittrupp und beschlossen, den Auszug der Gruppe zu verschieben, in Anbetracht der Tatsache, daß es in einer Nacht, in der die Deutschen in der Gegend nach Juden schnüffelten, ohnehin aussichtslos sei, sie durchzubringen. Selda ging in die Stadt, um den Leuten vom HKP die Änderung des Plans mitzuteilen. Trotzdem blieb der Begleittrupp zusammen mit Witka am vereinbarten Treffpunkt und wartete, ungeachtet der Gefahr, die von den Deutschen her drohte, die das Gelände rings um Ponary durchkämmten. Selda kam zum HKP, die Gruppe war noch nicht abmarschiert. Es stellte sich heraus, daß die Deutschen von dem geplanten Auszug erfahren und am Eingang des Kanals Wachen postiert hatten.

Noch vor Seldas Rückkehr zum Treffpunkt wurde das Dorf von Gestapoleuten umstellt, die nach den aus Ponary geflüchteten Juden und den Partisanen fahndeten. Der Begleittrupp mit Witka war im Dachboden einer Scheune im Dorf versteckt. Die Deutschen umzingelten das Haus, und die Kämpfer fürchteten, der Bauer könnte sie dem Feind ausliefern, denn es war klar, daß er und seine Familie es mit dem Leben büßen müßten, wenn Partisanen bei ihm gefunden würden. Sie hörten das Gebrüll der Nazis, wie sie die Betten durchsuchten. Der Bauer leugnete felsenfest. Die Deutschen drangen in die Scheune. Witka, Janek Marsik, Salma Saker, Mitka Perlstein und die übrigen hielten ihre Handgranaten bereit. Doch die Deutschen durchsuchten die Scheune nicht und verließen sie wieder.

Die Bauernfamilie, die schon seit einiger Zeit Kontakte mit den Partisanen unterhielt, hatte sich glänzend bewährt. Die Loyalität des Bauern und die Schlauheit seiner Frau hatten den Leuten das Leben gerettet. Doch nachdem die Deutschen weggegangen waren, war der Bauer nicht mehr bereit, einen weiteren »Besuch« dieser Art durchzustehen, und die Gruppe mußte hinaus ins freie Gelände, während die Deutschen immer noch jeden Winkel absuchten. Trotz aller Gefahren gelang es ihnen, zur Stellung zu kommen, wo sie dem Stab von der Flucht der Leute aus Ponary berichteten. Sogleich machte sich eine große Kampftruppe auf, um die Flüchtlinge zu suchen, einzusammeln und in den Wald zu bringen. Zwei Tage danach kam die Einheit mit elf Mann wieder – neun Juden und zwei russischen Kriegsgefangenen. Von ihnen erfuhr man Einzelheiten des Geschehens. Nach der Liquidation des Ghettos und angesichts der sich nähernden Frontlinie versuchten die Nazis, die Beweise ihrer Verbrechen zu beseitigen. Sie brachten sowohl christliche Gefängnisinsassen nach Ponary wie auch eine Gruppe von Juden aus dem Gefängnis in Lukiszki. Sie sollten die Leichen der Abertausende von ermordeten Juden ausgraben, die Leichen zusammen mit Baumstämmen auf riesigen Stapeln aufschichten, diese mit Benzin übergießen und verbrennen. Auf jedem Leichenberg waren 4.000 Körper gestapelt. Das Kommando lebte in einem unterirdischen Bunker, in den man mit einer Leiter hinuntersteigen mußte.

Manche fanden unter den Leichen die Körper ihrer Frauen und Eltern, die sie nun mit eigenen Händen verbrennen mußten. Sie fanden auch die Leichen der Priester des katholischen Priesterseminars von Wilna und auch Hunderte Leichen von Litauern, die zuvor Juden ermordet hatten, aber nicht an die Front wollten. Sie waren durch die Stadt nach Ponary geführt worden. Nach der Arbeit wurden die Häftlinge mit eisernen Ketten gefesselt.

Vom ersten Tag an planten die Juden eine Flucht. Es gelang ihnen, einen Tunnel von 80 Metern Länge zu graben. In einer Aprilnacht war der Tunnel fertig geworden. Die Leute begaben sich barfuß hinein. Nachdem sie die Füße aus ihren angeketteten Stiefeln gezogen hatten, gelangten sie heil aus dem Bunker und begannen zu laufen. Die Deutschen eröffneten das Feuer. Von den achtzig Mann, die durch den Tunnel gekommen waren, entkamen nur vierzig. Die Deutschen alarmierten die SS, und die nähere Umgebung wurde hermetisch abgeriegelt. Die elf Mann, die von der Partisanentruppe aufgefunden worden waren, konnten in den Wald gelangen.

Wochenlang konnten die Leute aus Ponary sich nicht in der Nähe der Kämpfer aufhalten. Der Leichengeruch, der Gestank von verbranntem Menschenfleisch, der von ihnen ausging, erregte Brechreiz. Selbst das Fieberthermometer, das sie in einer Metallschachtel mitgebracht hatten, war wegen des Gestanks unbenutzbar. Viele Stunden verbrachten sie im Badehaus, ihre Kleider wurden etliche Male gewaschen und gekocht, doch solange keine neuen Kleider für sie aufzutreiben waren, konnte man sich in ihrer Nähe nicht aufhalten. Dieser Geruch haftete ihnen noch lange an. Einzig und allein die Rache, das Blut der Mörder, konnte den Geruch der Ermordeten und Verbrannten von ihnen abwaschen sowie ihnen und den übrigen jüdischen Kämpfern wieder Kraft und Mut zum Leben verleihen.

An einem Tag meldeten die Späher des Bataillons »Für den Sieg«, Meir Wololzny und Meir Lichtensohn, erneute Feindbewegung auf dem Straßenstück Grodno-Wilna nahe beim Wald. Diese Straße war von Partisanen unpassierbar gemacht worden. In energischen Aktionen waren auf weite Strecken hin die Brücken zerstört und die Telephonleitungen abgeschnitten worden. Nach einiger Zeit bauten die Deutschen neue Brücken und stellten Wachbunker an jede Brücke. Die jüdischen Partisanen hatten auch die neuen Brücken gesprengt, so daß

diese zentrale Straße wiederum für den Feind unbenutzbar war. Nach
geraumer Zeit fuhren dort wieder deutsche Autos, und das Motorengeräusch drang bis ins Lager. Jeden Morgen kamen gepanzerte Fahrzeuge vorbei, um die Strecke zu kontrollieren, und motorisierte
Posten drangen in den Wald.
Der Stab hatte beschlossen, diese Posten anzugreifen und die Straße
für deutschen Verkehr endgültig stillzulegen. Viele Kämpfer zogen zu
dem Unternehmen mit neuen Waffen in der Hand aus. An der Spitze
der Kampfeinheit der ersten Kompanie stand Elchanan Magid, an der
der zweiten Isaak Tschoshoj. Die Kämpfer bezogen Posten entlang
der Straße, die Trupps lagen auf beiden Seiten im Hinterhalt. Der Befehl lautete, wenn die Fahrzeuge von rechts her kämen, sollten die
Panzerabwehrwaffen das Feuer eröffnen und die zweite Kompanie,
die ca. 400 m von der ersten entfernt postiert war, über sie herfallen.
Tatsächlich kam der erste Panzerwagen von rechts. Die Kämpfer ließen ihn durch bis zur Mitte, dann wurden die Waffen abgefeuert. Die
ersten Schüsse waren Volltreffer. Der Panzerwagen hielt an und ver-
sperrte zwei mit Planen bedeckten Lastwagen, die ihm folgten, den
Weg. Aus dem brennenden Panzerwagen wurde die Leiche des Fah-
rers geworfen. Ein anderer Deutscher setzte sich ans Steuer, und trotz
des mörderischen Feuers, das auf ihn eröffnet wurde, gelangen ihm
Durchbruch und Flucht. Die Kämpfer fielen wütend über die beiden
LKWs her. Der Fahrer und der Offizier auf dem Beifahrersitz wurden
auf der Stelle getötet. Die Deutschen versuchten abzuspringen und
wollten Handgranaten werfen. Abrascha Tschoshoj und ein litauischer Partisan sprangen ins Fahrerhaus und begannen auf den zweiten Wagen zu schießen. Die Wagen wurden von den Partisanen umstellt, und der Widerstand der Deutschen brach zusammen. Wer
nicht fliehen konnte, wurde auf der Stelle getötet. Die Juden machten
reiche Beute: zwei MGs, viele Gewehre, Munition und Verpflegung.
Die Schlacht hatte nur wenige Minuten gedauert. Rachetrunken traten die Kämpfer den Rückweg in den Wald an, wohl wissend, daß der
entkommene Panzerwagen die Deutschen alarmieren würde.
An dieser Aktion waren auch Mordechai Seidel, einer der Flüchtlinge
aus Ponary, und der Holländer Hank beteiligt, der zusammen mit
einer Gruppe von Gefangenen befreit und der Einheit angegliedert worden war. Aber nicht nur für Seidel war das Unternehmen ein

großes Erlebnis. Alle Beteiligten waren gleichermaßen begeistert und viele von ihnen erzählten noch lange danach, wie die Deutschen um ihr Leben gefleht hätten, um der Frauen und Kinder willen, die zu Hause auf sie warteten . . .

Die letzten Nächte

Die Rote Armee näherte sich den Grenzen Litauens. Vom Partisanenkommando in Moskau kamen Befehle und Anweisungen in ununterbrochener Folge. Die Partisanenlager rüsteten sich faktisch zur Befreiung der Gebiete. Nach dem Plan sollten sie an der Befreiung der Hauptstadt von Litauen teilnehmen und bis zum entscheidenden Überfall die Rückzugwege des Feindes stören und den Transport von Verstärkungen an die zusammenbrechende Front verhindern.

Nacht für Nacht rückten die Partisanen zu Aktionen aus, und der Schienenkrieg wurde mit voller Wucht geführt. Über das ganze Gebiet hin – von den Wäldern von Narocz bis zu den Weiten Litauens einschließlich der Region Wilna und Grodno – wurden die Bahnanlagen dem Feuer der Sprengungen und Minen ausgesetzt. Im Laufe einer Nacht wurden Hunderte von Bahnkilometern aus dem Verkehr gezogen. »Das muß klappen«, versicherte Mina Sebirska, »heute ist doch mein Geburtstag.« Voller Erregung zählte sie die Detonationen. »Siehst du, wir veranstalten dir einen schönen Geburtstag, mit Musik und vielen Lichtern«, lachten ihre Kameraden, während der längst vergessene Geruch von Heim und Geburtstagsfeier in ihren Nasen aufstieg.

Jüdische Partisanen drangen in die Dörfer, die für ihre feindliche Haltung bekannt waren, und entwaffneten die Bauern. Diese versuchten keinen Widerstand, sondern ergaben sich dem siegreichen Eroberer, repräsentiert durch den jüdischen Partisan. Eines Tages bemerkte der Posten im Lager eine Gruppe von Männern, die näher kamen. Sinia Rind, der mit einem Bein hinkte, kommt langsam auf die Wachtposten zu. Jemand läuft ihm entgegen und hält ihn an. Sinia überbringt ruhig die Order, nach Wilna zu ziehen. Mit leichtem Lächeln fügt er hinzu: »Das ist die letzte Nacht im Wald.«

Wie ein Lauffeuer verbreitete sich in der Stellung die Nachricht, daß die Abgesandten vom Stab der Brigade zurück seien. Leute treten aus den Türen der Hütten und umringen Sinia, den Überbringer der frohen Botschaft, der im Taschenlampenlicht den Befehl des Stabs verliest. *Towarischtschi!* – Genossen! Keiner achtet darauf, daß er russisch und nicht jiddisch spricht. In diesem Augenblick ist diese Sprache allen Anwesenden geläufig, es ist die Sprache der Sieger. »Die unbesiegte Rote Armee hat Neu-Willike eingenommen und rückt unter schweren Gefechten vor in Richtung auf Wilna, die Hauptstadt der litauischen Republik.« Er hält inne, um Atem zu holen und den Leuten Zeit zu geben, den Inhalt der Nachricht aufzunehmen, dann fährt er fort: »Das Oberste Partisanenkommando zusammen mit dem Stab der Roten Armee erteilt der litauischen Partisanenbrigade in den Wäldern von Rudniki den Befehl, die Hauptstadt Wilna Schulter an Schulter mit der siegreichen Roten Armee einzunehmen«. Die letzten Worte gehen unter im Durcheinander von Stimmen, Freudenschreien, Fragen. Ein Gewirr von Geräuschen, in dem keiner sein eigenes Wort versteht, bricht aus vielen Mündern, überflutet alles und reißt alle mit.

Morgen bei Tagesanbruch werden die Partisanen den Wald verlassen und in großem Zug, in militärischer Formation ausziehen. Der Befehl lautet, keine persönliche Habe mitnehmen, nur Waffen und Munition. Dies ist zwar der ersehnte Tag der Befreiung, aber noch steht ihnen der Kampf um die Stadt bevor, und für ihn müssen sie gerüstet sein. Und wieder zerstreuen sich die Männer, als wollte in diesem Augenblick jeder für sich sein, etwas vor den Augen des andern verbergen. Jetzt wird nicht mehr gefeiert, nicht mehr gesungen, die Männer schweigen.

Die Leute verließen heimlich die Stellung und schlichen sich an der Wache vorbei. Es waren Witka Kempner, Abba Kowner und die Schreiberin dieser Zeilen – Rozka Korczak. Sie wollen sich darüber klarwerden, was sie am Morgen nach der Befreiung machen, was sie den wenigen überlebenden Mitgliedern ihrer Bewegung sagen sollen. Sollen sie sie anweisen, sich zur Roten Armee zu melden, oder sich bemühen, die verstreuten Leute zu sammeln und ihre Bewegung neu aufzubauen? Wie ist zu entscheiden, wo doch der Krieg noch keineswegs zu Ende ist, der Feind noch nicht völlig geschlagen? Und wie soll die organisierte Bewegungsarbeit unter den neuen Umständen aussehen? Die Antworten wollen wohl überlegt sein, erfordern ein hohes Maß an moralischer Verantwortung. Die Überlebenden müssen gesammelt werden.

Noch vor Tagesanbruch waren die Partisanen zum Abmarsch bereit. Sie standen in langen Reihen, ordentlich aufgereiht. Die Kommandeure versprachen, nach der Befreiung würden die persönlichen Habseligkeiten der Partisanen in die Stadt gebracht und ihnen zurückerstattet. Auf der *Kopana* trafen die Einheiten zusammen – viele hundert Männer und Frauen marschierten gemeinsam in Richtung Wilna. Diesmal brauchten sie das Sonnenlicht nicht zu scheuen. Bauern in Dörfern, die den Partisanen noch vor kurzem nachgestellt hatten, öffneten ihre Türen und luden sie ein, Rast zu machen und sich zu stärken. Viele Einheiten nützten diese Pausen zur Erholung und zum Singen und schlossen erste Bekanntschaften mit den jungen Mädchen des Dorfes, die sie mit Brot und Milch bewirteten.

Wilna stand in Flammen. Die Stadt lag unter schwerem Beschuß. Deutsche Tiefflieger griffen die Kolonnen der Partisanen an. Die fest verschanzte deutsche Garnison leistete noch heftigen Widerstand. Auf der anderen Seite schnitten die Partisanen dem Feind die Fluchtwege ab. Am 10. Juli 1944 gelangten die jüdischen Partisanen mit den Kolonnen der Brigade nach Biala, etwa 20 km vor der Stadt. Die Einheit »Rächer« bezog Stellung auf freiem Feld. Dann kamen die ersten Überlebenden aus den estländischen Lagern in die Stadt. Sie waren am Vorabend ihrer Vernichtung entronnen. Unter den Heimkehrern war Baruch Goldstein, ein aktives Mitglied der FPO, der aus dem Ghetto nach Estland verschleppt worden war.

Anfang August wurde Rozka Korczak nach Kowno entsandt. Sie fand dort unter anderen eine Gruppe von Leuten des *Haschomer Hazair* und ließ sie nach Wilna kommen, wo der Neuaufbau der Bewegung begonnen hatte und Wege zur Einwanderung nach Palästina gesucht wurden. In dem Städtchen Ejszyszki wurden fünf Juden von den wenigen, die am Leben geblieben waren, ermordet. Ihre Leichen wurden nach Wilna überführt. In den Taschen ihrer Kleider fanden sich Zettel mit folgendem Wortlaut: *Taki los spotka wszystkich pozostalych Zydów* (so wird es allen Juden ergehen, die am Leben geblieben sind). Die staatlichen Behörden machten den Vorschlag, alle Juden in Wilna zu konzentrieren, denn sie sähen sich außerstande, ihnen an ihren verstreuten Wohnorten in Dörfern und Städtchen den nötigen Schutz angedeihen zu lassen.

In einer nahegelegenen Kleinstadt wurde wieder eine jüdische Familie ermordet. Die überlebenden Juden, die den Deutschen wunderbarerweise entronnen waren, ergriffen jetzt die panische Flucht nach Wilna. Aller Augen waren nach Palästina gerichtet, doch von dort war noch keinerlei Nachricht eingetroffen. Selda Treger wurde nach Bialystok entsandt. Chaika Grossman, eine Überlebende aus Bialystok, kam nach Wilna. Im geheimen trafen die Mitglieder von *Haschomer Hazair* jetzt fieberhafte Vorkehrungen, die Überlebenden aus allen Enden des Landes zusammenzubringen, wo immer noch das Feuer des Krieges wütete.

Einige ehemalige Mitglieder der Wilnaer Zelle kamen in Uniform an. Sie hatten den Auftrag, die Verbindung mit den Mitgliedern der Bewegung aufrechtzuerhalten und dabei bis Kriegsende im Militärdienst zu bleiben. Aus Mari im Osten von Rußland kam eine Karte aus Baumrinde von einem Genossen. Es stellte sich heraus, daß sich in Kasachstan viele Leute aus den früheren Pionierbewegungen befanden, die noch vor Kriegsausbruch aus Litauen hatten flüchten können. Cesia Rosenberg wurde nach Ost-Kasachstan entsandt, in der Uniform einer sowjetischen Soldatin. Sie sollte die Genossen dort auffinden und nach Wilna zurückbringen. Am Moskauer Hauptbahnhof traf sie auf eine Gruppe von Mitgliedern des *Haschomer Hazair*, die aus Kasachstan geflohen waren, mit genau derselben Absicht hatten sie sich auf den Weg nach Westen gemacht.

Die Front kam bei Warschau zum Stillstand. Lublin wurde zur vorläufigen Hauptstadt von Polen ausgerufen. Aussichten auf Wiedereinbürgerung zeichneten sich ab. Und es verbreiteten sich Gerüchte, daß von Rumänien aus die Möglichkeit zur Einwanderung nach Palästina bestehe. Das Sekretariat von *Haschomer Hazair* und der Stab für illegale Einwanderung beauftragte Rozka Korczak und Dr. Samuel Amarant damit, die Möglichkeit einer illegalen Einwanderung von Rumänien aus zu überprüfen und die Grenzübergänge zu organisieren. Am 7. November 1944 (weniger als zwei Monate nach der Befreiung) machten sich die beiden Abgesandten von Wilna auf den Weg nach Czernowitz. Rozka Korczak gelangte nach Bukarest. Eine andere Gruppe kam über die grüne Grenze nach Lublin. Es dauerte nicht lange, bis die letzten Kämpfer aus dem Wilnaer Ghetto unter den ersten illegalen Einwanderern nach Palästina waren, Vorboten eines großen Heeres, das ihnen folgen sollte. [24]

Das bekannteste Fotodokument des jüdischen Widerstandes
Aufgenommen von einem sowjetischen Kriegsfotografen am 14. Juli 1944,
nach sechstägigen Straßenkämpfen in Wilna
v. l. n. r. stehend: Elchanan Magid, Jakob Prener, Bluma Markowicz (sie wurde
wenige Tage nach der Aufnahme beim letzten deutschen Luftangriff auf Wilna
getötet), Abba Kowner, Rozka Korczak, Leib Sapirsztein, Witka Kempner
kniend: Gerschon Griner, Pesach Miserec, Motl Schames

Die Hymne der jüdischen Partisanen »Sog nit kejnmol ...«

Das berühmteste Lied des jüdischen Widerstandes während des 2. Weltkrieges ist »Sog nit kejnmol ...« Der 1920 geborene jiddische Dichter Glik schuf das Lied kurz vor dem Ausbruch der Partisanen aus dem Ghetto Wilna in die Wälder. Glik wurde später verhaftet und nach einem KZ in Estland verschickt, von wo ihm die Flucht zu einer jüdischen Partisaneneinheit gelang. 1944 fiel er mit der Waffe in der Hand.

HIRSCH GLIK (1920-1942):
Sag nie nicht

Sag nie nicht, du gehst den allerletzten Weg
Schluckt das Blei im Himmel auch des Tages Licht

Unsre heißerhoffte Stunde ist schon nah
Trommeln werden unsre Schritte: Wir sind da!

Fern vom Wüstenland bis weit vom Land im Schnee
Kommen wir mit unserm Zorn, mit unserm Weh
Wo von uns auch immer fällt ein Tropfen Blut
Grade da wächst unsre Kraft und unser Mut

Morgen macht die Sonne golden unsern Tag
Mit dem Feind verschwindet alle unsre Plag
Und wenn trotzdem morgen keine Sonn aufzieht
Wird für unsre Enkel leuchten dieses Lied

Dieses Lied, ich schrieb's mit Blut und nicht mit Blei
Und ist nicht kein Lied vom Vogel froh und frei
Unser Volk hat es gesungen an der Wand
In Ruinen mit Pistolen in der Hand

Sag nie nicht: Ich geh den allerletzten Weg
Schluckt das Blei im Himmel auch des Tages Licht
Unsre heißerhoffte Stunde ist schon nah
Trommeln werden unsre Schritte: Wir sind da!
(*Übertragung von Wolf Biermann*)

ZWI NEUBURGER
Anläßlich des 2. Jahrestages der »Kinderaktion« im
Ghetto Kowno

Naharia/Palästina, März 1946
In jenen finstern Tagen des Kownoer Ghettos, als unser Leben voller
Trauer und Pein war, als man sich vor dem Morgen fürchtete und nicht
wußte, was das Heute bringen würde, in jenen finstern Tagen, als jüdische Väter und Mütter wie Sklaven schufteten, um ihre Zwangsver-
pflichtungen zu erfüllen, und sie täglich ihr Leben riskierten, um ein
»Päckchen« zusammenzubringen, also ein Stückchen Brot, Butter oder
ein wenig Milch für ihre halb verhungerten Kinder mitbringen zu können, in jenen Tagen, als für uns Ghettobewohner das sorglos spielende
und lachende jüdische Kind, das die Lage nicht erfaßte, der einzige

Trost war – damals also passierte das Schrecklichste und Grausamste, was je vorgekommen war – die »Kinderaktion« wurde durchgeführt.

Kinder wurden ihren Eltern, Säuglinge von der Mutterbrust weggerissen – man wütete, durchsuchte und durchstöberte, erschoß und erschlug und schließlich waren es über 1000 Kinder aller Altersgruppen (offiziell nur bis zum 10. Lebensjahr), die man uns entrissen hatte. Damit nahm man uns das Schönste und Teuerste – die Zukunft unseres jüdischen Volkes.

Gewiß: Die Aktion kam für uns nicht überraschend. Wir hatten sie schon erwartet. Seit einigen Monaten wußten wir, daß in Schaulen so etwas schon vorgekommen war und daß auch unser Ghetto dies würde durchmachen müssen. Man würde uns nicht verschonen!

Nachdem wir die traurige Nachricht von der »Kinderaktion« in Schaulen erhalten hatten, begann bei uns eine fieberhafte Transportaktion, um Kinder auf die »arische« Seite zu bringen. Damit ging einher das Problem, die Kinder die litauische Sprache zu lehren; gleichzeitig wurden in ungeheurem Tempo die *malines* (unterirdische Verstecke) gebaut, die als Versteck für unsere Kinder, unsere alten und Kranken dienten, die man nicht auf die »arische« Seite bringen konnte. Die *malines* wurden während der Nacht gebaut, wenn tiefste Stille herrschte, wenn keine Gefahr bestand, daß ein Antisemit oder sonst ein übelwollender Mensch Schaden anrichtete.

Bei der Organisation und Durchführung half uns die jüdische Polizei, die sich – anders als in anderen Ghettos – fast ausschließlich aus der jungen jüdischen Intelligenz Kownos rekrutierte.

Auf ganz unterschiedliche Weise schaffte diese Polizei Kinder aus dem Ghetto, nahm Verbindung mit Nichtjuden auf, organisierte Baumaterial für die *malines* und befreite die Bauarbeiter von ihrer täglichen Zwangsarbeit, damit sie sich dem Bau der *malines* widmen konnten.

In Wirklichkeit waren SS und SA darüber genau informiert. In dem Wissen, daß bei der »Kinderaktion« die jüdische Polizei nur stören und so der gewünschte Erfolg ausbleiben würde, beschloß man deshalb, zuerst diese Polizei auszuschalten.

Die Aktion wurde am 27./28. März 1944 durchgeführt. Der Polizei hatte man befohlen, am 27. Februar 44 um 7.30 Uhr vor der Kommandantur zu erscheinen, um dort einen Vortrag über Luftschutz anzuhören. Mit diesem Trick brachte der SD die Polizisten ins traurig-berühmte 9. Fort, wo Tausende von deutschen, österreichischen, und litauischen Juden getötet wurden. Im Fort hielt man die Polizisten vier Tage fest, und so hatten sie Gelegenheit, nähere Bekanntschaft mit dem von den Deutschen erfundenen Nervenkrieg zu machen. Mit Drohungen und Folterungen versuchte man Druck auszuüben, damit die Polizisten verrieten, wo sich die *malines* befanden und wohin man die Kinder auf die »arische« Seite gebracht hatte. Einige wenige fanden sich, die Unterscharführer Kittel, der für den Verrat die Freiheit versprach, nicht widerstanden. Sie wurden niederträchtige Verräter und Denunzianten. Mit dieser kleinen Gruppe – kaum zehn Personen – hat die Geschichte abgerechnet. Von allen Freunden verlassen, von allen verachtet, aus dem sozialen Leben des Ghettos und später des KZ ausgestoßen, haben die meisten die Befreiung nicht erlebt. Die ein oder zwei am Leben Gebliebenen tragen den Schandfleck des Verräters auf ewig. Sie sind die Gemeinsten, verantwortlich für das vergossene Blut unserer und ihrer eigenen Kinder.

Die anderen Polizisten, zusammen mit den wichtigen Befehlshabern – Moische Lewin, Jehuda Zupowitz und Ika Grinberg – fürchteten sich nicht vor den Drohungen und beschlossen, eher zu sterben als den Tod hunderter Kinder zu verursachen. Die Drohungen und Folterungen Kittels und seiner Helfer waren vergebens. Die Polizisten hielten mutig und würdig stand. Einer den anderen ermutigend, schwiegen sie.

Ich erinnere mich daran, daß wir – als wir zum Fort gebracht wurden – den Autobus stürmen wollten, der nur von einem Posten bewacht wurde. Unser Anführer, Moische Lewin seligen Angedenkens, bemühte sich, uns davon zu überzeugen, daß es für uns keinen Zufluchtsort gab und daß ein solcher Schritt dem Ghetto nur neue Gefahren bringen würde. Er versuchte uns zu erklären, daß man die einfachen Polizisten aus dem Fort freilassen würde, daß nur die Befehlshaber und Polizei-Offiziere verantwortlich seien.

Uns alle forderte er auf, in Würde und Entschlossenheit zu handeln und für das Ghetto keine neuen Schwierigkeiten zu verursachen. Wir wurden ins Fort gebracht; unseren Anführer trennte man von uns und erschoß ihn noch am selben Tag.

Später erfuhren wir, wie stolz und mit welcher Würde er das Verhör durchgehalten hatte, mit welchem Mut und mit welcher Sicherheit er auf alle ihm gestellten Fragen geantwortet hatte.

Ich erinnere mich noch daran, wie Jehuda Zupowitz und Ika Grinberg vom Verhör zurückkehrten – blutüberströmt und fast unkenntlich von den Schlägen. Ich habe auch den Moment in Erinnerung, als wir alle dem Tod ins Auge sahen, als wir die Minuten zählten, die uns noch beschieden waren – dies war der Kulminationspunkt. In jenem schweren Augenblick hörten wir Ikas Stimme: »Freunde, unsere Stunde naht. Schon bald werden wir die Kugeln, die unseren Körper durchsieben, spüren. Haltet euch mutig bis zum letzten Atemzug, so daß unsere Henker weder über uns lachen noch über uns triumphieren können. Geht dem Tod hocherhobenen Hauptes entgegen.« Nach dieser Rede verabschiedeten wir uns mit Blicken voneinander, gaben uns das Wort, als stolze Söhne unseres Volkes zu sterben. Vier lange Tage vergingen. Man ließ uns frei – bis auf 33 Polizisten, die man in Fort 9 festhielt. Die besten und wertvollsten aus unseren Reihen. Unter ihnen unsere Anführer und unvergeßlichen Freunde Moische Lewin, Jehuda Zupowitz und Ika Grinberg seligen Angedenkens.

33 stolze jüdische Söhne wurden uns entrissen – sie zogen den Heldentod dem Verrat, durch welchen sie ihr Leben hätten retten können, vor.

Ehre ihrem Andenken!

Jiskor! Gedenke!

1. Lewin Moische	12. Chwoles	23. Tamsche
2. Zupowitz Jehuda	13. Kalwariski	24. Schulman Leizer
3. Grinberg Ika	14. Zupowitz Maier	25. Wulfowitz Wolf
4. Panemunski	15. Zilberkweit Sascha	26. Abramson Zwi
5. Bukanz Lazar	16. Koratschinski	27. Jablonski Liolia
6. Schapiro Jakob	17. Finkelstein Abrascha	28. Rozental Chone
7. Aranowski Liolia	18. Klioz	29. Berman Lionia
8. Zelcer Ruben	19. Krakinowski Motia	30. Lewner
9. Abramson Isia	20. Rod Henoch	31. Lewin Hirsch
10. Teituschkis	21. Ter Gutl	32. Rubinsohn Chajim
11. Zak	22. Dembin Jicchok	33. Aranowski Jehuda

Dies sind unsere 33 unvergeßlichen Freunde – Polizisten des Kownoer Ghettos, die von den gräßlichen Mörderbanden umgebracht wurden. Heiß wird in unseren Herzen das heilige Feuer der Erinnerung an ihr junges Leben weiterbrennen. Das Rauschen ihres unschuldig vergossenen Blutes wird der mächtigste Impuls sein für den

Fortbestand unseres Volkes und seinen Kampf für einen freien jüdischen Staat in Erez Israel. [12]

Gesja Glaser – Fallschirmspringerin im Ghetto Kowno

Gesja Glaser

Eines der unbekanntesten Kapitel des Partisanenkampfes im Baltikum ist der Einsatz von dreißig jüdischen Fallschirmspringerinnen in Litauen zum Aufbau der Widerstandsbewegung. Eine von ihnen war Gesja Glaser. Seit früher Jugend war sie in der Kommunistischen Partei Litauens aktiv und saß viele Jahre in Gefängnissen. Nachdem Litauen von der Sowjetunion annektiert worden war, arbeitete sie als Angestellte in einer Fabrik. Beim Überfall Deutschlands auf die Sowjetunion konnte sie entkommen. Sie lebte in Kirow, aber 1942 meldete sie sich als Freiwillige der Litauischen Division, in der die Juden die Mehrheit der Soldaten stellten.

Wegen ihrer Erfahrungen mit konspirativer Arbeit und ihres nichtjüdischen Aussehens wurde sie zusammen mit dreißig anderen jüdischen Frauen und Männern für Einsätze in den Ghettos und bei den litauischen Partisanen geschult. Nachdem sie auch das Fallschirmspringen gelernt hatte, wurde sie unter dem Decknamen Albina in Litauen abgesetzt. Sie schlug sich zu der von Jurgis kommandierten Partisaneneinheit durch. Danach kam sie ins Ghetto Wilna, wo sie Kontakt mit der jüdischen Widerstandsorganisation FPO aufnahm. Sie riet dem Kommandanten der FPO, Abba Kowner, zum Widerstand außerhalb des Ghettos, bei den Partisanen in den Wäldern, doch ließ sie sich von der Linie der FPO überzeugen, die den Kampf im Ghetto selbst aufnehmen wollte.

Später nahm sie mit der Widerstandsbewegung im Ghetto Kowno Kontakt auf. Den Kownoer Widerstandsführer Chaim Jellin traf sie in den Rudniki-Wäldern. Sie selbst sollte im Ghetto die Organisation und Schulung des Widerstandes übernehmen. Es war geplant, eine 100 Männer und Frauen starke bewaffnete Truppe als Keim einer zukünftigen jüdischen Partisaneneinheit in den Wäldern von Augustów zu etablieren. Zwei Widerstandskämpfer sollten zunächst den Kontakt mit den dort operierenden litauisch-sowjetischen Fallschirmspringern aufnehmen, doch sie konnten sie nicht finden. Der Plan scheiterte zunächst und kostete viele Opfer, später konnten jedoch 350 Kämpfer aus dem Ghetto eine bedeutende Partisaneneinheit in den Wäldern von Rudniki gründen.

Gesja wirkte unermüdlich im Raum Kowno und mußte oft Aussehen und Identität wechseln, um der Entdeckung zu entgehen. Sie besuchte die jüdischen Partisaneneinheiten in Litauen und kam im Januar 1944 nach Wilna, um Sabotagegruppen zu bilden. Der Gestapo war es gelungen, Informanten in die litauische Widerstandsbewegung einzuschleusen. Gesja wurde fieberhaft gesucht. Sie hätte leicht in die Rudniki-Wälder entkommen können, doch das hätte sie als Desertion betrachtet. Im Mai 1944 schlug die Gestapo zu. Das gesamte Stadtviertel, in dem sie sich gerade aufhielt, wurde abgeriegelt. Sie flüchtete in ein Haus, das zwei Ausgänge hatte, doch auch hier warteten die Häscher. Sie feuerte aus ihrer Waffe auf die Verfolger und nahm sich mit der letzten Kugel das Leben.

Minsk

In Minsk, der Hauptstadt der weißrussischen Sowjetrepublik, lebten bei Kriegsausbruch schätzungsweise 90.000 Juden – ein Drittel der Bevölkerung. Etwa 10.000 gelang die Flucht, oder sie wurden zum Militärdienst eingezogen. Tausende von Juden wurden aus den umliegenden Städten nach Minsk umgesiedelt. Hinzukamen 8.000 Juden aus Deutschland und Österreich; ca. 100.000 Juden wurden in das am 20. Juli 1941 errichtete Ghetto gepfercht. Im August 1941 wurden 5.000 Juden ermordet, und im November 1941 wurden in zwei »Aktionen« 19.000 in Tutschynka ermordet. Als im März 1942 der Judenrat weitere 5.000 Juden übergeben sollte, wurde diese Anordnung nicht befolgt. Daraufhin wurden 5.000 Juden auf dem Weg von der Arbeit ins Ghetto erfaßt und ermordet. Weitere 30.000 Juden wurden Ende Juli 1942 innerhalb von drei Tagen ermordet.

Minsk war auch die letzte Station im Leben von über 34.000 deutschen und tschechischen Juden, die zwischen November 1941 und Oktober 1942 aus Deutschland dorthin transportiert wurden. Die meisten wurden sofort in Maly Trostenez umgebracht. Die anderen kamen in ein separates Ghetto, wo sie in besonderen Abteilungen, je nach Herkunft aus den deutschen Großstädten, ihre Existenz fristeten, bis sie 1943 ermordet wurden.

Bereits im August 1941 formierte sich im Ghetto eine Widerstandsbewegung, die vor den gleichen wenig hoffnungsvollen Alternativen stand wie die anderen Ghettos der besetzten Ostgebiete: Kampf im Ghetto oder Flucht zu den Partisanen und der bewaffnete Kampf dort.

Reuben Ainsztein beschreibt in seinem Standardwerk den jüdischen Widerstand in Minsk folgendermaßen:

»Drei Faktoren waren verantwortlich für den einmaligen Charakter des jüdischen Widerstandes im Minsker Ghetto. Zum einen erkannten die Juden in Minsk sehr rasch, was die Deutschen mit den sowjetischen, wenn nicht allen, Juden zu tun gedachten. Zum anderen mußten sich die Minsker Juden, anders als die der polnischen Ghettos, nicht von ihrem eigenen Land verlassen fühlen, sondern waren von Anfang an aufgerufen, am Kampf gegen die Invasoren aktiv teilzunehmen. Der dritte Faktor war schließlich die andersartige soziale und politische Struktur des sowjetischen Judentums. Dieser letzte Faktor hatte einen ganz anderen Typ von Judenrat zur Folge, als er in den städtischen Ghettos Litauens und Polens üblich war, und dies machte es zugleich möglich, ohne die aus Warschau und Bialystok bekannten jahrelangen Querelen zwischen den Parteien eine einheitliche Widerstandsorganisation zu schaffen.«

Minsk war Sitz des Generalkommissariats für Weißruthenien. Aus den zahlreichen und ausführlichen Berichten und Briefen des Generalkommissars Wilhelm Kube geht hervor, daß der Anteil der Juden am Widerstand nicht nur im Ghetto, sondern auch am allgemeinen Widerstand sehr groß, wenn nicht sogar entscheidend war. So übergab z. B. der Judenratsvorsitzende Muschin den weißrussischen Partisanen große Geldsummen. Kube beginnt seinen Brief an den Reichkommissar für das Ostland, Hinrich Lohse in Riga, vom 31. Juli 1942 mit folgendem Satz:

»Betreff: Partisanenbekämpfung und Judenaktion im Generalbezirk Weißruthenien
Bei allen Zusammenstößen mit den Partisanen in Weißruthenien hat es sich herausgestellt, daß das Judentum sowohl im ehemals polnischen als auch im ehemals sowjetischen Teil des Generalbezirks mit der polnischen Widerstandsbewegung im Osten [recte: Westen] und den Rotarmisten im Osten Hauptträger der Partisanenbewegung ist.«
(s. Faksimile S. 324)
In der »Meldung Nr. 2 aus den besetzten Gebieten« vom 2. Mai 1942 an das Reichssicherheits-Hauptamt in Berlin heißt es u. a.:
»Im August/September 1941 versuchte ein Jude, diese Kreise [Partisanen A. L.] zu organisieren und fest zusammenzufassen. Es handelt sich bei ihm um den Erdöl-Ing. Isaj Kosinjes, der den Namen Mustafa Delikurdogly führte und falsche Papiere auf diesen Namen besaß . . . Aus diesem Gebiet sind bisher ungefähr 100 Juden zu den Partisanen geführt worden . . . In einer Geheimdruckerei wurden Flugblätter gedruckt und verteilt. Die Druckerei befand sich in einem Wohngebäude in der Nähe des Ghettos und wurde von einem außerhalb des Ghettos wohnenden Juden namens Tschiptschin geleitet . . . Die Feststellungen haben ergeben, daß praktisch nahezu das gesamte Ghetto organisiert und in Abteilungen und Untergliederungen gegliedert ist. Die Ermittlungen in dieser Richtung sind zunächst eingestellt worden, da die Auflösung des Ghettos vorgesehen ist.«
Anschließend wird über einen Juden berichtet, der in der Kartenstelle der Wehrmacht einen Plan mit allen in Minsk liegenden zivilen und militärischen Einheiten entwendete und diese Karte der Fallschirmspringer-Gruppe der Partisanen übergab, die das Material nach Moskau funkten. Der Bericht schließt mit folgendem Satz:
»Im Zuge der bisher durchgeführten Ermittlungen wurden insgesamt 404 Personen, einschl. der im Ghetto organisierten Partisanen festgenommen. Davon wurden bereits 212 Personen erschossen. Größere Mengen an Waffen und Munition konnten sichergestellt werden.«
Die Autoren des Berichtes hatten recht. Es handelte sich um Joschua (»Slawek«) Kasinez, einen ukrainischen Juden, über dessen Leben, Kämpfe und Tod das sowjetische Fernsehen einen Dokumentarfilm ausstrahlte. Nach langer Folter wurde Kasinez am 7. Mai 1942 in Minsk öffentlich gehängt. Seine letzten Worte waren: »Tod dem Fa-

schismus«. Die Partisanen von Minsk funkten
die Nachricht von seiner Hinrichtung sofort nach
Moskau, aber erst am 7. Mai 1965, dem 23. Jahrestag seines Todes, verlieh ihm das Präsidium des
Obersten Sowjets den Titel »Held der Sowjetunion«.
In der »Minsker Zeitung« vom 8. Mai 1942 wird

Joschua Kasinez

unter der Schlagzeile »Ein hartes, aber ein ge-
rechtes Urteil, Generalbezirk Weißruthenien
wird von Banditen gesäubert«, von der Hinrichtung von 120 stand-
rechtlich erschossenen und 30 gehängten Widerstandskämpfern berichtet. Einen ganzen Absatz widmet der Autor den Juden:
»Der Jude spielt in diesen Kreisen des Verbrechertums immer wieder
eine ausschlaggebende Rolle – als Anführer, Antreiber, Helfershelfer,
Nachrichtenübermittler, Kundschafter usw. Dieses Heckenschützen-
tum ist ohne ihn nicht denkbar. Er ist auch hier wieder als das Ferment
der Zerstörung und Zersetzung entlarvt worden. Bolschewismus ist
Gestalt gewordener jüdischer Geist.«
Ab März 1942 flüchteten viele Juden in die Wälder von Kudanow und
gründeten dort jüdische Partisanengruppen. Sie wurden von elf- bis
vierzehnjährigen Kindern in die Wälder geleitet. Die Minsker Juden
stellten Kommandeure und Kämpfer von sieben Partisaneneinheiten: Hersch Smoliar, der den Widerstand im Ghetto organisierte und
deshalb von der Gestapo ständig gesucht wurde, stand später an der
Spitze der Einheit »Sergjej Laso«. B. Chajmowitsch war Kommissar
des 1. Bataillons der 208. Brigade. N. Feldman war Kommissar des Bataillons »25 Jahre Weißrußland«, W. Krawczynski kommandierte die
Einheit »Budjonnyj«. Juden kämpften auch in der Einheit »Kutusow«,
in der »Parchomenko-Einheit«, aus welcher die »Tschapajew Brigade«
hervorging und in welcher die Juden 70% der Kämpfer stellten. Auch
die »Abteilung Nr. 406« bestand hauptsächlich aus Juden. Die »Brigade Frunse-Dzierzynski« wurde von deutschen Einheiten in Divisons-
stärke umzingelt, doch konnten die Partisanen entkommen. Juden
aus Minsk kämpften auch in der »11. Minsker Brigade« und in den Brigaden »Erster Mai« und »Tschkalow.« Die »Sorin-Gruppe Nr. 106« in
den Naliboki-Wäldern bestand ausschließlich aus Juden.
10.000 Juden flüchteten aus dem Minsker Ghetto. Obwohl die mei-

sten unterwegs umkamen, indem sie Strafoperationen der Wehrmacht und SS zum Opfer fielen und im Kampf gefallen sind, erlebten 5.000 Juden die Befreiung. Dies ist die höchste Zahl von Überlebenden eines städtischen Ghettos im besetzten Europa.

Abrascha Arluk vor der von ihm geretteten Fahne der Partisanenbrigade *Iskra* im Kriegsmuseum in Minsk (1992)

Schalom Sorin – Kommandant und »Vater« jüdischer Partisanen

Schalom Sorin wurde 1902 in Minsk geboren und nahm bereits als Jugendlicher am Bürgerkrieg bis 1920 teil. Er flüchtete 1941 aus dem Ghetto und kämpfte in der Partisaneneinheit Parchomenko, wo es bereits mehrere Juden gab. Als viele Juden in die Wälder zu den Partisanen strömten, gab es antisemitische Zwischenfälle. Aus diesem Grund beauftragte der Brigadekommandeur Gansenko Schalom

Sorin mit der Bildung einer jüdischen Einheit.
Am Anfang waren es nur 60 Juden. Später kamen viele dazu, auch nichtkämpfende alte Männer, Frauen und Kinder. Es bildete sich unter
dem Schutz der kämpfenden jüdischen Partisanen eines der großen Familienlager, das sich
selbst versorgte, mit einer Munitionswerkstatt,
Waffenmeisterei, Mühle, Bäckerei, Metzgerei
und einer Krankenstation mit Minsker Ärzten.

Schalom Sorin

Der Stab der Einheit bestand ausschließlich aus Juden. Diese hießen
Wertheim, Fogelman und Melzer. Kinder fungierten als Kuriere. Es
wurden sowjetische und jüdische Feiern an den entsprechenden Feiertagen abgehalten und es gab sogar eine Schule für die 70 Kinder im
Schulalter. 1944 wurden Sorins Partisanen von einer 300 Soldaten starken Wehrmachts-Einheit angegriffen. Der Angriff wurde abgeschlagen,
aber Sorin am Bein verwundet. Sorin war der fürsorgliche Vater seiner
Schützlinge und Kämpfer. Er starb hochgeehrt in Israel im Jahre 1974.

Jüdische Partisanen-Kommandanten in Weißrußland
v. l. n. r. sitzend: B. Chajmowicz, S. Sorin, H. Smoliar
stehend: C. Fejgelman, W. Krawczynski, N. Feldman

Jüdische Familienlager

Jizchak Arad hat sich mit dem Thema der jüdischen Familienlager eingehend befaßt und es wissenschaftlich erforscht. Die untenstehende Aufstellung beweist den nicht unbeachtlichen Umfang dieser großartigen menschenrettenden Art des Widerstandes.

Einige jüdische Partisanen- und Familien-Lager in den Wäldern Ostpolens und West-Weißrußlands

Gebiet	Forst	Herkunft der Juden	Zahl
Kazan	Kazan	Jadow, Glubokoje, Scharkowschtschyna	400-600
Miadel	Narocz	Wilejka, Miadel, Kobylnik, Kurzeniec	500-700
Lida	Nasza	Radun, Lida, Ejschischki, Zabolocie	200-300
Nowogródek	Naliboki	Nowogródek, Lida, Iwje, Mir, Dworzec, Minsk	1.200
Nieswiez	Kopyl	Nieswiez, Stolpce, Swiezen	200
Slonim	Lipiczany	Bielica, Dereszyn, Slonim, Zetel	200-400
Baranowicze	Switice	Baranowicze, Slonim, Byten, Molczadz	200-400
Pinsk	Bogdanowka	Pohost, Lakowisze, Janów, Lubieszów	500-700
Polesien Süd	Sworyczewice	Sernik, Dobrowica, Wysock, Kamien K. Sarny	350
Wolhynien	Kochów	Manewicze, Poworsko, Trajanów	150-200
	Kostopol	Równo, Rokitno, Berezno	150-200
	Klesów	Korzec, Rokitno	50
Bialystok	Briansk	Briansk, aus den Zügen nach Treblinka geflüchtete Juden	300
		Bialystok	400
Galizien	Czarny Las	Szelatyce	100
	Piancza Forst		200
			3.800 – 7.750

Das größte Familienlager, in dem neben den Partisanen 1.200 jüdische alte Männer, Frauen und Kinder lebten, wurde von den Bielski-Brüdern Tuvia, Zusia, Aharon und Asael gegründet, bis zum Kriegsende verteidigt und am Leben erhalten. Tuvia Bielski wurde 1906 als Sohn einer jüdischen Landwirtsfamilie bei Nowogródek in Ostpolen geboren. Er war Korporal der polnischen Armee und nahm am Krieg von 1939 teil.

Tuvia Bielski

Als die Eltern der Bielski-Familie im Ghetto von Nowogródek ermordet wurden, beschlossen die Brüder eine Partisanen-Einheit zu gründen, um gegen den Besatzer zu kämpfen und um Juden vor dem Tode zu retten. Die Einheit operierte so erfolgreich in den Naliboki-Wäldern, daß die Deutschen einen Preis von 100.000 Mark auf den Kopf von Tuvia aussetzten. Bielski gewann das Vertrauen des sowjetischen Partisanen-Kommandeurs General Tschernischew-Platon, der der Erhaltung eines Lagers zustimmte, das den Charakter einer jüdischen Gemeinschaft mit einer Schule, Werkstätten, Sanitätsdiensten und sogar Synagoge hatte. Als die Deutschen eine Art Offensive gegen die Partisanen in den Naliboki-Wäldern starteten, befahl das sowjetische Partisanenkommando, die waffenfähigen Männer von den Nichtkombattanten abzusondern und damit diese ihrem Schicksal zu überlassen. Bielski verweigerte den Befehl und zog sich mit dem gesamten Lager in den undurchdringlichsten Teil des Forstes zurück. Im Sommer 1944 konnte Bielski an der Spitze von 1.230 Partisanen und Familien die Rote Armee begrüßen. Bruder Asael fiel 1944 als Rotarmist bei Königsberg. Tuvia starb hochgeehrt 1987 in den USA.

Familienlager in Polesien

Aus den Akten der Täter   [12]

Schreiben des Wehrmachtsbefehlshabers Ostland General Bremmer an den Reichskommissar für das Ostland Hinrich Lohse in Riga vom 20. November 1941

(...) Die jüdische Bevölkerung Weißrutheniens ist bolschewistisch und zu jeder deutschfeindlichen Haltung fähig. In den Städten Weißrutheniens stellt sie den größten Teil der Bevölkerung und die treibende Kraft der sich mancherorts anbahnenden Widerstandsbewegung. Auf dem Lande haben nach Meldungen der GFP [Geheime Feldpolizei] die Juden versucht, durch Drohung die Bauern zu zwingen, die Ernte nicht einzubringen bzw. zu vernichten. Wie überall, wo Meldungen über Sabotageakte, Aufhetzung der Bevölkerung, Widerstand usw. zu Aktionen zwangen, Juden als Urheber und Hintermänner, größtenteils auch als Täter festgestellt wurden, so werden die neu einwandernden Juden mit allen Mitteln trachten, mit kommunistischen Organen in Verbindung zu treten und zu hetzen (...)

Himmlers Sprachregelung für die Partisanen

Abschrift

ReichsführerSS   Helsinki, den 31. Juli 1942
und
Chef der Deutschen Polizei
                    Sonderbefehl
Aus psychologischen Gründen ist in Zukunft das von den Bolschewisten eingeführte und verherrlichte Wort »Partisanen« nicht mehr zu gebrauchen.
Für uns handelt es sich hier nicht um Kämpfer und Soldaten, sondern um Banditen, Franktireure und kriminelle Verbrecher.
Eine Trennung der ruhigen und friedliebenden Bevölkerung von diesen Heckenschützen und damit das Abschneiden jeder Unterstützung ist eine der wichtigsten Voraussetzung für deren Vernichtung.
                                        gez. H. Himmler

Eine Sammlung von Fernschreiben

Fernschreiben des Kommandeurs der Sipo u. SD Kauen an den B. d. S. Ostland in Riga vom 20. November 1943
Am 9. 11. 43 fand die litauische Polizei aus Rzesza – 1541 – in einem Bunker bei Rejsztaniszki – 5 km südlich Rzesza, eine jüdische Bande. Durch Handgranaten wurden 11 Juden getötet, 2 Juden und eine Jüdin wurden festgenommen.
Der Kommandeur der Sicherheitspolizei und des SD – Litauen in Kauen

Dr. Fuchs SS-Oberführer und Oberst der Polizei

Fernschreiben des Kommandeurs der Sipo u. SD Kauen an den B. d. S. Ostland in Riga vom 2. Dezember 1943
Am 15. 12. 43 gegen 1.00 Uhr erschienen eine Bande, bestehend aus 40 bis 50 Juden, in den Dörfern Monviliskiai, Miezisisa – 1616 – und beraubten die Bewohner. Gegen 4.00 Uhr morgens raubten sie 25 Fuhrwerke und zogen sich mit dem geraubten Gut in Richtung des Waldes Viesuncia zurück.

Schmitz SS-Hauptsturmführer

Auszug aus dem Fernschreiben der Sipo und des SD vom 15. Dezember 1943
Der Kommandeur der Sicherheitspolizei und des SD – Litauen in Kauen
Am 14. 12. 43 wurde in Wilna eine Sabotagegruppe aufgerollt. Der Verbindungsmann zwischen der Gruppe und der Markow-Brigade, sowie eine Jüdin wurden festgenommen. Ein jüdischer Agent wurde bei der Festnahme erschossen. Umfangreiches Material u.a. zwei Höllenmaschinen, die für die Gebietskommissare – Stadt und Wilna-Land – bestimmt waren, vier Magnetminen, Zeitzünder usw. wurden sichergestellt. Unter dem beschlagnahmten Schriftmaterial befindet sich u. a. ein für die Brigade Markow angefertigtes Verzeichnis sämtlicher Wilnaer Betriebe, von deutschen Amtsträgern und Polizeidienststellen, darunter ein Plan des Wilnaer Soldatenheimes. Die Festnahme der ca. 30 Mitglieder der Gruppe ist im Gange.

Dr. Fuchs SS-Oberführer und Oberst der Polizei

Fernschreiben des Kommandeurs der Sipo u. SD Kauen an den B. d. S. Ostland in Riga vom 16. Dezember 1943

Der Kommandeur der Sicherheitspolizei und des SD – Litauen in Kauen

Am 8. Dezember 1943 gegen 21.00 Uhr kamen in das Dorf Vilkaniczi, Bez. Eisiskiai – 1617 – 200 bewaffnete Banditen in Zivilkleidern und sowj. Uniformen. Sie sprachen russisch und ein Teil, jüdisch. Die Banditen haben sechs Bewohner beraubt und einen erschossen. Sie haben Gebäude in Brand gesetzt.

Dr. Fuchs SS-Oberführer und Oberst der Polizei

Fernschreiben des Kommandeurs der Sipo u. SD Kauen an den B. d. S. Ostland in Riga vom 18. Dezember 1943

Der Kommandeur der Sicherheitspolizei und des SD – Litauen in Kauen

Am 1. Dezember 1943 um 14.00 Uhr stellte eine polnische Bande im Dorf Mickonai, gem. Kanniava – 1614 – eine 8-köpfige Judenbande bei einem Bauern. Die Juden wurden durch die Polen erschossen.

Dr. Fuchs SS-Oberführer und Oberst der Polizei

Fernschreiben des Kommandeurs der Sipo u. SD Kauen an den B. d. S. Ostland in Riga vom 18. Januar 1944

Der Kommandeur der Sicherheitspolizei und des SD – Litauen in Kauen

Seit Mitte September 1943 tauchen weißpolnische Banden in den Kreisen Eisischkis und Aschmenepl Qu. 1621-16423, 1608-1611, 1595-1598 – des Wilnagebietes auf. In der zweiten Novemberhälfte wird ein Auftreten aus dem weißruth. Raum in der Gegend von Lubicze – Pl. Qu. 1641 – gemeldet. Während des Auftretens dieser polnischen Bande kam es dauernd zu Gefechtsberührungen mit jüdischen kommunistischen Banditen-Gruppen, wobei Juden und Kommunisten erschossen wurden. Verwundete rote Banditen wurden ausnahmslos liquidiert.

Am 19. 11. 43 wurden im Pl. Qu. 1629 zwanzig Juden erschossen und verbrannt

Dr. Fuchs SS-Oberführer und Oberst der Polizei

*Fernschreiben des Kommandeurs der Sipo u. SD Kauen an den B. d. S. Ost-
land in Riga vom 25. Januar 1944*
Der Kommandeur der Sicherheitspolizei und des SD – Litauen in
Kauen
Am 8. 1. 44 Spähtrupp des Stützpunktes B i s t r y m a n i s – 1618 – Feindberührung mit etwa 35 starker bewaffneter Bande (Juden), die 20
Fuhrwerke, vier Kühe, zwei Kälber, 20 Schafe, 5 Schweine, Lebensmittel und Bekleidungsstücke geraubt hatte. Bei H o r m a n y, 6 Kilometer
westlich Butrymanie – 1618 – Feuergefecht, vier Banditen, darunter
eine uniformierte Frau erschossen. Rest der Bande geflüchtet unter
Zurücklassung des geraubten Gutes.
                    Dr. Fuchs SS-Oberführer und Oberst der Polizei

*Fernschreiben des Kommandeurs der Sipo u. SD Kauen an den B. d. S. Ost-
land in Riga vom 19. März 1944*
In der Nacht vom 15. zum 16. 3. 44 sind im Dorf Gojai, Bez. Jasunai –
1595 – etwa 40 bewaffnete Banditen erschienen, die polnisch, russisch
und jüdisch sprachen. Sie raubten von einheimischen Bewohnern
vier Pferde mit Gespannen, eine Kuh, drei Schweine, Getreide und
Kleider.
                    I.A. Schmitz SS-Hauptsturmführer

*Auszug aus dem Fernschreiben vom 12. April 1944 Nr. 3216 des Höheren- u. Po.
Füh. Litauen an B.d.S. Ostland in Riga*
Am 10. 4. 44 4.00 Uhr Oberförsterei Rudninki – k 84 – 1592) von 100
Mann starken jüdischen Bande überfallen, 2 Forstbeamte verwundet.
Bei Feuergefecht mit Gend. Zug (mot) 28, 16 Banditen, darunter 2
Frauen erschossen, 1 Hauptw. (d) vom lettischen Einsatzkommando
verwundet. Bei Transport der Verwundeten nach Wilna wurde Trans-
port von 100 poln. Banditen überfallen. Bei Feuergefecht 3 Forstbeam-
te gefallen. Banditen entwaffneten Transportbegleitung und raubten
Stiefel derselben.
Harm.   SS- und Polizeioberführer Lettland

Meldung vom 12. Mai 1944 Nr. 4540 der Sipo Kauen
Bei Bohumelischki gibt es ein Judenlager – 1592 – ca. 300 Frauen, Männer und Kinder, 5 bis 6 MPI, einige Gewehre.

*Auszug aus dem Fernschreiben Nr. 5196 vom 4. Juni 1944 der Sipo Kauen
Aussagen eines Gefangenen aus dem Rudniki-Wald*

Die Abteilung ist »Jurgis« unterstellt. Führer unbekannt. Die Abteilung liegt 500 m NW Dorf Wisinicza – 1604 – und besteht aus 300 Juden (Männer, Frauen und Kinder)

Bewaffnung: MPI und Gewehre, wenig Munition. Diese Abteilung führt Plünderungen SW Rudniki-Wald aus.

Am 23. 5. 44 wurde in Olkieniki – 1603 – eine Schwelerei von bolsch. Bande, darunter 7 Juden, überfallen. Geraubt wurden 10 Glasballone mit Terpentin. Der Rest wurde in der Schwelerei vernichtet.

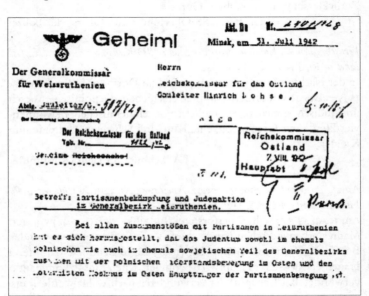

»Wir werden nicht untergehen, wir werden leben!« Das Jüdische Antifaschistische Komitee der Sowjetunion (JAFK)

Die Nachricht vom Abschluß des Stalin-Hitler-Paktes traf die sowjetischen Juden vollkommen unvorbereitet wie ein Keulenschlag. Als die Rote Armee Ostpolen und die baltischen Staaten im Herbst 1939 besetzte, wurden Tausende von Juden, meistens Zionisten, Bundisten und Bürgerliche, als Klassenfeinde verhaftet und nach Sibirien deportiert, was ihnen, wenn auch von den Geheimdienstschergen vollkommen unbeabsichtigt, das Leben gerettet hat.

Nach dem Überfall der deutschen Truppen auf die Sowjetunion im Juni 1941 waren, wie schon in Polen, die Juden die ersten Opfer der der Wehrmacht folgenden Einsatzgruppen. Abertausende Juden, aber auch Kommissare und Funktionäre, wurden ermordet. Die Sowjetregierung flüchtete nach Kujbyschew, nur Stalin blieb in Moskau. Die Sowjetunion stand nach den Desastern der gewaltigen Niederlagen an der Front vor dem Ende. Es war zweifelhaft, ob sie das Jahr 1942 überleben würde.

Am zeitweiligen Regierungssitz Kujbyschew überreichten die kurz zuvor aus sowjetischer Haft entlassenen prominenten Führer der Sozialistischen Internationale und der jüdischen Arbeiterpartei *Bund* in Polen, Wiktor Alter und Henryk Ehrlich, dem Geheimdienst-Chef Berija ein Memorandum zur Vorlage bei Stalin. Sie schlugen vor, ein Internationales Jüdisches Antifaschistisches Komitee zu gründen, dessen Aufgabe es wäre, der Sowjetunion bei ihrem Kampf ums Überleben beizustehen und die öffentliche Meinung im Westen, wo Millionen von Juden noch in Sicherheit lebten, für die Sowjetunion zu mobilisieren. Stalin ließ die beiden unverzüglich ermorden, was einen Sturm der Entrüstung in Kreisen der Sozialistischen Internationale, der polnischen Exilregierung in London und bei den Juden der ganzen freien Welt entfachte. Stalin kümmerte sich jedoch nicht darum und übernahm den Plan selbst, jedoch mit der Maßgabe, daß es kein internationales, sondern ein sowjetisches Komitee sein sollte. Mitglieder wurden die bedeutendsten jüdischen Persönlichkeiten aus Partei, Regierung, Wirtschaft, Kultur, Wissenschaft und Armee. Um 18 Uhr des 24. August 1941, nur wenige Wochen nach dem Überfall auf die Sowjetunion, versammelten sich viele führende jüdische und auch einige nichtjüdische Persönlichkeiten im Sendestudio des Moskauer Rundfunks, um die Gründung des Jüdischen Antifaschistischen Komitees (JAFK) öffentlich zu proklamieren. In flammenden Aufrufen in jiddischer Sprache an die Juden der Welt riefen sie zum Widerstand gegen die Deutschen und zum Beistand für die Sowjetunion in ihrem schicksalhaften Ringen um das Überleben auf.

Das Treffen im Radio Moskau wurde in den offiziellen Presseorganen der Sowjetunion als »Versammlung von Vertretern des jüdischen Volkes« bezeichnet. Es bedeutete eine radikale Umkehrung der bisherigen Politik, die den Juden eine Anerkennung als Volk konsequent verweigert hatte. Zum ersten Mal seit der Revolution von 1917 wurde den Juden der Kontakt mit ihren Brüdern im Westen erlaubt. Bis zur organisatorischen Konstituierung des JAFK vergingen jedoch über sieben Monate. Warum diese Verzögerung? Hitlers Feldzug gegen die Sowjetunion endete, anders als die vorherigen, nicht mit einem Blitzsieg. Die Front um Moskau stabilisierte sich im Winter 1941. Als die USA nach dem japanischen Überfall auf Pearl Harbour am 7. Dezember 1941 in den Krieg eintraten, erhoffte sich Stalin eine schnelle militärische Intervention der Amerikaner in Europa und glaubte deshalb, auf die Hilfe der Juden zunächst verzichten zu können.

Erst in der Presseinformation des Sovinformbüros, des staatlichen Propagandaamtes der Regierung, wurde am 23. April 1942 durch dessen stellvertretenden Leiter Salomon Losowski die Konstituierung des JAFK bekanntgegeben. Dem Komitee gehörten 70 Mitglieder an, dem Präsidium 19 Personen. Vorsitzender wurde der Leninpreisträger, Schauspieler und Direktor des Staatlichen Jüdischen Theaters Salomon Michoels, Generalsekretär wurde Schachne Epstein, Mitglieder waren u.a. Dr. Boris Schimelowitsch, General-Chefarzt der Roten Armee, General Katz, Lina Stern, einziges weibliches Mitglied der Akademie der Wissenschaften und prominente Biologin. Es war die jüdische Elite der Sowjetunion.

Am 24. Mai 1942 wandte sich Präsident Michoels über Radio Moskau wiederum an die Juden in England, USA, Palästina, Südamerika, Südafrika und Australien mit dem Ruf um Hilfe für die Sowjetunion. Er rief die Juden auf, zu den Waffen zu greifen und sich als Freiwillige bei der Fallschirm- und Panzertruppe, als Flieger und Partisanen zu melden, um die Verbrechen an den Juden zu rächen. »Uns trennen zwar mächtige Ozeane, aber wir sind vereinigt durch Ozeane von Blut unserer Mütter und Schwestern, unserer Söhne und Brüder, das durch die Faschisten vergossen wurden«. Die Juden sollten helfen, die kolossalen Verluste an der Front durch Spenden und Einflußnahme auf die westlichen Regierungen auszugleichen. Die Behörden gaben sich Mühe, der Welt mitzuteilen, daß die offiziellen antireligiösen Maßnahmen der Vergangenheit angehörten.

Zum ersten Mal seit Jahrzehnten wurden die Synagogen wieder eröffnet, und die Juden begingen die Hohen Feiertage im Herbst 1941 ohne jegliche Störungen. Das Organ der kämpferischen Atheisten *Besboschnik* (Der Gottlose) wurde sogar liquidiert. Bereits im Juni 1942 wurde das Organ des JAFK in jiddischer Sprache, die Wochenzeitung *Ejnikejt*, gegründet. In der ersten Ausgabe rief Michoels im Leitartikel zur Geldsammlung für 1000 Panzer und 500 Bombenflugzeuge auf. Dem Komitee war von den Machthabern eigentlich nur die Rolle einer Propaganda-Agentur zugedacht, die man nach Bedarf ein- und ausschalten konnte. Aber die Führung des Komitees wollte nicht nur als Lautsprecher der Regierungspropaganda dienen. Sie verstand sich vielmehr als die bisher nicht vorhanden gewesene Vertretung der sowjetischen Juden.

Die Zeitung *Ejnikejt* wurde zur Schaltstelle für den Kontakt zwischen den Juden im Hinterland und an der Front. Täglich kamen unzählige Briefe, Berichte von der Front und Suchanzeigen über vermißte Angehörige, auch aus dem Ausland. Die Autoren des Komitees bezogen sich in ihren Beiträgen oft auf biblische und talmudische Quellen und stellten auch jüdisch-historische Bezüge her. Lina Stern stellte die heroische Kontinuität zwischen den jüdischen Frontsoldaten und den Kämpfern der Aufstände im antiken Palästina, den Makkabäern und Bar Kochba her. General Jakow Kreiser sagte auf einer Versammlung: »Ich bin stolz auf die Hunderttausende von Juden, die an der Front kämpfen. Als General der Roten Armee und Sohn des jüdischen Volkes schwöre ich, nicht eher die Waffe aus der Hand zu legen, bis der letzte Faschist von der Erdoberfläche verschwunden ist.«

Neben Kreiser wurden 146 jüdische Soldaten mit der höchsten Tapferkeitsauszeichnung »Held der Sowjetunion« geehrt, darunter postum der U-Boot-Kommandant Israel Fisanowitsch, die Nachtbomber-Pilotin Paulina Gelman und der in Dresden geborene Boris Lunz, der mit vielen halsbrecherischen Flügen Partisanenlager versorgte. Über 500.000 sowjetische Juden kämpften als Soldaten oder Partisanen für den Sieg über Hitler-Deutschland. Sie erhielten 160.000 Auszeichnungen. In den Publikationen des JAFK wurde oft über den Widerstand der Juden im ganzen besetzten Europa berichtet, über die Aufstände in den Ghettos von Warschau und Bialystok, in den Lagern von Auschwitz, Treblinka und Sobibor. Sie wurden als glorreiche Kapitel von Selbstaufopferung in der Geschichte des jüdischen Volkes bezeichnet. Das JAFK wurde zum Zentrum der jiddischen Kultur und Literatur. Es erschienen 65 Bücher, viele Essays, Dokumentationen und Broschüren.

Zur Verstärkung der Tätigkeit des JAFK im Ausland wurden Michoels und das Präsidiumsmitglied Itzik Feffer, jiddischer Dichter, Leninpreis-Träger und Oberst der Roten Armee, im Juli 1943 zu einer siebenmonatigen Reise nach den USA, Mexiko, Kanada und England entsandt. Die Reise wurde zu einem persönlichen Triumph des Komitees, aber vor allem der Kriegspropaganda der Sowjets. Michoels und Feffer wurden als »Abgesandte der verlorenen Stämme Israels« gefeiert. Eine halbe Million Menschen besuchte die Massenmeetings in 46 Städten, darunter auch viele Nichtjuden. Ein Empfang des Bürgermeisters von New York, Fiorello LaGuardia, vereinte die Spitzen von Gesellschaft, Kultur und Literatur. Selbst die konservativen Führer der Juden wie Rabbiner Stephen Wise stürzten sich in den enthusiastischen Freudentaumel. Nahum Goldmann, einer der Führer des Jüdischen Weltkongresses in Amerika, sorgte für den vollen Erfolg der Mission, indem er Proteste seitens der jüdischen Arbeiterführer Amerikas gegen die Ermordung von Alter und Ehrlich unterband.

Erst die vor kurzem geöffneten geheimen Aktenbestände des JAFK im »Zentralen Staatsarchiv der Oktoberrevolution« erlauben einen Überblick über das ganze Ausmaß der Tätigkeit des Komitees. Nicht weniger als 45 Millionen Dollar wurden im Westen für die Rote Armee gesammelt, für private Spenden eine ungeheure Summe. Es erschienen über 700 Artikel in der Presse der besuchten Länder. In Amerika, England und Palästina sind als Folge der erwähnten Reise 2230 Hilfskomitees, mit Albert Einstein und Schalom Asch an der Spitze der Zentralorganisation für die Hilfe an die Sowjetunion, gegründet worden. Die Presseagentur des Komitees (ISPA) versandte über 23.000 Artikel, mehrere Buchmanuskripte und über 3.000 Fotos an die ausländische Presse, die durch 8 Presseagenturen in 264 Periodika in 12 Ländern veröffentlicht wurden.

In den 1.273 Aktenbänden des erst jetzt zugänglichen Archivs des JAFK befinden sich auch Karteien der Mitarbeiter der Zeitung *Ejnikejt*, der Presseagentur ISPA, der Kriegskorrespondenten und der Außenstellen in der Provinz. Neben den 64 hauptamtlichen Funktionären enthalten die Akten noch 349 Namen von ehrenamtlichen Mitarbeitern. 30 Spezialkarteien mit Daten von Personen, die wegen ihrer Tätigkeit für das JAFK mit dem Ausland in Verbindung standen, sollten die Lebenserwartung dieser Menschen im Rahmen der späteren Geheimprozesse drastisch sinken lassen. Daneben gibt es eine Kartei mit 4.015 Namen von Autoren von Beiträgen in den Publikationen des Komitees.

Nach dem siegreichen Ende des Krieges begann die Zeit der *Zores* – der großen Probleme für das Komitee. Die während des Krieges willkommenen national-jüdischen Tendenzen, die sowohl die sowjetischen als auch die westlichen Juden zu größeren Leistungen für die Sowjetunion anspornen sollten, wurden auf einmal als chauvinistische jüdische Abweichung gebrandmarkt. Das Komitee hatte die ihm von Stalin während des Krieges zugewiesene Funktion bestens erfüllt. Nun maßte es sich die Führung und Vertretung der Juden an und stand Stalin deshalb im Wege. Es war entbehrlich geworden und sollte verschwinden.

Zur gleichen Zeit begann die antisemitische Kampagne gegen die »Kosmopoliten«. Als erstes Opfer aus den Kreisen des JAFK hatte sich Stalin den Präsidenten Michoels ausersehen. Der Mord wurde als Autounfall kaschiert. Dies geschah am 13. Januar 1948 in Minsk, wo Michoels ausgerechnet Kandidaten für den Stalin-Preis begutachten sollte. Dem Tod des Präsidenten folgte eine Welle von Repressionen und Verhören seiner Mitarbeiter und Freunde im Komitee. Jeder, der etwas mit dem JAFK zu tun hatte, war verdächtig, Staatsverbrechen begangen zu haben.

Im November 1948 wurde das JAFK liquidiert und dessen umfangreiche Akten beschlagnahmt, aber es erfolgten noch wenige Verhaftungen. Im Winter 1948-49 wurde die gesamte Führung des Komitees verhaftet, einschließlich des Altbolschewiken und treuen Stalindieners Losowski. Der Fall kam am 7. April 1952 vor das Militärkollegium des Obersten Gerichts. Das Gericht hat die Angeklagten zu 25 Jahren verurteilt, aber Stalin lehnte dieses Urteil ab und verlangte die Todesstrafe für dreizehn Angeklagte. Diese wurden nach Schluß der geheimen Gerichtsverhandlungen, die vom 8. Mai bis zum 18. Juli 1952 dauerten und zu denen weder die Anklagebehörde noch irgendeine Verteidigung Zugang hatte, zum Tode verurteilt und am 12. August 1952 hingerichtet.

Ilja Ehrenburg mit den Partisanen von Wilna

Jüdische Partisanen

Wenn man in Deutschland schon von einem rudimentären Wissen über den Widerstand der Juden in den Ghettos und Lagern sprechen kann, so muß man, was die jüdischen Partisanen angeht, geradezu ein

schwarzes Loch im öffentlichen Bewußtsein und der Geschichtsschreibung feststellen. Es ist oft die Frage gestellt worden, warum sich
nicht mehr Juden als Partisanen am Kampf gegen die Nationalsozialisten beteiligt hätten. Diese Fragen stammen natürlich von
Menschen, die nicht unter einem totalitären und dazu mörderischen
Regime gelebt haben. Um Partisanengruppen zu bilden, mußten spezifische Bedingungen vorliegen.

Im Gegensatz zu der nichtjüdischen Bevölkerung wie den Polen oder
den Russen hatten die Juden keine exilierte oder hinter der Front arbeitende Regierung, die sie moralisch und materiell unterstützte, ihnen Waffen lieferte, Verhaltensmaßregeln ausgab usw. Sie waren auf
sich allein gestellt und mußten von Anfang an fast unüberwindliche
Hindernisse meistern, um überhaupt das nackte Leben zu retten.
Schon das Verlassen des Ghettos war gefährlich und wurde mit
der Todesstrafe geahndet. Nichtjüdische Widerstandskämpfer lebten
dagegen unter weitaus günstigeren Bedingungen, ihre Bewegungsfreiheit war viel höher, sie konnten »wie ein Fisch im Wasser« inmitten ihres Volkes agieren und notfalls untertauchen. Die Lebensverhältnisse der christlichen Bevölkerung unter der deutschen Knute
waren prekär, in Osteuropa sogar katastrophal, aber einem unmittelbaren Vernichtungsangriff wie die Juden sahen sie sich nicht ausgesetzt. Die unverzichtbaren materiellen Voraussetzungen einer Widerstandsbewegung – Versorgung der Kämpfer mit Lebensmitteln, mit
Verstecken, medizinischer Hilfe, Informationen – waren für die Nichtjuden in der Regel gegeben, für die Juden aber kaum. Ein verwundeter
nichtjüdischer Partisan konnte bei Freunden, Verwandten oder bei
Bauern auf dem Land genesen. Die Freunde und Verwandten eines jüdischen Partisanen waren bereits tot oder im Ghetto, die jüdische
Landbevölkerung ebenfalls. Auch die Beschaffung von Waffen, ohne
die ein Jude – falls überhaupt – in keine Partisanengruppe aufgenommen wurde, war in den meisten Fällen ein riesiges Problem. Von Juden wurden auf dem Schwarzmarkt exorbitante Preise für Waffen verlangt, denn sie waren ja ohne Alternative.

Wer zu den Partisanen ging, wußte, daß er seine Eltern und Familie
nicht nur schutzlos zurückließ, sondern wegen des Prinzips der Sippenhaftung dem sicheren Tod auslieferte. Wie sollten sich die unmündigen Kinder und die Alten ernähren, wenn der arbeitsfähige

junge Mann die Familie verläßt? Ein Jude, der Partisan werden wollte, mußte auch gegen die Stimmung in seiner eigenen Umgebung ankämpfen. Viele gaben sich der menschlich verständlichen Illusion hin, daß man die »Sicherheit« des gesamten Ghettos gewährleisten könnte, wenn man keinen Widerstand leistete. Diese Einschätzung haben die Judenräte vertreten und mit der Ghettopolizei durchgesetzt. Viele Juden befiel angesichts der Aussichtslosigkeit eines Kampfes gegen den als unbesiegbar geltenden Feind und wegen des eigenen schlechten physischen Zustands eine Apathie. Die frommen Juden haben, ihrem Glauben folgend und ihrer jede Gewalt ausschließende Lebensweise gemäß, einen Kampf abgelehnt und sich der Gnade Gottes anvertraut.

Die Juden Osteuropas lebten zum allergrößten Teil in der Stadt. Sie wußten nicht, wie sie in den Wäldern überleben sollten, angewiesen auf die Gunst und Hilfe der Bauern der umliegenden Dörfer. Die war aber nicht zu erwarten. Viele Ukrainer hatten die deutschen Truppen begeistert als Befreier empfangen und dienten in Freiwilligenverbänden der SS, die sich bei der Ermordung der Juden hervortaten oder als brutale Wachmannschaften in KZs und Vernichtungslagern dienten. Auch viele Polen fühlten sich vom Antisemitismus der Besatzer zu gleichem ermutigt, so sehr sie die Deutschen auch hassen mochten. Rechtsgerichtete Einheiten der polnischen *Armia Krajowa* (Heimatarmee) haben jüdische Partisanen verfolgt und getötet. Die ultranationalen polnischen Partisanen der *Narodowe Siły Zbrojne* (Nationale Streitkräfte) töteten jeden Juden, dessen sie habhaft wurden. Polen, die ihnen nahestanden oder schlicht Kriminelle waren, haben Juden denunziert oder selbst ermordet. Viele jüdische Partisanen, die in polnischen oder sowjetischen Einheiten kämpften, mußten ihre jüdische Identität verbergen, um überhaupt kämpfen und überleben zu dürfen. In der Memoiren-Literatur gibt es dafür unzählige Beispiele.

Chaim Woczyn kämpfte in der größten und ruhmreichsten Partisaneneinheit des Zweiten Weltkrieges, in der Kowpak-Brigade, die in Ostpolen und der Ukraine kämpfte, die einen 2.500 km langen Feldzug im Hinterland des Feindes erfolgreich durchführte und viele Divisionen der Wehrmacht und der SS an sich band, die dann an der Front fehlten. Woczyn kommandierte später eine große Kavallerie-Einheit und kämpfte bis zum Sieg im Mai 1945. Er berichtet in seinen Memoiren:

»Nur in Weißrußland hat sich die lokale Bevölkerung am Kampf gegen die Besatzung großartig beteiligt und unterstützte auch die jüdischen Partisanen. Dort hatte die Bevölkerung auch den höchsten Preis an Menschenopfern beim sogenannten ›Bandenkrieg‹ der Besatzungsmacht zu bezahlen.«

Nicht nur der Mangel an Waffen, auch die geringe Zahl an Führungskräften erwies sich als bedeutendes Hindernis. Die jüdischen Intellektuellen waren Opfer einer besonderen Verfolgung und wurden schon früh getötet. Die jüdischen Kriegsgefangenen des Septemberkrieges wurden zu Tausenden ermordet. Mit Ausnahme von Warschau, wo die ehemaligen Soldaten und Offiziere der polnischen Armee den Jüdischen Militärverband ZZW schufen, fielen die militärisch ausgebildeten Juden als Organisatoren des Widerstands aus. Diese Lücke konnten auch die jüdischen Fallschirmspringer, die vom sowjetischen und polnischen Partisanenstab ausgebildet und hinter der Front abgesetzt wurden, nicht füllen. Es waren wenige, sie mußten die Befehle ihrer Vorgesetzten befolgen, für die die Rettung von Juden bestenfalls eine Aufgabe unter anderen war, und sie kamen zu spät.

Begräbnis für jüdische Partisanen in Rokitno/Wolhynien, 1945

Der Schienenkrieg der Partisanen

Allgemein unbekannt ist der Anteil der Partisanenverbände an den Erfolgen der Roten Armee seit dem Jahr 1942. Was die sowjetische Sommeroffensive des Jahres 1944 betrifft, die zur Befreiung weiter Gebiete der Sowjetunion führte, so kann der Anteil der Partisanen, auch der jüdischen Kämpfer unter ihnen, am Sieg über die deutschen Armeeverbände nicht hoch genug eingeschätzt werden. Die Siege dieses Sommers haben maßgeblich zur Verkürzung des Zweiten Weltkrieges beigetragen. Indirekt verdanken wir, die Überlebenden der deutschen KZs, unser Leben den tapferen Partisanen, denn die Lebenserwartung der meisten von uns wäre nur noch sehr kurz gewesen.

Die vom Zentralen Partisanenstab in Moskau dirigierten Einheiten im Bereich der Heeresgruppe Mitte der Wehrmacht haben die Sommeroffensive 1944 an der Ostfront eröffnet. In der größten bekannten Kampfaktion der Militärgeschichte sprengten die Partisanen in der Nacht vom 19. zum 20. Juni 1944 sämtliche Straßen, Bahnstrecken und Querverbindungen der Heeresgruppe Mitte. Es gab 10.500 Sprengungen in dieser einzigen Nacht.

Zwei Tage später rollte die größte je durch Artillerie vorbereitete Offensive. Im Abschnitt Witebsk alleine feuerten 380 Kanonen pro Frontkilometer. Die Koordination der Sprengungen durch die Partisanen mit den sowjetischen Armeestäben war perfekt. Die Deutschen mußten 1.100 Kilometer Frontlinie von außen und von innen verteidigen. Bereits am 2. Juli 1944 erreichten die sowjetischen Panzerspitzen die Bahnlinien Baranowicze-Minsk und Molodeczno-Wilna. Dies waren die von den jüdischen Partisanen beherrschten und umkämpften Gebiete.

In dieser Schlacht um Weißrußland hat die deutsche Wehrmacht eine ihrer größten Niederlagen erlitten. Fast die gesamte Heeresgruppe Mitte wurde aufgerieben. Doch der Preis war hoch. Hunderttausende – manche sprechen sogar von einer Million Opfer – haben im Rahmen der nachfolgenden »Bandenbekämpfungs-Maßnahmen« ihr Leben verloren. Zahlreiche Sicherungs-Divisionen versuchten, Herr der Lage zu werden. Es wurden viele brutale Strafaktionen durchgeführt, aber nichts konnte den Willen des ganzen Volkes brechen, den verbrecherischen Gegner zu schlagen.

Welche Ausmaße der Schienenkrieg noch vor der Sommeroffensive angenommen hat, kann man auf der von Erich Hesse besorgten und nachfolgend wiedergegebenen Karte ersehen. An einem einzige Tag wurde auf zwei Bahnstrecken südlich von Brjansk 430 bzw. 250 Gleissprengungen durchgeführt.

Im weißrussischen Raum operierten ca. 140.000 Partisanen, deren Versorgung aus dem »alten Land«, dem unbesetzten Teil der Sowjetunion, immer besser wurde. Leichte, von den USA gelieferte Flugzeuge des Typs Dakota landeten in halsbrecherischen Flügen auf kleinen Pisten mitten im Wald. Einer dieser fliegerischen Artisten war Boris Lunz. Er wurde 1908 in Dresden als Kind nach Deutschland geflüchteter jüdisch-russischer Revolutionäre geboren. Die Eltern wurden nach Sibirien verbannt und konnten von dort flüchten. Später kehrte die Familie nach Charkow zurück. Lunz wurde Flieger.

Im Zweiten Weltkrieg absolvierte Boris Lunz 400 Flüge, davon 300 Nachtflüge. Der Motorenlärm des Flugzeugs von Lunz war die schönste Musik in den Ohren der Partisanen vieler Einheiten, wie Kowpak, Fiodorow, Koslow u.a. Lunz brachte Waffen, Munition, Arzneien, Post, Befehle und Zeitungen, und er holte Schwerverwundete in die Heimat zurück. Oft wurde seine Maschine von Jagdflugzeugen beschossen und beschädigt. Am 27. Juni 1943 wurde ihm per Dekret des Obersten Sowjets die Auszeichnung »Held der Sowjetunion« verliehen. Eine ihm gesetzlich zustehende zusätzliche Ehrung, die Errichtung eines Denkmals in seiner Geburtsstadt, konnte nicht ausgeführt werden. In mehreren Büchern und Zeitungen wurden Lunz' Leistungen im Krieg gewürdigt.

In mehreren Beiträgen zu vorliegendem Buch schildern Zeitzeugen ihre Beteiligung am *Schienenkrieg.*

Ich bin froh, diesen unbekannten Anteil der Juden an der Niederlage Hitler-Deutschlands den Lesern näherbringen zu können. Die nachfolgende Karte beruht auf Quellen der deutschen Wehrmacht.

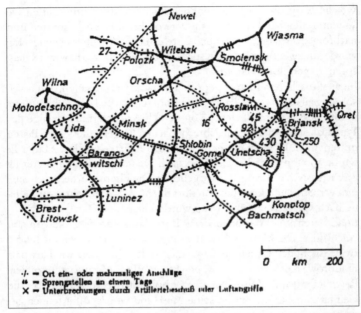

Der »Schienenkrieg« der Partisanen in Weißrußland
Die Zahlen geben die Sprengstellen an einem Tag.   [26]

ABRASCHA ARLUK-LAWIT
Sprengmeister bei den weißrussischen Partisanen

Eigentlich bin ich nicht abergläubisch, aber manchmal können Wunder geschehen – ich habe sie selbst erlebt. Aufgewachsen bin ich in der Stadt Lida, im Nordosten von Polen, etwa 90 km von der jüdischen Metropole Wilna entfernt. Der Anfang des polnisch-deutschen Krieges hat uns überrascht. Aber Gott sei Dank sind die Deutschen an der Curzon-Linie stehengeblieben. Ich hatte gerade meine Matura bekom-

Abrascha Arluk

men, es war September 1939. Ich wurde in die Sowjetarmee eingezogen und bei Minsk gefangengenommen. Man brachte uns in die Stadt Molodetschno, wo ich mit 10.000 anderen Kriegsgefangenen auf einem Fußballplatz festgehalten wurde.

Doch als Jude konnte man fliehen. Es war genug jüdische Bevölkerung im Städtchen. Es war August, und es gab noch keine besonderen Repressalien. Wer aus dem Lager geflohen war, konnte sich leicht in die jüdische Bevölkerung einschmuggeln – und damit war die Flucht geglückt.

Später habe ich in einem Krankenhaus als Röntgentechniker gearbeitet. Eines Tages hat man Verwundete gebracht, deutsche Soldaten. Die kamen nicht von der Front. Und dann hörte ich plötzlich den Ausdruck »Banditen«. Banditen hätten deutsche Soldaten auf der Straße erschossen und verwundet. Ich denke: Banditen, was soll denn das? Was für Banditen? Das hat sich wiederholt, und dann plötzlich ist im Ghetto ein Gerücht kursiert, daß sich in den Wäldern hinter der Stadt eine Widerstandsgruppe formiert hat, oder mehrere, die deutsche Soldaten überfällt. Sie ist bewaffnet und leistet Widerstand.

Wir beschlossen, Kontakt mit diesen Leuten aufzunehmen. Es war September 1942. Wir haben alles probiert, um an sie heranzukommen. Durch Bauern, durch Polen. Es hat einfach nicht geklappt. Nach einigen Wochen hörten wir die Bezeichnung Partisanen. Wir wußten damals gar nichts damit anzufangen. Aber man hat bei der Arbeit manchmal Bauern getroffen. Und die haben erzählt, das sind Russen, das sind entkommene Kriegsgefangene, auch Russen, die bei Bauern gearbeitet haben. Die haben sich zu einer Widerstandsgruppe zusammengeschlossen, um ihr Leben zu retten. Sie bilden sogenannte Partisanengruppen.

Also, das ist der Ausweg, das ist unser Ziel. Keine falschen Papiere, kein Verstecken! Wir müssen Kontakt mit ihnen aufnehmen. Über die Frage, was sein wird, wenn die deutsche Behörde erfährt, daß einige Juden vom Ghetto abgehauen sind zu den Partisanen, Repressalien gegen Eltern und Verwandte, darüber haben wir überhaupt nicht geredet. Wir haben zuerst einmal angefangen, nach Waffen zu schauen. Es war kein Problem, sie zu kriegen.

Die Waffen hatten ihren Preis. Ich hab' für ein zehnschüssiges halbautomatisches Gewehr, eine sogenannte *Diesjatka*, meine zu Hause noch versteckten Schabbesleuchter gegeben und für die Pistole das verborgene Silberbesteck. Jeder von uns hat ein Gewehr und eine Pistole gehabt, und auch einige Handgranaten sind dazugekommen. Wir waren damit praktisch voll ausgerüstet, so daß die Partisanengruppe uns bestimmt annehmen konnte. Aber der Kontakt war noch immer nicht da.

Irgendwann Anfang November wurde ich nachts geweckt und sollte zu einem älteren Freund von uns mit dem Namen Zorach Arluk kommen. Er war weitläufig mit mir verwandt. In seiner Wohnung sehe ich zwei neue Gesichter. Es sind Benjamin Baran – unter dem späteren Pseudonym Lamaj Pasuda eine berühmte Figur in der Partisanenbewegung – und Nathan Funt.

Sie kamen von einer Partisanengruppe. Sie hatten bei den Bauern auf dem Land gelebt, und als sich diese Widerstandsgruppe gebildet hat, sind sie dazugestoßen. Sie waren ins Ghetto gekommen, um zwei Ärzte zu holen. Durch die dauernden Scharmützel mit den Deutschen hatten sie auch Verwundete. Es waren gleich zwei Ärzte da, die sie sofort in der nächsten Nacht aus dem Ghetto geholt haben, sogar mit ihren Familien.

Zwischen uns war ausgemacht, sie sollten den Kommandeuren erklären, daß wir 16 Mann sind und voll bewaffnet und einige von uns sogar schon Militärdienst gemacht hatten und mit Waffen umgehen können. Sie haben gesagt, das wird bestimmt gehen, weil die Partisanen Leute suchen. Sie waren noch eine kleine Gruppe, es war ja erst Ende November 42.

Nach kaum einer Woche waren sie wieder zurück und haben gesagt: »Morgen geht ihr mit uns raus. Wir bringen euch zu unserer Gruppe. Ihr werdet erwartet.« Es war eine dunkle Nacht. Das Ghetto zu verlassen war nicht schwierig.

Die Wälder in diesem Gebiet grenzen an den großen Nalibocka Puschtscha, einen Urwald, den man im Sommer praktisch nicht betreten konnte. Das Gebiet war die Basis für die Partisanen. Nun sind wir die ganze Nacht gewandert, so vier, fünf Stunden, und dann sind wir angekommen. Man hat uns in ein Haus reingebracht, wo wir uns ausgeruht haben, und gegen Morgen haben wir die ersten Partisanen gesehen. Es waren Russen. Wir haben ihre Bewaffnung bewundert. Sie haben uns zum Stab gebracht.

Die Kommandeure haben sich vorgestellt als Hauptmann Konnow, Kommissar Dejew und Stabschef Ziemskow. Sie waren erst ein bissel kalt, ein bissel distanziert. Wie sie unsere Namen aufgenommen und unsere Bewaffnung kontrolliert haben, war es in Ordnung. Besser und sympathischer. Dann wurden einige Flaschen Samogon, selbstgemachter Schnaps, auf den Tisch gestellt. Wir haben jeder ein Glas bekommen, und man hat auf die Gesundheit getrunken. Und man hat uns damit erklärt, ihr seid aufgenommen.

Die Gruppe hatte sich gerade erst richtig formiert. Es war praktisch der Anfang der Partisanenbewegung. Der Dezember war dann der Monat, wo wir uns langsam eingelebt haben ins Partisanendasein. Man hat sozusagen jede Nacht an einem anderen Platz übernachtet. Man hat so gelebt, daß, auch wenn man angezeigt wurde oder irgendwelche Spione uns verraten hätten, niemand gewußt hätte, wo wir die nächste Nacht verbringen würden oder den nächsten Tag.

Im Januar ist es zum ersten Kampf gekommen. Ich habe zum ersten Mal auf Menschen geschossen. Wir wurden irgendwie verraten und von einer Gruppe von Gendarmen und Ukrainern umzingelt. Sie haben gar nicht gewußt, daß wir schon damals eine Stärke von 60-70 Mann hatten. Wir haben sie in die Flucht geschlagen und viele Waffen erbeutet.

Es sind immer noch neue Menschen zu den Partisanen gekommen. Mittlerweile war auch der Name von der *Lidskaja Gruppa* auf den Namen *Iskra* (Der Funke) geändert worden – nach der Zeitschrift, die Lenin in der Emigration herausgegeben hat. Die Gruppe hat selbständig

gekämpft. Es gab noch keine organisierten Brigaden. Erst im Februar
1943 wurde die Gruppe einer Brigade unterstellt. Da sind Emissäre erschienen. Es waren auch hohe Offiziere dabei, die von hinter der
Frontlinie gekommen sind, Spezialisten für den Partisanenkampf. Es
waren meistens schon ältere Leute. Sie haben auch neue Waffen gebracht. Die berühmte Maschinenpistole *Pepescha*, Dynamit, TNT, also
Material zur Herstellung von Sprengladungen, Zünder, Zündschnüre,
auch ein Funkgerät haben sie bei sich gehabt und eine Funkerin. Jede
Brigade hat vier Gruppen gehabt. Es wurden Brigaden-Kommandeu-
re, Brigaden-Kommissare und Stabchefs ernannt. Im Frühling 1943
war unser *Otriad*, unsere Gruppe, 250 Mann stark.

Eines Tages spricht mich einer von diesen Moskwitschi an und sagt:
»Ich hab' mir deine Personalien angeschaut. Du weißt bestimmt, was
Plus und Minus ist, was ein Quadratmeter ist und ein Kubikmeter
und kennst Gewichte und Entfernungen.« »Ja«, sag' ich, »das hab' ich
ja bestimmt gelernt, und ich war ja in Physik sehr gut.« Sagt er, ob ich
nicht Lust habe, mich als *Podriwnik*, als Sprengmeister, ausbilden zu
lassen. Darauf sag ich: »Ja, das mach' ich sehr gerne, das wird mir gut
gefallen.«

Am nächsten Morgen hab' ich mich beim Stab gemeldet. Sie sagen
mir: »Du mußt dich da freiwillig melden. Du mußt ja wissen, ein *Podriwnik*, ein *Minior*, irrt sich nur einmal im Leben.« Darauf höre ich
eine Stimme von hinten, die sagt nein, der irrt sich nur zweimal im Leben. Zum ersten Mal, wenn er sich freiwillig meldet, das zweite Mal,
wenn er den Fehler begeht.

Nun, ich hab' mich mit Enthusiasmus gemeldet. Ich habe einige Wochen einen Lehrgang mit Hauptmann Alexander absolviert. An
einem nachgemachten Bahngleis hat er mir gezeigt, wie man
Sprengpakete unter eine Schiene legt, wie man einen Zug sprengen
kann, eine Brücke. Er hat mich vertraut gemacht mit den verschiedenen Arten von Zündern und auch damit, wie man Sprengladungen
selbst herstellt.

Die ersten Züge hab' ich in Begleitung eines Sprengmeisters gesprengt. Beim dritten Mal war ich dann schon selbständig. Den ersten
Zug haben wir an der Strecke Lida – Gavie gesprengt. Es wurde mir
nahegelegt, daß wir Züge nur sprengen, die in Zielrichtung Front gehen. Er hat mir beigebracht zu hören, ob zwei Lokomotiven den Zug

ziehen. Nur dann ist es ein schwerer Zug, mit Munition, Kriegsmaterial oder Panzern.

Wir waren damals genau acht Personen. Wir haben zwei leichte Maschinengewehre bekommen, zur Sicherung gegen Patrouillen. Ich hab' mich mit meinen Gehilfen, mit meinem Freund aus der Schule, Ruwke Rubinstein, mit einer Sprengladung zum Bahngleis begeben. Der erste Zug war zu leicht. Dann ist ein Zug gekommen von Richtung Front, das war wahrscheinlich ein Sanitätszug, zwar mit verdunkelten Fenstern, aber es waren Passagierwaggons. Doch jetzt hören wir von weitem einen Doppelgang. Aha, das sind zwei Lokomotiven. Schwer und langsam geht der Zug. Ich bin zum Gleis gegangen mit Rubinstein, und ich hab' das Sprengpaket mit 20 Kilo TNT zwischen die Gleise gelegt und einen Druckzünder unter der Schiene befestigt. 20 Kilo TNT waren viel. Wir haben uns einen guten Platz in einer Kurve ausgesucht, wo die Schienen ein bissel abgesenkt waren. Ich hab' ein bissel Herzklopfen gehabt und Handzittern. Man mußte sehr konzentriert und präzise arbeiten. Ich habe dazu die Kraft gehabt. Ich hab's gefühlt.

Ich hab' den Druckmechanismus gut unter der Schiene plaziert. Auf Pfiff haben sich alle zurückgezogen. Es hat gekracht, der Zug war gesprengt und von den Schienen runter. Wir haben uns geduckt und zugeschaut. Dann sind wir zu unserem *Otriad* zurückgegangen, haben Meldung erstattet. Es wurde ein Protokoll geschrieben, unterzeichnet von mir und unserem Kommandanten Zorach Arluk.

Am nächsten Morgen wußten wir durch Kundschafter genau Bescheid. Mit großer Freude habe ich erfahren: Es war ein Zug mit Panzern. Die Lokomotive war völlig aus den Gleisen gesprungen, vier Waggons haben sich aufeinandergebäumt. Eine Menge Panzer sind beschädigt worden und von den Waggons runtergefallen. Es war meine erste Arbeit, und ich habe dafür gleich eine Belobigung bekommen. Und ich habe gewußt, das ist meine zukünftige Arbeit. Ich war fasziniert davon.

Ich hab' mich manchmal freiwillig gemeldet. Allerdings habe ich immer darauf bestanden, daß mein Freund Ignaz Feldon, der heute in Israel lebt, mich mit seinem Maschinengewehr, einem RPD (*Rucznoj Pulemiot Dektiarowa*) absichert. Er war ein exzellenter Schütze, und ich habe mich mit ihm sicher gefühlt und konnte gut arbeiten.

Eigentlich wurde in wechselndem Turnus gesprengt. Aber wir haben uns mehrmals freiwillig gemeldet und durften dafür unsere Verwandten und Frauen aus dem Ghetto holen. Wir konnten sie zwar nicht bei uns in unserem *Otriad*, aber in jüdischen Familienlagern unterbringen. In der Tiefe der Nalibocka Puschtscha befanden sich mehr als 1100 Juden unter dem Kommando des legendären Bielski.

Wir arbeiteten an den Bahnstrecken Grodno – Molodeczno – Minsk und Baranowicze – Wilna. Manchmal sprengten wir auch Brücken. Aber die Sprengung von Zügen war meine Lieblingsarbeit. Ich hab' es genossen, den Blitz zu sehen, wenn ein Sprengpaket krepiert und der Feuerschein in den Himmel geht. Wenn die Waggons sich aufbäumen, einer über den anderen. Und dann die Ruhe, und man hört nur das Zischen des Dampfes aus der Lokomotive – wie bei einem sterbenden Tier. Das war für mich ein Erlebnis, es war ein Gefühl der Rache: daß ich damit jetzt vergolten habe, was mir alles angetan worden war, im Ghetto, mir und meinen Eltern.

Es ist Sommer 1943 geworden, es war nach Stalingrad und nach der Schlacht im Kursker Bogen, praktisch der Anfang des Rückzuges der Deutschen. Inzwischen hatte man im Nalibocka Puschtscha ein Flugfeld angelegt. Ein General kam, mit dem Namen Platon. Das war ein Pseudonym, er war ein alter Hase, vom Bürgerkrieg her noch berühmt. Er wurde Kommandeur der Baranowiczer Vereinigung, der Partisanen aus der Ecke Minsk – Lida- Nowogrodek – Slonim – Baranowicze.

Im Spätsommer 43 kam der Befehl zum Schienenkrieg *Relsowa waina*. Die Nachschubwege sollten damit sabotiert werden. Es war ein gutes und erfolgreiches Mittel. Jeder von den Partisanen bekam ein Stück TNT und einen Zünder. Mit einer Zigarette in der Hand gingen wir an den Schienen entlang und zündeten die darunter angebrachten Sprengstoffpäckchen. Kilometerlang, wo es nur möglich war, haben wir so die Schienen rausgesprengt. Damit waren die Wege zur Front tagelang unbrauchbar geworden. Ich war am Abschnitt bei der Bahnstation Gawie.

Irgendwann im Herbst wurde ich mit unserem Kommandeur Zorach Arluk zum Stab bestellt. Wir sollten auf der Linie Lida – Wilna bei der Station Woronowo einen Zug sprengen. Man hat mir ein Paket mit 20 Kilo TNT gegeben und gesagt, daß es leider keine Druckzünder mehr gebe. Nur Elektrozünder und Batterien. Damit kann eine Sprengung nicht immer gutgehen.

Wir haben die Sache trotzdem übernommen. An die Gefahr habe ich damals nicht gedacht. Ich hab' die Sprengladung montiert und gewartet, bis ein Zug kommt. Ein Zug ist vorbeigegangen, ein schwerer, wahrscheinlich mit Waffen, und das Sprengpaket ist nicht explodiert. Was macht man jetzt? Man kann das Paket nicht liegen lassen. Der Verlust in einer Zeit, in der es an Sprengstoff mangelt, wäre eine Katastrophe. Nach kurzer Beratung haben wir beschlossen, daß ich allein an das Gleis gehe. Falls was schiefgeht, gehe nur ich allein in die Luft.

Ich gehe. Sehe, daß die Batterie auf der Seite liegt. Der Draht ist zermahlen worden. Gott sei Dank gibt es zwischen der elektrischen Sprengkapsel und der Batterie keine Verbindung mehr. Ich kann meine Freude nicht beschreiben. Es war wieder ein Wunder. Ich hab' dann die Sprengladung vom Gleis genommen, meinen Leuten per Pfiff signalisiert, daß alles in Ordnung ist. Wir haben eine Nacht gewartet und dann mit Hilfe des Zünders einer Eierhandgranate einen Zug gesprengt. Wir waren voll Freude und zufrieden. Aber ich werde diesen Moment, in dem ich zum Gleis gegangen bin, um zu sehen, was passiert ist, nie in meinem Leben vergessen.

Ende 1943 kam eine Wende in meinem Leben bei den Partisanen. Ich hatte erzählt, daß ich Schreibmaschine schreiben kann und perfekt die polnische Sprache beherrsche. Dem Stab waren Papiere in die Hände gefallen von der *Armia Krajowa*, den Polen, die gegen die Partisanen gekämpft hatten, und die mußte man ja übersetzen. Ich wurde dafür an den Stab ausgeliehen. Ich hab' meine Arbeit gut gemacht und wollte zurückkehren zu meinem geliebten *Otriad Iskra*. Doch mein Kombrig, der Kommandeur der Brigade, sagte: Du bleibst. Ich hab' gedacht, mich trifft der Schlag. Ich sollte getrennt werden von meinen Freunden, von meinen besten Kameraden, mit denen ich aus dem Ghetto raus bin und so erfolgreich gekämpft habe. Plötzlich sollte ich ein Stabsmann werden. Ich hab' Tränen in den Augen gehabt. Anfang 1944 sitze ich noch immer im Stab und befasse mich mit Begrüßungen verschiedener Gruppen. Es war an sich eine interessante Arbeit, aber es war kein Kampfeinsatz mehr. Aber ich hab' noch immer Sehnsucht gehabt nach meinen Freunden, nach unserer gemeinsamen Arbeit.

Von meinen Freunden, die in der Gruppe *Iskra* geblieben sind, hatten einige schwere Zeiten. Von uns 16 Personen, die wir das Ghetto gemeinsam verlassen hatten, sind damals nur elf am Leben geblieben. Bei einem späteren Einsatz gegen die *Armia Krajowa*, die gegen uns und die Rote Armee gekämpft hat, sind noch zwei weitere gefallen. Keiner von uns ist in Lida geblieben. Einige leben heute in Israel, andere in Amerika und in Europa.   [27]

Anfang Juli 1994 feierte Weißrußland den 50. Jahrestag der Befreiung. A. Arluk war Mitglied einer Delegation jüdischer Partisanen, die vom Verteidigungsminister Koslowski in Minsk empfangen wurde. Er erhielt Urkunden für die fünf Orden, die ihm im Kriege verliehen wurden. Arluk monierte, daß in den 30 Werken über die Partisanenkämpfe die Juden im Gegensatz zu den Russen, Weißrußen und Ukrainern als »drugije nazionalnisti« – andere Nationalitäten, bezeichnet werden. Veteranenvorsitzender Shurawjew hat sich für diese sowjetische Identitäts- und Geschichtsfälschung entschuldigt.

MICHAEL KLIBANSKI
In einer Fallschirmspringereinheit der Brigade Kirow

Ich bin im Januar 1920 in Wilna geboren. Nach dem Abitur trat ich in die juristische Fakultät der Universität Wilna ein. Nach dem Überfall Deutschlands auf die Sowjetunion betrat ich sowjetisches Territorium. Im Schuljahr 1941/42 arbeitete ich als Lehrer an einer siebenklassigen Oberschule im Distrikt Kasan, doch im Jahr danach zog ich weiter nach Zentralasien, nach Leninabad, wo ich an der pädagodischen Hochschule studierte. Im Sommer 1943 meldete ich mich zur polnischen Armee, die sich unter dem Schutz der polnischen Partisanen-Organisation zu konstituieren begann. Dort fungierte ich als Instrukteur im vierten Regiment der ersten Panzerbrigade. Eines Tages wurde ich zum Divisionsstab vorgeladen. Dort wurde mir gesagt, ich müsse nach Moskau fahren, und tatsächlich machte ich mich noch in derselben Nacht auf den Weg. Von dort wurde ich zur Station Podolsk bei Moskau beordert, und dort wurde mir mitgeteilt, ich müsse mit einigen anderen Soldaten zu einem Dorf auf der Strecke Moskau-Smolensk fahren. Wir wußten, daß wir für besondere Aufgaben ausersehen waren.

Eines Nachts kam ein Wagen aus Podolsk und holte acht Leute ab, darunter auch mich. In Podolsk kamen wir um Mitternacht an, doch zum Gespräch vorgelassen wurden wir erst um vier Uhr morgens. Der Offizier, der uns empfing, machte mir im Namen des Partisanenstabs den Vorschlag, als Fallschirmspringer hinter den Linien gegen die Deutschen zu kämpfen. Noch am selben Morgen fuhren wir zu einem der Flugplätze bei Moskau, wo wir etwa eine Woche lang blieben. Nachdem wir einige Absprünge absolviert hatten, wurden wir in der Nacht zum 15. Dezember hinter die feindlichen Linien geflogen.

Unser Kommando zählte zehn Mann. Der Befehlshaber war Hauptmann Victor Sawitzki, ein Russe. Er hatte zwei Stellvertreter, außerdem gab es noch einen Funker, ausgerüstet mit einem Sende- und Empfangsgerät und dem Code. Unsere Sendezeiten waren auf die Minute festgelegt. Das Hinterland der Partisanen war in Distrikte eingeteilt. Jeder Distrikt bestand aus mehreren Zentren.

Jedes Zentrum verfügte über ein Sende- und Empfangsgerät und stand in Verbindung mit dem Partisanenstab jenseits der Frontlinie. Die Partisanenstäbe in den nichtbesetzten Gebieten waren nach Republiken gegliedert. Mit uns sprang ein junges jüdisches Mädchen ab, Miriam. Ihr Deckname war Nina. Sie sprang nach uns. Sie war für eine Fallschirmspringerin etwas seltsam gekleidet, denn sie trug einen gewöhnlichen Mantel, wie ihn die Schulmädchen in der letzten Gymnasialklasse tragen. Das einzige Detail, das sie als Kämpferin auswies, waren die Stiefel. Sie stammte aus Moskau, war Mitglied des Komsomol und hatte sich freiwillig zum Kampf hinter der Front gemeldet.

Wir sprangen beim Wald von Narocz ab. Es war das einzige Partisanenzentrum in der Gegend. Der Ort, wo wir absprangen, hieß mit Decknamen Sikorski. Kommandant des Zentrums war Sokolow. Das Kommando führte General »Platon« (ehemaliger Parteisekretär in Baranowicze und Träger des Ordens »Held der Sowjetunion«). Die Mitglieder unserer Gruppe bekleideten allesamt militärische Ränge, der niedrigste war Feldwebel.

Die uns zugedachte Aufgabe bestand darin, zur Partisanenbewegung an diesen Orten engeren Kontakt herzustellen. Dadurch wurde direkte Kontrolle des Generalstabs der Partisanenbewegung über die Aktivitäten im Rücken des Feindes ermöglicht. Die direkte Funkverbindung war auf diesem Gebiet ein ganz wichtiges Kampfmittel. Eine der Aufgaben der Fallschirmspringer war es, die Moral der Partisanen hochzuhalten.

Ein besonderes Anliegen war das Sammeln von belastendem Material gegen Kollaborateure und die Übermittlung von direkten Nachrichten über die Bewegungen der Armee, über Politik und Taktik des Feindes, d. h., wir hatten Dokumente, Zeitungen und dergleichen zusammenzustellen.

In der Nacht zum 15. Dezember 1943 sprang ich mit neun weiteren Kameraden im Wald bei Lida ab. Wir waren also zehn Mann, darunter außer mir noch zwei Juden. Der eine war Fischman, von allen »Scheinke« genannt. Das war ein vierzehnjähriger Junge, der schon eine lebhafte Partisanenvergangenheit hinter sich hatte, d. h., er war seit zwei Jahren in den Reihen der Partisanen tätig. Er war der Massenabschlachtung der Juden in seiner Vaterstadt Witebsk entronnen und hatte in den Wäldern von Brjansk Zuflucht gefunden, wo sich die Besatzungsmacht nicht hineinwagte. Dort war er den ersten sowjetischen Partisanen begegnet. Nach seiner Befreiung durch die Rote Armee wurde »Scheinke« Fallschirmspringer und sprang im Partisanengelände in den Wäldern von Narocz ab.

Er war vielleicht der jüngste und kleinste Fallschirmspringer, den ich im Lauf meines Lebens gesehen habe. Weil er etliche Gürtel trug, an denen zwei Pistolen, ein automatisches Gewehr Modell »Pepescha«, Granaten und eine Seitentasche hingen und wegen seines niedrigen Wuchses wirkte er auf den ersten Blick ungemein lächerlich. Doch dieser Schein trog. Denn Scheinke avancierte dank seines Mutes, seines Orientierungsvermögens im Gelände und seiner ungewöhnlichen pyrotechnischen Fähigkeiten bald zum Liebling des gesamten Partisanendistrikts. Wann immer es darum ging, Eisenbahnen zu entgleisen, Brücken zu sprengen oder die Verkehrs- und Funkverbindungen der Deutschen in Unordnung zu bringen, war Scheinke der aktivste unter allen Partisanen. Stets umschwebte ein Lächeln sein Lippen. Ständig munter und vergnügt, schien er überhaupt keine Müdigkeit zu kennen. Allerorts sah man ihn als ersten hinausziehen, zu Sabotageakten, zur Patrouille, aufs Schlachtfeld. Er fiel im Frühjahr 1944 bei den Kämpfen gegen die Einheiten der polnischen Heimatarmee.

Ein Partisan und Fallschirmspringer ganz anderer Art – anders wohl infolge seiner soldatischen Vergangenheit – war Markman, den wir Sascha nannten. Markman war in den Septemberschlachten 1939 aktiv am Kampf gegen die Deutschen beteiligt gewesen, geriet in Gefangenschaft, flüchtete aus dem Gefangenenlager in sein Städtchen in der Gegend von Braslaw, und während des zweiten deutschen Angriffs hatte er wieder die Waffe in der Hand, um den Feind vom Rücken her im Partisanenkampf zu

stören. Auf abenteuerlichen Wegen und unter zahlreichen Feindberüh-
rungen war er bis in die Wälder von Brjansk gelangt, die 1942 als Zentrum
der sowjetischen Partisanenbewegung berühmt wurden.
Nach seiner Befreiung durch die Rote Armee meldete er sich freiwillig zu einer Fallschirmspringereinheit, die im Rücken der Deutschen
tätig war. Dank seiner reichen Kampferfahrung galt Markman als
einer der hervorragendsten Partisanen. Ihm vertrauten wir die gesamte Ausrüstung unserer Gruppe in den gefährlichsten Situationen an,
er organisierte und deckte jeden Rückzug und stellte das Material für
die Sabotageakte bereit. Er kümmerte sich auch um die Versorgung
mit Reitpferden, Wagen und Lasttieren mit allem, was dazugehört.
Man darf nicht vergessen, daß der Fallschirmspringer-Partisan als etwas
Besseres galt als der einfache Kämpfer und Soldat in den Wäldern. Bildete er doch eine Art lebende Brücke, welche die Partisaneninseln mit der
sogenannten »großen Erde«, dem unbesetzten Rußland, verband. Deshalb mußte er das Musterbild eines Partisanen abgeben, des Kämpfers,
der rächend in den großen Befreiungskampf eingreift.
Unsere Fallschirmspringereinheit war im Gebiet Lida – Nowogrodek
als Teil der Brigade Kirow für besondere Aufgaben eingesetzt. In militärischer Hinsicht galten wir als Bestandteil der Brigade, doch unsere
Tätigkeit war ziemlich selbständig, obwohl wir zu Anfang noch nicht
so ortskundig und daher von der Brigade abhängig waren. Von ihr kamen auch unsere wegkundigen Führer.
In dieser Brigade operierte auch ein jüdisches Bataillon. Sowohl der
Kommandeur als auch der Kommissar der Einheit waren Russen.
Dem Bataillon gehörten 150 bis 200 Kämpfer an, zumeist junge Paare.
Nur ein Russe mit seinem Sohn und vielleicht noch ein einzelner an-
derer waren Nicht-Juden, alle übrigen waren Juden. Die Frauen arbeiteten überwiegend in der Küche. Die Moral dieser Leute war sehr gut.
Die meisten verfügten über Partisanenerfahrung, waren mit dem Ge-
lände vertraut, hatten an Sabotageakten und Eisenbahnsprengungen
mitgewirkt, gegen die polnische Heimatarmee AK und gegen die Kosaken gekämpft. Einmal hatten sie den Kosaken eine fünfzigköpfige
Rinderherde abgenommen.
Die Einheit bestand aus zwei Teilen: Der kämpfende Teil war übers
Gelände verteilt, und der andere Teil, etwa zehn Mann, saß im Wald in
einem Lager, an dessen Spitze ein Russe stand. Da gab es einen jüdi-

schen Partisanen, der Joel hieß. Er war ein Bauernsohn, einer der ersten Partisanen im Distrikt Nowogrodek. Er war hochgewachsen, 1,85 bis 1,90 m groß. Einen gefällten Fichtenstamm anzuheben war für ihn eine Kleinigkeit. Er war bereit, für alle alles zu tun: Nachts schob er Wache, tagsüber hütete er die Kühe, melkte sie, wenn kein anderer das tun wollte, baute Erdunterstände und dergleichen mehr. Zu Anfang zog er auch ins Gelände hinaus, bewaffnet mit einem leichten MG, und brüstete sich, er sei allein imstande, einen ganzen weißrussischen Polizeitrupp aufzuhalten. Einmal fiel er der Polizei in die Hände, die ihn brutal zusammenschlug; sie brachen ihm Arme und Beine und waren sicher, daß er nicht mehr auf die Füße kommen werde. Doch er kam wieder hoch, die gebrochenen Knochen wuchsen wieder zusammen, und er kehrte zur Einheit zurück.

Einmal, bei einem Zusammenstoß mit den Leuten der AK, wurde Joel von der AK umzingelt. Er wollte Selbstmord begehen, aber statt in die Schläfe schoß er sich ins Gesicht. Die Kugel fuhr zur einen Wange hinein und zur anderen wieder hinaus. Als die AK-Leute kamen und den Mann wie tot liegen sahen, sein Gewehr ohne Schloß neben sich, gingen sie wieder weg. Später rappelte er sich auf, fand das Schloß zu seinem Gewehr und kehrte mit heiler Waffe ins Lager zurück.

Die Anwesenheit von jüdischen Fallschirmspringern war ein Faktum von ganz besonderer Bedeutung für die jüdischen Partisaneneinheiten. Schließlich klaffte ja zwischen den jüdischen und den weißrussischen Partisanen, die aus der lokalen Bevölkerung rekrutiert waren, und den Russen – Überresten der Roten Armee – nicht nur ein ethnischer Abgrund, der durch Äußerungen der alten Nationalfeindschaft noch erheblich vertieft wurde. Zwischen ihnen bestand noch ein weiterer, wesentlicher Unterschied, dessen Ursprünge in der besonders drückenden Atmosphäre zu suchen sind, die durch die Zerstörung des Ghettos, des Herkunftsorts der jüdischen Partisanen, entstanden war. Das Auftreten jüdischer Fallschirmspringer widerlegte beleidigende und verletzende Vorwürfe der Partisanen gegen die jüdischen Kämpfer, außerdem erhielten letztere dadurch einen gewissen Ruhm als Freiwillige und Gleichberechtigte im Krieg gegen die Nazis.

Es gab viele jüdische Partisanen, die im Aktionsbereich unserer Gruppe, d. h. in dem Abschnitt Lida – Nowogrodek, kämpften. Ich erinnere mich besonders an zwei Brüder. Sie gehörten zu den Kämpfern der Partisanengruppe *Iskra*, und jeder von ihnen hatte mindestens dreißig deutsche Züge zum Entgleisen gebracht. In diesem Zusammenhang denke ich auch an einen heldenhaften Kämpfer, der von AK-Banden umzingelt seinem Leben selbst ein Ende machte, um ihnen nicht lebend in die Hände zu fallen. Ich gedenke der ungeheuer vielen, die in Ermangelung von Sprengstoff eigenhändig und teilweise unter höchster Lebensgefahr Bahngleise demontierten, um deutsche Züge zum Entgleisen zu bringen. Die massenhafte Teilnahme von Juden an den Partisanenkämpfen gegen die deutsche Besatzungsmacht widerlegt die lügnerische Behauptung, wir hätten den Vernichtungskampf des Feindes untätig über uns ergehen lassen. [24]

Die Partisanendivision Kowpak

Die von Sidor Kowpak, einem Veteranen des russischen Bürgerkrieges bereits 1941 gegründete Partisaneneinheit, aus der später die Partisanendivision Kowpak hervorging, war die größte und ruhmreichste Partisanen-Formation des Zweiten Weltkrieges. Sie umfaßte 1944 mehrere tausend freiwillige Kämpfer, darunter viele Juden. Ihre Leistungen im Kampf gegen den deutschen Gegner und die mit ihm kollaborierenden ukrainischen Verbände gehören zu den bekanntesten militärischen Leistungen des Krieges.
Die Große Offensive von Kowpak begann am 16. Oktober 1942 in Trubtschewsk in der Ukraine und führte über mehrere tausend Kilometer durch feindliches Gebiet über Wolhynien, die Sümpfe von Polesien, die Karpatenberge nach Galizien, wo die Ölquellen von Drohobycz zerstört werden sollten. Die Kowpak-Division hat große deutsche Truppenverbände blockiert, die dringend an der Front gebraucht wurden. Die Kowpak-Soldaten befreiten auf ihrem Vormarsch jüdische Städtchen, mußten sich aber später, in kleinere Verbände aufgeteilt, zurückziehen. Kowpak wurde zweimal der Titel »Held der Sowjetunion« verliehen. Er und sein Stabsoffizier Petro Werschigora beschrieben die Kämpfe der Kowpak-Division. Diese Publikationen gehören zur Standardausstattung militärwissenschaft-

licher Institute. Bereits 1946 wurde eine hebräische Übersetzung publiziert. Werschigoras Buch »Im Gespensterwald« erschien 1961 auf deutsch. Die jüdischen Partisanen Gad Rosenblatt und Chaim Woczyn gehörten zu den Pionieren der Einheit. Es gab sogar eine jüdische Einheit mit jüdischen Kommandanten. Woczyn verdanken wir eine ergreifende Schilderung der Kämpfe jüdischer Partisanen.

CHAIM WOCZYN
Jüdische Kämpfer in der Brigade Kowpak

Die jüdische Einheit, die aus den Leuten aus Trochenbrud und Lozicz, wie die Orte bei den wolhynischen Juden hießen, bestand, entstand in den Wäldern von Zuman; im Lauf der Zeit schloß sie sich der Brigade Kowpak an, die durch ihre kühnen Märsche berühmt geworden ist.

In den ersten Tagen des Kampfes zwischen der Roten Armee und den deutschen Truppen bestand noch eine leise Hoffnung, die NS-Schergen könnten geschlagen werden. Doch nach wenigen Tagen brach die sowjetische Armee samt ihren schweren Geschützen zusammen und trat den Rückzug nach Osten an. Dem Rückzug der Truppen schlossen sich einige junge Leute an, die unter der sowjetischen Herrschaft aktiv gewesen waren, doch der überwiegende Teil der Jugend und der Einwohnerschaft saß in der Falle, während die deutschen Divisionen weiter nach Osten zogen. Bereits in den ersten Tagen der Besatzung geriet die ganze Gegend in die Gewalt der nationalistischen Ukrainer, die sich später zu den Bandera-Einheiten zusammenschlossen. Eine Bande von etwa hundert Mann veranstaltete in beiden jüdischen Siedlungen eine Parade und plünderte die Häuser der Wohlhabenden. Die ukrainischen Dorfmilizen hatten den ganzen Distrikt unter Kontrolle.

Unter diesen Umständen entstand der Gedanke, sich zusammenzuschließen, um in die Wälder zu gehen. Am 14. August 1942 wurden die beiden Siedlungen Trochenbrud und Lozicz von Hunderten von Ukrainern umstellt. Viertausend jüdische Einwohner wurden abgeschlachtet, darunter gesunde und kräftige junge Leute. Wie durch ein

Wunder waren die Initiatoren des Auszugs in die Wälder dem ersten Blutbad entronnen. In den Wald zog eine kleine Gruppe von vier Mann: Grischa Rosenblatt, die Brüder Kimelblatt und der Schreiber dieser Zeilen. Bewaffnet war unsere Gruppe mit einem einzigen Gewehr, das wir zufällig auf dem Friedhof gefunden hatten. Es war neu, gut geschmiert und enthielt etwas Munition. Anscheinend hatte ein sowjetischer Soldat es auf dem überstürzten Rückzug weggeworfen, nicht ahnend, was für Freude, Ermutigung und Sicherheit dieses Gewehr für eine kleine Gruppe von Kämpfern bedeuten würde, die den Weg in die Wälder antraten.

Die ersten Tage im Wald standen unter dem Zeichen heftiger Diskussionen innerhalb unserer Einheit, wie wir unsere Existenz zu gestalten und unsere Kampftechnik anzulegen hätten. Während die einen dafür plädierten, den Bauern der Umgebung Nahrungsmittel mit Waffengewalt abzunehmen, gaben die anderen zu bedenken, daß eine solche Vorgehensweise schweres Unheil über die Überlebenden im Ghetto bringen könnte. Doch im Lauf der Zeit wurde die Gruppe größer und nahm einen regelrecht partisanischen Lebenswandel auf, indem sie den Bauern gegenüber als eine ukrainisch sprechende Einheit auftrat. Im Oktober wurde in der Umgebung bekannt, daß unsere Einheit eine jüdische sei. Die Aktionen der Gruppe wirkten schockierend auf die Bevölkerung, die uns zuerst für russische Fallschirmspringer gehalten hatte, die aus den sowjetischen Zentren hergeflogen worden war.

Allmählich entstand im Wald eine Art Hauptquartier der Einheit: Chaim Woczyn wurde Oberkommandierender, Grischa Rosenblatt sein Stellvertreter und Kutscher, der frühere Journalist in Warschau, politischer Leiter. Das Waffentraining der Jugendlichen und die Beschaffung von weiterer Ausrüstung waren unsere Hauptanliegen. Ausgerüstet mit zwei Gewehren und acht Stöcken, näherte sich die Gruppe von jungen Männern eines Nachts dem Haus eines Försters. Die Hände, die das Gewehr gefaßt hielten, zitterten fast. Es war die erste Aktion der jungen Leute im Wald. Im finsteren Wald erschien die Gruppe wohlbewaffnet und kampfbereit. Der Waldhüter wurde blaß vor Angst, als er den Gewehrlauf auf sich gerichtet sah, und händigte uns widerstandslos sein blitzendes Gewehr mit fünfzig Schuß Munition aus.

In der nächsten Nacht suchte die Gruppe das Haus eines weiteren Försters heim. Dessen Frau übergab den jungen Männern ein halbautomatisches russisches Gewehr. Im August 1942 war die Einheit gewachsen und hatte die Waffen sämtlicher Förster der Umgebung an sich gebracht. Nach einem »Besuch« im Hause eines sympathisierenden Bauern bekamen wir von diesem ein Maschinengewehr, das zu einem sowjetischen Panzer gehört hatte. Dieses schwere Geschütz mit seinen 64 Schuß flößte uns maßlose Sicherheit ein. Mit dem Anwachsen der Einheit wurde auch eine Abteilung für Patrouille und Nachrichtendienst in den Dörfern errichtet.

Vor dem Auszug in die Wälder hatten wir erfahren, daß sich in den Dörfern und Vorstädten sowjetische Offiziere versteckt hielten, die beim Zusammenbruch der Front den Rückzug nicht mehr geschafft hatten. Es gelang Grischa Rosenblatt, Kontakt zu Hauptmann Andrej Sawin aufzunehmen, der in dem Dorf Rodniuk versteckt war, das neben dem Wald lag, wo wir unser Quartier aufgeschlagen hatten. Sawin war überrascht zu erfahren, daß die Aktionen, die man den russischen Partisanen zugeschrieben hatte, von Juden aus der Umgebung verübt worden waren. Der sowjetische Hauptmann äußerte den Wunsch, mit uns zusammenzutreffen. Eines Tages erschien er, verkleidet als einheimischer Holzfäller. Unsere Streife geleitete ihn zum Treffpunkt. Er stand verblüfft vor einer großen Gruppe von bewaffneten jungen Juden, bei denen mitten im Lager ein Maschinengewehr aufgestellt war. Unser übersteigertes Selbstvertrauen schockierte ihn, und er sah sich genötigt, uns zu warnen. Zuverlässige Informationen über die Umgebung erhielten wir von einem ehemaligen sowjetischen Lehrer, der beim Einfall der Deutschen in seinem Amt geblieben war. Seine Frau, die mit der Frau des ukrainischen Polizeikommissars befreundet war, verschaffte uns Informationen über die Pläne der Polizei in der näheren Umgebung.

Während dieser Zeit wuchs die Kraft der Einheit, nachdem sie das Gefühl der Verlorenheit im Wald überwunden hatte. Der Wald wurde unser Zuhause. Wir unterhielten Kontakte zu anderen jüdischen Gruppen, die aus irgendeinem Grund beschlossen hatten, sich uns nicht anzuschließen. Indirekt beschützten wir diese Juden, indem wir das Eindringen von Deutschen und Polizisten in den Wald verhinderten. Unsere Streifen erteilten ihnen Weisungen, sobald feindliche

Verbände in diesem oder jenem Abschnitt des Waldgebiets auftauchten.

Die Deutschen veranstalteten eine erste Jagd auf uns, nachdem wir in einem Dorf einen ukrainischen Kollaborateur liquidiert hatten. Er hatte ukrainische Banden organisiert, die in die Wälder ausschwärmten, um die dort verborgenen Juden aufzuspüren und den Nazis auszuliefern. Das Kommando unserer Einheit beschloß, ihn umzulegen. Eine Gruppe von sechs Mann machte sich mit Helmen der ukrainischen Polizei auf den Weg. Abends um zehn Uhr drangen die jungen Männer in das Dorf, das in tiefem Schlafe lag. Der Mann empfing die scheinbaren »Schutzmänner« mit offenkundiger Freude und brüstete sich der »Heldentaten«, die er an im Wald umherirrenden Juden verübt habe. Der Kollaborateur wurde aus seinem Haus geholt und mit gefesselten Händen auf einen Wagen gesetzt. Unterwegs beschlossen wir, die Maschinen einer Molkerei zu beschädigen, die den Deutschen Butter lieferte. Wir waren noch mit der Axt zu Gange, da erschollen aus dem Dorf vereinzelte Schüsse. Als wir hinzueilten, fanden wir den Mann verwundet etliche Meter von dem Wagen entfernt. Er hatte einen Fluchtversuch unternommen, und Grischa Rosenblatt hatte auf ihn geschossen. Anderntags verfolgten uns die Deutschen anhand der Blutspuren.

Von einer der Aktionen brachten wir Papier und Schreibmaschine mit, und der Journalist Kutscher begann Flugblätter in ukrainischer Sprache zu verfassen. Darin forderten wir die Bevölkerung auf, sich gegen die Besatzungsmacht zu erheben und in den Wäldern umherirrenden Juden Unterschlupf zu gewähren. Wir warnten Kollaborateure und die Eltern der ukrainischen »Schutzmänner«, die Hand der Kämpfer werde auch sie ereilen. Die Flugblätter wurden nachts, meist in der Nacht zum Sonntag, verbreitet, und die Bauern lasen sie heimlich in ihren Hütten. Besonderen Schrecken erregte die Nachricht, die wir verbreiten halfen, die Deutschen stünden im Begriff, die lokale Bevölkerung als Zwangsarbeiter in die Bergwerke zu deportieren.

Der Oktober brachte ein wichtiges Ereignis in unserem Leben, das uns die Erweiterung unseres Aktionsradius und Verstärkung unserer Tätigkeit ermöglichte. Auf der Patrouille bemerkte Joseph Gluzman in den frühen Morgenstunden eine kleine Gruppe von Bewaffneten, unter ihnen eine Frau mit Funkgerät. Die Leute übernachteten im

Wald, ohne Wachen aufzustellen. Gluzman alarmierte den Stab der jüdischen Einheit, und eine Gruppe von zehn Partisanen umstellte die Schlafenden. Auf unseren Ruf »Ergebt euch!« erwachten sie und sahen sich von Bewaffneten umzingelt, die ihre Gewehre auf sie gerichtet hielten. Nach kurzem Wortwechsel stellte sich heraus, daß es sowjetische Partisanen waren, die sich von unbewaffneten wegekundigen Juden durch den Wald führen ließen.

Diese Juden bestätigten, mit eigenen Augen gesehen zu haben, wie die Gruppe von einem Flugzeug abgesprungen sei. Bald erfuhren wir aus dem Mund ihres Anführers, Oberleutnant Aljoscha, der ebenfalls Jude war, daß es sich um eine Gruppe von Saboteuren handelte, die im Rücken des Feindes abgesprungen waren, um Bahnstrecken zu sprengen und Informationen für die sowjetische Armee einzuholen. Die Gruppe hätte an einer bestimmten Bahnstrecke abspringen sollen, aber der Pilot hatte sie versehentlich sechzig Kilometer davon entfernt abgesetzt. Die beiden Juden, die ihnen zufällig begegneten, führten die Saboteure an ihren Bestimmungsort. Nachts bewegte sich die Gruppe vorsichtig vorwärts und war bis in unsere Wälder gelangt. Einer der beiden Ortskundigen war Joel Czerbatta, der sich später sehr mit der Kompanie anfreunden sollte und eine Zeitlang als Kommandeur der Siebten Jüdischen Kompanie im Regiment Kowpak fungierte. Er kam im März 1944 bei einem Angriff auf eine Brücke über den Bug ums Leben.

Die fünf Fallschirmspringer erhöhten das Selbstvertrauen unserer Einheit im Wald. Die Leute mit den automatischen Waffen flößten uns Mut und Sicherheit ein. Der Funkkontakt zum Partisanenstab in Moskau und die Sprengstoffladungen erweiterten den Aktionsradius der Einheit und befähigten sie zu gezielten Kampfaktionen. Bei einer Bahnstation verminten vier Kämpfer von uns unter Anleitung eines der Fallschirmspringer einen deutschen Zug.

Im November 1942 sahen wir uns gezwungen, unsere Wälder zu verlassen. Der Schnee, der die Wälder um Zuman bedeckte, hätte unsere Spuren verraten. Das letzte Gefecht mit den Deutschen bewies uns, daß der Feind wild entschlossen war, uns zu vernichten. In jener Nacht zogen wir uns dreißig Kilometer zurück. Bei Morgengrauen wurden Hunderte von Polizisten und deutschen Soldaten alarmiert. Der Feind umstellte den Wald und nach längerem Beschuß mit Granatwerfern und leichten Geschützen begann er, vorsichtig einzudringen. Wir tarnten uns in einer Scheune mit duftendem Heu und harrten sehnsüchtig des Abends, da wir unser Versteck verlassen und aus der Gegend verschwinden könnten. Wir wußten, daß die Deutschen unseren Spuren folgen würden, und mit Einbruch der Dunkelheit schlüpften wir aus der Scheune. Draußen war es eiskalt. Nach einem Marsch von mehreren Kilometern gelangten wir in ein ukrainisches Dorf, das in tiefem Schlaf lag. Vorsichtig weckten wir die Bauern und befahlen ihnen, die Pferde einzuspannen. Die Bauern beeilten sich, unserem Befehl Folge zu leisten. Während einige junge Leute behilflich waren, die Schlitten und die Pferde aus den Ställen zu holen, konfiszierten die anderen Wegzehrung. Eine halbe Stunde später machte sich die Schlittenkolonne auf den Weg.

Um Mitternacht erreichten wir ein Dorf einen Kilometer vor dem Städtchen Osowa. Kaum war der erste Schlitten angekommen, empfing uns Glockengeläut. Wir sprangen ab und gingen vorsichtig näher. Uns erwartete ein kurioser Anblick: Etliche Bauern mit Stöcken in den Fäusten umstanden einen Mast, an dem oben eine Glocke hing, und einer von ihnen zog am Seil und läutete sie. Als sie die Bewaffneten erblickten, gerieten die Bauern keineswegs in Panik, sondern erklärten uns ganz naiv: Sie seien die Dorfwächter und hätten die Juden aus Osowa zu vertreiben, die nachts stehlen kämen. Wie erschraken sie, als sie anstelle von Komplimenten den Befehl erhielten, sich ihrer warmen Pelze zu entledigen und die Hosen herunterzulassen, um mit einer kräftigen Tracht Prügel bedacht zu werden. Besonders kräftig schlug Andrej Sawin zu. In derber ukrainischer Mundart warf er ihnen ihre Verräterei vor und beschuldigte sie, sie hätten ihre Seele dem deutschen Satan verschrieben. Der gedemütigte Bürgermeister versprach uns mit Tränen in den Augen, die Masten im Dorf absägen zu lassen und die Warnglocke gegen die Juden abzuschaffen.

So gelangten wir rasch nordwärts. Tagsüber versteckten wir uns in Bauernhäusern, nachts machten wir einen »Sprung« von dreißig bis vierzig Kilometern. Auf dem Weg in die Karpaten im Mai 1943, als die Brigade Kowpak durch die Gegend von Zuman zog, trafen wir auch Aljoscha, dessen Gruppe damals in die Gegend von Zuman zurückgekehrt war und die meisten ihrer Mitglieder eingebüßt hatte. Am

Leben geblieben waren nur Aljoscha und die Funkerin Anja, die in die Einheit aufgenommen wurde. Von ihnen erfuhren wir, daß zwei gute Kameraden von uns, Chaim Rosenson und Daniel, bei der Rückkehr von einer Aktion von nationalistischen Polen getötet worden waren.

Wir zogen los, ohne recht zu wissen, wohin. Von allen Seiten umgaben uns die dichten Wälder von Polesien. In einem Dorf stießen wir auf eine kleine Gruppe bewaffneter Juden, die sich als »Gruppe von Kowpak« bezeichnete. Wir waren sehr froh über diese Verstärkung. Es stellte sich heraus, daß auch sie sich in ihrer Umgebung nicht hatten halten können. Unterwegs stießen noch vereinzelte Juden zu uns. Das waren Juden aus kleinen Orten in Polesien, die in den Wäldern herumirrten und in die Dörfer kamen, um sich die nötigsten Lebensmittel zu beschaffen. Unser Lager wuchs. Die Neuhinzugekommenen waren Leute aus der Gegend, die sich dort gut auskannten. Sie erzählten uns von einer jüdischen Kompanie des Dadia (»Onkel«) Mischa, die dort operierte, doch lange Zeit gelang es uns nicht, ihnen auf die Spur zu kommen.

Zufällig stießen wir eines Nachts auf ein paar Schlitten, die von Bewaffneten begleitet wurden. Im Dunkeln merkten wir, daß es Juden waren, und gaben uns ihnen zu erkennen. Wir baten um ein Gespräch mit ihrem Anführer, sie antworteten ausweichend, und wir verstanden, daß sie Sorge hatten, die Verpflegung werde nicht für uns alle reichen, zumal es im Winter in der ärmlichen Gegend überaus schwierig war, eine große militärische Einheit zu erhalten. Wir verabschiedeten uns mit allen guten Wünschen, und sie staunten nicht schlecht über unsere gut ausgerüstete Gruppe und unser Selbstvertrauen. Etliche Zeit später erfuhren wir, daß sie Angehörige der Kompanie Dadia Mischa gewesen waren. Wir zogen weiter auf der Suche nach Partisanen. Nach einiger Zeit wurde uns klar, daß kleine Gruppen von nicht organisierten Partisanen in der Gegend tätig waren.

Zu jener Zeit überschritt die Brigade Kowpak den Dnjepr. Nach schweren Kämpfen mit den Deutschen gewährte Kowpak den Partisanen eine Pause und seinen Spähern Gelegenheit, die Gegend auszukundschaften, die unter deutscher Kontrolle stand. Besonders die Eisenbahnlinie, die durch die bewaldeten und sumpfigen Weiden von Polesien führte, hatte es Kowpak angetan: ein ideales Gelände für

Hinterhalte und Sabotageakte. Ein kleiner Spähtrupp kehrte nach einem Anschlag auf die Holzbrücke zur Brigade zurück. An jedem Tag saßen wir verteilt in mehreren Häusern und rüsteten uns zum nächtlichen Weitermarsch. Gegen Abend beobachtete unser Posten einige Schlitten mit Bewaffneten, die sich uns näherten. Wir verließen die Häuser und bezogen Verteidigungsstellungen. Die Herannahenden bemerkten uns, und als erfahrene Patrouille erkannten sie uns gleich als Partisanen. Sie kamen auf uns zu und riefen: »Nicht schießen! Wir sind Partisanen!« Nicht ganz leichten Herzens ließen wir sie näher kommen, einige von ihnen trugen deutsche Uniformen, andere Schafspelze und sowjetische Militärmützen auf dem Kopf. Wir kamen nicht gleich auf sie zu. Andrej Sawin ging zu ihnen hinaus, kehrte sofort zurück und verkündete freudestrahlend: »Das sind Kowpak-Leute!« Der Name sagte uns damals nicht viel. Vorsichtig gingen wir ihnen entgegen, jeder mit schußbereiter Waffe in der Hand. Sie dagegen trugen ihre Maschinengewehre ganz lässig, lachten und sprachen, ohne die Stimme zu dämpfen. Uns musterten sie ein wenig von oben herab, nur unsere Waffen machten Eindruck auf sie, wir hatten nämlich neue Gewehre mit viel Munition und zwei Handgranaten pro Mann. Nach kurzem Gespräch erklärten wir uns bereit, ihnen zu folgen. Doch sie hatten aus Sicherheitsgründen Bedenken, uns zu ihrem Anführer Kowpak zu führen.

Hier griff Andrej Sawin ein. Er führte ein längeres Gespräch mit einem netten und fröhlichen jungen Hauptmann und konnte ihn davon überzeugen, daß wir ehrliche Partisanen waren. Sich selbst stellte er als unseren politischen Instruktor vor. Er hatte auch Dokumente, aus denen seine Stellung in der Partei hervorging. Er sagte, daß wir alle Juden seien und es deshalb keinen Grund zur Sorge gebe. Diese Enthüllung brachte den Spähtrupp etwas in Verlegenheit. Mit einer Mischung aus Neugier und Verachtung musterten sie uns: Juden mit Waffen? Juden als Partisanen? Dieses merkwürdige Faktum wollte ihnen nur schwer eingehen. Sawin redete weiter auf sie ein und zerstreute allmählich ihre Bedenken. Am anderen Morgen zogen wir mit dem Spähtrupp aus, und zwei Tage später erreichten wir die Brigade Kowpak, deren Stab in demselben Dorf lagerte wie das erste Bataillon. Drei weitere Bataillone befanden sich in den umliegenden Dörfern.

Sowjetische Juden in der Brigade Kowpak

Unser Auftreten als Juden erregte in der Brigade Kowpak erhebliches Aufsehen, besonders im ersten Bataillon, dem wir am Tag nach unserer Ankunft angegliedert wurden. Wir wurden allenthalben angestaunt: jüdische Kämpfer mit sauberem Gewehr, geputzten Stiefeln und kurzen Pelzen mit ukrainischer Stickerei – das war höchst seltsam. Am meisten wunderten sie sich, daß wir unsere Nationalität nicht zu leugnen suchten, sondern bei jeder Gelegenheit nicht ohne Stolz auf unser Judentum hinwiesen. Was sie kannten, waren die üblichen Stereotype, doch nun waren mutige jüdische Kämpfer aus Polen aufgetaucht.

Uns bewegte die Frage, ob es sowjetische Juden in der Brigade gab und wenn ja, warum sie ihre Identität vor uns versteckten. Im Gespräch mit den Russen kamen wir dahinter: Den sowjetischen Juden in der Brigade war es unangenehm, ihre Identität zu enthüllen. Zum ersten Mal entdeckte ich eine Jüdin in der Brigade, als ich die Ärztin des ersten Bataillons aufsuchte. Die Ärztin, eine hübsche Person von etwa 35 Jahren, empfing mich und verband mir den Arm. Ich bedankte mich und wollte gerade gehen, da fiel mir auf, daß sie mich neugierig von der Seite anschaute, und ich sprach sie direkt darauf an: »Frau Doktor, sind Sie Jüdin?« Sie errötete, sah mich verlegen an und antwortete leise: »Ja, ich bin Jüdin.« In einem kurzen Gespräch bekundete sie Interesse an unserer jüdischen Gruppe. Ich fragte sie, ob sowjetische Juden in der Brigade seien. Sie vermutete, daß es welche gebe, wohl gar nicht so wenige. Ich merkte, daß es ihr schwerfiel, darüber zu sprechen.

Ein anderer Jude, der aus seinem Judesein keinen Hehl machte, war Mischa Tartakowsky. Sein Äußeres wirkte ungemein jüdisch. Er war Chefdolmetscher beim Stab der Brigade, ein volkstümlicher jüdischer Typ, der fließend jiddisch sprach. Grischa Rosenblatt entdeckte einmal zufällig eine Jüdin in der Brigade. Sie gehörte einem Spähtrupp an und wurde dann krank. Sie stammte aus Kamieniec Podolski, und ihr Bruder war Professor an einer russischen Universität. Das Mädchen brauchte längere Erholungszeit und wurde ins Hinterland geflogen. Die Brüder Kimelblatt, die den Sprengstoff transportierten und viel mit den Saboteuren zu tun hatten, erzählten, Viktor, Hauptsaboteur

der Brigade und Träger des Lenin-Ordens, sei auch Jude, gebe sich
aber als Weißrusse aus. Zimbel, einer der tapfersten Kämpfer und Mitbegründer der Brigade, war ebenfalls Jude. Ich hatte keine Gelegenheit, ihm zu begegnen. Kolka Mudry von der dritten Kompanie war
eine sehr beliebte Figur in der Brigade. Auch Tolstogonow war einer
der besten Späher der Truppe. Erst nach dem Krieg erfuhr ich, daß sie
Juden waren.
Nach dem Karpatenfeldzug, im Dezember 1943, verließ General
Kowpak die Brigade und flog in die Sowjetunion. Damals wurden
uns neue Befehlshaber vor die Nase gesetzt. Wir Veteranen verfolgten
neugierig jeden »Star«, der aus dem »großen Land«, wie die unbesetzten Gebiete der Sowjetunion bei uns heißen, herüberflog. Den Polen-
feldzug beendeten wir im März 1944, danach kehrten wir in die Wälder Polesiens zurück. Der ukrainische Partisanenstab beschloß, den
Kämpfern von Kowpak Orden und Ehrenzeichen zu verleihen. Im
Wald herrschte gehobene Stimmung. Jeder erhielt vom Stab der Brigade eine hübsche Schachtel mit einem Abzeichen und einer entsprechenden Urkunde. Die Orden gingen an die bewährten Kämpfer,
während die Kosaken und Polizisten, die erst unlängst zu uns gestoßen waren, leer ausgingen. Sie spürten, daß die sowjetischen Behörden ihnen noch nicht ganz trauten, und hatten Angst. Bei der Auflösung der Brigade im Oktober 1944 schieden sie tatsächlich aus. Nur
die Altbewährten blieben dabei, organisiert nach Schwadronen (400
Reiter pro Schwadron).
Auf dem Höhepunkt der Festlichkeiten kam ein Bote zur neunten
Kompanie und beorderte mich zur »Sonderabteilung«. Ich fühlte
mich einigermaßen unbehaglich. Zu dieser Abteilung wurde man nur
in sehr ernsten Angelegenheiten vorgeladen. Ich zerbrach mir den
Kopf, was ich ausgefressen haben könnte, aber mir fiel schlechterdings nichts ein. Nach allgemeinem Dafürhalten war ich ein vorbildlicher Partisan. Die Russen begannen mich scheel anzusehen. Ganz
offenkundig schöpften sie Verdacht. Es war kein Geheimnis, daß das
Lager von Spionen wimmelte, womöglich war ich so einer? Nervös
sattelte ich mein Pferd, schwang mich auf und galoppierte zur Brigade. Das war im April 1944. Im Wald war es warm, und aus den Sümpfen stiegen ganze Wolken von Stechmücken auf, die Menschen und
Pferden das Blut aussaugten. Die Partisanen pflegten sich durch

Rauch vor dieser Plage zu schützen: Sie machten Feuerchen aus feuchten Balken, die starken Rauch entwickelten. Der mich begleitende Bote deutete auf ein Zelt aus weißem Fallschirmstoff, mit Kiefernzweigen getarnt: Dort hinein! Ich stieg ab, band mein Pferd an einem Baum fest, trat festen Schrittes ins Zelt und salutierte vor dem Weißhaarigen, der dort saß und Notizen machte. In einer Ecke saß eine junge Partisanin – die Sekretärin. Ich kannte den genauen Dienstgrad des Dasitzenden nicht und redete ihn einfach als Kommandant an. Ich meldete mich bei ihm.

Er erhob sich langsam, maß mich mit prüfendem Blick, und ein leichtes Lächeln schlich sich in seine Mundwinkel. »Nimm Platz«, sagte er milde und wies auf einen Stuhl. Unterdessen hieß er das Mädchen hinausgehen. Wir beide waren unter uns. »Wie heißt du?« fragte er. »Petja«, antwortete ich. »Petja?« wiederholte er und lächelte: »Das ist ein gojischer Name.« »Ich bin Jude, Herr Kommandant«, erwiderte ich. »Und wie lautet dein jüdischer Name?« fragte er weiter. »Chaim«, antwortete ich. In jenem Augenblick glaubte ich nicht, jemals Chaim geheißen zu haben. »Chaim«, wiederholte er, und seine Augen blickten traurig. »Du bist also Jude! Ich auch«, fügte er leise hinzu.

Von jenem Tag an lud er mich noch mehrmals zu sich. Er interessierte sich für den Untergang der wolhynischen Städtchen. Stundenlang pflegte ich bei ihm zu sitzen und ihm zu diktieren, was ich wußte, und er machte sich nervös Notizen auf russisch. Allmählich wechselte er von russisch zu jiddisch. Manchmal zitierte er Bibelverse. Einmal verblüffte er mich vollends, als er begann, den Wochenabschnitt vom Auszug aus Ägypten zu rezitieren. Er war ein glühender sowjetischer Patriot und altgedienter Mitarbeiter des Sicherheitsdienstes. Er gestand mir, Zeit seines Lebens nichts mit Juden zu tun gehabt zu haben, und erst die NS-Verfolgung, in der seine Frau und sein Sohn umkamen, habe ihn zu seinen Ursprüngen zurückgebracht. Er war sehr stolz auf die Jüdischen Partisanen in der Brigade Kowpak und wußte gut Bescheid über die Jüdische Kompanie. Anscheinend war alles im Tagebuch des Stabs aufgezeichnet. Einmal wollte er mich auf die Probe stellen und machte mir den Vorschlag, zum Dienst in den Stab überzuwechseln. Ich lehnte ab mit der Begründung, ein Jude gehöre in die Reihen der Kämpfer. Meine Antwort beeindruckte ihn, und er stellte mich seinen Gefährten als einen kämpferischen Juden vor, der nicht zum Stab wechseln wolle. Jener musterte mich erstaunt. Offenbar hatten sie darüber disputiert, und er hatte sich von der Richtigkeit seiner Auffassung überzeugen wollen.

Als es sich herumsprach, daß ich häufiger in der Sonderabteilung zu tun hatte, betrachteten mich meine russischen Freunde argwöhnisch und begannen in meiner Gegenwart Zurückhaltung zu üben. Ich erklärte ihnen, ich arbeite nicht für diese Abteilung, sondern übersetze dort deutsche Dokumente ins Russische. Das wirkte überzeugend, denn ich fungierte häufig als Dolmetscher. Als der Kommissar die Brigade verlassen sollte, ließ er mich rufen, um Abschied zu nehmen. Wir befanden uns im sowjetischen Hinterland. Der Abschied war herzlich. Er umarmte mich, gab mir seine Anschrift und beschwor mich, ihn besuchen zu kommen. Er ging nach Osten und ich nach Westen.

Zusammenfassend bleibt festzustellen: In der Brigade Kowpak waren viele sowjetische Juden, die aus verständlichen Gründen nicht als solche auftraten. Ich weiß noch, wie nach der Entlassung aus der Reiterdivision in Galizien zwei Partisanen bei mir auftauchten und sich als Juden vorstellten. Mir blieb der Mund offen stehen. Die ganzen Jahre über hatte ich sie für waschechte Russen gehalten, gelegentlich sogar für leicht antisemitisch infiziert.

Die jüdischen Partisanen aus den verschiedenen Gegenden Polens trugen ihre nationale Identität mit Stolz, obwohl sie sich dadurch gelegentlich Schwierigkeiten und harte Diskussionen zuzogen. Ich weiß noch, wie ich auf dem Kolben meines Gewehrs meinen Vor- und Familiennamen auf hebräisch einritzte und die Buchstaben mit Kopierstift nachzog. Die Russen interessierten sich für die hebräischen Druckbuchstaben. Manche, die darin eine jüdische *Chuzpe* [Frechheit] erblickten, wollten es mir verwehren, ein russisches Gewehr mit jüdischem Namenszug zu versehen. Auf dem Marsch lenkte einmal meine seltsame Kopfbedeckung die Aufmerksamkeit des Kommissars auf mich. Aus diesem Anlaß trat er an mich heran und erblickte die jüdischen Buchstaben auf dem Gewehrkolben. Einige Augenblicke betrachtete er sie interessiert, dann fragte er leicht scherzhaft, was diese chinesischen Zeichen zu bedeuten hätten. »Genosse Kommissar«, antwortete ich, »das ist nicht chinesisch, das ist mein Vor- und Familienname auf jiddisch.« Da schaute der Kommissar etwas erstaunt drein und meinte spontan: »Ach so, du bist einer von den jüdischen Partisanen aus der Westukraine!« »Jawohl, Genosse Kommissar«, antwortete ich. Er sah mich lange an, machte eine vage Handbewegung und ging weg.   [24]

ASSINKA STROM
Mit meiner Frau in den Reihen der Partisanen

Im Dezember 1942 schloß ich mich mit noch einigen Kameraden der Partisaneneinheit »Tod den Besatzern« an, deren Lager sich in den dichten Wäldern von Rudniki befand. Nach einiger Zeit stieß auch meine Frau Sonia zu uns. Ich war an fast allen Kampfoperationen dieser Partisaneneinheit beteiligt. Im folgenden sei nur von einem unserer zahlreichen Sabotageakte erzählt:
Der Kommissar der Einheit war mit der Aufnahme von Frauen in eine kämpfende Truppe gar nicht zufrieden. Für diese errichtete er eine »Dienstleistungsabteilung«, d. h. Kochen, Waschen und dergleichen. Diese Abteilung wurde außerhalb des Wohnbereichs der kämpfenden Truppe untergebracht, so daß meine Frau und ich zwar derselben Einheit angehörten, doch jeder sich an einem anderen Ort befand. Wir sahen uns selten, denn ich zog nachts zu Sabotageoperationen aus, und wenn ich morgens ins Lager zurückkehrte, war meine Frau schon bei der Arbeit, meist in ziemlicher Entfernung von uns. Nur ganz gelegentlich war uns eine kurze Begegnung vergönnt.
Der Kern der Einheit bestand aus Rotarmisten, die aus der deutschen Kriegsgefangenschaft geflohen waren. Einige unter ihnen waren in der Gegend von Kowno geboren, so auch der Kommandant, der Fallschirmspringer Kostia Radianow, und deshalb kannten wir uns in unserem Aktionsgebiet sehr gut aus. Der Kommandant der Einheit war ein gebürtiger Moskauer Jude namens Dima Dawidowitsch. Von Zeit zu Zeit stießen weitere entflohene Gefangene zu uns, außerdem Angehörige der jüdischen Untergrundbewegung aus dem Ghetto. Nach einiger Zeit teilten wir uns in drei Untergruppen, und nur zu großen Aktionen wurden alle zusammengezogen.
Eines Tages, gegen Ende Februar 1944, ich hatte nach der Rückkehr von meinem Einsatz kaum ein Auge zugetan, da weckte mich der

Leutnant der Einheit schon wieder zu einer neuen Aktion. Weil unser Ziel recht weit entfernt war, mußten wir zeitig dorthin aufbrechen, in etwa drei Stunden. Ich stand auf, umwickelte meine Beine mit Stoffetzen, steckte sie in die Stiefel und begann mein Gewehr zu putzen und die Munition vorzubereiten. Trotz meiner Müdigkeit lief ich noch schnell zum »Frauenbau« und hatte auch das Glück, meine Frau anzutreffen, die sich bereits zum Gehen anschickte. Unter diesen Umständen war jede Begegnung ein Erlebnis und jeder Abschied eine Qual. Ich küßte sie, und wir beide flehten in unseren Herzen, es möge nicht der letzte Kuß gewesen sein.

Fünfzehn Kämpfer zogen hinaus zur Straße Rudniki-Jassin. Wir hatten den Auftrag, einen Trupp von deutschen Verbindungsleuten zu liquidieren, die Tag für Tag mit Post vom Stab in Jassin für die Einheiten in Rudniki auf Fahrrädern vorbeizukommen pflegten. Nach langem Gewaltmarsch gelangten wir endlich an unseren Bestimmungsort, verteilten uns gut getarnt und angriffsbereit übers Gelände und harrten gespannt, wann die Deutschen auftauchen würden.

Es war ein eisiger Morgen. Wir lagen in voller Deckung, in einiger Entfernung voneinander, hinter uralten Bäumen. Etwa fünf Meter neben mir lag mein Freund Treper. Es schneite weiter, so daß die ganze Umgebung zugeschneit war. Im Flüsterton wurde die Anweisung weitergegeben, daß bei Kommando »Feuer« alle auf einmal losschießen sollten. Gelegentlich fuhr ein Auto vorbei oder ein Bauer auf seinem Karren; der Frost drang uns in die Knochen, aber die Spannung schützte uns gleichsam vor der Kälte.

Der Kommandeur der Truppe, Mischka Truschin, stand gerade hinter mir, als die Deutschen auftauchten. Nun kamen sie näher. Ich konnte sie schon lauthals reden hören: »Hans, das Frühstück war heute sehr gut, stimmt's?« Sobald der vierte Deutsche an uns vorüber war, als sie sich also mitten in unserem Schußfeld befanden, erging das Kommando »Feuer!«, und im gleichen Augenblick lagen Fahrräder und Tote auf der Straße. Doch einige von ihnen sprangen auf und flohen in den Wald jenseits der Straße. Wir nahmen die Verfolgung auf und liquidierten alle Angehörigen der Nachrichtentruppe.

Wir kehrten sogleich auf die Straße zurück, sammelten die Postsäcke auf, die sie auf den Fahrrädern befestigt hatten, jeder steckte ein Souvenir von den Deutschen ein, und in gehobener Stimmung kehrten wir vollzählig ins Lager zurück. Das Gewehr, das ich von einem der Deutschen, den ich im Wald erschossen hatte, erbeutet hatte, brachte ich meiner Frau mit, die sich sehr freute, endlich eine eigene Waffe zu besitzen. Das war das schönste Geschenk, das ich ihr damals machen konnte, und sie behielt es, bis wir gemeinsam den Wald verließen – am Tag der Befreiung durch die Rote Armee.   [28]

Jüdische Partisanen aus Kowno in der Rudniki-Wäldern
v. l. n. r. 1. Reihe vorne: S. Bloch, M. Scherman
2. Reihe: M. Lipkowicz, A. Borochowicz-Teper, D. Teper, R. Bloch, S. Breier.
3. Reihe: I. Eidelman, A. Strom, A. Gafnowicz.
4. Reihe: I. Ratner, S. Strom, L. Silber. L. Sajzew, B. Stern, I. Juchikow

(Assinka Strom wurde 1918 im litauischen Kowno geboren. Er diente im Infanterie-Regiment 262 der litauischen Armee. Nach einem kurzen Gefecht bei Varna kapitulierte seine Einheit infolge von Verrat einiger litauischer Offiziere. Er entkam und gelangte ins Ghetto von Kowno, wo er sich der Untergrundorganisation des Ghettos anschloß. 1972 ist er nach Israel eingewandert.)

Bernard Volkas
Meine Abenteuer in Spanien und als Partisan

Jonawa bei Kowno in Litauen ist meine Geburtsstadt. Dort wurde ich im Mai 1916 geboren, dort besuchte ich ein hebräisches Gymnasium. Nach dem Abitur nahm ich an der ersten Makkabiade (Jüdische Weltsportspiele) in Tel Aviv teil und studierte anschließend an der Technischen Hochschule in Haifa. Aus Geldmangel mußte ich das Studium abbrechen und arbeitete als Landarbeiter und Zimmermann. Bald darauf

Bernard Volkas

brach der Bürgerkrieg in Spanien aus. Als Mensch und Jude hielt ich mich für aufgefordert, gegen die Faschisten und ihre Pläne zur Eroberung der Welt zu kämpfen. Ich mußte wegen eines Transitvisums über Deutschland zunächst nach Paris reisen.

Sofort fuhr ich nach Marseille weiter, wo ich mit 120 Freiwilligen vieler Nationen an Bord des Schiffes »Ciudad de Barcelona« ging, das auch viel Kriegsmaterial geladen hatte. Wenige Stunden nach dem Ablegen wurden wir von einem Flugzeug gesichtet. Der Kapitän wurde durch Funk gewarnt, daß wir von einem italienischen U-Boot »begleitet« würden. Am 30. Mai 1937, wir waren bereits in spanischen Gewässern, erschütterte eine Explosion das Schiff, das sofort kenterte und bald auch kieloben zu sinken begann. Es gab Chaos und Panik. Ich sprang ins Wasser und entfernte mich von der Stelle, so schnell ich konnte. Um mich herum viele Tote. Aus der Ferne sah ich mehrere überladene Rettungsboote. Auf einmal hörte ich ein Motorengeräusch und ein republikanisches Wasserflugzeug fischte mich in dem Moment heraus, als ich das Bewußtsein verlor. Ich erwachte in einem Lazarett in Parafrugal, 60 km von Barcelona entfernt. Nur drei Freiwillige überlebten, unter ihnen Abraham Oscheroff aus New York, der den schönen Spanienfilm gedreht hat.

Ich meldete mich, sobald ich konnte, in der Basis der Brigaden in Albacete, durchlief eine kurze Ausbildung und wurde auf meinen Wunsch der 11. Thälman Brigade zugeteilt. Es wurde gerade das 4. Bataillon »12. Februar« formiert, dem meist österreichische Freiwillige angehörten. Es war ein erhebendes Gefühl, mit guten Kameraden aus der ganzen Welt, darunter vielen Juden, in den Kampf zu ziehen. Am fünften Tag der Schlacht von Brunete wurde ich an Arm und Beinen verwundet und lag eine Stunde auf offenem Feld. Ich kam zum Feldverband-Platz Escorial und dann ins Hotel Palazzio in Madrid, das als Lazarett umfunktioniert worden war. Nach zwei Wochen war ich quasi geheilt, aber untauglich zum Dienst als Infanterist. Ich wurde als Artilleriebeobachter ausgebildet und gründete praktisch die polnische Batterie Wroblewski mit, genannt nach einem polnischen General, der Held der Kommune von Paris war. Wir kamen an die Südfront, die wir bis September 1938 unter großen Verlusten hielten. Der polnisch-jüdische Instrukteur Zygmunt Kanner schrieb das Handbuch für Artillerie-Offiziere.

Als die Internationalen Brigaden aus Spanien abgezogen werden sollten, waren wir, die 129. Brigade unter Kommando des jüdisch-polnischen Generals Waclaw Komar, von Restspanien abgeschnitten. In Andujar haben wir uns, 3000 Mann, auf eine heimliche Verschiffung vorbereitet. Nach fünf Wochen wurden wir in Valencia in aller Eile auf zwei Schiffe verladen. Da die Küsten bereits in faschistischer Hand waren, konnten wir Barcelona nur auf langen Umwegen erreichen.

Nach der Ankunft meldete ich mich freiwillig zur *Agrupacion Internacional*, der letzten internationalen Streitmacht der Republik. Kämpfend und die Flüchtlinge schützend, erreichten wir todmüde die französische Grenze. Wir Interbrigadisten hatten nach Abgabe der Waffen nichts bei uns. Ohne jegliche Ausrüstung kamen wir in die französischen Internierungslager. Im Mai 1939 kamen wir nach Gurs, wo wir bis 1940 blieben. Man übte Druck auf uns aus, in die Fremdenlegion nach Afrika zu gehen. Als dies nichts gelang, brachte man uns, 400 Aktivisten, ins Lager Vernet. Dort blieb ich bis zur Ankunft einer sowjetischen Repatriierungs-Kommission, die im verbündeten Vichy-Frankreich wirkte. Da Litauen nun sowjetisch war, wurde ich automatisch sowjetischer Bürger. Über Italien, Jugoslawien und Ungarn kamen wir nach Moskau. Wir wurden als Helden gefeiert und konnten ein bißchen genesen. Im Mai 1941 kam ich zu meiner Familie nach Kowno, wo ich fünf Tage blieb. Ich sah sie damals zum letzten Mal. Ich wurde nach Wilna beordert, wo ich im Bauministerium tätig war. Als der Krieg im Juni 1941 ausbrach, gelang es mir, mit drei Kameraden aus Spanien einen Lastwagen zu organisieren. Wir konnten nach Smolensk entkommen. Ich meldete mich in Moskau zu einer Spezialtruppe, wo ich Fallschirmspringen, Funken, Sprengen usw. lernte. Im Herbst 1941 sprang ich über Weißrußland ab und kam dann nach Bereza Kartuska, wo ich eine Gruppe von 200 Partisanen kommandierte. Wir fügten dem Feind große Verluste zu. Bei einem Gefecht wurde ich so schwer verwundet, daß ich nicht evakuiert werden konnte. Ich blieb bei einem vertrauenswürdigen Bauern zur Rekonvaleszenz. Dieser wurde jedoch denunziert und ich von Kollaborateuren festgenommen und an die Deutschen ausgeliefert. Meinen blauen Augen verdanke ich, daß meine jüdische Identität nicht entdeckt wurde. Als »Christ« kam ich im April 1943 nach Auschwitz. Dort traf ich mehrere Kameraden aus Spanien, wie Kirschenbaum und Mink, die im Untergrund in Auschwitz wirkten. Ich arbeitete in der Nähe der SS-Baracken und konnte alle für die Flucht von zwei Kameraden erforderlichen Gegenstände, Kleidung etc., organisieren und diese auch bis zum Abbruch der Suchaktion verstecken.

Meine besondere Sorge galt den unglücklichen Frauen, die von Dr. Mengele zu seinen unmenschlichen Experimenten selektiert wurden. Ich versuchte ihnen auf jede mögliche Weise zu helfen. Zu ihnen zählte die schöne Celina, Heldin des jüdischen Widerstandes in Paris. Die polnisch-jüdische Ärztin Dr. Dorota Lorska, die in Spanien als Brigadeärztin gedient hatte, konnte Celina bis zur Befreiung vor den Operationen schützen. Ich überlebte den Todesmarsch nach Groß Rosen und kam dann nach Buchenwald, wo ich von holländischen Kameraden aus Spanien erkannt wurde, als ich schon fast halb tot in der Reihe stand, um in ein schlimmes Lager verschickt zu werden. Das Lagerkomitee ließ mich sofort aus der Schlange holen und gab mir eine neue Nummer.

Dank meinen treuen Kameraden konnte ich die Befreiung in Buchenwald erleben und ließ mich nach Frankreich repatriieren. Im Hotel

Lutetia in Paris wurden die heimkehrenden Häftlinge empfangen und versorgt. Ich hatte niemanden, denn meine ganze Familie war umgebracht worden. Trotzdem suchte ich in der jiddischen Presse nach Spuren meiner Angehörigen, und vor allem suchte ich Celina. In einem Bistro kamen wir mit jüdischen Interbrigadisten zusammen, um Erinnerungen an Spanien auszutauschen. Eines Tages hörte ich, wie jemand nach mir fragte. Es war Celina, die auch überlebt und mich die ganze Zeit gesucht hatte. Einen Monat später haben wir geheiratet, aber wir hatten viele Schwierigkeiten – keine Wohnung, Ärger mit den Papieren. Celina war Heldin des Widerstandes, ich Spanienkämpfer und Partisan, und trotzdem bekamen wir keine Hilfe. Wir waren halt nur Ausländer. Wir verloren die Lust, bei den – vielleicht – ehemaligen Kollaborateuren zu antichambrieren, und entschlossen uns dann, nach Kalifornien auszuwandern, wo ich Verwandte hatte.[29]

Jizchak Rudnicki-Arad – Partisan, Flieger, Soldat und Historiker

Der Krieg und die deutsche Besatzung überraschten den 13jährigen Jizchak Rudnicki in Warschau. Es gelang ihm, illegal zu seiner sowjetisch besetzten Geburtsstadt Swieciany, nordöstlich von Wilna, zu gelangen. Im Juni 1941 wurde das Gebiet von deutschen Truppen besetzt. Er organisierte eine Widerstandsgruppe, die im März 1943 bewaffnet aus dem Ghetto in die Wälder ausbrach und nahm nun an allen Kämpfen

Dr. Jizchak Arad

und Sabotageaktionen der Partisanen teil, auch am »Schienenkrieg«. Im September 1943 wurde die jüdische Einheit *Nekome* (Rache) auf Befehl des Partisanenstabs aufgelöst. Kurz darauf wurden die Narocz-Wälder von deutschen Truppen abgeriegelt. Viele jüdische Partisanen sind bei den Strafaktionen gefallen.

Am 6. Juli 1944 befreite Rudnickis Einheit seine Heimatstadt Swieciany. Seine Schwester Rachel war als Partisanin einer jüdischen Einheit an der Befreiung von Wilna beteiligt. Kurze Zeit später mußten sich die überlebenden Juden wieder verteidigen. Baltische Kollaborateure, die den deutschen Rückzug nicht mitmachten und im Land blieben, griffen jüdische Siedlungen an. Jüdische Partisanen wurden zur Bekämpfung dieser nazistischen Plage abkommandiert, unter ihnen Rudnicki. Er erhielt zahlreiche Tapferkeitsauszeichnungen, aber er zog vor, sich nach Polen repatriieren zu lassen, denn von dort hoffte er schneller nach Palästina gelangen zu können. Nach kurzem Aufenthalt im zerstörten Warschau bereiste er viele jüdische Zentren in Polen als Beauftragter der zionistischen Bewegung.

Als Mitglied der geheimen Organisation *Bricha* kam er im Sommer 1945 über die Tschechoslowakei und Ungarn nach Österreich, wo Soldaten der Jüdischen Brigade den ehemaligen Partisanen beim Grenzübergang nach Italien halfen. Von dort fuhr er mit dem Schiff der *Hagana* »Chana Szenes« illegal nach Palästina, wo er am 25. Dezember 1945 landete. Er meldete sich sofort bei der illegalen Elitetruppe *Palmach*, die einige Mitglieder als Sportflieger ausbildete. Im Juni 1947 erhielt er die Lizenz als Pilot. Als einer der ersten Flieger des neugeborenen jüdischen Staates nahm er an den Operationen der noch sehr kleinen Luftwaffe teil. Er sollte als Jagdpilot ausgebildet werden, aber Probleme mit der Sehkraft verhinderten eine Fliegerkarriere.

Im Unabhängigkeitskrieg nahm Arad, so hieß er jetzt, an vielen Operationen zu Lande, hauptsächlich an der Jerusalem-Front, teil. Arad blieb nach dem Krieg Soldat und wurde später als Brigadegeneral Chef der Erziehungsabteilung der Armee. 1972 wurde er nach 30jährigem Dienst als Soldat in den Ruhestand versetzt. Er studierte Geschichte, promovierte und wurde dann Präsident des Direktorats der nationalen Gedenkstätten Yad Vashem, das er zu seiner heutigen Größe und Bedeutung aufbaute. Jizchak Arad ist Autor zahlreicher Bücher, Monographien und Dokumentensammlungen, die insbesondere dem jüdischen Widerstand gewidmet sind.

»Säuberung« des Anteils jüdischer Partisanen am
Widerstand durch die sowjetische Geschichtsschreibung

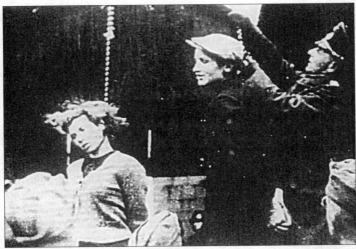

Hinrichtung von Mascha Bruskina (links), einer angeblich unbekannten Partisanin

Noch während des Krieges wurde der Anteil jüdischer Partisanen am
Kampf gegen die Deutschen von der sowjetischen Kriegsbericht-
erstattung und Propaganda planmäßig verschleiert. Es wurden seitens
des Partisanenstabes große Anstrengungen unternommen, die Bildung von jüdischen Kampfeinheiten zu verhindern; die jüdischen
Widerstandskämpfer wurden in vielen Berichten ihrer jüdischen Nationalität beraubt. Diese Taktik wurde nach Ende des Krieges verstärkt fortgesetzt. Hier zwei Beispiele:
Am 26. Oktober 1941 wurde eine 17jährige Partisanin in Minsk öffentlich gehängt. Das oben abgedruckte Bild von ihrer Exekution war in
der ganzen Sowjetunion so bekannt wie das Foto des kleinen Jungen
aus dem Stroop-Bericht über den Aufstand im Warschauer Ghetto.
Bis vor wenigen Jahren war dieses Bild im Kriegsmuseum in Minsk
mit folgender Bildumschrift versehen: »Hinrichtung einer unbekannten Partisanin.«

Nach jahrelangen Bemühungen seitens engagierter Journalisten wurde die in Minsk allgemein bekannte Identität der heldenhaften jungen Partisanin veröffentlicht. Es handelt sich um das jüdische Mädchen Mascha Bruskina, deren Onkel, der berühmte Bildhauer und Sowjetabgeordnete Sahir Asgur, jahrzehntelang über die Identität seiner Nichte schweigen mußte.

Auch die Identität einer anderen jüdischen Parti-
sanin wurde auf ähnliche Weise verschleiert. In
vielen sowjetischen Zeitungen erschien das ne-
benstehende Foto mit der Unterschrift: »Litauens Partisanen«. Die »Litauerin« ist die jüdische
Partisanin Rachel Rudnicki, die in einer jüdischen Einheit in den Rudniki-Wäldern kämpfte
und die Schwester von Jizchak Rudnicki-Arad   Rachel Rudnicki
ist.

Aus den Akten der Täter

Einige Berichte über den Widerstand der Juden in den »Ereignismeldungen UdSSR«, den »Meldungen aus den besetzten Gebieten« und in den Berichten der Einsatzgruppen.

Aus der Ereignismeldung UdSSR Nr. 86 vom 17. September 1941:
266 Juden wurden als weitere Vergeltung für den Aufstand der Juden von Schitomir liquidiert.
Am 1. und 2. September wurden aufhetzende Flugblätter und Broschüren durch die Juden in Berditschew verteilt. Da die Täter nicht gefunden werden konnten, wurden 1.303 Juden, darunter 875 Frauen über 12 Jahren, von einer SS-Einheit exekutiert.

Aus der Ereignismeldung UdSSR Nr. 92 vom 23. September 1941:
Wiederholte Beschwerden über die freche und provokative Haltung der Juden von Monastirschtschina und Choslawitschi führten zu deren Überführung ins Ghetto. In Slyka wurden 27 jüdische Terroristen gefaßt und exekutiert. In Klimow wurden 27 jüdische Agenten und

Bolschewiken gefaßt und der Sonderbehandlung zugeführt. In Borisow wurden 176 Juden liquidiert, weil sie sich der Errichtung des Ghettos widersetzt hatten.

Aus der Ereignismeldung UdSSR Nr. 108 vom 9. Oktober 1941:
Das Sonderkommando 7a exekutierte 21 jüdische Plünderer und Terroristen in Gorodnia. Auch in Klinzy wurden 83 jüdische Terroristen exekutiert.
In Krugloje fehlte die gesamte männliche Bevölkerung, die wahrscheinlich mit den sowjetischen Truppen flüchtete. Auch die Frauen benahmen sich sehr widerspenstig und lehnten es ab, die Armbinden für Juden zu tragen. Als Folge wurden 28 jüdische Frauen und 3 Männer liquidiert.
In Mogilew stellt man wachsenden Widerstand unter den Juden fest, was energische Maßnahmen erforderte, wie das Erschießen von 80 Juden und Jüdinnen.
Es wurden Berichte bestätigt, wonach sich die Juden von Borisow an Sabotageakten beteiligt haben. Bei Smolowicze haben die Juden zusammen mit anderen Partisanen die Bahnlinie Minsk-Smolensk gesprengt. Als Repressalie wurden 1.402 Juden erschossen. In Borisow selbst wurden weitere 108 Juden wegen Sabotage erschossen.

Aus der Ereignismeldung UdSSR Nr. 113 vom 13. Oktober 1941:
Im städtischen Krankenhaus von Nikolajew wurde der Jude Herschko Salomon als Mitglied einer Fallschirmspringer-Einheit identifiziert. Er wurde während eines Angriffs verletzt.
Ermittlungen haben ergeben, daß die Juden Pintschowski, Schojchet und Schoschelewski Mitglieder einer 120 Mann starken Partisanengruppe sind.

Aus der Ereignismeldung UdSSR Nr. 119 vom 20. Oktober 1941:
Das Einsatzkommando 5 exekutierte am 15. September 1941 322 Juden, weil sie Fallschirmspringer beherbergt haben. Dies geschah auch in Koschewatoje, und auch dort wurden alle Juden exekutiert.

Aus der Ereignismeldung UdSSR Nr. 124 vom 25. Oktober 1941:
In Mogilew versuchten die Juden den Umzug ins Ghetto zu sabotie-

ren, indem sie massenweise flohen. Die Polizei hat die Wege gesperrt und exekutierte 113 Juden. In Bobrujsk wurden 418 Juden von der Einsatzgruppe 8 exekutiert. Viele von ihnen leisteten Widerstand und beherbergten Spione und Partisanen.

Aus der Ereignismeldung UdSSR Nr. 146 vom 15. Dezember 1941:
Die Juden helfen ständig den Partisanen und erscheinen sogar offen und bewaffnet, wie in Podgorje, 40 km östlich von Bobrujsk. Während einer Operation wurden 12 jüdische Partisanen entdeckt und erschossen. In Ordschonikidzegrad wurden 7 Juden als Partisanen erschossen.

Aus dem Bericht aus den besetzten Gebieten Nr. 19 vom 4. September 1942:
Am 22. August 1942 wurde eine intensive Aktion gegen Partisanengruppen nordwestlich von Slonim gestartet. Während der 6stündigen Schlacht wurden 200 Banditen getötet, die Hälfte von ihnen Juden.
Im Wald bei Doboritschi wurde eine Bande von 800 Personen entdeckt, darunter Juden, Frauen und Kinder. Die Banditen hatten Maschinengewehre und Raketenwerfer.

Aus dem Bericht aus den besetzten Gebieten Nr. 29 vom 13. November 1942
In Lettland sind offenbar viele Fallschirmspringer aktiv. Eine jüdische Fallschirmspringerin konnte im Gefecht erschossen werden.

[30]

VIII. SÜD- UND SÜDOSTEUROPA

Jugoslawien

Der jugoslawische Staat wurde 1918 gegründet und bestand bis zum Jahr 1991. Im Jahr 1941 lebten in Jugoslawien 80.000 Juden, von denen 48.000 Aschkenasen und 32.000 Sepharden waren. Die Juden waren in 120 Gemeinden organisiert und lebten harmonisch mit ihren christlichen und moslemischen Mitbürgern zusammen. Es gab viele Volks-, mehrere Mittelschulen und ein Rabbinerseminar in Sarajewo. Zwischen 1933 bis 1941 gewährte Jugoslawien zeitweilig 60.000 Flüchtlingen aus von Deutschland beherrschten Gebieten Asyl. 66.000 Juden wurden im Laufe des Krieges umgebracht, das waren 83 % der jüdischen Bevölkerung. Nur 1.000 von den 15.000 Juden Serbiens, das von den Deutschen besetzt war, überlebten. Nach dem Krieg lebten 15.000 Juden in Jugoslawien.

Chronik der Ereignisse

1939

Oktober	Erlaß antijüdischer Gesetze.

1941

6.-17. April	»Blitzfeldzug« der Wehrmacht. Aufteilung Jugoslawiens zwischen fünf »Erwerberstaaten« und Besetzung durch italienische, ungarische und bulgarische Truppen.
16. April	Die Juden Belgrads müssen sich innerhalb von drei Tagen melden, da sie andernfalls erschossen werden. Über 9.000 Juden melden sich, 2.000 tauchen in den Untergrund ab.
24. April	Gründung des »unabhängigen« faschistischen kroatischen Staates und Beginn der Verfolgung der ca. 35.000 Juden Kroatiens.
10. Oktober	General Franz Böhme ordnet die sofortige Festnah-

me aller Juden und Kommunisten im deutschen Besatzungsgebiet an. Sie sollen als Geiseln dienen, 100
für jeden getöteten, 50 für jeden verwundeten Deutschen. Tausende von Juden werden erschossen.

Dezember   Annexion mehrerer Gebiete, in denen 16.000 Juden
lebten, durch Ungarn; nur 1.200 dieser Juden überlebten.

Jugoslawien wurde 1941 in Besatzungszonen aufgeteilt: Serbien und
das Banat wurde von den Deutschen besetzt, Dalmatien und Monte-
negro von Italien, Ungarn besetzte die Wojewodina und die Batschka,
Bulgarien okkupierte Makedonien. In Kroatien, Bosnien und Herze-
gowina wurde der Vasallenstaat Kroatien gebildet. Die Deutschen begannen sofort mit Verfolgungsmaßnahmen gegen die Juden. Terror,
Verhaftungen und Deportationen folgten. In Kroatien wurden die Juden von den faschistischen Ustascha-Milizen ins eigene Vernichtungslager Jasenowac transportiert und ab 1942 nach Auschwitz. Die Ungarn brachten die Juden ihres Gebietes in KZs und Arbeitslager. In
dieser tragischen Situation erwies sich die italienische Besatzungszone als der einzige Lichtblick und Zufluchtsort. Die italienischen Generale und ihre Armee schützten die Juden und widersetzten sich dem
ständigen Drängen deutscher und kroatischer Behörden, sie den SS-
Mördern auszuliefern. Die Italiener richteten sogar Lager für jüdische
Flüchtlinge aus anderen Gebieten Jugoslawiens ein, wo sie eine humane Behandlung erfuhren.

Mitte 1943 kämpften mehr als 200.000, meist kommunistische Partisanen gegen die Deutschen und ihre Hilfswilligen. Sie wurden von 20
deutschen Divisionen bekämpft, die an der Ostfront fehlten. Unter
ihnen wurden freiwillige *Handschar*-(Krummschwert) SS-Divisio-
nen eingesetzt, die vom Großmufti von Jerusalem, Husseini, unter
den bosnischen Moslems gebildet wurden. Es gab auch einen Bürgerkrieg zwischen den Tito-Partisanen und den königstreuen Tschetniks.
Vom Anfang der Besatzung an beteiligten sich die Juden am aktiven
Widerstand und spielten eine wichtige Rolle bei dessen Gründung
und Organisation. Die linkszionistische Jugendorganisation *Haschomer Hazair* in Belgrad und der Verein *Matatja* in Sarajewo tauchten sofort in den Untergrund ab. Einer der Mitgründer der Tito-Partisanen

war der 1890 geborene Moscha Pijade. Er saß wegen kommunistischer Tätigkeit über 16 Jahre in Gefängnissen, wo er »Das Kapital« von Marx ins Serbische übersetzte. Er organisierte die Partisanen, verfaßte das »Manifest von Fotscha«, die Verfassung des Widerstandes, und war engster Mitkämpfer Titos. Nach dem Sieg war er Präsident der Republik Serbien und des jugoslawischen Parlaments.

Fast 4.700 Juden sind namentlich bekannt, die unter Tito kämpften. Von ihnen fielen über 1.300 im Kampf. 150 Juden, die Pioniere des Widerstandes waren und die ersten Einheiten bildeten, waren Träger des Ordens *Partisanska Spomeniza.* Zehn Juden wurde der höchste Orden *Narodnij Heroj Jugoslawije* (Nationalheld Jugoslawiens) verliehen. Unter den 300 jüdischen Männern und Frauen aus Bitolj, Mitgliedern der linkszionistischen Jugendorganisation *Haschomer Hazair,* des Vereins Blau-Weiß und des Kommunistischen Jugendverbands, die sich den Partisanen angeschlossen haben, kämpfte auch Esther Ovadia, die später als »Mara« »Nationalheldin« wurde.

Pawle Pap hat das erste Widerstands-Flugblatt verfaßt und verbreitet. Er wurde hingerichtet und postum zum »Nationalheld« ernannt. In der Wohnung der vier Brüder Engel in Zagreb wurde der erste geheime Partisanensender installiert. Später fielen alle Brüder im Kampf. Mirko Mautner führte die Quartiermeisterei der Partisanen und baute die dazugehörige Logistik auf. A. Altaras, A. Danon und S. Romano gründeten die Druckereien der Partisanen. Alle fünf Geschwister der Familie Baruch wurden Partisanen. Josef, Izia, Boria und Rachel fielen, nur die jüngste, Batia, überlebte den Krieg.

300 jüdische Ärzte – die Hälfte aller Partisanenärzte – 70 Pharmazeuten, 20 Veterinäre, 30 Zahnärzte sowie mehrere hundert jüdische Krankenschwestern und Pfleger dienten in den Partisanen-Armeen. Chef der Sanitäter war Dr. Herbert Kraus, dessen Truppe 4.000 verwundete Partisanen nach der Schlacht von Neretwa evakuierte. Dr. M. Schlesinger bekämpfte als Epidemiologe den Typhus unter den Partisanen. Die Ärztin Dr. Rosa Papo wurde erste Generalin der jugoslawischen Armee. Auch die Partisanenärzte Dr. S. Levi, Dr. I. Ferera-Matitsch und Dr. Martin Kolb wurden später Generale. Dr. Frieda Gutman fiel beim Angriff auf das Hauptquartier von Tito im Mai 1944.

In der Führung der Partisanen gab es zahlreiche Offiziere der Inter-

nationalen Brigaden in Spanien, unter ihnen mehrere Juden. Salomon
Albihari schlug sich aus Spanien über Frankreich nach Jugoslawien
durch. Er fiel als Partisan in Bosnien. Auch der Spanienkämpfer Jakow
Baruch aus Sarajewo fiel 1941 als Offizier in Bosnien. Robert Domanji
und Drago Steinberger ist es gelungen, nach Jugoslawien zu entkommen. Beide kommandierten eine große Partisaneneinheit, gerieten
1942 in einen Hinterhalt der Tschetniks und fielen. Domanji und
Steinberger wurde postum der Titel »Nationalheld« verliehen. Ein
weiterer »Nationalheld« war Ilja Engel, der Offizier der 45. Division in
Spanien war. Er wurde Generalstabschef der Kroatischen Befreiungs-
armee und fiel 1944. Wladimir Meider war Chef des Nachrichtendien-
stes der Partisanen in Kroatien. Er starb 1943. Sigismund Städtler wurde als Partisan hingerichtet.

Viele jüdische Flüchtlinge der italienischen Besatzungszone lebten in
einem Lager auf der Insel Rab. Am 7. September 1943, am Vorabend
des Badoglio-Putsches, konnten sie sich befreien und aus dem italienischen Arsenal bewaffnen. Sie nahmen Kontakt mit dem Kommando der Partisanen der Gegend Otocac in Kroatien auf und gründeten
ein jüdisches Partisanenbataillon, dem 200 Männer und 40 Frauen angehörten. Das Bataillon landete auf dem Festland und wurde dem
Kommando des Dalmatinischen Korps unterstellt. Im Generalstab
der Partisanen gab es Diskussionen über das Bestehen einer jüdischen Einheit. Milovan Djilas hat diese Diskussionen beschrieben.
Wahrscheinlich wollten die Kommunisten die Bildung einer autono-
men Einheit vermeiden, deren Mehrheit Zionisten waren. Unter Protest wurde das Jüdische Bataillon, das eine Partisanen- und eine jüdische blau-weiße Fahne hatte, am 23. September 1943 aufgelöst und
dessen Soldaten unter verschiedene Einheiten der 7. Division verteilt.
Die jüdischen Freiwilligen, von denen viele gefallen sind, kämpften
bis zum Sieg.

Die kroatischen Faschisten gründeten 1941 neben dem Vernichtungslager Jasenovac eine Reihe von Lagern, z.B. das Frauenlager Stara Gra-
dischka, wo 80.000 Menschen ermordet wurden: Serben, Zigeuner,
Gegner des Ustascha-Regimes und 25.000 Juden. Als im April 1945 die
Partisanen in die Gegend vorrückten, sprengte die Ustascha alle Gebäude in die Luft und versuchten, die noch am Leben befindlichen
Häftlinge zu ermorden. Am 21. April lebten noch 1.200 Juden in Jase-

novac. Unter Führung von Ante Baketic wagten sie einen Aufstand. Der Friseur David Atijas durchschnitt einem Ustascha-Mörder beim Rasieren die Kehle und nahm dessen Pistole. Weitere jüdische Gefangene töteten mehrere Wächter und bewaffneten sich. 600 Häftlinge versuchten auszubrechen, doch nur 60 gelang die Flucht. Die anderen wurden grausam getötet, wie auch alle noch im Lager befindlichen Gefangenen. Die Überlebenden schlossen sich der Partisanenarmee an. Jasenovac wurde erst am 2. Mai 1945 befreit.

Ein besonderes Kapitel sind die Operationen jüdischer Fallschirmspringer aus Palästina.

Die Kämpfe der jüdischen Partisanen sind in der ständigen Ausstellung des Jüdischen Museums in Belgrad ausführlich dargestellt. Eine besondere Abteilung dort würdigt die jüdischen Freiwilligen des Spanischen Bürgerkrieges, die später auch als Partisanen kämpften.

Robert Domanji

Ilja Engel

Pawle Pap

Samuel Lehrer – bosnischer Partisan und General

Samuel Lehrer wurde 1914 in Mostar geboren. Sein Vater Zahariasz stammte aus Lemberg, seine Mutter aus Sarajewo. Lehrer studierte Veterinärmedizin in Zagreb. Als Mitglied der KPJ wurde er mehrmals verhaftet. 1937 meldete er sich als Freiwilliger nach Spanien und kämpfte als MG-Schütze in der vom polnisch-jüdischen General Waclaw Komar befehligten 129. Internationalen Brigade. Er war dann in den Lagern St. Cyprien, Gurs und Vernet in Frankreich interniert. 1941 konnte er flüchten und schlug sich nach Deutschland durch. Im Lager für jugoslawische Zwangsarbeiter in Espenheim bei Leipzig organisierte er ein illegales Lagerkomitee.

Das jüdische Bataillon auf der Insel Rab

Später gelang es ihm, nach Jugoslawien zu entkommen. Er wurde Kommandant eines Partisanen-Bataillons und später einer Brigade. Der Angriff seiner Einheit auf den Luftwaffen-Stützpunkt bei Sarajewo im August 1943 gehört zu den verwegensten und erfolgreichsten Operationen des Partisanenkrieges in Jugoslawien. Lehrers Kämpfer lieferten den sofort alarmierten Wehrmachts- und kroatischen Ustascha-Verbänden einen erbitterten Kampf. Fast ohne eigene Verluste wurden 34 Luftwaffenflugzeuge am Boden zerstört. Lehrer wurde später Generaloberst und Kommandeur einer Division.

Als General »Voja Todorovic« ging der einzige überlebende jüdische »Nationalheld Jugoslawiens«, der populäre Kriegsheld und Träger vieler hoher Auszeichnungen Samuel Lehrer in Pension.

Esther Ovadia – jugoslawische Nationalheldin

Esther Ovadia wurde 1922 in der makedonischen Stadt Bitolj geboren. Sie war in der jüdischen Jugendarbeit aktiv. Später studierte sie in Belgrad. 1941 kehrte sie nach Bitolj zurück. Esther war Mitgründerin der Widerstandsbewegung in ihrer Stadt, die bald 200 Jugendliche umfaßte. Am 25. April 1941 nahm sie an einem Überfall auf eine Polizeistation teil, von wo sie ein neues Gewehr mitbrachte, das sie einem Po

Esther Ovadia

lizisten abgenommen hatte. Sie war an dreißig bewaffneten Operationen beteiligt, darunter am 2. September 1943 an den Kämpfen, bei denen 250 feindliche Soldaten entwaffnet und größere Mengen Waffen, Munition und medizinischer Ausrüstung erbeutet wurden.

Am 8. Januar 1944 griff die erste Brigade – darunter die 3. Kompanie, der Esther angehörte – die Deutschen in Puschtany an. Das Unternehmen war sehr erfolgreich, Hunderte von Deutschen wurden getötet oder verwundet, und die Partisanen brachten die ganze Gegend unter ihre Kontrolle. Am 11. Januar 1944 wurde bei Oschin eine deutsche Kolonne aus dem Hinterhalt angegriffen. Fünfzehn Deutsche fielen, dreizehn gerieten in Gefangenschaft, außerdem wurde viel Beute gemacht. Am 18. Januar 1944 gerieten drei deutsche Kolonnen in einen Hinterhalt der Partisanen. In den Mittagsstunden wurden sie von der Einheit unter Esthers Kommando angegriffen, und der Kampf zog sich bis in die Nacht hin. Die Deutschen wurden geschlagen und mußten dreiundzwanzig Tote zurücklassen.

Esther gehörte der von Nachum Owscher befehligten Patrouille der »Gruppe des Oberkommandos« an, die Ende Januar 1944 unter häufiger Feindberührung einen 23tägigen Marsch über 450 Kilometer durch das verschneite Bergland von Lesitze, Ugraschde und Usogowo unternahm. Am Ende dieses Unternehmens wurde Esther zur stellvertretenden Kommandantin der Einheit ernannt.

In der Nacht zum 27. März 1944 war ein harter Kampf um die Bahnstation Ristovac entbrannt. Esthers Freundin Pina berichtete:

»Ein Zug und das Bahnhofsgebäude sollten vermint werden. Esther befand sich in der vordersten Reihe. Feindliches Feuer bestrich das

Gelände. Esther sah die vielen dort gefallenen Kameraden und entdeckte, von wo die Schüsse kamen. Sie erhob sich und begann, im Stehen auf die feindliche Stellung zu schießen. Wir trauten unseren Augen nicht, in diesem Augenblick schien sie uns mit übermenschlichen Kräften begabt. ›Duck dich!‹ riefen ich und andere Kameraden ihr zu, doch sie hörte nicht auf uns, blieb stehen, zielte und schoß. Sie liquidierte einen Offizier und etliche deutsche Soldaten in ihrem Schußfeld, stürzte sich auf den gefallenen Offizier und nahm dessen Waffe an sich.«

Am 26. August 1944 griff ihre Einheit die Stadt Bitolj, ihren Geburtsort, an. Esther Ovadia fiel an der Spitze ihrer Truppe. Sie war der Stolz der Juden von Bitolj, von Makedonien und von ganz Jugoslawien. Am 9. Oktober 1953 erhielt Esther Ovadia, die den Decknamen »Mara« getragen hatte, postum den Titel »Nationalheldin Jugoslawiens«.

Bulgarien

Vom Kriegsausbruch bis 1943 lebten ca. 63.000 Juden in Bulgarien, ein Prozent der Bevölkerung. Nur 11.000 Juden aus den bulgarisch besetzten Gebieten Griechisch-Makedoniens und Thrakiens wurden deportiert. Der größte Teil der Juden konnte wegen der entschlossenen Haltung aller Kreise der bulgarischen Gesellschaft gerettet werden.

Chronik der Ereignisse

1940

15. Februar	Der prodeutsche Professor Bogdan Filatow wird Ministerpräsident.
August	Erlaß des antijüdischen »Gesetzes zum Schutz der Nation«.

1941

1. März	Bulgarien tritt der Achse bei, stimmt dem Einmarsch

	der Wehrmacht zu und erklärt den Alliierten den Krieg.
März	Bulgarien besetzt Teile von Thrakien und Mazedonien.

1942

August	Innenminister Grabowski erläßt trotz starker Proteste aller Gesellschaftskreise antijüdische Gesetze.
3. September	Der in Deutschland geschulte Antisemit Alexander Belew wird zum Kommissar für jüdische Angelegenheiten ernannt.

1943

Januar	Vereinigung der Widerstandsbewegungen mit 12 Operationszonen. Es werden Hunderte von Sabotageakten durchgeführt.

1944

September	Die Rote Armee besetzt Teile Bulgariens, allgemeiner Aufstand, Gründung einer Volksfront-Regierung durch Partisanen. 400.000 bulgarische Soldaten nehmen an den Kämpfen zur Befreiung Jugoslawiens, Ungarns und Österreichs teil.

Bulgarien war das einzige mit Hitler-Deutschland verbündete Land, dem es gelungen ist, die Mehrheit der jüdischen Bevölkerung vor der geplanten Vernichtung zu retten. Im August 1942 wurden antijüdische Gesetze nach deutschem Muster beschlossen. Es folgte eine Kampagne aus allen Kreisen der Gesellschaft gegen diese Gesetzgebung, die ihresgleichen in allen Ländern unter deutschem Einfluß sucht. Zahlreiche Petitionen sind an das Parlament gerichtet worden u.a. von Schriftstellern, Künstlern, von Akademie-Mitgliedern, vom Rechtsanwaltsverband, vom Ärzteverband, von der Synode der orthodoxen Kirche Bulgariens, von dem orthodoxen Exarchen Bulgariens, Stephan, und von Metropoliten der orthodoxen Kirchen in mehreren Städten.
Die deutschen Statthalter, Botschafter Beckerle und Eichmann-Beauftragter Dannecker, begannen mit den geheimen Vorbereitungen zur

Deportation von Juden aus den von Bulgarien annektierten Gebieten in Thrakien, Makedonien und Ost-Serbien. Die Regierung stimmte diesen Maßnahmen zu, und am 4. März 1943 wurden 12.000 Juden, alles nichtbulgarische Staatsbürger, aus diesen Gebieten nach Treblinka transportiert. Es fehlten aber noch 8.000 Juden, die die Regierung dem Eichmann-Beauftragten versprochen hat. Um dieses Soll zu erfüllen, sollten alle Juden der Stadt Kustendil deportiert werden. Dies verursachte einen Sturm der Entrüstung in allen Schichten der Bevölkerung, wie auch im Parlament. 44 Abgeordnete unterzeichneten eine Erklärung, daß sie diese Maßnahmen nicht unterstützen werden. Einige von ihnen drohten dem Innenminister mit einem Attentat. Als Vergleich sollten die Juden von Sofia in die Provinz umgesiedelt werden. Über 19.000 Juden wurden auf 20 Städte verteilt, was sie vor der Verhaftung und Deportation rettete. Nach einem Treffen mit Hitler starb der bulgarische König Boris unter mysteriösen Umständen am 28. August 1943. Wenige Tage später kapitulierte Italien, und die Alliierten setzten ihren Vormarsch in Italien fort. Der Zenit der deutschen Siege und der Macht Hitlers waren überschritten, und die Bulgaren ließen sich nicht mehr zu antijüdischen Maßnahmen zwingen.

Gleichzeitig formierte sich in Bulgarien der nationale Widerstand, an dem sich alle Schichten der Bevölkerung beteiligten. Das Land wurde in 12 Partisanenzonen eingeteilt, in denen 20.000 Partisanen operierten. Bereits vom Anfang der Anwesenheit deutscher Truppen in Bulgarien an nahmen die Juden am Widerstand teil, teilweise in Kommandopositionen. Eine relativ große Gruppe jüdischer Jugendlicher kämpfte im Untergrund in Plowdiw unter der Leitung von Meir Rachamim Dschaleti, der mit weiteren jüdischen Jugendlichen wie Niso Ovadia, Beny Baron und Selma Behar verhaftet wurde. Dschaleti starb nach Folterungen im Gefängnis im Alter von 24 Jahren.

Leon Tadscher – Partisan der ersten Stunde

Leon Tadscher ist eine der hervorragenden, allgemein bekannten und verehrten Gestalten des Widerstandes in Bulgarien. Er wurde 1903 als Sohn einer jüdischen Arbeiterfamilie in Sofia geboren. Weil die Familie 1922 nach Palästina auswanderte, mußte er seine Studien an der juristischen Fakultät der Universität Sofia abbrechen. Als aktives Mitglied der palästinensischen KP wurde er von der britischen Mandatspolizei Palästinas 1934 des Landes verwiesen.

Tadscher war Hafenarbeiter im Donauhafen Russe, wo er eine der ersten Widerstandszellen des Landes organisierte. Er war Bulgariens Widerstandskämpfer der ersten Stunde. Im September 1941 entgleiste Tadscher einen deutschen Militärzug. Dieser Sabotageakt fügte den Nazis große Verluste an Menschen und Material zu. Am 28. September 1941 sprengte er die Benzintanks der deutschen Wehrmacht im Hafen Russe in die Luft; anschließend versuchte er, einen Benzintankwaggon anzuzünden. Dabei wurde er von einem Wachsoldaten überrascht. Beim anschließenden Nahkampf gelang es ihm, sich zu befreien, er wurde aber schließlich gefaßt und schrecklich gefoltert, ohne seine Kameraden zu verraten. Tadscher wurde am 11. November 1941 zum Tode verurteilt und am 17. November 1941 in Russe öffentlich gehängt.

Führende jüdische Partisanen

Nationalheldin
Bulgariens
Mati Rubenowa
fiel als 19jährige
Partisanin

Jossif Illel
Kommissar der
Brigade Botew

Leon Kohen
Offizier der
Einheit Radomir

Schimon Ninio
Offizier
Brigade Eschawdar

Rumänien

Wegen der vielen Gebietsabtretungen, Besetzungen, Vertreibungen
und Migrationen sind genaue Zahlen der jüdischen Bevölkerung für
Rumänien nur schwer zu ermitteln. Am Anfang des Krieges lebten
760.000 Juden in Rumänien. 420.000 fielen der »Endlösung« zum Opfer. Nach dem Krieg lebten dort 350.000 Juden.

Chronik der Ereignisse

1940

27. Juni	Aufgrund des Hitler-Stalin-Paktes muß Rumänien die Provinz Bessarabien und Teile der Bukowina an die Sowjetunion abtreten.
30. August	Abtretung eines Teils von Siebenbürgen an Ungarn.
5. September	General Antonescu bildet eine prodeutsche Regierung.
7. September	Rumänien muß die Dobrudscha an Bulgarien abtreten.
ab September	Antijüdische Gesetzgebung, die die Entrechtung und Enteignung der Juden zum Ziel hat.

1941

März	Entsendung eines deutschen »Judenberaters«.
ab Juni	Nach dem Angriff auf die Sowjetunion Beteiligung rumänischer Polizei- und Armeeverbände an Judenmassakern in der Bukowina, Bessarabien und der Ukraine.
15. September	Beginn der Deportation rumänischer Juden nach Transnistrien, wo sie unter katastrophalen Bedingungen leben.

1942/43

	Unter dem Eindruck der veränderten Kriegslage rückt die rumänische Regierung vom Ziel der Judenvernichtung ab, Besserung der Lage der Deportierten.

1944

23. August   Putsch gegen Antonescu, Waffenstillstand mit den
                     Alliierten.

Rumänien hat bei Ausbruch des Zweiten Weltkrieges sehr schlecht
abgeschnitten, obwohl sich das Land seit 1939 ideologisch dem siegreichen nationalsozialistischen Deutschland angebiedert hatte. Nachdem General Antonescu vom König mit der Führung des Landes beauftragt worden war, konnten sich die in der »Eisernen Garde« oder
der »Liga der christlichen Verteidigung« seit langem bestehenden antisemitischen Strömungen volle Geltung verschaffen. Eine Reihe von
antijüdischen Maßnahmen, Gesetzen, Verordnungen und auch Pogromen erschwerte das Leben der Juden. Als am 21. Januar 1941 die »Eiser-
ne Garde« revoltierte, fanden bei den anschließenden Pogromen viele
Juden den Tod. Besonders verfolgt wurden die Mitglieder des zionistischen Untergrundes. Viele seiner Mitglieder wurden gefoltert und
getötet.
Nach dem 12. Juni 1941 bezog Hitler Rumänien in die »Endlösung« ein.
Die rumänische Polizei und Armee halfen der Einsatzgruppe D bei
der Ermordung von 160.000 Juden. Die Überlebenden 150.000 Juden
wurden nach Transnistrien vertrieben. 90.000 von ihnen fanden
durch Mord, Hunger, Entkräftung und Schikanen den Tod.
Das wechselnde Kriegsglück führte in vielen Kreisen der Gesellschaft zum Nachdenken über die barbarischen Maßnahmen gegen die
Juden. Die Kirchen, Parteien und sogar die Königinmutter interve-
nierten nunmehr beim Diktator Antonescu zugunsten der Juden. Es
folgte eine Wendung, und statt der Auslieferung an die Deutschen ge-
nehmigte Antonescu, gegen beträchtliche Geldzahlungen, die Auswanderung von 70.000 Juden nach Palästina. Die Emigration war aber
sehr gefährlich, da die deutsche Marine die Seewege aus dem belagerten Europa unsicher machte. Die Deutschen versenkten zwei Schiffe
mit jüdischen Auswanderern.
Der sich langsam formierenden Widerstandsbewegung gehörten
auch Juden an. Die zionistischen Jugendorganisationen schufen eine
Infrastruktur zur Rettung von Tausenden Juden, die aus anderen
Ländern wie Ungarn, der Slowakei oder Polen nach Rumänien geflüchtet waren. Die noch relativ große jüdische Gemeinschaft und die

Schwarzmeerhäfen Rumäniens ließen viele hoffen, von hier aus das deutschbeherrschte Europa verlassen zu können.

Nachdem die Wehrmacht im März 1944 Ungarn besetzt und die massiven Deportationen der ungarischen Juden nach Auschwitz begonnen hatten, schufen zionistische Jugendliche Hilfspunkte an der Grenze, von wo aus Flüchtlinge über die Grenze geschmuggelt, versorgt und weitergeleitet wurden. Diese zwei Monate dauernde Aktion hat Tausenden das Leben gerettet.

Die Aktivitäten entgingen der Wachsamkeit der Sicherheitsorgane nicht. Viele Aktivisten des Widerstandes wurden verhaftet, zum Tode oder zu Haftstrafen verurteilt. Die Zionisten hielten Kontakt zum Hilfsbüro der Zionistischen Weltorganisation in Konstantinopel, von wo aus die bescheidenen Hilfsmaßnahmen organisiert und finanziert wurden. Die jüdischen Fallschirmspringer aus Palästina organisierten Selbstschutzgruppen. Während des Aufstandes gegen Antonescu im August 1944 bewachten mehrere zionistische Jugendliche das jüdische Viertel von Bukarest in Erwartung eines letzten Pogroms der geschlagenen Faschisten. Jizchak Ben Efraim aus Palästina organisierte diese Formation, die jedoch glücklicherweise nicht einzuschreiten brauchte.

In vielen Ländern des besetzten Europa gab es heftige Diskussionen innerhalb des jüdischen Widerstandes über die Alternativen – operativer Widerstand oder Rettung von Menschen. Die Juden Rumäniens haben, den gegebenen Umständen entsprechend, für die zweite Alternative optiert. Ihnen verdanken mehrere Tausend Menschen das Leben. Angesichts der Passivität der Alliierten in der Frage einer möglichen, aber nicht erfolgten Rettung von Juden, hat keiner das Recht, hierüber zu richten.

Slowakei

1938 lebten 90.000 Juden in der Slowakei. Hinzu kamen die slowakischen Juden in den Gebieten, die Ungarn annektiert hatte. 100.000 Juden fielen dem Holocaust zum Opfer, 25.000 überlebten.

Chronik der Ereignisse

1938

29. September Münchener Konferenz, Beginn der Teilung und Liquidierung der Tschechoslowakei.

6. Oktober Die faschistische Slowakische Volkspartei ergreift die Macht und gründet den slowakischen Staat.

14. März Nach der Besetzung der Rest-Tschechoslowakei wird am 14. März 1939 der Vasallenstaat Slowakei unter Tiso, Tuka und Mach proklamiert.

1939

1. September Die Slowakei nimmt am Krieg gegen Polen teil.

1940

August Deutschland entsendet einen »Judenberater« nach Preßburg, Beginn antijüdischer Gesetzgebung.

1941

Sommer Beteiligung slowakischer Truppen am Überfall auf die Sowjetunion.

9. September Judengesetz nach Vorbild der Nürnberger Gesetze.

1942

27. März Erster Deportationszug nach Polen.

Oktober Einstellung der Deportationen.

1944

28. August Slowakischer Nationalaufstand, endgültig niedergeschlagen am 27. Oktober; während der Kämpfe und bis März 1945 erneute Judenmorde und Deportationen nach Auschwitz, Theresienstadt und Sachsenhausen.

Im Jahr 1940 wurde in der Slowakei ein NS-Regime errichtet. Die Hlinka-Garde wurde nach dem Muster der SS reorganisiert. Eine Welle von Verfolgungsmaßnahmen gegen die Juden nach deutschem

Muster war die Folge. 1940 wurden junge Juden zum Dienst in besonderen Arbeitskompanien der 6. Slowakischen Brigade verpflichtet. Dies rettete sie vor der Verschickung nach Auschwitz. Im September 1941 wurden Judengesetze erlassen und die Bildung eines Judenrates befohlen, des *Ustredna Zidov*. Vom März bis Oktober 1942 wurden 58.000 Juden nach Auschwitz, Majdanek und Lublin transportiert. Von ihnen blieben nur 500 Menschen am Leben.

Um möglichst viele Juden zu retten, wurde 1942 eine jüdische konspirative »Arbeitsgruppe« (*Pracovna Skupina*) gegründet, die durch Interventionen und Bestechung die Einstellung der Deportationen erreichte. Ihre bekanntesten Mitglieder waren Gisi Fleischmann und Rabbiner Michael Dov Weissmandel, der eine Kartenskizze von Auschwitz mit hebräischen Buchstaben zeichnete. Zugleich wurden die jüdische Welt und die Alliierten mit Informationen über das Geschehen in Auschwitz und anderen Vernichtungslagern versorgt. Daß diese Informationen, die unter großen Opfern gesammelt und vielen kirchlichen und alliierten Stellen zur Kenntnis gebracht wurden, in keiner Weise zu irgendwelchen Hilfsmaßnahmen der Alliierten führten, etwa der Bombardierung von Auschwitz oder einer Unterbrechung der Bahnlinien, wird für ewige Zeiten einen schwarzen Schatten auf das Vorgehen der Alliierten im Zweiten Weltkrieg werfen. Die »Arbeitsgruppe« rettete vielen Juden das Leben, vor allem indem sie die Durchführung der »Endlösung« verzögerte. Darüber hinaus gewährte die Arbeitsgruppe Tausenden jüdischer Flüchtlinge aus Polen und anderen Ländern Schutz und Hilfe. Sie leitete die damals noch unglaubliche Wahrheit über Auschwitz in die noch existierenden jüdischen Zentren weiter.

Während des Krieges formierte sich in der Slowakei ein kommunistischer und ein bürgerlicher, protschechoslowakischer Widerstand gegen das klerikalfaschistische Regime. Ende Dezember 1943 wurde der aus Vertretern aller Parteien bestehende Slowakische Nationalrat (SNR) gebildet, der einen nationalen Aufstand vorbereitete. Auch die Londoner Exilregierung unterstützte den Widerstand und entsandte Fallschirmspringer, unter ihnen Akosch Adler, der 1943 gefaßt und hingerichtet wurde. Bereits im Februar 1944 hatten die Partisanen weite Gebiete der Ost- und Zentralslowakei befreit. Um zu verhindern, daß die Slowakei dem deutschen Einfluß entglitt, marschierten

am 28. August 1944 starke Wehrmachts- und SS-Verbände in der Slowakei ein. Der daraufhin proklamierte Nationalaufstand brachte ein
Gebiet von 14.000 Quadratkilometern mit fast einer Million Einwoh-
nern unter die Kontrolle des Widerstands. 44.000 slowakische Soldaten, darunter die 2. Tschechoslowakische Fallschirmbrigade aus der
Sowjetunion, und 16.000 Partisanen kämpften im Aufstand. Ohne
eine gemeinsame Front mit der Roten Armee waren die Chancen des
Gelingens jedoch sehr gering.

Lange vor der Gründung des SNR gab es in den slowakischen Arbeitslagern in Novaky, Sered und Vyhne jüdische Widerstandszellen.
Der SNR bezog die Juden in die Planung des Aufstandes ein. Am Aufstand nahmen über 2.000 Juden teil, davon 1.556 als Partisanen. Das
waren damals 10 % der noch am Leben befindlichen jüdischen Bevölkerung der Slowakei. Jüdische Kommunisten und Zionisten vom *Haschomer Hazair* und vom Sportclub Makkabi stellten das Gros der
Kämpfer. Von ihnen fielen 500 im Kampf. Die Novaky-Gruppe
kämpfte als autonome jüdische Einheit unter dem Befehl von Imrich
Müller und Juraj Spitzer. Von den 161 Kämpfern der Einheit sind 35 gefallen, 22 wurden verwundet und 20 gerieten in Gefangenschaft. Einer
der jüdischen Organisatoren des Aufstandes war Egon Roth, der eine
Einheit, die aus Mitgliedern der zionistischen Organisation bestand,
befehligte. Er fiel im Kampf. Erst am 3. November 1946 fanden seine
sterblichen Überreste und die seiner Mitkämpfer auf dem jüdischen
Friedhof in Banska Bystrica im Rahmen einer Gedenkfeier die letzte
Ruhe.

An den Kämpfen nahmen auch die jüdischen Fallschirmspringer aus
Palästina teil. Nur Chaim Hermesch überlebte den Aufstand. Die Juden kämpften außerdem in allen Einheiten, in der Tschapajew-Briga-
de in der Ost-Slowakei, in Martin, in der Zentral-Slowakei um Banska
Bystrica und im Tatra-Gebirge. Stefan Friedman, Ludovit Zulc, Dezi-
der Karniol, Ladislav Schwarz, Sano Schein, Alexander Markovic und
viele andere Juden kämpften zwei Monate lang gegen die überlegenen
Kräfte des brutalen Feindes.

Edita Katz kommandierte das 3. Bataillon der Jan-Zizka-Brigade.
Durch beispiellosen Heldenmut rettete sie ihre Einheit vor der
Niederlage. Am 26. September 1944 wurde ihre Einheit plötzlich von
starken Kräften des Feindes eingekreist. Als bereits der zweite MG-

Schütze fiel, nahm sie seinen Platz ein und deckte den Rückzug ihrer Einheit. Als die Munition zu Ende war, warf sie noch Handgranaten, bis sie von unzähligen Kugeln durchsiebt wurde. Sie wurde postum mit dem höchsten Orden geehrt. Emil Knieza berichtet von jüdischen Jungen und Mädchen, die am Aufstand teilnahmen, so z. B. über die 15jährige Alica Schwarz, die 14jährige Anicka Weiss und den 14jährigen Miki Broder. Mehrere Einheiten wurden von Juden befehligt. Auch eine Einheit von Juden, die aus Polen geflüchtet waren, nahm am Aufstand teil.

Der Aufstand wurde niedergeschlagen, als am 27. Oktober 1944 das Hauptquartier des Aufstandes in Banska Bystrica fiel. Die in den Bergen operierenden Partisanen kämpften bis zum Eintreffen der Roten Armee. 5.000 Juden gerieten in Gefangenschaft. Die meisten von ihnen fanden den Tod. 4.000 bis 5.000 Juden überlebten bei den Partisanen und in Verstecken.

CHANA NAGEL
Jom Kippur an der Front

Unsere Einheit war im Herbst 1944 in schwere Gefechte am Dukla-Paß in der Nähe der polnisch-tschechischen Grenze verwickelt. Die Deutschen zogen sich zurück, doch sie verteidigten mit Verbissenheit ihre letzten Positionen auf den Bergspitzen und nahmen unsere Stellungen im Tal unter Feuer. Die ganze Frontlinie war vermint. Ich war diensthabende Ärztin der Feldambulanzen des Nachrichtenregiments beim Stab der tschechischen Legion im Bestand der Roten Armee im Dorf Jaslinsk-Borowink. Wir hatten alle Hände voll zu tun. Wegen des Rückzugs der Deutschen mußten wir uns auf den Vormarsch vorbereiten und gleichzeitig die vielen Verwundeten versorgen, sie an rückwärtige Lazarette verteilen usw. Das alles erforderte präzise, anstrengende Arbeit und gute Koordination. Die Zivilbevölkerung konnte nur während der Feuerpausen die Schutzbunker verlassen und bewunderte unsere Ärzte und Sanitäter, die unter Feuer mit größter Ruhe ihre Arbeit verrichteten.

Der Monat Oktober 1944 war besonders sonnig und heiß. Die

Aussicht auf Heimkehr und der Rückzug der Faschisten erwärmten
unsere Herzen und spendeten uns Mut. Unsere Soldaten haben blitzschnell und ohne Rücksicht auf die Gefahr durch Minen und Artil-
leriebeschuß Telefonmasten aufgerichtet und die Nachrichtenverbin-
dungen zum Stab hergestellt. Eine Einheit geriet in ein Minenfeld. Es
gab Tote und viele Verletzte. Sie herauszuholen, zu beruhigen und
schnellstens zu versorgen war unsere heilige Pflicht. Wir waren
schrecklich müde, weil es viele Schwerverwundete gab, doch das
dankbare Lächeln der Soldaten hat uns großartig entschädigt.
Plötzlich bemerkten ich und die mir zugeteilte Oberschwester einen
verwundeten jüdischen Offizier, der, nachdem wir erste Hilfe geleistet haben, sich trotz starkem Fieber weigerte, etwas zu trinken,
obwohl wir seinen Durst an den ausgetrockneten Lippen erkennen
konnten. Als wir nach dem Grund seiner Weigerung fragten, antwortete er nicht sofort. Dann bat er um seinen Feldtornister, zog ein Foto
seiner Mutter und seiner kleinen Schwester heraus und sagte mit
Tränen in den Augen: »Frau Leutnant, sind Sie mir nicht böse, daß ich
nicht trinken will, aber heute ist Jom Kippur. Wir pflegten diesen
Feiertag zusammen zu begehen und zu fasten. Ich bin froh, daß ich
den Tod meiner Mutter und Schwester in Auschwitz mit der Waffe in
der Hand rächen kann.«
Später kamen weitere Verwundete. Einen von ihnen brachte der jüdische Sanitäter Rupp. Ich zeigte auf den verwundeten Offizier und erzählte ihm, was er mir sagte. Mit Hochachtung schauten wir auf den
jüdischen Helden, der trotz starker Verwundung – er hatte einen
großen Granatsplitter in den Bauch abbekommen und viel Blut verloren – den Fastentag Jom Kippur nicht vergessen hat. Wir haben uns
neben ihn gesetzt, gemeinsam gebetet und uns an unsere Liebsten erinnert, die von den Nazis ermordet wurden, ohne daß wir ihnen helfen konnten. Wir hatten wenigstens die Möglichkeit, gegen die Deutschen zu kämpfen und den Tod der vielen Unschuldigen zu rächen.
Einige Stunden später sagte der Sanitäter Rupp das Totengebet Kaddisch, zum Gedenken an den 20jährigen jüdischen Offizier Hans
Buchwalder, dessen Vater, Ingenieur Buchwalder, ebenfalls in der
tschechischen Armee kämpfte.
Auch der Tod eines anderen jüdischen Offiziers wird mir für immer
im Gedächtnis bleiben. Am vereisten Fluß Merschi beim Dorf Soko-

Iowo haben wir den schwer verwundeten Edo Goldberger geborgen. Mit den letzten Kräften wisperte er mir ins Ohr:»Grüßen Sie herzlich unseren General Svoboda, und sagen Sie ihm, daß ich gerne für meine Heimat kämpfte und mich gut dabei fühle, für sie zu sterben.« Ich lauschte mit Ergriffenheit den Worten meines Kameraden aus vielen Schlachten und kehrte in Gedanken in die Weiten Sibiriens zurück, wo ich ihn kennengelernt hatte.

Damals arbeitete ich als Krankenpflegerin im Hospital. Goldberger wurde wegen einer Erblindung behandelt, die eine Folge von Vitaminmangel war. Als bei uns bekannt wurde, daß am Ural eine tschechische Legion gebildet werde, bat Goldberger um sofortige Entlassung, obwohl sein Sehvermögen noch eingeschränkt war und er 120 km zur nächsten Bahnstation zu Fuß zurücklegen mußte. Goldberger wurde Soldat des 1. Regiments der Legion, die in Busuluk stationiert war. Er stammte aus Koncice bei Mährisch-Ostrau. Im Jahre 1939 wurde er von den Nazis nach Nisko bei Lublin in Polen verbracht, wo es ein KZ für tschechische Juden gab. Er konnte nach Lemberg flüchten und kam dann nach Sibirien, wo er in einem großen Rüstungsbetrieb schwere Arbeit verrichtete.

Er meldete sich sofort beim Stützpunkt der Legion in Busuluk und war einer der ersten Kadetten der Offiziersschule. Er befehligte dann die dritte Kompanie des ersten Bataillons. Er war ein ausgezeichneter Offizier, der jeden seiner Soldaten bestens kannte. Gerne erfüllten sie ihre Pflichten unter seinem Kommando. In einer der schweren Schlachten der Legion starb Goldberger nach schwerer Verwundung.   [28]

(Siehe auch »Die Familie Lanzer ... S. 533)

Italien

In Italien ist ein Fremder kein Feind. Man könnte fast behaupten, die Italiener seien sich selber mehr Feind als den Fremden ...

Primo Levi:
Wann, wenn nicht jetzt, München 1986

In Italien lebten 50.000 Juden bis 1938 in relativer Freiheit. Von den 35.000 Juden, die beim Einmarsch und der nachfolgenden Besetzung ganz Italiens noch dort lebten, wurden 7.750 Opfer des Holocaust. 1965 lebten in Italien 32.000 Juden.

Chronik der Ereignisse

1938
1. September	Erlaß der ersten antijüdischen Rassegesetze aufgrund des Beschlusses der Faschistischen Partei.

1943
10. Juli	Alliierte Truppen landen in Sizilien.
25. Juli	Mussolini wird gefangengenommen.
8. September	Abfall Italiens von den Achsenmächten, Gründung einer proalliierten Regierung unter Marschall Badoglio, Einmarsch der Wehrmacht in ganz Italien, Beginn der Judenverfolgungen.
9. September	Bildung des *Comitatio Liberazione Nazionale* (CLN)

1944
24. April	Bildung der ersten Regierung der nationalen Einigung in Salerno.
4. Juni	Rom wird befreit.
Sommer	Heftige Kämpfe des italienischen Widerstandes gegen die Deutschen.

1945.
25. April   Das Zentrale Befreiuungskomitee übernimmt die
                   Regierungsmacht.
28. April   Mussolini wird von kommunistischen Partisanen er-
                   hängt.
2. Mai   Die Reste der Deutschen Wehrmacht kapitulieren.

Die im September 1938 auf Drängen Hitlers erlassenen Rassegesetze wurden von der Verwaltung und der Bevölkerung weitgehend nicht befolgt. Erst nach dem Einmarsch der Wehrmacht in Italien verschlechterte sich die Lage der Juden dramatisch. Nach dem Abfall Italiens von der Achse und Erklärung des Waffenstillstands durch Marschall Badoglio am 8. September 1944 begann die tragische Periode in der Geschichte der italienischen Juden. Sie wurden Opfer der Häscher von Eichmann. 7.500 italienische und 2.000 ausländische Juden wurden nach Polen transportiert und dort umgebracht. Dank der humanitären Einstellung der italienischen Bevölkerung, der Kirche und der Gesellschaft konnte der größte Teil der Juden jedoch gerettet werden. Viele italienische Diplomaten und Generale schützten die Juden und beteiligten sich an Rettungsmaßnahmen, z.B. die Generale Roatta, Geloso und der Polizei-General Lospinoso. General Amico wurde nach dem September 1944 wegen seiner Hilfe für die Juden hingerichtet.

Außerdem wurden die Juden in den dahin von Italien besetzten Gebieten in Südfrankreich, Jugoslawien, Albanien, Griechenland und Tunesien, in denen sie von der Besatzungsmacht geschützt wurden, erst nach dem 8. September 1944 den antijüdischen Maßnahmen der Nazis unterworfen.

Über 1.000 Juden kämpften in den Reihen der Partisanen (Prof. Lucien Steinberg schätzt ihre Zahl auf 2.000), ca. 100 von ihnen sind gefallen. Mehrere von ihnen hatten eine führende Position im Widerstand. Eugenio Curiel war Chefredakteur des Parteiorgans der KPI *L'Unita*. Sergio Kasman war Chef des Widerstandes in Mailand. Beide wurden von Faschisten ermordet. Emanuele Artom war Offizier einer Einheit, die in der Provinz Piemont kämpfte. Er wurde von der SS gefaßt und gefoltert, aber er verriet nichts und starb in der Haft. Nach seinem Tod wurde eine Partisanenbrigade, Teil der 16. Division von

Giustizia é Libertá, die in Norditalien operierte, nach ihm benannt. Die 9. Garibaldi-Brigade trug den Namen von Eugenio Calorni. Sieben Einheiten wurden nach den Brüdern Roselli benannt, die die Bewegung *Giustizia é Libertá* gründeten und in Frankreich von Faschisten ermordet wurden. Sergio Segre war Offizier des II. Bataillons der Brigade Paolo Braccini.

In Norditalien operierten mehrere Garibaldi-Partisanenbrigaden und die Bewegung *Giustizia é Libertá*. In Mittelitalien operierten die jüdischen Partisanen in Rom, Neapel, in der Toscana und in den Abruzzen. Die jüdischen Partisanen hielten Kontakt zum französischen Widerstand und zu den Alliierten. Der erste italienische Partisan, der im Kampf fiel, war der 23jährige Jude Sergio Diena, der in der Gruppe *Giustizia é Libertá* kämpfte. Er starb am 4. Dezember 1943. Silvia Eifer und ihr Bruder Eugenio operierten in den Abruzzen, wo sie mit Hunderten von geflohenen alliierten Kriegsgefangenen in Kontakt kamen. Sie haben sie gerettet und versteckt. Eugenio wurde verhaftet und ermordet. Silvia wurde irrtümlich durch eine amerikanische Wache erschossen.

Für ihre Beteiligung am Befreiungskampf haben die Juden in Italien höchste Anerkennung gefunden. Viele Ehrungen wurden ihnen zuteil, und manche werden durch Straßennamen geehrt, wie Rita Rosani und Leone Ginsburg, der ein bekannter Literaturkritiker war und eine illegale Druckerei für Widerstandszeitungen betrieb. Er wurde verhaftet und gefoltert, aber er verriet niemanden.

Augusto Seghre
Vom Widerstand der italienischen Juden

Bei Ausbruch des Krieges gab es in Italien an die 50.000 Juden, die in 23 Gemeinden lebten. Infolge dieser Zerstreuung war es nicht möglich, eine eigenständige jüdische Partisaneneinheit aufzubauen. Andererseits kämpften über 2.000 Juden in den Reihen der Partisanen und beteiligten sich an Gefechten gegen die Deutschen. In der Provinz Piemont kämpften über 700 Juden bei den Partisanen, sieben Juden erhielten (allesamt postum) die höchste italienische

Auszeichnung, den goldenen Orden für hervorragende Leistungen vor dem Feinde.

1943 schloß ich mich den Partisanen und dem bewaffneten Kampf gegen die deutschen Besatzer an, die sich die Vernichtung meines Volkes zum erklärten Ziel gesetzt hatten. Bis zum 25. April 1945 war ich im aktiven Dienst. Unter anderem fungierte ich als stellvertretender Kommandant des Stabs der zweiten Division »Lagna« in Norditalien. Dort hatten wir ein weites Territorium so unter Kotrolle, daß sich die Deutschen in dieses Gebiet nicht hineinwagten. Sowohl in diesem Gebiet als auch in den uns unterstehenden Dörfern führten wir ein geregeltes Alltagsleben. Häufig zerstörten wir Brükken an wichtigen Durchgangsstraßen und Eisenbahnstrecken. Wir griffen die Hauptnachschubwege der deutschen Wehrmacht an. Außerdem gab es kurze bewaffnete Kämpfe, an denen ich selbst teilgenommen habe.

Gegen Ende des Krieges nahmen wir Emmerling gefangen, den Oberbefehlshaber der deutschen Truppen, die in dem uns angrenzenden Territorium tätig waren. Ich erhielt den Befehl, ihn zum Stab der Alliierten zu bringen. Zusammen mit fünf anderen Partisanen zog ich los, um den Auftrag auszuführen; den uns anvertrauten deutschen »Star« hüteten wir wie unseren Augapfel. Unterwegs sagte ich zu ihm: »Weißt du eigentlich, daß du einem Juden in die Hände gefallen bist? Ich bin nämlich Jude!« – worauf er sichtlich erschrak. Lange Zeit schwieg er, dann zog er Fotos aus der Tasche, drückte sie ans Herz und schwor beim Haupt seiner Kinder, er habe während der Kriegsjahre keinem Juden etwas zuleide getan. Ich sagte zu ihm: »Ich hatte immer gedacht, die Deutschen seien mutig. Jetzt, wo ich dich in der Hand habe, sehe ich, was für Feiglinge ihr seid!« Meine Kameraden wollten ihn umbringen, aber ich ließ es nicht zu. Ich sagte zu ihnen: »Jetzt ist er unser Gefangener, und wir müssen ihn befehlsgemäß zum Stab der Alliierten bringen, damit er dort abgeurteilt wird.«

Acht italienisch-jüdische Partisanen

Die Juden Italiens nahmen aktiv teil am Untergrundkampf gegen die deutsche Besatzungsmacht und erfüllten sehr wichtige Funktionen bei der Leitung und Durchführung von Sabotageakten. Im folgenden möchte ich wenigstens über acht jüdische Partisanen berichten, die in der Provinz Piemont kämpften und mit dem höchsten italienischen Orden ausgezeichnet wurden, nachdem sie im Kampf gefallen waren.

Franco Cisano, der jüngste Partisan, wurde am 20. Dezember 1931 in Mantua geboren. 1939 starb sein Vater. Unter dem Druck der Verhältnisse früh gereift, wurde er 1940 in ein jüdisches religiöses Internat in Turin aufgenommen. Als die Judenverfolgungen 1943 zunahmen, kehrte Franco zu seiner Mutter in die Gegend von Bologna zurück. Dort erfuhr er, daß sich sein Bruder Hillel den Partisanen angeschlossen hatte.

Franco Cisano

Franco suchte Verbindung zu seinem Bruder bei den Partisanen. Er verließ seine Mutter und ging in den Apennin, wo er zur Partisaneneinheit »Garibaldi« unter dem Kommando von Marcello stieß und auch seinen Bruder fand. Da er ein gut entwickelter und hochgewachsener Junge war, konnte er sein wahres Alter verschweigen. Er gab sich für 16 aus, um in die Einheit aufgenommen und mit ernsthaften Aufträgen betraut zu werden. Er wurde zum Verbindungsmann zwischen den Partisaneneinheiten in dieser Gegend. Mit großem Mut und unter Lebensgefahr überbrachte er Befehle und Anweisungen von einer Einheit zur anderen.

Am 14. September 1944 warnte er seine Kameraden, die Deutschen seien im Anmarsch und könnten ihre Positionen umzingeln. Der Ausbruch der Schlacht ließ auch nicht lange auf sich warten. Seine älteren Kameraden schafften es, lebendig herauszukommen, doch der jüngste Partisan, der dreizehnjährige Junge, fiel im Kampf mit den Deutschen. Sein Bruder Hillel, der an seiner Seite kämpfe, hörte die letzten Worte aus Francos Munde: *Schema Israel* (Höre Israel!). In der Begründung zur postumen Ordensverleihung heißt es:

»Ein Junge voller patriotischer Begeisterung. Mit 12 Jahren schloß er sich den Partisanen an und bewies hohen Mut. Bei der Ausführung vieler der ihm auferlegten Aufgaben setzte er sein Leben aufs Spiel. Gefallen als Held, der seine Kameraden zum Weiterkämpfen anfeuerte. (gezeichnet) Piccenira di Gombola – 19. 9. 1944«

Eugenio Callo wurde am 2. Juli 1906 in Pisa geboren. Während der deutschen Besatzung wurde seine schwangere Frau festgenommen und mit drei Kindern nach Auschwitz deportiert; auf dem Weg ins Todeslager brachte sie ihr viertes Kind zur Welt. Im Oktober 1943 baute Eugenio zusammen mit seinen Kameraden in der Gegend von Val di Cuana eine Partisaneneinheit auf, die zahlreiche Sabotageakte durchführte. Eugenio wurde mehrmals festgenommen, entkam aber jedesmal. Am 14. Juli 1944 kam es zu einem schweren Gefecht zwischen den Männern seiner Einheit und den Deutschen. 46 Partisanen, unter ihnen Eugenio, fielen dem Feind in die Hände. Alle wurden zusammen mit Sprengstoff in einen Graben gesteckt und in die Luft gejagt. In der Begründung zur postumen Ordensverleihung heißt es:
»Er gehorchte dem Ruf des Vaterlandes. Aus tiefer Überzeugung gab er all seine Kraft den Idealen der Freiheit. Er verstand es meisterhaft, Partisanengruppen aufzubauen. Er war ein Held, ein Vorbild für seine Kameraden; mehrmals gelang es ihm, die Front zu durchbrechen und mit den alliierten Truppen Verbindung aufzunehmen. Als er den Deutschen in den Hände fiel, ließ er sich selbst unter harten Foltern keinerlei Auskunft über die Partisanen entreißen. In ihrer Wut begruben sie ihn lebendig. Er war ein wunderbarer, hingebungsvoller Mensch.«

Eugenio Colorani wurde 1909 in Mailand geboren. Er war Professor der Philosophie an der Universität Triest, Herausgeber der Untergrundzeitung *Avanti* (Vorwärts) und aktiv in den Partisanenzellen *Giustizia é Libertá* (Gerechtigkeit und Freiheit). Er zählte zu den Organisatoren des Aufstands in den Straßen von Rom am 28. Mai 1944. In dem harten Kampf wurde er schwer verwundet und starb nach zwei Tagen. In der Begründung zur postumen Ordensverleihung heißt es: »Mutig beteiligte er sich an Partisanenaktionen während des Kampfes gegen die Nazis, organisierte den militärischen Stab der italienischen sozialistischen Partei und wirkte persönlich an Sabotageakten der Partisanen mit. Er wurde vom Feind gefangengenommen, geschlagen und getötet.«
Eine Straße in Rom trägt zum Andenken an den kühnen Kämpfer seinen Namen.

Eugenio Coreal wurde 1912 in Triest geboren. Er war Physiker an der Universität Padua, ein tapferer Kämpfer in den Reihen der Partisanen.

Am 24. Februar 1945 ist er im Kampf gefallen. In der Begründung zur postumen Ordensverleihung heißt es:

»Universitätsdozent, galt als eine der großen Hoffnungen der italienischen Wissenschaft, ein Veteran im Kampf um die Freiheit des Volkes. Wandte sich als erster an die italienische Jugend und führte sie zum Kampf gegen den NS-Feind. Dank seiner glühenden Überzeugungskraft folgten die Besten unter der Jugend seinem Ruf. Er organisierte und leitete sie zu ihrem heldenhaften Kampf an. Ein mitreißender Redner, der nicht seinesgleichen hatte. Wo immer Organisation, Ermutigung und Kampfkraft gebraucht wurde, war er zur Stelle. Er war eine Führungskraft ersten Ranges, ein glänzendes Beispiel für Heldenmut, Freiheits- und Vaterlandsliebe. Der Feind war ihm auf der Spur, denn er erblickte in ihm einen gefährlichen Gegner. Als der Sieg über die Nazis schon in Sicht war, geriet er in einen Hinterhalt und fiel im Kampf.«

Sergio Forti wurde 1920 in Triest geboren. Er war Schiffbau-Ingenieur. Beim Überfall der Deutschen gelang es ihm, wichtige Unterlagen vor ihnen in Sicherheit zu bringen. Er verübte Sabotageakte an deutschen Schiffen und Seefahrtsausrüstungen und war aktiver Partisan, bis er von den Deutschen gefaßt und ermordet wurde. In der Begründung zur postumen Ordensverleihung heißt es:

»Ein junger Ingenieur, weihte sein Leben dem Kampf um die Freiheit. Ein kühner Partisanenkämpfer in der Gegend von Umbrien und Marco Abruzzo. Bei einem Gefecht mit dem Feind wurden er und seine Kameraden umzingelt, vermochten jedoch zu entrinnen. Er zerstörte Straßen und erschwerte das Vorwärtskommen des Feindes erheblich. Bei einem kühnen Unternehmen – zusammen mit drei Kameraden, zwei von ihnen Engländer – wurde er vom Feind angegriffen. Seinen Kameraden verhalf er zur Flucht, doch Sergio wurde gefaßt. Er wurde brutal gefoltert, doch der Feind vermochte ihm kein Wort über seine Kameraden zu entreißen. Daraufhin wurde er umgebracht.«

Mario Vacchia wurde 1906 in Bologna geboren. Er war Rechtsanwalt und unter den ersten Organisatoren der Partisanenzellen *Giustizia é Libertá* in Emilia. Er wurde bei einer Versammlung des Partisanenoberkommandos festgenommen, schwer gefoltert und ermordet. In der Begründung zur postumen Ordensverleihung heißt es:

»Eine edle Partisanengestalt, durch Prinzipien seines Glaubens an die

Idee seines Lebens gebunden. Er war einer der ersten, die den Kampf gegen die Nazi-Verfolger organisierten. Er war Kommandeur der Partisanentruppen in Nord-Emilia, treibende Kraft der Untergrundbewegung in dieser Gegend. Als der Feind die Partisanen bei einer Stabssitzung umstellt hatte, befahl er seinen Kameraden, sich rasch aus dem Staub zu machen, er aber blieb an Ort und Stelle, um die Unterlagen zu vernichten. Er wurde festgenommen, gefoltert und ermordet. Ein wunderbarer, strahlender Mensch, ein Inbegriff heldenhaften Opfermutes.«

Oldbrando Vivanti wurde 1924 in Brescia geboren und war aktiv in den Reihen der Partisanen von Ducio-Gaulimborte bei Conio. Er zeichnete sich bei zahlreichen gefährlichen Unternehmungen aus. In einer der Schlachten, am 12. Oktober 1943, wurde er vom Feind gefangen und zum Tode verurteilt, dem er mit dem Lied der Partisanen auf den Lippen entgegenging. Das dritte Partisanenregiment wurde nach ihm benannt und postum erhielt er einen Orden.

Rita Rosani wurde 1920 in Triest geboren. Bis 1943 war sie Lehrerin an der jüdischen Schule im Ort. Sie schloß sich den Partisanen bei Verona an. Bei einer der kühnen Aktionen, die ihre sechzehnköpfige Einheit bei Negrar di Valpolicella unternahm, kam sie ums Leben. In der Begründung der postumen Ordensverleihung heißt es:

»Sie kämpfte in den Reihen der Partisanen, nahm das harte Soldatenleben auf sich. Sie war eine glühende Kameradin und Schwester. Mit Mut und Überzeugung führte sie gefährliche Arbeiten durch. Große Kräfte des Feindes umzingelten sie und ihre Kameraden, sie kämpfte tapfer und fiel, indem sie ihr junges Leben dem Vaterland zum Opfer brachte.«

Rita Rosani ist die einzige im Kampf gefallene italienische Partisanin. Die Stadt Verona, bei der sie gefallen ist, hat eine Straße nach ihr benannt und ihr im Stadtpark ein Denkmal errichtet.   [28]

(*Der Verfasser wurde 1915 im norditalienischen Chisale geboren und war ausgebildeter Jurist und Rabbiner. Er amtierte als Richter und war Dozent für Geschichte und jüdische Philosophie, lehrte außerdem jüdische Zeitgeschichte an der päpstlichen Universität des Vatikan. Im Jahr 1979 ist er nach Israel eingewandert.*)

Irving Goff – von Brooklyn nach Italien

Der Amerikaner Robert Jordan aus Hemingways Roman über den Spanischen Bürgerkrieg »Wem die Stunde schlägt«, hatte ein reales Vorbild. Es war der jüdische Freiwillige Irving Goff aus Brooklyn, der 1900 in New York geboren wurde. Schon als Jugendlicher war er Mitglied der Kommunistischen Jugendliga. Seinen Kommunismus verstand er als Kampf gegen den Antisemitismus weiter Kreise der amerikanischen Gesellschaft. Er übte viele Berufe aus, zuletzt als Zirkusakrobat.

Goff gehörte zu den ersten amerikanischen Freiwilligen, die in Spanien eintrafen. Zuerst kämpfte er als einfacher Soldat an vielen Fronten des Krieges. Später wurde ihm das Kommando über den Fahrzeug-Park der 15. Internationalen Lincoln Brigade übertragen. Doch den Draufgänger hielt es nicht in der Basis in Albacete. Auf dringenden Wunsch wurde er Soldat der Partisaneneinheit *Brigada Especial*, die wochenlang hinter den feindlichen Linien operierte, Züge in die Luft sprengte und andere Sabotageakte verübte. In der Einheit, die überwiegend aus Spaniern bestand, gab es außer ihm zwei weitere Amerikaner, Bill Alto und den Juden Alex Kunslich.

Nach dem Zusammenbruch der Nordfront gerieten 315 asturische Offiziere in faschistische Gefangenschaft und wurden in der Festung La Corchuna gefangengehalten, die als uneinnehmbar galt, weil sie nur von See her zugänglich war. Die Offiziere erwartete der sichere Tod vor den Erschießungskommandos Francos. Goff und 34 weitere Partisanen meldeten sich freiwillig zu einer Befreiungsaktion, einem wirklichen Himmelfahrtskommando. Die Gruppe landete nachts mit kleinen Booten und kundschaftete die Situation aus. Am nächsten Abend wurden die Wachen überwältigt, die Telefonleitungen zerschnitten, das Festungsarsenal gestürmt und die Gefangenen befreit und bewaffnet. Es begann ein forcierter Marsch nach Calahonda, wo die Garnison, mitten im faschistischen Gebiet, überwältigt wurde. Am nächsten Tag erreichten die Befreier und die Befreiten unter großem Jubel die eigenen Linien.

Goff kehrte erst im Januar 1939, als einer der letzten Amerikaner, nach New York zurück. 1941 meldete er sich als Freiwilliger zum Dienst in der amerikanischen Armee. Er absolvierte einen Fallschirmspringer-

kurs und kämpfte zunächst in Nordafrika, danach kam er an die italienische Front als Angehöriger der Spionage- und Sabotagetruppe OSS
unter General Bill Donovan. Da die zahlreichen Spanienkämpfer bei
den Beförderungen ständig übergangen wurden, schrieben Offiziere
der Truppe einen Brief an General Donovan, in dem es hieß: »Bei unserer Ehre als Offiziere und Gentlemen können wir nicht verstehen,
warum die Sergeante Felsen, Lossowski und Goff nicht zu Offizieren
befördert wurden.« Donovan überraschte die drei jüdischen Soldaten,
als er ihnen persönlich vor versammelter Mannschaft die Offiziers-
Schulterstücke und Urkunden aushändigte.

Goff nahm auch an der Landung in Sizilien am Anzio-Strand teil. Er
trainierte Kommando-Truppen, die hinter der Front operierten. In
kurzer Zeit wurden 22 Gruppen ausgebildet, die meistens in deutsche
Hände fielen. Goff hat keine einzige Gruppe verloren und bekam
später den Auftrag, Kontakt zum kommunistischen Widerstand herzustellen, in welchem viele Spanienkämpfer Kommandopositionen
hatten.

Goff wollte Feldmarschall Kesselring, analog zur Befreiung Mussoli-
nis durch Skorzeny, entführen, aber der Plan konnte nicht ausgeführt
werden. General Donovan intervenierte mehrmals erfolglos, um die
Beförderung Goffs zum Hauptmann durchzusetzen, den Rang, den er
schon sechs Jahre früher in Spanien innegehabt hatte. Goff wurde
mehrmals von Kriegskorrespondenten der New Yorker jiddischen
Zeitung *Morning Freiheit* interviewt, die ihren Lesern stolz den jüdischen Kriegshelden vorstellte. In der McCarthy-Ära wurde Goff
schließlich als Kommunist verfolgt und diskriminiert.

Die Abenteuer des jugendlichen Mark Herman

In der umfangreichen Literatur über den jüdischen Widerstand gibt
es kaum einen Bericht, der so unwahrscheinlich und abenteuerlich
klingt, wie der von Mark Herman. Sein Buch, das 1984 im Verlag des
Ghettokämpfer-Kibbutz erschien, enthält eine Fülle von Fotos und
Dokumenten, die die kämpferische Odyssee eines jüdischen Kindes
während des Zweiten Weltkrieges belegen.

Mark wurde 1927 in Lemberg geboren. Nach dem Einmarsch der deutschen Truppen beschloß der 14jährige Mark, keine Armbinde mit Judenstern zu tragen. Er mußte schwer arbeiten, um zur Versorgung der Familie beizutragen. Er fand heraus, daß die in der Schule in der Kopernikstraße einquartierten Soldaten des Stabes der an der Ostfront kämpfenden italienischen Truppen vielen Juden halfen. Sie fütterten nach den Mahlzeiten in der Kaserne die hungrigen, auf der Straße wartenden jüdischen Kinder. Auch in der Kaserne in der Zielonastraße verteilten die italienischen Soldaten Essen an die Kinder. Mark teilte alles, was immer er beschaffen konnte, mit seiner Familie. Bei einer der »Aktionen« der Nazis wurde die Familie ins Lager Janowska verschleppt, und Mark blieb mit seinem Bruder allein.

Mark Herman
in Italien 1944

Mark Herman 1984

Einmal wurde er von ukrainischen SS-Leuten gefaßt. Er sollte das Vaterunser auf polnisch aufsagen und die Hosen herunterlassen. Mark flüchtete, wurde gefaßt und konnte noch einmal weglaufen. Es gelang ihm mehrere Male, seinen Vater bei Außenarbeiten zu sprechen. Später erfuhr er, daß sein Vater an Typhus erkrankt und von den SS-Wachen erschossen worden war.

Mark kam oft zu den Italienern. Der junge Sergeant Aldo schloß ihn ins Herz und half ihm, wo er nur konnte. Doch wegen seiner Hilfe für die Kinder wurde er von der Militärpolizei verhaftet und an die Front geschickt. Mark konnte sich falsche Papiere als Ukrainer namens Wladimir Ilkow besorgen. Als die Italiener im Sommer 1943 in die Heimat verlegt wurden, nahmen sie Mark mit und übergaben ihn den Grenzschutzsoldaten, die ihn in ein Militärlager in Udine brachten, wo er viele seiner Beschützer aus Lemberg wieder fand. Er stieß auf ein polnisches Lehrbuch der italienischen Sprache und brachte sich die Sprache selbst bei. Kurz vor dem Badoglio-Putsch im September 1943 besorgten sich die Soldaten Munition, um sich vor den erwarteten Angriffen der Faschisten und der Deutschen verteidigen zu können.

Bald mußten die Soldaten ihre Waffen abgeben. Nur eine Einheit der

Gebirgsjäger, der Alpini, verließ das Lager mit ihren Waffen. Als das Lager liquidiert wurde, erlaubte man den Soldaten, die im Lager lebenden Waisenkinder zwecks späterer Adoption mitzunehmen. Der Soldat Pietro Giovani erklärte sich bereit, Mark mitzunehmen. Der Zug wurde aber von deutschen Soldaten umzingelt. Es gab Schußwechsel, und zum Schluß marschierten die Italiener unter Bewachung von deutschen Panzern und gepanzerten Fahrzeugen in ein Lager in Mestre bei Venedig.

Die Soldaten wurden unter Bewachung über Norditalien in die Gefangenschaft nach Deutschland transportiert. Ein deutscher Soldat aus Schlesien, der polnisch sprechen konnte, verwendete sich ohne Erfolg für die Befreiung des 16jährigen »polnischen« Jugendlichen. Mark sprang im Dorf Peri bei Verona vom Zug ab und wollte zu den Eltern von Pietro Giovani in Canischio in Norditalien gelangen. Übrigens wurde Marco, so hieß er nun, 1979 zum Ehrenbürger dieses Ortes ernannt.

In einem der Orte auf seiner Reise wurde er vom Bürgermeister vorgeladen. Auch der wollte den *giovane biondo polacco,* den blonden polnischen Jungen, adoptieren. Am Ende wurde er vom Ehepaar Maria und Giacomo Foggio in Turin unter die Fittiche genommen und besuchte bis zum Mai 1944 das Gymnasium des Salesianer-Ordens. Anfang Juni 1944 wurde der Ort Canischio von einer großen Einheit bewaffneter Partisanen erobert. Es waren Tschechen, die in deutsche Uniformen gepreßt wurden, desertierten und sich dem italienischen Widerstand anschließen wollten. Zufälligerweise war Canischio der Ort, wo sie sich mit den italienischen Partisanen vereinigen sollten. Marco fungierte als Dolmetscher.

Er verabschiedete sich von seinen Adoptiveltern und schloß sich der tschechisch-italienischen Partisaneneinheit an. Schon am 19. Juni 1944 nahm er an einer großen Operation teil, die die Eroberung des Waffenarsenals der Faschisten zum Ziel hatte. Zu diesem Zweck sollten Einheiten der 4. Garibaldi-Division, der Einheit *Giustizia é Libertá* und der 1. Matteotti-Brigade starke faschistische und SS-Einheiten angreifen. Die Operation glückte, und es konnten große Mengen an Waffen und Munition erobert werden. Viele SS-Leute wurden gefangengenommen. Leider sind beim Rückzug acht Partisanen gefallen. Marco nahm an allen schweren Kämpfen seiner Einheit, der 49. Sturmbrigade Garibaldi, in den Bergen der Provinz Piemont teil. Bei einer der Schlachten fiel der Kommandant Titilla, ein ehemaliger Alpini-Offizier. Besonders erbittert wurde um den 1.600 Meter hohen Ort Cerzola Royale gekämpft.

Am 1. September 1944 wurde Marco Mitglied einer strenggeheimen, von der amerikanischen Armee gegründeten Fallschirmspringer-Funkereinheit, die an den Stab der amerikanischen Spionage- und Partisanenorganisation OSS in Neapel wichtige militärische Nachrichten aus den besetzten Gebieten funkte und die Fallschirmabwürfe mit Waffen, Munition etc. empfing, um sie an die Partisanen weiterzuleiten. Mehrmals wurde die Einheit von feindlichen Kräften überrascht und mußte flüchten, da die Funkgeräte auf keinen Fall in die Hände des Feindes gelangen durften.

Marco nahm an zahlreichen Schlachten der Partisanen teil, hauptsächlich im Gebirge, und er kam oft in gefährliche Situationen. Im November 1944 wurde seine Einheit von weißgekleideten deutschen Gebirgsjägern fast überrascht, und Marco mußte mit seinen Funkgeräten und Antenne auf die hohe Bergspitze klettern, um eine Verteidigungsstelle zu errichten.

Im April 1945 breitete sich die Partisanen-Bewegung in ganz Norditalien aus und es gab Generalstreiks in vielen Städten. Die Einheiten der *Gruppe di Azione Protettiva* übernahmen den Schutz der Bevölkerung und der Industrie vor Straf- und Zerstörungs-Maßnahmen der geschlagenen deutschen Verbände.

Am 1. Mai erfuhr Marco, daß sich seine frühere Einheit, die 49. Sturmbrigade Garibaldi, in Turin befand. Die Wiedersehensfreude war groß, wurde nur überschattet von den Nachrichten über gefallene Waffenkameraden. Später wurde das Hauptquartier der OSS von Neapel nach Florenz verlegt, und dort mußten die Hindernisse der amerikanischen Militärbürokratie überwunden werden, um die richtigen Dokumente und Bescheinigungen zu erhalten. Der Entschluß, sich den Partisanen anzuschließen, hatte Minuten gedauert, den Dienst in der OSS aber bestätigt zu erhalten, nahm Wochen in Anspruch.

Am 18. Mai 1945 bestätigte schließlich Oberst Russell B. Livermore als Kommandeur des 2677. Regiments des OSS dem Freiwilligen Marco Ilkow, daß er als Angehöriger dieser Truppe das Recht hat, eine ameri-

kanische Uniform zu tragen und alle Armee-Transportmittel zu benutzen. Marco verabschiedete sich mit Tränen in den Augen von seinen treuen Freunden und Kameraden und besuchte Rom, Mailand
und Florenz. Er ließ sich seinen Dienst dort zum ersten Mal mit seinem richtigen Namen Mark Herman bestätigen.

Im Juli 1945 reiste er nach Modena und meldete sich bei der sowjetischen Militärmission, um nach dem sowjetisch gewordenen Lemberg
zu reisen. Mit einem Armee-LKW kam er nach Österreich und wurde
an der Grenze von einem sowjetischen Sicherheitsoffizier verhört.
Die letzte Frage des Verhörs war: »Welche Spionageschule hast du absolviert?« Die Frage trieb ihm Tränen in die Augen. Schließlich wurde
er nach Kiew geschickt, um dort die Befreiung vom Wehrdienst – er
war nun sowjetischer Bürger – zu beantragen. Er war gerade 18 Jahre
alt geworden.

In Lemberg fand er seine Tante und Onkel, die die Kriegsjahre in der
Sowjetunion überlebt hatten. Bald dämmerte es ihm, daß das sowjetische Lemberg nicht der richtige Ort für seine Zukunft war. Er schlug
sich nach Polen durch und wurde von dort durch die illegale jüdische
Fluchtorganisation *Bricha* nach Innsbruck dirigiert, wo er als italie-
nisch sprechender Angehöriger der Organisation wichtige Dienste
für die aus Osteuropa nach Palästina strömenden Flüchtlinge leisten
konnte. Er wurde der Leitung der *Bricha* in Rom zugeteilt, wo er mit
Ada Sereni zusammenkam, deren Mann Enzo als Fallschirmspringer
aus Palästina in Italien eingesetzt war (siehe S. 575). Enzos Bruder Emi-
lio kommandierte eine Partisaneneinheit in Italien. Später wurde
Mark in La Spezia postiert, wo Schiffe der illegalen Einwanderung eingerichtet und auf den Weg nach Palästina gebracht wurden. Er wurde
Instrukteur militärischer Kurse für junge Freiwillige unter den Einwanderern, wollte aber bald selbst kämpfen. Seine italienischen Waffenkameraden von früher wollten unbedingt, daß er in dem Land bleiben sollte, für dessen Befreiung er so treu und ergeben gekämpft hatte. Er liebte auch das Land und seine Menschen, die so oft sein Leben
gerettet hatten.

Trotzdem fuhr er 1948 nach Israel, wo gerade der Unabhängigkeitskrieg tobte. Nach wenigen Tagen meldete er sich als Freiwilliger bei
der erst vor kurzem gebildeten Armee. Er wurde Soldat der Sturm-
truppe *Palmach,* nahm an den schweren Kämpfen im Negev teil. Sei-

ne Truppe eroberte den Negev bis Eilat am Roten Meer. Aus staats-
politischen Gründen wurden später alle Einheiten aufgelöst, die ihren Ursprung in politischen Parteien hatten. Die ruhmreiche *Palmach*-
Brigade, die unter großen Opfern den Negev für den Staat Israel
eroberte, wurde anderen Einheiten der Armee zugeteilt. Er wurde
Unteroffizier des 52. Regiments der *Giwati*-Sturmbrigade.

Im Jahr 1950 sollte er den Militärdienst beenden, da lud ihn sein Regimentskommandeur zu einem Gespräch ein und legte ihm nahe, als
Berufsoffizier bei der Armee zu bleiben. Hier die Antwort von Mark:
»Seit 1941 bis heute vergingen bereits neun Jahre, und in dieser Zeit
war ich nie länger an einem Ort als ein paar Monate. Auch ich möchte
einmal ein Zuhause haben.«

Sein Zuhause baute sich Mark mit eigenen Händen auf. An einem Ort
zwischen Haifa und Akko erbauten Überlebende der Aufstände in
den Ghettos den Kibbutz der Ghettokämpfer (*Lochamej Hagetaot*).
Später wurde ein Museum und Archiv über den jüdischen Widerstand errichtet. Er und seine Kameraden lebten in einem Zelt. Die
Einrichtung: Bett, Tisch und eine Orangenkiste als Schrank. Noch
heute leben einige Gründer dieses Kibbutz, wie Jehuda »Judke« Hel-
man.

Mark ist der jüngste der Gründungsväter. Über 40 Jahre hat es gedauert, bis Mark seine ungewöhnlichen Abenteuer niedergeschrieben
und veröffentlicht hat. Sie hatten den mutigen jüdischen Jungen vom
heimatlichen Lemberg, das zum riesigen Friedhof der Juden dieser
Stadt wurde, über die verschneiten Alpen bis zum Roten Meer geführt.   [31]

Griechenland

Die Juden lebten in Griechenland seit dem 3. Jahrhundert v. Chr.
Während der balkanischen Kriege im 19. und 20. Jahrhundert mußten
Tausende von ihnen ihre Heimat verlassen. Nach Ende des Balkan-
Krieges von 1912-1913 lebten 100.000 Juden in Griechenland. Als der
Zweite Weltkrieg ausbrach, lebten dort 77.000 Juden. Nur 12.700 Ju-
den überlebten die Schoa. 52.200 Juden wurden in Auschwitz ermor-

det, 4.200 in Treblinka, 2.500 wurden in Griechenland exekutiert oder ermordet. In der italienischen Besatzungszone schützte die italienische Armee die Juden vor Verfolgungen. Nach dem Badoglio-Putsch wurde die italienische Zone am 3. September 1943 von deutschen Truppen besetzt und Eichmann hatte freie Hand, Juden aus ganz Griechenland nach Auschwitz zu deportieren.

Chronik der Ereignisse

1940
28. Oktober   Die italienische Armee greift Griechenland an.

1941
6. April   Invasion Griechenlands durch deutsche Truppen.
9. April   Saloniki wird besetzt.
2. Juni   Ganz Griechenland ist nunmehr besetzt.

1943
6. Februar   Einführung der Rassegesetze und Verfolgung der Juden.
15. März   Erster Transport aus Saloniki nach Auschwitz.

1944
Oktober   Englische Truppen landen an mehreren Orten und vollenden zusammen mit den Partisanen die Befreiung Griechenlands.
Dezember   Regierungskrisen, Beginn des Bürgerkrieges.

Isaac Kabeli
Widerstand der griechischen Juden

Bis zum Jahr 1940 war Griechenland nicht unmittelbar von den Kriegsereignissen betroffen. Als das Land jedoch von Italien besetzt wurde,

leisteten viele Bewohner entschlossen Widerstand. Die griechischen Juden führten einen erbitterten Kampf. Nach den Unterlagen der Jüdischen Gemeinde von Saloniki, deren Vorsitzender der Autor dieser Zeilen damals war, traten 12 898 Juden in die griechische Armee ein. Unter ihnen befanden sich 343 Offiziere, 2 Oberleutnants und ein Oberst, der Nationalheld Mordecai Fraggi, der in der Schlacht von Porido fiel. Im Kampf gegen die italienischen Besatzer – und später gegen die Deutschen – fanden 613 jüdische Soldaten den Tod; 3743 wurden verwundet (1412 von ihnen blieben vollständig, 862 teilweise invalide).
Während die griechische Armee Verluste von 12 Prozent hinnehmen mußte, betrugen diese bei jüdischen Kämpfern 34 Prozent. Griechische Juden haben folglich für ihr Land ungleich mehr Opfer gebracht als ihre nichtjüdischen Mitbürger. »Sie haben sich in jeder Hinsicht für ihr Land eingesetzt«, schrieb Marschall Alex Papagos, damaliger Oberbefehlshaber der griechischen Streitkräfte und späterer griechischer Premierminister.
Nach der deutschen Intervention und nach Abschluß des Waffenstillstandes wurde die griechische Armee aufgelöst. Die übrigen Bataillone, die von der Front zurückkehrten, flohen in den Süden des Landes, hauptsächlich aber nach Athen, da dort nicht mit feindlichen Angriffen gerechnet wurde. Mehr als 1500 junge Juden aus Saloniki kehrten nicht in ihre Heimat zurück. Sie zogen statt dessen in den Süden, um weiter für Griechenland und ihre jüdischen Brüder zu kämpfen. Am 27. April 1941 besetzte die motorisierte Armee Athen. Sie erließ eine 24stündige Ausgangssperre, die für alle Bewohner der Stadt galt. Es wurde keine Post befördert, die Fenster waren geschlossen zu halten, und kein Licht durfte nach außen dringen. Athen war eine »tote Stadt«. Für das griechische Festland bedeutete dies das offizielle Ende des Krieges. Der griechische König und die Regierung fanden Asyl auf Kreta. Zusammen mit den britischen Soldaten, die noch auf der Insel geblieben waren, führten die Griechen von dort aus ihren Kampf weiter. Auf dem Festland kämpften Guerillas und Partisanen bis zur endgültigen Befreiung.
Unmittelbar nach der Besetzung Athens durch die Nationalsozialisten begannen auch die Widerstandsaktionen der Bevölkerung. In den ersten Monaten hatte sich noch keine Widerstandsbewegung formiert. Erst zwischen August 1941 und Dezember 1942 wurde eine

Organisation geschaffen, die ab Dezember 1944 streng militärisch strukturiert war. Überall wurde bewaffneter Widerstand geleistet: in den Städten, in den Bergen, zur See und auf den Inseln.

Obwohl die Beteiligung am Widerstand für Juden ein größeres Risiko darstellte als für Nichtjuden, schlossen die Juden sich unmittelbar nach der Gründung kleinen Gruppierungen an und übernahmen äußerst gefährliche Aufgaben. In den schneebedeckten Bergen griffen über 300 jüdische Soldaten aus verschiedenen griechischen Städten zu den Waffen, um gegen Deutsche und Italiener zu kämpfen. Vier oder fünf Monate später waren nahezu alle Athener Juden, insbesondere aber Studenten der Colleges oder Universitäten, Mitglied in einer der über vierundfünfzig verschiedenen Widerstandsorganisationen, die im Untergrund tätig waren. Darüber hinaus bestanden noch streng militärisch organisierte Gruppen aus Griechen, Briten, Amerikanern und anderen Nationalitäten, die von den Alliierten im Nahen Osten gebildet worden waren.

Ende 1941 wurden alle Widerstandsgruppen in zwei großen Organisationen zusammengefaßt, damit sie ihre Aktionen besser koordinieren und effektiver gestalten konnten. Fast die gesamte Bevölkerung Griechenlands war in einer der beiden Gruppen Mitglied. Die mächtigste Organisation war die »Griechische Volksbefreiungsarmee« (ELAS) unter der Führung von General Napoleon Zervas. Sie hatte von Beginn an eine militärische Organisationsstruktur; sie hatte sich dem Guerillakampf verschrieben und war keiner politischen Partei verpflichtet. Ihr Ziel war es, den Feind zu besiegen und nicht etwa die Parteien, die damals auf der Seite König Georgs standen. Die zahlenmäßige überlegene Organisation war die »Griechische Befreiungsfront« (EAM). Sie war vor allem in größeren Städten vertreten, in erster Linie aber befand sie sich in Epirus, wo Berge und Wälder den Guerillakämpfern sichere Verstecke boten.

Für die Juden, die sich nicht ohne Gefahr frei bewegen konnten, war es selbstverständlich, sich der »Griechischen Befreiungsfront« anzuschließen. Von den ersten Tagen an führten sie Aufträge aus, die ihnen die Bewunderung ihrer Anführer eintrugen. Zu den schwierigsten Aufgaben zählten Sabotageaktionen gegen militärische Einrichtungen, Industrieanlagen und Schiffe, die mit deutscher Munition beladen waren, sowie die Unterbrechung möglichst zahlreicher feindlicher Verbindungswege. Auch an diesen gefährlichen Aktionen nahmen jüdische Kämpfer teil; sie zeichneten sich durch besonderen Einsatz aus.

Anfang 1942 erfuhr das britische Oberkommando in Kairo, daß Rommels Afrikakorps durch neue militärische Einheiten aus Griechenland Verstärkung erhalten sollte. Hauptverbindungslinie zwischen Mitteleuropa und dem Balkan war die 103 Meter lange Gorgopotamos-Brücke, die Nord- und Südgriechenland miteinander verband. Über die Brücke verlief die einzige Zugverbindung der Deutschen. Täglich wurden so auf dem schnellsten Weg deutsche Soldaten nach Afrika gebracht. Das britische Oberkommando beauftragte General Zervas mit der Sprengung der Brücke. An dem Kommando, das diese Aktion erfolgreich durchgeführt hat, waren über vierzig jüdische Widerstandskämpfer beteiligt; alle zeichneten sich durch besonderen Mut und Tapferkeit aus.

Widerstandsorganisationen, die sich ganz oder zum Teil aus jüdischen Mitgliedern zusammensetzten, hatten sich Anfang 1943 in Saloniki, Athen und Thessalien gebildet. Die Einheiten standen unter der Führung von griechischen oder britischen Offizieren. Die jüdische Organisation in Saloniki wurde von dem bekannten Journalisten Elie Veissi geführt, Inhaber der spanisch-jüdischen Zeitung *Messagero*. Veissi beherrschte die deutsche Sprache und wurde aufgefordert, die jüdische Gemeinschaftsorganisation zu vertreten, die damals einen erbitterten Kampf gegen die Gestapo führte. Er lehnte dies jedoch ab. Durch Verbindung zu deutschen Offizieren, die in seinem Haus wohnten, war es Veissi möglich, an Informationen von unschätzbarem Wert zu gelangen, die er über den Untergrund nach Kairo und an militärische Stützpunkte im Nahen Osten weiterleitete. Am 29. April 1943 wurde Veissi von den Deutschen verhaftet und nach Auschwitz gebracht, wo er am 24. April 1944 starb. Enge Mitarbeiter von Elie Veissi waren Mentesh Bensantzi, ein bekannter Journalist und Vorsitzender der Griechischen Zionistischen Vereinigung, der ehemalige Abgeordnete Jacques Ventura, der Dichter A. Molho (der unter dem Pseudonym »Napoletan« schrieb), der ausgezeichnete Rechtsanwalt und ehemalige Vorsitzende der Loge *B'nai B'rith* in Saloniki, Jom-Tov Jacoel, der ehemalige Senator Isaac Sciaky, der Rechtsanwalt Abraham Levy und Shemtov Alalouf.

Obgleich die jüdische Partisanenorganisation in Athen kleiner und weniger gut organisiert war als ihr Gegenstück in Saloniki, konnte sie zahlreiche Erfolge verbuchen. Ihre wichtigsten Führer waren Baruch Sheby, ein Journalist, Emmanuel Levy, ein Kaufmann, Eliahu Levy, ein hochrangiger Regierungsbeamter, Simon Cohen, ein Rechtsanwalt, und Sam Sides. Die Organisation arbeitete eng mit dem bekannten britischen Offizier Jeffrey Rakkliff zusammen, der ebenfalls jüdischer Herkunft war. Neben drei anderen Juden kam Rakkliff im Kampf gegen die Nazis ums Leben. Nachdem er schwer verwundet worden war, wurde er von den Deutschen in ein Lazarett gebracht. Als man seine Wunden verbinden wollte, sah man auf seinem Arm eine tätowierte Zeile: »Ich werde sterben, aber England wird nie untergehen.« Daraufhin wurde er von den Deutschen auf der Stelle erschossen.

Die ELAS in Thessalien hatte sich nach den Festnahmen in Saloniki gebildet. Unter der Führung von Mosche Pessach, Oberrabbiner aus Volos, schlossen sich ihr Juden aus Volos, Larissa und Trikala an. Trotz seines Alters ging Rabbi Pessach in die Berge, wo er mit der Waffe in der Hand zusammen mit anderen Juden Widerstand gegen den Feind leistete. Später wurde er für seinen Einsatz vom griechischen König mit dem »Großen Goldenen Kreuz« ausgezeichnet. An seiner Seite kämpften die Brüder Mizrahi, Jacques Cohen, ehemaliger Offizier der griechischen Armee, und sein Sohn Victor, der später in New York lebte. Diese Gruppe arbeitete mit britischen Sabotagekommandos zusammen, zerstörte Militäranlagen und deutsche Einrichtungen in Thessalien.

In anderen Teilen Griechenlands arbeiteten die jüdischen Widerstandsgruppen nicht nur mit den Geheimdiensten zusammen, sondern auch mit Partisanengruppen, die vom Oberkommando der Alliierten gebildet worden waren. Einer der bekanntesten Partisanen war Sam Modiano aus Athen, der sozusagen vor den Augen der Deutschen mit Hilfe eines Funkgerätes, das er ständig bei sich trug, wichtige Botschaften weitergab. Modiano hatte engen Kontakt zu dem neuseeländischen Offizier Dan Stote, der die Politik der Alliierten lange unterstützt hatte, bis er aufgrund unverantwortlicher Abenteuer als nicht mehr zuverlässig galt.

Nach der Niederlage Italiens und dem Waffenstillstand vom September 1943 übernahmen die Deutschen, die bis zu dem Zeitpunkt lediglich Kontrolle in militärischen Angelegenheiten ausgeübt hatten, auch die Kontrolle über Athen und das südliche Griechenland. Die Nationalsozialisten bestanden auf der Einhaltung der antijüdischen Gesetze, über die sich das italienische Regime zuvor hinweggesetzt hatte. In Athen und Umgebung verschlechterte sich die Lage der Juden zusehends. Die Widerstandsgruppen im allgemeinen und die Athener Juden im besonderen waren von diesem Zeitpunkt an nicht nur den deutschen Behörden ausgeliefert, die Tag und Nacht Durchsuchungen vornahmen, sondern auch griechischen Verrätern, die sogar bereit waren, gegen Bezahlung Kinder in den Tod zu schicken. Einer dieser Verräter denunzierte zwei Athener Juden, Mair Talvi und Sam Samuelides. Sie wurden auf der Straße festgenommen und veranlaßt, ihre Kinder zu holen. Alle zusammen wurden in ein Konzentrationslager gebracht, in dem sie ums Leben kamen. Trotz der Gefahren hielt die Widerstandsbewegung Kontakt mit verschiedenen Kommandogruppen sowie mit amerikanischen, britischen und französischen Offizieren, die sich dem griechischen Widerstand angeschlossen hatten. Die griechischen Offiziere unterstanden dem Kommando alliierter Offiziere. Die Verdienste des Widerstands wurden von General Wilson, dem Kommandeur der Alliierten im Nahen Osten, besonders gewürdigt.

Das Organisationsvermögen des jüdischen Widerstands zeigte sich besonders darin, daß enge Kontakte zwischen den verschiedenen Gruppen in Makedonien, Thessalien und Athen bestanden, obwohl die Verbindungslinien zwischen den Landesteilen unterbrochen waren und jüdische Organisationen unter ständiger Beobachtung standen. Es gelang ihnen, Kontakt zu Oberst Moch, dem Abgesandten der britischen Regierung, aufzunehmen, der den Auftrag hatte, alles in seiner Macht Stehende zu unternehmen, um möglichst viele griechische Juden zu retten. Bedauerlicherweise konnte Moch seine Mission nicht durchführen. Aber allein durch seine Verbindung mit den jüdischen Partisanen gelang es ihm, die unterdrückten griechischen Juden moralisch zu unterstützen.

Am 27. September 1943 übernahm General Stroop, der infame Vernichter des Warschauer Ghettos, das Kommando der SS in Athen. Am 3. Oktober erließ er einen grausamen Befehl, demzufolge jeder Jude, der sich nicht innerhalb von fünf Tagen bei den deutschen Stellen meldete, erschossen werden sollte; jeder Grieche, der einem Juden Unterschlupf gewährte, sei ebenfalls ohne Gerichtsverfahren zu erschießen. Die jüdischen Organisationen, deren Arbeit durch die veränderte Situation erheblich erschwert wurde, beschlossen, mit Hilfe griechischer Organisationen alle Juden aus Athen herauszubringen. Dies war ein schwieriges und gefährliches Unterfangen. Der Widerstand verfügte nicht über entsprechende finanzielle Mittel. Die wohlhabenden Juden hatten die Stadt bereits verlassen, und auch die Führer der Gemeinde waren außer Landes geflohen. Eine Evakuierung aller Juden erwies sich als nicht durchführbar. Der jüdischen Widerstandsorganisation gelang es dennoch, Hunderte von Juden aus Athen herauszuführen und sie in den Bergen bei den Guerillakämpfern oder in entlegenen Bergdörfern unterzubringen, die so unzugänglich waren, daß sie den Verfolgten Schutz boten.

Anfangs hatten die Juden in Saloniki den Warnungen der jüdischen Widerstandsorganisation und der Aufforderung von Jom-Tov Jacoel, die Stadt zu verlassen, keine Beachtung geschenkt. Trotz wiederholter Aufforderungen zur Flucht blieb die Mehrheit der Juden in der makedonischen Hauptstadt. Nur 3400 von insgesamt 68.148 Juden aus Saloniki flohen nach Athen. Zwischen dem 25. Februar und Mai 1943 wurden die Juden aus Saloniki nach Auschwitz deportiert, und nahezu alle kamen in den Krematorien ums Leben. Von den 65.000 Juden Salonikis kehrten nur 1475 aus Auschwitz zurück. Einigen gelang es, in die Berge zu fliehen, wo sie sich den Partisanen anschlossen. Die meisten fielen im Kampf, andere wurden von den Deutschen brutal ermordet; nur wenige haben überlebt und können der Nachwelt von den Heldentaten und der Opferbereitschaft der Widerstandskämpfer berichten.

Am 24. März 1944 umstellten die Deutschen die Athener Synagoge und nahmen zweihundert Juden fest. Zwei Tage später holten die Nazis weitere fünfhundert Personen aus ihren Verstecken. Fast siebenhundert Juden wurden daraufhin zu einem Übergangslager in Heidar gebracht, wo sich bereits andere Juden befanden, die denunziert worden waren. Die übrigen Athener Juden konnten nur mit der Hilfe ihrer nichtjüdischen Nachbarn überleben. Schon bald organisierten sie eine neue Form des Widerstandes. In enger Zusammenarbeit mit dem Roten Kreuz bildeten sie sogenannte »Hilfsgruppen«, deren Aufgabe es war, Juden, die im Untergrund lebten, mit Lebensmitteln und Geld zu versorgen. Dies war keine leichte Aufgabe. Sie gefährdete die jüdischen Partisanen, die versteckten Juden, vor allem aber die griechischen Helfer, in deren Häusern sich Juden verbargen. Diese Aktionen konnten jedoch bis zum Ende des Krieges erfolgreich durchgeführt werden. Sie halfen nicht nur Juden in Athen, sondern auch denjenigen, die sich in den Bergen oder in entlegenen Dörfern versteckt hielten.

Einige jüdische Partisanen gaben sich als Mitglieder der griechisch-orthodoxen Gemeinde aus und gelangten so in die deutschen Werftanlagen in Piräus, wo sie zusammen mit ihren griechischen Kameraden Sabotageaktionen durchführten. Sie sprengten zwei große deutsche Schiffe mit Munition in die Luft, die für die deutsche Armee an der Ostfront bestimmt waren.

Ein Höhepunkt ihrer Aktionen war für die Mitglieder des griechisch-jüdischen Widerstands der Aufstand, den sie in Auschwitz organisiert hatten, um die vier Krematorien des Lagers zu sprengen. Hundertfünfunddreißig Griechen arbeiteten in einem Spezialkommando, dessen Aufgabe es war, Juden in die Krematorien einzuschleusen. An der Spitze dieses Kommandos standen drei ehemalige Offiziere der griechischen Armee, Oberleutnant Joseph Baruch und die beiden

Jüdische Partisanenkommandanten in Theben 1944
2. v. l. David Brude, 1. v. r. Louis Cohen

Leutnants Jose Levy und Maurice Aron. Auch Isaac Baruch, Sam Karasso und Jom-Tov Jacoel gehörten zu dieser Gruppe, der es gelang, eins der Krematorien mit Dynamit zu sprengen, um eine weitere Vernichtung von Juden in Mitteleuropa zu verhindern.   [28]

(*Isaac Kabeli, ein griechisch-jüdischer Autor, war vor dem Krieg in der jüdischen Gemeinde von Saloniki aktiv. Während der Besetzung Griechenlands durch die Nationalsozialisten war er Mitglied der Untergrundbewegung. Er wurde nach Auschwitz deportiert und nach dem Einmarsch der Alliierten befreit.*)

Sara Fortis – ein Partisanenmädchen

Sara Fortis

Unter den Schülern der Oberschule in Chalkis/ Griechenland war Sara nicht nur als ausgezeichnete Schülerin bekannt, sondern hauptsächlich durch ihre Jugendarbeit. Als Fünfzehnjährige träumte sie davon, einmal etwas Großes zum Wohle der Menschheit zu leisten.

Mit dem Überfall Deutschlands auf Griechenland setzte auch dort die Judenverfolgung ein.

Auf Anregung eines Schulkameraden, der bereits in einer Jugenduntergrundbewegung tätig war, bestieg die junge Sara Fortis mit ihrer Mutter einen Esel und verließ ihren Wohnort mit ungewissem Ziel. Dies war der Beginn eines kühnen Unterfangens, das mit leuchtenden Buchstaben in der Geschichte der griechischen Untergrundbewegung aufgezeichnet werden sollte. In einem gottverlassenen Nest, in das es sie verschlagen hatte, organisierte Sara die Frauen des Dorfes und lehrte sie Lesen und Schreiben, sie führt mit ihnen Gespräche und gewinnt die Sympathie der Bevölkerung. Die Leistungen der netten Lehrerin waren in aller Munde. Doch gab es auch einige wenige, die mit den Deutschen sympathisierten und denen Sara ein Dorn im Auge war.

Als der Kommandant des Untergrundes erfuhr, daß die Deutschen ihrer Gegend einen »Besuch« abstatten wollten, trennte sich Sara von ihrer Mutter und ging in Begleitung eines Verbindungsmannes in die Berge, richtete sich dort in einer Höhle ein und nahm ihre Tätigkeit in den Reihen der Partisanen auf. In Partisanenkleidung, mit Waffe und

Munition im Gürtel, besuchte Sara nun die Dörfer der Umgebung
und erläuterte dort die Aktivitäten der Partisanen gegen die deutsche
Besatzungsmacht. Im Lauf der Zeit wird sie unter den Frauen und besonders unter der Jugend in den Dörfern bekannt und beliebt; es gelingt ihr sogar, eine Einheit von Mädchen aufzubauen, die unter dem
Schutz und im Auftrag der Partisanen arbeitet. Zunächst übernehmen
sie Dienstleistungen am Ort, später lernen sie, mit Waffen umzuge-
hen, insbesondere mit Molotow-Cocktails.

Zu Beginn des Jahres 1944 wird die Mädcheneinheit unter dem Kommando der inzwischen siebzehnjährigen, aufgeweckten und tatkräfti-
gen Sara zusammen mit den Untergrundkämpfern eingesetzt. Ihre
Aufgabe war die Irreführung des Feindes. Wenn die Untergrundbewegung im Begriff war, an einem bestimmten Ort einen Sabotageakt auszuführen, wurden die Mädchen, die sich relativ frei bewegen konnten,
in ein etwas entferntes Dorf geschickt. Mit ihren Molotow-Cocktails
machten die Mädchen dort gehörigen Lärm, woraufhin die Deutschen dorthin eilten, so daß die Partisanen ihre Pläne am anderen Ort
ungestört und ohne Verluste ausführen konnten.

Im Dorf Kabia gab es einen jungen Priester, der mit den Deutschen
kollaborierte. Er informierte die Deutschen über die Bewegungen der
Untergrundkämpfer sowie über ihre Unterstützung durch die Bevölkerung. Seine Denunziationen lieferten den Deutschen etliche
Partisanen ans Messer. Der ob seiner Tätigkeit verhaßte Priester war
natürlich auf der Hut, um nicht gefaßt zu werden. Das Partisanenkommando erteilte Sara den Auftrag, sich um diesen Priester »zu kümmern«. Eines Sonntags, nach dem Gottesdienst, trat die hübsche Sara
an den Priester heran und flüsterte ihm zu, sie wolle ihm eine ungeheure Tat beichten. Sie habe eine schwere Sünde begangen, wage es
aber nicht, in der Kirche davon zu sprechen, denn das sei doch ein hei-
liger Ort, auch wolle sie nicht, daß die Leute sie aus dem Beichtstuhl
herauskommen sehen. Daher flehte sie ihn an, sich mit ihr irgendwo
außerhalb des Kirchengebäudes zu treffen. Sara, als Bauernmädchen
gekleidet, überredete den harten Mann zu einem Stelldichein an
einem verabredeten Ort, wo die Partisanen ihm auflauerten und ihn
festnahmen.

In Windeseile sprach sich in den Dörfern der Gegend herum, wie Sarika – so lautete ihr Kosename – den priesterlichen Denunzianten in die

Falle gelockt hatte. Das Ansehen der Partisanen und besonders dasjenige Sarikas wuchs weiter. Damals wurde auch bekannt, daß sie Jüdin war.

Die Deutschen hörten, daß im Dorf eine Lehrerin tätig sei, die es mit den Partisanen halte. Bei einer ihrer Säuberungsaktionen in der Gegend suchten sie auf den Hinweis eines Denunzianten hin nach Sarika, fanden aber nicht sie, sondern ihre Cousine, die ebenfalls in diesem Dorf Unterschlupf gefunden hatte und auch Lehrerin war. Ihre Frage, ob sie Lehrerin sei, beantwortete sie mit Ja. Daraufhin glaubten die Deutschen, die berühmte Sarika in ihre Gewalt gebracht zu haben. In Anwesenheit der Dorfbewohner wurde dem Denunzianten die Erlaubnis erteilt, sie zu erschießen, außerdem wurde das Haus zerstört, in dem sie versteckt gewesen war.

Als Sarika dies erfuhr, bat sie ihren Vorgesetzten um Erlaubnis, den Tod ihrer Cousine zu rächen. Die Partisanen machten den Mann ausfindig, der das Mädchen erschossen hatte, und Sarika prägte sich seine Gesichtszüge ein. Die junge Jüdin machte sich ganz allein auf, ihre Cousine zu rächen. Als sie sich dem Dorf näherte, sah sie einen Mann auf sich zukommen. Zitternd begriff sie: Das ist der Mörder! Sie begrüßte ihn und fragte ihn unter Vorwänden nach ihren Verwandten. Darauf antwortete er: »Endlich sind wir die jüdische Lehrerin los.« Sarika zog die kurze Flinte unter ihrem Kleid hervor, erschoß ihn und machte sich aus dem Staub.

Sarika bewährte sich auch bei der Nachrichtenübermittlung. Als den Partisanen zu Ohren kam, daß sich die Deutschen zur Durchkämmung eines Landstrichs rüsteten, um Verdächtige aufzuspüren, wurden sie ausgeschickt, die Bauern zu warnen, besonders in der Gegend von Chalkis. Sie pflegte auf das Dach eines Hauses zu steigen und die Bevölkerung durch einen primitiven Lautsprecher aufzufordern, zu den Partisanen zu flüchten. Ihre Worte, gesprochen mit schallender jugendlicher Stimme, bewogen die jungen Leute, ihre Dörfer zu verlassen und den Weg zur Untergrundbewegung zu suchen.

Mit Kriegsende kehrte Sarika nach Chalkis zurück und nahm die Jugendarbeit wieder auf. Doch nun genoß die kühne Partisanin nicht die Sympathie der neuen Herren in Griechenland, einmal wurde sie sogar verhaftet. Als sie dem Polizeikommandanten vorgeführt wurde, der ihre Tätigkeit für die Untergrundbewegung während des Krieges

kannte, riet er ihr, sich schleunigst an den Gemeinderabbiner zu wenden, um nach Athen zu gelangen und von dort aus Griechenland so
bald wie möglich zu verlassen. Sie wanderte kurz darauf nach Israel
aus.   [28]

Mosche Pessach – der Partisanenrabbi von Volos

Die jüdische Gemeinde von Volos in der Provinz Thessalien zählte im
Jahr 1940 882 Mitglieder. Nach dem Badoglio-Putsch im September
1943 drang die Wehrmacht in alle bisher von italienischen Truppen besetzten Gebiete ein, und in ihrem Gefolge kamen die Endlösungsspe-
zialisten auch nach Griechenland.

Am 30. September 1943, dem Feiertag *Rosch Haschana*, übermittelte
der Bürgermeister von Volos, Seradsch, dem Oberrabbiner Mosche
Pessach den Befehl des deutschen Kommandanten von Volos, der
Rabbiner möge sich sofort bei ihm melden. Pessach lehnte dies unter
dem Hinweis auf den hohen Feiertag ab, erfuhr aber von wohlmeinen-
den Beamten des Bürgermeisteramtes, daß die Deutschen die sofortige Herausgabe einer vollständigen Liste der Juden von Volos verlangt
hatten. Der Bürgermeister hatte die Überreichung der Liste um mehrere Stunden verzögert. Dem Rabbiner wurde befohlen, am nächsten
Morgen in der deutschen Kommandantur zu erscheinen.

Ohne eine Minute zu verlieren, begab sich Mosche Pessach zum Metropoliten (Bischof) Joachim von Volos, der seinerseits den Polizei-
präfekten zu einer sofortigen Besprechung herbeiholte. Gemeinsam
forderten sie die Einwohner der Dörfer in der Umgebung auf, die Juden von Volos aufzunehmen und zu verstecken. Der Metropolit Joachim gab dem Rabbiner darüber hinaus noch einen persönlichen
Brief an das Kommando der Widerstandsorganisation ELAS mit, die
in den Bergen operierte.

Am gleichen Abend erschienen zwei Partisanen im Haus des Rabbiners und brachten ihn in Sicherheit. Der Polizeipräfekt ließ allen Juden, die dies wünschten, neue Dokumente ausstellen, die keinen
Rückschluß auf ihre jüdische Abstammung erlaubten. Unter Obhut
und Führung des Widerstandes flüchteten fast sämtliche Juden von

Volos in die Berge. Viele schlossen sich dort den Partisanen an, mit ihrem Rabbiner an der Spitze. Die anderen wurden mit großer Herzlich-
keit von den Bauern aufgenommen. Die jüdischen Partisanen von Volos kämpften mit der Waffe in der Hand bis zur Befreiung.

Nachdem die Geldreserven der Flüchtlinge erschöpft waren und die
Deutschen die übriggebliebenen Juden in Ruhe gelassen hatten, kehrten einige Juden nach Volos zurück, um sich ihren Lebensunterhalt zu
verdienen. Diese relative Ruhe sollte aber nicht von Dauer sein, denn
in der Nacht zum 24. März 1944 wurden die in Volos verbliebenen Juden festgenommen, nach Larissa und anschließend nach Athen transportiert, von wo Eichmanns Henker sie nach Auschwitz brachten. Alles Vermögen wurde konfisziert und die jüdischen Geschäfte geplün-
dert, doch nur 130 von den knapp 900 Juden von Volos sind Opfer der
»Endlösung« geworden.

Die Mehrheit der Juden aus zwei weiteren jüdischen Gemeinden in
Thessalien konnte auf ähnliche Weise, durch Flucht in die Berge und
Anschluß an die Partisanen, überleben. In Larissa überlebten 950 von
1.125 Juden, in Trikkala 470 von 520. Nur eine einzige jüdische Gemeinde in Griechenland blieb ganz verschont. Die 275 Juden der Insel Zan-
the blieben alle am Leben, weil es keinen Schiffsraum für ihren Abtransport gab.

Die Juden von Volos hatten Glück im Unglück, weil dort alle Bedingungen für ein Überleben vorhanden waren: eine günstige Topographie und eine humane Einstellung von Kirche, Verwaltung und Widerstand gegenüber ihren jüdischen Nachbarn.

IX. WESTEUROPA

*»So lebten in Frankreich junge jüdische Männer – teils
zionistische Pfadfinder, teils Kommunisten – illegal im
Untergrund und wirkten aus Überzeugung, auf gut Glück
oder der Not gehorchend in der Partisanenbewegung mit.«*

Raul Hilberg: »Täter, Opfer, Zuschauer«/Frankfurt 1992

Frankreich

Bei Ausbruch des Krieges lebten in Frankreich rund 300.000 Juden.
Nur 100.000 davon waren als französische Bürger geboren. 70.000
hatten die französische Staatsbürgerschaft erworben. Die anderen waren überwiegend Arbeitsimmigranten und politische Flüchtlinge aus
den ost- und mitteleuropäischen Ländern; 83.000 Juden kamen im
Rahmen der »Endlösung« um, zum allergrößten Teil in den Vernichtungslagern.

Chronik der Ereignisse

1940

10. Mai	Beginn des Westfeldzuges der Wehrmacht.
14. Juni	Einmarsch der Deutschen in Paris.
18. Juni	De Gaulle richtet über die BBC einen Aufruf zum Widerstand an alle Franzosen.
22. Juni	Unterzeichnung des Waffenstillstandsvertrags, Teilung Frankreichs in eine besetzte Nord- und eine unbesetzte Südzone.
3. Oktober	Verkündung des Judenstatuts.

1941

20. März	Die ersten Juden werden ins Durchgangslager Drancy verbracht.

29. März	Einrichtung des Generalkommissariats für jüdische Fragen.
14. Mai	Internierung von 3.500 ausländischen Juden in den Lagern Pithiviers und Beaune-la-Rolande.

1942

27. März	Erster Transport von Drancy nach Auschwitz.
29. März	Verordnung zum Tragen des Judensterns.
16. Juli	Große Razzia in Paris, genannt *Rafle du Vélodrome d'Hiver.*
8. November	Landung der Alliierten in Algerien.

1943

27. März	Gründung des *Conseil National de la Résistance CNR,* dessen Chef Jean Moulin später vom Chef der Gestapo in Lyon, Barbie, ermordet wurde.
3. Juni	General de Gaulle bildet in Algier das Nationale Befreiungskomitee CFLN, dem später auch die Kommunisten beitreten.
August	Anerkennung des Komitees durch USA, Großbritannien und die Sowjetunion.
9. September	Die Wehrmacht besetzt die italienische Besatzungszone in Süfrankreich
11. November	Einmarsch der Wehrmacht in die unbesetzte Südzone.

1944

1. Februar	Alle Widerstandsorganisationen werden unter Führung der *Forces Françaises Libres* FFL zu *Forces Françaises de l'Intérieur* FFI (Geheime französische Heimatarmee) vereinigt. Frankreich wird in 12 Militärbezirke aufgeteilt.
21. Februar	Hinrichtung von 22 Kämpfern der Gruppe Manouchian, Olga Bancic wird später in Stuttgart enthauptet.
April	General de Gaulle wird Befehlshaber der französischen Inlandsarmee FFI.

2. Juni   Anerkennung des CFNL als Provisorische Regierung.

6. Juni   Alliierte Landung in der Normandie.

August/Sept.   Befreiung Frankreichs, militärische Einheiten des jüdischen Widerstandes befreien mehrere Städte vor Ankunft der Alliierten.

5. September   Bildung der Provisorischen Regierung unter de Gaulle, die bis zum 21. Oktober 1945 im Amt bleibt.

Der Widerstand der Juden Frankreichs gehört zu den ruhmreichsten Kapiteln der jüdischen Geschichte. Sein Umfang ist noch kaum übersehbar und kann in diesem Buch nur annäherungsweise und summarisch geschildert werden. Die 1988 von der französischen Historikerin Anne Grynberg besorgte unvollständige Bibliographie zu diesem Thema zählt 61 Bücher und andere Publikationen in französischer Sprache. Hinzuzurechnen wären noch zahlreiche Publikationen aus den letzten Jahren, aber auch die vielen Bücher und Essays in jiddischer Sprache.

Französische Historiker haben die Geschichte des jüdischen Widerstandes und – allgemeiner – auch die Frage der Reaktion der Juden auf die Verfolgungsmaßnahmen erforscht. Bis zum heutigen Tag gibt es allerdings eine heftige Kontroverse unter ihnen, bei der die Positionen zumeist mit dem politischen Standort des jeweiligen Forschers zusammenhängen. Der Streit betrifft die Alternativen, vor denen die Juden Frankreichs gestanden haben: ziviler oder militärischer Widerstand; Rettung von Menschen, insbesondere von Kindern; eigene jüdische Organisationen oder Kampf in allgemeinen Formationen; kurz: Es geht um Prioritäten und Charakter der Bewegung und darum, ob man von jüdischem Widerstand oder nur vom Widerstand von Juden reden kann.

An dieser Diskussion, die nicht nur in den einschlägigen Fachpublikationen, sondern auch in den Spalten der Presse vor der breiteren Öffentlichkeit geführt wird, beteiligten sich u.a. Henri Michel, der bedeutende Historiker des französischen Widerstandes, Adam Rayski und Boris Holban, die Kommandanten des kommunistischen Widerstandes, David Diamant, Historiker des jüdisch-kommunistischen Widerstandes, sowie David Douvette, Annette Wiewiorka, Annie

Kriegel, Anne Grynberg, Maurice Rajsfus, Georges Wellers, Serge Klarsfeld, Leon Poliakov, Renée Poznanski, Lucien Lazare, Claude Levy, Lucien Steinberg und viele andere.

Die unterschiedlichen Zielsetzungen des allgemeinen und des jüdischen Widerstandes resultierten aus den faktischen Gegebenheiten. Die Juden waren im Gegensatz zur übrigen Bevölkerung gezwungen, gegen bestehende Gesetze zu handeln, um am Leben zu bleiben. Die Franzosen konnten in relativer Ruhe die Entwicklung an den Fronten abwarten, um nach der Landung der Alliierten den Kampf um die Befreiung aufzunehmen. Diese Option stand nur wenigen Juden offen.

Viele am Schicksal der jüdischen Gemeinschaft orientierte Historiker bestreiten den jüdischen Kommunisten das Recht, sich zum jüdischen Widerstand zu zählen, weil sie angeblich – Direktiven aus Paris und Moskau folgend – sehr wenig für die Rettung der Juden getan und sich fast ausschließlich dem militärischen Widerstand gewidmet hätten. Die Kommunisten argumentieren dagegen, daß sie eine eigene Hilfsorganisation aufgebaut haben, die UJRE, und dadurch viele Juden retteten. Schon Inhalt und Umfang ihrer in französischer und jiddischer Sprache gedruckten Untergrundpresse beweise das Gegenteil. Im übrigen sei der Kampf gegen die Mörder des jüdischen Volkes die wichtigste Motivation ihrer Kämpfer gewesen.

Nach einer gewissen Zeit mußten sich die ehemaligen kommunistischen Widerstandskämpfer eingestehen, daß sie die jüdisch-nationalen und humanitären Aspekte ihres eigenen Widerstandes unterschätzt hatten. Diese Ernüchterung war auch das Ergebnis der Versuche nicht nur kommunistischer Historiker, ihren Kampf nachträglich zu »entjudaisieren«, d. h., ihre jüdische Identität zu verschleiern. Besonders Annie Kriegel, Adam Rayski und Lucien Lazare haben zu dieser Thematik wichtige Beiträge geliefert.

Die größte Errungenschaft des zivilen und militärischen jüdischen Widerstandes ist das Überleben von 73 % der Juden Frankreichs und die Rettung von 72.000 jüdischen Kindern. Damit haben 86 % aller jüdischen Kinder überlebt! Dies wäre ohne die großartige Hilfe der französischen Gesellschaft, der Kirchen und des allgemeinen Widerstandes nicht möglich gewesen.

Neben dem operativen Widerstand schufen die Juden eine organisatorische Infrastruktur mit vielen speziellen Hilfs-, Schutz-, Rettungs- und Bildungsorganisationen. Die Struktur des jüdischen Widerstandes und seine Vernetzung mit den allgemeinen Widerstandsformationen war äußerst komplex. Hier eine unvollständige Auflistung der Hilfsorganisationen:

Kinder-Hilfs- und Rettungsorganisation (OSE) *Fédération des Sociétés Juives*, Auswanderungs-Hilfsorganisation (HICEM), Pfadfinderorganisation *Eclaireurs Israélites de France (EIF), Union des Femmes Juives* (UFJ), *La Sixième, Education Physique, Service André, Réseau Garel, Service d'Evacuation et de Regroupement* (SER), *Commission Centrale des Œuvres Juives d'Entr'aide, Commission Intersyndicale Juive*.

Das *Comité Action et de Défense de la Jeunesse Juive* (CADJJ) umfaßte die folgenden Organisationen: *Jeunesse Communiste Juive* (JCV), *Mouvement de la Jeunesse Sioniste* (MJS), *Éclaireurs Israélites de France* (EIF), *Union de la Jeunesse Juive* (UJJ), *Jeunesse Socialiste Bund* und die linkszionistischen Jugendorganisationen *Haschomer Hazair, Dror* und *Gordonia*. Diese Organisationen waren im Dachverband *Comité Général de Défense* (CGD) zusammengefaßt, zu dem auch die politischen Organisationen gehörten: die Zionisten, Bundisten, Gewerkschaftler und Kommunisten.

Die Organisationen des militärischen Widerstandes waren: »Main Forte« (MF), »Organisation Juive de Combat«, die später »Armée Juive« (AJ) hieß, »Union des Juifs pour la Résistance-et l'Entraide« (UJRE). Darüber hinaus kämpften viele Juden in den Formationen des allgemeinen, gaullistischen und des kommunistischen Widerstandes Francs Tireurs Partisans (FTP). Die ausländischen Juden waren in den Formationen der FTP-MOI (*Main d'Œuvre Immigrée* organisiert. In manchen Städten bildeten sie sogar die Mehrheit der Kämpfer. Das fundierteste und materialreichste Werk über den jüdischen Widerstand in Frankreich schrieb der ehemalige Widerstandskämpfer Lucien Lazare, der heute als Psychologe in Jerusalem praktiziert. Sein Buch *La Résistance Juive en France* ist ein Standardwerk, weil es alle Probleme des jüdischen Widerstandes ohne ideologischen Ballast beschreibt und ausführlich dokumentiert. Die 1.300 Quellennachweise und Fußnoten sind eine Fundgrube für ernsthafte Forschungen.

Jüdische Führer der Résistance

Einige Juden standen an der Spitze des nationalen Widerstandes in Frankreich. Zu ihnen zählen Daniel Mayer, der frühere enge Mitarbeiter des Chefs der Volksfrontregierung Léon Blum. Mayer war während des Krieges Generalsekretär der konspirativen Sozialistischen Partei und Mitglied des obersten Gremiums des Widerstandes, des *Conseil National de la Résistance CNR*. Nach dem Krieg war er Arbeitsminister in sieben Regierungen und ist heute Mitglied des *Conseil Constitutionel*. Der spätere Ministerpräsident Pierre Mendès-France war Bomberpilot und Fallschirmspringer der freifranzösischen Luftwaffe.

Der Jurist und Professor an der Sorbonne René Cassin (1887-1976) war engster Mitarbeiter de Gaulles in London im Range eines Ministers der französischen Exilregierung. Ihm wurde 1968 der Friedens-Nobelpreis für seinen Kampf um die Menschenrechte verliehen.

Léo Hamon (Goldenberg) war Führer der Widerstandsgruppe *Ceux de la Résistance*, die in Nordfrankreich operierte und in Paris die Büros der deutschen Zwangsarbeitsorganisation *Service de travail obligatoire STO* mit Zehntausenden von Karteikarten zerstörte. Er war später Mitglied des CNR und führte den Aufstand in Paris im August 1944.

Der Geschäftsmann und Luftwaffenpilot Gilbert Grandval (Hirsch-Ollendorf) organisierte der Widerstand in Lothringen und wurde später als persönlicher Beauftragter de Gaulles Chef des nationalen Widerstandes der Militärregion C mit den Provinzen Elsaß, Lothringen, Champagne und Argonne. Er war nach dem Krieg Hochkommissar des Saargebietes und später Statthalter in Marokko.

Der Architekt und Sohn eines Rabbiners in Straßburg, Roger Villon (Ginsburger), war Führer der kommunistischen Widerstandsorganisation FTP und Mitglied des CNR. Maurice Valrimont (Kriegel) war vor dem Krieg kommunistischer Gewerkschaftsführer im Elsaß und später Führer des Widerstandes in Südfrankreich. Colonel André (Albert Ouzoulias) war vor dem Krieg Funktionär der kommunistischen Jugendorganisation, flüchtete 1941 aus der Kriegsgefangenschaft, befehligte dann die Kampforganisation *Bataillons de la Jeunesse* und wurde als Oberst Kommandant des FTP in Paris.

Jacques Bingen – Chef der vereinigten Résistance in Frankreich

Der unbekannteste Führer des nationalen Widerstandes ist Jacques Bingen. Am 21. Juni 1943 verhaftete die Gestapo in Lyon, unter Leitung des SS-Schergen Klaus Barbie, den obersten Chef des Widerstandes und Delegierten der französischen Exilregierung unter de Gaulle, Jean Moulin. Barbie hat Moulin zu Tode gefoltert. Der nationale Widerstand blieb ohne Führung. Daraufhin bestimmte General de Gaulle vier Persönlichkeiten, die für den Fall ihrer Verhaftung nacheinander die Nachfolge in der Leitung des Widerstandes

Jacques Bingen

antreten sollten. Der nächste in der Reihe war Jacques Bingen, der als Leutnant am Krieg im Jahre 1940 teilnahm und nach der Niederlage Frankreichs über Nordafrika nach London kam. Er gehörte zum Stab de Gaulles, der ihn zum Chef der freifranzösischen Handelsmarine in Nordafrika ernannte. Später leitete Bingen von London aus den Widerstand in Frankreich. Er sprang mehrmals in Frankreich mit dem Fallschirm ab. Nach dem Tode von Jean Moulin wurde Bingen also dessen Nachfolger. Er landete in der Nacht vom 15. August 1943 mit einem kleinen Kurierflugzeug auf einer geheimen Flugpiste in Nordfrankreich und wurde Chefdelegierter de Gaulles und politischer Leiter der Résistance in Frankreich. Unter den Pseudonymen *Necker, Clerante, Baudet, Chapelier* und *Reclus* traf er alle Chefs des Widerstandes, übermittelte ihnen die Weisungen de Gaulles, koordinierte die militärischen Operationen und leitete die Versorgung der Kämpfer durch massive Fallschirmabwürfe von Waffen und anderen für den Kampf wichtigen Gütern. Nach sechs Monaten intensiver Arbeit im besetzten Nordfrankreich kam Bingen im Mai 1944 nach Südfrankreich, wo er die Maquis (Partisaneneinheiten in ländl. Gegenden, vorwiegend in Südfrankreich) dirigierte.

Am 16. Mai 1944 wurde er von einem Gestapospitzel verraten und auf dem Bahnhof von Clermont-Ferrand verhaftet. Während der Vernehmungen gelang es ihm, aus dem Fenster in der zweiten Etage zu springen und zu entkommen. Eine Frau machte die Besatzung eines zufälligerweise vorbeifahrenen Wehrmachtswagens auf den Flüchtigen aufmerksam, er wurde festgenommen und schluckte daraufhin eine Zyankali-Kapsel, die er ständig bei sich trug. Er war sofort tot. Frankreich ehrte ihn mit einer Briefmarke und mehreren Straßennamen, doch sein Name ist in keinem Nachschlagewerk zu finden.

Lazare Rachline – General de Gaulles Beauftragter

Neben Jacques Bingen ist Lazare Rachline eine der weitgehend unbekannten führenden jüdischen Gestalten der nationalen Résistance, obwohl er den Krieg im Gegensatz zu seinen Vorgängern überlebt hat. Er wurde 1905 in Nischnij Nowgorod in Rußland geboren und kam bereits in jungen Jahren nach Frankreich, das sein Vaterland wurde. Er war Ingenieur und Inhaber einer Metallfabrik. 1939 hat er sich als Freiwilliger gemeldet, nahm an den Kämpfen 1940 teil und kam nach der Niederlage Frankreichs in deutsche Kriegsgefangenschaft. Es gelang ihm 1941 zu flüchten und sich zu seiner in Südfrankreich lebenden Familie durchzuschlagen. Dort wurde er führendes Mitglied der Résistance und nahm an vielen bewaffneten Operationen teil. Im Juli 1942 gelang es ihm in einer draufgängerischen Operation, zwölf englische und französische Offiziere aus der Haft in Mauzac zu befreien. In Abwesenheit zum Tode verurteilt, erhielt er im Juli 1943 den Auftrag, sich nach London durchzuschlagen. Vorher wurde sein Bruder an seiner Stelle hingerichtet. Rachline wurde zwar in Spanien verhaftet und interniert, aber es gelang ihm trotzdem, nach London zu gelangen.

Er erhielt Anfang Mai 1944 von General de Gaulle den Auftrag, über Frankreich abzuspringen und dort die vereinigte nationale Résistance umzustrukturieren, er sollte aber vor allem alle Voraussetzungen für eine nationale Wiedergeburt Frankreichs nach der Landung der Alliierten schaffen. Der persönlich und schriftlich von de Gaulle formulierte Auftrag, der als Mikrokopie in einer Zahnplombe versteckt wurde, sah folgendes vor: die Verhütung eines verfrühten allgemeinen Aufstandes, die Eroberung der zivilen Macht nach der Befreiung durch die angelsächsischen Alliierten und die Verhinderung einer Stärkung der Position der Kommunisten.

Rachline alias Lucien Rachet hat alle Aufträge bestens erledigt und wurde nach der Befreiung von Paris zum Staatskommissar für die nationale Sicherheit beim Innenministerium ernannt. Bei der Siegesparade auf den Champs Elysées stand er direkt hinter de Gaulle. Sein Personalausweis trug die Nr. 2, der von de Gaulle die Nr. 1. Dem Humanisten Rachline waren die Racheakte an Kollaborateuren, Freundinnen von deutschen Soldaten und andere Brutalitäten der *Epuration* (Säuberung) ein Greuel. Deshalb demissionierte er bereits im September 1944, übernahm wieder die Leitung seiner Fabrik und widmete sich außerdem der Gründung von Presseorganen, wie z. B. des Nachrichtenmagazins *L'Express*. Als de Gaulle 1958 wieder an die Macht kam, bot er seinem treuen Mitarbeiter einen Ministerposten an, den dieser jedoch ablehnte. Rachline hat sich sofort nach dem Krieg für die Staatsgründung Israels eingesetzt, war gemeinsam mit General Koenig in der Liga »France-Israel« sehr aktiv und erhielt für seine Verdienste die höchsten Auszeichnungen, wie etwa *Légion d'honneur*, den Orden der Résistance, auch die hohe Auszeichnung *Order of the British Empire*. Seine persönliche Bescheidenheit war exemplarisch. Er pflegte zu sagen: »Nur die Toten sind Helden. Die anderen taten nur ihre Pflicht.« Rachline starb am 27. Januar 1968 in Paris.

LUCIEN LAZARE
Die Rettung jüdischer Kinder

In der zweiten Hälfte des Jahres 1942 wurden 1032 jüdische Kinder unter sechzehn, 2557 zwischen sechs und zwölf und 2464 zwischen dreizehn und siebzehn Jahren aus Frankreich deportiert. Keines von ihnen hat überlebt. Von den Opfern der großangelegten Razzia, die am 16. und 17. Juli in Paris durchgeführt worden war, konnten die jüdischen Organisationen also nicht ein einziges Kind retten. Obwohl die Nazis schon zu einem früheren Zeitpunkt auch Frauen und Kinder deportiert hatten, glaubte doch niemand daran, daß sich dies wiederholen würde. Die Nazis hatten ursprünglich geplant, alle Kinder verhafteter Juden, die jünger als sechzehn waren, der UGIF (*Union Générale des Israélites de France*) zu übergeben. Sie rechneten damit, daß ihnen 22.000 Juden ausgeliefert würden. 10.000 konnten jedoch rechtzeitig fliehen, da sie von patriotischen oder menschlich denkenden Polizeibeamten gewarnt worden waren. Viele Frauen, Kinder und Familien von Kriegsgefangenen hingegen wähnten sich in Sicherheit und hatten daher keinerlei Vorsichtsmaßnahmen getroffen.

Nach der unglaublichen und unerwarteten Reaktion von Pierre Laval, dem Ministerpräsidenten unter der Vichy-Regierung – seiner Zustimmung zum Abtransport jüdischer Kinder –, änderten die Deutschen jedoch umgehend die geplante Zusammensetzung der Transporte – nun sollten Kinder aller Altersstufen deportiert werden. Laval stimmte nämlich den Vorschlägen zu, wonach die Verantwortung für die großangelegten Razzien auf die französische Polizei übertragen werden sollte. Er stellte lediglich die Bedingung, daß keine französischen Juden festgenommen werden durften. Als Gegenleistung bot er die Auslieferung von 10.000 ausländischen Juden aus der Freien Zone an, nun allerdings mit der Auflage, daß auch Kinder unter sechzehn zusammen mit ihren Eltern zu deportieren seien.

Nach vorsichtigen Schätzungen konnten etwa zwischen 8000 und 10.000 Kinder von den jüdischen Organisationen gerettet werden. Die Aufstellungen von Serge Klarsfeld zeigen, daß sich unter den 75.721 aus Frankreich deportierten Juden 10.147 Kinder unter achtzehn Jahren befanden. Bei 4851 Personen ist allerdings das Geburtsdatum nicht vermerkt. Hinter dieser Zahl verbergen sich auch zahlreiche Kinder. Geht man von einem Anteil der Kinder an der Gesamtzahl der Deportierten, deren Alter vermerkt ist, von 14,4 % aus, so bedeutet das, daß weitere ca. 700 Kinder deportiert wurden. Zu den Gesamtverlusten unter der jüdischen Bevölkerung Frankreichs zählen auch 5500 weitere Opfer: diejenigen Juden, die in französischen Lagern ums Leben kamen, die erschossen oder ohne Gerichtsverfahren hingerichtet wurden, sowie belgische Juden, die deportiert wurden. Nach meinen Schätzungen ermordeten die Nazis in Frankreich insgesamt 11.600 Kinder.

Nach Angaben des Pariser Polizeipräsidiums, die sich auf Erhebungen im Département Seine stützen, betrug der Anteil von Kindern unter achtzehn Jahren 27 % der jüdischen Bevölkerung. Überträgt man diesen Wert auf die Gesamtzahl der Juden, die sich nach dem Waffenstillstand von 1940 in Frankreich aufhielten, so müßten etwa 94.500 Kinder unter achtzehn darunter gewesen sein. Im Jahr 1944 war allerdings die Zahl der Neugeborenen aufgrund der Kriegsereignisse wesentlich geringer. Da mir aus diesem Jahr keine genauen Angaben vorliegen, kann ich die Zahl der Kinder unter 18 nur schätzen. Ohne Berücksichtigung eventueller Verluste belief sie sich auf ca. 84.000. Entsprechend den genannten Berechnungen konnten mithin 84.000 minus 11.600, also 72.400 Kinder gerettet werden.

Aus den genannten Zahlen ergibt sich, daß 28 % der jüdischen Erwachsenen und 12,3 % der Kinder Opfer der nationalsozialistischen Vernichtungsaktionen wurden. Wäre Lavals Entscheidung nicht durch den jüdischen Widerstand und die Unterstützung eines Teils der französischen Bevölkerung unterlaufen worden, wären vermutlich doppelt so viele Kinder deportiert worden.

Von den 72.400 geretteten Kindern waren die meisten (etwa 62.000) mit ihren Eltern zusammengeblieben oder von diesen in nichtjüdische Familien oder Einrichtungen gegeben worden. Die jüdischen Organisationen, die die Fürsorge für fast 10.000 Kinder übernommen hatten, trugen auch zur Rettung von Kindern bei, die mit ihren Eltern zusammengeblieben waren. Sie gewährten ihnen Unterstützung und organisierten falsche Papiere. Leider verfügen wir nicht über ausreichendes Quellenmaterial, um zu ermitteln, wie viele Kinder auf diese Weise gerettet werden konnten. Ich schätze ihre Zahl auf etwa 10.000 – neben den Schützlingen der verschiedenen Organisationen.

Andere haben ihr Leben der Geistesgegenwart ihrer Eltern, der Unterstützung durch Nachbarn oder dem Widerstand zu verdanken – oder sie hatten einfach Glück und wurden nicht verhaftet, obwohl sie sich nicht einmal versteckt hielten.

Die Zusammensetzung der von jüdischen Organisationen geretteten Kinder war folgendermaßen:

Kinder unter 18 Jahren	Schätzungen	
	von	bis
Emigranten aus Übersee	311	311
über die Spanische Grenze	88	132
über die Schweizer Grenze	1.500	2.000
bei Nichtjuden in der nördl. Zone	1.500	2.000
bei Nichtjuden in der südl. Zone	4.500	5.500
Summe	7.899	9.943

Unter der Vichy-Regierung war Juden die legale Auswanderung aus Frankreich verboten. Der jüdische Widerstand fand jedoch einen Ausweg aus dieser Situation. Auch wenn die Hoffnung bestand, Kindertransporte nach Übersee zu schicken, sollten die Kinder jedoch unter keinen Umständen heimlich über die Grenzen geschleust werden. Die Verantwortlichen wußten nur zu gut, daß ein Transport, angehalten durch die französische Polizei, umgehend ins Lager Drancy geschickt und den Nazis ausgeliefert worden wäre. Darüber hinaus konnten sie die Reaktion der Schweizer Behörden nicht abschätzen; sie wollten vermeiden, daß die kleinen Passagiere durch eine Abschiebung in die Arme der französischen Polizei gerieten. Eine Änderung zeichnete sich ab, als im November 1942 die Savoyer Grenze der Schweiz unter italienische Besetzung geriet. Nach und nach wurde deutlich, daß sich die Italiener gegen die Judenpolitik Vichys und der Nazis stellten. Im April 1943 verhandelten zwei Führer des jüdischen Widerstandes mit den Schweizer Behörden: Marc Jarblum und Josef Weill, die nach Genf geflohen waren, um der Verfolgung in Frankreich zu entgehen. Sie erreichten, daß die Regierung in Bern neue Bestimmungen für illegale jüdische Einwanderer erließ, wonach Transporte mit Kindern unter sechzehn Jahren nicht aus der Schweiz ausgewiesen werden konnten.

Die Organisation von Kindertransporten zur Schweizer Grenze erforderte eine Reihe sehr unterschiedlicher Maßnahmen: Die Kinder mußten zuerst darauf vorbereitet werden, mit jedem mußten geduldig Verhaltensmaßregeln für verschiedene Situationen besprochen werden, in die Kleidung wurde ein Zettel eingenäht, auf dem die tatsächliche Identität des Kindes vermerkt war; die Stellen für den Grenzübertritt mußten bestimmt werden, Versorgung und Begleitung waren zu sichern, neue Grenzübergänge waren ausfindig zu machen; sollte die Aktion scheitern, war für Verstecke und Unterkunft zu sorgen und die Finanzierung des ganzen Unternehmens sicherzustellen. All dies fand heimlich und unter Bedingungen statt, bei denen eigentlich unerläßliche Voraussetzungen wie Transportmittel und Versorgungsgüter fehlten. Einige Monate lang schleuste der jüdische Widerstand jede Woche zwei bis drei Transporte mit je 5-20 Kindern über die Grenze. Das Netzwerk aus Mitgliedern der *Education physique*, der OSE (*Organisation de Sauvetage d'Enfants*) und der *Sixième* arbeiteten eng zusammen. Eine Gruppe der MSJ (*Mouvement Sauvetage des Jeunes*) unter der Führung von Tony Gryn ging mit unglaublicher Waghalsigkeit vor. Im Oktober 1943 wurden zwei Begleiter dieser Gruppe verhaftet. Gryn wurde nach Paris geschickt, um bei der Organisation *Education physique* die Herstellung falscher Papiere zu überwachen.

Zwei Männer leiteten die Aktionen: Emmanuel Racine und Georges Loinger. Sie waren verantwortlich für die Zusammenstellung und die Ausarbeitung der Route von zahlreichen Transporten mit insgesamt ca. 600 Kindern, die alle gerettet werden konnten. Racine und Loinger sind der Inbegriff für die enge Zusammenarbeit der einzelnen jüdischen Widerstandsgruppen bei den illegalen Transporten über die Schweizer Grenze. Die Kinder wurden auf dem Bahnhof von Annemasse von Balthazar, dem Leiter des Auffanglagers, empfangen. Die Begleiter hatten sich für die kleinsten Kinder eine geschickte Lösung ausgedacht. Da die Schweizer Polizei niemals Paare mit Kind zurückwies, bildete man mit Hilfe falscher Papiere eine Pseudo-Familie aus zwei unverheirateten Personen und einem Baby. Die jüdischen Widerstandskämpfer hatten Grenzübergänge ausfindig gemacht, an denen verständnisvolle, manchmal sogar aktiv mitmachende Zollbeamte und Polizisten tätig waren.

Geschützt durch das Einverständis der italienischen Behörden, konnten im Frühjahr und Sommer 1943 zahlreiche Menschen die Schweizer Grenze überqueren – allerdings nur bis zum 8. September. Nachdem der Transport von Mila Racine am 22. Oktober 1943 von einer deutschen Patrouille angehalten worden war, erfolgte eine Zwangspause von drei Monaten. Unter strengeren Vorsichtsmaßnahmen wurden im Frühjahr 1944 neue Verbindungsgruppen tätig. In einem Bericht der Schweizer OSE an den Flüchtlingskommissar wird die Zahl von 569 Kindern genannt, die zwischen dem 1. Januar und dem 7. Juni 1944 ohne elterliche Begleitung in die Schweiz gekommen sind. Die Verhaftung einer Gruppe von 32 Kindern unter der Führung von Marianne Cohn am 1. Juni und die Landung der Alliierten am 6. Juni setzten den Rettungsaktionen über die Schweizer Grenze dann ein Ende.

Nach der Landung der Alliierten in der Normandie schlossen sich viele jüdische Widerstandskämpfer dem bewaffneten Widerstand in den Maquis an. Die »zivilen« Widerstandskämpfer – zum großen Teil junge Mädchen und Frauen – sicherten allerdings weiterhin die Betreuung der geretteten Kinder und besuchten sie regelmäßig in ihren Familien oder in den verschiedenen Einrichtungen. Obwohl es auch Verluste gab, gelang es dem Feind in dieser Zeit nicht, die von den Widerstandskämpfern geretteten Kinder ausfindig zu machen.

Das kollektive Gedächtnis der Franzosen erkennt den jüdischen Widerstand lediglich als Bestandteil des nationalen Widerstandes an. Es erinnert sich noch daran, daß Kämpfer und Partisanen der jüdischen Einheiten sich für die Befreiung Frankreichs eingesetzt und die Besatzer zur Kapitulation gezwungen haben. Warum sollten die Juden also gesondert erwähnt werden? Gehörten sie nicht dazu, als die wiederhergestellte Republik ihre Rolle am Kampf gegen die Nazis offiziell würdigte?

In der Tat haben auch die Juden selbst dieses Bild der Résistance übernommen, wie es durch das kollektive Gedächtnis übermittelt wird. Ein Gedächtnis, das dem offiziellen Bild und den von Frankreich vergebenen Rechten und Auszeichnungen folgt. Die Widerstandskämpfer haben ihren Anteil am Ruhm erhalten. Jüdische und nichtjüdische Retter sind in die Anonymität zurückgefallen und in Vergessenheit geraten. Jenen heldenhaften Kämpfern allerdings, die verfolgt und in den Tod geschickt wurden, weil sie Kinder illegal in die Schweiz gebracht haben, wurde keine postume Ehrung zuteil – die man ihnen sicherlich nicht versagt hätte, wären sie für Flugblätter oder Waffen der Résistance veranwortlich gewesen.

Eines der »zivilen« Ziele waren Rettungsaktionen. Drei von vier Juden, die sich im Jahre 1940 in Frankreich aufhielten, haben den Krieg überlebt. Zehntausende verdanken ihr Leben jüdischen Widerstandsorganisationen, die ihren Lebensunterhalt sicherten, ihnen falsche Papiere, Lebensmittelmarken und Unterkünfte besorgten, in denen sie nicht den Verdacht der Polizei auf sich lenkten, die sie aus den Konzentrationslagern befreiten und ihnen bei der Flucht in die Schweiz und nach Spanien halfen. Die Umstände, unter denen diese Hilfeleistungen gewährt wurden, machen jede Zählung überflüssig. Es ist anzunehmen, daß mehr als die Hälfte der Geretteten nur deshalb überleben konnten, weil sie, wie Kriegel formuliert, individuelle oder familiäre »Überlebensstrategien« entwickelt hatten, um sich an die Situation anzupassen: »Die Trennung von der Familie, ein Leben in der Provinz und Mobilität verbesserten die Chancen, nicht in die bürokratischen Mühlen der Verfolger zu geraten.« Von jeglicher Macht ausgeschlossen und zur physischen Vernichtung verurteilt, lebten die Juden vereinzelt in einer Gesellschaft, der es seit Herbst 1942 in manchen Fällen gelungen war, die mörderischen Pläne der Machthaber zu vereiteln.

Die Zahl der Kinder, deren sich der jüdische Widerstand angenommen hatte, läßt sich ziemlich genau bestimmen. Wie weiter oben bereits erwähnt, konnten nahezu 10.000 Kinder durch das jüdische Netzwerk gerettet werden. Nach den vorliegenden Statistiken wurden in Frankreich 27 % der jüdischen Erwachsenen und 13,8 % der Kinder von den Nazis ermordet: Unter den Opfern waren folglich nur halb so viele Kinder wie Erwachsene. Dies bedeutet jedoch nicht, daß die Kinder von dem Völkermord verschont blieben oder weniger verwundbar waren. Im Gegenteil: Keines der deportierten Kinder hat überlebt. Von den Erwachsenen kamen etwa 3 % der Deportierten zurück. Dies bedeutet, daß es dem jüdischen Widerstand gelungen ist, diese 10.000 Kinder ihren Mördern zu entreißen. Trotz großer Risiken wurden Kinder häufig unter dramatischen Umständen entführt.

Die Beharrlichkeit der Retter läßt sich nur durch Intuition erklären. Ohne sie wären die notwendigen unerbittlichen Entscheidungen zur Rettung zahlreicher Kinder nicht zustande gekommen. Bevor sie den Mördern entrissen wurden, mußten sie ja von ihren natürlichen Beschützern, ihren Eltern, getrennt werden. »Ihr mütterlicher Instinkt sollte Ihnen gebieten, sich von Ihren Kindern zu trennen und sie nicht, wie gewöhnlich, an sich zu drücken«, lautete der Text eines Flugblatts, das an jüdische Mütter gerichtet war. »Unbeschreibliche Szenen spielten sich in dem Moment ab, als die Kinder von ihren Eltern getrennt wurden«, erinnern sich die Retter an das Drama von Venissieux. In den Internierungslagern ersetzte die Polizei jedes aus einem Transport entführte Kind durch einen anderen Internierten. Die Retter gerieten in einen Gewissenskonflikt: »Wir retten Kinder zwischen zwei und fünfzehn Jahren. Ist das human?« notierte ein Retter in seinem Tagebuch.

Überraschende Intuition auch bei der Improvisation neuer Wege, die unerläßlich waren: Schaffung von beeindruckenden Familienkreisen, Pflegeeinrichtungen und die nominelle Umwandlung der Zöglinge in kleine »Arier«. Das Erstaunlichste daran ist vielleicht, daß die Retter, unter ihnen viele junge Leute und auch junge Mädchen aus den Jugendbewegungen, immer bemüht waren, bei den Kindern die Erinnerung an ihre Zugehörigkeit zur jüdischen Gemeinde wachzuhalten. Wie haben sie das erreicht?

Dies läßt sich nur schwer beschreiben, da die Intuition und das Verhältnis zwischen dem Retter und »seinen« Zöglingen sicher eine große Rolle gespielt hat. Wichtig war der monatliche Besuch, an den sich alle Gruppen hielten. Sie mußten die Pension zahlen und erkundigten sich nach dem Wohlergehen der Kleinen. In einem Zweiergespräch konnte das Kind für kurze Zeit seine Maske fallenlassen, von seiner Familie und seiner Kindheit sprechen, die nun zu Geheimnissen geworden waren. Ich stelle mir vor, daß das Kind und der Besucher eine Art Sub-Untergrund teilten und so eine unsichtbare Brücke zwischen der Vergangenheit und der Hoffnung auf eine Fortsetzung in der Zukunft schlugen. Die meisten Kinder haben die unglaubliche psychische Verwirrung ihrer physischen Rettung überwunden.

»Nicht einfach Kinder zu retten, sondern jüdische Kinder, die dies auch bleiben werden« (Vidal-Naquet) ist eine treffende Beschreibung der Arbeit, die der jüdische Widerstand geleistet hat. Einigen ihrer Führer wurde der letzte Wille der Eltern übermittelt, als diese sich in herzzerreißenden Szenen von ihren Kindern verabschiedeten: »[Sie] übergaben ihre Kleinen in unsere Obhut. Viele segneten sie in der jahrtausendealten biblischen Form und legten ihre Hände auf die Stirn ihrer Kinder, ohne eine Träne zu vergießen; in diesen mit Inbrunst gesprochenen Versen lag ihre ganze elterliche Liebe, sie opferten ihre Bestimmung und ihr Leben für das Wohl ihrer Kleinen. Aber sie forderten sie auf, mutig zu sein, sich als Juden würdig zu erweisen, sie nicht zu vergessen, und drehten sich abrupt um, um ihre Gefühle nicht zu zeigen.«

Die Retter haben alle Hindernisse überwunden und sich genau an das Testament der deportierten Juden gehalten. Sie stellten eine Gegenbewegung dar zu der in den dreißiger Jahren in Frankreich propagierten *déjudaïsation*. Das französische Judentum des Jahres 1939 war vor allem gekennzeichnet durch den Verfall von Gemeindeeinrichtungen, extreme Zersplitterung, interne Meinungsverschiedenheiten, Abwesenheit einer militanten Haltung und eine bemerkenswerte Reduzierung jüdischer Studien und Kreativität. Engagierte Kreise innerhalb des Widerstandes bemühten sich unter der deutschen Besatzung nun um eine Rückkehr zu den Ursprüngen.

Die Wiederbelebung des Judentums ist also neben der Rettung der Kinder eine weitere Folge des jüdischen Widerstandes. Zahlreiche Einrichtungen der jüdischen Nachkriegsgemeinden arbeiten heute auf der Basis der vom Widerstand in den Jahren 1940 – 1944 ergriffenen Initiativen. Kolloquien französischsprachiger jüdischer Intellektueller wurden bekannt durch den Dichter Edmont Fleg und den Komponisten Léon Algazi. Zwischen 1941 und 1943 organisierten die beiden in der Freien Zone im Süden Frankreichs jüdische Studienkreise für Lehrende, die aufgrund der antijüdischen Gesetze aus Universitäten und Schulen ausgeschlossen worden waren. Die jährlichen Begegnungen sind ein wichtiger Faktor bei der Wiederbelebung des jüdischen intellektuellen und wissenschaftlichen Lebens in Frankreich.   [33]

(*Lucien Lazare war Mitglied der jüdischen Widerstandsbewegung in Frankreich. Sein Buch »La Résistance Juive en France« ist ein Standardwerk zu diesem Thema. Er lebt heute als Psychologe in Jerusalem*)

Marianne Cohn aus Breslau – Heldin der Résistance

Marianne Cohn (konspirativer Name: Colin) wurde 1921 in Breslau geboren. Im Jahr 1935 mußte die Familie nach Frankreich flüchten. Während des Krieges ging Marianne in den Untergrund und widmete sich als Mitglied des jüdischen Widerstandes der Rettung von Kindern. Das Städtchen Annemasse an der Schweizer Grenze diente als letzte Etappe beim Schmuggeln der Kinder in die Schweiz.

Marianne Cohn

Emmanuel Racine, dessen Schwester Mila kurz zuvor verhaftet und hingerichtet worden war, organisierte einen Transport von 28 jüdischen Kindern im Alter von vier bis fünfzehn Jahren. Emmanuel und Marianne sammelten die Kinder in Lyon und brachten sie, versteckt in einem Lastwagen, am 31. Mai 1944 an die Schweizer Grenze. Kurz davor hielt eine Streife der SS sie an. Alle Kinder und die Begleitung wurden verhaftet und ins provisorische deutsche Gefängnis im Hotel Pax in Annemasse eingeliefert. Marianne wurde tagelang gefoltert, denn sie weigerte sich beharrlich, die Fluchtrouten und die Vertrauensleute der Fluchtorganisation zu verraten.

Der Bürgermeister von Annemasse, Jean Deffaugt, stellte die Deutschen unerschrocken zur Rede, indem er sie des Verbrechens der Einkerkerung kleiner Kinder beschuldigte. Entnervt ließen sie siebzehn Kinder frei. Marianne, fünf Jungen und sechs Mädchen blieben im Gefängnis. Die Häftlinge wurden jeden Morgen zum Hotel de France, dem Sitz der Kommandantur transportiert, wo sie in der Küche arbeiteten.

Bürgermeister Deffaugt plante einen kühnen Streich: Marianne sollte bei der Fahrt ins Hotel flüchten, in einen wartenden Wagen der Résistance. Als sie von dem Plan hörte, bat sie um eine Nacht Bedenkzeit. Am nächsten Morgen lehnte sie das Angebot ab, weil sie vorhersah, daß die Deutschen Rache an den kleinen Häftlingen üben würden. Sie sagte: »Ich muß meine Pflicht den Kindern gegenüber bis zum Ende erfüllen!«

Die Eltern und die Schwester von Marianne fanden in einem Ort in den Alpen Unterschlupf. Am 1. Juli 1944 schrieb Marianne einen Brief an ihren Vater anläßlich seines Geburtstags. Es sollte ihr letztes Lebenszeichen sein:

»Wieder ein 1. Juli, den Du ohne mich verbringen mußt. Sei nicht traurig darüber, es wird das letzte Mal sein. Ich werde an Dich denken, und ich wünsche Dir alles, was Du brauchst, wie jedes Jahr, daß es Dir bessergehe, alles, was Dich und mich glücklicher machen würde.
Ich möchte, daß es Dir gutgeht trotz allem, was ich getan habe. Ihr wißt, daß es mein größter Wunsch wäre, mit Euch zu sein und Euch das vergessen zu lassen, was Euch in den letzten Jahren so hat leiden lassen. Ich küsse Dich innigst, ich denke an Dich   M.«

Am 3. Juli 1944 kamen plötzlich mitten in der Nacht Gestapoleute aus Lyon und holten drei Frauen heraus, unter ihnen Marianne Cohn. Am 22. Juli forderte der Kommandant von Annemasse, Mayer, den Bür-

germeister auf, die elf Kinder zu einem Transport bereitzustellen.
Deffaugt bettelte den Offizier an und versprach ihm, sie anderweitig
unter seiner persönlichen Verantwortung unterzubringen. Er unterschrieb ein Verpflichtungsdokument und versteckte die Kinder im
Sommerlager der Pfarrei St. Joseph, wo sie die Befreiung erlebten. Annemasse wurde am 21. August 1944 befreit. Nur Marianne Cohn wurde in einem Schuppen in Ville-la-Grande halbnackt und verwest aufgefunden. Sie war am 8. Juli 1944, im Alter von 23 Jahren, ermordet
worden. In der Literatur wird sie noch immer als Marianne Colin bezeichnet, was offenbar schöner klingt als Cohn.
Die Kinder wurden nach Annemasse zurückgebracht und übergaben
ihren Betreuern ein Gedicht, das Marianne Cohn im Gefängnis verfaßt hatte. Es wurde in Frankreich veröffentlicht.
Im Oktober 1968 wurde Jean Deffaugt mit dem Titel »Gerechter der
Völker« in Jerusalem geehrt und in der Allee der Gerechten ein Baum
auf seinen Namen gepflanzt.

MARIANNE COHN
Ich werde morgen verraten, heute nicht

Ich werde morgen verraten, heute nicht.
Heute reißt mir die Nägel aus.
Ich werde nichts verraten.

Ihr kennt die Grenze meines Mutes nicht.
Ich kenn sie.
Ihr seid fünf harte Pranken mit Ringen.
Ihr habt Schuhe an den Füßen.
Mit Nägeln beschlagen.

Ich werde morgen verraten, heute nicht,
Morgen.
Ich brauch die Nacht, um mich zu entschließen,
Ich brauch wenigstens eine Nacht
um zu leugnen, abzuschwören, zu verraten.

Um meine Freunde zu verleugnen,
Um dem Brot und Wein abzuschwören,
Um das Leben zu verraten,
Um zu sterben.

Ich werde morgen verraten, heute nicht.
Die Feile ist unter der Kachel,
Die Feile ist nichts fürs Gitter,
Die Feile ist nicht für den Henker
Die Feile ist für meine Pulsader.

Heute habe ich nichts zu sagen.
Ich werde morgen verraten.

(Aus dem Französischen übertragen von Wolf Biermann)   [34]

LUCIEN LAZARE
Die Jüdische Armee

Die *Armée juive* (AJ; Jüdische Armee) war eine französische jüdische
Widerstands- und Kampforganisation, die im Januar 1942 in Toulouse
gegründet wurde. Die Initiative zur Schaffung der jüdischen Armee
ging von Abraham Polonski und Lucien Lublin aus, zwei militanten
Zionisten, die zu Beginn der deutschen Besetzung Frankreichs beschlossen hatten, eine Kampftruppe aufzustellen. Abgesehen von der
Bedrohung der AJ durch die Gestapo und die Regierung in Vichy
mußte sich die Organisation auch mit dem Mißtrauen der zionistischen Führung auseinandersetzen. Die AJ rekrutierte ihre Mitglieder
im geheimen, vereidigte sie auf die Bibel und die blauweiße zionistische Flagge und begann mit der Ausbildung, noch bevor sie Waffen
erhalten hatte. Es gibt keine Informationen über die Zahl der von der
AJ Angeworbenen.
Im Herbst 1943 organisierte die AJ Gruppen, die über die Pyrenäen
nach Spanien gingen, um von dort nach Palästina zu gelangen und
sich den jüdischen Streitkräften in der britischen Armee anzuschlie-

ßen. Die AJ konnte insgesamt 300 Juden nach Spanien bringen; 80 waren Mitglieder der *Hechaluz* aus den Niederlanden, die nach Frankreich geflohen waren. AJ-Abteilungen mit bewaffneten Partisanen unternahmen Aktionen gegen Informanten und Gestapo-Agenten in Toulouse, Nizza, Lyon und Paris. In Nizza töteten die Partisanen eine Gruppe von »Physiognomen« (Informanten, die Personen angeblich an ihren Gesichtszügen als Juden identifizieren konnten), die für die Gestapo arbeitete.

Die AJ-Gruppe in Lyon verteilte mehrere zehn Millionen Franc an Hilfsorganisationen und kämpfende Einheiten; das Geld war der jüdischen Widerstandsbewegung durch die *Jewish Agency* und das amerikanisch-jüdische *Joint Distribution Committee* zugeteilt und aus der Schweiz nach Frankreich geschmuggelt worden. Im Departement Tarn bildete die AJ eine Kampfeinheit, und AJ-Verbände der Streitkräfte Innerfrankreichs (FFI) in den Schwarzen Bergen (in Südfrankreich bei Montpellier) hißten die blauweiße Flagge und nahmen an den Kämpfen der FFI teil. Vier Offiziere der AJ fielen in Lyon und Toulouse. Ihre schwersten Verlust erlitt die AJ bei zwei Gestapo-Operationen: Im Mai 1944 spürte die Gestapo fünf Mitglieder der Organisation auf, die in Paris operierten (und zur niederländischen Gruppe gehörten), im Juli 1944 verhaftete sie 25 Kämpfer der AJ in Paris, womit sie die französische Gruppe der AJ in der Hauptstadt zerstörte. Die Männer der AJ wurden gefoltert und auf den letzten Deportationszug verladen, der das Lager Drancy verließ (17. August 1944). 14 der AJ-Gefangenen gelang die Flucht vom Zug. Die französischen Gruppen der AJ beteiligten sich im August 1944 an dem allgemeinen Aufstand in Paris, Lyon und Toulouse. [35]

ALAIN MICHEL
Die Jüdischen Pfadfinder

Die *Eclaireurs Israélites de France* (EIF) waren eine pluralistische jüdische Pfadfinderbewegung. Die EIF wurde 1923 von Robert Gamzon gegründet und hatte 1939 vor allem im Pariser Raum und im Osten Frankreichs zahlreiche Mitglieder. Ab September 1939 errichtete die

EIF Kinderheime im Südwesten des Landes. Nach dem Waffenstillstand mit Deutschland im Juni 1940 konsolidierte sich die Bewegung
im unbesetzten Frankreich, arbeitete aber gleichzeitig, trotz des deutschen Verbots, auch in Paris weiter. In Zusammenarbeit mit den Kin-
derheimen, die Kinder von jüdischen Lagerhäftlingen aufzunehmen
begannen, organisierte die EIF im Süden Frankreichs mehrere landwirtschaftliche Gruppen, die zum Teil aus jungen ausländischen Juden bestanden. Obwohl die EIF Vollmitglied der *Scoutisme Français*
(der französischen Pfadfinderbewegung) war, die im Oktober 1940
unter der Schirmherrschaft der Vichy-Regierung gegründet worden
war, wurde sie gezwungen, sich Ende 1941 der südlichen Sektion der
Union Générale des Israélites de France (UGIF) anzuschließen, der
zwangsweise gebildeten jüdischen Dachorganisation. Die Position
der EIF wurde gestärkt, als Gamzon in den Verwaltungsrat der UGIF
berufen und die EIF zur Sektion 4 dieser Organisation wurde.

Die ersten Deportationen von Juden aus Frankreich im März 1942
führten zur Gründung des Sozialdienstes der EIF, genannt *La Sixième*
(Die Sechste). Sie arbeitete zuächst unter dem Schutz der UGIF, später ganz im Untergrund, und entwickelte ein Rettungsnetzwerk, das
vor allem für Kinder falsche Papiere besorgte, sich um die Unterbringung in nichtjüdischen Familien und den Transport über die französischen Grenzen kümmerte. Obwohl die Sektion 4 im Januar 1943 vom
Commissariat général aux questions juives aufgelöst wurde, gingen die
Ausbildungstätigkeiten der EIF bis zum folgenden Herbst weiter,
dann begannen sich die Zentren aufzulösen. Im Winter 1943 entstand
eine Untergrund-EIF, Compagnie Marc Haguenau genannt, nach
dem Leiter der *Sixième*, der nach der Verhaftung durch die Gestapo
Selbstmord begangen hatte. Die Organisation gehörte sowohl der *Organisation Juive de Combat* (Jüdische Kampforganisation) an als auch
der *Armée Secrète* (der Untergrundabteilung von General Charles de
Gaulle) und beteiligte sich an der Befreiung Südwestfrankreichs. 150
Mitglieder der EIF, vor allem der *Sixième*, fanden den Tod. Es gelang
der Organisation, mehrere tausend Juden zu retten.   [35]

Marc Haguenau – Leiter der Kinderrettungsaktionen

Die *Union Générale des Israélites de France* (UGIF) war die von den Besatzungsbehörden gegründete französische Variante eines Judenrates. Die meisten in ganz Frankreich wirkenden Abteilungen der UGIF befaßten sich mit der sozialen Betreuung der Juden. Später mußten die Mitarbeiter der UGIF bei der Aufstellung der Deportationslisten helfen. Zu den Aufgaben der sechsten Abteilung der UGIF, *La Sixième*, gehörte die Betreuung der jüdischen Jugend. In kurzer Zeit verwandelte sich diese offiziell existierende Stelle zu einer konspirativen Zentrale zur Rettung von Kindern und Jugendlichen, deren Unterbringung in sicheren Heimen in der Provinz und zu deren Durchschleusung in die Schweiz. Die älteren Jugendlichen wurden nach Spanien geschmuggelt, von wo aus sie als Freiwillige zu den alliierten Armeen stießen.

La Sixième arbeitete mit der Organisation der jüdischen Pfadfinder *Eclaireurs Israélites de France* (EIF) unter der Leitung von Robert Gamzon eng zusammen. *La Sixième* war zudem ein Codewort für Kinderrettungsaktivitäten, das den französischen Spitzeln lange Zeit Rätsel aufgab. Generalsekretär der *Sixième* war Marc Haguenau, der unter dem Schutz seines Amtes wichtigste Hilfe bei der Rettungsarbeit und später beim bewaffneten Widerstand der Pfadfinder und der *Armée Juive* leistete.

Ende 1943 kamen die Besatzungsbehörden auf die Spur Haguenaus und seiner Mitarbeiter. Vor allem aber erfuhren sie Einzelheiten über die wichtige Rolle der *Sixième* beim Widerstand. In Moissac in Südfrankreich entstand die Zentrale der beiden Organisationen, deren Führer und Mitglieder in den Untergrund abtauchten.

Haguenau reiste mit falschen Papieren und wurde am 18. Februar 1944, zusammen mit seiner Mitarbeiterin Edith Pulver, von der Gestapo in Grenoble in eine Falle gelockt. Er wurde festgenommen und in einem Hotel brutal gefoltert, ohne jemanden zu verraten. Am nächsten Tag sprang er aus einem Fenster des Hotels und wurde auf der Flucht erschossen. Auch Edith Pulver wurde gefoltert, dann nach Auschwitz verbracht und dort ermordet.

Tausende von jüdischen Kindern verdanken Marc Haguenau, seinen Mitarbeitern in der *Sixième* und den jüdischen Pfadfindern das Leben.

150 jüdische Pfadfinder sind bei den Aktionen gefallen. Zum Andenken an Marc Haguenau wurde eine Kompanie der jüdischen Partisanen, die an vielen Kämpfen mit regulären deutschen Truppen teilnahm und mehrere Städte in Südfrankreich, darunter Castres und Mazamet, vor der Ankunft der Alliierten eroberte, mit seinem Namen benannt.

LUCIEN LAZARE
Der bewaffnete Kampf

Es scheint so zu sein, daß diejenigen Juden, die – in großer Zahl – aktiv an der Résistance teilnahmen, ihre Pflicht als eine moralische verstanden und die Rettung nicht als militärische Aufgabe betrachteten. »In der Résistance haben sich die Juden also nicht anders verhalten als die anderen Franzosen«, so der Résistance-Historiker Henri Michel. Er fügt hinzu, daß »der Anteil der Juden an der Résistance im Verhältnis zur Bevölkerung jüdischer Religion oder Herkunft sehr hoch war, wenn man die Teilnehmer an der Résistance in religiöser oder ethnischer Hinsicht untersucht«. Waren ihre Aktionen jüdischer Widerstand? Die Antwort, die Widerstandskämpfer in jeweils subjektivem Urteil abgeben, ist nicht einheitlich. »Da ich mein Überleben und das meiner Familie ganz klar der Hilfe der Widerstandskämpfer verdanke, ist es meine Pflicht, an ihrer Seite zu kämpfen«, erklärt einer von ihnen und verteidigt so seine Zugehörigkeit zum jüdischen Widerstand als Maquisard des nationalen Widerstandes. Dies ist kein Einzelfall. Aber ein anderer bezeugt: »Mein Widerstand war kein spezifisch jüdischer Widerstand.« War sein Verhalten mit dem anderer Franzosen in der Résistance identisch, wie Henri Michel versichert? Nicht ganz, denn er hatte »eine persönliche Beleidigung erfahren durch die deutschen Reglements und die antisemitische Gesetzgebung des Vichy-Regimes«, stellt Léo Hamon klar, der sich selbst zu denjenigen Juden zählt, die »wegen ihrer Würde als Bürger und Franzosen« gehandelt haben. Politische Bekenntnisse waren meist die Wurzel für die ergriffenen Aktivitäten. Im Falle zweier Organisationen läßt sich das zeigen:

– die Solidarité-UJRE (Union Juive pour la Résistance et l'Entr'aide – Jüdische Union für Widerstand und Beistand) identifizierte sich trotz gewisser Meinungsverschiedenheiten mit den Entscheidungen und Befehlen der KPF.

– die AJ (Armée Juive) wurde von militanten Zionisten geschaffen, um bei der Verwirklichung des Programms einer nationalen jüdischen Renaissance zu helfen.

Ihr politischer Charakter erklärt die Frühzeitigkeit des Einsatzes dieser Organisationen auf der militärischen Ebene; sie waren die ersten, die dem Druck dynamischer Elemente der jüdischen Jugend nachgaben, die, mit der Waffe in der Hand, ungeduldig Rache für die Deportation ihrer Nächsten forderten.

Stadtguerilla – die Freikorps der Armée Juive

Diese beiden Organisationen sind die einzigen in Frankreich, die militärisch gegen die mit der Judendeportation Beauftragten vorgingen. Die Freikorps, die von der AJ 1943 in Toulouse, Nizza, Grenoble und Lyon gebildet wurden, widmeten sich zunächst der Schulungsarbeit. Sie stellten Dossiers mit den persönlichen Daten und Tätigkeiten der Beamten des CGJ (*Commissariat Général aux Questions Juives* – Generalkommissariat für Jüdische Fragen) und der Aktivisten der Miliz von Darnand zusammen. Nach der italienischen Kapitulation vom 8. September 1943 begann in den Straßen, Hotels, auf öffentlichen Plätzen und in Verkehrsmitteln von Nizza eine Judenhatz, die dann auch auf Grenoble, Lyon, Limoges und Toulouse übergriff. Die Gestapo leitete die Maßnahmen und stützte sich dabei weitgehend auf die Männer der Miliz, der PPF (*Parti Populaire Français*) und auf mehr oder weniger erfahrene Denunzianten. In Nizza war beispielsweise eine Equipe von »Physiognomikern« am Werk, die aus Weißrussen und italienischen Faschisten bestand, von denen einige Inhaber von Nachtlokalen und Luxusboutiquen waren und die Juden denunzierten. Von Januar bis März 1944 wurden in Nizza 660 Juden gefangen, die nach Drancy gebracht und deportiert wurden.

Das Freikorps der AJ von Lyon war das erste, das sich Waffen beschaffte, die man italienischen Soldaten vor September 1943 abkaufte. Die anderen Freikorps waren im Herbst 1943 noch nicht bewaffnet. In Nizza, wo es den Freikorps gelungen war, einige der gefährlichsten Mitglieder der Physiognomikerbande zu beschatten, die Anfang 1944 für die Gefangennahme Hunderter von Juden jeden Monat verantwortlich waren, führte die mangelnde Bewaffnung zu schwerwiegenden Problemen. Das Freikorps bat den lokalen Widerstand dringend um Hilfe, doch erhielt man von dieser Seite weder Waffen noch direkte Hilfe gegen die gefährlichen Denunzianten. Nachdem man sich einiger Revolver und der Munition eines Waffenhändlers in Marseille bemächtigt hatte, ging man im März selbst zum Handeln über. Im Mai beschaffte der Widerstand vor Ort endlich Sprengstoff. Von April bis Juni erschlugen die jungen Männer und Frauen des Freikorps der AJ in Nizza nach geduldiger Beschattung zwei russische Helfer der Gestapo, einen Milizionär aus Saint-Martin-du-Vésubie und einige Denunzianten. Im Juni als Freikorps *Eclair* in die örtliche geheime Heimatarmee eingegliedert, legte die Gruppe eine Bombe im Nachtlokal L'Ecrin und in einem Antiquitätenladen, beides Stätten antijüdischer Aktivitäten. Die Bande der Physiognomiker verschwand im April 1944 aus den Straßen Nizzas, und die Zahl der Festnahmen von Juden ging daraufhin bis Juli um 80 Prozent zurück.

Ähnlichen Aktionen des Freikorps der AJ von Lyon und desjenigen von Paris, das im April 1944 von Kämpfern aus der Zone Süd gebildet wurde, sind in ihren Einzelheiten weniger bekannt, da die erhaltenen Berichte nur sehr knapp gehalten sind. Auch die in Paris benutzten Waffen und die Munition kamen aus der Zone Süd, transportiert von unerschrockenen weiblichen Verbindungsagenten. Auch hier arbeitete die AJ mit der FFI zusammen, und zwar im Rahmen des Freikorps *Alerte*. Die Einheiten der AJ nahmen an den Kämpfen der *Libération* in den Reihen der FFI in Paris, Lyon, Grenoble, Nizza und Toulouse teil. Der Chef des Freikorps von Lyon, Ernest Lambert, der am 29. Juni 1944 am Bahnhof von Perrache festgenommen wurde, war grausamen Folterungen ausgesetzt und wurde am 8. Juli umgebracht.

Die Zerschlagung des Freikorps der AJ von Paris

Der Stein zur Zerschlagung des Freikorps der AJ von Paris wurde ins Rollen gebracht, als der Chef des Freikorps von Nizza, Henri Pohorylès, dem Vertrauensmann der FSJF (*Fédération des Sociétés Juives de France* – Verband der jüdischen Gesellschaften Frankreichs), Rogowski, von dem großen Waffenmangel der AJ Mitteilung machte. Rogowski, Exprokurator von Petrograd, erinnerte sich einer seiner Bekanntschaften, einer jungen russischen Jüdin, die ihm offenbart hatte, daß ihr Liebhaber ein Agent des *Intelligence Service* (IS) war. Also traf Pohorylès im Mai in Marseille Charles Porel, diesen Agenten des IS, der in Wirklichkeit Karl Rehbein hieß und ein gewiefter und erfahrener Agent der »Abwehr« war. Die Kontakte wurden in Montauban, dann in Paris fortgesetzt, wohin Pohorylès versetzt worden war, um das Freikorps, das durch die Festnahme von fünf Mitgliedern der »holländischen Gruppe« vernichtet worden war, wieder aufzubauen. Die Gestapo war am 27. April in deren Zimmer im Hotel Versigny aufgetaucht und hatte sich dabei auch der Apparaturen zur Herstellung falscher deutscher Pässe und Durchlaßscheine bemächtigt.

Porel-Rehbein und Kollegen gewannen das Vertrauen der Männer der AJ. Sie gaben vor, den Text eines Vertrages zwischen IS und AJ über die Bereitstellung von Waffen und die Eingliederung einer in Frankreich rekrutierten jüdischen Legion in die britische Armee zu verhandeln, die dann nach der Befreiung Frankreichs nach Palästina gebracht werden sollte, und sie schlugen vor, zwei Emissäre der AJ auf dem Luftweg nach London zu bringen, um diesen Vertrag zu unterzeichnen. Weibliche Verbindungsagenten der AJ stellten die Kontakte zwischen den Delegierten in Paris, Polonski in Toulouse und Lublin in Lyon her. Die beiden Chefs der AJ wurden minutiös auf dem laufenden gehalten, berieten sich in langen Handschreiben, in denen sie die Modalitäten des grandiosen Projekts einer jüdischen Legion ausarbeiteten, und schickten ihre Instruktionen nach Paris. Es wurde vereinbart, daß alle Offiziere der AJ den Agenten des IS nach dem Empfang einer codierten Nachricht über den BBC-Sender, der die Ankunft der zwei Emissäre in London bestätigen sollte, vorgestellt werden würden.

Diese beiden, René Kapel und Jacques Lazarus, brachen am 17. Juli nach London auf. Doch weniger als zwei Stunden später fanden sie sich im Gestapogebäude in der Rue de la Pompe wieder. Am folgenden Tag nahmen Nazipolizisten sechs Männer der AJ fest, die sich versammelt hatten, um BBC zu hören, darunter Maurice Loebenberg-Cachoud, Chef des Fälschungsdienstes des MLN, der im Besitz belastender Unterlagen war. Er wurde brutal gefoltert und hingerichtet, ohne gesprochen zu haben. Durch die Fallen, die man in den Appartements eingerichtet hatte, in denen sich die Mitglieder des Freikorps der AJ versammelten, kam es zu vierzehn Festnahmen – zwölf Männer und zwei Frauen.

Unter der Folter schwiegen sie über die Freikorps und Maquisards der AJ. Zuerst nach Fresnes, dann nach Drancy verlegt, wurden sie vom SS-Chef des Lagers, Brunner, in den letzten Waggon der Judendeportation vom 17. August gebracht. Fast allen gelang die Flucht, indem sie in der Gegend von Saint-Quentin waghalsig vom Zug sprangen. Sie sagten im Dezember 1952 im Verlauf des Prozesses gegen die Folterer der Rue de la Pompe in Paris aus.

Obwohl das Freikorps von Paris durch die Schläge vom 27. April und vom 17. bis 19. Juli völlig vernichtet war, gelang es ihm dennoch, wieder eine Kampfgruppe aufzubauen, die sich an der Seite des Freikorps *Alerte* der FFI in den Kämpfen um die Befreiung von Paris auszeichnete. Eine gewisse politische Naivität und ihre Unerfahrenheit im Untergrundkampf tragen zum Teil die Schuld für die Niederlagen.

Die Guerilla der jüdischen Maquis

Die jüdischen Maquisards waren in zwei Gebieten aktiv, auf dem Cevennenhochland und im Département Tarn. Chambon-sur-Lignon war für die verfolgten Juden der gastfreundlichste Ort in ganz Frankreich. Als Zuflucht für ganze Familien aus Saint-Etienne, Lyon und Nizza war das Hochland auch Ausgangspunkt eines Schleichweges über die Schweizer Grenze. Die Massierung zahlreicher versteckt lebender Juden und die Unterstützung der ganzen Bevölkerung, die für die Rettung der Opfer vor der antijüdischen Verfolgung große Gefahren auf sich nahm, machten die Region zu einem ausgezeichneten Ort zur Bildung eines jüdischen Maquis. Auch Tarn, ein Land mit inner-

halb der protestantischen Gemeinden lebendig gebliebener kathari-
scher Tradition, bot ähnlich günstige Bedingungen, auch wenn seine
Bevölkerung weniger homogen war als die des Cevennenhochlandes.
Die geographische Nähe zur Pyrenäengrenze prädestinierte Tarn für
die Errichtung eines Ausgangspunktes zur organisierten Flucht in
Richtung Spanien. Doch vor allem die Region von Castres beherbergte um 1940 das größte Ensemble ländlicher Basen der EIF (*Eclaireurs
Israélites de France* – Israelitische Pfadfinder Frankreichs), dasjenige von
Lautrec. Diese Männer waren mit der Topographie der Umgebung
vertraut. Sie wußten, welcher politischen Richtung die lokalen Man-
datsträger, Beamten, Kaufleute, Kleriker usw. zuzurechnen waren. In
allen diesen Fällen unterstellten sich die jüdischen Maquis der Autorität des Chefs der Widerstandsarmee vor Ort und operierten im Rahmen von deren militärischer Hierarchie. Selbständig blieben sie in
bezug auf ihre Kader, ihr Training, die Verpflegung und das tägliche
Leben der Einheiten, sie nahmen weniger an Operationen teil als an
der eigentlichen Bildung des Maquis. Nur ein einziger Fall mangeln-
der Disziplin ist bekannt geworden. Der Maquis EIF von La Malquière in den Bergen von Lacaune beschaffte sich im Februar 1944
Waffen, indem er ein Depot der Résistance bei Lautrec mit dem Inhalt
eines kurz zuvor erfolgten Fallschirmabwurfs leerte. Die örtlichen Maquis litten gewöhnlich unter einer gewissen Instabilität ihrer Mitglieder, die ihre Zeit zwischen der Arbeit auf dem Hof, der Familie und
der militärischen Aktivität aufteilten: »Der Maquis ist keine Kaserne;
die Offiziere haben keinerlei Zwangsmittel zu ihrer Verfügung. Die
Soldaten wissen, daß sie frei sind und daß ihnen keine Strafe droht.«
Die jüdischen Einheiten hingegen, die sich aus Menschen ohne regio-
nale Bindungen zusammensetzten, waren stabiler. »Ihre Gruppe bildet ein kohärentes Ganzes, sie ist diszipliniert und hinterläßt einen
ausgezeichneten Eindruck«, schrieb ein Stabsoffizier. Diese Eigenschaften verhalfen der Kompanie Marc Haguenau dazu, vom Generalstab der FFI von Vabre für den Empfang der zahlreichen Flugzeug-
abwürfe auf dem Gebiet »Virgule« zwischen dem 25. Juni und dem
8. August 1944 ausgewählt zu werden.
Die dokumentarischen Quellen über den jüdischen Maquis des
Cevennenhochlandes sind sehr bruchstückhaft. Gebildet wurde er gegen Ende des Winters 1943 vom Abteilungschef André. Seine Initiati-

ve wurde von der AJ unterstützt, die aus Toulouse den Instrukteur
Léon Avraham schickte, der in der Fremdenlegion gedient hatte. Den
auf lokaler Ebene Rekrutierten gesellten sich Kämpfer aus Lyon hinzu. Der einzig erhaltene Teil eines Kriegstagebuches berichtet über
die Tage vom 12. Juli bis zum 4. August 1944, eine Zeit intensiven militärischen Trainings mit Schießübungen, Übungen zur Geländebeset-
zung, zum Kampf gegen Panzer und mit Erste-Hilfe-Kursen. Die Einheit nahm unter dem Kommando der örtlichen FFI an Scharmützeln
mit den sich im Rückzug befindlichen deutschen Truppen teil. Vom
25. bis 30. August ging sie in die Nähe von Lyon, wo sie sich den Aufständischen der Volkserhebung anschloß. Der Region des Chambon
blieben repressive Aktionen des Feindes wie Geländedurchkämmun-
gen weitgehend erspart. Der Maquis der AJ des Cevennenhochlandes
hat während seiner Operationen keine Verluste erlitten.

Die Einheit »Blauweiß« der CFMN (Corps Franc de la Montagne Noire)

Nachdem man sich auf Anweisung des FFI von Albi in den Süden des
Tarn begeben hatten, richtete sich die Einheit der AJ, die jetzt von
dem Unteroffizier der Reserve Pierre Loeb kommandiert wurde, am
23. April 1944 in Espinassier ein, einem verlassenen Weiler in der Montagne Noire. Sie wurde in die sich gerade bildende CFMN eingegliedert. Das Freikorps, geschaffen vom Kommandanten Roger Mompezat, verfügte über eine von dem britischen Major Richardson, der im
Oktober 1943 über Frankreich abgesprungen war, hergestellte Sende-
verbindung mit London und über Vorräte zur Ausrüstung von 50
Mann mit leichten Waffen, die von der alliierten Luftwaffe während
der ersten Monate des Jahres 1944 über dem Tarn abgeworfen worden
waren. Mompezat konzentrierte mehrere Maquis der Region im Sektor des Pic de Nore im Südosten von Mazamet. Die Einheit der AJ er-
füllte von nun an eine doppelte Aufgabe: Sie war Basis für den SER
(*Service d'Evacuation et de Regroupement des Enfants* – Hilfswerk für die
Evakuierung und Eingliederung der Kinder) und außerdem selbständig operierende Einheit innerhalb der CFMN. Seine Mitgliederstärke
reichte von 35 bis zu 50 Mann.
Am 31. Mai 1944 hörten die Chefs des Maquis unter den Nachrichten

des Londoner Senders: »Wie gewöhnlich eine fliegende Festung mit
vier Motoren.« Das war die Ankündigung der unmittelbar bevorstehenden alliierten Landung. Am 5. Juni fingen sie zwei weitere Botschaften auf: »Man hat etwas Erfrischendes im Garten gefunden« und
»Wer das blutige Fleisch liebt, hat einen guten Geschmack« – die Kommandos, den Guerillakrieg zu beginnen. An den folgenden Tagen
strömten die Männer aus der ganzen Gegend auf dem Pic de Nore zusammen. Die Offiziere bildeten Züge und Kompanien, bestimmten
die Führer und ließen ultramarinblaue Uniformen verteilen, die Beute
eines Raubzuges der Männer von Mompezat in einem Lager des Ju-
gendsekretariats der Pfadfinder in Toulouse. Die Widerstandskämpfer der AJ schmückten die Schulterstücke ihrer neuen Hemden mit
einem blauweißen Band. Die Einheit wurde der »Zug Blauweiß«.
Das tägliche Leben von »Blauweiß« wurde in den wöchentlichen Berichten Loebs an die Chefs der AJ in Toulouse lakonisch geschildert:
morgendliche Grußzeremonie mit Trikolore und blauweißer Fahne, In-
struktion und militärische Übungen, eine Stunde Geschichte des Zio-
nismus, Abende mit Gesang, Störmanöver gegen deutsche Konvois,
Empfang von Fallschirmabwürfen. Die Teilnahme der Gruppe an den
Abenden des CFMN brachte ihr große Popularität ein: »Die langen
Abende dieser Jahreszeit waren dem Spiel gewidmet (...). Animateure
der abendlichen Vergnügungen sind vor allem die Mitglieder des israeli-
tischen Zuges, der ausgezeichnete Sänger hat.« Nach einem Frühstück
im Camp zeigte »der israelitische Zug um 18 Uhr die Aufführung, die er
seit einigen Tagen vorbereitet hat: einige Kabarettisten und ein Chor
treten auf, und schließlich kommt die Revue, deren Rollen ganz offensichtlich auf die Offiziere des Freikorps gemünzt sind«. Diese Einheit
der AJ, die gut integriert war und vom Kommando wegen ihrer Disziplin geschätzt wurde, ließ dennoch einem der Offiziere keine Ruhe. Er
diskutierte oft mit Loeb und meinte eines Tages: »Ihr nervt uns mit eu-
rem Judenproblem. Wechselt eure Namen, heiratet Christinnen, und in
einer Generation gibt es kein Judenproblem mehr.«
Das CFMN zählte zu diesem Zeitpunkt mehr als 800 Mann. Seine
Präsenz bei der Parade am 14. Juli bestand aus zwanzig Lastwagen, die
von mehreren leichten Fahrzeugen flankiert wurden. Die Chefs hatten sich dazu entschlossen, die Stärke des Maquis zu demonstrieren,
indem sie die Störaktionen gegen feindliche Konvois vervielfachte

und diese spektakuläre Schau am französischen Nationalfeiertag durchführte. Am 20. Juli 1944 startete die Wehrmacht eine Großoffensive gegen das Lager des CFMN, bei der sie Luftwaffe, Panzer und Infanterie einsetzte. Nach einem zwölfstündigen Kampf, in dem das CFMN dem Feind standhielt, ihm empfindliche Verluste zufügte und selbst vier Männer verlor, gaben die Chefs den Befehl zum allgemeinen Rückzug. Da die Deutschen das Gebiet ohne weitere Verfolgung verließen, versammelte Mompezat das CFMN fast vollständig und ergriff Maßnahmen gegen einen neuerlichen feindlichen Angriff.

Der »Zug Blauweiß«, der aus den Kämpfen des 20. Juli ohne Verluste hervorgegangen war, führte ein Wanderleben und wechselte vier Wochen lang fast jede Nacht das Lager. Sein Chef, Pierre Loeb, hat das Kriegstagebuch für diese Zeit exakt rekonstruiert. Er hielt den Kontakt mit dem Verbindungssender des CFMN wie auch mit der Führung der AJ in Toulouse aufrecht und nahm sich in eigener Person der Versorgungsprobleme an. Am 1. August bekam er Order, seine Mannschaft auf ein Minimum zu reduzieren, die Waffen zu verstecken und abzuwarten. Loeb schickte zwanzig seiner Männer fort. Verteilt auf Toulouse, Limoges und Lyon nahmen sie dort an den Befreiungskämpfen teil, zwei von ihnen wurden dabei verletzt. Zwei andere Widerstandskämpfer des Zuges Blauweiß wurden in Toulouse festgenommen und dort bis zur Befreiung gefangengehalten. Sie waren von ehemaligen deutschen Gefangenen des CFMN, die nach der Attacke vom 20. Juli hatten entfliehen können, wiedererkannt worden. Gleichfalls in Toulouse exekutierte die Miliz in einer von einem Freikorps der AJ genutzten Wohnung zwei AJ-Mitglieder, verletzte einen Kämpfer des Zuges Blauweiß, dem die Flucht gelang, und nahm einen weiteren fest, der in der Deportation starb.

Loeb und der Rest der »Einheit Blauweiß« waren am 18. August 1944 bei der Rekonstituierung des CFMN zugegen und nahmen an den harten Scharmützeln auf den Rückzugslinien der deutschen Truppen in Saint-Pons und Murat teil, den aufreibendsten, die das Freikorps ausfechten sollte. Von allen Verlusten, die die AJ erlitten hat, ist kein einziger einer Schwäche, einer Denunziation oder einem Verrat durch irgendeines der Mitglieder der Organisation zuzuschreiben. Die Gesetze des versteckten Lebens, die Disziplin und der von den Verantwortlichen angenommene Treueeid hatten gewirkt.

Die Kompanie Marc Haguenau

Die Pfadfinderorganisation EIF nahm den militärischen Kampf in zwei Phasen auf. Am 16. Dezember 1943 schuf eine Gruppe aus acht Beamten und jungen Landwirten vom Stützpunkt Lautrec, die sich aus Sicherheitsgründen hatten zerstreuen müssen, einen Maquis in einer kleinen Ansammlung verfallener Häuser, La Malquière genannt, einem einsamen Ort in den Bergen von Lacaune im Osten von Vabre. Am 29. April 1944 formierte sich eine ähnliche Gruppe – die ebenfalls aus Lautrec gekommen war, wo der Stützpunkt jetzt endgültig geschlossen wurde – einen zweiten Maquis in den Ruinen eines Hofes, Lacado, sieben Kilometer von La Malquière entfernt.

Zwischen diesen beiden Daten hatte die nationale Führungsmannschaft der EIF die »Mobilisierung« der jungen Leute aller Stützpunkte wie auch der Angestellten und Älteren der Bewegung beschlossen. Die Pfadfinderführer beackerten die südliche Zone im April und Mai und besuchten 300 potentielle Mitkämpfer. Am 11. Juni wurde aus dem Maquis EIF mit einer Stärke von 60 Leuten die Kompanie Marc Haguenau, die sich aus drei Zügen zusammensetzte und dem Kommando von Gamzon, alias Leutnant Lagnès, unterstand. Dieser wiederum unterstellte sich dem Befehl Dunoyers de Segonzac, der vor kurzem zum Kommandanten der FFI des Sektors Vabre ernannt worden war. Das Training wurde intensiver. Am 25. Juni empfing die Kompanie einen ersten Fallschirmabwurf auf dem Gelände »Virgule«.

Am Abend hatte der Radiodienst über den Sender der BBC folgende Nachricht aufgefangen: »Von der Eule zum weißen Raben: Der Schütze hat nur zwanzig Kugeln.« Das war die codierte Ankündigung des Fluges eines Flugzeuges über »Virgule« im Laufe der Nacht, das 15 Kontainer von je 200 Kilo abwerfen sollte, also eine Ladung von drei Tonnen. Diese Nachricht sollte sich während der folgenden Abende mit einigen Abwandlungen häufig wiederholen. »Der Schütze hat nur dreimal zwanzig Kugeln« kündigte drei Flugzeuge an. »Zwei Freunde werden an diesem Abend sehen, ob der Schütze nur zwanzig Kugeln hat« bedeutete die Ankunft zweier Fallschirmjäger.

Die Kompanie Marc Haguenau führte ein Wanderleben in den Wäldern von Biwak zu Biwak. Die am 7. und 8. August von einer deutschen Panzerkolonne getöteten Kameraden wurden in Lacaze beer-

digt: »Wir sind (...) nach Viane herabgestiegen, wo die Leute uns
Zivilkleidung liehen. (...) Die gesamte Bevölkerung der Gegend war
anwesend ...« Für mehr als die Hälfte der Männer war dieser Angriff
vom 8. August die Feuertaufe gewesen. Nach den erlittenen Verlusten
rief der brennende Schmerz der Niederlage und die Tatsache, daß die
Maquis nun zu einem gefährlichen und demütigenden Umherirren
ohne Ziel gezwungen waren, »eine Welle der Demoralisierung hervor«. Eines Morgens öffnete Gamzon vor versammelter Kompanie
seine Bibel: »Wenn ihr in die Schlacht gehen sollt, wird der Priester
herbeikommen und zum Volk sprechen. Er wird ihm sagen: Höre Israel! Die Offiziere werden noch einmal zum Volk sprechen, und sie
werden sagen: Wenn einer unter euch ängstlich ist und sein Herz ge-
sunken, soll er wegtreten und nach Hause zurückkehren, damit das
Herz seiner Brüder nicht wankt wie das seine.«
Von der geistigen Kraft ihres Führers aufgebaut, sammelten die jüdischen Maquisards neuen Mut. Am Abend des 15. August hörten sie, auf
einer Lichtung versammelt, einen Vortrag Gadoffres über Großbritan-
nien und den Commonwealth. Am gleichen Tag landete die Armee des
Generals de Lattre an der Provenceküste. Am 17. August konzentrierte
Segonzac alle Maquis seines Sektors in der Umgebung der Fabriken
von Mazamet. Ein Offensivschlag gegen die deutsche Besatzung der
Stadt war geplant, und er selbst verhandelte mit den lokalen Widerstandskämpfern. Dann entdeckte man Hinweise auf Vorbereitungen
für einen eventuellen Rückzug des Feindes, und Segonzac entschied
sich für eine Verschiebung des Angriffs. Am 19. August luden die deutschen Militärs tatsächlich ihre Maschinengeschütze und umfangreiches
Material auf einen langen Eisenbahnzug von 50 Waggons. Segonzac
wählte auf der Strecke Mazamet-Castres eine zwei Kilometer östlich
von Labruguière gelegene Stelle aus, an der die Schienen eine Kurve beschrieben und zwischen drei Meter hohen Böschungen eingeklemmt
waren. Er ließ die Kompanie Marc Haguenau im Süden der Schienen
aufstellen und ihr gegenüber auf der nördlichen Böschung eine kleine
Einheit, den Zug Antonin. Während die Maquisards ihre Schützenstel-
lungen aushoben und das amerikanische Kommando die Eisenbahn-
schienen an mehreren Stellen zwischen Mazamet und dem Hinterhalt
sprengten, ging Segonzac in Begleitung eines Unteroffiziers des Pfad-
finder-Maquis, der ihm als Übersetzer diente, zum deutschen Kom-

mandanten von Mazamet und sagte ihm: »Euer Zug wird nicht durch-
kommen, ergebt euch!« Doch der feindliche Offizier weigerte sich,
kampflos zu kapitulieren, und ließ den Zug um 19 Uhr starten. Eine Patrouille marschierte vor der Lokomotive und suchte Minen und Risse
auf den Gleisen. Mit dieser Fußgängergeschwindigkeit brauchte der
Zug, der außerdem durch die Reparaturen der Sabotageschäden aufge-
halten wurde, dreieinhalb Stunden, um die acht Kilometer, die ihn
noch vom Hinterhalt trennten, zurückzulegen.

Es war eine finstere Nacht. Die Finger der Maquisards krampften sich
um die Abzüge ihrer Waffen. Die Lokomotive legte die zertrümmerte
Wegstrecke zurück und hielt an ihrem Ende. Ein Offizier des jüdischen Maquis drückte auf den Abzug einer Ladung von 18 Kilo
Sprengstoff. Eine ohrenbtäubende Explosion folgte, und die Schlacht
begann. In weniger als einer Stunde hatten alle Maschinengewehre
des Maquis Ladehemmung. Der Chef gab das Rückzugskommando
in eine Stellung ganz in der Nähe. Während des Restes der Nacht
schickte er in kurzen Abständen Patrouillen los, die mit Granatwerfern verhindern sollten, daß die Deutschen die Gleise reparieren
konnten. Die Raketen, die der Feind als Hilferuf nach Verstärkung
zündete, blieben ohne Antwort. Die starke Garnison von beinahe
4.000 Mann in Castres, 10 Kilometer vom Ort des Geschehens entfernt, wagte sich nicht hinaus. Der Abschreckungseffekt der Guerilla,
die wie »eine Strömung, eine nicht greifbare Idee« wirkte, lähmte den
Feind. Bei Tagesanbruch brachte Segonzac das einzige Geschütz, über
das er verfügte, zum Einsatz. Daraufhin sah eine Patrouille des jüdischen Maquis die deutschen Soldaten waffenlos und in weiße Tücher
gewickelt auf sich zukommen:

»Sechzig Boches, die Hände erhoben, verstört und entsetzt, blutend,
reihten sich auf. Unsere Jungen (...) laufen an den verängstigten und
zitternden Boches vorbei und sagen ihnen: ›Ich bin Jude!‹ Die einzige
Reaktion der Deutschen ist, daß sie grün werden und noch stärker zittern. Sie sehen nicht sehr stolz aus, die glorreichen Eroberer Europas.
Sie sind überzeugt, daß wir sie alle erschießen werden und sie behandeln werden, wie sie unsere Kameraden einige Tage zuvor behandelt
haben, aber wir sind entschieden zu dumm, oder zu menschlich, und
kein einziger meiner Jungen setzt auch nur zu einer drohenden Geste
gegen sie an.«

Bilanz dieses Sieges: ein getöteter Gendarm, drei verletzte jüdische
Maquisards; beim Feind fünf Tote, zahlreiche Verletzte und sechzig
Gefangene sowie eine beachtliche Beute. Unterdessen nahm Segonzac in Castres die kampflose Kapitulation der gesamten Garnison entgegen. Am Montag, dem 21. August, feierte man vormittags in den
Straßen der Stadt begeistert die Kompanie Marc Haguenau, die auf ihre Laster gestiegen war. Die Provinz Tarn war befreit. Die Kompanie
Marc Haguenau, die mittlerweile zum 2. Kommando des damals von
Segonzac gebildeten Freikorps Bayard geworden war, stieg am 6. September im Bahnhof von Castres in den Zug, entschlossen, den Kampf
bis zur völligen Vernichtung der Nazis fortzuführen. In Lapalisse setzten sie den Zug nach Norden auf ihren Lastern fort und nahmen an
den Kämpfen um die Befreiung von Nevers teil. Schließlich vereinigten sie sich mit der 1. Armée von de Lattre in Autun.

Denjenigen Männern, die das Abitur hatten, wurde eine sechsmonatige Ausbildung auf der Offiziersschule von Cherchel dringlich angebo-
ten. Die Offerte galt dem Großteil der verbliebenen Mannschaft der
Kompanie Marc Haguenau. Alle wiesen sie zurück, denn sie waren ungeduldig, auf die Nazis loszugehen und bei denen zu sein, die die in
den Konzentrationslagern eingeschlossenen Juden befreien würden.
Sie führten den harten Krieg in den Vogesen, dann im Elsaß und beim
Rheinübergang und verloren noch zwei der ihren auf dem Schlachtfeld.   [33]

Die Widerstandsorganisation FTP-MOI in Paris

Die bedeutendste Formation des Widerstandes in Frankreich – und
des kommunistischen Widerstandes im besonderen – war die Pariser
FTP-MOI (*Francs Tireurs Partisans – Main d'œuvre Immigrée*). Dabei
handelt es sich um die Organisation der ausländischen Widerstandskämpfer innerhalb der KPF. Sie bestand aus vier Abteilungen und
den dazugehörigen Diensten. Diese Organisation entwickelte eine
ungeheure operative Aktivität, die dem Feind größte Verluste zufügte.
Aus diesem Grunde wurde der gesamte Apparat der französischen
und deutschen Polizei auf sie angesetzt. Mitglieder der *Brigade Spéciale*

Partisanen der *Armée Juive*: v. l. n. r.: J.-J. Fraiman, Jacques Lazarus, Henri Broder, Pierre Loeb, Albert Cohen, kniend: Rachel Graff

Freiwillige der Kompanie Marc Hagenau befreien Castres in Südfrankreich

observierten die Kämpfer über eine lange Zeit hinweg Tag und Nacht, um die ganze Organisation mit einem Schlag festzunehmen. Das bittere Ende der Abteilung Manouchian und die Hinrichtung der »23« ist zum Symbol des Widerstandes geworden. Über diese Organisation gibt es viele Bücher, Dokumentarfilme und Dokumentationen, aber auch mutwillig in die Welt gesetzte Legenden. Die KPF hat jahrelang die Geschichte der Organisation manipuliert und die Identität ihrer Kämpfer verschleiert.

Der Kommandant der FTP-MOI in Paris, Boris Holban, hat nach seiner Rückkehr aus Rumänien, wohin er nach dem Krieg kam, in seinem Buch *Testament – Après 45 ans de silence, le chef militaire des FTP-MOI de Paris parle,* das 1989 erschien, alle fragwürdigen Theorien beseitigt, indem er einen ausführlichen Bericht über die Organisation verfaßte. Die vier Kampf- und fünf Dienste-Abteilungen stellten fast die gesamte operative Macht des kommunistischen Widerstandes der französischen Hauptstadt. Hinter den knappen biographischen Vermerken verbirgt sich der Heroismus und die Opferbereitschaft zahlreicher jüdischer Widerstandskämpfer. Der Holban-Bericht muß die Verleugner des jüdischen Widerstandes jeglicher Provenienz endgültig zum Schweigen bringen. Dieser Bericht gibt Aufschluß über die Gliederung und die von Holban erforschte nationale Zugehörigkeit der Kämpfer der FTP-MOI von Paris.

Die Gruppe Manouchian – »das rote Plakat«

Ende Mai 1985 erschütterte ein Medienskandal Frankreich. Die für den 2. Juni 1985 im 2. Fernsehprogramm vorgesehene Ausstrahlung des Dokumentarfilms *Terroristes en retraite* (Terroristen auf dem Rückzug), eine von dem bekannten Filmemacher Mosco hergestellte Dokumentation über die wenigen, meist jüdischen Überlebenden der berühmtesten Kampfgruppe der französischen Résistance, der Gruppe Manouchian, wurde durch die massive Intervention der KPF verhindert. Eine darauf einberufene Untersuchungskommission der Hohen Behörde des französischen Fernsehens bestätigte die Absetzung, weil der Film angeblich die KPF verunglimpfe. Diese Entscheidung führte

zu einem öffentichen Skandal. Simone Signoret, die aus dem Milieu
der jüdischen Résistance-Kämpfer stammt und dieses in ihrem Buch
»Adieu Valodia« geschildert hat, äußerte sich in einem Interview verbittert darüber, daß die jüdischen Helden der Résistance, die seit 1943
systematisch vergessen wurden, nun noch einmal per Filmzensur geopfert werden sollten. Das Staatsfernsehen war schließlich gezwungen, den Beitrag doch noch zu senden.

In dem Film schildern fünf Überlebende der jüdischen Kampfgruppen in Paris, darunter auch der Spanienkämpfer Ilex Beller, Vorsitzender des Verbandes der jüdischen Kriegsveteranen und Mitglied der
Résistance, ihre Erlebnisse während der Besatzung und nach der Befreiung. Die tragischen Ereignisse um die Gruppe Manouchian sorgen noch heute in weiten Kreisen der französischen Öffentlichkeit
für Aufregung. Es geht um die Frage, ob – und falls ja, warum – die Leitung der kommunistischen Résistance die Gruppe an die Nazis verraten oder sie doch mindestens ihrem Schicksal überlassen hat. Zu diesem Thema erschienen fünf umfangreiche Bücher und Dutzende von
Artikeln, Titelstories in Magazinen etc. Trotzdem blieben mehr Fragen offen als geklärt wurden, und auch der Film vermochte die Ereignisse nicht aufzuhellen.

Der Hitler-Stalin-Pakt lähmte weite Teile der KPF (zwischen der Ka-
pitulation Frankreichs 1940 und dem Angriff Deutschlands auf die
Sowjetunion 1941) in ihrem Widerstand gegen die deutsche Besat-
zung. Jüdische Spanienkämpfer wie Sewek Kirschenbaum, Abraham
Lissner, Leon Pakin, Mayer List u. v. a. ergriffen deshalb die Initiative,
ohne die Direktiven der Partei abzuwarten. Sie gründeten jüdische
Widerstandsgruppen innerhalb der Widerstandsorganisation der
KPF (FTP-MOI).

Sewek Kirschenbaum wurde 1904 in Polen geboren. Er emigrierte nach
Frankreich. Im von jüdischen Arbeitern bevölkerten Pariser Vorort
Belleville war er Sekretär der Roten Hilfe. Er gehörte zur Gruppe der
»36«, den ersten französischen Freiwilligen im Spanischen Bürgerkrieg. Er kämpfte in der *Miliz Libertad* und später in der 13. Dombrowski-Brigade, deren Stabsoffizier er als Hauptmann nach zahlreichen blutigen Kämpfen wurde. Er flüchtete aus dem Lager Gurs und
gründete die berühmte 2. Jüdische Abteilung der FTP-MOI. Er wurde

von den Nazis verhaftet und nach Auschwitz gebracht, wo er an Typhus starb.

Leon Pakin wurde 1909 in Polen geboren. Er saß viele Jahre als Kommunist in polnischen Gefängnissen, bevor er 1937 nach Spanien kam, wo er in der jüdischen Einheit »Botwin« kämpfte. Er konnte aus dem Lager Gurs und später aus dem Gefängnis in Pau entkommen und gehörte zur 2. Jüdischen Abteilung. Er hat sich durch unglaublichen Mut und Unerschrockenheit ausgezeichnet. Er wurde im Juni 1942 verhaftet und im folgenden Monat auf dem Mont Valérien füsiliert.

Abraham Lissner, ebenfalls in Polen geboren, beschrieb seine Erlebnisse in Spanien und in der Résistance in Memoiren, die mir seine Witwe zur Verfügung stellte. Er war einer der wenigen überlebenden Gründer der jüdischen Résistance in Frankreich. 1944 ging er nach Nordfrankreich, wo er Kommandant der Résistance wurde. Er starb nach dem Krieg.

Mayer List wurde 1907 in Polen geboren. Die Familie emigrierte nach Argentinien, wo Mayer revolutionäre Aktivitäten entfaltete. Er wurde von der Polizei auf ein Schiff nach Polen geschafft, konnte aber bei einem Aufenthalt in einem spanischen Hafen flüchten. Er schloß sich den Internationalen Brigaden an. Nach der Internierung in Frankreich gelang ihm die Flucht. Er gehörte zu den Kämpfern der jüdischen Abteilung. Er wurde verhaftet und am 1. Oktober 1943 füsiliert.

Der »Schwarze Donnerstag« des französischen Judentums war der 16. Juli 1942, als die französische Polizei auf Anordnung der Schergen Eichmanns in Paris 13.000 Juden – man hatte mit 30.000 gerechnet – in einer großen Aktion verhaftete und im Vélodrome d'Hiver, der großen Radrennhalle, gefangenhielt, um sie anschließend über das Lager Drancy in die Gaskammern von Auschwitz zu bringen. Die jüdischen Résistance-Kämpfer waren zwar der Razzia entkommen, konnten aber nicht verhindern, daß ihre Familien in den Osten deportiert wurden. Der 20jährige Kämpfer Marcel Rayman blieb ohne Eltern und mußte deshalb mit seinem kleinen Bruder Simon in den Untergrund abtauchen. Er wurde der tapferste und verwegenste Kämpfer des jüdischen Détachements. Diese Kampfgruppe führte eine Serie von unerhört mutigen Angriffen auf Objekte von Gestapo, Wehrmacht und Kollaborateuren durch. Der jüdische Spanienkämpfer Paul Silbermann fiel bei einem Angriff auf das deutsche Soldatenkino »Rex«. Um weitere jüdische Kreise zum Widerstand zu motivieren, wurde die *Union des Juifs pour la Résistance et l'Entr'aide* (UJRE) gegründet (Union der Juden für Widerstand und gegenseitige Hilfe). Die UJRE publizierte zahlreiche Broschüren und betrieb eine umfangreiche Untergrundpresse in jiddischer Sprache.

Bis zum Beginn des bewaffneten Widerstandes war Paris für deutsche Soldaten und Beamte beinahe ein Paradies. Die von den alliierten Luftbombardements verschonte Stadt war ein bedeutendes Industriezentrum für die deutsche Kriegswirtschaft. Die vielen Vergnügungsstätten, Hotels, Bordelle etc. machten Paris zu einem sicheren Erholungszentrum für Abertausende von Frontsoldaten der Wehrmacht. Zahlreiche Kollaborateure beteiligten sich an der Ausplünderung des Landes und an der Verfolgung ihrer Landsleute. Die Résistance-Kämpfer, unter ihnen viele Juden, beendeten diese Idylle.

Neben der 2. Jüdischen Abteilung der FTP-MOI operierte noch die 1. Ungarisch-Rumänische Abteilung, deren Mitglieder ebenfalls zu 90% Juden waren. Im November 1942 wurden 20 Kämpfer des 1. Détachements verhaftet, das Zentrallaboratorium der Gruppe entdeckt und daraufhin fast alle hingerichtet. Die Überlebenden schlossen sich anderen Abteilungen an. Die Monate Juni und Juli 1942 waren die tragischsten in der Geschichte des Widerstandes. 70 Kämpfer wurden verhaftet, gefoltert und erschossen, unter ihnen der politische Leiter des jüdischen Détachements, Mayer List. Daraufhin wurde das 2. Détachement aufgelöst und die Überlebenden dem 5. Détachement unter dem Armenier Missak Manouchian zugeteilt. Manouchian galt als ein brillanter armenischer Dichter und war Überlebender des von den Türken an den Armeniern während des Ersten Weltkrieges verübten Völkermordes. Zu seiner Gruppe gehörte auch der todesmutige Junge Marcel Rayman.

Die Gruppe Manouchian versetze die deutschen Besatzer in Schrekken. Ein Attentat auf den Kommandanten von Groß-Paris, General Schaumburg, mißlang, weil sich der General nicht in seinem Dienstauto befand. Marcel Rayman erschoß den Beauftragten für den französischen Arbeitseinsatz in Deutschland, Dr. Julius von Ritter, der eine halbe Million Franzosen zur Zwangsarbeit nach Deutschland geschickt hatte.

Die Vichy-Polizei suchte gemeinsam mit den deutschen Behörden fieberhaft nach den Résistance-Kämpfern. Hunderte von Spitzeln verschiedenster Amtszugehörigkeit wurden auf die Jagd geschickt. Ihnen gelang ein kapitaler Fang: Der Politkommissar der FTP-MOI in Paris, Joseph Dawidowicz, wurde am 20. Oktober 1943 verhaftet. Er brach unter der Folter zusammen und verriet sein Wissen. Die meisten Kämpfer wurden daraufhin unauffällig observiert, denn man wollte alle auf einen Schlag verhaften. Die Kämpfer bemerkten die Observierung und ahnten, daß ihr Politkommissar, der nach der Verhaftung als Lockvogel freigelassen worden war, sie verraten hatte. Der Kommandant Manouchian flehte die Leitung der FTP-MOI an, seine Kämpfer für eine gewisse Zeit aus dem Verkehr zu ziehen, weil ihnen mit der größten Wahrscheinlichkeit Verhaftung und Tod drohte. Die unmenschliche Antwort der KPF-Führung lautete: Widerstandskämpfer sind nicht dazu da, um in Konservendosen aufbewahrt zu werden. Bereits im März 1943 hatte es eine Verhaftungswelle gegeben. Unter den Opfern befand sich auch der junge Jude Henri Krasucki, der 40 Jahre später Generalsekretär des französischen Gewerkschaftsbundes CGT wurde. Trotz der schrecklichen Verluste drängte die KPF auf eine weitere Steigerung der Widerstandsaktionen. Der mutmaßliche Grund: General de Gaulle bildete in Algier eine Große Koalition als Exilregierung. Die Kommunisten wollten beweisen, daß sie aktiver im Widerstand waren als andere Gruppen. Manouchian führte die Befehle aus. Allein im Monat Juli 1943 wurden 18 zum Teil selbstmörderische Operationen durchgeführt. Noch im Oktober 1943 gab es 17 Operationen.

Nach der Verhaftung von Dawidowicz blieb die Gruppe, ohne Geld und andere Mittel, vollständig auf sich selbst angewiesen und von Spitzeln observiert. Manouchian wurde am 16. November auf einem Vorort-Bahnhof in eine Falle gelockt. Am gleichen Tage schlug die Gestapo zu. Es gab 66 Verhaftungen. Die Vichy-Regierung und die deutsche Besatzungsbehörde wollten zu einem großen propagandistischen Schlag ausholen. Durch einen Schauprozeß sollte den Franzosen vor Augen geführt werden, daß der Terror, wie man den Widerstand nannte, ausschließlich Sache der Kommunisten und dazu der Ausländer sei. Zu diesem Zweck wählten sie unter den Verhafteten 22 Männer und eine Frau als Angeklagte aus. Zwölf von ihnen waren Juden: Olga Bancic, Joseph Boczov, Thomas Elek, Maurice Fingercwajg, Jonas Geduldig, Emeric Glasz, Leon Goldberg, Szlama Grzywacz, Marcel Rayman, Willi Szapiro, Wolf Wajsbrot und Robert Wichitz. Die Gruppe Manouchian wurde beschuldigt, 56 Attentate durchgeführt zu haben, bei denen es 150 Tote und 6000 Verwundete gegeben hatte.

Olga/Golda Bancic war eine Kämpferin der Résistance, die sowohl von den Rumänen als auch von den Franzosen für sich reklamiert wird. In Rumänien wurde sie als Heldin des Widerstandes gefeiert, eine Briefmarke wurde ihr gewidmet und Straßen nach ihr benannt; doch ihre jüdische Identität blieb bis heute unbekannt. Golda Bancic wurde am 10. Mai 1912 als Tochter einer kinderreichen jüdischen Familie in Kischinew in Bessarabien geboren. Seit dem Kindesalter mußte sie schwer arbeiten. Sie nahm als Jugendliche an Streiks teil und wurde in rumänischen Gefängnissen mißhandelt. Die aktive Gewerkschafterin wanderte 1938 nach Frankreich aus und war eines der aktivsten Mitglieder der jüdischen Hilfsorganisation für das republikanische Spanien. 1939 wurde ihre Tochter Dolores geboren. Sofort nach Gründung der FTP-MOI in Paris stürzte sie sich in den Kampf gegen die Besatzer, nachdem sie ihre Tochter, die sie zu Ehren von Dolores Ibarruri, der *La Passionaria* des Spanischen Bürgerkriegs Dolores nannte, zur Pflege bei einer Familie von Freunden gab. Golda war an der Herstellung und am Transport von Bomben und Waffen beteiligt und nahm auch an mehreren bewaffneten Operationen teil. Wie alle anderen Mitglieder des jüdischen Widerstandes wurde sie lange von der *Brigade Spéciale* observiert, anschließend verhaftet und grausam gefoltert. Sie wurde als einzige Frau unter 23 Angeklagten des Schauprozesses, der später als *L'Affiche Rouge* berühmt werden sollte, ausgewählt. Die Inszenierung des Prozesses nahm Rücksicht auf die Gefühle der Franzosen, die die Exekution einer Frau und Mutter kritisieren würden. Deshalb wurde Golda Bancic zu lebenslänglicher Haft verurteilt und dann ins Zuchthaus Stuttgart überführt. An ihrem 32. Geburtstag, dem 10. Mai 1944, wurde sie in Stuttgart enthauptet. Einen Tag vor der Exekution schrieb sie an ihre Tochter Dolores einen Brief, den sie an die Pflegemutter des Kindes sandte:

»Meine liebe kleine Tochter, mein Schatz,
Deine Mutter schreibt den letzten Brief, meine liebe Kleine, morgen
um 6 Uhr werde ich nicht mehr sein. Mein Schatz, weine nicht, deine
Mutter weint auch nicht. Ich sterbe mit ruhigem Gewissen und in der
Überzeugung, daß du morgen ein glücklicheres Leben und Zukunft
haben wirst, als deine Mutter. Du wirst nicht mehr leiden müssen. Sei
stolz auf deine Mutter, meine Liebste. Ich habe dein Bild ständig vor
Augen.
Ich möchte glauben, daß du deinen Vater sehen wirst. Ich habe die
Hoffnung, daß ihm ein anderes Geschick beschieden sein wird. Sag
ihm, daß ich immer an ihn, wie auch an dich gedacht habe. Ihr beide
seid mir sehr teuer. Mein liebes Kind, dein Vater wird dir auch eine
Mutter sein. Er liebt dich sehr.
Du wirst das Fehlen deiner Mutter nicht spüren. Mein liebes Kind, ich
beende diesen Brief in der Hoffnung, daß du dein ganzes Leben lang
glücklich sein wirst, mit deinem Vater, mit der ganzen Welt.
Ich küsse dich von ganzem Herzen, viel, viel. Adieu, meine Liebste.
                    Deine Mutter (–) Golda Bancic.«
Der Vater von Dolores, der Kampf- und Lebensgefährte Olga Ban-
cics, Alexander Jar, war Mitglied der 1. Abteilung der FTP-MOI. Dolores lebt heute in Israel.
Joseph Boczor wurde 1905 in Baia Mare in Rumänien geboren und beendete sein Studium als Chemie-Ingenieur. Mit 23 Jahren ging er zu
Fuß nach Spanien und kämpfte in den Brigaden. Nach Ende des Bürgerkrieges konnte er nicht repatriiert werden, weil die faschistoide rumänische Regierung die Spanienkämpfer ausbürgerte. Als er vom Lager Argelès, später Gurs, nach Djelfa in der Nordsahara verschickt
werden sollte, organisierte er eine Flucht aus dem Zug. Während der
Besatzung wurde er Kommandant des 1. Détachements der FTP-
MOI. Er war Spezialist für Zugentgleisungen. Die Anklageschrift beschuldigte ihn der Ausführung von 20 Attentaten. Er war einer der 10
Angeklagten, denen die »Ehre« zuteil wurde, auf dem roten Plakat abgebildet zu werden, von dem schon die Rede war. Joseph Boczor wurde 1947 durch den Verteidigungsminister postum das *Croix de Guerre
avec Etoile de Vermeil* verliehen.
Jonas Geduldig wurde 1918 als Sohn einer Arbeiterfamilie in Polen geboren. Mit 16 Jahren wanderte er nach Palästina aus, wo bereits sein

Bruder lebte und wo er Arbeit als Schlosser fand. Zwei Jahre später, kaum 18 Jahre alt, meldete er sich als Freiwilliger in Spanien. Er kämpfte an der Aragon-Front als Artillerist, wurde schwer verletzt und später in Argelès und Gurs interniert. 1940 gelang es ihm, aus dem Lager zu entkommen. Er besorgte sich falsche Papiere und war nun ein nichtjüdischer Pole namens Michel Martyniuk. Er war einer der ersten Kämpfer des FTP-MOI-Détachements »Stalingrad«, wo er sich durch ungewöhnlichen Mut auszeichnete. Er nahm an vielen Operationen teil, u.a. an Bahnentgleisungen. Er wurde als Katholik Martyniuk verhaftet, gefoltert und für den Prozeß der »23« ausgewählt. Er fiel mit 25 Jahren unter den Kugeln der Nazis, ohne daß seine wahre Identität aufgedeckt worden wäre. Er wurde als Michel Martyniuk begraben und nach dem Kriege auf dem Friedhof von Ivry, immer noch als Martyniuk, bestattet. Erst 30 Jahre später, am 16. Dezember 1973, haben ihm seine jüdischen Kameraden aus Spanien einen Grabstein mit seinem richtigen Namen Jonas Geduldig errichtet. Dies geschah am 36. Jahrestag der Gründung der jüdischen Einheit »Botwin« in Spanien. Worte des Gedenkens sprachen David Goldberg, der Vorsitzende des Verbandes der jüdischen Spanienkämpfer in Frankreich, und Emanuel Mink, der letzte Kommandant der Botwin-Soldaten.

Warum diese so späte Berichtigung? Nach der Befreiung gab es in der KPF die Tendenz, die Résistance zu »nationalisieren«. Der große, wenn nicht sogar entscheidende Anteil der Ausländer an der Résistance sollte heruntergespielt und der französische Anteil überbetont werden. Dies führte zu grotesken Entwicklungen. 1952 erhielten die Brüder Claude und Raymond Levy, zwei Kämpfer der FTP-MOI, in Toulouse den geschätzten Prix Fenéon für die historiographische Bearbeitung des Widerstandes in Toulouse. Aragon, der große kommunistische Dichter, erklärte sich bereit, die Arbeit zu veröffentlichen. Er bat die Brüder Levy um einen kleinen Gefallen: Sie möchten doch ihren Namen französisch klingend umbenennen, was auch geschah.

Szlama Grzywacz wurde 1909 in Polen geboren. Er arbeitete als Schuhmacher und war in der kommunistischen Jugendorganisation aktiv. Er saß eine 5jährige Haftstrafe ab und kam anschließend 1936 nach Paris. Er meldete sich bei den Internationalen Brigaden. Nach dem Fall der Republik wurde er in Argelès und Gurs interniert, von wo ihm die Flucht gelang. In Paris eingetroffen, ging er in den Untergrund und wurde Kämpfer des 2. jüdischen Détachements. Im Prozeß wurde seine Identität als Spanienkämpfer bekannt. Er wurde beschuldigt, eine Bombe auf das Verlagsgebäude der deutschen »Pariser Zeitung« geworfen und andere Attentate ausgeführt zu haben.

Vom 19. bis 21. Februar 1944 fand im Hotel Continental (heute Intercontinental) unter großer Beteiligung der deutschen und kollaborationistischen Presse der große Schauprozeß statt. Während der Verhandlung gelang es Manouchian, den zahlreichen im Gerichtssaal versammelten Kollaborateuren zuzurufen: »Wir kämpften für Frankreich, für die Befreiung dieses Landes. Ihr habt euer Gewissen und eure Seele dem Feind verkauft. Ihr habt die französische Nationalität geerbt, aber wir, wir haben sie verdient.«
Am 21. Februar fielen die 22 Helden der Résistance unter den Kugeln der Nazis am Mont Valérien. Gleich danach druckte die Besatzungsbehörde ein blutrotes Plakat – daher *Affaire de l'Affiche Rouge* –, das auf alle Litfaßsäulen geklebt wurde. Auf ihm wurden Porträts von 10 Hingerichteten mit den Anschuldigungspunkten abgedruckt sowie Fotos von Waffen und Opfern der Attentate. Die Überschrift lautete: »Befreier? Die Befreiung durch die Armee des Verbrechens.« Unter den 10 Abgebildeten befanden sich 7 als Juden bezeichnete »Terroristen«: Grzywacz: 2 Attentate, Elek: 9 Entgleisungen, Wajsbrot: 1 Attentat und 3 Entgleisungen, Wichitz: 15 Attentate, Fingercwejg: 3 Attentate und 5 Entgleisungen, Boczor: Chef-Entgleiser und 20 Attentate, Rayman: 13 Attentate. Die übrigen drei: Der Italiener Fontano: 12 Attentate, der Rotspanier Alfonso: 7 Attentate, der Chef der Bande, Manouchian, Armenier: 56 Attentate, 150 Tote, 600 Verletzte.
Das Plakat sollte die Wut der Franzosen auf die ausländischen »Terroristen« lenken. Doch noch viel unheimlicher war die Behandlung der 23 durch die KPF: Nach den Hinrichtungen widmete ihnen *L'Humanité*, das offizielle Organ der Partei, am 1. März 1944 nur wenige Zeilen ohne Namensnennung. Zwei Tage später jedoch brüstete sich die Partei in der Zeitung als »Partei der Füsilierten«, also damit, Partei der Befreiung zu sein. Bis zum Februar 1951 veröffentlichte die *L'Humanité* nicht eine Zeile über die 23 – sieben Jahre Schweigen also, trotz eines gewaltigen Personenkults um die übrigen Résistance-Kämpfer.
1951 dann erschien in Paris das Buch »Die Ruhmesblätter der Drei-

undzwanzig« sowie das Buch *Lettres de fusillés* (Briefe der Füsilierten),
worin einige Briefe der 23 abgedruckt wurden. Dieses Buch wurde
später in Moskau in einigen Sprachen nachgedruckt, jedoch alle nicht-
französischen, also FTP-MOI-Kämpfer waren daraus verschwunden.
Es werden nur die Franzosen erwähnt. Erst in einer weiteren Ausgabe
des Jahres 1985 wurden auch die Briefe von Spartaco Fontano, Celestino Alfonso und Joseph Epstein abgedruckt. Dort wird auf Seite 58 die
nationale Zugehörigkeit der 23 Helden aufgeführt: 1 Rumänin, 2 Spanier, 2 Armenier, 3 Franzosen, 3 Ungarn, 5 Italiener und 7 Polen. Und
wo blieben die 12 Juden? Sie verschwanden im schwarzen Loch des In-
ternationalismus.

Noch während des Krieges bemühten sich die überlebenden Kämpfer des jüdischen Widerstandes, das Andenken an die gefallenen
Kameraden zu bewahren. In der ersten Ausgabe des Organs der jüdischen Kommunisten *La Nouvelle Presse* vom 6. September 1944 (wenige Tage nach der Befreiung von Paris) wurde auf der ersten Seite zur
Gründung einer Kompanie mit dem Namen Marcel Raymans aufgerufen. Unter dem Titel *La compagnie »Rayman«* lesen wir: »Marcel Rayman ist nicht tot. Er lebt und ist tausendmal lebendiger als früher. An
der Stelle unseres jungen Kameraden standen Hunderte auf ... Die
Kompanie Rayman ist entstanden. ... Junger Kamerad! Du, dessen
reines Blut für unsere Befreiung geflossen ist, ruhe in Frieden! Dein
Opfer war nicht umsonst. Andere haben die Waffen erhoben und setzen deinen Kampf ohne Pause fort.«

Darunter findet sich der folgende Aufruf: »JUDEN VON PARIS! Die
Kompanie ›Rayman‹ ist eure Kompanie. Kommt zahlreich. Die Regi-
strierung findet statt in der Kaserne, Rue Reuilly und in unseren ständig besetzten Lokalen.«

Es folgen sechs Adressen, zwei davon im jüdischen Viertel in der Rue
de Rosier.

Kurze Zeit darauf wurde die Kompanie tatsächlich formiert, einge-
kleidet und bewaffnet. Die Offiziere Jacques Tancerman, Albert Fou-
nes, Jean-Claude Schwarz, Désirée Ellenbogen, Joseph Baron und
Charles Micfliker, einige von ihnen erfahrene Widerstandskämpfer,
übernahmen die Schulung der Rekruten. Sehr bald wurden sie der
französischen Armee zugeteilt und kämpften in deren Reihen bis zum
Sieg, in treuer Erfüllung des Vermächtnisses von Marcel Rayman. Er

schrieb in seinem letzten Brief an seinen kleinen Bruder Simon, der ebenfalls in der Résistance kämpfte, gefaßt wurde und die deutschen KZs überlebte: »Mein lieber Simon, ich verlasse mich auf dich, daß du all das tun wirst, was ich nicht mehr tun konnte. Ich umarme dich, ich liebe dich, ich bin zufrieden. Entschuldige, wenn mein Brief ein bißchen dumm klingt, aber ich kann nicht ernst bleiben. Marcel .«

Am 21. Februar 1993, dem 49. Jahrestag der Hinrichtung der »23« fand, wie jedes Jahr, auf dem Friedhof im Pariser Stadtteil Ivry eine Gedenkfeier zu Ehren der Hingerichteten statt. Eine Ehrenabordnung der französischen Armee feuerte einen Salut. Der Trompeter blies den Trauermarsch. Die überlebenden Kameraden und Vertreter vieler Widerstandskämpferorganisationen senkten ihre Fahnen. In Anwesenheit der Vertreter der Regierung, der Militär-Attaché von Italien, Rumänien, Rußland und einer großen Menschenmenge wurden Texte des Gedenkens von Angehörigen der Hingerichteten verlesen, wie auch deren Namen. Jedem Namen folgte der Satz: »*Mort pour la France*«.

Nach der Feier kam ich mit Simon Rayman, »Roger« Holban und anderen Überlebenden zusammen. Ich erfuhr, daß die Gräber der jüdischen Hingerichteten jahrzehntelang, trotz der ständigen Interventionen der Angehörigen, mit einem Kreuz versehen waren. Die kommunistische Leitung des Arrondissements Ivry weigerte sich, den sonst üblichen Davidstern an Stelle der Kreuze aufzustellen. Begründung: Der Davidstern sei ein Symbol des Staates Israel. Erst vor wenigen Jahren sind die Gräber der 10 jüdischen Kämpfer mit steinernen Davidsternen versehen worden.

Am 20. Februar 1994 wurde aus Anlaß des 50. Jahrestages der Hinrichtung der »23« ein Platz im 11. Arrondissement in der Nähe des Nationalfriedhofes *Père Lachaise* auf den Namen Marcel Rayman umbenannt. Der jüngere Bruder Marcels, Simon, hat die Gedenkansprache bei der Einweihung des Platzes gehalten. Im jüdischen Dokumentationszentrum in Paris wurde eine Ausstellung über die jüdischen Kämpfer der FTP-MOI organisiert.   [37]

L'Affiche Rouge – das rote Plakat

Boris Holban – Kommandant des Widerstandes

Im Zusammenhang mit den zahlreichen Buchveröffentlichungen, Artikeln und Filmen über das bittere Schicksal der Gruppe Manouchian, deren Mehrheit die Juden stellten, wurden viele Theorien verbreitet, in denen der Chef der Organisation Boris Holban eine manchmal dubiose Rolle spielte. Diejenigen Publizisten und politischen Kommentatoren des Geschehens, deren Wirken nicht von historischer Wahrheit, sondern politischer Opportunität bestimmt wurde, glaubten, ihm die Schuld am tragischen Ende der Kämpfer zuweisen zu können. Dies war um so leichter, als Holban zu der Zeit in Rumänien lebte und sich nicht wehren konnte.

Nach seiner Rückkehr nach Frankreich spürte Holban viele bis dahin unbekannte Details und Akten auf und schrieb den einzigen ausführlichen Bericht, in dem jeder Kämpfer der Pariser FTP-MOI aufgeführt und gewürdigt wird. Diejenigen Kämpfer, deren Identität bis heute nicht festgestellt werden konnte, werden dort mit ihren konspirativen Codenummern vorgestellt. Dies sind die wahren *Unbekannten Helden des Widerstandes,* derer nun zum ersten Mal gedacht wurde. Mit seinem *Testament* hat Holban alle Unstimmigkeiten und Verdrehungen berichtigt und den ausländischen, darunter vielen jüdischen Helden des französischen Widerstandes ein Denkmal gesetzt. Bei der Feier zu Ehren der »23« am 21. Feburar 1993 in Ivry hatte ich Gelegenheit, mit Boris Holban zusammenzukommen und weitere interessante Fakten über das damalige Geschehen von ihm persönlich zu erfahren.

Boris Holban wurde 1908 in Ataki, einem Dorf in Bessarabien, als Sohn der jüdischen Familie Bruhman geboren. Er hatte noch vier Brüder: Mossia, der im Zweiten Weltkrieg amerikanischer Offizier war, Liowa, der in der französischen Armee kämpfte, Matussia, Soldat der amerikanischen Armee, und Lazar, der Rotarmist.

Boris gehörte schon während seiner Schulzeit revolutionären Zirkeln an und vertiefte sich nach dem Abitur in die Werke von Lenin und Bucharin. Er gehörte zum technischen Dienst der KP, die die illegalen Zeitungen und Flugblätter druckte. 1930 fiel die gesamte Organisation in die Hände der rumänischen *Sigurantza.* Dutzende von jungen Männern und Frauen, die meisten von ihnen Juden, wurden verhaftet, gefoltert und bis zum Prozeß in Beltzi inhaftiert. Im Jahr 1932 wurde

Boris amnestiert und zum Dienst in der Armee eingezogen, doch auch hier verfolgte ihn die politische Polizei. Er desertierte und wurde Sekretär der KP Moldawiens. 1934 wurde er abermals verhaftet, wieder freigelassen, bis er 1937 nach Brünn kam, wo er endlich seine Studien als Textilingenieur beenden konnte.

1937 wollte er nach Spanien gehen, um dort zu kämpfen, aber aus familiären Gründen mußte er in Rumänien bleiben, wo ihm und seiner Familie die rumänische Staatsangehörigkeit aberkannt wurde. Als Staatenloser kam er im Juli 1938 nach Paris, wo er sich rumänischen Gruppen der KP angeschlossen hat und in der Hilfe für Spanien aktiv war. Als der Krieg ausbrach, gehörte Holban zu den ersten ausländischen Freiwilligen der französischen Armee, deren Mehrheit Juden waren. Als Soldat des 21. Fremden-Infanterieregiments nahm er an den Kämpfen teil, geriet in Kriegsgefangenschaft und kam ins Stalag 212 bei Metz. Mit Hilfe einer rumänischen Genossin und der Nonne Helene konnte er flüchten und kam im Januar 1941 nach Paris.

Er gehörte zu den Gründern der *Organisation Spéciale* (OS), die ursprünglich den Schutz der kommunistischen Kader zum Zweck hatte und ausschließlich erprobte Genossen zu Mitgliedern zählte. Bald schon gehörte er zur dreiköpfigen Leitung der Kampforganisation der Kommunistischen Partei für ausländische Arbeiter (FTP-MOI), als Chef der militärischen Abteilung. Diese Funktion behielt er bis zur Befreiung. Die oberste Leitung der FTP bestand aus Louis Gronowski (= Bruno), Jacques Kaminski (= Hervé) und Artur London (= Gérard).

Die am Leben gebliebenen Kämpfer seiner Organisation nahmen am Aufstand in Paris vor der Befreiung teil. Anschließend wurden die Widerstandskämpfer in die offizielle Regierungsarmee FFI integriert und die erste militärische, ausschließlich aus Widerstandskämpfern bestehende Formation gegründet, das 1. Regiment von Paris. Die Juden bildeten die »Kompanie Rayman«, zu Ehren des berühmten Kämpfers Marcel Rayman von der 2. Jüdischen Abteilung. Holban wurde Bataillonschef. Sein Adjutant wurde Jaroche Kleszczelski von der Leitung der Jüdischen Abteilung. Nach Bewaffnung und kurzer militärischer Ausbildung sollte es an die Front gehen, um den verhaßten Feind endgültig zu schlagen. Doch Holbans Interventionen beim Generalstab der Armee blieben ohne Erfolg. Man wollte keine Ausländer und dazu noch Kommunisten in den Fronteinheiten. Die Soldaten wurden der Heimatarmee zugeteilt, die Polen der 1. Armee, die Juden dem 46. und 48. Infanterie-Regiment. Nach seiner Demobilisierung kehrte Holban nach Rumänien zurück, um dort den Sozialismus aufzubauen. Er wurde Oberstleutnant der Armee, aber als »Westler« geschnitten und schikaniert. Er wurde Direktor einer Textilfabrik, die er bis zu seiner Pensionierung 1975 leitete. Erst 1979 durfte er nach den USA reisen, um seine Familie zu sehen. Später kehrte er nach Paris zurück.

Boris
Bruhman-Holban

Die fünf Brüder Bruhman

Alle fünf Brüder der aus Bessarabien stammenden jüdischen Familie Bruhman kämpften während des Krieges gegen die Nazis.
Mossia war Soldat der amerikanischen Armee, Liowa war Soldat der französischen Armee, Matussia war Soldat der amerikanischen Armee und Lazar war Soldat der Roten Armee.
Boris »Holban«, »Roger«, »Olivier« war von 1942 bis 1944 Kommandant der Widerstandsorganisation FTP-MOI und später Bataillonskommandeur der französischen Armee.

Liowa
französische Armee

Matussia
US-Armee

Lazar, Rote Armee

Mossia, US-Armee

BORIS HOLBAN
Die jüdischen Kämpfer der FTP-MOI in Paris

Sonderbeauftragte (*3 von 5 Mitgliedern sind Juden*):

Baranovski, Rita	bessarabische Jüdin, deportiert, zurückgekehrt.
Berger, Paulette	genannt *Solange,* geborene Pesa Lewin, polnische Jüdin, geboren 1910, deportiert.
Richtiger, Annette	polnische Jüdin, geboren 1918, getötet bei einem Bombenangriff im April 1944.

Rekrutierungsbeauftragter (*ein Mitglied*):

Lissner, Abraham	genannt *Dupont,* polnischer Jude, geboren 1902, Freiwilliger in Spanien.

Nachrichtendienst (*6 der 10 identifizierten Mitglieder sind Juden*)

Boïco, Cristina	genannt *Monique,* rumänische Jüdin, geboren 1916, Chefin des Nachrichtendienstes der FTP-MOI von Paris, nach dem Krieg nach Rumänien.
Brover, Maurice	genannt *Pierre,* bessarabischer Jude, geboren 1907, am 23. 8. 44 von den Deutschen ermordet.
Falus, Andoral	ungarischer Jude, geboren 1909, nach dem Krieg nach Ungarn.
Farkas, Laszlo	ungarischer Jude, geboren 1911, nach dem Krieg nach Ungarn.
Pickler, Ferentz	ungarischer Jude, geboren 1916, nach dem Krieg nach Ungarn.
Tovarowski, Henriette	genannt *Jacqueline,* bessarabische Jüdin, geboren 1918, festgenommen im März 1944, deportiert, gestorben in Auschwitz.

Technischer Dienst (*3 von 4 Mitgliedern sind Juden*)

Grünsperger, Mihaly	genannt *Michel,* rumänischer Jude, geboren 1906, Freiwilliger in Spanien, nach dem Krieg nach Rumänien.
Gruia, Chari	genannt *Charlotte,* rumänische Jüdin, depor-

tiert, zurückgekehrt, nach dem Krieg nach Rumänien.

Kleszczelski, Tuba   genannt *Colette,* polnische Jüdin, geboren 1914, gestorben am 12. 4. 44 bei der Explosion von Sprengstoffen, die sie transportierte.

Sanitätsdienst (6 *von* 7 *Mitgliedern sind Juden*)

Bacicurinski, Aron   genannt *François,* bessarabischer Jude, Arzt, geboren 1908, festgenommen Anfang Juli 1943, deportiert, in der Deportation gestorben.

Falus, Adoral   (siehe Nachrichtendienst)

Farkas, Laszlo   (siehe Nachrichtendienst)

Glücklich, Wilhelm   rumänischer Jude, Arzt.

Greif, Léon   genannt *Jacques,* polnischer Jude, Arzt, deportiert, zurückgekehrt.

Mura, Peter   ungarischer Jude, Arzt, nach dem Krieg nach Ungarn.

Die Kampfabteilungen
Die Erste (ungarisch-rumänische) Abteilung
(*17 von 45 Mitgliedern sind Juden*)

Bacicurinski, Liuba   bessarabische Jüdin, Verbindungsagentin, verhaftet im Juli 1943, in der Deportation gestorben.

Bancic, Olga/Golda   bessarabische Jüdin, geboren 1912, verantwortlich für Waffenlager und -transport, verhaftet im November 1943, hingerichtet in Stuttgart am 10. 5. 44.

Breiman, Albert   rumänischer Jude, Freiwilliger in Spanien, Mitglied der OS, verhaftet im August 1942, in der Deportation gestorben.

Buican, Alexander   rumänischer Jude, verhaftet im Dezember 1942, deportiert, nach dem Krieg nach Rumänien.

Clisci, Joseph   bessarabischer Jude, geboren 1915, Militärbeauftragter der Abteilung im Dezember 1942, am 2. 7. 43 bei einer Aktion verletzt, beging daraufhin Selbstmord.

Goldstein, Carol rumänischer Jude, geboren 1910, Freiwilliger in Spanien, Mitglied der OS, verhaftet im Oktober 1942, als Geisel unter dem Namen Ion Craciun erschossen am Mont Valérien 9. 3. 43.

Gruman, Georges bessarabischer Jude, von den Deutschen am 23. 8. 44 bei einer Aktion getötet.

Hirsch, Edmund rumänischer Jude, Freiwilliger in Spanien, Mitglied der OS, erster Chef der Abteilung, verhaftet im Dezember 1942, in der Deportation gestorben.

Ickovic, Regine tschechische Jüdin, Verbindungsagentin und Waffentransport, verhaftet Dezember 1942, aus der Deportation zurückgekehrt.

Ickovic, Salomon tschechischer Jude, Freiwilliger in Spanien, Mitglied der OS, nach dem Krieg in die Tschechoslowakei.

Jar, Alexander genannt *Dubois,* rumänischer Jude, nach dem Krieg nach Rumänien.

Kneler, Leo deutscher Jude, geboren 1920, nach dem Krieg in die DDR.

Rotstein, Ludwig genannt *Nicolas,* rumänischer Jude.

Schauber, Salo rumänischer Jude, im Dezember 1942 getötet bei einem Zusammenstoß mit der Polizei, die ihn verhaften wollte.

Vexler, Carol rumänischer Jude, Freiwilliger in Spanien, Mitglied der OS, verhaftet im Oktober 1942, in der Deportation gestorben.

Zilberman, Iancu rumänischer Jude, Freiwilliger in Spanien, Mitglied der OS, verletzt bei der Explosion einer eigenen Bombe am 18. 3. 43, auf der Wache gestorben.

Zoltan, Samuel rumänischer Jude, geboren 1912, Freiwilliger in Spanien, Mitglied der OS, erschlagen bei einem Zusammenstoß mit der Polizei am 30. 9. 42.

Die Zweite (jüdische) Abteilung (*alle Mitglieder sind Juden*)

Arbizer, Ziskind-Jacques	polnischer Jude, hingerichtet am Mont Valérien am 31. 3. 42.
Axelrod, Joseph	geboren 1923, hingerichtet am Mont Valérien am 6. 8. 43.
Birnbaum, Ginette	Verbindungsagentin.
Bot, Saul	polnischer Jude, geboren 1919, mit *Zimmerman* bei der Herstellung einer Bombe durch Explosion getötet am 25. 4. 42.
Davidovitch, Joseph	polnischer Jude, Politkommissar des Widerstandes, wegen Verrats hingerichtet.
Endewelt, Annette	Verbindungsagentin.
Engros, André	genannt *Roger,* französischer Jude, geboren 1926, hingerichtet am Mont Valérien am 1. 10. 43.
Engros, Lucien	französischer Jude, geboren 1920, hingerichtet am Mont Valérien am 22.8.42.
Farber, Jacques	polnischer Jude.
Feferman, Maurice	polnischer Jude, geboren 1921, beging Selbstmord, um nicht in die Hände der Polizei zu fallen.
Feld, Maurice	polnischer Jude, geboren 1924, hingerichtet am Mont Valérien am 22.8.42.
Fingercweig, Moische	(siehe 4. Abteilung).
Fischman, Jean-Claude	polnischer Jude, nach Kriegsende nach Israel.
Grinberg, David	polnischer Jude.
Grzywacz, Schloime	(siehe 4. Abteilung).
Hertzberg, Scholem	polnischer Jude, geboren 1896, festgenommen 1943, verschwunden.
Igla, Hela	polnische Jüdin, geboren 1915, festgenommen, deportiert, nicht aus der Deportation zurückgekehrt.
Kamieniecki, Hanna	polnische Jüdin, Verbindungsagentin, mit 17 Jahren in die FTP-MOI eingetreten.
Kerbel, Jean	polnischer Jude, geboren 1916, getötet bei der Explosion seiner eigenen Granate am 10. 3. 43.
Kirschenbaum, Sewek	polnischer Jude, geboren 1904, Freiwilliger in Spanien, festgenommen im Sommer 1942, deportiert, in der Deportation gestorben.
Kleeszczelski, Jaroche	polnischer Jude, nach Kriegsende in die USA.

Kojitski, Jacques	polnischer Jude, mit 18 Jahren in die FTP eingetreten.
Kojitski, Raymond	genannt *Pivert*, polnischer Jude, mit 17 Jahren in die FTP eingetreten.
Kro, Hélène	polnische Jüdin, geboren 1913, beging Selbstmord, indem sie sich aus dem Fenster ihrer Wohnung stürzte, um der Polizei zu entgehen.
Lemberger, Jean	polnischer Jude, festgenommen im April 1943, deportiert, zurückgekehrt.
Lemberger, Nathan	polnischer Jude, geboren 1920, von den Deutschen erschossen bei einem Fluchtversuch aus dem Deportationszug am 2. 9. 43.
Lerner, Boria	bessarabischer Jude, geboren 1914, hingerichtet am Mont Valérien am 1. 10. 43.
Lévin, Rega	polnische Jüdin, geboren 1912, bei einer Aktion festgenommen, deportiert und nicht zurückgekehrt.
List, Mayer	genannt *Marcus*, polnischer Jude, geboren 1907, Freiwilliger in Spanien, hingerichtet am Mont Valérien am 2. 10. 43.
Mitzflicker, Charles	polnischer Jude.
Pakin, Léon	polnischer Jude, geboren 1909, Freiwilliger in Spanien, hingerichtet am Mont Valérien am 27. 7. 42.
Radzinski, Maurice	polnischer Jude, geboren 1926, getötet bei der Explosion einer Granate am 10. 3. 43.
Rayman, Marcel	polnischer Jude, geboren 1923, hingerichtet am Mont Valérien am 21. 2. 44.
Sosnovski, Kadis	polnischer Jude, geboren 1903, hingerichtet am 26. 5. 43.
Tuchklaper, Nonik	genannt *Henri*, geboren 1926, hingerichtet am Mont Valérien am 1.10.43.
Wajsbrot, Wolf	(siehe 4. Abteilung).
Wallach, Elie	polnischer Jude, geboren 1921, hingerichtet am Mont Valérien am 27. 7. 42.
Weissberg, Samuel	genannt *Gilbert*, bessarabischer Jude, geboren 1912.

Zimmerman, Hersch   polnischer Jude, geboren 1910, getötet bei der Herstellung einer Bombe durch deren Explosion am 25. 4. 42.

Die Dritte (italienische) Abteilung
(Unter den 11 identifizierten Mitgliedern war ein Jude,
17 Mitglieder konnten bis heute nicht identifiziert werden)

Witchitz, Robert   genannt *René*, französischer Jude, geboren 1924, mit 19 Jahren in die FTP eingetreten, hingerichtet am Mont Valérien am 21. 2. 44.

Die Vierte (Zugentgleiser)Abteilung
(9 der 10 identifizierten Mitglieder waren Juden,
8 Mitglieder konnten bis heute nicht identifiziert werden)

Boczor, Joseph   genannt *Pierre*, rumänischer Jude, geboren 1906, Freiwilliger in Spanien, Begründer und Leiter der Entgleisungsabteilung, hingerichtet am Mont Valérien am 21. 2. 44.

Elek, Thomas   genannt *Tommy*, ungarischer Jude, geboren 1924, hingerichtet am Mont Valérien am 21. 2. 44.

Fingercweig, Moïshe   genannt *Marius*, polnischer Jude, geboren 1922, hingerichtet am Mont Valérien am 21. 2. 44.

Geduldig, Jonas   alias *Michel Martianiuk*, polnischer Jude, geboren 1918, hingerichtet am Mont Valérien am 21. 2. 44.

Glasz, Emeric   genannt *Robert*, ungarischer Jude, geboren 1902, hingerichtet am Mont Valérien am 21. 2. 44.

Goldberg, Léon   genannt *Julien*, polnischer Jude, geboren 1924, hingerichtet am Mont Valérien am 21. 2. 44.

Grzywacz, Schloïme   genannt *Charles*, polnischer Jude, geboren 1909, Freiwilliger in Spanien, hingerichtet am 21. 2. 44.

Schapiro, Salomon Wolf   genannt *Willy* oder *Maurice*, polnischer Jude, geboren 1910, hingerichtet am Mont Valérien am 21. 2. 44.

Wajsbrot, Wolf   genannt *Marcel*, polnischer Jude, geboren 1925, hingerichtet am Mont Valérien am 21. 2. 44.

Die zwölf jüdischen Hingerichteten der Gruppe »23« des *Affiche Rouge*
(Elf Männer wurden am 21. Februar 1944 auf dem Mont Valérien
hingerichtet, Olga Bancic am 10. Mai 1944 in Stuttgart enthauptet)

1. Olga Bancic   2. Joseph Boczor   3. Thomas Elek

1. *Bancic, Olga/Golda,* bessarabische Jüdin, geboren 1912, verantwortlich für Waffenlager und –transport, verhaftet im November 1943.
2. *Boczor, Joseph,* genannt *Pierre,* rumänischer Jude, geboren 1906, Spanienkämpfer, Gründer und Führer der Entgleiserabteilung.
3. *Elek, Thomas,* genannt *Tommy,* ungarischer Jude, geboren 1924.

4. Moïshe Fingercweig   5. Jonas Geduldig   6. Emeric Glasz

4. *Fingercweig, Moïshe, genannt Marius,* polnischer Jude, geboren 1922.
5. *Geduldig, Jonas,* alias *Michel Martyniuk,* polnischer Jude, geboren
1918, Spanienkämpfer.
6. *Glasz, Emeric,* genannt *Robert,* ungarischer Jude, geboren 1902.

7. Léon Goldberg

8. Schloïme Grzywacz

9. Marcel Rayman

7. *Goldberg, Léon,* genannt *Julien,* polnischer Jude, geboren 1924.
8. *Grzywacz, Schloïme* genannt *Charles,* polnischer Jude, geboren 1909, Spanienkämpfer.
9. *Rayman, Marcel,* polnischer Jude, geboren 1923.

10. Willy Schapiro

11. Wolf Wajsbrot

12. Robert Wichitz

10. *Schapiro, Salomon Wolf,* genannt *Willy* oder *Maurice,* polnischer Jude, geboren 1910.
11. *Wajsbrot, Wolf,* genannt *Marcel,* polnischer Jude, geboren 1925.
12. *Wichitz, Robert,* genannt *René,* französischer Jude, geboren 1924, mit 19 Jahren in die FTP eingetreten.

Die Freiwilligen der Kompanie »Marcel Rayman«,
die sich aus jüdischen Widerstandskämpfern zusammensetzte,
kurz nach der Formierung im September 1944

[36]

Die Bilanz der Operationen der FTP-MOI in Paris

Zwischen Juli 1942 und November 1943 führten die vier Abteilungen
(vom Juli bis November 1943 operierte auch die 5. Abteilung) der
FTP-MOI in Paris 229 Operationen, Attentate und Zugentgleisungen
durch. Unter anderem wurden:
- 16 Wehrmachtsgaragen in die Luft gesprengt,
- 78 Fabriken, die für die deutsche Kriegswirtschaft arbeiteten, zerstört,
- 123 Kfzs und Lkws vernichtet,
- 31 Zugentgleisungen mit Zerstörungen an Lokomotiven und Waggons vorgenommen,
- 11 Verräter exekutiert,
- 2 Batterien von Luftabwehrgeschützen zerstört und
- 40 führende Nazibeamte und Offiziere exekutiert.
Außerdem wurden angegriffen:
- 15 Rekrutierungsbüros für den Arbeitseinsatz in Deutschland,
- 29 deutsche Hotels (mit Zeitbomben),

- 33 Hotels und Restaurants (mit Granaten),
- 7 Wehrmachtskasernen (mit Granaten),
- 19 mit Soldaten besetzte Lkws,
- 41 Wehrmachtseinheiten und
- 17 deutsche Offiziere.

Die jüdische Untergrundpresse

Während der gesamten Besatzungszeit druckte der jüdische Wider-
stand zahlreiche Zeitungen in jiddischer und französischer Sprache.
Es waren u.a. *Notre Parole, Notre Voix, Fraternité, Par Notre Lute Commune,
En Avant, Liberté, Jeune Combat, La Voix de la Femme Juive, Droit et Liberté.*
Bereits am 6. September 1944, elf Tage nach der Befreiung von Paris,
erschien anstelle der hektografierten Ausgaben die erste gedruckte
Zeitung des jüdischen Widerstandes, die den Vorkriegsnamen *La
Nouvelle Presse* wieder annahm, anstelle des *Notre Voix* der Besatzungszeit. Es war die Nr. 1 der neuen Serie und Nr. 90 seit Beginn der Konspiration.
Daneben erschien das Zentralorgan der jüdischen Kommunisten *Unser Wort* in jiddischer Sprache. Die Matritzen wurden mit hebräischen
Schreibmaschinen beschriftet, einige Ausgaben mit der Hand. Daneben gab es illegale Zeitungen anderer Formationen des jüdischen Widerstandes, wie das Organ der jüdischen Pfadfinder (EIF), deren gesamte Organisation in den Untergrund abtauchte.
Viele Redakteure, Drucker und Kolporteure sind gefaßt und hingerichtet worden. Allein *Unser Wort* verlor 26 Männer und Frauen, unter ihnen
den Chefredakteur und jiddischen Schriftsteller Munie Nadler.
In *La Nouvelle Presse*, Nr. 1 vom 6. September 1944 konnte man als Titel
über alle vier Spalten lesen: »Das Ende des barbarischen Hitlerismus
nähert sich schnell – Beeilen wir uns mit unserer Beteiligung am
Kampf bis zur endgültigen Vernichtung des Feindes«.
Der Leitartikel hatte den Titel: »Der Krieg geht weiter.« In der Tat, die
jüdischen Widerstandskämpfer formierten eine eigene Einheit der
französischen Armee, die Kompanie Marcel Rayman, die nach dem
Ende des Krieges demobilisiert wurde.

Joseph Epstein – Chef der Résistance der Region Paris

Der große Militärstratege der französischen
Résistance, Colonel Gilles, ist einer der am wenigsten bekannten Helden des europäischen
Widerstandes. Er war identisch mit dem jüdischen Spanienkämpfer Joseph Epstein, dessen
abenteuerliches Leben eine ausführlichere Würdigung und Biographie verdient hätte.
Er wurde am 16. Oktober 1911 in Zamosc in Polen geboren. Als der Spanische Bürgerkrieg aus-

Joseph Epstein

brach, gehörte Joseph Epstein zu den ersten, die nach Spanien fuhren.
Epstein wurde verwundet und stellte seine Kräfte als Waffenaufkäu-
fer zur Verfügung. Er kam im Januar 1938 nach Albacete und wurde als
»Hauptmann André« Kommandant der Artillerie-Einheit »Anna Pau-
ker«. Er nahm mit seiner Einheit an der Ebro-Offensive im Sommer
1938 teil. Er erhielt den Befehl, seine Batterie über den Ebro zurückzuziehen, weil eine Einkreisung seiner Einheit drohte. Er verweigerte
den Befehl und deckte mit dem Feuer seiner Artillerie den Rückzug
des größten Teils der Ebro-Armee. Wegen Insubordination wurde er
vor ein Kriegsgericht gestellt, doch die Richter kamen zur Überzeugung, daß der Rückzugsbefehl ein Fehler gewesen war, der zu großen
Verlusten der Armee geführt hätte.
Als der Zweite Weltkrieg ausbrach, meldete sich Epstein als Freiwilliger bei der französischen Armee. Er wurde einer Einheit der polnischen Armee in Frankreich als Unteroffizier zugeteilt. Die antisemitische Einstellung der polnischen Offiziere dort störte ihn sehr, und er
organisierte eine Gruppe von 150 jüdischen Soldaten, die sich bei der
Fremdenlegion meldeten. Als Soldat des 12. Regiments der Fremdenlegion nahm Epstein an den Kämpfen an der Somme teil. Im Mai 1940
geriet Epstein in deutsche Kriegsgefangenschaft und kam in ein
Kriegsgefangenenlager bei Leipzig. Im November 1940 gelang es ihm,
in die neutrale Schweiz zu entkommen, wo er von der Schweizer Polizei verhaftet wurde. Auf dem Weg zur deutschen Grenze, wo er an die
Nazis ausgeliefert werden sollte, flüchtete er noch einmal und kam
zum zweiten Mal in die Schweiz. Im französischen Konsulat fand er
Asyl für einige Tage, bis er Papiere als französischer Bürger erhielt. Er

kam am 25. Dezember 1940 nach Paris und arbeitete in einer Büromö-
belfirma. Mit seinen guten Papieren und seinem Aussehen als »Arier«
mit blonden Haaren und blauen Augen hätte er nun ein ruhiges Leben führen können.

Epstein organisierte jedoch die erste Résistance-Gruppe, die später
aufgefordert wurde, am 20. Juli 1941 legal in die Sowjetunion zu reisen.
Epstein wurde als einziger ausgeschlossen und mußte in Frankreich
bleiben. Während die Gruppe in einem geschlossenen Transitwaggon
durch Deutschland reiste, brach der deutsch-sowjetische Krieg aus.
Alle Mitglieder der Gruppe wurden vom Zug weg verhaftet und erschossen.

Epstein wurde 1942 Chef der Résistance in der Region Paris und hat
zahlreiche erfolgreiche Operationen organisiert und durchgeführt.
Zu ihnen gehörte die Desorganisation der deutschen Transportmittel
und die Sabotage der Kriegsproduktion. Die Gruppe Semard sprengte Waggons mit Munition in die Luft. Epstein, der als Chef der Résistance den Namen Colonel Gilles führte, gründete Kampfgruppen
von 10, 15 und 20 Kämpfern mit der entsprechenden Infrastruktur. Er
wurde in einen Hinterhalt gelockt, von der Gestapo verhaftet und mit
18 anderen Kampfgenossen vor ein Kriegsgericht in Saint-Claude gestellt. Alle 19 wurden am 11. April 1944, 4 Monate vor der Befreiung
Frankreichs, zum Tode verurteilt und auf dem Mont Valerien, wo viele
französische Patrioten starben, von einem Erschießungs-Kommando
hingerichtet. Er wurde auf dem Pariser Friedhof *Ivry* als Joseph André
begraben, denn zum Schutz seiner Frau und seines kleinen Sohnes
hatte er seine wahre Identität für sich behalten.

Am 26. April 1946 hat das französische Verteidigungsministerium auf
Empfehlung der 1. Militär-Region (Paris) Joseph Epstein zum Oberstleutnant der französischen Armee mit Wirkung vom 1. April 1944 ernannt. Joseph Epstein wurde am 21. November 1947 postum zum Ritter der Ehrenlegion ernannt. In der Ernennungsurkunde heißt es:
»Joseph Epstein, Oberstleutnant der Französischen Armee des Innern
(*Forces Françaises de l'Intérieur*), erstrangiger Organisator, gründete und
befehligte die ersten Widerstandsgruppen in der Pariser Region. In
der Französischen Armee des Innern kämpfend, ging er Ende 1942 in
den Untergrund und wurde aufgrund seiner Qualitäten schnell zu
einem bedeutenden Kommandoposten beordert«.

Das Dokument endet mit den Worten: »Er diente treu der Sache der Befreiung, für welche er sein Leben opferte. Diese Ernennung schließt die Auszeichnung mit dem ›Kriegskreuz mit Palmen‹ ein.«   [6]

Juden im kommunistischen Widerstand in Südfrankreich
(Die 35. Brigade Marcel Langer der FTP-MOI in Toulouse)

Die in Südfrankreich operierenden FTP-MOI-Verbände zählten zu den wichtigsten Formationen des militärischen Widerstandes in Frankreich. Sie fügten dem Feind große Verluste an Menschen und Material zu, bekämpften die Kollaborateure und den Sicherheitsapparat, zerstörten wichtige Werke der Kriegsindustrie und verursachten die Bindung großer Armeeverbände im Hinterland, die damit an der Front fehlten. Die größten und wichtigsten Formationen der FTP-MOI waren die *35. Brigade Marcel Langer* in Toulouse und die Organisationen *Carmagnole* und *Liberté* in Lyon und Grenoble. Alle drei Formationen wurden hauptsächlich von Juden gegründet und kommandiert, und diese stellten auch die Mehrzahl der Kämpfer.

In Toulouse lebten viele jüdische, polnische und italienische ehemalige Spanienkämpfer, ausländische Arbeiterimmigranten und spanische Flüchtlinge. Sie bildeten den Kern des Widerstandes. In Toulouse gründete Marcel Langer im Sommer 1943 die Kampforganisation *35. Brigade der FTP-POI,* die später ihre Aktivitäten auf weitere sieben Departements bis zu den Pyrenäen hin ausdehnte. Viele Aktivisten hatten, wie Langer, bis 1939 in den Internationalen Brigaden in Spanien gekämpft. Der Name der französischen Widerstandsorganisation wurde deshalb von der 35. Division der spanischen republikanischen Armee abgeleitet, zu deren Bestand die Internationalen Brigaden gehört hatten. Nach Langers Verhaftung und Hinrichtung wurde die Einheit dann nach ihrem Gründer umbenannt. Sein Nachfolger wurde der ehemalige polnische Offizier Jan Gerhardt, dessen Mutter Jüdin war. Später übernahm das Kommando der Jude Zeff Gottesman, der als Capitaine Philippe an der Spitze seiner Truppe bei der Befreiung von Toulouse fiel.

In der ersten Phase der Existenz der Brigade konnte Langer die Operationen auf weitere Gebiete Südfrankreichs ausdehnen und eine straffe, streng konspirative Kommandostruktur mit entsprechenden technischen und Verbindungsdiensten schaffen. Die intensivste Periode dauerte bis zum Juni 1944, als den für den Gegner sehr verlustreichen Operationen eine Welle von schwersten Repressalien und Verhaftungen folgte. Vom Juni 1944 bis zur Befreiung wurde die Brigade einem interregionalen Kommando unterstellt, das die Aktivitäten zwischen dem kommunistischen Widerstand und den Einheiten der gaullistischen FFI koordinierte. Die Brigadekämpfer nahmen an Aufständen in verschiedenen Orten teil. Gegen Ende des Krieges nahm die Brigade den direkten Kampf gegen die Wehrmacht und andere militärischen Formationen auf und befreite viele Gebiete vor dem Eintreffen der alliierten Streitkräfte.

Am 23. Juli 1983, dem 40. Jahrestag der Hinrichtung Langers, fand in Toulouse zu seiner und der Gefallenen der Brigade Ehren eine große Gedenkfeier statt, an der neben dem Verteidigungsminister Charles Hernu viele bedeutende Persönlichkeiten des öffentlichen Lebens, der Armee und der ehemaligen Widerstandsverbände teilnahmen. Es wurde eine reich bebilderte und dokumentierte Broschüre veröffentlicht, in welcher die Kämpfer und ihre Taten geschildert werden. Demnach führte die 35. Brigade 820 Guerillaoperationen gegen den Feind durch. Die Anklageschrift gegen Langer enthielt den *Rapport Gillard*, eine 70seitige Liste von Operationen der Brigade und eine Aufstellung der Kämpfer, ihrer Waffen und des gefundenen Sabotagematerials. Die Brigade ersparte den Alliierten die Bombardierung der Werke der Rüstungsindustrie und es konnten dadurch große Schäden und Verluste an Menschen verhindert werden. Hier einige Daten:

Mai 1943:	Entgleisung eines Zuges mit 35 Waggons und Vernichtung der Ladung,
September 1943:	ein Munitionszug wird in die Luft gesprengt,
April 1944:	Vernichtung von sechs Lokomotiven,
März 1944:	eine Sprengstoffabrik wird durch 14 Bomben in die Luft gejagt,
März 1944:	die Personenstandskartei wird vollständig vernichtet.

Insgesamt wurden vernichtet oder schwer beschädigt: 21 Elektrizitäts-
werke und Überlandleitungen, die die Rüstungsindustrie mit Strom
versorgten, 27 Lokomotiven, 6 Flugzeuge und 2 Flugmotoren. Es wurden 21 Denunzianten, Verbrecher der Gestapo und der Miliz abgeurteilt und hingerichtet. 81 deutsche Offiziere und Soldaten wurden getötet und 108 verletzt.

Als die oberste Leitung der FTP den ausländischen Partisanen Mäßi-
gung bei Angriffen auf französische Kollaborateure verordnete, widersetzten sich diese dem Befehl, weil sie Rache an den Mördern ihrer
Familien nehmen wollten. Daraufhin wurde die Brigade von der FTP-
Leitung nicht mehr unterstützt, und der Kommandant Jan Gerhardt
mußte in neun gewagten Operationen (u.a. Beraubung eines Zuges
mit Lohngeldern für Bergleute) die finanziellen Mittel und Waffen
selbst besorgen. Um diese gefährliche Truppe zu fassen, wurden deutsche und französische Kriminalpolizeistellen, die Gestapo, die geheime Feldpolizei und die kollaborationistische Miliz mit ihren geheimen Abteilungen mobilisiert.

Im Dezember 1993 wurde im europäischen Kulturfernsehen *Arte* ein
Film vom Mosco über die Brigade Marcel Langer gezeigt. Mosco ist
auch Regisseur des Films über die Gruppe Manouchian, der seinerzeit
zu einem Medienskandal geführt hatte. Mehrere, meist jüdische Mitglieder der Brigade berichten in diesem Film von ihren Kämpfen und
Abenteuern, darunter der polnische Jude und Spanienkämpfer Seweryn Michalak, der Waffenmeister und Bombenfabrikant der Brigade
war. Er wurde 1944 verhaftet und konnte vom Deportationszug flüchten. Ich lernte ihn im Oktober 1986 in Madrid kennen und erfuhr von
ihm viele Einzelheiten über die Kämpfe der Brigade, über Marcel Langer, dessen Verhaftung und Hinrichtung.

Zu den jüdischen Spanienkämpfern in der 35. Brigade der FTP-MOI
zählte auch Jakob Insel, dessen Witwe ich in Madrid im Oktober 1986
zum erstemal und seitdem mehrmals traf. Wie Langer kam der 1909
geborene Insel aus Polen nach Palästina, von wo er mit seiner Frau Fe-
la von den Briten nach Frankreich ausgewiesen wurde. Er war Freiwilliger in den Internationalen Brigaden und kämpfte wie Langer bis zur
Niederlage der Republik. Später wurde er in St. Cyprien, Gurs und
Vernet interniert, um anschließend in das berüchtigte Lager Djelfa in
der Sahara verbracht zu werden. Er war einer der wenigen, denen die

Flucht von dort gelang, und er kam nach Toulouse. Er wurde militärischer Chef einer polnischen Résistance-Gruppe unter Marcel Langer und war Militärchef der Résistance in der Garonne von 1942-1943. Er wurde am 8. Dezember 1943 verhaftet und im gleichen Gefängnis wie Langer, St. Michel, grausam gefoltert. Ein Fluchtversuch mißlang. Der letzte Deportationszug nach dem Osten vor der Befreiung durch die Alliierten, in welchem sich Jakob Insel befand, wurde von amerikanischen Flugzeugen bombardiert. Bei der Flucht aus dem Zug wurde er von MG-Salven getroffen und starb kurz darauf.

Ein weiterer Mitkämpfer Langers in der 35. Brigade war der Jude Abraham Mitelman, einer der ersten Spanienkämpfer. Er wurde am 14. April 1944 verhaftet und wenige Tage vor der Befreiung am 1. August 1944 nach Buchenwald verbracht, wo er im April 1945 befreit wurde.

Nach dem Krieg wurde die Geschichte der Brigade von der KPF-Leitung manipuliert. Die mißlungenen Operationen wurden den Ausländern zugeschrieben; für die erfolgreichen, heldenhaften Taten der jungen Männer und Frauen der FTP-MOI jedoch wurden die *französischen* Widerstandskämpfer mit Ruhm überhäuft. Ein Kämpfer der Brigade, Claude Levy, hat das in seinem 1970 erschienenen Buch *Les Parias de la Résistance* ausführlich belegt. Kein Wunder also, daß Michalak und die meisten aus Polen stammenden Kämpfer deshalb nach Polen zurückkehrten, als sie aufgefordert wurden, dort den Sozialismus aufzubauen. Anfang der fünfziger Jahre landeten sie dann alle als »Westler« in den Gefängnissen der Staatssicherheit. Der Untersuchungsrichter belegte Michalaks Schuld als westlicher Spion mit der folgenden dummdreist-perfiden Argumentation: Wer den Spanischen Bürgerkrieg, den deutsch-französischen Krieg 1940, die Résistance und die Deportation überlebte, kann nur ein Spion gewesen sein. Jan Gerhardt, der in Polen zum Armeeoberst avancierte, wurde später in Warschau von unbekannten Tätern ermordet. Michalak wurde Leiter eines Elektrizitätswerkes. Der Kämpfer und Historiker der Brigade, Raymond Levy, sagte im Nachspann zu dem erwähnten Film: »Unser Ideal war ein Frankreich, das sich selbst befreite, um sich einer menschlicheren Gesellschaft zu öffnen. Unser Handeln war vor allem militärisch.«

Marcel Langer – Gründer und Chef der 35. Brigade

Marcel Langer wurde am 13. Mai 1903 als Sohn einer Arbeiterfamilie in Auschwitz in Polen geboren. Sein Vater war aktives Mitglied der jüdisch-sozialistischen Arbeiterpartei »Bund«. Trotzdem entschloß er sich, Polen wegen antisemitischer Verfolgungen zu verlassen und wanderte mit seiner Familie, der Ehefrau und zwei Söhnen, nach Palästina aus. Marcels Bruder wurde dort ein zionistischer Aktivist, und Marcel wurde Mitglied der palästinensischen KP. Damit gehörten drei Mitglieder der Familie drei verschiedenen politischen Gruppierungen an. Die britische Mandatspolizei verfolgte die Mitglieder der PKP, und auch Marcel wurde oft verhaftet. Um den Verfolgungen zu entgehen, wanderte er 1931 nach Frankreich aus. Über Paris kam er nach Toulouse, wo er als Fräser in einer Fabrik arbeitete. Er wurde Mitglied der KPF und Aktivist der Arbeiter-Immigranten-Sektion der KPF-MOI.

Marcel Langer

Er nahm am Spanischen Bürgerkrieg als Offizier teil und wurde in Argelés und später in Gurs interniert, konnte aber nach Toulouse entkommen, wo er viele Freunde und Kampfgenossen traf.

In Toulouse gab es damals viele spanische Flüchtlinge und ehemalige Interbrigadisten. Er bekam Arbeit in einer Fabrik der Metallindustrie und nahm Kontakt mit seinen Genossen in der MOI auf. Kurze Zeit später verschwand er, zusammen mit dem ganzen Apparat der MOI, in den Untergrund und nahm den Kampf mit der Besatzungsmacht auf. Als Südfrankreich am 11. November 1942 von der Wehrmacht besetzt wurde, wird die MOI in eine Organisation des militärischen Widerstandes umgewandelt. Marcel gründete und befehligte die 35. Brigade der Résistance.

Bereits im November 1942 entwaffneten Kämpfer der Brigade deutsche Soldaten, sabotierten Wehrmachtszüge, zündeten Lkws an. Seit ihrer Gründung bis zur Befreiung im August 1944, also in knapp 2 Jahren, verbreitete die 35. Brigade Furcht und Schrecken unter den Gestapo-Schergen, Kollaborateuren und Spitzeln. Die Brigade fügte der deutschen Kriegsmaschinerie in Frankreich schwerste Schäden zu.

Unzählige Züge wurden entgleist und in die Luft gesprengt, Wehrmachtskasernen angriffen (u.a. eine der kollaborierenden russischen
Wlassow-Armee). Die Brigade befreite viele Departements noch vor
dem Eintreffen der Alliierten. Aber der Preis war hoch und die Zahl
der Opfer unter den Résistance-Kämpfern sehr groß.

Am 5. Februar 1943 befand sich Langer zufällig auf dem Bahnhof in St.
Agnes in Toulouse. Er hatte sich einen freien Tag genommen und
wollte mit seinem Mitkämpfer und Freund Sewek alias Simon Gold,
mit dem er in der gleichen Kompanie in Spanien kämpfte, ins Kino
gehen. Plötzlich wurde der Bahnhof von starken Einheiten der Polizei
und SS abgeriegelt. Zufällig bemerkten sie zwei weibliche Kuriere der
Brigade, die Koffer mit Sprengstoffen bei sich hatten. Sie winkten sie
herbei und bedeuteten ihnen durch Gesten, die Koffer über den Zaun
abzulassen, was auch geschah. Er hätte dies als Kommandant der Brigade nicht tun müssen, denn schon in Spanien galt der Grundsatz,
daß der Schutz der Führungskader absoluten Vorrang hat. Marcel fing
die Koffer auf, wurde aber sofort umzingelt und verhaftet.

Seweryn Michalak hat mir selbst diesen Vorfall geschildert. Er wurde
in Spanien zweimal verwundet und kam später nach Toulouse, wo er
Kommandant der technischen Dienste der Brigade wurde. Er wurde
am 5. April 1944 verhaftet und gefoltert. Am 2. Juli 1944 gelang es ihm
und allen seinen Mitkämpfern der 35. Brigade, aus dem Deportationszug zu flüchten. Er schloß sich dann wiederum der Résistance in der
Haute Saône an.

Langer wurde unmenschlich gefoltert, denn er kannte ja alle Kämpfer
seiner Brigade, aber er verriet niemanden. Am 21. März 1943 wurde er
auf Antrag des Vichy-Generalstaatsanwalts Lespinasse zum Tod
durch die Guillotine verurteilt. Die Staatsanwaltschaft legte dem Gericht eine 70seitige Liste mit einer Aufzählung der Waffen und
Sprengmittel sowie der Operationen der 35. Brigade vor. Diese Wider-
standaktionen gefährdeten die Sicherheit der deutschen Truppen derart, daß die SS-Panzer-Division »Das Reich« von der Front abgezogen
und nach Toulouse verlegt werden mußte.

Die Untergrundzeitung *La Terre* der Bauernsektion der KPF veröffentlichte in der Ausgabe Nr. 68 vom Januar 1944 einen detaillierten
Bericht über die letzten Stunden im Leben des Marcel Langer, den sie
als Testament des Genossen Langer bezeichnete. Der bei der Exeku-

tion am 23. Juli 1943 amtshalber anwesende Rabbiner Nathan Hosanski – auch in Vichy-Frankreich mußte alles seine formale Ordnung haben – war die Quelle für diesen Bericht. Hier der Bericht.

Marcel Langers Tod

»Marcel Langer wurde um 3 Uhr morgens von den Wachen geweckt. Der Präsident des Tribunals teilte ihm mit, daß der Vichy-Ministerpräsident Laval eine Begnadigung abgelehnt hat, wonach der Henker mit seinen Vorbereitungen begann. Der Henker reichte ihm ein Glas Rum und einige Zigaretten. Als ihm der Präsident des Tribunals ein Gespräch mit dem Rabbiner vorschlägt, erklärt er:
»Ich brauche keine Absolution, denn mein Gewissen ist rein. Wenn ich noch einmal anfangen müßte, würde ich dasselbe tun. Ich sterbe für Frankreich und für eine bessere Menschheit. Ich weiß, daß nicht Frankreich an meinem Tod die Schuld trägt, sondern die Boches (Deutsche). Ich bin sicher, daß man mich rächen wird.«
Danach will ihn der Henker und ein Wächter zur Guillotine führen, aber er lehnt es ab. Vor der Hinrichtung schreit er: »Tod den Boches! Es lebe das freie Frankreich! Es lebe die freie Menschheit! Es lebe die Kommunistische Partei!«
Alle Anwesenden haben Tränen in den Augen. Der Präsident erklärt: »Niemals habe ich einen Menschen gesehen, der so mutig in den Tod ging. Wenn es viele von solchen Menschen gibt, werden sie viel erreichen. Vor Menschen wie ihm muß man sich verneigen.«
So starb ein Kommunist als legendärer Held. Sein Andenken wird für immer in unseren Herzen eingegraben sein.
Kamerad Langer, wir werden den Kampf fortsetzen, und der Sieg wird unser sein. An Deiner Stelle werden Tausende Kämpfer kommen und den Kampf fortsetzen. Diejenigen, die Deinen Tod verschuldet haben, werden dafür teuer bezahlen. Die Partei ist stolz auf Kämpfer wie Dich. Tod den Boches! Tod den Mördern von Vichy! Es lebe das freie und unabhängige Frankreich!
Region Toulouse der KPF«

Die Worte des Präsidenten nach der Hinrichtung Langers sollten Konsequenzen haben. Der Chef der 2. Abteilung des Kommandos der *Milice Française*, einer nach dem Muster der SS wirkenden Kollaborationstruppe, forderte mit Schreiben vom 22. Juni 1944 strenge Vergeltungsmaßnahmen gegen den Präsidenten wegen dessen lobender Worte über Langer. Die überlebenden Mitkämpfer Langers machten jedoch das Versprechen wahr, seinen Tod zu rächen. Am 10. Oktober 1943 wurde der Kollaborateur und Vichy-Generalstaatsanwalt Lespinasse, der die Todesstrafe für Langer gefordert hatte, von einem Résistance-Gericht zum Tode verurteilt und hingerichtet.

An der Mauer des Gefängnisses St. Michel in Toulouse befindet sich heute eine Gedenktafel, auch eine Straße wurde nach Langer benannt. Im Jahr 1949 haben alle Résistance-Organisationen beschlossen, ein Bronzedenkmal mit der Büste Langers auf dem Friedhof Terre-Cabade, wohin seine Überreste nach der Befreiung überführt wurden, zu errichten. Die schlichte Inschrift lautet: *Mort pour la France*. Mit folgenden Worten beschließt Oberst Serge Ravanel, Kommandant der Untergrundarmee in Südfrankreich sein Vorwort zu der Broschüre, die aus Anlaß des 40jährigen Todestages von Marcel Langer am 23. Juni 1983 erschien:

»Vierzig Jahre sind vergangen. Ehre und Ruhm den mutigen Männern, denen es gelang, Hoffnung zu bringen in einer Zeit, als sich unser Land in einer dramatischen Lage befand, ein Land, das nicht nur den Krieg verlor und besetzt wurde, sondern auch die Moral verlor und an sich selbst verzweifelte. Sie haben uns geholfen, den Kopf zu erheben.«   [6]

Nathan Hosanski – Rabbiner bei der Résistance

Rabbiner
Nathan Hosanski

Nathan Hosanski wurde 1911 in Rußland geboren und emigrierte mit seiner Familie nach Frankreich. Er nahm am Krieg als französischer Offizier und Armeerabbiner teil. Im Jahr 1940 wurde er vom jüdischen Gemeindeverband Frankreichs als Seelsorger nach Toulouse entsandt. Er nahm sofort Kontakt mit den Organisationen des zionistischen Untergrundes auf, mit der *Jeunesse Sioniste* (JS) und *Armee Juive* (AJ), die später zur jüdischen Widerstandsorganisation *Organisation Juive des Combat* (OCJ) mutierte. Er kümmerte sich als offizieller, von den Vichy-Behörden anerkannter Rabbiner auch um die in Gefängnissen und Lagern festgehaltenen Juden und brachte ihnen Nachrichten und Pakete von ihren Familien und Hilfsorganisationen. Als die jüdischen Widerstandsorganisationen aller politischen Richtungen ihre Aktionen im *Comité Général de Défense de Juifs* im Jahre 1943 koordinierten, wurde Hosanski eines der aktivsten Mitglieder der Leitung dieser Organisation.

Als das Todesurteil gegen Marcel Langer vollstreckt werden sollte, wurde Hosanski von der französischen Justiz aufgefordert, bei der Hinrichtung unter der Guillotine anwesend zu sein. Als Atheist lehnte es Langer ab, mit dem Rabbiner das letzte Gebet aufzusagen. Daraufhin forderte Hosanski Langer auf hebräisch und im Tonfall eines Gebetes auf, ins Gebetsbuch hineinzuschauen. Dort fand Langer einen auf jiddisch mit hebräischen Buchstaben geschriebenen Abschiedsbrief seiner Kameraden und Kampfgenossen.

Die Nachricht von der Hinrichtung Langers und seiner mutigen Haltung bis zum Tod verbreitete sich nicht nur in Frankreich, wo die Widerstandspresse die Exekution mit allen Einzelheiten schilderte, sondern durch Radiosendungen aus Moskau, London und Algier in der ganzen Welt. Es war klar, daß nur Hosanski die Quelle für diese Nachrichten gewesen sein konnte. Die wütende Reaktion der Vichy-Behörden ließ nicht lange auf sich warten. Als Hosanski in der Präfektur im Januar 1944 zugunsten einer jüdischen Familie intervenierte, ließ ihn der Chef der Kollaborateur-Miliz, Dr. Bailly, verhaften. Er wurde gefoltert und an einem unbekannten Tag deportiert. Die französische Regierung hat Rabbiner Hosanski postum mit dem Kriegskreuz mit Stern ausgezeichnet.

Zeff Gottesman – Kommandant

Nach der Hinrichtung von Marcel Langer wurde das Kommando der 35. Brigade der FTP-MOI Zeff Gottesman anvertraut. Er war 1912 in Polen geboren worden und emigrierte 1930 als zionistischer Pionier nach Palästina, wo er in verschiedenen Berufen tätig war. Sieben Jahre später kam er nach Paris, wo er u.a. als Schweißer arbeitete. Ab 1941 war Gottesman Mitglied und Kommandant verschiedener Widerstandsorganisationen in Südfrankreich.

Zeff Gottesman

Im Januar 1944 wurde er Kommandomitglied der FTP-MOI in Toulouse, wo er an vielen bewaffneten Aktionen teilnahm. Er besorgte den Nachschub für seine Kämpfer, wie auch die ärztliche Versorgung für die Verwundeten. Unter seinem Kriegspseudonym *Capitaine Philippe* war er einer der beliebtesten Führer des Widerstandes, dem auch viele spanische, republikanische Flüchtlinge angehörten.

Im August 1944 führten die von ihm kommandierten Einheiten schwere Gefechte mit den deutschen Truppen in der Umgebung von Toulouse. Am 21. August konnten die Partisanen einige Siege erringen und sogar deutsche Soldaten in provisorische Gefangenenlager bringen.

Am 23. August 1943 gab es Kämpfe in der Stadtmitte. Spanische und jüdische Partisanen schnitten den deutschen Truppen die Rückzugswege über die St.-Michel-Brücke ab. Dort wurde Gottesman wenige Stunden vor der Befreiung der Stadt schwer verwundet. Er starb auf dem Weg ins Lazarett. An der St.-Michel-Brücke befindet sich heute eine Gedenktafel mit folgendem Text: »Hier fiel Zeff Gottesman, Held der *Libération*.« Kurze Zeit nach der Befreiung erhielt eine Einheit der französischen Armee, die aus ehemaligen Partisanen gebildet wurde, zu Ehren von Zeff Gottesman den Namen *Bataillon Philippe*.

Die Organisationen »Carmagnole« und »Liberté«

Die ersten Kampfgruppen der zukünftigen Organisation *Carmagnole* wurden im Juni 1942 in Lyon gebildet. Als sich die Zahl der Kämpfer vergrößerte, wurde Anfang 1943 in Grenoble noch die Einheit *Liberté* gegründet. Die Besetzung von Grenoble durch die italienische Armee, die sich human verhielt und die Juden sogar schützte, war der Grund für die relativ späte Etablierung des Widerstandes. Erste Aktion war der von vier polnischen Juden durchgeführte Angriff auf ein Lokal der Kollaborateure. Bei diesem starb, als erster Gefallener von *Liberté*, Leon Gaist. Von den ursprünglich 100 Kämpfern der Formation waren 38 Juden. Später war der Anteil noch höher: 68 %. Die anderen waren Italiener, Franzosen und einige Spanier. In der ersten Zeit kämpften die Einheiten als Stadtguerilla, doch nach der Landung in der Normandie im Juni 1944 ging ein Teil der Kämpfer aufs Land zu den Partisanen der Maquis.

Raymond Grynstein erschoß einen Gestapomann, der ihn am 24. Oktober 1943 in Villeurbanne bei Lyon verhaften wollte, und floh. Nach einem bewaffneten Angriff auf eine Rüstungsfabrik in Grenoble deckte er den Rückzug seiner Männer und wurde von Kugeln durchsiebt. In allen Formationen kämpften auch Frauen, sowohl als Kurierinnen als auch im operativen Widerstand. Zu ihnen zählt Jeanine Sontag. Sie wurde mit der Waffe in der Hand bei einer Aktion in Lyon am 3. Juli 1944 verwundet. In der Haft wurde sie schrecklich gefoltert und am 2. August 1944, wenige Tage vor der Befreiung, erschossen. Sie war 19 Jahre alt. Die Gruppe *Carmagnole* in Lyon führte zwischen dem 10. November 1942 und September 1944 193 Operationen durch, bei denen viele Kämpfer fielen.

Gründer und Kommandant der Gruppe *Liberté* in Grenoble war Norbert Kugler. Zu den bekanntesten Kämpfern zählt der junge Simon Fryd, der vom Lager Pitiviers flüchtete und sich der Einheit *Liberté* anschloß, wo er zu den mutigsten Kämpfern zählte. Am 29. Mai 1943 kommandierte der 21jährige, in Polen geborene Simon eine Operation, bei der er verwundet und verhaftet wurde. Der Staatsanwalt Faure-Pinguely forderte die Todesstrafe. Fryd schrieb in mangelhaftem Französisch einen Abschiedsbrief an seine Schwestern (die Eltern waren schon deportiert): »Meine lieben Schwestern. Ich schreibe Euch wenige Minuten vor der Exekution. Ich sterbe für eine Sache, für die ich kämpfte. Vergeßt mich nicht und nehmt für mich Rache.« Fryd wurde am 4. Dezember 1943 in Lyon guillotiniert. Seine Schwester Lola Amselem beging Selbstmord, als sie von der Exekution erfuhr. Sie fühlte sich schuldig, weil sie Simon dem Widerstand zugeführt hatte.

Zur gleichen Zeit befanden sich zwei andere Kämpfer der Einheit in Haft, die Brüder Leon und Leopold Rabinovitch. Es bestand die Gefahr, daß der Staatsanwalt auch für sie die Todesstrafe beantragen würde. Drei Führer des Widerstandes und zwei weitere Kämpfer nahmen die Sache persönlich in die Hand: Fred Michel, Roman Krakus und Norbert Kugler. Sie besuchten den Staatsanwalt in seiner Wohnung. Kugler wies sich als Gestapobeamter aus, Michel als französischer Kriminalpolizist, Krakus und Gilles Najman trugen deutsche Uniformen. Seit diesem Tag wurde vom Sondergericht in Lyon kein Todesurteil mehr ausgesprochen, und die Brüder Rabinovitch konnten überleben.

Die Gruppe *Liberté* in Grenoble führte vom Mai 1943 bis zum September 1944 144 Operationen durch, die schwere Folgen für die Besatzer hatten. Im Juli 1944 griffen die Liberté-Kämpfer die Wehrmacht an und konnten später ihre Stadt befreien, wie auch andere Orte. Am 3. September 1944 marschierte die Einheit in Lyon ein. 40 % ihrer Gefallenen waren Juden.

Norbert Kugler – Chef der Résistance in Südfrankreich

Norbert Kugler wurde 1906 in Schönau/Oberbayern geboren. Er emigrierte bereits 1933 nach Toulouse, wo sein Bruder lebte. Im Oktober 1936 meldete er sich als einer der ersten Freiwilligen im spanischen Bürgerkrieg. Er wurde Soldat der 11. Thälmann-Brigade und kämpfte bei der Verteidigung von Madrid im Universitätsviertel, im Casa del Campo, in Boadilla und Las Rosas. Er nahm auch an den Schlachten am Jarama, Guadalajara und Teruel wie auch an der letzten republikanischen Ebro-Offensive teil. Er war dann als Leutnant Stabsoffizier der 45. Division der republikanischen Armee.

1938 kehrte Kugler nach Frankreich zurück, weil er nach einer schweren Typhuserkrankung dienstuntauglich wurde. Im Lazarett begegnete er der 1914 in Lodz geborenen jüdischen Krankenschwester Mira Bromer, die später seine Kampfgefährtin und Ehefrau wurde. Er organisierte Hilfe für Interbrigadisten und spanische Flüchtlinge, wurde aber bald selbst als Ausländer in mehreren Lagern interniert. Noch vor der Niederlage der französischen Armee 1940 konnte er flüchten und nach Toulouse zurückkehren. Er wurde wieder verhaftet und ins Lager Récébedon gebracht, aber von dort gelang ihm die Flucht, diesmal nach Lyon.

Die Stadt war Zentrum des Widerstandes in Südfrankreich, und Kugler wurde Kommandant der FTP-MOI in den Provinzen Rhône, Isère und Savoy. 1943 wurde er Kommandant des Widerstandes in ganz Südfrankreich. Seine Frau Mira gehörte ebenfalls zu den Gründern der Widerstandsorganisation und war Mitglied des Kommandos des Widerstandes in Südfrankreich. Sie war Verbindungsoffizier des Kommandanten des Widerstandes, General Ilic.

Kugler befehligte große Partisanengruppen, die die Städte Villeurbanne und Lyon noch vor der Ankunft der Alliierten befreiten. Er wurde zum Ehrenbürger der Stadt Villeurbanne ernannt. Nach dem Krieg nahm er, wie viele Spanien- und Widerstandskämpfer, mit seiner Frau seinen Wohnsitz in der DDR. Dort wurde er unter falschen Beschuldigungen verhaftet und zu Gefängnishaft verurteilt. In der Zeit seiner Haft wurde in Vénissieux, einer von ihm befreiten Stadt, eine Straße nach ihm benannt. Kugler starb am 4. Mai 1982 in Berlin.   [38]

Gerschon Ritvas – russischer Résistance-Kämpfer

Eine ungewöhnliche militärische Karriere machte im Zweiten Weltkrieg Gerschon Ritvas. Er wurde 1916 in Saratow an der Wolga geboren, doch seine Familie emigrierte bald nach Koschedar in Litauen. Als der Krieg ausbrach, meldete er sich als Freiwilliger bei der sowjetischen Armee. Er nahm an den schweren Kämpfen der ersten Kriegswochen teil, die mit einer Niederlage großer Verbände und dem chaotischen Rückzug endeten. Er wurde verwundet und kam in deutsche

Kriegsgefangenschaft. Wie durch ein Wunder überlebte er 18 Kriegsgefangenenlager. Ein Fluchtversuch endete nach mehreren Wochen mit erneuter Gefangennahme. Er wurde von der Gestapo von Gorki vernommen, jedoch nicht als geflüchteter Kriegsgefangener und Jude erkannt.

Gerschon Ritvas

Nach mehreren Monaten im Lager, in dem es viele Tataren als Gefangene gab, wurde im November 1943 eine große Gruppe nach Wilna geschickt, wo die (mehreren asiatischen Völkergruppen angehörenden) Gefangenen zum Eintritt in die antibolschewistische Wlassow-Armee gedrängt wurden. Nach der Niederlage von Stalingrad bildeten die Deutschen Gruppen aus nichtrussischen Freiwilligen, je eine tatarische, kasachische, kaukasische, georgische und armenische Legion. Ritvas mußte befürchten, daß man ihn als jüdischen Bewohner von Koschedar, das nur 55 Kilometer von Wilna entfernt lag, wiedererkennen könnte. Deshalb hat er für sich die folgende Familiengeschichte erfunden: Seine Eltern wurden als Tataren in der Revolution von 1917 ermordet, und er wurde als 3jähriges Kind in ein sowjetisches Kinderheim gesteckt. Als Moslem wurde er natürlich beschnitten. Ritvas hatte inzwischen genügend Tatarisch gelernt, um als Tatare gelten zu können.

In Siedlice in Polen wurden die fremdländischen Verbände formiert, in deutsche Uniformen mit den Buchstaben WTL (Wolga-Tataren-Legion) auf dem Ärmel gesteckt, bewaffnet und im Januar 1944 nach Frankreich transportiert. Dort traf Ritvas mehrere Juden, die sich als Wolgadeutsche in deutschen Uniformen tarnten. Die Soldaten wurden in Le Puy, 250 Kilometer von Lyon entfernt, kaserniert. Die Tataren wurden von einem moslemischen Mulla, einem Militärgeistlichen, empfangen, und Ritvas befürchtete, daß dieser seine wahre Identität entdecken könnte. In der Kaserne traf Ritvas weitere Juden, die sich als Angehörige der sowjetischen Minderheiten ausgaben. Beim Vorübergehen pflegte er dann ein paar Worte aus dem Totengebet Kaddisch zu murmeln, als mögliche Erkennungsparole. Er hat sich mit seiner Einschätzung kein einziges Mal geirrt. Die Tataren wurden u.a. zur Bewachung des Gefängnisses von Le Puy eingesetzt. Beim Wachwechsel wurde er von einem Soldaten als Schabanow angesprochen, einem Namen, den Ritvas in einem Lager bei Witebsk benutzt hatte. Der Soldat gab sich als Jude aus. Ein schrecklicher Verdacht befiel Ritvas: Es könnte ein Spitzel sein, der ihn als Juden erkannte. Er versuchte ihn mit jiddischen, aus dem Hebräischen stammenden Worten wie *Majim* (Wasser) oder *Lechem* (Brot) zu prüfen, doch der Soldat kannte die Worte nicht. Schon plante er, ihn beim nächsten Wachwechsel zu erschießen. Vorher versuchte er aber noch ein letztes Mal, ihn eindeutig zu identifizieren, und sprach die ersten Worte der *Hatikva*, der zionistischen Hymne, heute die Staatshymne Israels. Da folgte dem *kol od belawaw penima* (solange mitten im Herzen) die Fortsetzung des Soldaten *nefesch jehudi homija* (die jüdische Seele schlägt), und die beiden Soldaten mit dem Hakenkreuz auf der Uniform fielen sich in die Arme und vergossen Tränen der Rührung. Der andere Jude stammte aus Sibirien. Aus Sicherheitsgründen vereinbarten sie, weitere Begegnungen zu vermeiden.

Die exsowjetischen Legionäre wurden zur Bekämpfung von Banditen und Terroristen – d. h. der französischen Widerstandsbewegung – eingesetzt. Ritvas versuchte ständig, Kontakt mit den französischen Partisanen aufzunehmen. Den Soldaten war es beim Ausgang nur erlaubt, drei bestimmte Cafés und ein Bordell zu besuchen. Durch Vermittlung einer jungen Kellnerin konnte er im Februar 1944 dennoch Kontakt mit dem französischen Widerstand aufnehmen. Ein Offizier der Partisanen fragte ihn, ob er bereit sei, durch Mitarbeit beim Widerstand den Schmutz von seiner deutschen Uniform abzuwaschen.

Eines Tages gab es in der Kaserne höchsten Besuch. Der Großmufti von Jerusalem, Amin el Husseini, kam persönlich, um seine treu dem Deutschen Reich dienenden moslemischen Brüder zu begrüßen. In der Ansprache vor den angetretenen Legionären sagte er, daß die Juden und Bolschewiken die Schuld am Krieg hätten. Deshalb sei es die heilige Pflicht eines jeden Moslems, diese Feinde endgültig auszurotten. Der Rede folgte ein Gebet, und aus dem feierlichen Anlaß gab es eine Extraration Zigaretten.

Nach weiteren Kontakten mit der Résistance organisierte Ritvas eine Gruppe von tatarischen Kameraden, die bereit waren zu desertieren, um sich den Partisanen anzuschließen. Dies geschah in der Nacht

vom 9. April 1944. Am Tag darauf nahm er an einer erbitterten
Schlacht mit starken SS-Verbänden als Kommandant eines Zuges mit
schweren MGs teil. Ihm wurde ein elsässischer Partisan zugeordnet,
der deutsch sprach. Trotz größter Gefahr mußte er in Zivilkleidung
nach Le Puy zurückgehen, um weitere Kämpfer zu rekrutieren und
strategische Punkte für den Kampf um die Stadt auszukundschaften.
Chef der Einheit war Oberstleutnant Gevolde; Ritvas direkter Vorgesetzter war Kommandant Hulot, der Oberst der Reserve war und mit
richtigem Namen Levi hieß. Ein Baron war Chef der Aufklärungsab-
teilung. Ritvas war Soldat der Kompanie Barat, deren Kommandant
André war, ein Jude mit richtigem Namen Bass. Operationsgebiet der
Einheit waren die Berge von Mont Mouchet bei Sauges. Die Einheit,
die dem allgemeinen Widerstand FFI angehörte, zählte 350 Partisanen, darunter sehr viele französische und ausländische Juden. Es gab
ständigen Funkkontakt mit London. Durch Abwürfe von alliierten
Flugzeugen war die Einheit sehr gut bewaffnet. Ritvas befehligte später eine gemischte Truppe aus Tataren und Franzosen. In einer gewagten Operation wurde ein Gefängnis angegriffen und die Gefangenen
befreit. Es wurden viele Angriffe auf deutsche Truppen bei Mercoire,
Pradelle und anderen Orten ausgeführt, darunter auf eine große Einheit mit 17 Lastwagen. Die Deutschen haben starke Verluste erlitten,
140 Tote und über 300 Verwundete.
Nach der Landung der Alliierten in der Normandie wurde im Juni
1944 auch im Departement Haute Loire ein Platz für eine alliierte Luft-
landung vorbereitet. Um diesen Ort gab es viele Schlachten gegen
überlegene Truppen, auch gegen exsowjetische Legionäre. Am 18. August 1944 stürmten die Widerstandskämpfer die Stadt Le Puy. Die
Schlacht dauerte 18 Stunden an. Am Ende waren die deutschen Truppen umzingelt. Um das unnötige Vergießen von Blut auf beiden Seiten zu vermeiden, schickten die Partisanen eine Parlamentariergruppe
unter dem Befehl von Ritvas zu den Deutschen. Mit einem Mega-
phon und einer weißen Flage ausgerüstet fuhr Ritvas, der inzwischen
zum Hauptmann befördert und als Capitaine Gregor berühmt wurde,
langsam auf die deutschen Positionen zu und forderte die Feinde in
deutscher und russischer Sprache auf, sich zu ergeben, was auch geschah.
Nach der Eroberung von Le Puy operierte Capitaine Gregor mit sei-

ner Truppe im Departement Ardèche und befreite die Stadt Privas. Er mußte gegen überlegene Kräfte in Divisionsstärke kämpfen. Inzwischen tobten weiter Schlachten zwischen der Résistance und den deutschen Truppen. In Mont Mouchet waren 1.200 Widerstandskämpfer in eine Schlacht gegen 12.000 deutsche Soldaten verwickelt. Die Deutschen erlitten Verluste von über 1000 Mann, und die Partisanen konnten sich zurückziehen. Auch an dieser Schlacht nahm Ritvas teil. Er hatte die Genugtuung, viele deutsche und tatarische Soldaten in die Gefangenschaft zu führen. Ritvas wurde später zum Kommandanten des 352. Bataillons befördert und mit mehreren Orden und mit dem Kriegskreuz ausgezeichnet. Er wurde mit dem Kommando einer aus desertierten russischen Kriegsgefangenen bestehenden Einheit betraut, die das Departement von versprengten deutschen und Vichy-treuen Kräften säuberte.

Erst nach der Befreiung erfuhr Ritvas, daß es in der tatarischen Legion vier weitere Juden gegeben hatte, die sämtlich desertierten. Einer von ihnen, Alexander Krupinski, hat kurz darauf ein jüdisches Mädchen namens Hoffnung geheiratet. In der Haute Loire operierten jüdische Partisaneneinheiten, die von Major Payol, Pierre Levi, Hauptmann Benoit, Paul Beker und Dr. Schwarz befehligt wurden.

Im Jahre 1945 fuhr Ritvas nach Litauen zurück, um dort nach eventuell am Leben gebliebenen Familienmitgliedern zu suchen. Doch fast alle waren ermordet. Im August 1958 wurde Ritvas aus Anlaß des 14. Befreiungstages nach Le Puy eingeladen und dort als Befreier der Stadt gefeiert. Die Schlagzeilen des Artikels in der Zeitung *Le Montan* (Clermont-Ferrand, 7. August 1958), in welchem sein Besuch und seine Taten beschrieben werden, lauten:

»Am 18. August werden es 14 Jahre her sein, seit Le Puy befreit wurde. Capitaine Gregor, der aus Rußland kam, kehrte in unsere Stadt zurück, die er an der Spitze von Résistance-Kämpfern befreite. Der mutige Mann, wichtiger Widerstandskämpfer und Freund Frankreichs, verlor 24 Mitglieder seiner Familie während des Krieges.«

Erst 1971 war es Gerschon Ritvas, der inzwischen schwer erkrankt war, vergönnt, seine Abenteuer aufzuzeichnen und in seinem in jiddischer Sprache in Paris erschienenen Buch *A jid in nazischn uniform* zu veröffentlichen.   [39]

David Kamy – ein Solist der Roten Kapelle

Eines der spannendsten Kapitel in der Geschichte der Militärspionage im Zweiten Weltkrieg ist mit dem Namen der »Roten Kapelle« und ihres Gründers, des Grand Chef Leopold Trepper, verbunden. Mehr als die Hälfte der Mitglieder dieser wirkungsvollsten antifaschistischen Spionagegruppe waren, wie Trepper selbst, Juden, die aus idealistischen Gründen zusammen mit ihren belgischen, französischen und deutschen Kampfgenossen der Sowjetunion unschätzbare Dienste in ihrem Ringen um das Überleben im Krieg mit Nazi-Deutschland leisteten.

David Kamy

Einige der jüdischen Mitglieder der Gruppe waren auch Spanienkämpfer. Der bekannteste unter ihnen war David Kamy. Er wurde am 10. März 1911 in Warschau geboren. Er und sein Bruder Ben-Josef lebten in Petrograd als Kinder einer reichen jüdischen Bankiersfamilie. Die rus

Leopold Trepper

sische Revolution vertrieb die großbürgerliche Familie in den Fernen Osten. Sie kamen zunächst nach Schanghai und später nach Japan. Von dort übersiedelte die Familie nach Palästina. Ben-Josef Kamy, der ältere Bruder, beendete das Gymnasium in Tel Aviv und ging nach Belgien, wo er in Gent studierte. Hier schloß er sich einer linken Studentenorganisation an. Er teilte seine reichlichen Geldmittel von zu Hause mit armen Kameraden und Genossen. Der jüngere Bruder David folgte ihm bald nach Gent, wo er ebenfalls studierte. David war ein brillanter Student und ein Sprachgenie. Er sprach fließend Russisch, Jiddisch, Hebräisch, Arabisch, Englisch und Französisch, später kam Spanisch hinzu. Er konnte malen, bildhauern und hatte einen ungewöhnlichen Sinn für Humor. Als der Spanische Bürgerkrieg ausbrach, war David Kamy bald zur Stelle. Er kam am 13. Januar 1937 nach Albacete. Er zeichnete sich bei den Kämpfen um Madrid und an anderen Fronten durch außergewöhnlichen Mut und Verwegenheit aus. Diese Eigenschaften behielt er bis zu seinem Tod.

Später wurde Hauptmann David Kamy Adjutant des General Copic, des Kommandeurs der 15. Lincoln Brigade. David überschritt als Freiwilliger der *Agrupacion Internacional* die französische Grenze und wurde in Südfrankreich interniert. Als der deutsch-französische Krieg ausbrach, meldete er sich als einfacher Soldat bei der französischen Armee, wo er Korporal wurde. Er nahm 1940 an der Aisne-Schlacht teil. Während der Bombardements bewies er viel Mut und Kaltblütigkeit bei der Bergung von Verletzten. Er wurde mit dem Kriegskreuz mit Palmen – *Croix de guerre avec palmes* ausgezeichnet.

Als Leopold Trepper die »Rote Kapelle« aufbaute, war er glücklich, David Kamy zu gewinnen. Mitte 1941 fehlte es der Gruppe an »Solisten«, begabten Funkern – eine überlebenswichtige Funktion. Der Deutsche Wenzel war der »Professor« der Funkerausbildung. Sophie Posnanska und David Kamy wurden ihm als Studenten geschickt. Beide waren Juden, die aus Palästina gekommen waren.

Kamy wohnte beim Agenten Alamo in Brüssel, der ein unvorsichtiger Lebemann war und die ganze Gruppe gefährdete. Trepper holte David deshalb nach Paris. Inzwischen hatte der Wehrmachtshauptmann Pieper von der Abwehr, die Jagd auf die Gruppe begonnen. Mit Spezial-Ortungsfahrzeugen sollten die geheimen Sender aufgespürt werden. Während des Funkens hörte Kamy die Deutschen kommen, denen es gelungen war, seinen Sender zu orten. Er lief auf die Straße und versuchte zu entkommen. Nach einer wilden Verfolgungsjagd wurde er am 13. Dezember 1941 festgenommen. Er konnte seine Identität verschleiern und wurde als Albert Desmet in Haft genommen. 1942 wurde die wahre Identität von Sophie Posnaska enthüllt, aber Kamy, dieser staatenlose Jude, »gestand« nach einem Verhör mit Folterungen, daß er in Wirklichkeit Anton Danilow heiße und Leutnant der sowjetischen Armee sei. Seine guten Russischkenntnisse kamen ihm zugute. Er erzählte beim Verhör, daß er bei der sowjetischen Botschaft in Vichy diente und 1941 nach Brüssel geschickt wurde. Die Abwehr kaufte ihm diese Version ab. Noch Monate nach seiner Verhaftung sprachen deutsche Abwehroffiziere mit Hochachtung von diesem »sowjetischen Offizier«.

Inzwischen verschaffte sich ein Kriminalrat Giering durch besonders intelligente Ermittlungen die Gewißheit, daß die meisten Mitglieder der Gruppe ehemalige Spanienkämpfer waren und sich schon von früher kannten, was sie bisher abgestritten hatten. Kamy und Posnanska kamen unter Verdacht, daß ihre Versionen falsch seien. Sie wurden nach der Festung Breendonk in Belgien gebracht und lange Zeit grausam gefoltert, doch sie verrieten niemanden. Diese Spur half der Abwehr nicht und führte in die Leere.

Trotzdem kam David Kamy am 18. Februar 1943 vor ein deutsches Militärgericht, das ihn zum Tode verurteilte. Er wurde am 30. April 1943 in Breendonk erschossen. Sophie Posnanska erhängte sich am 28. September 1942 in ihrer Zelle, da sie die Folterungen nicht mehr aushalten konnte.   [6]

Adam Rayski – Leiter des jüdischen Widerstandes und Historiker

Adam Rayski zählt zu denjenigen Führern des jüdischen kommunisischen Widerstandes in Frankreich, dem alle, auch frühere politische Gegner, höchsten Respekt zollen. Er ist Historiker des Widerstandes, veröffentlichte zahlreiche Bücher und Essays zu diesem Thema und ist heute Vorsitzender von AMILAR, dem Verband jüdischer Widerstandskämpfer in Frankreich. Adam Rayski wurde 1914 in Bialystok geboren,

Adam Rayski

wo auch sein Onkel Josef Finkelstein-Lewartowski, der ermordete Mitgründer des antifaschistischen Blocks im Ghetto Warschau, 1886 geboren worden war. Von frühester Jugend an war er in der kommunistischen Bewegung aktiv. Rayski kam nach dem Abitur 1932 nach Paris. Bereits 1934 wurde er führender Funktionär der KPF, deren Führer Duclos und Thorez die außerordentlichen intellektuellen und organisatorischen Qualitäten ihres jungen jüdischen Genossen erkannten. Er gehörte zur Leitung der jüdischen Sektion der KPF und kam als Redakteur der Parteizeitung *L'Humanité* täglich zusammen mit dem allmächtigen Marty, dem späteren »Schlächter von Albacete«, mit

Cachin, dem späteren Präsidenten des Senats und mit dem Dichter Louis Aragon.

Nach Ausbruch des Krieges wurde er Soldat der in Frankreich formierten polnischen Armee. 1941 ging er in den Untergrund und wurde nationaler Leiter der jüdischen Sektion der KPF und einer der Führer des Widerstandes. Es ist ihm geglückt, den großen Treibjagden gegen die FTP-MOI zu entkommen. Deshalb konnte er bis zur Befreiung auf seinem Posten bleiben und die wichtige Aufgabe, alle Zweige des jüdischen kommunistischen Widerstandes zu leiten und zu koordinieren, bis zu seiner Rückkehr nach Polen im Jahre 1949 erfüllen.

In Polen wurde er mit der Leitung der gesamten Presse- und Verlagswesens des Staates im Rang eines Staatssekretärs betraut, doch kam es nach der verfehlten Entstalinisierung zu Differenzen mit der Staatsführung, so daß er 1957 nach Frankreich zurückkehrte. 1959 wurde er wegen angeblicher Zusammenarbeit mit ausländischen Agenten zu sieben Jahren Gefängnis verurteilt, wovon er vier Jahre in Fresnes absaß, wo während des Krieges schon zahlreiche Widerstandskämpfer gefoltert und ermordet worden waren.

Seit 1963 forscht und schreibt Rayski über den Widerstand und beteiligt sich an wissenschaftlichen Kongressen. Als Zeitzeuge und Kommandant des Widerstandes widerlegt er seit vielen Jahren die Verleugner des Widerstandes der Juden. Er ist Mitarbeiter bedeutender historischer Institute und Autor vieler Bücher und Aufsätze.

David Diamant – Historiker des jüdisch-kommunistischen Widerstandes

David Diamant ist einer der produktivsten Historiker des jüdisch-kommunistischen Widerstandes in Frankreich. Bereits im September 1944 wurde er Redakteur der jiddischen Zeitung *Naje Presse*, die während des Krieges ununterbrochen als Organ des jüdischen Widerstandes unter dem Namen *Unser Wort* erschienen ist.

In über 40jähriger Redaktionszugehörigkeit schrieb er unzählige Artikel über den Widerstand. 1947 organisierte er in Paris die große Ausstellung *Les Juifs dans la Résistance*. Außerdem gründete er das Dokumentationszentrum der jüdischen Widerstandsorganisation UJRE und das Museum des Widerstandes in Ivry. Die Bibliographie seiner Bücher umfaßt über 20 Titel. Wenn er auch meistens treu der jeweiligen Parteilinie der KPF folgte, sind seine Verdienste um die Erinnerung an die jüdischen Widerstandskämpfer in Frankreich doch sehr verdienstvoll.

David Diamant

Aus den Akten der Täter [12]

Aus der Besprechungsniederschrift des SS-Sturmbannführers Hagen mit dem Beauftragten der Vichy-Regierung Dr. Ménétrel am 18.6.43 in Paris (Auszug)

Der Höhere SS- und Polizeiführer
im Bereich des Militärbefehlshabers
in Frankreich   Paris, 21. Juni 1943

(...) Schließlich kam die Rede auf die Judenfrage. BdS wies darauf hin, daß es keinen Sabotageakt in der letzten Zeit gebe, bei dem nicht irgendein Jude beteiligt sei. Und trotzdem habe man noch immer nicht die einzig mögliche Konsequenz, nämlich eine radikale Lösung der Judenprobleme, in Frankreich gezogen. Es gebe immer wieder Einwände bei der Durchführung dieses Problems. (...)

Der Chef der Sicherheitspolizei und des SD

Berlin SW 11, den 9. März

IV B 4 a B 11/42 (470)

Auswärtiges Amt
D III 246.9
eing. 10 MRZ 1942

Schnellbrief

Geheim

An das

Auswärtige Amt,
z.Hdn. von Herrn Legationsrat **Rademacher**,

Berlin W 35,

Rauchstrasse 11.

Betrifft: Evakuierung von 1.000 Juden aus
Frankreich.

Bezug: Besprechung am 6.3.1942.

Es ist beabsichtigt, 1.000 Juden,
die anläßlich der am 12.12.1941 in Paris durchgeführten Sühnemaßnahmen für die Anschläge auf
deutsche Wehrmachtsangehörige festgenommen wurden, in das Konzentrationslager Auschwitz (Oberschlesien) abzuschieben.

Es handelt sich durchwegs um Juden
französischer Staatsangehörigkeit bezw. staatenlose Juden.

Der Abtransport dieser 1.000 Juden,
die z.Zt. in einem Lager in Compiegne zusammengefaßt sind, soll am 23.3.42 mit einem Sonderzug
erfolgen.

Ich wäre für eine Mitteilung, daß dort
keine Bedenken gegen die Durchführung der Aktion
bestehen, dankbar.

Im Auftrage:

[Unterschrift]

K210163

261432

Belgien

Im Jahr 1940 lebten ca. 100.000 Juden in Belgien, darunter viele Flüchtlinge aus Mittel- und Ost-Europa. 34.800 Juden wurden verhaftet und in die Vernichtungslager im Osten deportiert, nur 6.000 überlebten. Obwohl die Städte Brüssel und Antwerpen schon im September 1944 befreit wurden, kam Belgien erst im Januar 1945 endgültig frei.

Chronik der Ereignisse

1940
10. Mai   Die Wehrmacht überfällt Belgien.
28. Mai   Belgien kapituliert.
28. Oktober   General von Falkenhausen erläßt die Judenverordnung.
31. Oktober   Bildung der belgischen Exilregierung in London.

1941
29. August   Beginn der Ghettoisierung, Einführung der Sperrstunde von 20 bis 7 Uhr.
25. November   Die Deutschen verordnen die Gründung der *Association des Juifs en Belgique* (AJB).

1942
27. Mai   Verordnung zum Tragen des Judensterns.
August   Erste Transporte nach Auschwitz.

1944
5.-6. September Brüssel und Antwerpen werden befreit.

1945
4. Februar   Nach dem Zusammenbruch der deutschen Ardennen-Offensive wird ganz Belgien befreit.

Die Hilfe der belgischen Bevölkerung und auch die Aktivitäten des allgemeinen und des jüdischen Widerstandes haben 20.000 Juden, darunter 4.000 Kindern, das Leben gerettet. Diese im besetzten Europa seltene Solidarität mit den Juden ist ein besonderes Merkmal der Situation der Juden in Belgien.

Die Juden Belgiens beteiligten sich an den Operationen des allgemeinen Widerstandes und gründeten außerdem eigene Widerstands- und Schutzorganisationen. Bereits ab 1940 wurden zahlreiche Mitglieder des kommunistischen Widerstandes, dessen Mehrzahl aus jüdischen Flüchtlingen und Emigranten aus Osteuropa bestand, verhaftet. Die im März 1941 gegründete Dachorganisation des belgischen Widerstandes *Front de l'Indépendance* (FI) forderte ihre Mitglieder zur Hilfe für die Juden auf. In den bewaffneten Formationen des belgischen Widerstandes, *Partisans Armés* und *Mouvement National Belge,* kämpfen auch Juden, z. B. die jüdische IX. Brigade.

Schon im Juli 1941 forderte die linkszionistische Partei *Poale Zion* in ihrem illegalen, in jiddischer Sprache gedruckten Organ *Unser Wort* »das jüdische Volk auf, unsere menschliche und nationale Ehre zu verteidigen und sich nicht für verräterische Missionen mißbrauchen zu lassen, indem die Juden den Besatzern halfen, eine Zwangsgemeinschaft aufzubauen«. Im Juli 1942 vereinigten sich die Mitglieder des jüdischen Widerstandes aller politischen Schattierungen, von den Kommunisten, Bundisten und Linkszionisten bis zu den rechten Revisionisten, zum *Comité de Défense des Juifs* (CDJ). Initiator war Ghert Jospa, der die Verbindung zur KP Belgiens und zur FI herstellte. Das CDJ hatte auch gute Verbindungen zur katholischen Kirche und anderen Organisationen. Von den acht Gründern des Komitees sind sechs gefallen. Nur zwei überlebten: Ghert Jospa und Robert Mandelbaum. In Antwerpen, Lüttich und Charleroi wurden Lokalkomitees gegründet. Neben dem operativen Widerstand besorgte das Komitee Verstecke für 4.000 Kinder, betreute diese bis zur Befreiung und half auch vielen Juden beim Untertauchen. Das Hauptproblem des jüdischen Widerstandes war hier die Frage, wie man die Eltern und vor allem die Kinder in Sicherheit bringen konnte. Daneben wirkte die Organisation *Secours Mutuel Juif* (Jüdische gegenseitige Hilfe), die sich dem *Mouvement National Belge* (MNB) angeschlossen hatte.

Der jüdische Widerstand verbreitete illegale Zeitungen, so *Le Flambeau* (Die Fackel) in französischer, *De Vrije Gedachte* (Der freie Gedanke) in holländischer und *Unser Wort* und *Unser Kampf* in jiddischer Sprache. Jüdische Redakteure arbeiteten für die Zeitungen des allgemeinen Widerstandes, wie David Devries, Chefredakteur der Zeitung der FI, *Belgie Vrij.*

Welchen Stellenwert die Rettung der Juden beim belgischen nationalen Widerstand hatte, kann man aus einem Leitartikel im Zentralorgan der FI, *Indépendence,* vom September 1942 ersehen. Er war betitelt: »Im Namen derjenigen, die Euch am teuersten sind, rettet die jüdischen Kinder, die verlassen wurden und sterben werden.« Der Artikel schließt mit folgenden Worten: »Denkt an diejenigen, die Ihr liebt und die dank der Großzügigkeit von uns allen gerettet werden sollen.«

Die Juden spielten im operativen Widerstand der von der belgischen KP inspirierten Organisation *Main d'Œuvre Immigrée* (MOI), die ausländische Arbeiter vereinigte, eine große Rolle. Die MOI gründete in mehreren Städten *Corps Mobiles des Partisans* (Kampfgruppen), deren Mehrheit ausländische Juden waren. Es gab eine jüdische, eine ungarische und eine bessarabische Gruppe, die von ehemaligen, meist jüdischen Spanienkämpfern befehligt wurden. Der polnisch-jüdische Chemiker Bruno Weingast war für die Bewaffnung der Organisation in ganz Belgien zuständig. Er wurde im Februar 1944, nach der Verhaftung der nationalen Leitung der MOI, erschossen.

Die Kommandanten dreier jüdischer Partisanengruppen, *Weiczman, Rakower* und *Gutfreind,* vereinbarten am 24. Juli 1942 einen Angriff auf das Büro der AJB am nächsten Tag zwecks Zerstörung der zentralen Judenkartei. Am 25. Juli 1942, zwei Tage vor Eröffnung des Durchgangslagers in Malines, überfielen die jüdischen Widerstandskämpfer die Büros am Boulevard du Midi im Zentrum der Stadt, womit die Deportationen verzögert wurden. Nur 4.000 statt der 10.000 vorgeladenen Juden stellten sich am Sammelpunkt ein.

Ein Teilnehmer am Attentat, der Spanienkämpfer *Mordka Bresler,* wurde nach der Festnahme ermordet. Den großen Anteil der Juden im operativen Widerstand beweist auch die Tatsache, daß bei einer Aktion am 29. April 1943 in Brüssel, die die Zerschlagung der MOI zum Ziel hatte, von den 28 verhafteten Partisanen 14 Juden waren.

Am 19. April 1943, zufällig am Tag des Aufstandes im Warschauer Ghetto, griffen die Brüder *Dr. Georges* und *Alexander Livschitz* und ein

weiterer Kamerad eigenmächtig den Deportationszug Nr. 20 von Malines nach Auschwitz auf
offener Strecke an, obwohl die zentrale Widerstandsorganisation diese Operation verboten
hatte, und zwar mit der Begründung, daß sie das
Leben ihrer Kämpfer nicht für eine derart gefährliche Aktion riskieren möchte. Nur mit
einer Pistole bewaffnet, hielt Livschitz die Zug-
Wachen in Schach. 231 Todgeweihte sprangen

Georges Livschitz

während der Schießerei ab, unter ihnen der Spanienkämpfer und
Hauptmann der Internationalen Brigaden Sandor Weiss, der ein Jahr
später im Kampf fiel. 23 Juden wurden erschossen.

Beim Überfall auf den Zug gab es acht Verletzte, die ins Krankenhaus
in Tirlemont gebracht wurden. Sie sollten mit dem nächsten Transport nach Auschwitz fahren. Der jüdische Widerstand beschloß, sie
zu retten. Es wurde eine Ambulanz des Roten Kreuzes requiriert. Mit
zwei weiteren Fahrzeugen fuhren die Kämpfer ins Hospital, überwäl-
tigten die Wachen, fesselten sie, kleideten die Verwundeten an und
fuhren nach Brüssel. Im ersten Auto fuhren Partisanen mit Maschinenpistolen. In der Stadtmitte von Tirlemont sperrte die deutsche
Feldgendarmerie die Straße ab. Die Partisanen eröffneten das Feuer
und konnten mit den Verwundeten entkommen. Sie mußten jedoch
ihr von Kugeln durchsiebtes Auto im Wald zurücklassen und kamen
erst am nächsten Morgen nach Brüssel zurück. Unglücklicherweise
war einer der Fahrer ein Gestapospitzel, so daß einige der Verwundeten festgenommen wurden.

Es war der einzige in Europa bekannte Fall eines Angriffs auf einen Deportationszug. Auch beim Transport Nr. 16 am 31. Oktober 1942 flohen
mehrere Juden. Insgesamt konnten sich 571 Juden durch Flucht aus Zügen retten. Livschitz wurde kurze Zeit später verhaftet, konnte aber fliehen. Er versuchte nach Holland zu entkommen, wurde gefaßt und im
Februar 1944, wie auch sein Bruder, hingerichtet. Viele jüdische Widerstandskämpfer wurden verhaftet oder nach Prozessen sofort hingerichtet oder nach Auschwitz verschickt. Eine von ihnen war auch die bereits
früher erwähnte Mala Zimetbaum aus Antwerpen, die sich nach der
Flucht aus Auschwitz und ihrer erneuten Festnahme das Leben nahm.

Eines Tages erfuhr der Partisan *Paul Halter,* daß die Gestapo das Versteck von 19 jüdischen Kindern in einer Kirche in Brüssel entdeckt hatte. Halter blieb keine Zeit, um mit seinen Vorgesetzten die Rettungsaktion abzusprechen, er handelte spontan und sofort. Er mobilisierte seine engsten Kameraden, holte die Kinder heraus und verteilte sie auf vertrauenswürdige, christliche Familien. Als die Gestapo wenige Stunden später kam, um die Kinder abzuholen, mußte sie mit leeren Händen umkehren.

Bei einer anderen Aktion liquidierten die Partisanen *Weiczman, Potasznik* und *Rosenzweig* am 7. Januar 1943 in Brüssel ein deutsches Ehepaar, das als Gestapospitzel operiert hatte. Es hatte viele Juden auf dem Gewissen. Die Nazis setzten daraufhin in der Presse eine Prämie von einer halben Million Franc für die Ergreifung der »Terroristen« aus. Alle drei wurden gefaßt und am 9. September 1943 hingerichtet.

Gisa Weisblum war Kurierin der Widerstandsbewegung, kam nach Auschwitz, überlebte und schilderte ihre Erlebnisse im Widerstand und in Auschwitz. Sie arbeitete als »Yvette« für den Widerstand in Charleroi, transportierte Waffen und Dokumente. Sie wurde vom Nachfolger ihres Kommandanten, einem gewissen Raymond, der Gestapo verraten. Schließlich kam sie nach Malines und von dort nach Auschwitz, das sie überlebte.

Obwohl die Juden nur 1 % der Bevölkerung Belgiens stellten, waren 4 % der von den Nazis hingerichteten Widerstandskämpfer Juden. Belgien hat seine jüdischen Widerstandskämpfer nicht vergessen. Für die Gefallenen des jüdischen Widerstandes wurde am 6. Mai 1979, bei der Nationalen Gedenkstätte für die jüdischen Opfer Belgiens, am Place des Martyrs Juifs in Brüssel-Anderlecht, eine große Gedenkanlage eingeweiht, die die Namen, Geburts- und Todestage der 242 gefallenen jüdischen Widerstandskämpfer enthält. Die in französischer, holländischer, hebräischer und jiddischer Sprache verfaßte Inschrift lautet:

»Ehre den Juden Belgiens, die im Widerstand gegen den Besatzer gefallen sind.«

Im September 1986 wurden aus Anlaß des 50. Jahrestages der Gründung der Internationalen Brigaden eine Gedenktafel für die 200 Juden Belgiens, die in Spanien kämpften, feierlich eingeweiht. Von ihnen fielen 30 in Spanien und 21 im Widerstand in Belgien. Am 5. Mai

1946 statteten die Juden Belgiens den christlichen Rettern in einer großen Veranstaltung im Palais des Beaux-Arts in Brüssel Dank ab. An der Feier nahmen 2.000 Menschen teil, unter ihnen auch die Königin.

Israel Hersz Dobrzynski – Held des Widerstandes in Belgien

Hersz Dobrzynski

Israel Hersz Dobrzynski wurde 1924 in Polen geboren. Ein Jahr später emigrierte die jüdische Arbeiterfamilie nach Belgien. Hersz ging zur Schule und arbeitete nebenbei als Schneider. Er war bereits seit 1942 eines der aktivsten Mitglieder der Widerstandsorganisation *Armée Belge des Partisans* (ABP). Er nahm an acht Attentaten auf die deutschen Besatzer und belgische Kollaborateure teil und griff dreizehnmal militärische Einrichtungen mit Sprengstoffbomben an. Die Gestapo und die Besatzungsbehörden kamen auf seine Spur. Er wurde am 14. April 1943 verhaftet und unmenschlich gefoltert. Er hat jedoch niemanden verraten und wurde auf Anordnung der deutschen Behörden am 14. Juli 1943 im Alter von 19 Jahren in Breendonk hingerichtet. Mit Dekret des Königreichs Belgien und des belgischen Verteidigungsministers vom 15. September 1949 wurde Dobrzynski postum zum Ritter des Leopold-Ordens mit Palmen ernannt. Bereits 1946 wurde ihm der Orden der Résistance rückwirkend zum 15. November 1943 und die Gedenkmedaille Belgiens zum Krieg von 1940-1945 verliehen.

Niederlande

1940 lebten in den Niederlanden ca. 140.000 Juden, davon allein 100.000 in Amsterdam. 107.000 Juden wurden in die Vernichtungslager gebracht, 5.200 von ihnen überlebten. Insgesamt überlebten 27.000 Juden, darunter 3.481 Kinder.

Chronik der Ereignisse

1940

10. Mai	Überfall der Wehrmacht auf die Niederlande.
14. Mai	Schwere Bombenangriffe auf Rotterdam.
15. Mai	Einmarsch der Wehrmacht in Amsterdam, 200 Juden, meist Flüchtlinge aus Deutschland, begehen Selbstmord.
20. Oktober	Erlaß der Judenverordnung, angelehnt an die Nürnberger Gesetze.

1941

Januar	Die Schläger der nazistischen Miliz (WA) terrorisieren das Judenviertel, Mitglieder der jüdischen Sportvereine Makkabi und Olympia bilden Selbstschutz-Organisationen.
11. Februar	WA-Mann Koot stirbt nach einer Schlägerei mit Juden.
22. Februar	Razzia im Amsterdamer Judenviertel, 425 Männer werden verhaftet, die meisten werden nach Mauthausen und Buchenwald verbracht.
25. Februar	Generalstreik in Amsterdam und dann in Velsen, Haarlem, Hilversum und Utrecht als Protest gegen die antijüdischen Maßnahmen, der erste Antipogrom-Streik der Geschichte.
26. Februar	Harte Reaktion der Nazis, der Ausnahmezustand wird verhängt, es gibt Tote und zahlreiche Verhaftungen, Kontributionen in Millionenhöhe werden eingetrieben.
13. März	Achtzehn Streikende werden in den Dünen vor Den Haag erschossen. Das »Lied der achtzehn Toten« von Jan Campert wird zur Hymne des holländischen Widerstandes.

1942

Januar	Alle Juden von Zaandam müssen ins Amsterdamer Judenviertel umsiedeln, wo sie durch Stacheldraht-

	verhaue von den übrigen Bewohnern der Stadt separiert werden; später müssen alle Juden der Niederlande dort leben.
April	Zwang zum Tragen des Judensterns.
Juli	Beginn der Deportationen.
1944/45	Erste Alliierte Truppen erreichen die Niederlande bereits im September 1944, doch wird das Land erst im April 1945 befreit. Zu den alliierten, in den Niederlanden stationierten Truppen gehört auch die Jüdische Brigade aus Palästina.

Von Anfang der Besetzung an war es der Wille der Besatzer, die Juden von der übrigen Bevölkerung zu isolieren, um sie dann durch Sondergesetze und Konzentration in Judenvierteln leichter überwachen zu können. Ab August 1942 wurden die Juden gewaltsam aus dem Judenviertel zunächst ins *Hollandse Schouwburg* (Holländisches Schauspielhaus) und dann über Westerbork nach Auschwitz und Sobibor transportiert. Dank der freundlichen Einstellung der Bevölkerung konnten ca. 25.000 Juden untertauchen.

Eine Symbolfigur des Widerstandswillens der holländischen Juden war L. E. Visser, der 70jährige Präsident des Obersten Gerichts der Niederlande. Er schrieb Beiträge für die Widerstandszeitung *Het Parool* und intervenierte häufig bei den Besatzungsbehörden für Verhaftete und Verfolgte. Obwohl er selbst weltlicher Jude war, pflegte er während der Besatzungszeit mit dem jüdischen Gebetbuch, das er kaum lesen konnte, durch die Straßen Den Haags zur Synagoge zu gehen.

Die Juden beteiligten sich an den Protesten und Sabotageakten gegen die antijüdischen Maßnahmen, leisteten Hilfe für die untergetauchten Flüchtlinge und waren von Beginn an an den Aktivitäten der niederländischen Widerstandsorganisationen beteiligt. Bereits 1940 wurde der 18jährige jüdische Schüler Sebil Minco der Spionage für England angeklagt und zu lebenslangem Gefängnis verurteilt. Er überlebte die Lager Mauthausen und Auschwitz. Auch Salomon Vaz Dias leistete mit Aart Alblas ab 1940 wichtige Spionagedienste für England. Die ehemaligen Berufssoldaten gründeten den *Ordedienst* (OD), in wel-

chem es Widerstandszellen gab. Sie wurden entdeckt und viele von ihnen, darunter die Juden Rudolf Hartog, Rudolf Lewin, Abraham Wein-
berg, Jacob Lopes de Leao, Maurits Kann, Herman Speyer, Jules Gerzon,
Rudi Blatt und Herman Salomonson, wurden verhaftet. Die meisten
wurden nach Deutschland geschickt und überlebten die Haft nicht.
Die jüdischen *Knokploegen* (Kampfgruppen) schlugen sich mit den
Nazis vom NSB und WA, die viele Verwundete zu beklagen hatten,
so z.B. am 10. Februar 1941. Die wichtigste Aktivität des holländischen
Untergrundes war die Hilfe für die vielen Untergetauchten; das wa-
ren 300.000 Holländer, darunter viele Juden. Eine komplexe, illegale
Organisation sorgte für falsche Papiere, Unterkünfte und Lebensmittel. Ein Drittel der jüdischen Untergetauchten wurden entdeckt. Sie
wurden sofort in Vernichtungslager geschickt. Viele Juden konnten jedoch in andere Länder flüchten, so in die Schweiz, nach Schweden,
Südfrankreich oder Spanien. In der Schweiz gründeten M. Gans, S.
Troostwijk und S. Isaac die Jüdische Koordinationskommission zur
Betreuung der Juden. Der deutsche Jude Walter Süßkind organisierte
zusammen mit Felix Halberstadt und Henriette Rodriguez-Pimentel
eine Hilfsgruppe für die in der Schouwburg festgehaltenen Juden. Die
Gruppe konnte fast 1.000 Menschen herausschmuggeln, um sie dann
bei Christen zu verstecken.
An den Rettungsaktionen für jüdische Kinder waren verschiedene
Widerstandsgruppen beteiligt. Die wichtigste war die von dem Nichtjuden Joop Westerweel gegründete und geleitete Widerstandsorganisation. Viele Jugendliche, darunter Flüchtlinge aus Deutschland, lebten in zionistischen Berufsbildungslagern in Loosdrecht und Gouda.
Westerweel lernte den deutschen Juden Joachim »Schuschu« Simon
kennen. Simon wurde 1919 in Berlin geboren. Nach der Pogromnacht
1938 wurde er in Buchenwald inhaftiert. Wieder freigekommen, ging
er nach Holland. Zusammen mit dem Jugendleiter Menachem Pink-
hof gründeten Westerweel und Simon eine Hilfs- und Fluchtorganisation, die den Jugendlichen die Flucht über Belgien und Frankreich
nach Spanien und in die Schweiz ermöglichte. Als sich die Jugendlichen zur Deportation stellen sollten, tauchten viele in den Untergrund ab. Von den 821 Jungen und Mädchen konnten sich über 400
der Deportation entziehen, 361 davon wurden gerettet. Simon wurde
am 24. Januar 1943 verhaftet. Er beging im Gefängnis Selbstmord.

Westerweel wurde im März 1944 mit jüdischen Mädchen, die er nach Belgien bringen wollte, verhaftet und nach langen Foltern am 11. August 1944 hingerichtet.

Um die Deportationen zu erschweren, wurde am 27. März 1943 vom holländischen Widerstand, der Gruppe *Het Vrije Kunstenaar,* das Amsterdamer Einwohnermeldeamt in Brand gesetzt. Leiter der Gruppe waren Gerrit-Jan van der Veen, Willem Arondéus und der deutsche Jude Gerhard Badrian. Vier der Ausführenden waren Juden.

Juden waren in allen niederländischen Widerstandsorganisationen aktiv. Im sozialdemokratischen Widerstand kämpften die deutschen Juden Heinz Wielek und Erich Kuttner, der auch in Spanien war und den Zentralverein deutscher Emigranten mitgegründet hatte. Zur Führung gehörten Koos Vorrink und Salomon Rodriguez de Miranda. Lopes de Leao diente als Kurier. Mehrere Juden waren Redakteure und Kolporteure der illegalen Presse, so Eddie Davis.

Die Kommunisten stellten einen wichtigen Teil des niederländischen Widerstandes dar. Das Kampforgan *De Waarheid* wurde auch von Juden redigiert. Um operativen Widerstand zu leisten, wurde im Sommer 1941 die Kampforganisation CS-6 gegründet. Die meisten Mitglieder waren Amsterdamer Studenten. Die Gruppe führte eine Reihe von Sabotageakten aus, bestrafte Verräter der NSB usw. Die Juden Hans Katan, Leo Frijda und Garrit Kastein spielten eine führende Rolle. Kastein wurde 1909 geboren, studierte in Groningen und Heidelberg und war von Beruf Neurologe. 1937 ging er nach Spanien. Zusammen mit Jan Verleun tötete er Verräter des NSB und auch den deutschen Generalleutnant Seyffardt. Viele Mitglieder der Gruppe wurden gefaßt und von einem Polizeigericht zum Tode oder zu hohen Strafen verurteilt.

Eine weitere kommunistisch inspirierte Gruppe war die *Nederlandse Volksmilitie* (NVM), die von dem Juden Sally Dormits gegründet wurde. Nach Aufenthalten in Südamerika meldete sich Dormits 1937 bei den Internationalen Brigaden. Weitere Kämpfer der Gruppe waren Sara van Gigch, Eduard Waas, Meier Konijn, Elias Dingsdag und viele andere. Viele Mitglieder der NVM wurden gefaßt. Von den 35 zum Tode verurteilten Kämpfern der NVM waren 10 Juden. Auch in der Untergrundbewegung *Vrij Nederland* kämpften mehrere Juden gegen die Besatzungsmacht.

Leiter des holländischen Widerstandes in Belgien war der 27jährige Benno Nijkerk, auf dessen Kopf die Deutschen einen hohen Preis aussetzten. Nachdem er viele Juden außer Landes brachte, wurde er in Frankreich verhaftet und kurze Zeit später in Deutschland hingerichtet.

Große Verdienste um die Rettung von Juden hat sich Ruth Liepman erworben, die im April 1934 als jüdische Kommunistin aus Berlin nach Amsterdam flüchtete. Durch Heirat Schweizer Bürgerin geworden, wurde sie Sekretärin des schweizerischen Konsuls und Rechtsanwalts Dr. Lantz in Amsterdam. Diese Position nutzte sie zur Rettung vieler Menschen. Obwohl sie steckbrieflich in Deutschland gesucht wurde, fuhr sie sogar in die Höhle des Löwen, ins Reichssicherheitshauptamt in Berlin, um die Freistellung mehrerer Personen zwecks Auswanderung nach Südamerika zu erreichen. Der Nachfolger des verstorbenen Dr. Lantz hat Ruth Liepman bei der Gestapo denunziert, aber ein holländischer Beamter der Fremdenpolizei beschützte sie. Im April 1943 mußte sie untertauchen und erlebte die Befreiung. Sie ist bis heute Inhaberin einer bedeutenden literarischen Agentur in Zürich.

Im Jahre 1943 gründeten die Kommunisten den Dachverband *Raad van Verzet* (Widerstandsrat), in welchem die Juden Geritt van der Veen, Mac Meijer und Gerhard Badrian eine führende Rolle spielten. Auch in der Widerstandsorganisation der Anarchisten und Sozialrevolutionäre gab es Juden, so den Werftarbeiter Ben Sijes und Abraham Menist, der zusammen mit sechs weiteren Genossen hingerichtet wurde.

In seinem Buch über den jüdischen Widerstand *Passage naar vrijheid* veröffentlichte der Historiker Ben Braber in den Niederlanden eine Ehrenliste der gefallenen jüdischen Widerstandskämpfer mit genauen Verhaftungs- und Todesdaten. Die Liste enthält 165 Namen. Darüber hinaus nennt er ca. 200 Namen von jüdischen Überlebenden des Widerstandes.

Gerhard Badrian – ein unerschrockener Stadtpartisan aus Beuthen

Einer der mutigsten Kämpfer des niederländischen Widerstandes war Gerhard Badrian. Er wurde 1906 in Beuthen/Oberschlesien geboren und war Kunstphotograph. Er emigrierte nach der Machtergreifung in die Niederlande, reihte sich schon früh in die Reihen des Widerstandes ein und war Mitglied der von Gerrit van der Veen geführten Kampfgruppe. Seine Unerschrockenheit und *Chuzpe* waren legendär. 1943 erschien er in SS-Uniform im Amsterdamer Polizeipräsidium und verlangte mit gefälschten Übernahmescheinen die Übergabe von inhaftierten Widerstandskämpfern. Als eine ihm bekannte kranke Jüdin zum Abtransport auserwählt wurde, erschien er in der Uniform eines deutschen Generals im Krankenhaus, um die Kranke abzuholen. Badrian kündigte in der niederländischen Staatsdruckerei in Den Haag telefonisch seinen Kontrollbesuch als SD-Führer an, dann überwältigte er den Betriebsleiter und nahm 10 000 Blanko-Personalausweise mit.

Um die Tausende von untergetauchten Juden und Nichtjuden mit Ausweisen zu versorgen, mußten diese massenhaft gefälscht werden. Die größte Fälscherzentrale des europäischen Widerstandes war die PBC oder *Persoonsbewijscentrale* in Amsterdam. Diese stellte etwa 70.000 Personalausweise und Tausende von Dokumenten her. 100 Helfer verteilten die gefälschten Dokumente an die richtigen Empfänger. Diese Organisation wurde einige Zeit lang von Badrian geleitet.

Badrian fiel bald einer fieberhaften Treibjagd auf ihn und letzlich einem Verrat zum Opfer. Eine niederländische Agentin des SD lockte ihn in eine Falle. Das Haus in der Rubensstraat, wo am 30. Juni 1944 ein konspirativer Treff vereinbart war, wurde von einem Kommando der Sicherheitspolizei abgeriegelt. Badrian wehrte sich mit der Waffe und fiel im Feuergefecht, nachdem er den Polizist Heynen erschossen hatte. Seine ihn begleitenden Kameraden wurden verhört und dann erschossen. Seine Leiche wurde auf eine Müllkippe gebracht und verbrannt. Anschließend wurde die Fälscherzentrale, die sich in drei großen Räumen befand, entdeckt. Die requirierten Materialien, wie Wehrmachtsuniformen, Waffen, Munition, Hunderte von Ausweisen, Stempeln und Tausende von Kontrollsiegeln, füllten eine dreiseitige Liste.

X. DIE ALLIIERTEN ARMEEN

Der Anteil der Juden am Sieg im Zweiten Weltkrieg – Jüdische Soldaten gegen den Faschismus

Der Anteil der Juden am bewaffneten Kampf gegen den Faschismus und Nazismus in Europa ist eines der nur wenig bekannten Kapitel des Zweiten Weltkrieges. Keine deutsche Publikation beschäftigt sich mit diesem Thema. Auch die Unkenntnis dieser Thematik trägt zu dem Vorurteil bei, die Juden hätten nicht genügend gegen den Faschismus gekämpft. Die nachstehende Tabelle beweist das Gegenteil. Sie enthält nur die Zahlen der jüdischen Soldaten in den regulären alliierten Armeen. Hinzugezählt werden müssen Tausende jüdischer Partisanen und Widerstandskämpfer in Ost- und Westeuropa.

Spanien	6.000
USA	550.000
UdSSR	500.000
Polen	190.000
Tschechoslowakei	8.000
England	62.000
Kanada	16.000
Südafrika	10.000
Juden aus Palästina	30.000
Frankreich	48.000
Griechenland	13.000
Jugoslawien	12.000
Belgien	7.000
Australien	3.000
insgesamt	1.455.000

In mehreren Ländern existieren Verbände jüdischer Veteranen und Widerstandskämpfer. Darin sind Waffenkameraden von einst vereinigt, um bei sozialen und gesundheitlichen Problemen zu helfen und das Andenken an ihre Kämpfe gegen die Nazis und Faschisten wachzuhalten.

Spanien

Die ersten Schlachten des Zweiten Weltkrieges wurden 1936 bis 1939 im Spanischen Bürgerkrieg geschlagen, als die Westmächte die spanische Republik ihrem Schicksal überließen und die faschistische Koalition von Franco, Hitler und Mussolini am 1. April 1939 den Krieg gewann. Dieser Sieg und das Münchener Abkommen von 1938 ebneten den Faschisten den Weg zum Zweiten Weltkrieg, der genau fünf Monate später begann. Die 6.000 bis 7.000 jüdischen Freiwilligen des Spanischen Bürgerkrieges kamen aus vielen Ländern der Welt und kämpften in allen sechs Internationalen Brigaden, wie auch in anderen Einheiten der republikanischen Armee. Aus dem kleinen Palästina allein kamen 300 jüdische Freiwillige. Einige Juden zählten zur militärischen Führung, wie die sowjetischen Generale Grigorij Stern, oberster sowjetischer Befehlshaber in Spanien, Jakob Smuschkewitsch, Chef der Luftwaffe, Oberst Selig Joffe, Chefingenieur der Luftwaffe, General Manfred Stern, Gründer der 11. Thälmann-Brigade und Verteidiger von Madrid, General Mate Zalka, der in Spanien fiel, General Julius Deutsch, General Waclaw Komar, Kommandeur der 129. Internationalen Brigade, Oberst Henryk Torunczyk, Kommandeur der 13. Dombrowski-Brigade und der *Agrupacion Internacional* und Oberstleutnant John Gates, ranghöchster Amerikaner in Spanien. Es gab auch die jüdische Einheit *Botwin*, mit eigener jiddischer Frontzeitung und Fahne. Sieben Kommandeure dieser Einheit sind im Kampf gefallen. Die zeitlich erste internationale Einheit des Bürgerkrieges war die »Gruppe Thälmann«, in der Juden die Mehrheit stellten und die von Max Friedemann und Chaim Besser kommandiert wurde.

USA

Die meisten Juden dienten in der amerikanischen Armee, nämlich 550.000 Soldaten und Offiziere. Sie stiegen bis in die höchsten Ränge auf. 36.000 von ihnen waren Offiziere, darunter 23 jüdische Generale und Admirale. Es wird geschätzt, daß 11.000 Juden fielen oder als vermißt gemeldet wurden, 4,4 % der Gesamtzahl der amerikanischen Verluste im zweiten Weltkrieg.

Leutnant zur See Stanley Caplan war einer der Helden von Pearl Harbour; General Julius Ochs nahm an beiden Weltkriegen teil und kommandierte eine Infanteriedivision im Pazifik, wo auch General Julius Klein eine Artilleriebrigade kommandierte. Neben Tausenden weiterer tapferer Soldaten erhielten General Edward Morris, die Admirale Ben Morell und Hyman Rickover und die Kapitäne Salomon Isquith und Samuel Benjamin höchste militärische Auszeichnungen. Oberstleutnant Rosenberg kommandierte die Einheit, die Algier eroberte. In den amerikanischen Kommandoeinheiten kämpften viel Juden hinter den Feindeslinien. Leutnant Frances Slanger war die erste amerikanische Krankenschwester, die in Europa fiel. Die jüdischen Soldaten erhielten 52.000 Auszeichnungen. 60 % aller jüdischen amerikanischen Ärzte unter 45 Jahren dienten in der Armee.

General Maurice Rose

General Rose fiel als einer der wenigen hohen Offiziere beim Einmarsch in Deutschland. Er wurde 1899 in Middletown/Connecticut als Sohn des Rabbis Samuel Rose geboren und war mit 18 Jahren Leutnant. Als 32jähriger Offizier wurde er Kommandant der Generalstabsakademie und 1943 Generalbefehlshaber der 3. Panzerdivision, die in Afrika und in Sizilien kämpfte. Rose hatte die Genugtuung, die bedingungslose Kapitulation der Wehrmacht in Tunesien anzunehmen. Später eroberte seine Division Palermo.

General Rose wird von General Koeltz als Ritter der Ehrenlegion dekoriert

General Rose nahm mit seiner Truppe auch an der Landung in der Normandie teil. Seine Division hatte einen legendären Ruf. Vom 7. August 1944 bis zum 12. Dezember 1944 führte er seine Panzer in einem schnellen Feldzug durch Frankreich, Belgien bis nach Deutschland. Bei Mons in Belgien nahm seine Division drei deutsche Generale und 8.000 Soldaten gefangen. Rose war der erste alliierte General, der am 12. Dezember 1944 deutschen Boden betrat. Seine Panzer eroberten am 13. Dezember 1944 Roetgen, die erste deutsche Stadt. Am

15. Dezember 1944 hat seine Division die Befestigungen der Siegfried-
Linie überwunden. Im Januar 1945 kam der französische General
Koeltz an die Front, um ihn zum Ritter der Ehrenlegion zu schlagen.
Seine kampferprobte 3. Panzerdivison eroberte am 6. März Köln. Ein
Foto zeigt Rose vor dem Eingang des Kölner Doms. Am 30. März 1945
stieß seine Division bei Paderborn auf starken Widerstand seitens der
SS-Panzerbrigade Westfalen. Rose fuhr im offenen Jeep tollkühn an
die Spitze seiner Division, um den nächtlichen Angriff auf Paderborn
zu koordinieren. Da gelang es einem deutschen Panzer, die amerikani-
schen Linien zu durchbrechen, und ein SS-Panzerschütze erschoß Rose aus nächster Nähe. General Maurice Rose wurden die höchsten
amerikanischen und andere militärische Auszeichnungen verliehen.
Der große Bürokomplex der US Armee – das IG Farben-Gebäude in
Frankfurt – trägt heute seinen Namen, wie auch ein Feldflugplatz bei
Frankfurt.

Raymond Zussman

Leutnant Zussman war einer der beiden Juden,
die die höchste amerikanische Tapferkeitsauszeichnung erhielten, die *Congressional Medal of
Honor*. Er wurde 1941 mit 23 Jahren Soldat und Instrukteur im Nahkampf in Fort Knox. Später
wurde er als Leutnant Panzerkommandeur und
kämpfte mit seiner Truppe in Frankreich. Bei der
Eroberung von Noroy le Bourg hatte sein Panzer eine Motorpanne. Er sprang mitten im

Raymond Zussman

Kampf heraus, bestieg einen anderen Panzer, der sich an der Spitze
der Kolonne befand und kämpfte weiter, bis die Schlacht gewonnen
war. 19 deutsche Soldaten fielen dabei, 93 wurden durch die kleine
Gruppe gefangengenommen. Zussman eroberte zudem mehrere Ge-
schütze und Lastwagen. Er ist am 21. September 1944 im Kampf in
Frankreich gefallen, einen Tag nach der Verleihung der hohen Auszeichnung.

Sowjetunion

Die 500.000 jüdischen Soldaten der Roten Armee erhielten Abertausende von Tapferkeitsauszeichnungen, 150 von ihnen, viele postum, den höchsten Orden »Held der Sowjetunion«, beispielsweise U-Boot-Kapitän Israel Fissanowitsch. Die »Heldin« und Nachtbomber-Pilotin Paulina Gelman überlebte den Krieg, nicht so Michail Otscheret, der mit 19 Jahren fiel. General Simon Kriwoschejn, der bereits in Spanien die Panzerwaffe kommandierte, eroberte Berlin, wie auch die Brüder und Panzergenerale Matwej und Jewsej Weinrub. 169.772 jüdische sowjetische Soldaten erhielten Tapferkeitsauszeichnungen. Die Generale Berezinski, Kreiser, Mechlis und 100 andere jüdische Generale haben die Sowjetunion mit größtem Mut und Aufopferung verteidigt. Ihre Biographien und ihre Taten wurden in der allgemeinen sowjetischen wie auch in der jiddischen Presse und in den Publikationen des Jüdischen Antifaschistischen Komitees der Sowjetunion bis 1949 ausführlich beschrieben und gewürdigt, und zwar unter Nennung ihrer Nationalität.

Den größten Anteil der Juden gab es in der Litauischen Division der Roten Armee: 12.000 jüdische Soldaten bei einem Mannschaftsumfang von 15.000. Die meisten Soldaten sprachen jiddisch, und es wurden sogar die jüdischen Feiertage begangen. In der Schlacht von Aleksejewka fielen 4.500 jüdische Soldaten der Division. Sergeant Schor wurde zum »Helden der Sowjetunion« ernannt. Er und ein anderer »Held«, Grischa Feigin, fanden nach Jahren der Diskriminierung in der Sowjetunion eine neue Heimat in Israel. Gerschon Schapiro, ein ehemaliger Offizier der Roten Armee, stellte ein Buch über die jüdischen »Helden der Sowjetunion« zusammen, das 1982 in russischer Sprache in Tel Aviv erschien. Die Sowjetunion allerdings, die sie mit ihrem Leben und Blut verteidigten, hat sie vergessen.

Wolf Wilenski – Held der Sowjetunion

Wolf Wilenski wurde 1919 in der litauischen Hauptstadt Kowno geboren. Sein Urgroßvater war Kantonist, eines von Tausenden jüdischer Kinder, die im Alter von zwölf Jahren zwangsweise zum 25jährigen Dienst in der zaristischen Armee gepreßt wurden. Für seine jahrzehntelangen Verdienste erhielt der »ewige Soldat« mehrere St.-Georgs-Kreuze.

Wolf Wilenski

Wolf besuchte zunächst den *Cheder*, die traditionelle Kinderbibelschule und später ein jüdisches Gymnasium. Er war auch Mitglied der linkszionistischen Jugendorganisation *Haschomer Hazair*. 1939 diente er zunächst in der litauischen und ab 1940 in der sowjetischen Armee in Wilna. Nach dem Überfall Deutschlands auf die Sowjetunion erhielt seine Einheit den Auftrag, die Brücke über den Fluß Wilejka so lange zu halten, bis sich das Gros der Armee zurückziehen konnte. Bei diesem Unternehmen zeigte der 22jährige Offizier außerordentlichen Mut und Initiative.

Als Anfang 1942 die Litauische Division an der Wolga formiert wurde, meldeten sich so viele jüdische Freiwillige, daß die Division zu 80 % aus Juden bestand. In kurzer Zeit wurde Wilenski zum Hauptmann befördert, um dann als Major ein Bataillon des 249. Infanterieregiments der Division zu kommandieren. Unter schwersten Bedingungen und trotz vieler Verluste konnte die Division den Angriffen des Feindes standhalten und die Schlacht bei Tula am 24. Februar 1943 siegreich bestehen. Wilenski führte seine Einheit zu Siegen im Kursker Bogen, die später kriegsentscheidend waren. Mehrmals führte er persönlich bravouröse Kommandounternehmen durch.

Im Herbst 1944 befreite die Division ganz Litauen. Die Wehrmacht versuchte verzweifelt, die Eisenbahn- und Straßenverbindung Memel-Tilsit zu halten. Am 12. Oktober 1944 starteten die Deutschen eine Offensive mit Beteiligung der Waffen-SS-Division Hermann Göring, die aus Warschau an die Front geschickt wurde. Zwei deutsche Regimenter griffen am 13. Oktober 1944 mit Panzern und Artillerie achtmal die Positionen des Bataillons von Wilenski an. Als der letzte MG-Schütze der ersten Linie fiel, schien das Schicksal des Bataillons besiegelt. Major Wilenski rannte zum MG und rettete durch gezieltes Feuer das Bataillon. Nach dieser Schlacht wurden vielen Soldaten der Einheit Tapferkeitsauszeichnungen verliehen.

Durch Erlaß des Präsidiums des Obersten Sowjets vom 24. März 1945 wurde Major Wilenski zum »Helden der Sowjetunion« ernannt. Als der kommandierende General die Front besuchte, um Wilenski persönlich die Nachricht von der höchsten militärischen Auszeichnung zu überbringen, konnte er den viel jünger aussehenden 25jährigen Major zunächst nicht identifizieren. Wilenski kämpfte an der Spitze seiner Truppe bis zum letzten Tag des Krieges. Er war dafür bekannt, daß er mit seinen Soldaten jiddisch sprach und mit ihnen jiddische Volkslieder zu singen pflegte. Für ihren »Wulfke« gingen seine Soldaten ins gefährlichste Feuer. Nach Kriegsende wurde er zur Frunse-Kriegsakademie abkommandiert, die er mit Auszeichnung absolvierte. Später wurde er Kommandant seiner Geburtsstadt Kowno, dann Dekan der militärwissenschaftlichen Fakultät der Wilnaer Universität. Wilenskis Kriegstaten wurden in mehreren militärhistorischen Werken ausführlich beschrieben. Das Organ des Jüdischen Antifaschistischen Komitees der Sowjetunion *Ejnikeit* hat über Wilenski zwischen 1943 und 1945 viermal berichtet. 1972 wanderte der größte Teil der Familie Wilenski nach Israel aus, die Kinder Lew und Lydia, der Bruder Abba und die Schwester Sara. Ihm selbst wurde jahrelang die Ausreise verweigert. Erst elf Jahre später konnte die Familie in Israel vereinigt werden. Als die El-Al-Maschine im September 1983 in Tel Aviv landete, kamen viele seiner Waffenbrüder, die Ziviljakken mit Orden geschmückt, um ihren früheren Kommandanten auf dem Flugplatz willkommen zu heißen. Wilenski wurde zum General d. R. der israelischen Armee ernannt. Er starb wenige Jahre später in Israel.

Einige der über 150 jüdischen »Helden der Sowjetunion«

Hauptmann Paulina Gelman, erfolgreichste Nachtbomber-Pilotin der sowjetischen Luftwaffe, flog 869 Einsätze. Im Mai 1946 mit dem Orden »Held der Sowjetunion« ausgezeichnet. Nach dem Krieg lehrte sie Volkswirtschaft in Moskau.

Paulina Gelman

Boris Lunz wurde 1908 in Dresden geboren. Hauptmann Lunz absolvierte Hunderte von Flügen bei der
Versorgung von Partisaneneinheiten in den Wäldern
der Ukraine und Weißrußlands. Im Juni 1943 wurde
ihm der Orden »Held der Sowjetunion« verliehen.
(Vgl. S. 335)

Boris Lunz

Kapitän Israel Fisanowitsch war der erfolgreichste
U-Boot-Kommandant der sowjetischen Marine.
Aus diesem Grund wurde ihm die Überführung
eines erbeuteten italienischen U-Bootes von England nach der Sowjetunion anvertraut. Sein U-Boot
wurde versenkt und er fand mit seiner Mannschaft
den Tod.

Israel Fisanowitsch

Der 1905 geborene Jakow Kreiser war als General der
Armee der ranghöchste Jude der sowjetischen Streitkräfte und einer der fähigsten militärischen Führer
des Landes. Seine 5. Armee verteidigte Moskau,
kämpfte in Stalingrad und befreite die Krim. Kreiser
nahm 1945 die Kapitulation der Wehrmacht an der
Kurland-Front entgegen. Der fünffache Leninorden-
Träger und »Held der Sowjetunion« starb 1969.

Jakow Kreiser

Polen

Über 150.000 jüdische Soldaten und Offiziere nahmen am September-
Krieg 1939 teil. Ihre Verlustquote war hoch: 35.000 Tote und 61.000
Kriegsgefangene. Viele von ihnen haben sich tapfer geschlagen, wie
Anschel Scheinbach bei Posen, Leutnant Max Kinder bei Kutno, Ma-
jor Walter, Hauptmann Unger und viele andere. Tausende von Juden
wurden nach der Gefangennahme ermordet. Nur die Offiziere unter

ihnen, ungefähr 800 Personen, wurden geschont und in Offiziers-
lagern in Deutschland festgehalten. Diejenigen Soldaten, die den
Feldzug überlebt hatten, fielen später in den polnischen Ghettos der
allgemeinen Vernichtung zum Opfer. Etwa 20.000 jüdische Soldaten
kamen in Ostpolen in sowjetische Gefangenschaft. Die Offiziere unter ihnen wurden, wie ihre christlichen Waffenkameraden, in Katyn
und Starobielsk von den sowjetischen NKWD-Schergen ermordet.

Polnische Armee in Frankreich

Nach der Niederlage der polnischen Armee formierten sich 1940 in
Frankreich Armeeverbände, deren Angehörige polnische Emigranten
in Frankreich waren. Die meisten der 14.000 Soldaten polnischer
Staatsangehörigkeit meldeten sich zum Dienst. Andere gingen zur
Fremdenlegion. Es gab hohe Verluste. Mehrere jüdische Soldaten erhielten polnische und französische Tapferkeitsorden. Sie stellten später die Führung des jüdischen Widerstandes in Frankreich.

Polnische Armee Ost

Am 5. Mai 1943 wurde im Rahmen der Roten Armee die 1. Polnische
Division »Kosciuszko« aufgestellt. In ihren Reihen dienten etwa
1.000 jüdische Soldaten und 200 Offiziere. Ihre Feuertaufe erhielt die
Division in der Schlacht von Lenino. Hauptmann Juliusz Hibner, ein
ehemaliger Offizier in Spanien, führte ein Regiment und erhielt den
Titel »Held der Sowjetunion«. Im Lauf des Krieges wuchs die Division zu einem Armeekorps, zu dem auch Panzertruppen, Luftwaffe
etc. gehörten. Bis Kriegsende kämpften ca. 20.200 Juden, darunter
3.200 Offiziere. Etwa 1.300 von ihnen fielen, darunter 90 Offiziere.

Polnische Armee West

Nach der Niederlage von Dünkirchen formierte sich ein England eine
polnische Exilarmee, in welcher 1.000 jüdische Freiwillige kämpften.

Juden gab es auch unter den Angehörigen der Kommandotruppen, die zunächst in Norwegen operierten, unter den Fliegern in den Luftschlachten um England und später in der Normandie. 263 von ihnen erhielten polnische und britische Auszeichnungen, 17 den höchsten Orden *Virtuti Militari*. Major Hirschband, der Flieger Saposznikow und Leutnant Schreier erhielten den höchsten britischen Orden *Victoria Cross*.

Nach dem Sikorski-Stalin-Abkommen durfte eine große Zahl polnischer Freiwilliger die Sowjetunion verlassen, um unter General Anders, dem Kommandeur des 2. Polnischen Armeekorps im Bestand der Britischen Armee, im Westen zu kämpfen. Die Pläne, eine Jüdische Legion innerhalb der polnischen Armee aufzustellen, wurden bald aufgegeben, jedoch dienten in allen Einheiten jüdische Militärgeistliche. Die Freiwilligen, unter ihnen 3.600 Juden, kamen über den Iran und Syrien nach Palästina, wo sie in englischen Armeelagern die letzte Ausbildung erhielten. Dort desertierten viele Juden, um sich jüdischen Formationen anzuschließen, etwa *Hagana* und *Palmach*. Ende 1942 dienten ca. 5.000 Juden in der Anders-Armee, unter ihnen 176 Offiziere. Seit Anfang 1942 kämpfte das 2. Polnische Armeekorps in Italien. Die schwersten Verluste erlitten die Polen bei der Eroberung der als uneinnehmbar geltenden Festung Montecassino. Dort fielen 28 Juden, 62 wurden verwundet. Von insgesamt 492 Soldaten und Offizieren, die die höchsten Tapferkeitsauszeichnungen erhielten, waren 136 Juden. Auch in der Karpaten-Division unter General Kopanski, die in Syrien aufgestellt wurde und unter anderem in Tobruk, Bengasi und der Cryrenaika in Nordafrika kämpfte, gab es viele Juden.

Tschechoslowakei (West und Ost)

Nur ein kleiner Teil der tschechoslowakischen Juden konnte das Land nach der Besetzung durch Deutschland verlassen. Etwa 8.000 jüdische Freiwillige kämpften in den verschiedenen militärischen Formationen der Republik. 1939 kämpfte eine tschechische Brigade unter Oberst Svoboda, dem späteren Staatspräsidenten, bei der Verteidi-

gung Ostpolens. 200 Juden waren in ihren Reihen. Mehrere hundert Juden meldeten sich bei der Tschechischen Division, die 1939 in Frankreich aufgestellt wurde. Sie kämpfte im Krieg von 1940 auf der Seite Frankreichs. Ein Teil der Soldaten konnte nach England entkommen, wo eine Brigade formiert wurde. 30 % ihrer Soldaten waren jüdische Freiwillige. Die Brigade nahm an der Landung in der Normandie teil. Eine Einheit von 2.500 Soldaten kämpfte im Nahen Osten und in Nordafrika, ein Fünftel von ihnen waren Juden. Im Juni 1942 formierte General Svoboda das 1. Tschechoslowakische Infanterie-Bataillon in der Sowjetunion. Von den 1.000 Soldaten des Bataillons waren 600 Juden. Gegen Ende des Krieges kämpften 1.500 Juden in der Einheit, die inzwischen zur 1. Brigade anwuchs, 500 fielen schon 1943.
Beide Einheiten nahmen an den Kämpfen zur Befreiung der Heimat teil.
1944 wurde die 2. Fallschirmbrigade formiert.

Die Familie Lanzer und die Schlacht von Sokolowo

Die gesamte fünfköpfige Familie Lanzer aus Mährisch-Ostrau kämpfte in der 1. Brigade der tschechoslowakischen Armee in der Sowjetunion. Die Mutter Malvine war Offizier der Basis in Busuluk in Sibirien. Der Vater Evzen war Häftling im Gulag und meldete sich später zum Dienst in Busuluk, doch wenige Tage nach dem Erreichen der Basis starb er im März 1942 an der früher erlittenen Unterernährung. Dem Sohn Walter mußten zwei abgefrorene Zehen amputiert werden, doch er bestand darauf, in die kämpfende Truppe aufgenommen zu werden. Er ging zusammen mit seinem Bruder Norbert an die Front. In der Reservebasis blieben Malvine und der vierzehnjährige Sohn Kurt.
Die Schlacht von Sokolowo bei Kiew im März

Norbert Lanzer

Walter Lanzer

1943 wird in der tschechoslowakischen Geschichtsschreibung als Wendepunkt im Selbstverständnis der Nation geschildert, denn in dieser Schlacht kämpften zum ersten Mal Tschechen, Juden und Slowaken in einer regulären Einheit gegen jenen Feind, der fünf Jahre zuvor ihre Heimat kampflos besetzt und dem Reich einverleibt hatte. Die beiden Brüder Norbert und Walter Lanzer fielen in dieser Schlacht.

Als im Januar 1944 die 2. Fallschirmbrigade formiert wurde, meldete sich der nun 16jährige Bruder Kurt als Freiwilliger. Der Mutter Malvine wurde die Nachricht vom Tod ihrer Söhne lange vorenthalten, obwohl sie täglich dem Kommandeur General Svoboda in der Basis begegnete. Erst später wurde Kurt als einziger überlebender Sohn von seiner Verpflichtung befreit.

Großbritannien (außer Palästina)

Seit 1939 dienten 62.000 englische Juden in der Armee, davon 14.000 in der Luftwaffe (RAF) und 1.500 bei der Marine. Diese Statistik schließt allerdings nur die Soldaten ein, die Kontakt zu jüdischen Militärgeistlichen hatten. 1.500 von ihnen sind gefallen, darunter 471 Flieger. Die bekanntesten sind General Kisch, Geschwader-Commodore Cohen und Korvettenkapitän Breit. Auch viele jüdische Frauen dienten als Freiwillige, zum Beispiel Loli Davis, die die hohe Auszeichnung *Order of the British Empire* erhielt. Viele deutsche Juden meldeten sich bei der britischen Armee, wie Siegfried Feld aus Berlin, der mit 17 Jahren bei den *Royal Fusiliers* diente. Sein Bruder Hermann war 1937 als Flieger-As in Spanien gefallen.

In der südafrikanischen Armee dienten 10.000 Juden, darunter 425 Frauen. Sie kämpften in Somalia, Äthiopien, in der libyschen Wüste und in Italien. Etwa 700 von ihnen fielen oder wurden verwundet.

In der kanadischen Armee kämpften 16.000 Juden, zunächst bei der Landung in der Normandie und später in Deutschland. Es gab 900 Gefallene und Verwundete. Viele erhielten hohe Auszeichnungen, wie z. B. Rosa Gutman.

Etwa 3.000 australische Juden kämpften im Fernen Osten, in Nordafrika und in Europa, 840 von ihnen in der Luftwaffe. Stellvertretend

für viele andere, die hohe Auszeichnungen erhielten, seien Generalmajor Keln und Flugstaffelkommandeur Cohen genannt.

Malta

Eine wichtige Rolle für die Sache des Sieges der Alliierten spielte die Insel
Malta, nur 100 Kilometer von Sizilien entfernt. Sie wurde als »bodenstän-
diger Flugzeugträger« der britischen Luftwaffe im Mittelmeer bezeichnet.
Malta war außerdem Basis zahlreicher britischer Marineverbände, mit
großen Werften, unterirdisch angelegten Befehlsständen, Magazinen,
U-Boot-Basen, zahlreichen Flugplätzen und Relaisstationen für die von
den Alliierten geknackten Codes der deutschen und italienischen Kriegsführung. Von Malta aus wurden Schiffskonvois mit Panzern, Kraftstoff,
Waffen und Munition für das deutsche Afrikakorps und für die italienischen Truppen durch Schiffe und Flugzeuge versenkt. Der Sieg von El-
Alamein und ganz Nordafrika wäre ohne das Heldentum der dort unter
britischer Flagge kämpfenden Soldaten, Flieger und Matrosen nicht möglich gewesen. Zwischen 1940 und 1944 gab es in
Malta 3340 Fliegeralarme. In manchen Monaten
flogen die deutschen und italienischen Bomber-
verbände 400 Einsätze pro Tag gegen die Insel,
26.000 während des ganzen Krieges. Zahlreiche
Schiffe mit Waffen und Lebensmitteln für die bela-
gerte Insel wurden versenkt.

Tim Goldsmith

Auf dem Nationalfriedhof Israels auf dem Herzl-
Berg in Jerusalem gibt es einen Gedenkstein für
140 ertrunkene Soldaten der 462. Kompanie der Pioniertruppe RASC,
deren für Malta bestimmtes Schiff am 1. 5. 1943, kurz nach der an Bord
von ihnen veranstalteten 1.-Mai-Feier, von deutschen U-Booten und
Flugzeugen versenkt wurde. 160 Soldaten aus Palästina konnten sich retten und dienten auf Malta unter Major Harry Jaffe, der 1976 in Israel starb.
Auf Malta kämpfte auch die 178. und 468. Jüdische Kompanie der RASC
aus Palästina unter eigenen jüdischen Offizieren. Viele Malteser erinnern
sich mit Dankbarkeit an die freundlichen Soldaten mit dem Davidstern
auf dem Ärmel.

Die Piloten der Hurricane- und Spitfire-Jagdflugzeuggeschwader der RAF verhinderten eine Invasion der Insel. Viele Juden waren Piloten der RAF-Verbände auf der Insel, einige von ihnen Fliegerasse mit vielen Abschüssen, z. B. C. Bamberger, E. Lewin und J. Levy. Der nur 20jährige australische Flieger Tim Goldsmith schoß zahlreiche Flugzeuge über Malta ab und kämpfte später in Australien gegen japanische Bomber. Raymond Lewin erhielt durch königlichen Erlaß vom 11. März 1941 die höchste militärische Auszeichnung, das Georgs-Kreuz. Er fiel sieben Monate später im Luftkampf.

Frankreich

Da für Frankreich keine nach Konfessionen aufgeschlüsselten Statistiken verfügbar sind, können nur statistische Analysen brauchbare Zahlen liefern. Danach kämpften 46.000 Juden unter der Trikolore für die französische Armee, eine sehr hohe Zahl, wenn man bedenkt, daß 1939 nur etwa 150.000 Juden in Frankreich lebten.

Die Rekrutierungsbüros waren 1940 tagelang von den Freiwilligen belagert. Die meisten der jüdischen Soldaten waren Freiwillige fremder Nationalität, hauptsächlich Arbeitsimmigranten und politische Emigranten aus Osteuropa sowie Flüchtlinge aus Deutschland und Österreich. In manchen Einheiten waren die Hälfte der Soldaten Juden. Sie kämpften in speziellen Freiwilligeneinheiten, den 11., 12., 21., 22. und 23. Fremdenregimentern, in der berühmten 13. »Halbbrigade« der Fremdenlegion, sowie in den *Free French*-Einheiten unter General de Gaulle und General Koenig. Jüdische Flieger kämpften in Rußland bei der Einheit »Normandie« im Bestand der Roten Armee.

Admiral Louis Kahn

Wenig bekannt blieb bis heute der wichtige Beitrag des jüdischen Admirals Louis Kahn zur alliierten Kriegsführung und zur gleichberechtigten Stellung Frankreichs zu den beiden angelsächsischen Alliierten.

Louis Kahn wurde 1895 in Versailles geboren. Er kommandierte im Ersten Weltkrieg eine Artilleriebatterie und wurde mehrmals verwundet. Nach dem Krieg wurde er Schiffsarchitekt und konstruierte die ersten modernen Kreuzer der französischen Kriegsmarine. Von 1928 bis 1938 war er Chef der technischen Abteilung des Luftfahrtministeriums und konstruierte einen der ersten Flugzeugträger. Kahn flüchtete 1942 nach London, wo er zum Stab de Gaulles berufen wurde. In dieser Zeit verloren die Alliierten jeden Monat 800.000 Tonnen an Schiffstonnage durch den deutschen U-Boot-Krieg. Die Situation war kritisch. Kahn erfand neuartige Tiefenminen gegen U-Boote, deren Zielgenauigkeit frappierend war. In kurzer Zeit konnten zahlreiche deutsche U-Boote versenkt und die Gefahr für die alliierte Schiffahrt beseitigt werden.

Kahn hatte beste Beziehungen zur alliierten Kriegsführung und zum britischen Luftfahrtminister Stafford Cripps. Am 11. Mai 1943 wurde er von Churchill empfangen, der ihm den Dank der Alliierten für seine wichtige und möglicherweise kriegsentscheidende Erfindung ausdrückte. Kahn erreichte, daß der in London nicht geliebte de Gaulle am 25. August 1943 als Chef der französischen Exilregierung von den Alliierten anerkannt wurde und später die erste französische Regierung bilden konnte.

Nach der Landung der Alliierten in Algier war es für die Franzosen wichtig, bedeutende Leistungen zum Sieg beizusteuern, um als wichtige Alliierte anerkannt zu werden. Kahn entwickelte ein Programm, mit dem Ziel, 1.400.000 Tonnage an versenkten Schiffen zu heben, die dann bei der Landung in der Normandie im Juni 1944 wieder eingesetzt werden konnten. Er wurde Admiral und befehligte die Landung französischer Schiffe. Die französische Nation hat seine Leistungen für sein Land nicht vergessen. Hochgeehrt durch alliierte und französische Auszeichnungen, wurde er im Jahr 1950 Generaldirektor des Verteidigungsministeriums und leitete den Aufbau der französischen Streitkräfte. Vom Jahr 1963 bis zu seinem Tod im Januar 1967 war Kahn Präsident des Zentralverbandes der jüdischen Gemeinden Frankreichs und vieler anderer jüdischer Organisationen.

Griechenland

Nach der italienischen Invasion im Oktober 1940 wurden 13.000 jüdische Soldaten mobilisiert, unter ihnen 343 Offiziere und 3 Oberste. 4.000 Juden fielen oder wurden verwundet. Die höchste griechische Auszeichnung »Held von Griechenland« wurde postum dem ersten gefallenen Offizier, Mordechai Frisis, verliehen. Tausende von jüdischen Soldaten kämpften später im Untergrund.

Mordechai Frisis

XI. NORDAFRIKA

Chronik der Ereignisse

1941

22. Januar	Die Briten erobern Tobruk.
6. Februar	Bengasi wird erobert.
30. März	Offensive von Rommels Afrikakorps in der Cyrenaika.
4. April	Das Afrikakorps erobert Bengasi.
8. Juni	Briten, gaullistische Franzosen und Juden aus Palästina greifen Vichy-Syrien an.

1942

26. Mai	Offensive Rommels um Gasala.
28. Mai	Panzerschlacht bei Bir Hakeim, die Franzosen halten die Stellungen.
2. Juni	Eine Einheit der palästinensischen Juden unter Major Liebmann vermint Mechili und verteidigt die Position bis zum Ende.
10. Juni	Die 1. Französische Brigade schlägt sich, zusammen mit den Resten des jüdischen Bataillons, zu den britischen Positionen durch. Rommels Vormarsch wird verzögert.
13. August	Marschall Montgomery übernimmt das Kommando über die 8. Britische Armee.
21. Oktober	General Clark und Murphy treffen in Cherchell bei Algier mit den Leitern des Widerstandes zusammen.
23. Oktober	Beginn der Schlacht von El-Alamein.
1. November	Beginn der Operation *Supercharge,* der Offensive von El-Alamein.
4. November	Rückzug des Afrikakorps und der Italiener.
8. November	Operation *Torch* (Fackel), die Alliierten landen in Algier, nachdem die Widerstandskämpfer den Hafen und die Stadt erobert haben.
12. November	Die 8. Britische Armee erobert Tobruk.

20. November   Die Briten erobern Bengasi.

1943
23. Januar   Tripoli wird erobert.
Mai   Das Afrikakorps kapituliert, der Afrika-Feldzug ist
                beendet.
                In drei Monaten hat die 8. Britische Armee kämpfend
                2.250 Kilometer zurückgelegt und sich mit den ameri-
                kanischen Truppen in Tunis vereinigt.

Die »Operation Fackel« – algerische Juden erobern die Vichy-Festung für die Alliierten

Eine der wichtigsten Etappen und Voraussetzungen des Sieges der Alliierten im Zweiten Weltkrieg war die Landung der Amerikaner in
Nordafrika. Ohne die entscheidende Rolle des jüdischen Widerstandes in Algier hätte dabei die Gefahr eines zweiten Dünkirchen bestanden. Außerdem wären die Juden Nordafrikas der »Endlösung« zum
Opfer gefallen, denn in der als Anlage zum Protokoll der Wannsee-
Konferenz vom 20. Januar 1942 aufgestellten Tabelle wurden 700.000
Juden der unbesetzten Zone Frankreichs aufgeführt, und das bedeutete, daß auch alle Juden Nordafrikas einschließlich der 120.000 algerischen Juden gemeint waren. Alles wäre nur eine Frage der Zeit, des
benötigten Schiffsraums zum Abtransport und des Kriegsglücks gewesen, bis diese dem Holocaust zum Opfer gefallen wären.
Hitlers Deutschland stand im Frühjahr 1942 im Zenit seiner Siege in
Europa und Afrika. Für die Alliierten dagegen gab es keine guten Per-
spektiven. Nur eine geglückte Landung in Nordafrika konnte die Lage verbessern. Doch die von schweren Küstenartilleriebatterien ge-
schützte Seefestung Algier unter dem Kommando des Vichy-treuen
Generals Juin und des Admirals Darlan stand einem siegreichen Ausgang der Operation im Weg. Aussichtsreich waren allein ein Aufstand
und die Eroberung der Festung von innen.
Dieser Aufgabe stellte sich die jüdische Widerstandsorganisation unter der Führung des Familienclans der Aboulker. Der 25jährige José

Aboulker war Fähnrich der Reserve und Me-
dizinstudent. Er wurde Kommandant der
gemeinsamen jüdisch-französischen Wider-
standsorgsanisation. Ihm zur Seite stand Roger
Carcassonne. José überredete seinen Vater, den
hochgeachteten Medizin-Professor und Präsidenten der Zionistischen Föderation Algeriens,
Henri Aboulker, seine Wohnung in der Rue Mi-

José Aboulker

chelet in Algier als konspiratives Hauptquartier
der Organisation zur Verfügung zu stellen. Die Schwester Colette
Aboulker stellte den Funkkontakt mit den Alliierten in Gibraltar und
mit der amerikanischen Flotte her. Es konnten hohe französische Offiziere für den Plan des Aufstandes gewonnen werden, so z. B. der
Chef der französischen Abwehr, Oberst Chretien. Sogar der Führer
der petainistischen Staatsjugend mobilisierte seine Zöglinge für die
gute Sache. Der amerikanische Konsul in Algerien, Robert Murphy,
stellte die Kontakte mit den alliierten Regierungen und dem Oberkommando der amerikanischen Armee her.
Am 23. Oktober 1942 trafen Aboulker und seine Kameraden bei dem
Küstenort Cherchell insgeheim mit hohen britischen und amerikanischen Offizieren zusammen – unter ihnen General Mark Clark –, die
durch ein U-Boot an Land gebracht worden waren. Jetzt nahmen die
Pläne Gestalt an. Es wurde abgesprochen, daß die Aufständischen
durch ein Amphibienboot ausreichend Waffen für etwa 800 Kämpfer
erhalten würden. Tatsächlich kam es jedoch nie zu dieser Lieferung.
Daher standen den Kämpfern lediglich 800 betagte Lebel-Gewehre
und 30 Fahrzeuge zur Verfügung. José besaß als einziger eine Maschinenpistole.
Am 8. November 1942 sollten die Pläne ausgeführt werden, doch es erschienen nur die Hälfte der Widerstandskämpfer. Da unter den Ab-
wesenden kaum Juden waren, stellten diese nunmehr die überwiegende Mehrheit der 400 Kämpfer. Am Vorabend des Aufstandes ließ sich
José in einem Fotoautomaten ein Paßfoto machen. Er brachte es seiner Schwester Colette als Andenken für den Fall, daß er die Operation
nicht überleben sollte. Die in fünf Kampfgruppen »A« bis »E« mit jeweils mehreren Abteilungen eingeteilten Widerstandskämpfer hatten die Aufgabe, die bewaffnete Macht von 11.000 Soldaten, 2.000

Männern der petainistischen Miliz *Service d'Ordre Légionnaire* (SOL) und mehreren hundert Faschisten unter Darnand überraschend zu brechen, sie zur Zusammenarbeit zu überreden oder festzunehmen.

José Aboulkers Kommandogruppe sollte das Zentralkommissariat der Polizei besetzen und dort das Hauptquartier des Aufstandes einrichten. Die Gruppe »A« wurde vom jüdischen Arzt Morali-Daninos geführt. Sie sollte die Kaserne der Division Algier, wo sich auch das Oberkommando der französischen Truppen in Nordafrika befand, neutralisieren. Die Abteilung A3 unter Führung der Juden André Cohen, Lanfrani und Habibou sollte den Sitz der Admiralität erobern.

Die Gruppe »B«, geführt vom Arzt Dr. Raphael Aboulker und den Abteilungschefs Stéphane Aboulker, M. de St.-Blancat und Olivier Bokanowski, sollte den Stab des 19. Armeekorps festnehmen und die Präfektur, die Post und den Sender Algier erobern. Die Gruppe »C«, die von dem jüdischen Rechtsanwalt Maurice Hayoun geführt wurde, sollte den Palast des Generalgouverneurs erobern. Die Gruppe »D«, geführt vom Juden Paul Ruff, sollte die Telephonzentrale besetzen. Nur die Gruppe »E« wurde von einem Nichtjuden geführt, Henri d'Astier de La Vigerie. Sie sollte Admiral Darlan, den früheren Ministerpräsidenten unter Petain und nun Vertreter Vichy-Frankreichs in Algerien, und General Juin festnehmen.

Die »Operation Fackel« begann am Sonntag, dem 8. November 1942 um 1.50 Uhr. José Aboulker eroberte planmäßig das Zentralkommissariat der Polizei und auch alle anderen Gruppen erfüllten ihre Kampfaufträge bestens. Äußerst wichtig waren die frühzeitige Besetzung der Telefonzentrale *Mogador*, denn damit wurde die militärische Leitung Algeriens lahmgelegt. Auch Admiral Darlan und die Generale Juin und Koeltz konnten festgenommen werden.

Am frühen Morgen des 8. November landete nach diesem Sieg ein kleines amerikanisches Vorauskommando. Es wurde von dem jüdischen Oberstleutnant Rosenberg geführt. Die Gruppe von Lucien Edas leitete die Amerikaner zu den strategisch wichtigen Orten. Inzwischen hatte Konsul Robert Murphy Verhandlungen mit Darlan und Juin aufgenommen. Der Zweck: Kapitulation aller Franzosen in Nordafrika. Das Ergebnis: Den Vichy-Franzosen blieb ein Teil der

Macht in Algerien erhalten, die Aufständischen wurden geopfert und
viele von der Vichy-Polizei verhaftet. Am 24. Dezember 1942 wurde
Admiral Darlan bei einem Attentat getötet. Zur Vergeltung wurden
am 30. Dezember Prof. Henri Aboulker, José Aboulker, René Moatti
und andere Aufständische verhaftet. Colette Aboulker konnte sich
verstecken. Der alarmierte Konsul Murphy unternahm keinerlei
Schritte zur Befreiung der Helden des Aufstandes. Erst nach der Konferenz von Casablanca, wo Churchill und Roosevelt zusammenka-
men, wurden sie befreit.

Obwohl die antijüdischen Vichy-Gesetze bis zur Ankunft von General de Gaulle in Algier noch in Kraft blieben, meldeten sich die meisten jüdischen Widerstandskämpfer zu den regulären französischen
Truppen. Sie nahmen an den Schlachten in Tunesien, Italien und Südfrankreich sowie am Rhein und der Donau teil. Viele von ihnen wurden Soldaten des 3. Bataillons der Luftlandetruppen. Später kämpften
sie als Freiwillige des 3. Fallschirmjägerregiments, das zusammen mit
der britischen Kommandotruppe SAS hinter der Front in Frankreich
und Belgien absprang und zahlreiche Sabotageakte ausführte.

General de Gaulle dekoriert die Aufständischen von Algier

Lucien Steinberg schreibt in seinem Buch *La Révolte des Justes - Les Juifs contre Hitler*, dem viele Einzelheiten dieses Kapitels entnommen sind:

»Am Ende und vielleicht überhaupt hat die Aktion von 200 algerischen Juden einer Million ihrer Glaubensgenossen geholfen, den Gaskammern zu entgehen. Deshalb betrachte ich den Handstreich von Algier als einen der seltenen jüdischen Siege im Zweiten Weltkrieg. Es war ein großer, aber zugleich ein bitterer Sieg, der durch die nachfolgenden Ereignisse noch bitterer wurde. Es war ein Sieg voller Paradoxe. Eines davon war, daß die jüdischen Aufständischen von Algier sich des Erfolges ihrer Aktion vom jüdischen Standpunkt aus gar nicht bewußt wurden, obwohl sie selbstbewußte Juden waren. Sie kannten den Einsatz in diesem tragischen Spiel nicht, denn der Begriff Auschwitz hatte das Mittelmeer noch nicht überquert. Sie waren sich dessen nicht bewußt, weil ihre Bitterkeit über das nachfolgende so stark war, und vor allem, weil niemand den jüdischen Aspekt des Sieges hervorgehoben hat. Dennoch ist dies der einzige Aspekt des Sieges von Algier, der unbestreitbar ist.«

Bir Hakeim, General Koenig und die Juden

Im Zweiten Weltkrieg gab es einige Wendepunkte auf dem langen Weg zum Sieg der Alliierten. Solche Wendepunkte waren die Schlacht um Stalingrad, die Landung in Nordafrika, die Invasion in der Normandie und die Schlacht von El-Alamein. Der Sieg von El-Alamein aber wäre ohne Bir Hakeim und Mechili nicht möglich gewesen.

Am 26. Mai 1942 startete Rommels Afrikakorps gemeinsam mit starken italienischen Panzerverbänden die letzte große, sorgfältig vorbereitete Offensive gegen die britische Armee in der libyschen Wüste. Am 21. Juni fiel Tobruk, und die 8. Britische Armee zog sich ungeordnet zurück. Der Weg nach Ägypten schien offen zu sein.

Der deutsche Sieg wäre komplett gewesen, wenn nicht zwei alliierte Inseln im faschistischen Wüstenmeer standgehalten hätten: Bir Hakeim, eine Oase 70 Kilometer südlich von der Küste, sowie weiter südlich eine namenlose Position bei Mechili. Bir Hakeim wurde von der 1. Freien Französischen Brigade verteidigt, und zwar von drei Infanteriebataillonen, einem Marineinfanteriebataillon und einem Bataillon der sagenumwobenen 13. Halbbrigade der Fremdenlegion. Dieser Einheit gehörte auch Benjamin Lewinski an. Es handelte sich um 3.500 Freiwillige unter dem Kommando des 44jährigen Generals Pierre Koenig. Bei Mechili dagegen harrten 400 jüdische Freiwillige aus Palästina unter unmenschlichen Bedingungen aus. Sie wurden von Major Felix Liebmann aus Tel Aviv befehligt. Niemand rechnete mit dem Widerstand dieser zwei eingekreisten Stützpunkte.

Um Bir Hakeim und Mechili wurden von britischen Pionieren 50.000 Antipanzerminen gelegt, die einen Frontalangriff unmöglich machten. Die 1. Freie Französische Brigade war gut mit Kanonen, Mörsern, Panzerabwehrwaffen, Schützenpanzerwagen und leichten Fahrzeugen ausgestattet. Die Präsenz der beiden isolierten Stützpunkte bedrohte die Nachschublinien der Achsenmächte und verzögerte, ihren Vormasch erheblich. Die Deutschen und Italiener setzten alle Mittel ein, um diesen Widerstand zu brechen. Die Schlacht dauerte vom 27. Mai bis zum 10. Juni 1942.

Am 3. Juni schickte Rommel den gefangenen britischen Major Tompkins mit dem folgenden vergeblichen Ultimatum an Koenig: »Weiterer Widerstand bedeutet nutzloses Blutvergießen. Ihr werdet dasselbe Schicksal erleiden, wie die beiden englischen Brigaden in Gott el Kaleb, die vernichtet wurden. Wir stellen den Kampf ein, wenn Ihr weiße Flaggen zeigt und ohne Waffen zu uns herüberkommt. (-) Rommel Generaloberst«

Doch zum ersten Mal seit Kriegsanfang hielten französische Soldaten ihre Stellungen, ohne zu kapitulieren. Aus diesem Grund ist Bir Hakeim bis heute Gegenstand des stolzen Gedenkens in Frankreich. Eine Pariser Metrostation und einige Straßen sind dem Andenken an die dort Gefallenen gewidmet.

In der Nacht vom 10. auf den 11. Juni gab General Koenig den Befehl zum Rückzug. Vorher hatten Pioniere unter Feuer einen minenfreien Korridor geschaffen. Während der Belagerung gab es 208 Gefallene und Verletzte. Beim Rückzug fielen 130 Soldaten, 198 wurden verletzt und 829 sind vermißt. Es wird überliefert, daß General de Gaulle weinte, als er von den Verlusten seiner tapferen Soldaten erfuhr. Am 10. Juni, als der Ausgang der Absetzbewegung noch ungewiß war,

funkte er: »General Koenig, Sie sollen wissen und es auch Ihren Soldaten sagen, daß ganz Frankreich auf Sie schaut und daß Ihr unser
Stolz seid.«

Die Überlebenden jüdischen Soldaten von Mechili konnten sich nach
Bir Hakeim durchschlagen, um dann zusammen mit ihren französischen Waffenbrüdern den Rückzug antreten zu können. Von den 400
Freiwilligen sind 300 gefallen. Der französische Militärschriftsteller
François Milles hat diese Ereignisse, an denen sich auch Aron Shaeftel
und Benjamin Lewinski beteiligten, beschrieben. Das Opfer der Soldaten von Bir Hakeim und Mechili ermöglichte es den Briten, ihre
Kräfte zu reorganisieren, Truppen aus Palästina heranzuführen und
aus der Schlacht von El-Alamein als Sieger hervorzugehen.

General Pierre Koenig wurde 1943 Generalstabschef der französischen Armee im befreiten Algerien. Als Befehlshaber der französischen Truppen in England war er ab 1944 verantwortlich für umfangreiche Fallschirm-Abwürfe von Waffen für die Résistance, wurde
dann Kommandant von Paris.

Zeit seines Lebens war Koenig ein Freund des jüdischen Volkes und
bis zu seinem Tod im Jahre 1970 Präsident der Französisch-Israeli-
schen Freundschaftsliga. Er gehört zu den wenigen militärischen Führern des Zweiten Weltkrieges, die die Leistungen der Juden für den alliierten Sieg nie vergessen haben. Postum wurde er zum Marschall
Frankreichs ernannt.

FRANÇOIS MILLES
Juden aus Palästina im Wüstenkrieg bei Bir Hakeim

Im Juni 1942 tobte die Schlacht in der Libyschen Wüste. Die 8. Britische Armee war von der Einkreisung durch Rommels Panzer bedroht
und stand kurz vor der Aufgabe. Niemand rechnete mehr mit dem erbitterten Widerstand, der den Deutschen dann aus zwei abgelegenen
Stellungen mitten in der Wüste entgegenschlug. Anfangs gab es 3500
Franzosen in Bir Hakeim; später kamen aus Richtung Osten unerwartet 400 palästinensische Juden unter Major Liebmann, einem Juden
aus Tel Aviv, hinzu.

Unter einem bleiernen Himmel und schon halb verdurstet haben diese jüdischen Freiwilligen dann innerhalb von acht schweren Tagen die Angriffe der italienischen Division »Ariete« zurückgeschlagen, die von deutschen Panzern Verstärkung erhalten hatte. Jeden Tag kreisten die Stukas über den jüdischen Stellungen und sorgten bei der kleinen Garnison für erhebliche Verluste. Der Befehl zum Rückzug erging am 10. Juni. In der Nacht wurde er trotz Beschuß mit automatischen Waffen durchgeführt. Im Morgengrauen dann gelang es der kleinen palästinensischen Truppe tatsächlich, sich aus der deutschen Einkreisung zu befreien. Sie hatte weit mehr geleistet, als von ihr erwartet worden war.

Es war keineswegs selbstverständlich, daß sich diese wenigen hundert Freiwilligen am Kampf gegen den gemeinsamen Feind beteiligen durften. Zu Beginn des Jahres 1942 hatte die Palästinensische Brigade noch keine Gestalt angenommen. Bis zu diesem Zeitpunkt hatten die Briten nur geringes Interesse an einer aktiven Beteiligung der Juden im Kampf gegen die Achsenmächte bekundet. Die Engländer setzten jüdische Freiwillige meist lediglich für die Zusammenstellung von Transporten und Pionieren ein.

Aus diesem Grund befanden sich auch Mitte Mai 1942 400 palästinensische Juden im Westen von Bir Hakeim. Eine Stellung, die auf keiner Karte zu finden ist, an der sich einige Pisten kreuzen, ein mehr oder weniger ausgetrockneter Brunnen. Sie sollten Minen legen und denjenigen Kolonnen der Achsenmächte den Zugang blockieren, die möglicherweise aus dem Süden die wichtige Stellung der 8. Armee angreifen könnten. Die Mission sollte jedoch für die Handvoll Männer zehn Tage lang die Hölle bedeuten.

Alles begann am 2. Juni. Kaum hatte die kleine Truppe unter Major Liebmann ihre eigentliche Aufgabe abgeschlossen, brach ein unerbittlicher Sandsturm los. Zwei Tage lang verschwand alles hinter einem ockerfarbenen Schleier. Da das Wasser bereits knapp geworden und streng rationiert war, bedeuteten diese Tage für die Männer eine Qual. Am 4. Juni legte sich das Unwetter schließlich, doch ein neues Drama zeichnete sich ab. Ein deutsch-italienischer Panzertrupp rückte langsam in ihre Richtung vor. Ein Unterhändler mit weißer Flagge wird erkennbar. Ein deutscher Offizier. Er verlangt die Kapitulation. Die

Antwort von Major Liebmann ist eindeutig: »Ausgeschlossen, daß wir die weiße Flagge setzen. Wir kennen nur eine Flagge: die blau-weiße von Zion.« Verblüfft murmelte der deutsche Offizier: »Sie sind ja Jude.« Er schlägt die Hacken zusammen, grüßt und entfernt sich. Dies bedeutete einen Aufschub der Ereignisse. Wenige Stunden später überflog ein Stuka-Geschwader die Stellung. Die Verluste waren erheblich. Die Hälfte der LKWs sind zerstört oder brennen. Es gibt mehrere Tote und Verletzte. Als Pioniere haben sie keine Abwehr gegen die Luftangriffe. Auch keine einzige der versprochenen Luftabwehrkanonen ist bei ihnen angekommen. Am nächsten und übernächsten Tag kommen die Panzer der Division »Ariete« wieder. Doch obwohl die Pioniere nicht über schwere Waffen verfügen, gelingt es ihnen, den Angriff abzuwehren. Mehrere Panzer fahren auf Minen. Einigen gelingt es dennoch, in die Stellung vorzudringen. Sie werden jedoch von den Männern im Nahkampf angegriffen, mit Granaten, Molotowcocktails und Maschinengewehren. Einige Minuten später sind diese italienischen Panzer, die von hinten keine Deckung mehr haben, nur noch rauchende Wracks. Ein weiterer Angriff der italienischen Division »Ariete« scheitert in gleicher Weise. Einige Pioniere, die sich in Gräben verschanzt halten, vernichten noch ein paar Panzer, die sich bereits auf dem Rückzug aus dem Minenfeld befinden.

Von da an verzichtete der Feind auf Bodenangriffe, ohne sich allerdings geschlagen zu geben. Bir Hakeim hatte sich zu einem »Stachel« entwickelt, der Rommels rasches Vordringen behinderte. Deshalb erhielt die Luftwaffe den Auftrag zum Todesstoß.

Für die Überlebenden wurden die Tage zum Martyrium. Die Stellungen verschwanden in Sand- und Rauchwolken, der Brunnen ist von einer Bombe zerstört. Der Durst wird unerträglich, man beginnt den eigenen Urin zu trinken, und bald zählt man Verluste von 75 %. Die Überlebenden sind verstört und wie betäubt, kämpfen in ihrer Verzweiflung aber dennoch hartnäckig weiter. Schließlich wurde nach acht Tagen, am 10. Juni 1942, der Befehl zum Rückzug gegeben. An der Spitze von etwa hundert Männern, die am Ende ihrer Kräfte angelangt waren, erreichte Major Liebmann die britischen Linien.

Diese Episode aus dem Wüstenkrieg, die lange Zeit unbekannt war, gilt heute als beispielhaft für die junge israelische Armee. Die lakonisch formulierten Erinnerungen der Überlebenden finden oft nur mit Mühe überhaupt Worte für das Erlebte. Tatsache ist jedoch, daß Bir Hakeim als »Schlacht ohne Namen«, in der 300 palästinensische Juden ihr Leben ließen, in Frankreich und Israel zur Legende und zum Symbol geworden ist. Die Aktion konnte zwar weder den vorzeitigen Rückzug der 8. Armee noch den Fall von Tobruk verhindern. Und möglicherweise ist der Erfolg Montgomerys in El-Alamein eher den Kommunikationsproblemen des Afrikakorps oder Rommels strategischem Irrtum (er verzichtete auf die Einnahme Maltas) zuzuschreiben als dem erbitterten Widerstand zweier kleiner Stützpunkte.

Dennoch gehören die beiden Schlachten in eine Reihe mit anderen Glanzmomenten der Militärgeschichte und zum emotionalen Kapital einer Nation. Die Franzosen sahen in diesem »Sieg« in einer Zeit der vollständigen Niederlage der Alliierten im Wüstenkrieg den Beginn einer Rehabilitation, eines Aufschwungs. Auch für Israel ist das Opfer der Helden der »Schlacht ohne Namen« von besonderer Bedeutung. Sie führte zur Geburt seiner Armee, damit zur Wiederherstellung des Selbstwertgefühls und beendete die rein dienende Rolle. Das Opfer der Kompanie von Liebmann brachte die Engländer dazu, endlich die längst versprochene Jüdische Brigade zusammenzustellen.

Die beiden Verantwortlichen, General Koenig und Major Liebmann, machten sich keine Illusionen über den Sinn der Aktion. Im Morgengrauen des 10. Juni 1942, nach einem Alptraum, erblickte der Kommandeur der 1. Französischen Brigade eine Gruppe Soldaten, die genauso müde und zerlumpt aussahen wie seine eigenen. Er sprach den Kommandanten der Einheit auf englisch an und hörte diesen zu seinem großen Erstaunen in makellosem Französisch antworten. Von Major Liebmann selbst erfuhr Koenig dann das Epos der jüdischen Kompanie. Er zeigte sich äußerst erstaunt, Juden unter dem *Union Jack* kämpfen zu sehen. »Es ist uns nicht gestattet, unter unserer eigenen Fahne zu kämpfen . . . Die Bestimmungen lassen dies nicht zu«, antwortete Liebmann. »Die britischen Bestimmungen«, rief da Koenig, »kümmern mich hier nicht. Sie sind mit Franzosen zusammen. Wir sind beide siegreich.«

Kurz darauf machte sich ein jüdischer Soldat daran, die sorgsam aufbewahrte weiße Flagge mit dem blauen Davidstern auszubreiten.

Den umstehenden Offizieren befahl der Kommandant der 1. Freien
Französischen Brigade:»Die jüdische Fahne – salutieren, meine Herren!« [40]

ARON SHAEFTEL
Freiwilliger bei den »Forces Françaises Libres«

Ich verließ Frankreich in Richtung England an Bord der *Batory,* jenes
polnischen Schiffes, das später mit der gesamten Besatzung versenkt
worden ist. In London wurden wir von einem französischen Offizier
gefragt, ob wir uns der Fremdenlegion anschließen wollten. Die meisten von uns lehnten dies ab. Wir wurden zum Olympia-Circus gebracht, einem Lager der *Forces Françaises Libres.* Einige Tage später besuchte uns General de Gaulle. Er fragte uns, ob wir einen Wunsch
äußern möchten. Wir baten ihn, uns nicht in die Fremdenlegion zu
bringen, weil die Atmosphäre hier uns fremd sei. De Gaulle erwiderte,
daß keine Ausländer in die französische Armee aufgenommen werden könnten und daß dabei auch keine Ausnahmen gemacht würden.
Er vereinbarte allerdings mit dem Rekrutierungsoffizier, daß wir für
sechs Monate in die Fremdenlegion aufgenommen würden und anschließend in die reguläre französische Armee wechseln könnten.
Einige Tage darauf erwies uns die Queen die Ehre. Zuerst wurden
wir in ein Armeelager in Coves geschickt, in der Nähe von Aldershot.
Die Disziplin hier war sehr streng, vor allem wegen der Veteranen,
wie z. B. den Unteroffizieren österreichischer Herkunft, die schon
seit 20 oder 30 Jahren der Fremdenlegion angehörten. Wir erhielten
zunächst unsere militärische Ausbildung. Schon wenige Wochen
später wurden einige von uns nach Kamerun geschickt. Meine Gruppe kam im Dezember 1940 in den Sudan. Dort schlossen wir uns den
Einheiten an, die gerade aus Kamerun gekommen waren. Während
unserer Reise nach Afrika lief die sechsmonatige Frist aus. Gemäß
dem Versprechen von de Gaulle waren wir nun berechtigt, in die reguläre französische Armee einzutreten. Obwohl man uns zwingen
wollte, uns weiterhin der Fremdenlegion zu verpflichten, uns sogar
bedrohte, kamen wir schließlich zu unserem Recht. Mein Freund Ga-

ry Kantorowicz und ich schlossen uns einer Transporteinheit an, deren Mitglieder überwiegend entweder aus der Bretagne stammten oder 16-18 Jahre alte Studenten waren. Ich hatte mich auf das 13/2 mm Hotchkiss-Maschinengewehr spezialisiert, eine Flugabwehrwaffe. In unserer Gruppe bestand guter Zusammenhalt. Mit vielen Kameraden freundete ich mich an; die meisten Freundschaften bestehen noch heute.

Zuerst waren wir im Sudan und anschließend in Eritrea. Von dort aus wurden wir nach Palästina geschickt, in das Kastina-Lager, wo wir die 1. Division des Freien Frankreich bildeten (*1ère Division des Forces Françaises Libres*), deren Befehlshaber General Gentilhomme war. In Palästina begegnete ich Verwandten, die mich überreden wollten, bei ihnen zu bleiben. Ich konnte aber den Gedanken nicht ertragen, ein Deserteur zu sein.

Im Mai oder Juni 1941 war ich an den Kämpfen in Syrien beteiligt. Wir wurden wiederholt von der dortigen Luftwaffe angegriffen, deren Flugzeuge deutsche Hoheitsabzeichen trugen. Sie verursachten erhebliche Verluste unter unseren Leuten. Später wurde ich nach Libyen geschickt, wo ich etwa ein Jahr lang blieb. Wir bildeten einen Stoßtrupp, der hinter die deutschen Linien vordringen sollte, um militärische Einheiten anzugreifen und die Ausrüstung zu zerstören, um sich dann wieder hinter unsere Linien zurückzuziehen. Unsere Operationen fanden in der Nähe von Bir Hakeim statt. Dort gab es häufig Sandstürme; während eines besonders heftigen fielen Sandsäcke in einer unserer Stellungen herunter und begruben mich unter sich. Glücklicherweise hatte ein Kamerad meine Hilferufe gehört und konnte mich befreien, bevor ich erstickt wäre.

Im Mai oder Juni 1942, als Rommel seine große Wüstenoffensive in Richtung Alexandria begann, griffen die Franzosen beim Heranrücken auf Bir Hakeim an. Es wurde angeordnet, daß wir weitere vier Tage lang die Position halten sollen. Tatsächlich blieben wir 16 Tage lang. Dadurch wurde der Sieg von Bir Hakeim möglich, da General Montgomery in dieser Zeit Verstärkung aus der Luft organisieren konnte. Die Flugzeuge griffen die Versorgungsschiffe an und hielten Rommels Kolonnen auf. Während der Kämpfe forderte unser Kommandeur Freiwillige auf, sich für den Einsatz und die Sicherung des Nachschubs für die Verteidiger von Bir Hakeim zu melden. Ich war einer dieser Freiwilligen. Wir mußten Munition und 37-kg-Bomben sowie Nahrung und Wasser zu den Kämpfern bringen. In dieser Schlacht griffen etwa 150 Flugzeuge vier Tag lang ein Gebiet von 200.000 Quadratmetern an. Das Gebiet war so klein, daß die Deutschen manchmal ihre eigenen Stellungen trafen. Bir Hakeim wurde zu einem einzigen großen Bombenkrater. Das Fort wurde von 4000 Mann französischer Truppen gehalten, von denen allerdings bereits die Hälfte getötet oder verwundet worden war. Wir waren nur 30 Freiwillige, die den dringend benötigten Nachschub und Ausrüstung zu der belagerten Garnison bringen konnten. Hierdurch und durch unsere Minen war es den deutschen und italienischen Streitkräften nicht gelungen, den Ort einzunehmen. Eines Tages wurden wir von sechs Flugzeugen aus einer Höhe von lediglich 50 Metern angegriffen. Ich feuerte mit meinem Maschinengewehr auf eines dieser Flugzeuge. Am nächsten Morgen erfuhr ich, daß ich auf diese Weise den Piloten zu einer Notlandung gezwungen hatte. Hierfür wurde mir von General Catroux das *Croix de Guerre* verliehen. Ich war damals 19 Jahre alt.

In Libyen hatten wir einen Monat frei. Anschließend nahm ich an den dortigen Kämpfen teil und auch an der Befreiung Tunesiens, einer Operation, die zur gleichen Zeit stattfand wie die amerikanische Invasion in Algerien. 1943 wurde ich nach Italien geschickt, an die Gustav-Linie, unweit von Monte Cassino. Bei einem Unfall dort verlor ich ein Auge; im August 1945 wurde ich aus der Armee entlassen. [41]

(Aron Shaeftel wurde in Polen geboren und ist nach Frankreich emigriert. Die französische Staatsbürgerschaft hat er aber nicht erworben. Heute lebt er in Israel.)

Benjamin Lewinski – George Orwells Kommandant in Spanien und Fremdenlegionär in Nordafrika

Benjamin Lewinski wurde 1916 in Warschau geboren. Der früh verwaiste Junge emigrierte 1925 nach Paris, wo er bei einer Großtante lebte und später als Kürschner arbeitete. Der 20jährige Lewinski zählte zu den ersten Freiwilligen, die bereits im Juli 1936 illegal nach Spanien kamen, um die Republik zu verteidigen. Er meldete sich bei der Miliz der POUM, einer marxistischen nichtstalinistischen Partei, in der

Freiwillige aus der ganzen Welt kämpften. Nach kurzer Ausbildung wurde er an die Huesca-Front geschickt. Im Oktober 1936 wurde er zum ersten Mal verwundet, aber bald meldete er sich wieder zum Dienst an der Front. Seine Tapferkeit war legendär. Aus diesem Grund und weil er inzwischen fließend Katalanisch sprechen konnte, wurde er zum Hauptmann und Chef einer Kompanie befördert, in der viele Ausländer kämpften, darunter auch ein gewisser Eric Blair aus England.

Im Mai 1937 wurden die POUM-Anhänger von den kommunistischen Truppen in schwere Straßenkämpfe in Barcelona verwickelt, und viele Freiwillige landeten in Gefängnissen des sowjetischen Geheimdienstes. Als die POUM-Einheiten aufgelöst wurden, rieten spanische Waffenkameraden Lewinski, eine neue Identität anzunehmen, um den stalinistischen Verfolgungen zu entgehen. Also kämpfte er bis zur Auflösung der Internationalen Brigaden im Oktober 1938 als Hauptmann Bernard Launoy aus Frankreich weiter.

Als der Zweite Weltkrieg ausbrach, meldete er sich sofort freiwillig zum Dienst in der französischen Armee, obwohl er gerade zweieinhalb Jahre an der Front in Spanien verbracht hatte. Im Februar 1940 wurde er als Freiwilliger zur Verstärkung der französischen Truppen nach Syrien und später nach dem Libanon transportiert. Die Franzosen im Nahen Osten schlossen sich nach der Niederlage im Jahr 1940 dem Vichy-Regime an, doch die ausländischen Freiwilligen, darunter viele republikanische Spanier, wollten weiter gegen die Faschisten kämpfen.

Lewinski organisierte eine Massenflucht in mehreren LKWs über Syrien in die Türkei, wurde gefaßt und wieder kaserniert. Im Mai 1941 entdeckte Lewinski eine palästinensische Rundfunkstation, die Nachrichten in jiddischer Sprache sendete. Er erfuhr, daß in Palästina de Gaulle-treue FFL-Truppen aus Freiwilligen gebildet wurden. Mit einigen ausländischen Kameraden organisierte er eine gewagte Flucht über das verschneite Hochgebirge des Hermon nach Palästina. Sie brauchten eine Woche, um den 2825 Meter hohen Gipfel zu erreichen, und stiegen dann in Richtung Galiläa ab.

In einer Nacht erreichten sie die Umzäunung eines Kibbutz. Lewinski rief den alarmierten bewaffneten Wachen auf jiddisch zu, daß er und einige *Gojim* (Nichtjuden) aus dem Vichy-Gebiet geflüchtet waren und sich den alliierten Truppen anschließen wollten. Ein Mädchen antwortete auf jiddisch und umarmte ihn aus Freude über die gelungene Flucht.

Am nächsten Tag meldete sich Lewinski bei den Engländern, die ihn ausführlich verhörten. Er kam dann ins Lager der FFL-Franzosen in Kastina bei Haifa, wo er vor dem Hauptmann de la Bollardière eine freiwillige Dienstverpflichtung für die Dauer des Krieges unterzeichnete. Lewinski wurde Soldat der ruhmreichen 13. Halbbrigade der Fremdenlegion, die 1940 in Norwegen kämpfte und dann nach dem Nahen Osten verlegt wurde. Die Einheit kämpfte zunächst gegen die Vichy-Franzosen in Syrien. Wie durch ein Wunder blieb er unverletzt, als eine Mörsergranate genau zwischen ihm und seinem jüdischen Kameraden Meleman landete und nicht explodierte. Der syrischen Kampagne folgten Kämpfe im Libanon.

Anfang 1942 wurde die 13. Halbbrigade der 8. Britischen Armee zugeteilt und nahm dann an den schweren Kämpfen gegen die italienische Panzerdivision »Ariete« in der lybischen Wüste und später gegen Rommels Afrikakorps teil. Lewinski ist einer der überlebenden Helden der Kämpfe von Bir Hakeim, die den Sieg der Alliierten in El-Alamein ermöglichten. Die Soldaten der Halbbrigade kämpften durch ganz Nordafrika bis nach Tunesien, wo das Afrikakorps kapitulierte. Die Einheit wurde im August 1944 eingeschifft und sollte in Südosteuropa kämpfen, aber das Schiff nahm Kurs auf die französische Mittelmeerküste. Am 14. August 1944 landeten die Truppen in Nizza und Toulon. Lewinski wurde demobilisiert und wandte sich nach acht Jahren Kampf dem zivilen Leben zu. Erst 40 Jahre später erfuhr Lewinski, daß sein Untergebener in Spanien namens Blair der später berühmtgewordene George Orwell gewesen war, der ihm in seinem Buch »Mein Katalonien« ein Denkmal setzte.   [37]

Alfred Rossi – Von Beirut über Tunis nach Malta und Sizilien

Alfred Rossi wurde 1908 als Sohn einer vermögenden jüdischen Familie in Beirut geboren. Die Familie zog nach Tunis um. An der dortigen

Alfred Rossi

Universität studierte er Jura und beendete seine
Studien im Jahre 1931. Schon als Jugendlicher
war er Mitglied zionistischer Jugendorganisationen. Er setzte seine Aktivitäten innerhalb
der jüdischen Gemeinschaft Tunesiens nunmehr als Rechtsanwalt fort. Als der Zweite
Weltkrieg ausbrach, wurde Rossi als Reserveof-
fizier der französischen Armee eingezogen. Er
meldete sich bald freiwillig als Kommandant
einer Kampfeinheit, die nach Frankreich transportiert wurde. Er
nahm an den Kämpfen 1940 teil, kehrte dann nach Tunis zurück und
wurde später Mitglied der französischen Résistance im Vichy-treuen
Tunesien.

Als der Kommandant des Widerstandes, Monnier, verhaftet und hingerichtet wurde, übernahm Rossi seine Position und nahm an vielen
Operationen teil. Eine davon bestand darin, wichtige Dokumente,
die sich an Bord eines italienischen U-Bootes, das vor der tunesi-
schen Küste versenkt worden war, zu sichern und den Alliierten zu
übermitteln. Seitdem galt Rossi, ohne ein Lebenszeichen an seine
Frau und die Kinder in Tunis hinterlassen zu haben, als verschollen.
Erst 1942 kam eine vom britischen *Intelligence Service* lancierte Nachricht, daß sich Rossi in Palästina befand.

Es war Rossi gelungen, mit den wichtigen italienischen Militärdo-
kumenten aus dem U-Boot nach Gibraltar zu gelangen und sie den
Alliierten zu übergeben. Er meldete sich nochmals freiwillig als britischer Agent und wurde nach Malta geflogen, wo er eine Spezialausbildung absolvierte. Danach sprang er über Tunis ab und nahm an
Operationen hinter den Linien gegen das Afrikakorps Rommels teil.
Seiner Gruppe ist es gelungen, 17 deutsche Flugzeuge in Südtunesien
zu vernichten und andere Sabotageakte auszuführen.

Danach wurde er mit einem kleinen Boot nach Malta zurückgebracht.
Von dort wurde er nach Sizilien abkommandiert, wo er an Spionage-
operationen teilnahm. Ein Araber aus Tunis, der geschäftlich in Sizilien weilte, erkannte Rossi und denunzierte ihn bei den faschistischen
Behörden. Er wurde verhaftet und im Gefängnis Catanista bei Palermo ständig vernommen. Während eines Gefangenentransportes am
18. April 1943 gab es Fliegeralarm. Rossi nutzte diese Gelegenheit zur

Flucht, wurde jedoch nach kurzer Zeit gefaßt und erschossen, drei Monate vor der alliierten Landung in Sizilien im Juli 1943.

Die Familie wußte von allen diesen Abenteuern nichts. Rossi wurde als im Krieg vermißt gemeldet. Erst 1946 erschien sein Name auf der Liste der alliierten Agenten, die im Dienst gefallen waren. Alfred Rossi wurde postum zum Major befördert, mit dem Kriegskreuz Frankreichs dekoriert und zum Ritter der Ehrenlegion ernannt. Seine Kampfgenossen aus der Résistance fanden sein Grab in Sizilien und überführten seine sterblichen Überreste nach Tunis, wo eine Straße nach ihm benannt wurde. Am 29. April 1964, 21 Jahre nach seinem Tod, ließ die Familie Rossis seinen Sarg nach Israel überführen.

XII. PALÄSTINA

Wir werden auf Englands Seite kämpfen, als ob es kein Weißbuch*
gäbe, und wir werden gegen das Weißbuch kämpfen, als ob es keinen
Krieg gäbe.

David Ben-Gurion im Jahre 1939

(* Mit dem Weißbuch hat die britische Regierung die Einwanderung der von Hitlers Eroberungen bedrohten Juden Europas vollständig eingestellt)

Chronik der Ereignisse

1940

Februar   Erste jüdische Freiwillige aus Palästina erreichen
Frankreich als Teil der britischen Armee.

Juni   Die 401. Jüdische Kompanie kann von Dünkirchen
nach England evakuiert werden und wird dann nach
dem Nahen Osten verlegt.

Juli   Verstärkte Rekrutierung für die RAF und für jüdische
Pionier- und Transporteinheiten. Die Italiener bom-
bardieren Haifa.

September   Die italienische Luftwaffe bombardiert Tel Aviv.
Kriegsveteranen des 1. Weltkrieges melden sich freiwillig bei den Spezial-Kompanien.

Oktober   Die Kommandoeinheit 51 mit vielen jüdischen Freiwilligen wird formiert.

November   Die Juden von Kairo und Alexandria begrüßen en-
thusiastisch die jüdischen Truppen aus Palästina.

1941

Februar   Jüdische Einheiten kämpfen in der nordafrikanischen Wüste, das Kommando 51 kämpft in Eritrea.

März   Jüdische Pionier-Einheiten landen in Griechenland.

April   Erste Offensive Rommels in Libyen. Jüdische Einhei-
ten werden in Tobruk belagert, 1.500 Juden werden in
Griechenland nicht evakuiert und fallen in deutsche
Kriegsgefangenschaft.

| Oktober | Die britische Regierung widerruft den Beschluß, eine Jüdische Division zu formieren. |
| Dezember | Erste jüdische Flieger im Nahen Osten eingesetzt. Die jüdische Wasser-Transporteinheit Nr. 5 erreicht das belagerte Bengasi. |

1942

Januar	Das Kommando 51 wird aufgelöst, Tausende von Frauen nehmen den Dienst im *Army Transport Service* (ATS) auf.
März-Mai	Beginn der Rekrutierung für die *Royal Navy*, Gründung der »Deutschen Einheit«, die hinter den feindlichen Linien in deutschen Uniformen und Fahrzeugen operieren wird.
Juni	Das jüdische Bataillon der *Western African Rifles* verteidigt Mechili bei Bir Hakeim.
Juli	Die 462. Jüdische Kompanie nimmt an den Kämpfen in El-Alamein gegen Rommel teil.
August	Gründung des Palästina-Regiments.
November	Zahlreiche jüdische Einheiten nehmen an den Kämpfen in der Wüste teil.

1943

Januar	Vereinbarung über die Entsendung jüdischer Fallschirmspringer als Agenten des *Intelligence Service* nach Südost-Europa.
Mai	Jüdische Einheiten verteidigen Malta und Zypern, Kämpfe um Bengasi.
Dezember	Mehrere jüdische Einheiten landen in Italien.

1944

Februar	Eine jüdische Einheit erobert den Brückenkopf von Anzio in Italien.
März	Fallschirmspringer aus Palästina werden nach Rumänien, Ungarn und Jugoslawien geflogen.
Mai-Juni	Die Fallmschirmspringer Sereni, Szenes, Palgi und Goldstein werden verhaftet.

September	Nach jahrelangen Interventionen wird endlich die Jüdische Brigade gegründet.
November	Die Jüdische Brigade landet in Taranto in Italien, jüdische Freiwillige erreichen Griechenland und die Ägäischen Inseln.

1945

Januar	Jüdische Kriegsgefangene werden aus Blechhammer in Oberschlesien nach dem Westen evakuiert.
März	Die Jüdische Brigade kämpft an der Alfonsini-Front.
April	Die »Deutsche Abteilung« der Brigade, die zahlreiche Kriegsgefangene macht, nimmt an den Kämpfen teil.
Mai	Soldaten der Brigade schwärmen in ganz Ost- und West-Europa aus, um den Überlebenden aus den KZs und der Schoa zu helfen. Soldaten der 178. Kompanie erreichen sogar Odessa.
Juni	Die Brigade beginnt den Dienst als Besatzungsarmee in Italien, Belgien, Holland, Österreich, Syrien und Irak.

1946

29. Juni	Schwarzer Sabbat in Palästina. Die gesamte Führung des jüdischen Palästina wird verhaftet, darunter viele ehemalige Brigadesoldaten und Offiziere. Die Brigade wird aufgelöst, 138 Brigadesoldaten bleiben in geheimer Mission in Europa, um die illegale Einwanderung nach Palästina zu koordinieren.

Nach Ausbruch des Zweiten Weltkrieges versicherte der Präsident der Zionistischen Weltorganisation, Prof. Chaim Weizmann, dem britischen Kriegskabinett die Unterstützung des jüdischen Volkes und besonders der Juden Palästinas beim Kampf gegen den gemeinsamen Feind. Es sollte eine große Jüdische Einheit von Freiwilligen im Bestand der britischen Armee aufgestellt werden. Doch erst im Oktober 1940 faßte die britische Regierung den zusätzlichen Beschluß, eine Jüdische Division zu gründen. Sie sollte sich aus Freiwilligen aus den noch neutralen USA und aus Flüchtlingen unter dem Kommando palästinensischer Juden zusammensetzen. Das britische Oberkommando im Nahen Osten opponierte jedoch gegen diese Pläne, weil es in der arabischen Welt starke Tendenzen zur Unterstützung Deutschlands und Italiens im Krieg gab und man befürchtete, daß nach der Aufstellung einer jüdischen Truppe die Araber sich vollends der faschistischen Seite zuwenden würden.

Nach dem Kriegseintritt der USA 1941 mußten die Pläne in bezug auf amerikanische Freiwillige geändert werden, denn die Juden der USA unterlagen nun der allgemeinen Dienstpflicht. Es sollten deshalb nur palästinensische Juden als Freiwillige in den geplanten Einheiten dienen. Erst im Sommer 1940 gab die britische Generalität den unrealistischen Plan auf, wegen der Ausgewogenheit eine arabisch-jüdische Truppe aufzustellen. Denn der Anteil der arabischen Freiwilligen wäre so gering gewesen, daß es im Grunde bei einer jüdischen Einheit geblieben wäre. Die offizielle Vertretung der Juden, die *Jewish Agency for Palestine*, forderte die Aufstellung jüdischer Infanterie-, Marine-, Luftwaffen- und Küstenschutzverbände. Die Briten taten sich sehr schwer mit der Zuteilung von Juden in Fronteinheiten. Als Begründung wurde gesagt, man wolle es den Juden nicht zumuten, im Fall der Gefangennahme in deutsche Hände zu fallen. Diese Begründung sollte sich schnell als Ausrede entpuppen, als Anfang 1941 über 3.000 jüdische Freiwillige als Teil des britischen Expeditionskorps nach Griechenland geschickt wurden.

Nach dem Überfall der Wehrmacht auf Griechenland mußten die großen britischen Verbände dann evakuiert werden. Dabei genossen die jüdischen Soldaten die niedrigste Priorität, so daß schließlich 1.500 Juden auf dem Festland und auf Kreta in deutsche Kriegsgefangenschaft gerieten, in der sie bis zum Kriegsende blieben. Nur wenige konnten sich in den Bergen verstecken und den Partisanenkampf aufnehmen. Als Häftling in Auschwitz-Blechhammer hatte ich bei der Arbeit im Hydrierwerk einige Kontakte mit ihnen. Trotz strengen Verbots versuchten die Kriegsgefangenen immer wieder, uns, den jüdischen Häftlingen, moralisch und materiell zu helfen.

Die britischen Vorbehalte gegen größere jüdische Truppenverbände schmolzen dahin, als sich Rommels Truppen El-Alamein näherten. Nun wurden die Juden dringend gebraucht, sowohl an der Front als auch für die Territorialverteidigung Palästinas und des Nahen Ostens auch vor den mit den Achsenmächten sympatisierenden Arabern. Es meldeten sich ca. 30.000 jüdische Palästinenser zum Dienst in allen Truppenteilen, unter ihnen 4.500 Frauen. Sie dienten in folgenden Truppenteilen des Heeres: Infanterie, Artillerie, Pioniertruppe, Nachrichten, Waffentechnik, Quartiermeisterei, Transport, Sanitätswesen und Kommandotruppen. In der königlichen Marine dienten 1.200 Juden als Matrosen, Maschinisten, Köche, Stewards, Funker, Schreiber, Sanitäter und Handwerker. 3.000 Juden dienten in der Royal Air Force, davon 1.000 Frauen. Der heutige Staatspräsident Israels, Eser Weizmann, ein Neffe von Prof. Chaim Weizmann, war bereits mit 17 Jahren Freiwilliger bei der Luftwaffe und einer der ersten palästinensischen Jagdflieger.

Die Juden dienten außerdem als Hafenarbeiter in den Fronthäfen des Nahen Ostens und Nordafrikas, bei der Küstenartillerie Palästinas als Transporttruppe und im Kampf gegen die Vichy-Verbände in Syrien. Sogar mehrere hundert Veteranen des Ersten Weltkrieges meldeten sich noch einmal zur Armee. Es gab Familien, wie etwa die Familie Weiss aus Tel Aviv, wo beide Eltern sowie Sohn und Tochter als Freiwillige dienten. Über 250 jüdische Ärzte sorgten für die Kranken und Verwundeten an allen Fronten des Krieges.

27.000 Juden meldeten sich als Freiwillige zum Dienst als Polizisten und Hilfspolizisten, bei *Notrim*, der britischen Mandatspolizei. Sie sorgten für die innere Ordnung des Landes und sicherten auch die Grenzen zum Libanon und Syrien, Gebieten, die von Vichy-Franzosen beherrscht wurden. Dadurch haben sie eine hohe Zahl von Briten entlastet, die zum Frontdienst beordert werden konnten.

Im Lauf des Krieges wünschten viele jüdische Soldaten, aus ihren Einheiten in der britischen, südafrikanischen und kanadischen Armee zu palästinensischen Einheiten versetzt zu werden, was auch geschah. Auch deutsch-jüdische Flüchtlinge aus England kamen als Freiwillige in diese Einheiten. Viele von ihnen kämpften in Kommandotruppen hinter der Front. Auch die Kämpfe dieser Freiwilligen sind ein nur wenig bekanntes Kapitel des jüdischen Widerstandes.

Kleines Glossar

Jischuw: Kurzbezeichnung für die jüdische Bevölkerung von Palästina.

Hagana: Militärische geheime Verteidigungsorganisation, die 1920 zum Schutz des Jischuw vor Übergriffen arabischer Terroristen gegründet wurde. Sie war der sozialdemokratischen Partei Mapai unterstellt. Ihre Mitglieder, ausschließlich Freiwillige, verteidigten die Kibbutzim und kämpften während des Krieges an der Seite der Alliierten. Vor und nach der Staatsgründung Israels am 15. Mai 1948 nahm die Hagana an den Kämpfen mit den Arabern teil. Mit Tagesbefehl vom 31. Mai 1948 ordnete Ben Gurion die Eingliederung der Hagana in die Verteidigungsarmee Israels, »Zahal«, an.

Palmach: Im Jahr 1941 formierten ausgewählte Freiwillige der Hagana die Elite-Sturmtruppe Palmach, die zahlreiche Kommandounternehmen für die Alliierten im Nahen Osten ausführte. Die Marine-Kommandotruppe der Palmach, »Paljam«, führte gewagte Operationen auf See durch und organisierte die illegale Einwanderung nach Palästina während und nach dem Krieg. Dem Palmach gehörten viele Mitglieder der linkssozialistischen Parteien an. Im November 1948 wurde der Stab des Palmach auf Befehl der Provisorischen Regierung aufgelöst und die drei Elitebrigaden ebenfalls in die reguläre Armee integriert.

Irgun: Die Schutztruppe der rechtszionistischen Bewegung wurde 1931 gegründet und kämpfte gegen die britische Mandatsmacht. 1943 wurde das Kommando von Menachem Begin übernommen. Irgunmitglieder verbüßten schwere Strafen für den Widerstand gegen die Engländer, kämpften aber trotzdem als Freiwillige in der Jüdischen Brigade. Nach dem Krieg wurden mehrere Irgunkämpfer, ehemalige Soldaten, von den Engländern zum Tode verurteilt und gehängt. Im September 1948 wurde auch diese Truppe in die reguläre Armee eingegliedert.

KLAUS VON MÜNCHHAUSEN
Juden Palästinas auf der Seite der Alliierten

Bomben auf Tel Aviv

Nach dem italienischen Kriegseintritt am 10. Juni 1940 und der sich nun massiv an der südlichen Mittelmeerküste aufbauenden deutschitalienischen Front begann dort für Briten und Juden ein jahrelanger Überlebenskampf. Premierminister Churchill hatte zunehmenden Streit mit Kabinettskollegen (»überzeugten Antizionisten und Araberfreunden«) über die zukünftige militärische Rolle der Juden Palästinas. Wegen der Schwäche der britischen Armee in Nahost schrieb er am 22. Juni 1940 an Amery, den Minister für Indien: »Das ist der Preis, den wir für die antijüdische Politik zu bezahlen haben, die seit einigen Jahren hartnäckig betrieben wird. Sollte der Krieg auf Ägypten übergreifen, so müssen wir alle diese Truppen abziehen und die Lage der jüdischen Kolonisten wird äußerst gefährdet sein.«

Drei Tage später wiederholte Churchill seine Mahnungen an den Kolonialminister: »Die schweren Strafen, die Ihr Vorgänger den Juden Palästinas wegen des Waffenbesitzes auferlegt hat, haben dazu geführt, daß wir dort nutzlose Streitkräfte zu ihrem Schutz unterhalten müssen ...«

Anläßlich des Angriffes italienischer Bomberflugzeuge auf Tel Aviv sandte Churchill am 15. 9. 1940 das folgende Telegramm an den Bürgermeister von Tel Aviv: »Für die beim jüngsten Luftangriff auf Tel Aviv erlittenen Verluste drücke ich Ihnen mein tiefgefühltes Beileid aus. Dieser Akt sinnloser Brutalität wird nur dazu beitragen, uns in unserer gemeinsamen Entschlossenheit zu bestärken.«

Die näherrückende Bedrohung half, die Widerstände gegen Churchills neue Politik zu überwinden: Von den 3.000 palästinensischen Juden, die wenige Monate später in der britischen Armee gegen die Invasion der deutschen Fallschirmspringer auf Kreta kämpften, verloren einhundert ihr Leben und 1.500 gerieten in deutsche Gefangenschaft. Die anderen konnten mit ihren Truppenteilen nach Kairo evakuiert werden.

Selbstmordkommando nach Tripoli

In der Nacht vom 18. Mai 1941 verließen, unter Befehl des *Hagana*-Offiziers Zvi Spector und des britischen Majors Anthony Palmer, zwölf Freiwillige (andere Quellen sprechen von 23 Männern) im Schnellboot »Sea Lion« den Hafen von Haifa. Neben militärischen Fähigkeiten waren ihre arabischen und französischen Sprachkenntnisse gefragt.

Die Aktion geschah in Übereinstimmung zwischen der *Jewish Agency*, dem Kriegsministerium in London und der britischen Kommandantur Palästinas, die sich außerstande sah, eigene Leute einzusetzen. Ihr Ziel war der Ölhafen im syrischen Tripoli, das der deutschfreundlichen Vichy-Regierung Frankreichs unterstand. England befand sich noch nicht mit ihr im Kriegszustand und wollte offensichtlich Provokationen bis zur Heranführung eigener Kräfte vermeiden. Die Einheit sollte die von Mossul kommende Pipeline zerstören, aus der die deutsche Luftwaffe sich vor Ort mit Treibstoff versorgte. Die Männer erreichten in ihren Schlauchbooten zwar die Küste und den Ölhafen, konnten den Auftrag aber nicht vollenden. Nach der später erfolgten britischen Einnahme des Landes fand man im Wüstensand Hinweise für ihre Hinrichtung; keiner kehrte lebend zurück.

Eine *Palmach*-Einheit störte während dieser Zeit unter der Leitung ihres Kommandanten Jeruham Cohen in Syrien an verschiedenen Stellen die Bahn- und Telefonlinien. Ihre Ausgangsbasen waren die Kibbuzim Beit Oren im Carmel und Ginosar in Galiläa.

Aus dem Gefängnis an die syrische Front

Am 16. Februar 1941 wurden mehrere *Hagana*-Männer aus der britischen Haft entlassen. Ihr Auftrag war, unter Leitung eines der *Hagana*-Chefs, Jizchak Sade, Militärformationen zum Selbstschutz und für die britische Armee aufzubauen. Jigal Allon und Mosche Dajan wurden zu Kompanieführern ernannt und zur Werbung von Freiwilligen durchs Land geschickt. Betroffen vom Mißlingen der ersten Aktion, führte Mosche Dajan das nächste Kommando. Es diente der Vorbereitung der britischen Einnahme Syriens, wo die deutsche Wehrmacht ihren Brückenkopf inzwischen durch Einrichtung von Truppenteilen und Flughafenbau in bedrohlichem Ausmaß entwickelt hatte. Die Einnahme des von England militärisch nur schwach abgesicherten Palästina stand unmittelbar bevor. Zudem hatte Italien bei seinem Kriegseintritt in Libyen 14 Divisionen mit rund 250.000 Mann stehen. Deren Ziel war die Einnahme Ägyptens, ein dortiges Zusammentreffen mit den deutschen Truppen und damit die Verletzung Englands am wundesten Punkt des Empire, nämlich am Suezkanal, seines Verbindungsweges nach Indien und Asien.

Die Aufgabe des Jüdischen Kommandos lag in der Sicherung dreier auf einer libanesischen Küstenstraße unterhalb des Fort Gouraud gelegenen Brücken, die von den australischen Truppen auf dem Weg nach Norden passiert werden mußten. Die Wachtposten sollten überwältigt werden, bevor sie Alarm geben konnten. Den Hauptanteil der rund fünfzig Freiwilligen stellten die Kibbutzniks von Hanita und Umgebung. Das Training fand unter Leitung und Hilfe von Josef Fein statt, dem Vater des späteren Luftwaffenkommandeurs Motti Hod. Viele der Freiwilligen mußten erst ein militärisches Grundtraining absolvieren, ihre Geländeerfahrung war jedoch unverzichtbar. Vom Erfolg dieser kleinen Kampfgruppen hingen strategische, ja kriegsentscheidende Entwicklungen ab. Die Angriffsobjekte waren nachts auf Schleichwegen zu erreichen, zudem mußten mögliche Ausweichwege für die Invasionstruppen gesichert werden. Die Zahl der Gefallenen ist nicht genau überliefert. Ungefähr zwei Drittel der Männer verloren bei dem erfolgreich durchgeführten Stoßtruppunternehmen ihr Leben. Die australischen Truppen konnten ungehindert und ohne Verluste ihre Zielorte bei der Einnahme Syriens erreichen. Eine Gewehrkugel trieb Mosche Dajan Teile seines Fernglases ins Auge, doch die Verletzung brachte nicht das Ende seiner militärischen Laufbahn.

Jüdische Palästinenser in der 8. Britischen Armee

Neben der Sicherung des Irak, Syriens und des Libanon, die bald keine direkte Angriffslinie gegen Kairo mehr bilden konnten, galten die britischen Kräfte dem italienischen Feind. Unter General Wavell schlugen britische Truppen im Februar 1941 die italienische Armee und trieben sie bis in ihre letzten libyschen Stellungen zurück. Wavell machte 130.000 Kriegsgefangene und erbeutete riesige Mengen an Kriegsmaterial. Aufgrund dieser Niederlage befahl Hitler den Aufbau des Deutschen Afrikakorps unter dem Befehl Rommels.

Damit begann im März 1941 der tatsächliche und verzweifelt geführte Überlebenskampf der palästinensischen Juden, der erst zwei Jahre später, im Mai 1943, mit der Kapitulation der »Heeresgruppe Afrika«

endgültig gewonnen war. Rommels Truppen stürmten so erfolgreich auf Kairo zu, daß die britische Armee bereits ihre jüdischen Sanitäterinnen aus dem Dienst entließen. Das britische Heereskommando in Jerusalem bereitete die Aufgabe Palästinas und den Truppenrückzug durch die syrische Wüste in den Irak vor. Schmuel Bergman, der spätere Rektor der Jüdischen Universität Jerusalem, vermerkte am 16. 10. 42 in seinem Tagebuch zu einem Treffen mit jüdischen Soldaten: »Dann sprach ein Soldat über die Rekrutierung. Er wandte sich an die anwesenden Väter und Mütter. Man werde um jedes Haus in Tel Aviv kämpfen, wie die Verteidiger von Stalingrad.«

Das Oberkommando der *Hagana* beschloß den in ihrem Auftrag von Jizchak Sade und Jochanan Rattner vom Technion-Institut ausgearbeiteten »Plan Carmel«. Im Fall einer deutsch-arabischen Besetzung sollten sich alle jüdischen Zivilisten in die Wälder der Carmel-Berge zurückziehen und von dort aus ihren Überlebenskampf fortsetzen, bis sich die »Zeiten wieder ändern würden«. Die *Palmach* führte ein Spezialtraining für ihr *German Squad* durch, das seinen Einsatz gegen die deutsche Wehrmacht in Palästina erwartete.

Die britische Armee hatte durch Rommels Angriffe die Hälfte ihrer Mannschaften verloren. Der Versorgungsnachschub über das Mittelmeer war so gut wie zusammengebrochen, und in England sanken die Seehäfen Portsmouth, Southampton, Liverpool, Newcastle und Plymouth unter den deutschen Luftangriffen in Asche. Das Empire, das sich selbst kaum noch helfen konnte, hatte für die Rettung Kairos und Jerusalems weder Männer noch Waffen. Historiker sprechen vom schwersten und entscheidenden Kriegsjahr für England, in dem es – nicht nur in Europa – den Achsenmächten allein zu widerstehen hatte.

Die jüdische Küstenwache unterhielt und besetzte 100 Schnellboote auf den gefährlichen Linien zwischen Zypern, Palästina, Ägypten und Libyen. 2500 palästinensische Juden dienten als Bomberpiloten und Beobachter in der Royal Air Force. Jüdische Einheiten hatten führenden Anteil an der Einnahme von Sidi Barrani, Sollum und Fort Capuzzo und erhielten entsprechende Belobigungen. Neuseelands Premierminister Peter Frazer sprach ein Grußwort, »daß sein Land und auch Australien stolz seien, mit den palästinensischen Juden in den heißesten Kämpfen Schulter an Schulter zu stehen.« Eine Depesche des

Oberkommandos berichtete beim Vormarsch auf das von Italienern gehaltene Keren von »höchst zähen und mutigen Unternehmungen, die zu einem erfolgreichen Abschluß gebracht wurden«.

Selbstmordkommandos

Unter dem Befehl des Kommandanten Ostermann-Averni gingen 85 Mann, von britischen Kriegsschiffen abgesetzt, bei Bardia an Land. Dort waren Rommels Nachschublager, und Montgomery plante Ablenkungsmanöver hinter dessen Linien. Durch einige geschickte Manöver konnte die Stadt erobert und 9000 Mann gefangengenommen werden. Die britische Armee fand intakte Versorgungslager vor.

20 in deutsche Pionieruniformen gekleidete deutschsprachige Juden wurden, mit entsprechenden Papieren ausgestattet, zur Erkundung an die deutschen Linien geschickt. 11 Männer der einen Gruppe kehrten nicht zurück. Von der anderen kehrte nur einer zurück und berichtete, daß sie nach gemeinsamem Abendessen und Frühstück mit deutschen Panzersoldaten von einem der deutschen Soldaten, der aus einer Templer-Kolonie in Palästina stammte,

Freiwillige der Kommandoeinheit 51

erkannt wurden, und nur er ausbrechen konnte.

Namentlich bekannt sind Major Richard Perach, der mit seinem Bataillon die Flanke der Mareth Linie umging und Schmarjahu Weinstein, der vor Keren in Abessinien, wo jüdische Selbstmordabteilungen Nacht für Nacht versuchten, feindliche Befestigungen zu zerstören, durch Einsatz seines Lebens eine Kompanie Südafrikaner rettete.

Begegnung in der Wüste mit der Tropenkompanie »Brandenburg«

Auch aus den Berichten von Ehemaligen der deutschen Division »Brandenburg« sind die Einsätze jüdisch-palästinensischer Kämpfer bekannt. Die Nazi-Division »Brandenburg« führte Sonderkommandos in aller Welt durch. Sie war erst als Einheit »zur besonderen Verwendung« dem Außenministerium und dann der SS unterstellt; sie waren an den Massakern an Juden in Przemysl und anderswo an der Ostfront beteiligt; sie fädelten sich als NKWD-Kommissare in die Rote Armee ein, eroberten Lemberg, Bastaik, kämpften vor Leningrad, im Kursker Bogen und in Murmansk; weitere Einsatzorte waren Kutno, Lodz und Auschwitz. Für den Afrika-Einsatz erfolgte eine mehrmonatige Spezialausbildung, die nicht nur klimatische Bedingungen, sondern auch anglo-amerikanische Bewaffnung und Uniformierung berücksichtigte. Ihr Auftrag war Sabotage hinter den feindlichen Linien und die Neutralisierung der wichtigsten Kräfte der britischen Seite. Zwei Einheiten versuchten, Kairo zu erreichen und Kontakt mit arabischen Rebellen des Großmuftis aufzunehmen. Nach dem Rückzug der Rommel-Truppen entfernten sie sich aus dem Kampfgebiet. Etliche von ihnen verloren bei El-Alamein und Bir Hakeim, wo sie auf die jüdischen Selbstmordkommandos trafen, ihr Leben.

Ihre Erfolge gegen diese Kampftruppen heben sie meist in ihren Erinnerungen besonders heraus: Ein aus Deutschland emigrierter Jude namens Großmann sei im September 1942 in Tobruk in Wehrmachtsuniform durch einen Hauptmann Zeller entlarvt und festgenommen worden. Durch ihn stieß man auf die Spur von Katz-Grünfeld, dessen Aufgabe es ebenfalls war, in Tobruk Sabotageunternehmen zu leiten. Durch die Festnahme der beiden Männer soll sich ein von einem Major Crew geleitetes Marinekommandounternehmen zerschlagen haben, dessen Männer fast alle ums Leben kamen. Allerdings werden auch Erfolge der britisch-jüdischen Spezialeinheiten zugegeben, als es diesen nämlich gelang, in Libyen über hundert deutsche Kampfflugzeuge zu zerstören. Wenn auch die deutschen Berichte nicht überprüfbar sind, so steht doch fest, daß die »Brandenburger« einige hundert freiwillige, vom Großmufti rekrutierte arabische Kämpfer in ihren Reihen hatten.

Spezialeinheiten der »Arabischen Legion« sprangen auch über Transjordanien ab, um von dort aus die Luftangriffe auf jüdische Siedlungen und Städte zu lenken. Allerdings ließ der Großmufti sie, so die Aussage des SS-Führers Schellenberg, nach den Einsätzen liquidieren. Weitere Unterstützung erhielten die Araber Palästinas durch deutsche Waffenlieferungen.

Der holländische Nahost-Kriegsreporter Pierre van Paassen schrieb Ende 1943, ohne den Einsatz der jüdischen Kämpfer Palästinas wäre das Überleben der Juden Palästinas und der Sieg Montgomerys über die Rommel-Truppen wenig wahrscheinlich gewesen. Er nannte die jüdischen Freiwilligen aus Palästina die »vergessenen Alliierten«. Jüdische Soldaten haben sich also bereits vor der Gründung der Jüdischen Brigade im Jahr 1944 im Kampf gegen die Hitler-Armeen größte Verdienste erworben, zumal die ebenfalls aus Palästina organisierten Fallschirmspringereinsätze zur Rettung der europäischen Juden und die illegalen Einwanderungsaktionen an weitere unzählige Heldentaten erinnern.   [42]

(*Klaus von Münchhausen ist wissenschaftlicher Mitarbeiter an der Universität Bremen, Schüler und Mitarbeiter von Professor Léon Poliakov am Centre National de Recherche Scientifique, Paris und von Professor Tollet am Centre d'Etudes Juives der Sorbonne.*)

Morgenappell des Stabs der Jüdischen Brigade in der lybischen Wüste

Die Jüdische Brigade

Vier lange Jahre forderten die Juden Palästinas eine eigene Einheit innerhalb der britischen Armee, die der Truppenstärke der jüdischen Freiwilligen entsprechen sollte. Doch immer wieder wurden diese Vorschäge abgelehnt. War es Rücksichtnahme auf die Araber oder eher die Furcht der britischen Generäle und des Kolonialministeriums, diese Truppe könnte nach dem Krieg den Nucleus eines unabhängigen jüdischen Staates bilden, was à tout prix verhindert werden sollte? Erst das Bekanntwerden der Massenmorde an den Juden Europas ließ dann im Laufe des Jahres 1942 alle Argumente wider den Kampf der Juden gegen die Mörder ihres Volkes als die faulen Ausreden erscheinen, die sie von Anfang an gewesen waren.

Endlich beschloß das britische Verteidigungsministerium am 20. September 1944 die Aufstellung der *Jewish Brigade Group*, der Jüdischen Brigade, die aus drei Infanterieregimentern mit den entsprechenden Hilfstruppen bestand und eine Mannschaftsstärke von 5.000 Soldaten, alles Freiwillige, hatte. Bataillonskommandeure waren Briten, Kompaniechefs jüdische Offiziere. Kommandeur der Brigade wurde

Abschiedsparade in Tel Aviv

der jüdische General *Ernest Benjamin*, der 1900 in Toronto in Kanada geboren wurde. Er war Absolvent der Kriegsakademie und des Generalstabscollege in England und diente zwischen den Weltkriegen in der Türkei, Singapur, Madagaskar und Kairo. Die Brigadesoldaten trugen den Davidstern als Emblem am Ärmel, die Kommandosprache war Hebräisch. Bei jedem Morgenappell wurde die zionistische blau-weiße Flagge mit dem Davidstern gehißt. Die Brigade hatte eigene Frontzeitungen, Soldatenclubs, Militärrabbiner etc. Das palästinensische Symphonieorchester gab mehrmals Konzerte in improvisierten Arenen in der ägyptischen und libyschen Wüste.

Nach kurzen Übungen in Ägypten kam die Brigade im November 1944 als Teil der 8. Britischen Armee zum Einsatz in Italien. Die Brigade kämpfte bei Alfonsini, wo sie viele deutsche Gefangene machte. Später kämpfte die Brigade am Fluß Senio gegen eine deutsche Fallschirmjägerdivision. Es gab Tote und Verwundete, 100 Soldaten erhielten Auszeichnungen. Im Mai 1945 erreichte die Brigade Norditalien, wo sie zum ersten Mal mit Überlebenden des Holocaust in Kontakt kam.

Die Begegnung der Soldaten mit dem Davidstern am Ärmel mit den befreiten KZ-Häftlingen gehört zu den bewegendsten Ereignissen der jüdischen Geschichte. Nach dem Waffenstillstand schwärmten die Brigadesoldaten auf der Suche nach jüdischen Überlebenden in ganz Europa aus. Ohne ihre militärischen Pflichten zu vernachlässigen, bauten sie eine komplexe Infrastruktur auf, die die Unterstützung der Insassen in den DP-Lagern in allen westeuropäischen und einigen osteuropäischen Ländern gewährleisten sollte. Die Brigade wurde in Italien, Jugoslawien und Österreich stationiert. Später wurde sie nach Holland und Belgien verlegt. Mehrere Brigadesoldaten waren an der Gründung der geheimen Flucht- und Einwanderungsorganisation *Bricha* beteiligt, die eine massive illegale Einwanderung nach Palästina organisierte. Die Briten versuchten dies unter allen Umständen zu verhindern. Aus diesem Grund kam es zu Spannungen zwischen dem jüdischen Offizierskorps der Brigade und dem Oberkommando – und aus ehemaligen Alliierten, die auf allen Schlachtfeldern zusammen gekämpft hatten, wurden plötzlich Feinde. Im Sommer 1946 wurde die Brigade nach Palästina verlegt und die Soldaten kurz darauf demobilisiert.

Die Soldaten der Brigade kämpften mutig gegen den Nazigegner, stärkten den Lebenswillen der Überlebenden des Holocaust und halfen ihnen bei der Einwanderung nach Palästina, wo sie die physischen und seelischen Wunden der Verfolgung heilen konnten. Alle Stabschefs der israelischen Armee, von Jadin und Maklew über Laskow bis Dajan u. a., waren Offiziere der Brigade oder der britischen Armee.

General Ernest Benjamin mit Offizieren der Jüdischen Brigade

General Frederic Kisch

Vielleicht hätte der erste Staatspräsident Israels nicht Weizmann sondern Kisch geheißen, wenn General Frederic Kisch, Engineer-Kommandeur der Pioniertruppen der 8. Britischen Armee, am 14. April 1943 im Wadi Akarit in Tunesien nicht durch eine Mine getötet worden wäre. Kisch war 1888 in Indien geboren worden, wo sein Vater Generalpostmeister der Provinz Bengalen war. Er absolvierte 1907 die königliche Pionier-Akademie und nahm 1914 als Hauptmann der in-

disch-britischen Truppen an den Kämpfen in Frankreich teil. Nach mehrmaliger Verwundung, u. a. in Ypern in Frankreich und Mesopotamien, wurde er als Oberstleutnant Chef der Militärspionage. Er sprach fließend Französisch, Russisch, Arabisch, Persisch und einige indische Dialekte. Er erhielt höchste britische und französische Auszeichnungen und nahm als Militärexperte an der Friedenskonferenz in Versailles teil.

General
Frederic Kisch

Kisch kam u. a. mit Churchill, Präsident Hoover, Lord Balfour und Präsident Smuts zusammen.

1922 nahm er mit 34 Jahren nach brillanter Militärkarriere seinen Abschied, wurde Zionist und lernte Hebräisch. 1923 nahm er am Zionistischen Kongreß in Karlsbad teil, wo er zum Vorsitzenden der Exekutive der *Jewish Agency* gewählt wurde. Er übersiedelte nach Jerusalem, wo er Wege zur Verständigung zwischen Juden und Arabern suchte. Er schlug z. B. eine gemeinsame Gewerkschaftsorganisation der beiden Bevölkerungsteile vor. Er hatte gute Beziehungen zum Emir, dem späteren König Abdulla von Transjordanien. Ihm ist die Gründung jüdischer Selbstschutzformationen zu verdanken, wie auch die Übertragung des Erziehungs- und Gesundheitswesens an die jüdische Selbstverwaltung *Jewish Agency*.

Nach Ausbruch des Zweiten Weltkrieges bat Kisch trotz seines Alters von 52 Jahren um Versetzung in den aktiven Dienst. 1941 wurde er zum Chef der Pioniertruppen der 8. Britischen Armee befördert. Während der endlosen Panzerschlachten zwischen der britischen Armee und Rommels Afrikakorps erdachte er eine neue Methode der Räumung von Minen, die den Vormarsch der Panzer aufhielten. Unerschrocken leitete er persönlich diese gefährlichen Minenräumoperationen, was eigentlich nicht zu den Aufgaben eines Generals gehörte.

Mit Hilfe seiner palästinensischen Landsleute hat er den kriegswichtigen Hafen Tobruk für die britischen Truppen in operativen Zustand gebracht. Nach der Schlacht von Wadi Akarit, bei der Kisch fiel, vereinigten sich die britischen und die vom Westen her vorstoßenden amerikanischen Truppen in Tunesien. Diesen Triumph des nordafrikanischen Feldzugs, an dem er großen Anteil hatte, konnte er nicht mehr erleben.

Die Fallschirmspringer aus Palästina

Ein besonderes Kapitel im Kampf der Juden Palästinas gegen das Dritte Reich und gegen dessen Massenmörder bilden die hinter der Front abgesetzten Fallschirmspringer. Als ab 1942 die schrecklichen Nachrichten über Massenmorde an den Juden nach Palästina durchsickerten, forderten Vertreter der *Jewish Agency* von der englischen Armee die Aufstellung einer mehrere hundert Freiwillige umfassenden Fallschirmspringertruppe, die die Juden retten und den bewaffneten Widerstand organisieren sollte. Wie schon im Fall der Jüdischen Brigade lehnten die Briten den Vorschlag ab, waren aber bereit, einzelne Freiwillige aufgrund der Kenntnis ihrer Geburtsländer und Heimatsprachen einzusetzen, und zwar als Agenten, Funker und Verbindungsoffiziere zu den Partisanen in Ost- und Südost-Europa. Die Führung der *Special Operations Executive* (SOE), der strenggeheimen Spionage- und Diversionsorganisation der Briten, und auch die MI 9 (Abteilung des *Intelligence Service*) kannten und akzeptierten jedoch auch die weiteren Ziele der Fallschirmspringer: die Rettung der Juden und Organisation des jüdischen Widerstandes.

Es gab unter den Angehörigen der geheimen Selbstschutzorganisationen *Hagana* und *Palmach* mehr als genug freiwillige Kandidaten für die gefährlichen Missionen hinter der Front. Von den über 250 Frauen und Männern, die sich meldeten, wurden nur 110 zur Ausbildung angenommen. Nur 29 Männer und 3 Frauen wurden schließlich auf die Absprünge vorbereitet; später sollten größere Einheiten gebildet werden. Doch die britische Führung sperrte sich trotz der Kriegswichtigkeit dieser Einsätze wie schon früher dagegen. Ab 1943 absolvierten die Freiwilligen die Ausbildung in Ägypten, dann wurden sie nach Bari in Italien geflogen, von wo aus sie zu ihren Zielorten gelangten.

In einem 1947 in Jerusalem von der Leitung der *Jewish Agency* (der offiziellen Vertretung der Juden Palästinas) in hebräischer Sprache herausgegebenen großen Werk werden die Überlebenden der Fallschirm-Truppe mit Codenamen bezeichnet. Nach dem Krieg schützten die Fallschirmspringer ihre Landsleute und kämpften in den für illegal erklärten militärischen Organisationen *Hagana, Palmach* und *Irgun* für die israelische Unabhängigkeit. Die ehemaligen hochdekorierten

Freiwilligen in britischen Uniformen mußten nun um ihre Freiheit fürchten. Verdiente Alliierte wurden auf diese Weise zu Gefängnisinsassen.

Chana Szenes – eine mutige Dichterin

Chana Szenes

Die berühmteste Fallschirmspringerin war die Dichterin Chana Szenes, deren Name Symbol für Mut, Idealismus und Opferbereitschaft ist. Sie wurde 23 Jahre alt. Ihr Gedicht »Der Span sei gepriesen« kennt in Israel jedes Schulkind. Ihr sind viele Biographien, Spiel- und Dokumentarfilme und manche Straße gewidmet. In Deutschland kennt sie fast niemand. Sie wurde am 7. Juli 1921 als Tochter einer wohlhabenden, assimilierten jüdischen Familie in Budapest geboren. Im Sommer 1939 emigrierte sie als zionistische Idealistin nach Palästina und wurde dort Elevin in der Landwirtschaftsschule in Nahalal. Seit früher Kindheit führte sie ein Tagebuch und schrieb lyrische Gedichte. Bald konnte sie genug Hebräisch, um in der Landessprache zu schreiben.

1943 meldete sie sich als Freiwillige zur zionistischen Kampftruppe *Palmach* und absolvierte eine Ausbildung im Funken, Kodieren, Fotographieren und Fälschen von Dokumenten. In Kario beendete sie erfolgreich den Fallschirmspringerkurs und flog am 13. März 1944 nach Bari, der Basis der Operationen in Südeuropa. In ihrem Flugzeug befanden sich noch vier weitere Kameraden, unter ihnen Enzo Sereni. Die amerikanischen und britischen Soldaten in der Basis sahen zum ersten Mal eine Frau unter den Springern.

Chana landete in Jugoslawien nach dem Absprung mehrere hundert Meter von ihrem Ziel entfernt, in der Krone einer riesigen Pinie. Die jugoslawischen Partisanen wunderten sich sehr, daß die Briten ihnen ein junges Mädchen zur Hilfe schickten. Als sechs Tage später, am 19. März 1944, Ungarn von der Wehrmacht überrannt wurde, wollte sie so schnell wie möglich nach Budapest, um Hilfe und Widerstand der ungarischen Juden zu organisieren. Chana marschierte mit ihren

Kameraden 26 Tage lang in Richtung Ungarn. Reuven Dafni begleitete sie zum Grenzdorf und mußte dann zu seiner Basis zurück. Chana war wie besessen von ihrer Mission, der Rettung der ungarischen Juden, und nahm jedes Risiko in Kauf, auch die Hilfe obskurer Schmuggler beim Grenzübertritt. Sie händigte Dafni ein Blatt Papier aus und bat ihn, es aufzuheben. Es war das berühmte Gedicht:

> Der Span sei gepriesen
> da er verbraucht ward
> die Flamme zu entzünden
> Gepriesen sei die Flamme
> die sich verzehrt im heimlichen Schlag
> dem heftigen des Herzens
> Das Herz sei gepriesen
> das stark genug war, stille zu stehen
> um der Ehre willen
> Gepriesen sei der Span
> da er verbraucht ward
> die Flamme zu entzünden
>
> (*Übertragen von Wolf Biermann*)

Die kleine Gruppe kam am 7. Juni an einen kalten Fluß, wo Chana das Funkgerät auseinandernahm und wasserdicht verpackte. Sie mußten den Fluß viermal schwimmend durchqueren, bis die gesamte Ausrüstung auf der anderen Seite war. Kurze Zeit darauf wurde ein Teil der Gruppe gefaßt und, nachdem das Funkgerät gefunden worden war, erschossen. Chana und ihre Kameraden kamen zunächst in ein Provinzgefängnis und dann in ein Militärgefängnis nach Budapest. Dort wurde sie lange Zeit gefoltert. Sie sollte den Funkcode verraten, vor allem aber ihre wahre Identität preisgeben. In der Hoffnung, daß die Engländer ihr Versprechen wahr machen würden, im Falle ihrer Verhaftung ihre noch in Budapest lebende Mutter in Sicherheit zu bringen, verriet sie ihren wahren Namen. Dies hatte zur Folge, daß ihre Mutter verhaftet und zur Identifizierung ihrer Tochter ins Gefängnis gebracht wurde. Chana weigerte sich immer noch, den Code zu verraten. Als am 15. Oktober 1944 Admiral Horthy das Bündnis mit Deutschland aufkündigte, übernahm die faschistische Partei der

»Pfeilkreuzler« die Macht. Nach fünf Monaten Folter und Haft wurde Chana Szenes von einem ungarischen Gericht zum Tode verurteilt und hingerichtet. Chanas Mutter Kato überlebte.

Enzo Sereni – zionistischer Kader

Das Leben von Enzo Sereni ergäbe Stoff für einen mehrteiligen Dokumentarfilm. Er wurde 1905 in Rom als Sohn einer privilegierten jüdischen Familie geboren. Sein Vater war Leibarzt des italienischen Königs. Mit 16 Jahren schloß er sich der zionistischen Bewegung an und wanderte 1927 nach Palästina aus. In den Jahren 1931 und 1932 wirkte er als Emissär der zionistischen Jugendorganisation in Deutschland. Nach der

Enzo Sereni

Machtübernahme durch Hitler kam er erneut nach Deutschland, um die Auswanderung der deutschen Juden zu organisieren. Sein Arbeitsplatz war das Palästinaamt der *Jewish Agency* in der Meinekestraße in Berlin. Mit seiner Hilfe konnten 15.000 jüdische Jugendliche nach Palästina einwandern und damit dem Holocaust entkommen.
Er reiste auch nach Italien, wo er, oft vergeblich, die jüdische Jugend zur Auswanderung nach Palästina aufrief. In gleicher Mission bereiste er mehrere europäische Länder und die USA. Noch 1940 arbeitete er in Frankreich und Holland, um möglichst viele Jugendliche nach Palästina zu bringen. Obwohl er aus tiefster Überzeugung Pazifist war, meldete er sich bereits im Jahr 1940 als Freiwilliger bei der englischen Armee und diente beim *Intelligence Service* in Ägypten. Dort sprach er zu seinen italienischen Landsleuten im Sender *Giustizia é Libertá* und schrieb ein Buch über den Faschismus. Er reiste für die Engländer als Agent nach Bagdad, wo er Mosche Dajan traf, mit dem er über gemeinsame Maßnahmen für die illegale Einwanderung irakischer Juden beriet.
Wegen großer Differenzen mit seinen Vorgesetzten – über die Zukunft Italiens nach einem Sieg der Demokratie – wurde er verhaftet und erst nach langem Hungerstreik befreit. 1943 wurde er Verbin-

dungsoffizier des englischen Heereskommandos zum Zentrum der palästinensischen Fallschirmspringer. Trotz seines Alters von fast 40 Jahren meldete er sich zum Dienst als Fallschirmspringer. Selbst Ben-Gurion gelang es nicht, ihn, der mittlerweile Familienvater und führendes Kadermitglied der Zionistischen Weltorganisation war, von diesem Vorhaben abzubringen.

Nach einem ersten mißglückten Anflug am 7. Mai wurde Sereni am 25. Mai 1944 zum zweiten Mal in die Gegend von Ferrara geflogen. Der Pilot ließ ihn irrtümlicherweise direkt vor deutschen Befestigungen abspringen. Er wurde sofort gefaßt und nach Verona gebracht, wo er einen Monat lang in einem Keller der Gestapo verhört wurde. Mit weiteren 23 Italienern wurde er am 8. August 1944 nach Bozen transportiert, wo außer ihm alle erschossen wurden. Am 8. Oktober 1944 brachte man ihn ins KZ Dachau, wo er seine englische Offiziersuniform gegen die KZ-Kleidung tauschen mußte. Er übernahm eine führende Rolle im illegalen Lagerkomitee. Im November 1944 kam aus Verona ein SS-Offizier nach Dachau, der Enzo und weitere sieben italienische Gefangene verhörte. Alle wurden erschossen, Enzo Sereni starb am 18. November 1944. Der Kibbutz Netzer Sereni ist nach ihm benannt, wie auch viele Straßen in Israel.

Chawiwa Reik – Fallschirmspringerin

Neben Chana Szenes zählt Chawiwa Reik zu den bekanntesten Fallschirmspringerinnen. Sie wurde 1914 in der Slowakei geboren. Im Dezember 1939 kam sie nach Palästina und arbeitete in einem Kibbutz. Am 20. September 1944 sprang sie über Banska Bystrica ab und errichtete sofort eine Funkstation, die Kontakt mit dem Oberkommando hielt. Sie organisierte ein Netz von

Chawiwa Reik

Übergangspunkten an der polnisch-slowakischen Grenze, um die Flucht polnischer Juden – soweit sie noch am Leben waren –, meist Mitglieder des zionistischen Widerstandes, zu ermöglichen. Am 30. September 1944 wurde das Lager der jüdischen Widerstandskämpfer umzingelt, es gelang ihnen aber, auszubrechen. Chawiwa versuchte zusammen mit ihren Mitkämpfern eine jüdische Partisanengruppe aufzubauen, was ihr nur ansatzweise gelang. Ende Oktober mußte sich die kleine Truppe ins Tatra-Hochgebirge zurückziehen. Dort wurde sie von Angehörigen der ukrainischen Waffen-SS-Division »Galizien« gefangengenommen und zusammen mit Rafael Reiss am 20. November 1944 in Kremnica hingerichtet. Das Archiv des Widerstandes in Giwat Chawiwa trägt ihren Namen, wie auch viele Straßen in Israel.

Chaim Waldner – freiwilliger Fälscher und Funker

Chaim Waldner gehört zu den unbekannten Helden des jüdischen Widerstandes. Seine Geschichte wird hier meines Wissens zum ersten Mal erzählt. Eigentlich war er im September 1944 nach erfolgter Ausbildung nach Bari gekommen, weil er an der Operation in Ungarn mit Absprung in Jugoslawien teilnehmen sollte. Statt dessen erhielt er den Auftrag, Agenten im Fälschen von Dokumenten, im Funken und Übersetzen zu schulen. Gleichzeitig half er jüdischen Flüchtlingen in Italien.

Er bekam den Befehl, im Lager für deutsche Kriegsgefangene in Rom österreichische Gefangene auszuwählen, sie zum Einsatz als Agenten in Österreich anzuwerben, sie entsprechend zu schulen und ihnen einen neuen Lebenslauf mit falschen Dokumenten zu besorgen. Waldner wählte nur zwei Gefangene namens Stauffer und Rieder aus, weil sie ihm glaubwürdig ihre antifaschistische Vergangenheit anvertrauten. Waldner kam ihnen auch menschlich sehr nah und erzählte ihnen von den Leiden der Juden und von Palästina. Sie erklärten sich bereit, die gefährlichen Aufgaben zu übernehmen und wenn möglich auch Juden zu retten. Zwei Tage nach ihrer Ankunft in Österreich gab es jedoch keinen Funkkontakt mehr mit ihnen. Ihr Schicksal und möglicher Verrat blieben zunächst unbekannt.

Anfang Mai 1945, die Wehrmacht stand kurz vor der Kapitulation in Italien, erhielt Chaim Waldner den Befehl, nach Klagenfurt in Österreich zu fliegen, um vermißte britische Agenten zu finden und zu retten. Außerdem sollte er die ohne Lebensmittel gelassenen Lager für britische Kriegsgefangene finden und versorgen. Er verweigerte zunächst den Befehl mit der Begründung, daß er seinem Verständnis nach vor allem Juden retten sollte, wovon im Befehl aber keine Rede gewesen war. Sein Vorgesetzter, ein britischer Oberst, überzeugte ihn jedoch mit dem Hinweis, er sei der einzige der kleinen Truppe, der Deutsch sprechen konnte. Seine Teilnahme sei deshalb unverzichtbar. Die Truppe, zusammengesetzt aus einem britischen Major, zehn Soldaten sowie Waldner, flog am 5. Mai 1945 mit einem kleinen Flugzeug los und landete auf einer Wiese bei Klagenfurt. Dort tobten noch letzte Kämpfe zwischen Einheiten der Wehrmacht und den jugoslawischen Partisanen. Plötzlich rollte ein Wehrmachtswagen heran. Ein Oberst und sein Adjutant, ein Hauptmann, verlangten den Major zu sprechen. Waldner übersetzte den Wunsch der Offiziere: Sie wollten mit ihrem bei Klagenfurt stationierten Regiment vor den Briten kapitulieren. Der Major war regelrecht schockiert, denn er hatte auf der Kriegsschule nicht gelernt, wie man mit einer Mannschaft von 11 Briten und einem jüdischen Palästinenser die Kapitulation eines ganzen Regiments deutscher Soldaten annimmt. Er befahl also dem Regimentskommandeur, die Fahrzeuge des Regiments in der Nähe der Landestelle zu parken, alle Waffen einzusammeln und eine Feldküche aufzustellen. Der Oberst salutierte und kurze Zeit danach näherte sich dem kleinen Flugzeug eine riesige Fahrzeugkolonne. Waldner gab die Nachricht von der Kapitulation sofort über Funk weiter.

Schließlich besuchte Waldner mit seinem Vorgesetzten, dem Oberst aus Bari, auch die beiden österreichischen Agenten, die inzwischen die Stadtverwaltung ihres Zielortes übernommen hatten. In der Nähe waren SS-Truppen und ungarische Faschisten stationiert, die die örtliche Rüstungsfabrik mit den dort arbeitenden KZ-Häftlingen – 564 jüdischen Mädchen aus Polen – in die Luft sprengen wollten. Stauffer und Rieder organisierten aber eine kleine Truppe österreichischer Antifaschisten. Und als am 4. Mai die amerikanische Armee nur noch 30 km von Klagenfurt entfernt stand, die SS-Leute aber mit den Vorbereitungen zur Zerstörung der Fabrik begannen, konnte dank der bewaffneten Intervention dieser kleinen Truppe ein großes Unglück verhindert werden. Die SS flüchtete, die jüdischen Mädchen wurden gerettet.

Waldner blieb noch bis zum 4. Juni 1945 in Klagenfurt und kehrte dann über Bari und Kairo nach Palästina zurück.

Jugoslawien

Als erster der Fallschirmspringer kam in Jugoslawien *Perez Rosenberg* zum Einsatz, der bereits seit 1942 in der britischen Armee kämpfte. Am 22. Mai 1943 sprang er als Funker der ersten britischen Offfiziersmission beim Hauptquartier der jugoslawischen Partisanen unter Jossip Tito ab. Tito empfing die Offiziere mit großer Freude, denn das Hauptquartier war von starken deutschen Truppen umzingelt. Rosenberg und seine Kameraden mußten sich kämpfend nach Bosnien durchschlagen, wo eine neue Periode des Partisanenkampfes begann. Bis zu seiner Rückkehr im Oktober 1943 konnte er die Verbindung zwischen Tito und dem britischen Generalstab aufrechterhalten. Er erhielt ein Dankschreiben und eine Auszeichnung für seine hervorragenden Dienste. Ein weiterer in Jugoslawien eingesetzter Palästinenser war *Rehabeam Sabludowski.* Ursprünglich sollte er als Verbindungsoffizier beim königstreuen Partisanenführer General Michajlowitsch dienen, wurde jedoch später zum Kommandanten einer Funkerschule für Tito-Partisanen in Kairo ernannt. Als sich das Afrikakorps Ägypten näherte, wurde die Schule nach Palästina evakuiert. Er wurde im Dezember 1943 nach Bari verlegt, sprang im Januar 1944 über Jugoslawien ab, wo er die Verbindung zum Generalstab hielt und eine Funkerschule einrichtete. In August kehrte er nach Bari zurück, um im September 1944 mit ganz neuen Funkgeräten nochmals für die Partisanen abzuspringen. Ende 1944 kehrte er nach Palästina zurück.

Ebenfalls in Jugoslawien kämpfte *Reuven Dafni,* heute stellvertretender Direktor des Instituts Yad Vashem in Jerusalem. Er war seit 1940 Freiwilliger der britischen Armee und diente in der Jugoslawien-Abteilung des britischen Generalstabs in Kairo. Am 14. März 1944 flog er mit *Chana Szenes* und *Aba Berditschew* nach Bari. Er sprang bei Daga in Slowenien ab. Von dort schlug er sich mit 120 Partisanen in einem 350-Km-Fußmarsch zum Hauptquartier des 10. Partisanenkorps in Tschasma durch. Seine Aufgabe bestand darin, von Jugoslawien aus Agenten ins besetzte Südeuropa zu schleusen, militärische Informationen zu funken und die Verbindung zu den Partisanen zu halten. Außerdem dirigierte er die Rettungsmaßnahmen für die abgeschossenen alliierten Flieger.

Im August wurde seine Mission durch die Fallschirmspringer *Sara Brawerman* und *Chaim Hermesch* verstärkt. In der Zwischenzeit kühlten sich die Beziehungen zwischen den Briten und den Partisanen aber derart ab, daß Dafni und weitere britische Offiziere drei Wochen lang unter Hausarrest gestellt wurden. Am 30. August 1944 kehrte er mit vier palästinensischen Kameraden nach Bari zurück, doch im September 1944 und im Januar 1945 sprang er erneut über Jugoslawien ab. Dort traf er Chana Szenes, die ihm ihr berühmt gewordenes Gedicht aushändigte.

Efraim Dafni kam Anfang März 1944 nach Bari. Er sollte mit einer amerikanischen Militärmission in Jugoslawien abspringen und sich später nach Österreich durchschlagen, doch die jugoslawischen Partisanen verboten den Amerikanern den Aufenthalt in ihrem Gebiet, so daß der Plan ganz aufgegeben wurde. Inzwischen erkrankte Dafni und konnte an den folgenden Absprüngen nicht teilnehmen. Schließlich wurde er zum Abwehroffizier der amerikanischen Armee in Florenz ernannt und kehrte im Mai 1945 nach Palästina zurück.

Außer den Genannten kämpften *Nissim Testa, Eli Sohar, Schalom Finzi* und *Jona Rosenfeld* in Jugoslawien.

Slowakei

Der in Jugoslawien eingesetzte *Chaim Hermesch* kehrte am 30. August nach Bari zurück und flog am 14. September 1944 zusammen mit *Rafael Reiss* und *Zvi Ben Jakov* in die Slowakei, wo sie den Widerstand der zionistischen Jugendorganisationen unterstützen und den slowakischen

Rafael Reiss

Juden Hilfe bringen sollten. Das Partisanenlager, in welchem sie zuerst Zuflucht gefunden hatten, wurde plötzlich von starken Kräften des Feindes umringt, aber es gelang ihnen, zu fliehen. Im November 1944 kamen sie mit einer großen Partisaneneinheit in Kontakt und später mit einer Gruppe jüdischer Partisanen aus Polen, die in der Slowakei operierte.

Bis Ende Februar 1945 kämpften sie gemeinsam mit den Partisanen.

Ihre Einheit erhielt den Befehl, die deutschen Linien zu überschreiten und sich zu den Positionen der Roten Armee durchzuschlagen. Dies geschah am 27. Februar 1945. Die Einheit wurde ins polnische Tatra-Hochgebirge beordert. Danach wurden die palästinensischen Kämpfer festgenommen und ins Lager für alliierte Kriegsgefangene und später nach Odessa gebracht, wo sie von einem britischen Verbindungsoffizier empfangen wurden. Im Mai 1945 kamen sie zusammen mit anderen befreiten Kriegsgefangenen in Haifa an.

Zvi Ben Jakov wurde 1922 in Preßburg geboren und kam 1939 nach Palästina. Er sprang am 15. September 1944 in der Slowakei ab. Er wurde im Kampf gefangengenommen und im November 1944 mit 22 Jahren hingerichtet. Er hinterließ seine Frau und ein Kind. Das zweite Kind wurde nach seinem Tod geboren.

Zvi Ben Jakov

Aba Berditschew wurde 1918 in Rumänien geboren. Wegen illegaler Einwanderung nach Palästina saß er anderthalb Jahre in einem britischen Gefängnis. Trotzdem meldete er sich zur Fallschirmtruppe. Am 14. März 1944 flog er mit Chana Szenes, Reuven Dafni und Jona Rosenberg nach Jugoslawien, wo er bis zum August 1944 blieb, um abgestürzten alliierten Fliegern zu helfen. Ende September 1944 sprang er in der Slowakei mit neuen Funkgeräten zur Unterstützung der dort schon befindlichen Gruppe ab.

Aba Berditschew

Mit einem englischen Major sollte er sich nach Ungarn durchschlagen, doch wurden beide gefaßt. Ein Militärgericht in Preßburg verurteilte ihn zum Tod. Er wurde am 15. Januar 1945 hingerichtet.

Bulgarien

Die Freiwilligen *Aron Ben Josef* und *Josef Waron* sollten in Bulgarien eingesetzt werden. Im Juni 1944 flogen beide nach Konstantinopel, um von dort zur bulgarischen Grenze zu kommen, jedoch war die Vorbereitung der Mission äußerst mangelhaft. Es fehlten z. B. die richtigen Dokumente. Als die Schwierigkeiten überwunden waren, kapitulierte die bulgarische Regierung vor der Roten Armee. Die beiden flogen trotzdem nach Sofia, wo sie das Leben der jüdischen Gemeinschaft organisierten. Im Dezember 1944 kehrten sie nach Palästina zurück.

Rumänien

Mehrere jüdische Fallschirmspringer aus Palästina operierten in Rumänien. Die große Zahl der noch am Leben befindlichen rumänischen Juden motivierte die Freiwilligen stark, gerade dort zu wirken. Einer von ihnen war *Jehuda Gukowski,* der am Vorabend des jüdischen Neujahrfestes am 1. Oktober 1944 von Libyen nach Rumänien flog, beim Absprung auf ein Dach fiel und sich dabei ein Bein brach. Er wurde von rumänischen Polizisten verhaftet. Auch sein Kamerad *Arje Fichman-Orni* geriet in Gefangenschaft. Die rumänische Abwehr verhörte sie pausenlos, konnte jedoch nichts aus den beiden herausholen. Sie wurden in verschiedenen Lagern festgehalten, konnten aber Kontakt mit zionistischen Delegierten in Konstantinopel anknüpfen. Orni wurde später im Lager für alliierte Kriegsgefangene gegen deutsche Agenten ausgetauscht.
Arje Lupescu und *Arje Macarescu* flogen am 3. Mai 1944 in Italien los und sprangen über Rumänien ab. Nach zwei Tagen Marsch sollten sie mit zionistischen Widerstandskämpfern zusammenkommen, sie wurden jedoch an einer Brücke gefaßt und drei Monate lang in Einzelhaft und unter Folter verhört. Sie verrieten nichts und kamen in ein Lager für gefangene alliierte Flugzeugbesatzungen und Offiziere. Der Fertigstellung eines Fluchttunnels kam die rumänische Kapituliation zuvor. Auf Befehl der zionistischen Organisation verließen sie Rumänien am 21. Oktober 1944 und kehrten nach Hause zurück.
Dov Berger und *Baruch Kaminker* sprangen von Bari kommend am 31. Juli 1944 über Rumänien ab. Sie gelangten bald nach Bukarest, wo sie zusammen mit dem Fallschirmspringer *Jeschajahu Trachtenberg* die Fluchthilfe für die rumänischen Juden organisierten. Berger wurde dann zur britischen Militärmission in Bukarest abkommandiert, wo er bis Juni 1946 blieb.

Uriel Kaner sprang am 4. Dezember 1944 nahe der ungarisch-rumänischen Grenze ab und wurde nach Erfüllung seines Auftrags nach Hause beordert. Die Freiwilligen aus Palästina retteten gemeinsam mit den Kämpfern des jüdischen Untergrunds in Rumänien ingesamt Hunderte von alliierten Fliegern und Gefangenen vor dem Tod und verhalfen ihnen zur Flucht. Der zionistische Widerstandskämpfer *Danon Scarlat* erhiel für seine Dienste vom Feldmarschall Lord H. R. Alexander eine hohe Auszeichnung.

Ungarn

Sämtliche Fallschirmspringer, die in Ungarn operierten, erlitten ein schlimmes Schicksal. *Joel Nussbacher-Palgi* sprang am 15. April 1944 zusammen mit *Perez Goldstein,* der sich mit 19 Jahren zu den Fallschirmspringern gemeldet hatte, über Jugoslawien ab. Beide kamen zur Kommandostelle von Reuven Dafni, von wo sie zum Hauptquartier des 4. Partisanenkorps gelangten. Dort

Perez Goldstein

wurden ihnen falsche ungarische Papiere ausgehändigt. Vom Überschreiten der ungarischen Grenze an wurden sie von Agenten der ungarischen Abwehr beschattet, die sich als Abgesandte des Widerstands ausgaben. Palgi und Goldstein kamen nach Budapest. Am 26. Juni 1944 bzw. am 1. Juli 1944 wurden beide von der Gestapo verhaftet und unter schwerer Folter verhört. Die Gestapo schlug ihnen eine Mitarbeit vor, was sie jedoch ablehnten. Mit dem faschistischen Staatsstreich am 15. Oktober 1944 verschlechterte sich die Situation der Gefangenen. Beide wurden gesondert in KZs nach Deutschland transportiert. Palgi konnte vom Zug abspringen, kam nach Budapest zurück und nahm Kontakt mit dem zionistischen Widerstand auf, der ihn bis zum Kriegsende beschützte. Er eröffnete dann das palästinensische Einwanderungsbüro und kehrte später nach Hause zurück. Perez Goldstein wurde noch am 8. Dezember 1944 im KZ Sachsenhausen gesehen. Das war sein letztes Lebenszeichen.

Österreich

Ende April 1944 sprang *Dan Laner* über Jugoslawien ab. Seine Aufgabe war, an der jugoslawisch-österreichischen Grenze Militärspionage zu treiben und die Informationen an den britischen Generalstab zu funken. Mit einer Gruppe jugoslawischer Partisanen gelangte er bis Klagenfurt, Villach und später nach Graz. Gemeinsam mit österreichischen Partisanen sabotierte er Eisenbahnzüge der Wehrmacht. Während einer solchen Operation wurde er gefangengenommen, doch er konnte flüchten, organisierte ein erfolgreiches Spionagenetz und funkte täglich seine Berichte nach Bari. Wegen einer großangelegten Offensive der Wehrmacht mußte er sich mit seinen Kampfgenossen zurückziehen. Er bekam den Befehl, nach Bari zurückzukehren. »Vom militärischen Standpunkt aus gesehen, habe ich den Alliierten große Dienste geleistet, aber den Juden zu helfen, weswegen ich mich zum Dienst gemeldet hatte, war mir leider nicht beschieden«, schrieb er in seinen Erinnerungen.   [43]

Sechs Fallschirmspringer kurz vor dem Einsatz

V. l. n. r. vorne: Chawiwa Reik (Slowakei), Arje Fichman
(Rumänien), Sara Brawerman (Jugoslawien)
hinten: Aba Berditschew (Slowakei), Zadek Dorogojev
(Rumänien) Reuven Dafni (Jugoslavien)

Deutschsprachige Juden aus Palästina
in der Britischen Armee

Unter den 30.000 jüdischen Freiwilligen aus Palästina kämpften seit
1933 mehrere tausend aus Deutschland, Österreich und aus der Tschechoslowakei eingewanderte Juden in der britischen Armee. Die Ein-
wandererorganisation dieser Juden erklärte sofort nach Kriegsausbruch die vollständige Identifikation der deutschsprachigen Juden
mit der Sache Großbritanniens und forderte ihre Mitglieder auf, sich
massenweise als Freiwillige zu melden. Zu Beginn des Krieges befürchteten die britischen Militärs aber, daß die Gestapo und die deutsche Abwehr unter den illegalen Auswanderern zwischen 1939 und
1940 nach Palästina Agenten eingeschleust hätten. Dies führte dazu,
daß deutsche Juden geringere Chancen bei der Beförderung und Errei-
chung eines Offiziersdienstgrades hatten. Dieser sich als unbegrün-
det erweisende Argwohn behinderte z. B. zunächst die Rekrutierung
von Truppenärzten, die ihre militärische Laufbahn als Offiziere beginnen sollten. Erst nach massiven Interventionen des Präsidenten der
Zionistischen Weltorganisation, Chaim Weizmann, bei den Briten
wurden diese kränkenden Beschränkungen 1942 aufgehoben.
Die deutschen Juden zählten zu den Freiwilligen der ersten Stunde.
Sie kämpften im gesamten Mittleren Osten und waren auch Mitglieder des britischen Expeditionskorps in Griechenland und auf Kreta.
Auf Anregung der jüdischen Amtsstellen wurde in den Militärpässen
der Juden die frühere Staatsangehörigkeit und der Geburtsort für den
Fall einer Gefangennahme nicht angegeben. Tatsächlich sind viele
von ihnen gefangengenommen worden, als sich die britische Armee
unter großen Verlusten von Griechenland zurückziehen mußte. Diese
Gefangenen mußten befürchten, daß man sie als frühere deutsche
Staatsangehörige des Hochverrats anklagen würde. Den anfänglichen
Versuchen deutscher Militärbehörden, die deutsch-jüdischen Gefangenen abzusondern, folgten starke Proteste der Briten, worauf diese
Praxis aufgegeben wurde. Von nun an wurden sie wie alle anderen alliierten Gefangenen behandelt.
Viele Freiwillige haben sich durch besonderen Mut, Schneid und Verwegenheit ausgezeichnet. Sie wurden mit hohen Tapferkeitsorden
ausgezeichnet, wie beispielsweise Fritz Jordan, der aus Griechenland

fliehen konnte, weiterkämpfte und im Unabhängigkeitskrieg 1948 fiel. Fritz Hausmann wurde für seine Heldentaten bei der Kommandotruppe SAS in Italien hoch geehrt. Die Offiziere der Jüdischen Brigade, der Truppenarzt Hauptmann Ferdinand Zangen, Leutnant Jonathan Friedenthal und viele andere erhielten das *Militäry Cross* für ihre Leistungen bei den Kämpfen in Italien.

38 deutsche Juden waren Kämpfer der 51. Kommandoeinheit, die in der Westsahara in deutschen Uniformen monatelang hinter den feindlichen Linien operierte, darunter auch zwei ehemalige deutsche Kriegsgefangene, die sich später als Verräter entpuppten.

Viele deutsche Juden waren Flieger der RAF, wie Richard Harscher-Löwy, der als Staffelkommandant 1945 über Burma abgeschossen wurde. Sein ebenfalls in der RAF dienender Bruder fiel bereits 1941 in Afrika. Wegen ihrer Sprachkentnisse dienten die deutschen Juden bei vielen Nachrichteneinheiten aller Waffengattungen sowie bei Abhör- und Dekodierdiensten der Alliierten, die entscheidend zum Sieg beitrugen. Hunderte von deutschen Juden dienten als Militärärzte, auch in nichtjüdischen Einheiten. Walter Elkan war als Oberstleutnant Chefarzt im Alliierten Hauptquartier in Griechenland.

Nach dem Krieg konnten die jüdischen Soldaten und Offiziere einen großen Beitrag bei der Betreuung der Überlebenden der KZs und deren Einwanderung nach Palästina leisten.

Leutnant Walter Israel aus Hamburg

Walter Israel wurde in Deutschland geboren und starb auch in Deutschland. Er wurde am 23. März 1921 als Sohn des Arztes Dr. Max Israel in Hamburg geboren. Im Jahre 1935 emigrierte die zionistisch eingestellte Familie nach Palästina. 1939 machte Walter das Abitur am Balfour-Gymnasium in Tel Aviv. 1941 meldete er sich als Freiwilliger bei der britischen Armee und wurde Soldat der berühmten 149. Wassertransport-

Walter Israel

kompanie, die in der libyschen Wüste kämpfte. Er machte den Rückzug aus Tobruk mit, wie auch den Feldzug von El-Alamein bis Tripoli. 1943 wurde er zum Leutnant befördert und kommandierte die 178. Transportkompanie. Seine gesamte Kompanie wurde 1944 in die Jüdische Brigade integriert.

Im Juli 1945 war seine Einheit in Udine in Norditalien stationiert. Israel fuhr mit seinen Soldaten nach Süddeutschland, um jüdische Überlebende aus dem KZ Dachau nach Italien zu bringen, wo sie sich nach den Jahren der Verfolgung erholen sollten. Am 10. Juli 1945 brach eine Holzbrücke bei Ulm ein, als der Brigadesoldat Chanan Fibach sie mit seinem Lastwagen überqueren wollte. Er wurde tödlich verwundet. Am nächsten Tag fuhr Leutnant Israel nach Ulm, um seinen toten Kameraden zu holen. Als er mit seinem Jeep dieselbe Brücke befuhr, auf der Fibach den Tod gefunden hatte, wurde sein Fahrzeug von einem amerikanischen Armeelaster von hinten angefahren. Sein Jeep überschlug sich und stürzte eine tiefe Böschung hinunter. Leutnant Israel war sofort tot. Er wurde auf dem Militärfriedhof in Udine begraben, wo der Militärrabbiner der Jüdischen Brigade, Jakob Lipschitz, das Totengebet sagte und seine Waffenkameraden ihn mit Salutschüssen auf dem letzten Weg begleiteten.

Nachwort

Im Jahr 1961 erschien in Chicago das Buch des jüdischen Historikers Raul Hilberg *The Destruction of the European Jews*. In einem 45seitigen Essay in den *Yad Vashem Studies* (Jerusalem 1967) mit dem Titel »Historische Forschung oder Verleumdung« übte Nathan Eck eine vernichtende Kritik an den Thesen und Behauptungen Hilbergs bezüglich des Verhaltens der Juden während der Schoa. In seinem 1992 erschienenen Buch »Täter, Opfer, Zuschauer« hat Raul Hilberg seine falschen Thesen jedoch wiederholt. »Der Spiegel« vom 15. Februar 1992 veröffentlichte meinen Essay über Hilbergs Werke, in welchem ich u. a. geschrieben habe: »Zu den schmerzlichsten Fehlurteilen Hilbergs zählt seine Behauptung, daß es keinen jüdischen Widerstand gegen die nationalsozialistische Gewaltherrschaft gegeben habe (...) Die Negierung von Fakten über den jüdischen Widerstand, die in Hunderten von Publikationen und Büchern, in Abertausenden von Dokumenten belegt sind, ist eine schwerwiegende Unterlassung, die einem so berühmten Historiker wie Hilberg nicht unterlaufen sollte.«

Zwei Monate später stellte Hilberg sein neues Buch in mehreren deutschen Großstädten vor. Die Fragen aus dem durch meinen Aufsatz im »Spiegel« nunmehr besser informierten Publikum über seine Meinung zum jüdischen Widerstand hat Hilberg wie folgt beantwortet: »Fünfundvierzig Jahre lang habe ich den jüdischen Widerstand gesucht und nichts gefunden, obwohl ich jedes Ereignis, jeden Namen und jedes Geschehen untersucht habe.«

Was Sie gerade gelesen haben, lieber Leser, ist ein Fragment dieses Hilbergschen »Nichts«. Und Bruno Bettelheim, der kurze Zeit in einem deutschen KZ inhaftiert war, während des Kriegs in den USA lebte und als ein wichtiger Experte über den Holocaust und die Kindererziehung betrachtet wird (er hat sich allerdings vor seinem Tod eher als ein Mr. Hyde als ein Dr. Korczak entpuppt), schrieb: »Millionen von europäischen Juden, die nicht rechtzeitig flüchten oder untertauchen konnten, hätten wenigstens als freie Menschen gegen die SS marschieren können, statt zuerst am Boden zu kriechen, dann zu warten, bis sie zu ihrer eigenen Vernichtung zusammengetrieben wurden und anschließend selbst in die Gaskammer zu gehen.«

In der »tageszeitung« gab vor einiger Zeit ein linker Publizist unter

Hinweis auf den passiven Widerstand Ghandis gegen die Briten in Indien den deutschen Juden den nachträglichen Rat, den Deportationsbefehlen nicht zu folgen, um dadurch einen Aufstand der deutschen Bevölkerung zu entfachen. Dieser und ähnlicher Nonsens muß bis heute für die Begründung der angeblich schuldhaften Passivität der Juden herhalten. Der Mythos von den Juden, die sich wie die Schafe zur Schlachtbank hätten führen lassen, gehört zu den letzten historischen Lügen, die alle Phasen der »Betroffenheit« und der »Aufarbeitung« der jüngeren deutschen Geschichte überdauert haben.

Nach Karl Popper ist das Unwissen nicht einfach ein Mangel an Wissen, sondern eine aktive, aggressive Haltung von Menschen, die programmatisch nichts wissen wollen. Dies trifft vor allem auf die nazistischen und nationalistischen Revisionisten der Geschichte und auf die Verleugner der Schoa zu. Ist das Unwissen vieler Historiker über den jüdischen Widerstand programmatisch? Sollten nicht auch wir Revisionisten werden und in diesem Sinne eine Umschreibung der Geschichte der Schoa fordern?

Das vorliegende Buch soll die jüdischen Widerstandskämpfer dem Vergessen entreißen. Es beginnt mit Herbert Baum, der in seiner Vaterstadt Berlin kämpfte und starb, und es endet mit Walter Israel aus Hamburg, der als Offizier der Jüdischen Brigade an vielen Fronten des Krieges kämpfte und ebenfalls in Deutschland starb. Sie alle, die Akteure dieses Buches, hatten sich dem Kampf gegen den Faschismus und Nazismus verschrieben. Ihre Parole lautete etwa: Wir kämpfen nicht um zu siegen, sondern für die Ehre des jüdischen Volkes, für ein paar Zeilen in den Geschichtsbüchern – »Zum Kampf auf Leben und Tod!« Viele von ihnen sind bei dem ungleichen Ringen gefallen. Dieses Buch sei ein Denkmal für diese vergessenen Helden. *Ihje schmam baruch* – ihre Namen seien gesegnet!

A. L.

XIII. ANHANG
Text- und Quellennachweise

1. Einführung
1. GUTMAN, YISRAEL/GREIF, GIDEON: The Historiography of the Holocaust Period. Proceedings of the Fifth Yad Vashem International Historical Conference, Yad Vashem, Jerusalem 1988
2. ECK, NATHAN: Jewish and European Resistance (Yad Vashem Bulletin 8/9), Yad Vashem, Jerusalem 1961

2. Deutschland

3. ESCHWEGE, HELMUT/KWIET, KONRAD: Behauptung und Widerstand. Deutsche Juden im Kampf um Existenz und Menschenwürde, Hans Christians Verlag, Hamburg 1984
4. PAUCKER, ARNOLD: Jüdischer Widerstand in Deutschland, Gedenkstätte Deutscher Widerstand, Berlin 1989
5. Privatarchiv von Eugen Herman-Friede
6. LUSTIGER, ARNO: Schalom Libertad, Juden im spanischen Bürgerkrieg, Kiepenheuer & Witsch, Köln 1991

3. 4. 5. 6. Polen

7. RINGELBLUM, EMANUEL: Archiv des Jüdischen Historischen Instituts, Warschau
8. STROOP, JÜRGEN: Stroop-Bericht, Akten des Internationalen Militärtribunals in Nürnberg, USA 215, 1061-PS
9. LASAR, CHAJA u. CHAIM: Edut mejemej churban wamered (hebr.) – Zeugnis aus den Tagen der Vernichtung und des Aufstandes, Misrad Habitachon-Hotzaa Leor, Tel Aviv 1978
10. KRAKOWSKI, SCHMUEL: The War of the Doomed. Jewish Armed Resistance in Poland 1942-1944, Holmes & Meier, New York/London 1984
11. Glowna Komisja Badania Zbrodni Hitlerowskich w Polsce, Warschau, Dc. 382/ix

12. Archiv Yad Vashem, Jerusalem

13. Dokument aus den Akten des Eichmannprozesses in Jerusalem 1961/62

14. Siegmund Pluzniks Bericht wurde für dieses Buch verfaßt.

15. Leon Blats Bericht wurde für dieses Buch verfaßt.

16. Archiv von Klaus v. Münchhausen

17. Dachauer Hefte, Nr. 7, Dachau 1991, Übersetzung von Ingrid Strobl

18. Yad Vashem Bulletin Nr. 8/9 (1961)

19. Katzmann-Bericht, Akten des Internationalen Militärtribunals in Nürnberg, L-18

20. AINSZTEIN, REUBEN: Jüdischer Widerstand im deutschbesetzten Osteuropa während des Zweiten Weltkrieges, Verlag des Bibliotheks-u. Informationssystems der Universität Oldenburg 1993

21. Aus: Vun letztn churbn Nr. 9 – Von der letzten Zerstörung, Organ vun die Zentrale Historische Komisje, München 1948

22. GUTMAN, ISRAEL / KAGAN, RAYA: Der Aufstand des Sonderkommandos, in: Adler, H. G. / Langbein, Hermann / Lingens-Reiner, Ella (Hg.): Auschwitz. Zeugnisse und Berichte, Europäische Verlagsanstalt, Frankfurt 1962

23. Zusammengefaßt aus: WERNER, HAROLD: Fighting back. A Memoir of Jewish Resistance in World War II, Columbia University Press, New York / Oxford 1992, und RUTKOWSKI, ADAM (Hg.): Meczenstwo, Walka, Zaglada Zydow w Polsce 1939-1945, Wydawnictwo Ministerstwa Obrony Narodowej, Warschau 1960

7. 8. Baltikum, Sowjetunion, Süd- und Südost-Europa

24. GROSSMAN, CHAIKA u. a. (Hg.): Sefer hapartisanim hajehudim (hebr.) – Das Buch der jüdischen Partisanen, 2 Bände, Sifrijat Hapoalim, Merhavia 1958

25. Internationales Militärtribunal, Nürnberg, 3428-PS

26. ERIK HESSE: Der sowjetrussische Partisanenkrieg 1941-1944, Göttingen 1969

27. Der Bericht von Abrascha Arluk-Lawit wurde für dieses Buch verfaßt.

28. RIVLIN, GERSCHON (Hg.): Mul haojew hanazi (hebr.) – Gegen den Nazi-Feind, 3 Bände, Irgun Nechej Milchama Benazim, Tel Aviv 1961-1986

29. Bernard Volkas hat mir seine Lebensgeschichte in Madrid im Oktober 1986 erzählt.

30. ARAD, JIZCHAK / KRAKOWSKI, SCHMUEL / SPEKTOR, SHMUEL (Hg.): The Einsatzgruppen Reports, Holocaust Library, New York 1988

31. Zusammengefaßt aus: HERMAN, MARK: Meharej haalpim ad jam suf (hebr.) – Von den Alpen bis zum Roten Meer, Lochamej Hagetatot 1984

32. Yad Vashem Bulletin, Jerusalem, August 1953

9. Westeuropa

33. LAZARE, LUCIEN: La Résistance Juive en France, Editions Stock, Paris 1987

34. LATOUR, ANNY: The Jewish Resistance in France, Holocaust Library, New York 1981

35. GUTMAN, ISRAEL / JÄCKEL, EBERHARD / LONGERICH, PETER / SCHOEPS, JULIUS, H. (Hg.): Enzyklopädie des Holocaust, Argon Verlag, Berlin 1993

36. HOLBAN, BORIS: Testament. Le Chef militaire des FTP-MOI parle, Calmann-Lévy, Paris 1989

37. LUSTIGER, ARNO: Shalom Libertad! – Les Juifs dans la guerre d'Espagne, Éditions du Cerf, Paris 1991

38. LUSTIGER, ARNO: German and Austrian Jews in the International Brigades, Leo Baeck Institute Year Book XXXV, London 1990

39. Zusammengefaßt aus: RITVAS, GERSCHON: A jid in nazischn uniform (jidd.), Eigenverlag, Paris 1971. DIAMAND, DAVID: Combattants, Héros et Martyrs de la Résistance, Édition Renouveau, Paris 1984, und TCHAKARIAN, ARSÈNE: Les Francs-Tireurs de l'Affiche Rouge, Éditions Sociales, Paris 1986

10. 11. 12. Alliierte Armeen, Nordafrika, Palästina

40. MILLES, FRANÇOIS: Première Revanche, Les Juifs dans le désert, in: Sur le Chemin d'Israel, Éditions Tallandier, Paris 1973

41. Yad Vashem Bulletin 22, Jerusalem 1968

42. Der Beitrag wurde von Klaus v. Münchhausen für dieses Buch verfaßt.

43. Zusammengefaßt aus: GIL'AD, SERUBAWEL: (Hg.) Magen Besseter (hebr.) – Der Schutzschild im Verborgenen, Jewish Agency, Jerusalem 1947

Auswahlbibliographie

1. Gesamtdarstellungen und Nachschlagewerke

AINSZTEIN, REUBEN: Jüdischer Widerstand im deutschbesetzten Osteuropa während des Zweiten Weltkrieges, Oldenburg 1993

BAUER, YEHUDA: They Choose Life. Jewish Resistance in the Holocaust, New York 1973

BENZ, WOLFGANG (Hg.): Dimension des Völkermordes. Die Zahl der jüdischen Opfer des Nationalsozialismus, München 1991

ECK, NATHAN: Historical Research or Slander? [Eine Kritik des Werkes von Raul Hilberg] (Yad Vashem Studies 6) Jerusalem 1967

ECK, NATHAN: Jewish and European Resistance (Yad Vashem Bulletin 8/9), Jerusalem 1961

ELKINS, MICHAEL: Forged in Fury, New York 1971

GILBERT, MARTIN: The Holocaust. The Jewish Tragedy, London 1986

GROSSMAN C. U. A. (Hg.): Sefer hapartisanim hajehudim – Das Buch der jüdischen Partisanen, 2 Bände, Jerusalem 1958

GRUBSTEIN, MEIR (Hg.) Jewish Resistance during the Holocaust. Proceedings of the Conference on Manifestations of Jewish Resistance, April 1968, Jerusalem 1971

GUTMAN, ISRAEL (Hg.) Jewish Resistance during the Holocaust, Jerusalem 1971

GUTMAN, ISRAEL/JÄCKEL, EBERHARD (Hg.): Enzyklopädie des Holocaust, 3 Bände, Berlin 1993

GUTMAN, ISRAEL/SCHATZKER, CHAIM: The Holocaust and its Significance, Jerusalem 1984

GUTMAN, ISRAEL/GREIF, GIDEON: The Historiography of the Holocaust Period. Proceedings of the Fifth Yad Vashem International Historical Conference, Jerusalem 1988

GUTMAN, ISRAEL/ZUROFF, EFRAIM (Hg.): Rescue Attempts during the Holocaust. Proceedings of the Second Yad Vashem International Historical Conference, April 1974, Jerusalem 1977

HILBERG, RAUL: Die Vernichtung der europäischen Juden. Die Gesamtgeschichte des Holocaust, Berlin 1982, Frankfurt 1991

HILBERG, RAUL: Täter, Opfer, Zuschauer. Die Vernichtung der Juden 1933-1945, Frankfurt 1992

INTERNATIONALER Militärgerichthof Nürnberg. Prozeß gegen die Hauptkriegsverbrecher, 42 Bände, Nürnberg 1947

JÄCKEL, EBERHARD/ROHWER, JÜRGEN (Hg.): Der Mord an den Juden im Zweiten Weltkrieg, Stuttgart 1985

KOHN, MOSHE M. (Hg.): Jewish Resistance during the Holocaust, Jerusalem 1971

KOWALSKI, ISAAK: Anthology of Armed Jewish Resistance 1939-1945, 4 Bände, New York 1986-1991

KWIET, KONRAD: Problems of Jewish Resistance Historiography (Yearbook of the Leo Baeck Institute 24) London 1979

MARRUS, MICHAEL R. (Hg.): The Nazi Holocaust, Historical Articles. Volume 7, Jewish Resistance to the Holocaust, London 1989

MARRUS, MICHAEL R.: The Holocaust in History, London 1989

MICHEL, HENRI: The Shadow War. European Resistance 1939-1945, New York 1972

NURNBERG, RALPH: The fighting Jew, New York 1945

ROTH, CECIL/WIGODER, GEOFFREY (Hg.): Encyclopaedia Judaica, 16 Bände, Jerusalem 1971

SCHOENBERNER, GERHARD (Hg.): Der gelbe Stern. Die Judenverfolgung in Europa 1933 bis 1945, Hamburg 1990

SCHOENBERNER, GERHARD (Hg.): Wir haben es gesehen. Augenzeugenberichte über Terror und Judenverfolgung im Dritten Reich, Hamburg 1962

STADTLER, BEA: The Holocaust. A History of Courage and Resistance, New York 1974

STEINBACH, PETER/TUCHEL, JOHANNES (Hr.): Lexikon des Widerstandes 1933-1945, München 1994

STEINBERG, LUCIEN: La Révolte des Justes. Les Juifs contre Hitler 1933-1945, Paris 1970

STROBL, INGRID: Sag nie du gehst den letzten Weg. Frauen im bewaffneten Widerstand gegen Faschismus und deutsche Besatzung, Frankfurt 1989

SUHL, YURI (Hg.): They fought back. The Story of the Jewish Resistance in Nazi-Europe, New York 1967

SYRKIN, MARIE: Blessed is the Match, The Story of Jewish Resistance and Source Materials. Vol. 1, Lochamei Hagetaot 1958, Philadelphia 1997

SZNER, ZVI (Hr.) Extermination and Resistance. Historical Records and Source Materials. Vol. 1, Lochamei Hagetaot 1958

TENENBAUM, JOSEPH: Underground. The Story of a People, New York 1952

TUSHNET, LEONARD: To die with honor, New York 1965

VINOCUR, JACK (Hg.): The Jewish Resistance, London 1968

2. *Deutschland*

BENZ, WOLFGANG/PEHLE, WALTER H. (Hg.) Lexikon des deutschen Widerstandes, Frankfurt 1994

DERTINGER, ANTJE: Weiße Möwe, gelber Stern. Das kurze Leben der Helga Beyer, Berlin/Bonn 1987

DEUTSCHKRON, INGE: Berliner Juden im Untergrund, Berlin 1987

ERPEL, SIMONE: Struggle and Survival – Jewish Women in the Anti-Nazi-Resistance (YB LBI 37) London 1992

ESCHWEGE, HELMUT/KWIET, KONRAD: Behauptung und Widerstand. Deutsche Juden im Kampf um Existenz und Menschenwürde, Hamburg 1984

ESCHWEGE, HELMUT: Kennzeichen J. Bilder, Dokumente, Berichte zur Geschichte der Verbrechen des Hitlerfaschismus an den deutschen Juden 1933-1945, Berlin 1981

ESCHWEGE, HELMUT: Resistance of German Jews against the Nazi Regime (YB LBI 15), London 1970

FOX, JOHN P.: German and Austrian Jews in Britain's Armed Forces and British and German Citizenship Policies, 1939-1945 (YB LBI 37) London 1992

GELBER, YOAV: Central European Jews from Palestine in the British Forces (YB LBI 35) London 1990

HERMAN-FRIEDE, EUGEN: Für Freudensprünge keine Zeit: Erinnerungen an Illegalität und Aufbegehren 1942-1948, Berlin 1992

KROH, FERDINAND: David kämpft. Vom jüdischen Widerstand gegen Hitler, Reinbek 1988

LANGBEIN, HERMANN: ... nicht wie die Schafe zur Schlachtbank. Widerstand in den nationalsozialistischen Lagern, Frankfurt 1980

LÖHKEN, WILFRIED/VATHKE, WERNER (Hg.): Juden im Widerstand. Drei Gruppen zwischen Überlebenskampf und politischer Aktion Berlin 1939-1945, Berlin 1993

LUSTIGER, ARNO: German and Austrian Jews in the International Brigades (in Spain) (YB LBI 35), London 1990

MAOZ, ELIJAHU: Machteret jehudit begermania (hebr.) – Jüdischer Untergrund in Deutschland, Jalkut Moreschet 3, Tel Aviv 1965

MARK, BERNARD: Die Gruppe Herbert Baum. Eine jüdische Widerstandsgruppe, (jidd.) Bleter far geschichte, Warschau 1961

PAUCKER, ARNOLD/STEINBERG, LUCIEN: Some Notes on Resistance (YB LBI 16) London 1971

PAUCKER, ARNOLD: Jüdischer Widerstand in Deutschland, Berlin 1989

PIKARSKI, MARGOT: Jugend im Berliner Widerstand. Herbert Baum und Kampfgefährten, Berlin 1978

RÉSISTANCE. Erinnerungen deutscher Antifaschisten, Berlin 1973

ROSENKRANZ, HERBERT: Verfolgung und Selbstbehauptung. Die Juden in Österreich, Wien 1978

SCHIEB-SAMIZADEH, BARBARA: Die Gemeinschaft für Frieden und Aufbau, in: Dachauer Hefte 7, Dachau 1991

SCHWERSENZ, JIZCHAK/WOLFF, EDITH: Jüdische Jugend im Untergrund, in (YB LBI 12), Jerusalem 1969

SCHWERSENZ, JIZCHAK: Machteret chaluzit begermania hanazit (hebr.) – Zionistischer Untergrund in Nazideutschland, Lochamej Hagetaot 1969

SPIEGEL, TILLY: Österreicher in der belgischen und französischen Résistance, Wien 1969

STERN, GUY: In the Service of American Intelligence – German Jewish Exiles in the War against Hitler (YB LBI 37) London 1992

WIPPERMANN, WOLFGANG: Die Berliner Gruppe Baum und der jüdische Widerstand, Berlin 1981

3. Polen

AJZENSZTAJN, BETTY: Ruch podziemny w ghettach i obozach (poln.)
Die Untergrundbewegung in Ghettos und Lagern, Warschau/Lodz/
Krakau 1946
APENSZLAK, JACOB/POLAKIEWICZ, MOSHE: Armed Resistance of the
Jews in Poland, New York 1944
APENSZLAK, JACOB U.A. (Hg.): The Black Book of Polish Jewry. An Ac-
count of the Martyrdom of Polish Jewry Under the Nazi Occupation,
New York 1943
ECK, NATHAN: Hataim bedarkej hamawet – Wanderer auf den Wegen
des Todes, Jerusalem 1960
FUKS, MARIAN: II Wojna Swiatowa. Kronika przesladowania i zaglady
Zydow (poln.) – 2. Weltkrieg. Chronik der Verfolgung und der Ver-
nichtung der Juden, Warschau 1988
GUTMAN, ISRAEL/KRAKOWSKI, SCHMUEL: Unequal Victims. Poles and
Jews during World War Two, New York 1986
KRAKOWSKI, SCHMUEL: The War of the Doomed. Jewish Armed Resi-
stance in Poland 1942-1944, New York/London 1984
MARK, BERNARD U.A. (Hg.): Faschismus – Ghetto – Massenmord –. Do-
kumentation über Ausrottung und Widerstand der Juden in Polen
während des Zweiten Weltkrieges, Frankfurt 1960
NIRENSTEIN, ALBERT: A Tower from the Enemy. Contribution to a history of Jewish Resistance in Poland, New York 1958

3. Polen – Warschau

AINSZTEIN, REUBEN: Revolte gegen die Vernichtung – Der Aufstand
im Warschauer Ghetto, Berlin 1993
BARTOSZEWSKI, WLADYSLAW: Das Warschauer Ghetto – wie es wirklich
war. Zeugenbericht eines Christen. Frankfurt 1986
EDELMAN, MAREK: Das Ghetto kämpft, Berlin 1993
FRIEDMAN, PHILIP (Hg.) Martyrs and Fighters. The Epic of the Warsaw
Ghetto, New York 1954
GOLDSTEIN, BERNARD: Die Sterne sind Zeugen, Hamburg 1950, Frei-
burg 1992

GRUPINSKA, ANKA: Im Kreis. Gespräche mit jüdischen Kämpfern, Frankfurt 1993

GUTMAN, ISRAEL: Resistance. The Warsaw Ghetto Uprising. Boston, New York 1994

GUTMAN, ISRAEL: The Jews of Warsaw 1939-1943. Ghetto, Underground, Revolt. Bloomington 1982

KAPLAN, CHAIM A.: Buch der Agonie – Das Warschauer Tagebuch des Chaim A. Kaplan, Frankfurt 1967

KATZENELSON, JIZCHAK: Dos lied vunem ojsgehargetn jidischn volk (jidd.) – Das Gedicht vom ermordeten jüdischen Volk, herausgegeben von Nathan Eck, Paris 1945

KATZENELSON, JIZCHAK: Großer Gesang vom ermordeten jüdischen Volk, übertragen von Wolf Biermann. Kiepenheuer & Witsch, Köln 1994

KRALL, HANNA: Dem Herrgott zuvorkommen, Frankfurt 1992

KURZMAN, DAN: Der Aufstand. Die letzten Tage des Warschauer Ghettos, München 1979

LASAR, CHAJA U. CHAIM: Edut mejemej churban wemered (hebr.) – Zeugnis aus den Tagen der Vernichtung und des Aufstandes, Tel Aviv 1978

LUBETKIN, ZIVIA: Die letzten Tage des Warschauer Ghettos, Potsdam 1949

LUBETKIN, ZIVIA: In umkum un ojfstand, (jidd.) – Im Untergang und Aufstand, Tel Aviv 1980

MARK, BERNARD: Der Aufstand im Warschauer Ghetto. Entstehung und Verlauf, Moskau 1944, Warschau 1953, 1958, 1963, Paris 1955, Berlin 1957, 1959 New York 1975

MARK, ESTER: Pokolenia (poln.) – Generationen, Nr. 1, Warschau 1964

NEUSTADT, MELECH: Churban wemered schel jehudej warscha (hebr.) – Vernichtung und Aufstand der Juden Warschaus, Tel Aviv 1946

RINGELBLUM, EMANUEL: Ghetto Warschau. Tagebücher aus dem Chaos, Stuttgart 1967

RINGELBLUM, EMANUEL: Polish-Jewish Relations during the Second World War. Joseph Kermish/Schmuel Krakowski (Hg.), New York 1976

SAKOWSKA, RUTA (Hg.): Archiwum Ringelbluma. Getto Warszawskie lipiec 1942 – styczen 1943 (poln.) – Das Ringelblum-Archiv. Warschauer Ghetto Juli 1942 – Januar 1943, Warschau 1980

SCHEFFLER, WOLFGANG/GRABITZ, HELGE: Der Ghetto-Aufstand Warschau 1943 aus der Sicht der Täter und Opfer in Aussagen vor deutschen Gerichten, München 1993

STROOP, JÜRGEN: Es gibt keinen jüdischen Wohnbezirk in Warschau mehr! Faksimile-Ausgabe. Stroop-Bericht, Neuwied 1960, Darmstadt 1976

WARSZAWSKIE GETTO, Sammelbuch und Album, Warschau 1988

WULF, JOSEF: Das Dritte Reich und seine Vollstrecker. Die Liquidation von 500 000 Juden im Ghetto Warschau, Berlin 1961

WULF, JOSEF: Vom Leben, Kampf und Tod im Ghetto Warschau, Bonn 1958

ZUCKERMAN, JIZCHAK (»Antek«): A Surplus of Memory. Chronicle of the Warsaw Ghetto Uprising. Harshaw, Barbara (Hg.), Berkeley/Los Angeles/Oxford 1993

4. Polen – Andere Ghettos

AINSZTEIN, REUBEN: Jüdischer Widerstand im deutschbesetzten Osteuropa, Jörg Paulsen (Hg.), Oldenburg 1993

BARKAI, MEYER (Hg.): The Fighting Ghettos, New York 1962

BAUMINGER, ARIEH L.: The Fighters of the Cracow Ghetto, Jerusalem 1986

BRAND, EMANUEL: Untergrundaktivitäten der Chaluz-Gruppe im Lemberger Ghetto, in: YVB 8/9, Jerusalem 1961

BRANDES, AHARON/RESCHEF, CHAIM: Zvi Brandes. Meroschej hamachteret hachaluzit besaglembje (hebr.) – Zvi Brandes, einer der Führer des zionistischen Untergrundes in Zaglembie (Oberschlesien), Tel Aviv 1978

DAWIDSOHN-DRAENGEROWA, GUSTA: Tagebuch der Justyna, in: Im Feuer vergangen, Józef Wulf (Hg.) Vorw. v. Arnold Zweig, Berlin 1959, München 1963

GROSSMAN, CHAIKA: Die Untergrundarmee. Der jüdische Widerstand in Bialystok. Ein autobiographischer Bericht. Vorwort von Ingrid Strobl, Frankfurt 1993

GUTMAN, ISRAEL: Fighters Among the Ruins, Washington 1988

KATZ, ALFRED: Poland's Ghettos at War, New York 1970

KLINGER, CHAJKA: Mejoman begeto (hebr.) – Aus dem Ghetto-Tagebuch, Tel Aviv 1959

KUKIELKO, RENYA: Escape from the Pit, New York 1947

MAZIA, FREDKA: Chawerim besaara (hebr.) – Kameraden im Sturm, Jerusalem 1964

RONEN, AVIHU: Hamachteret hahaluzit besaglembje (hebr.) – Der zionistische Untergrund in Zaglebie, Manuskript, Tel Aviv 1989

SILBERSTEIN, ABRAHAM: Hajom haachron schel Mojtek (hebr.) – Der letzte Tag von Mojtek (Tschenstochau), Moreschet 31, Tel Aviv 1981

STEIN, A. (HG.): Pinkas Bendin (jidd. u. hebr.) – Das Buch von Bedzin, Tel Aviv 1959

STROBL, INGRID: Mir zeynen do. Der Ghettoaufstand und die Partisaninnen von Bialystok, Dokumentarfilm, Köln 1992

SZTERNFINKIEL, NATAN ELIASZ: Zaglada Zydów Sosnowca (poln.) – Der Untergang der Juden von Sosnowiec, Katowice 1946

Zuckerman, Isaac: The Fighting Ghettos, New York 1971

ZUCKERMAN, JIZCHAK/BASOK, MOSCHE (Hg.): Sefer milchamot hagetaot (hebr.) – Das Buch der Ghetto-Kriege, Tel Aviv 1956

5. Polen – Lager

ADLER, H.G./LANGBEIN, HERMANN/LINGENS-REINER, ELLA (Hg.) Auschwitz. Zeugnisse und Berichte, Frankfurt 1962

ARAD, JIZCHAK: Belzec, Sobibor, Treblinka, Bloomington/Indiana 1987

KOHN, STANISLAW: Opstand in Treblinka, Amsterdam 1945

LANGBEIN, HERMANN: . . . nicht wie die Schafe zur Schlachtbank. Widerstand in den nationalsozialistischen Konzentrationslagern 1938-1945, Frankfurt 1980

MARK, BER: The Scrolls of Auschwitz, Tel Aviv 1985

NOVITCH, MIRIAM: Sobibor – Martyre et Révolte – Documents et Témoignages, Paris 1978

NOVITCH, MIRIAM: La Vérité sur Treblinka, Paris 1967

PETSCHORSKI, ALEKSANDR: Der ojfstand in Sobibor, (jidd.) Sowjetisch Hejmland 12, Moskau 1973

RASHKE, RICHARD: Escape from Sobibor. The Heroic Story of the Jews Who Escaped from a Nazi Death Camp, Boston 1982

STEINER, JEAN FRANÇOIS: Treblinka. Die Revolte eines Vernichtungslagers, Oldenburg 1966

VIERNIK, YANKEL: A Year in Treblinka, New York o.J.

VRBA, RUDOLF/BESTIC, ALAN: Ich kann nicht vergeben, München 1964

WILLENBERG, SAMUEL: Surviving Treblinka, Oxford 1989

WILLENBERG, SAMUEL: Mered betreblinka (hebr.) – Aufstand in Treblinka, Tel Aviv 1986, 1987

6. Polen – Partisanen

ARAD JIZCHAK: Jewish Family Camps in the Forests, in: Rescue Attempt during the Holocaust, Jerusalem 1977

GEFEN, M. (Hg.): Sefer hapartisanim hajehudim (hebr.) – Das Buch der jüdischen Partisanen, 2 Bände, Jerusalem 1958

GRUBER, SAMUEL: I Choose Life, New York 1978

GUTMAN, ISRAEL: The Armed Struggle of the Jews in Nazi-Occuped Countries in: Leni Yahil: The Holocaust, New York-Oxford 1987

RIVLIN, GERSCHON (Hg.), Mul haojew hanazi (hebr.) – Gegen den Nazi-Feind, 3 Bände, Tel Aviv 1961-1986

ROBB-NARBUTT, IGNACY: Ludzie i wydazenia (poln.) – Menschen und Ereignisse, Warschau 1947

WERNER, HAROLD: Fighting back. A Memoir of Jewish Resistance in World War II, New York/Oxford 1992

7. Baltikum, Weißrußland, Ukraine

AINSZTEIN, REUBEN: Der jüdische Widerstand . . . a. a. O.

ARAD, JIZCHAK: The Partisan. From the Valley of Death to Mount Zion, New York 1979

BAR-ON, ZVI: The Jews in the Soviet Partisan Movement (YVS 4) Jerusalem 1960

EHRENBURG, ILYA/GROSSMAN, VASILY (Hg.): The Black Book. The Ruthless Murder of Jews by German-Fascist Invaders Throughout the Temporarily-Occupied Regions of the Soviet Union and the Death Camps in Poland During the War 1941-1945, New York 1981

EHRENBURG, ILJA/GROSSMAN, WASSILI (Hg.): Das Schwarzbuch, erste integrale Fassung, herausgegeben v. Arno Lustiger, Reinbek 1994

GROSSMAN, CHAIKA U. A. (Hg.): Sefer hapartisanim hajehudim (hebr.) – Das Buch der jüdischen Partisanen, 2 Bände, Merhavia 1958

KAGANOWITSCH, MOSCHE: Der jidischer ontejl in der partisanen-bawegung vun sowjet-russland (jidd.) – Der jüdische Anteil an der Partisanenbewegung in der Sowjetunion, Rom 1948

KAGANOWITSCH, MOSCHE: Die milchome vun die jidische partisaner in misrech-ojrope (jidd.) – Der Krieg der jüdischen Partisanen in Ost-Europa, 2 Bände, Buenos Aires 1956

KATSCHERGINSKI, SCHMERL: Lieder vun getos un lagern (jidd.) – Lieder aus den Ghettos, New York 1948

KORCZAK, REISL (Rozka): Lahawot beafar (hebr.) – Flammen in der Asche, Merhavia 1946

KOWALSKI, ISAAC A.: Secret Press in Nazi Europa The Story of a Jewish United Partisan Organisation, New York 1969

LAZAR, CHAIM/ECKMAN, LESTER: The Jewish resistance. The History of the Jewish partisans in Lithuania and White Russia, New York 1977

LEVIN, DOV: Fighting Back. Lithuanian Jewry's Armed Resistance to the Nazis, 1941-1945, New York-London 1985

PORTER, J. N.: (Hg.): Jewish Partisans. A Documentary of Jewish Resistance in the Soviet Union during World War II, 2 Bände, Washington 1982

SUZKEWER, ABRAHAM: Wilnaer Ghetto (jidd.), Paris 1945

WERSCHIGORA, PJOTR: Im Gespensterwald. Geschichte der Partisanenbrigade Kowpak, Berlin 1961

8. Süd- und Südosteuropa

BÜCHLER, ROBERT J.: Die jüdischen Widerstandsbewegungen in der Slowakei, Rumänien und Ungarn (Manuskript), Givat Chaviva 1992

CHARY, FREDERICK B.: The Bulgarian Jews and the Final Solution, Pittsburg 1972

COHEN, ASHER: The Halutz Resistance in Hungary 1942-1944, New York 1986

HERMAN, MARK: Meharej haalpim ad jam suf (hebr.) – Von den Alpen bis zum Roten Meer, Lochamej Hagetaot 1984

JELINEK, JESCHAJAHU U. A.: Jehudej Slowakia bemaawakam 1939-1944 (hebr.) – Die slowakischen Juden im Kampf, Tel Aviv 1984

KABELI, ISAAC: Widerstand der griechischen Juden (YVB), Jerusalem 1953

KNIEZA, EMIL: Hamered beslowakia (hebr.) – Der Aufstand in der Slowakei, Moreschet 5, Tel Aviv 1966

MOLHO, MICHAEL: In memoriam. Hommage aux victimes juives des Nazis en Grèce, 2 bände, Saloniki 1948-49

NOVICH, MIRIAM: Jewish Partisans in Yugoslavia, in: Extermination and Resistance, Tel Aviv 1958

PARTEZIPATIONE degli Ebrei alla Resistenza, Ausstellung, Mailand o.J.

ROMANO, J.: Jews of Yuguslavia 1941-1945. Victims of Genocide and Freedom Fighters, Belgrad 1982

SCHELACH, MENACHEM: Jehudim bejn halochamim antinaziim bejugoslawia (hebr.) – Juden unter den antifaschistischen Kämpfern in Jugoslawien, Moreschet 30, Tel Aviv 1980

VALEBREGA, GUIDO: (Hg.) Gli Ebrei in Italia durante il Fascismo. Quaderni del Centro di Documentatione Ebraica Contemporanea, Mailand 1963

ZUCOTTI, SILVIA: The Italians and the Holocaust, New York 1987

9. Westeuropa

COURTOIS, STEPHANE/PESCHANSKI, DENIS/RAYSKI, ADAM: L'Affiche Rouge. Die Immigranten und Juden in der französischen Résistance, Ahlrich Mayer (Hg.) Berlin 1994

DIAMANT, DAVID: Héros Juifs de la Résistance Française, Paris 1962

DIAMANT, DAVID: Jeune Combat. La jeunesse juive dans la Résistance, Paris 1993

DIAMANT, DAVID: Les Juifs dans la Résistance Française 1940-1944, Paris 1971

ENFANTS, LES, des Partisans Juifs de Belgique (Hg.): Partisans Armés Juifs. 38 Témoignages, Brüssel 1991

FRANCOS, ANNIA: Ils étaient des Femmes dans la Résistance, Paris 1978

GRONOWSKI, LOUIS: Le dernier grand jour. Un juif de Pologne, Paris 1980

GRYNBERG, ANNE (HG.): Les Juifs dans la Résistance et la Libération, Paris 1985

HOLBAN, BORIS: Testament. Le Chef militaire des FTP-MOI parle, Paris 1989

JOUTARD, PHILIPPE/MARCOT, FRANÇOIS (Hg.): Les Étrangers dans la Résistance en France, Besançon 1992

KAR, JAC VAN DE: Joods Verzet. Terugblik op de periode rond de Tweede Wereldoorlog – Jüdischer Widerstand, Rückblick auf die Zeit des Zweiten Weltkrieges, 2. Auflage, Amsterdam 1984

KNOUT, DAVID: Contribution à l'histoire de la Résistance juive en France 1940-1944, Paris 1947

LATOUR, ANNY: The Jewish Resistance in France, New York 1981

LAZARE, LUCIEN: La Résistance Juive en France, Paris 1987

LAZARUS, JACQUES: Juifs au Combat, Paris 1947

LEVY, CLAUDE: Les Parias de la Résistance, Paris 1970

LIEPMAN, RUTH: Vielleicht ist Glück kein Zufall. Kiepenheuer & Witsch, Köln 1993

LISSNER, ABRAHAM: Un Franc-Tireur Juif Raconte, Paris 1969

MARGRY, KAREL: Katalog des Widerstands-Museums in Amsterdam, o.J.

PERRAULT, GILLES: Auf den Spuren der Roten Kapelle, Wien/Zürich 1990

POUGATCH, ISAAC: Robert Gamzon, dit »Castor soucieux« 1905-1961, Paris 1971

PRESSER, J.: Ashes in the Wind, Detroit 1988

RAVINE, JACQUES: La Résistance organisée des Juifs en France (1940-1944), Paris 1973

RAVINE, JACQUES: In gerangl kegn nazischn sojne (jidd.) – Im Ringen gegen den nazistischen Feind, Paris 1970

RAYSKI, ADAM: Le Choix des Juifs sous Vichy. Entre soumission et résistance, Paris 1992

RAYSKI, ADAM: Nos Illusions perdues, Paris 1985

RAYSKI, ADAM: Zwischen Thora und Partei, Freiburg 1987

RITVAS, GERSCHON: A jid in a nazischn uniform (jidd.). Die iberlebnischn vun kapitan Gregor, – Ein Jude in einer nazistischen Uniform. Erlebnisse des Hauptmanns Gregor, Paris 1971

RUTKOWSKI, ADAM: La Lutte des Juifs en France sous l'Occupation, Paris 1975

STEINBERG, LUCIEN: La Révolte des Justes. Les Juifs contre Hitler, Paris 1970

STEINBERG, MAXIME: Extermination, Sauvetage et Résistance des Juifs de Belgique, Brüssel, o.J.

STEINBERG, MAXIME: Le Comité de Défense des Juifs en Belgique 1922-1944, Brüssel 1973

STEINBERG, MAXIME: L'Étoile et le Fusil, 3 Bände, Brüssel 1983-1986

TCHAKARIAN, ARSÈNE: Les Francs-Tireurs de l'Affiche Rouge, Paris 1986

TRENTE-CINQUIÈME Brigade Marcel Langer FTP-MOI, Toulouse 1983

TREPPER, LEOPOLD: Die Wahrheit. Autobiographie. Ich war der Chef der Roten Kapelle, München 1975

WEISBLUM, GISA: Beschurot hamachtret habelgit (hebr.) – In den Reihen des belgischen Widerstandes, Moreshet, Tel Aviv 1965

WIEWIORKA, ANNETTE: Ils étaient Juifs, Résistants, Communistes, Paris 1986

ZALCMAN, MOSHÉ: Joseph Epstein. Colonel Gilles. De Zamosc en Pologne au Mont Valerien 1911-1944, Paris 1984

ZEITOUN, SABINE: L'Œuvre de Secours aux Enfants (OSE) sous l'Occupation en France, Paris 1990

ZUCOTTI, SUSAN. The Holocaust, the French and the Jews, New York 1993

10. Alliierte Armeen

FREDMAN, GEORGE J./FALK, LOUIS A.: Jews in American Wars, Washington DC 1954

KULKA, ERICH: Jews in Svoboda's Army in the Soviet Union, Lanham, New York, London 1987

MEIRTCZAK, BENJAMIN: Jewish Soldiers and Officers of the Polisch People's Army Killed and Missing in Action, Tel Aviv 1994

MORRIS, HENRY: We will remember them: A Record of Jews who died in the Armed Forces of the Crown 1939-1945, London 1989

MUSCHKAT, MARIAN (Hg.): Lochamim jehudim bemilchama neged nazim (hebr.) – Jüdische Kämpfer im Krieg gegen die Nazis, Tel Aviv 1970

RIVLIN, GERSCHON (Hg.): Mul haojew hanazi (hebr.) – Gegen den Nazi-Feind, 3 Bände, Tel Aviv 1961-1986

SHAPIRO, GERSCHON: Jewrej – Geroj sowjezkowo Sojusa (russ.), Juden – Helden der Sowjetunion, Tel Aviv 1982

SHAPIRO, GERSCHON: Under Fire, The Stories of Jewish Heroes of the Soviet Union, Jerusalem 1988

11. Nordafrika

AMIPAZ-SILBER, GITA: Machteret jehudit bealgeria (hebr.) – Jüdischer Untergrund in Algerien, 1940-1942, Tel Aviv 1983

BARNEA, ARJE: Goral echad – Das gleiche Schicksal (hebr.), Tel Aviv 1986

Grynberg, Anne (Hg.): Les Juifs dans la Résistance et la Libération, Paris 1985

MILLES, FRANÇOIS: Première Revanche. Rommel: »Les Juifs dans le désert!« in: Sur le Chemin d'Israel, Paris 1973

SHAEFTEL, ARON: Freiwilliger bei den Forces Françaises Libres (YVB 22), Jerusalem 1968

STEINBERG, LUCIEN: La Révolte des Justes – Les Juifs contre Hitler, Paris 1970

12. Palästina

BAUER, YEHUDA: From diplomacy to Resistance – A History of Jewish Palestine 1939-1945, Canberra 1978

GELBER, YOAV: Toldot Hahitnadwut (hebr.) – Geschichte der palästinensischen Freiwilligen in der britischen Armee – 4 Bände, Jerusalem 1979-1983

GIL, (LIFSHITZ) JACOB (Hg.): Sefer Habrigada Hajehudit (hebr.) – Das Buch der Jüdischen Brigade, Tel Aviv 1949

GIL'AD, SERUBAWEL: Magen Basseter (hebr.) – Der Schutzschild im Verborgenen. Geschichte des Widerstandes der Juden Palästinas, Jerusalem 1947

HAY, PETER: Ordinary Heroes. The Life and Death of Chana Szenes, Israels's National Heroine, New York 1989

Lossin, Yigal: Pillar of Fire – The Rebirth of Israel – A Visual History, Jerusalem 1983

Paassen, Pierre van: Der vergessene Alliierte, Buenos Aires 1945

Urquhart, Clara/Brent, Peter Ludwig: Enzo Sereni. A Hero of our Times, London 1967

PERSONENREGISTER

(Zusammengestellt von Anne Waltermann)
Nicht aufgenommen wurden die Namen der Holban-Liste auf S. 475-480. Fette Seitenzahlen verweisen auf Biographien, Kursive auf Portraits.

Aboulker, Colette 541, 543
Aboulker, Henri 541, 543
Aboulker, José 540ff., *541*
Aboulker, Raphael 542
Aboulker, Stéphane 542
Abramczik, Berek (Rudolf Machowski) 160
Abramson, Isia 310
Abramson, Zwi 310
Adler, Akosch 390
Ainsztein, Reuben 23, 26, **187-188**, 188-199, 207f., 247-256, 313
Alalouf, Shemtov 413
Alamo 506
Albihari, Salomon 378
Alblas, Aart 518
Aldo (Sergeant) 405
Alef, Gustaw 246
Alexander (Hauptmann) 340
Alexander, H. R. 585
Alfonso, Celestino 468f.
Aljoscha (Oberleutnant) 354ff.
Alko (Hauptmann) 285, 296
Allon, Jigal 564
Alperowicz, Berl 189
Altaras, A. 377
Alter, Wiktor 325, 328
Altman, Tosia 81, **95**
Alto, Bill 403
Amarant, Samuel 305
Amico (General) 396
Amselem, Lola 499
Amster 179
Anders (General) 159, 532
André (Kommandant) (d. i. Bass) 503
André 451

André (Colonel) (Albert Ouzoulias) 428
Anielewicz, Mordechaj 81, **83-85**, *83*, 92, 94, 103, 106, 122, 144, 155, 265
Anja 356
Antonescu (General) 386ff.
Apenszlak, Jacob 17
Apfelbaum, Dawid Maurycy 104, 106, 107ff.
Arad, Jizchak 25, 208, 318
Aragon, Louis 467, 508
Aranowski, Jehuda 310
Aranowski, Liola 310
Arendt, Hannah 30
Arluk, Abrascha 25, *316*, **337-344**, *337*
Arluk, Zorach 338, 341f.
Armanowski, Aron 176
Aron, Maurice 418
Arondéus, Willem 520
Aronowitz, Aron 291
Asch, Schalom 328
Asgur, Sahir 371
Atijas, David 379
Atlas, Jecheskel **235**, *235*
Auerbach, Rachela 98
Avraham, Léon 452
Avremele 171

Badoglio (Marschall) 395, 410
Badrian, Gerhard 520f., **522**
Bahnmüller, Dora 63
Bailly (Dr.) 496
Baketic, Ante 379
Balaban, Majer 21
Balevicius, Jonas 194